John Costello / Terry Hughes
Atlantikschlacht

Aus dem Englischen
von Volkhard Matyssek

BASTEI-LÜBBE-TASCHENBUCH
Band 65 038

Titel der Originalausgabe:
THE BATTLE OF THE ATLANTIC

1. Auflage Mai 1983
2. Auflage Okt. 1987

© 1977 by Terry Hughes and John Costello
© 1978 für die deutsche Ausgabe Gustav Lübbe Verlag GmbH,
Bergisch Gladbach
Printed in Western Germany 1987
Einbandgestaltung: Manfred Peters
Titelfoto: Shark Pack
Abbildungen: Bundesarchiv, Koblenz; Foto Drüppel, Wilhelmshaven;
Imperial War Museum, London; Keystone; Lockheed Corporation;
Public Records Office, London; Syndication International;
Radio Times Hulton Picture Library, London; Ullstein Verlag;
US-National Archives, Washington.
Gesamtherstellung: Ebner Ulm
ISBN 3-404-65038-7

Der Preis dieses Bandes versteht sich einschließlich
der gesetzlichen Mehrwertsteuer

Inhalt

Vorwort von Prof. Dr. Jürgen Rohwer	8
1. Total Germany	16
2. Die Macht der Kühnheit	42
3. Der Gipfel der Niedertracht	66
4. Die unheilvolle Verzückung	86
5. Eine gewisse Eventualität	106
6. Das goldene Zeitalter	132
7. Ansturm auf See und in der Luft	148
8. Eine schwere Zeit	166
9. Im Griff der Blockade	182
10. Duell der Titanen	200
11. Die »Atlantik-Charta«	228
12. Zur Hölle mit den Torpedos – volle Kraft voraus!	254
13. Der Paukenschlag	282
14. Sieg durch Schiffe	308
15. Der blutige Winter	330
Die Wende (Januar 1943)	349
Mit gleicher Münze heimzahlen (Januar–Februar)	362
März der Vernichtung	378
Abnutzungsschlacht (März–April)	390
Vergeltung (April–Mai)	402
16. Wettlauf mit der Zeit	412
Nachbemerkung	452
Bibliographie und Quellenverzeichnis	460
Register	470

Widmung

Im Verlaufe unserer Nachforschungen für dieses Buch fragte ein führender amerikanischer Marineexperte: »Um welche Atlantikschlacht geht es Ihnen? Um die, die wir vor dreißig Jahren hatten, oder um die, die auf uns zukommt?« Seine Bemerkung machte die Bedeutung dieser entscheidenden Seeschlacht des Zweiten Weltkrieges klar. Die atlantische Lebensader war damals und ist noch heute das Fundament der Sicherheit und der Verteidigung des Westens.

In diesem Buch ist die Atlantikschlacht im Lichte bisher geheimer Dokumente neu gewertet und in eine zeitgenössische Perspektive gesetzt worden. Der erbitterten Seeschlacht ging ein intensiver politischer Kampf voraus, der lange vor dem Ausbruch der Feindseligkeit begonnen hatte, als die britische Regierung erkannte, daß sie einen langen Krieg ohne die wirtschaftliche, finanzielle und industrielle Unterstützung der Vereinigten Staaten nicht durchstehen konnte. Dies hatte auch Präsident Roosevelt klar erkannt, dessen Regierung bei der Hilfe für England sehr viel weiter ging, als es die amerikanische öffentliche Meinung toleriert hätte. Seine Unterstützung für Churchill legte den Grundstein für das »besondere Verhältnis« der Anglo-Amerikaner und für die Nachkriegsbündnisse. Gleichzeitig machten diese beiden überragenden Persönlichkeiten mit der Schaffung der Atlantik-Charta die Schlacht zu einem Kreuzzug, der schließlich zur Gründung der Vereinten Nationen führte.

Zum Glück für die Alliierten unterschätzte Hitler zunächst die Bedeutung der Atlantikschlacht, obwohl ihn seine Marineberater drängten, England sofort zu blockieren und die Engländer aus dem Mittelmeer zu vertreiben. Intuitiv erkannte er die Gefahr, die Vereinigten Staaten in einen Seekrieg zu verwickeln, auf den Deutschland schlecht vorbereitet war. Trotzdem gelang es den U-Booten unter der brillanten Führung von Karl Dönitz, einem der führenden Strategen des Krieges, fast, England im Jahre 1940 auf die Knie zu zwingen. Aber erst 1943, als die U-Boote wieder am Rande des Sieges standen, erkannte Hitler schließlich die Bedeutung der Schlacht. Riesige Mengen von Stahl und ein bedeutender Teil der Produktionskraft des Reiches wurden nun in den Bau einer neuen Generation von

U-Booten gesteckt. Wäre diese Flotte zum Einsatz gekommen, so hätte sie in der kritischen Zeit, als die Alliierten auf dem europäischen Festland gegen die deutschen Armeen anstürmten, das Blatt wenden können. Aber wie Dönitz erkannte, war es schon 1942 zu spät, den Krieg zu gewinnen.

In letzter Analyse wurde die Atlantikschlacht auf den Werften und auf den Farmen ebenso gewonnen wie auf den stürmischen Wassern des Atlantik, aber vor allem anderen hing der Ausgang der längsten Schlacht des Krieges von dem Mut und der Entschlossenheit der Seeleute nicht nur der britischen und amerikanischen Handelsmarine, sondern auch von den Matrosen vieler anderer kriegführender und neutraler Nationen ab. Ihrem Gedenken und dem Gedenken jener Tausende anderer Männer und Frauen, die in der Atlantikschlacht umkamen, ist dieses Buch gewidmet.

Vorwort

»Noch ein Buch zur Schlacht im Atlantik?« wird mancher sagen, wenn er diesen Band zur Hand nimmt. Tatsächlich läßt sich die Literatur über den U-Bootkrieg kaum noch übersehen. Es begann auf beiden Seiten schon während des Krieges. Viele Zeitungsartikel und Aufsätze in den einschlägigen Zeitschriften, Broschüren und Büchern berichteten aus der Sicht einzelner Teilnehmer der Schlacht vom Leben an Bord der U-Boote, der Geleitfahrzeuge und der Handelsschiffe. Erzählten von erfolgreichen Angriffen und vom dramatischen Untergang mit endlicher glücklicher Rettung – soweit die kriegsbedingte Zensur das zuließ. Nach dem Krieg fanden diese Schilderungen ihre Fortsetzung – nun unzensiert – in zahllosen Memoiren von Seeleuten und Kapitänen der Handelsschiffe, von Fliegern, von Kommandanten der alliierten Kriegsschiffe und Geleitfahrzeuge oder der deutschen U-Boote. Journalisten und Schriftsteller wandten sich diesem »action«-geladenen ergiebigen Thema zu. Neben diese Erlebnisberichte traten bald auch Darstellungen aus den Federn von Offizieren, die in Stäben an der Führung der U-Boot- oder Konvoioperationen beteiligt waren. Und auch mehr oder weniger fachkundige Historiker meldeten sich zu Wort, um ihre Analysen und Bewertungen in die Geschichtsschreibung zum Zweiten Weltkrieg einzubringen.

Warum wurde nun doch eine neue Betrachtung des Seekrieges notwendig? Schon in den ersten 50er Jahren war man sich in der internationalen Literatur über eine Gliederung der den ganzen Zweiten Weltkrieg über andauernden Schlacht im Atlantik einig geworden und hatte die zwischen den acht Phasen liegenden Wendepunkte mit bestimmten operativen Entwicklungen oder der Einführung technischer Neuerungen in Verbindung gebracht.

In der 1. Phase, vom September 1939 bis Juni 1940, operierten die relativ wenigen U-Boote einzeln in den Gewässern um England und in der Biskaya. Die Zusammenfassung des Schiffsverkehrs in Konvois blieb zunächst auf einen Teil der alliierten und neutralen Handelsschiffe beschränkt, so daß die U-Boote genügend Einzelziele fanden, obgleich die ersten Versuche geführter Gruppenoperationen fehlgeschlagen waren.

Die Eroberung Norwegens und Westfrankreichs gab den U-Booten neue, günstig gelegene Stützpunkte, von denen aus sie in der 2. *Phase*, vom Juli 1940 bis März 1941, in Gruppen oder »Wolfsrudeln« große Erfolge gegen ein- und auslaufende Konvois vor dem Nordkanal erzielten, deren Sicherung durch die Abstellung der Zerstörer zur Invasionsabwehr geschwächt war. Weitgehend in diese Phase fiel auch der Einsatz schwerer deutscher Überwasserschiffe im Handelskrieg im Nordatlantik.

Das Abflauen der Invasionsgefahr erlaubte der britischen Seite im Frühjahr 1941 eine Konzentration der U-Jagd-Kräfte, insbesondere auch der Flugzeuge des Coastal Command im Raum vor dem Nordkanal, so daß die U-Boote in der *3. Phase*, von März bis Dezember 1941, ihre Operationen weiter in den Atlantik hinaus verlegen mußten, wo sie in weiträumigen Suchoperationen in Aufklärungsstreifen die ab Juni durchgehend gesicherten Konvois auf den Routen Halifax – England und Freetown/Gibraltar – England, zu erfassen suchten.

Nach dem starken Absinken der U-Booterfolge im zweiten Halbjahr 1941 eröffnete der Eintritt der USA in den Krieg den U-Booten in der *4. Phase* vom Januar bis Juli 1942 bei Einzeloperationen gegen den ungesichert laufenden Verkehr vor den amerikanischen Ostküsten ihre zweite »goldene Zeit«.

Die Einführung des Konvoisystems im Westatlantik zwang die U-Bootführung dann, den Schwerpunkt erneut auf die nordatlantische Konvoiroute zu verlegen, wo nun in der *5. Phase*, von Juli 1942 bis Mai 1943, der entscheidende Kampf zwischen den U-Bootgruppen und den Konvois mit ihren See- und Luftsicherungskräften ausgefochten wurde, der immer stärker auch von technischen Entwicklungen bestimmt war. Nach dem Höhepunkt der Erfolge im Geleitzugkampf im März 1943, als das alliierte Konvoisystem – Rückgrat der gesamten alliierten Strategie – gefährdet erschien, folgte der Zusammenbruch im Mai 1943 unerwartet schnell. Man führte ihn vor allem auf die Ausrüstung der Geleitfahrzeuge und insbesondere der Flugzeuge mit dem neuen 9-cm-Radargerät und die Schließung der Lücke in der Luftsicherung über dem Nordatlantik zurück.

Nach einer *6. (Zwischen)-phase* von Juni bis August 1943, in der die U-Boote einzeln in entferntere Gebiete auswichen, um schwache Stellen zu finden, während die alliierten Luftwaffen die U-Boote in der Biskaya blockierten, begann im September 1943 die bis zum Mai 1944 reichende *7. Phase*. In ihr suchte die U-Bootführung durch den Einsatz neuer Techniken und Waffen (Radarwarngeräte, Flakbewaffnung, akustische Zielsuchtorpedos gegen Eskorts) nochmals eine Wende, zunächst auf der Nordatlantik-, dann auf der Gibraltar-Route herbeizuführen. Der Versuch scheiterte jedoch nach kurzem Anfangserfolg und klang in dem Bemühen aus, durch eine weitgestreute Fortsetzung der U-Bootoperationen möglichst starke alliierte See- und Luftstreitkräfte zu binden.

Die letzte *8. Phase*, vom Beginn der alliierten Invasion in der Normandie im Juni 1944 bis zum Kriegsende im Mai 1945, war von dem Bestreben gekennzeichnet, mit den Schnorchel-U-Booten im reinen Unterwassereinsatz unter der feindlichen Küste der alliierten Nachschubschiffahrt Schaden zuzufügen und damit möglichst starke Sicherungskräfte zu binden, vor allem aber für den Einsatz der im Bau befindlichen neuen schnellen Unterwasserboote Erfahrungen zu sammeln. Die Auswirkungen der strategischen Luftkriegführung der Alliierten verzögerten jedoch das Neubauprogramm so sehr, daß schließlich der Zusammenbruch der Front unter dem Ansturm der alliierten Armeen in Ost und West jeden Gedanken an eine Wiederaufnahme des U-Bootkrieges mit neuen, den alliierten Vorsprung überwindenden Technologien illusorisch machte.

Dieses von der Geschichtsschreibung zunächst gezeichnete Bild, in dem man die entscheidende Wende im Mai 1943 neben anderen Faktoren in erster Linie dem durch das 9-cm-Radargerät bewirkten technologischen Durchbruch in der Ortungstechnik zuschrieb, der den U-Booten ihre Unsichtbarkeit bei nächtlichen Überwasser-Rudelangriffen nahm und sie im Bereich der Luftsicherung Tag und Nacht unter Wasser zwang, mußte Ende der 60er Jahre etwas korrigiert werden, als die Kriegsakten zugänglich wurden. Bei der Detailuntersuchung der großen Geleitzugschlachten der 5. Phase 1942/43 stellte sich nämlich zur Überraschung der Historiker, ja selbst der noch lebenden Akteure von damals heraus, daß ein anderes technisches Gerät, das automatische Kurzwellen-Sichtfunkpeilgerät »HF/DF« offenbar den Ausgang der überwiegenden Zahl der Operationen wesentlich stärker beeinflußt hatte als das 9-cm-Radar.

Die von der zentralen Führungsstelle des Befehlshabers der U-Boote an Land gesteuerte Rudeltaktik gegen die Konvois hing entscheidend von den regelmäßigen Fühlungshaltersignalen der ersten an einen Geleitzug herankommenden U-Boote ab, die es dem BdU ermöglichten, mit Funksignalen die anderen Boote der Gruppe an das Ziel heranzuführen. Man hielt die Abgabe solcher Fühlungshaltersignale für unbedenklich, da die Erfahrungen bis 1941 gezeigt hatten, daß deren Einpeilung von Land aus offenbar zu ungenau war, um den Geleitfahrzeugen irgendwelche Anhaltspunkte für eine U-Bootbekämpfung zu geben. Man hielt es nicht für möglich, daß es den Alliierten gelingen könnte, ein Kurzwellen-Peilgerät zu bauen, das klein genug war, um es auf Geleitfahrzeugen zu verwenden, und mit dem man Kurzsignale von wenigen Sekunden Dauer ausreichend genau peilen konnte. Durch konsequente und zielbewußte Entwicklungsarbeit erreichten die Alliierten jedoch dieses Ziel und konnten solche Geräte ab 1942 zunehmend auf Eskorts einbauen. Es zeigte sich nun, daß bei fast allen von U-Booten erfaßten Konvois, die durch ein oder mehrere solcher HF/DF-Schiffe gesichert waren, das erste oder eines der ersten Fühlunghaltersignale gepeilt wurde und daß die auf dem Peilstrahl entlanglaufenden Eskorts die U-Boote regelmäßig unter Wasser drückten, so daß die Fühlung an dem ausweichenden Konvoi abriß. Gelang es dann nicht einem anderen Boot der Gruppe, rechtzeitig heranzuschließen und die Fühlunghalterrolle zu übernehmen, was oft durch das Zurückbleiben des HF/DF-Schiffes erleichtert wurde, war der Konvoi entkommen. Viele Konvois blieben so trotz planmäßiger Erfassung durch einen Aufklärungsstreifen unbehelligt.

Andererseits stellte sich heraus, daß die damaligen Radargeräte auf den britischen Geleitfahrzeugen bei normaler Sicht und nur geringem Seegang U-Boote nur auf Entfernungen erfassen konnten, die deutlich unterhalb der optischen Sichtweite vom U-Bootturm zu Mastspitzen oder Schornsteinen der Eskorts oder des Konvois lagen, so daß die U-Boote unter solchen Bedingungen den Gegner früher sahen, als dieser das U-Boot orten konnte. Nur wenn das U-Boot bei schlechter Sicht oder gar Nebel »blind« war, konnte das Geleitfahrzeug »sehen«, dann allerdings oft mit verhängnisvollen Folgen für das U-Boot.

Auch die im Frühjahr 1943 in den Flugzeugen verwendeten Radargeräte machten die Erfassung eines U-Bootes bei normal bewegter See und einigermaßen klarer Sicht zu einem keineswegs leicht lösbaren Problem. Erst die Einführung verbesserter Geräte, insbesondere die höhere Anbringung der Antennen, führte zu einer entscheidenden Leistungssteigerung des Radars, die vielen Akteuren im Gedächtnis geblieben ist, tatsächlich aber erst *nach* der Wende 1943, im Sommer des Jahres, wirksam geworden war.

Kaum war jedoch Anfang der 70er Jahre diese Neubewertung technischer Innovationen für die entscheidende Wende der Schlacht im Atlantik allgemein akzeptiert, brachte die schrittweise Aufhebung der strengen Geheimhaltung eines anderen, noch viel gravierenderen technischen Durchbruchs auf alliierter Seite das neue Bild bereits wieder ins Wanken.

1974 wurde durch das Buch von Group-Captain Frederick Winterbotham »The Ultra Secret« bekannt, daß es britischen Kryptologen in Bletchley Park gelungen war, die Geheimnisse der deutschen Funkschlüsselmaschine »Enigma« und des daraus abgeleiteten Marine-Funkschlüssels »M« zu lösen und laufend wesentliche Teile des deutschen Luftwaffen-, Heeres- und Marinefunkverkehrs zu entziffern. Hafteten diesem, von einem Akteur in wichtiger Position aus der Erinnerung geschriebenen Buch auch noch manche Mängel und Fehler an, so erlaubte die 1976 einsetzende Freigabe der erhalten gebliebenen »Ultra«-Akten, insbesondere der britischen und amerikanischen Marine, inzwischen eine genauere Rekonstruktion des Einflusses der beiderseitigen Funkaufklärung auf die Operationen im Atlantik. Sie fanden ihren Niederschlag in verschiedenen Aufsätzen u. a. in der »Marine-Rundschau« und dem Buch des damaligen stellvertretenden Leiters des »Submarine Tracking Room« der britischen Admiralität, Patrick Beesly: »Very Special Intelligence«.

Aus diesen Untersuchungen wird erkennbar, daß der Verlauf der Schlacht im Atlantik auf seiten der alliierten operativen Führung, insbesondere in der 3. und 5. Phase, in einem derart schwerwiegenden Maß von der aus der Funkentzifferung, der »Special Intelligence«, gewonnenen Kenntnis über die deutschen Operationsabsichten beeinflußt wurde, daß eine völlige Neubewertung der Zusammenhänge erforderlich wird, sowohl was die Darstellung der operativen Abläufe und die Periodisierung der Schlacht als auch ihrer Auswirkungen und Konsequenzen für den gesamten Kriegsverlauf betrifft.

Die durch die kryptologische Arbeit im Bletchley Park vorbereitete, jedoch nur mit großen Verzögerungen mögliche Entzifferung des deutschen Funkverkehrs im meist benutzten Schlüsselbereich »Hydra« wurde durch die Beute von den Wetterbeobachtungsschiffen *München* und *Lauenburg* sowie *U 110* so beschleunigt, daß von Ende Mai bis Ende Juli 1941 ein praktisch verzugsloses Mitlesen und danach bis Ende Januar 1942 eine echte Entzifferung mit zwischen ein und drei Tagen Verzögerung die Regel war. Nicht nur die Aufrollung der für die *Bismarck*-Operation und den U-Bootkrieg im Mittelatlantik aufgezogenen deutschen Versorgungsorganisation im Juni war die Folge, sondern vor allem der katastrophale Rückgang der U-Booterfolge gegen die Konvois im zweiten Halbjahr 1941. Diese erste große Krise des U-Bootkrieges war auf die nahezu perfekte Konvoisteuerung der Admiralität zurückzuführen, die Geleitzugschlachten nur noch dann zuließ, wenn an- oder abmarschierende U-Boote zufällig einen Konvoi erfaßten – was »Special Intelligence« nicht verhindern konnte –, wenn Empfangsstörungen rechtzeitige Entzifferungen ausschlossen oder wenn U-Boote aufgrund von Agenten- oder Luftaufklärungsmeldungen auf der Gibraltarroute an einen Konvoi herangeführt werden konnten, wo sie dann aber oft auf eine rechtzeitig verstärkte Abwehr trafen. Auf diese Weise war es der alliierten Führung möglich, die Tonnageverluste auf den nordatlantischen Konvoirouten im zweiten Halbjahr 1941 bei vorsichtiger Schätzung um wenigstens eine Million BRT zu reduzieren.

Diese neue Erkenntnis läßt es zweckmäßig erscheinen, die zweite Phase künftig bis Ende Mai 1941 auszudehnen, so daß die von »Special Intelligence« noch nicht beeinflußten Operationen, wie z. B. »Rheinübung« als letzter Einsatz schwerer deutscher Überwassereinheiten, noch mit eingeschlossen sind, während die neue 3. Phase mit dem »Mitlesen« im Juni zu beginnen hätte. Das würde zugleich auch besser mit der Einrichtung der durchgehenden U-Bootsicherung der Nordatlantikkonvois sowie der Ausdehnung der Patrouillentätigkeit der US-Navy bis in die Osthälfte des Atlantik zusammenpassen. Eventuell würde sich eine Unterteilung dieser Phase in einen ersten Teil bis Ende August mit der Konzentration der deutschen Operationen auf der Gibraltarroute und einen zweiten Teil ab September empfehlen, der von der Wiederaufnahme der Suchoperationen auf der Nordatlantikroute und dem aktiven Eingreifen der US-Navy in die hier ablaufenden Konvoioperationen gekennzeichnet wäre. Dabei muß es eine offene Frage bleiben, wie sich die ohne »Special Intelligence« zweifellos wesentlich häufigeren Geleitzugschlachten gegen z. T. US-gesicherte Konvois mit den dann unvermeidlich zahlreicheren Zwischenfällen auf die politische Entwicklung ausgewirkt hätten.

So groß der Einfluß der »Special Intelligence« in der 3. Phase auch war, es wäre falsch, den großen Erfolg der deutschen U-Boote in der 4. Phase vor den amerikanischen Küsten etwa auf den Ausfall dieser Nachrichtenquelle ab 1. Februar 1942 zurückzuführen. Der durch die Einführung der neuen Schlüsselmaschine »M-4« verursachte »blackout« für die Entzifferung des U-Boot-Funkverkehrs hatte in dieser Phase nur begrenzte Konsequenzen, weil bei Einzeloperationen das Instrument der Funkführung eine wesentlich geringere Rolle spielte als bei den Gruppenoperationen gegen die Konvois.

In der 5. Phase wird der Einfluß der Funkaufklärung aber um so deutlicher, da diese Periode der schwerpunktmäßigen Konvoioperationen im Nordatlantik in zwei Perioden mit bzw. ohne »Special Intelligence« unterteilt werden muß. Erst im Dezember 1942 konnte Bletchley Park das Problem des Schlüssels »M-4« lösen, vermutlich mit teilweiser Hilfe der im Mittelmeer von *U 559* heruntergeholten Beute. Die durchschnittliche Tagesversenkungsrate der im Nordatlantik eingesetzten U-Boote sank von 291 bzw. 221 BRT im November/Dezember 1942 schlagartig auf 51 BRT im Januar 1943. Was im zweiten Halbjahr 1942 nur gelegentlich aufgrund von Verkehrsanalyse und Funkpeilung möglich war, wurde jetzt wieder die Regel: die Konvois wurden von der Admiralität mit Hilfe der »Special Intelligence« präzise um die U-Bootaufstellungen herumgeführt. Zwei Beispiele mögen das unterstreichen: Die Gruppe »Ritter« mit 13 U-Booten, die ohne Ausweichbewegungen nach einem Tag Wartezeit den Konvoi SC 119 in der Mitte ihres Streifens in einer perfekten Ausgangsposition erfaßt hätte, mußte sechs Tage warten, bis sie schließlich auf einen südlich passierenden von einer anderen Gruppe erfaßten Konvoi angesetzt werden konnte. Die Gruppe »Neptun« mit 10 U-Booten hätte in perfekten Positionen gestanden, um am 20. Februar den HX 226, am 24. Februar den SC 120 und am 27. Februar den HX 227 zu erfassen, wären diese nicht umgeleitet worden. So wurde nur der letztere am äußersten Ende der Aufstellung in einer wenig aussichtsreichen Lage gesichtet. Legt man die durchschnittliche Rate »Versenkte Tonnage pro Seetag im Operationsgebiet« bei gleichem Ansatz der U-Boote auf deutscher Seite für die je acht Wochen vor und nachher zugrunde, kann man schätzen, daß in den ersten Wochen des Jahres 1943 bis zum 20. Februar durch die erfolgreiche Umleitung der Konvois rund 400 000 BRT Schiffsverluste vermieden wurden.

Mit diesen Verlusten wäre die in den acht Wochen vom 20. Februar bis

20. März 1943 eingetretene Krise viel schwerer ins Gewicht gefallen. Sie wurde dadurch hervorgerufen, daß einerseits dem deutschen xB-Dienst in dieser Zeit besondere Erfolge in der Entzifferung alliierter U-Bootlagen, Kursanweisungen, Umleitungsbefehle und Positionsmeldungen gelangen, die es häufig erlaubten, den alliierten Umleitungsbefehlen rechtzeitig zu begegnen; andererseits brachte eine erneute Schlüsseländerung auf deutscher Seite Bletchley Park in den ersten zwanzig Tagen des März in erhebliche Schwierigkeiten, die vorübergehend zu der Befürchtung führten, das wichtigste Aufklärungsmittel könnte erneut, wie 1942, für längere Zeit ausfallen. Das mußte bei der steigenden Zahl deutscher U-Boote auf den Konvoirouten eine planmäßige Führung der Konvois um die Aufstellungen herum unmöglich machen und damit das ganze Konvoisystem in Frage stellen, wenn – wie in den ersten 20 Tagen des März aus vier aufeinanderfolgenden Konvois mit 202 Schiffen 41 verlorengingen. Bei einer Verlustrate von 20% über einen längeren Zeitraum hätte sich die Moral der Handelsschiffsbesatzungen nicht aufrecht erhalten lassen. Durch die Konzentration aller Entzifferungshilfsmittel gelang es Bletchley Park jedoch, das Schlüsselproblem zu lösen, ehe die Krise zu dramatischen Entschlüssen zwang: wohl die folgenreichste Einzelleistung der Kryptologen auf alliierter Seite.

Ab 20. März lagen die Entzifferungen wieder regelmäßig rechtzeitig vor. Sie erlaubten es nun, die zunächst noch wenigen zusätzlich in die Schlacht geworfenen Schiffe und Flugzeuge optimal einzusetzen. Da die Zahl der U-Boote auf den Konvoirouten eine vollständige Umgehung aller Aufstellungen nicht mehr erlaubte, kam es nun darauf an, die fünf »Support-Groups« mit je vier bis fünf Zerstörern sowie den beiden ersten Geleitträgern und die tropfenweise eintreffenden »Very Long Range« Liberators, von denen bestenfalls 30% im Operationsgebiet stehen konnten, jeweils rechtzeitig dort in Bereitschaft zu halten, wo Konvois U-Bootaufstellungen nicht mehr umgehen konnten, um sie »durchzuboxen«.

Es kann kein Zweifel sein, ohne »Special Intelligence« wäre ein Vielfaches an zusätzlichen Support-Groups, Geleitflugzeugträgern und Langstreckenflugzeugen erforderlich gewesen, um die Wende herbeizuführen. Diese Kräfte standen im Frühjahr 1943 für den Atlantik noch nicht zur Verfügung, obgleich Roosevelt und Churchill im Januar 1943 in Casablanca den Sieg über die U-Boote an die erste Stelle ihrer Prioritätenliste gesetzt hatten. Im Falle einer katastrophalen Krise im Nordatlantik im April/Mai 1943 hätte man zwar aus dem Mittelmeer oder gar dem Pazifik Kräfte abziehen können, aber nur um den Preis einer Verschiebung der Landungen in Sizilien und Italien im Juli und September 1943 oder der Verschiebung der Offensive im Zentralpazifik im November 1943. Vor dem Sommer oder Herbst 1943 hätten auch diese Kräfteverschiebungen kaum wirksam werden können, zu einem Zeitpunkt also, als der Zulauf neuer Schiffe und Flugzeuge aus der ab Mitte 1943 auf vollen Touren laufenden amerikanischen Produktion ohnehin die notwendigen zusätzlichen Kräfte brachte. Die wenigstens dreimonatige Verzögerung der Wende der Schlacht im Atlantik und die inzwischen eingetretenen zusätzlichen Tonnageverluste von wenigstens 500 000 BRT hätten vermutlich den ganzen Zeitplan der alliierten Strategie ins Rutschen gebracht. Es ist sehr fraglich, ob eine Invasion Frankreichs noch im Sommer 1944 möglich gewesen wäre. Der Weg zu dem endlichen alliierten Sieg über Hitler-Deutschland und über Japan wäre sehr viel länger geworden und hätte in vielen Bereichen einen ganz anderen Verlauf genommen, wohl mit verheerenden Folgen für Sieger und Besiegte.

Es ist das Verdienst von John Costello und Terry Hughes, daß sie diese neuen Erkenntnisse erstmalig in eine in deutscher Sprache erscheinende Gesamtdarstellung der Schlacht im Atlantik eingearbeitet haben, so daß ihr Buch tatsächlich den überwiegenden Teil der bisherigen Veröffentlichungen zu diesem Thema obsolet erscheinen läßt und die Atlantikschlacht in neuem Licht zeigt.

Prof. Dr. Jürgen Rohwer
Präses des Arbeitskreises für Wehrforschung

1.

Der 3. September 1939, ein Sonntag, brach klar und hell an, aber auch dem Sonnenschein gelang es nicht, England seine grimmige Stimmung zu nehmen, als Tausende im ganzen Lande zum Frühgottesdienst strömten. Die Nachrichten der BBC und die Sonntagszeitungen berichteten über ein letztes Ultimatum an Deutschland. Es wurde um Frieden gebetet, aber inzwischen hatten sich die meisten Menschen mit der Unvermeidbarkeit des Krieges abgefunden. Dieser Stimmungsumschwung wurde auch von der Korrespondentin des *New Yorker*, Mollie Panter-Downes, bemerkt, die am 3. September schrieb: »Eine Woche lang hat in London jedermann gesagt: Wenn es morgen nicht Krieg gibt, gibt es überhaupt keinen. Gestern sagten die Leute: Wenn es heute keinen Krieg gibt, ist es eine verdammte Schande.«

Der gleiche Eifer, in den Kampf zu gehen, war bei den Männern in den deutschen U-Booten zu finden, die schon auf ihren Einsatzpositionen patrouillierten. 49 von Deutschlands 57 U-Booten waren auf ihren Stationen, und ihre Kommandanten waren bereit, ihre Kriegsbefehle zu öffnen. Das am weitesten im Westen stehende der dreißig U-Boote rings um die Britischen Inseln war U-30, das etwa 250 Meilen vor den Hebriden aufgetaucht in schwerer atlantischer Dünung stampfte. Eine steife Brise verstärkte die Rollbewegungen des schmalen, zigarrenförmigen Schiffskörpers, was für die Besatzung, die mit der allmorgendlichen Routine beschäftigt war, die engen Messen zu säubern und die Torpedos zu prüfen, recht unangenehm war. Oben auf dem Kommandoturm hatte der Kommandant, der 26jährige Kapitänleutnant Fritz-Julius Lemp, sich zu dem Ausguck gesellt, der den Horizont absuchte. Jedermann an Bord wußte durch den Funkverkehr, daß jede Minute der Befehl eintreffen konnte, der sie in den Kampf schickte.

Weniger als hundert Meilen trennten an jenem schicksalsschweren Sonntagmorgen U-30 von dem Passagierschiff *Athenia*, das die Nordspitze Irlands umrundet hatte und nun mit stetigen zehn Knoten westwärts in die atlantische Dünung hinausfuhr. Die steife Nordwestbrise peitschte hinter dem schwarzgestrichenen Schiff den Dampf aus seinem einzigen Schornstein, während sein Kapitän Kurs auf Kanada nahm. Der 14 000-Tonner

Athenia, der 1923 für die Glasgower Donaldson-Linie gebaut worden war, stand nicht auf der Liste der berühmten Passagierdampfer, aber das störte die 316 Amerikaner an Bord nicht. Sie wähnten sich glücklich, überhaupt eine Passage gefunden zu haben, da Tausende wegen des drohenden Krieges in Europa die Fahrt in die Heimat und damit in die Sicherheit gebucht hatten. Ihre Erleichterung war am vorausgegangenen Nachmittag um 16 Uhr noch größer gewesen, als die *Athenia* schließlich mit 1418 Passagieren und Besatzungsmitgliedern aus Liverpool ausgelaufen war. Die neuesten Nachrichten waren düster gewesen. Von Panzern und Flugzeugen unterstützte deutsche Truppen waren auf dem Vormarsch ins Innere Polens. Eine britische Kriegserklärung mußte für die nächsten Stunden erwartet werden.

Die Kämpfe hatten im Morgengrauen des 1. September begonnen. Einen sorgfältig inszenierten Überfall der SS auf den deutschen Rundfunksender an der Grenze bei Gleiwitz hatte Hitler zum Vorwand für den seit langem geplanten »Blitzkrieg« genommen, mit dem Polen zermalmt und annektiert werden sollte. Englands Premierminister, Neville Chamberlain, dessen Regierung Polen Garantien gegeben hatte, sah sich nun vor die schwierige Wahl gestellt, Nazi-Deutschland den Krieg zu erklären oder eine demütigende politische Niederlage hinnehmen zu müssen, die noch katastrophaler als das Münchener Abkommen gewesen wäre. Dieses Dilemma wurde von Edouard Daladier, dem französischen Premier, geteilt, dem schmerzhaft bewußt war, daß seine Landsleute vor der Aussicht eines zweiten Krieges mit Deutschland innerhalb einer Generation zurückschreckten.

Appelle an die deutsche Regierung, »alle aggressiven Handlungen« einzustellen, zeigten keine Wirkung. Einen Tag lang hatte sich Chamberlain vergeblich an die Hoffnung geklammert, eine diplomatische Lösung zu finden, aber seine abwartende Erklärung im House of Commons weckte nur Zorn. »Sprich für England!« verlangte die Labour-Opposition. Und Arthur Greenwood, der stellvertretende Führer der Labourfraktion erklärte: »Ich frage mich, wie lange wir bereit sind, in einer Zeit zu schwanken, in der England und alles, wofür England steht, und die menschliche Zivilisation in Gefahr sind . . . jede Minute Verzögerung bedeutet jetzt den Verlust von Leben.«

Angesichts der Empörung im Parlament und einer drohenden Spaltung seines eigenen Kabinetts berief der Premierminister eine außerordentliche Sitzung nach Downing Street Nr. 10 ein. Kurz vor Mitternacht beschloß das Kabinett, am nächsten Morgen ein letztes Ultimatum an Deutschland zu richten. Das britische Telegramm, das die Einstellung der deutschen Invasion in Polen verlangte, wurde am 3. September um 9 Uhr vom britischen Botschafter in Berlin überreicht. Dr. Schmidt, der Dolmetscher des deutschen Außenministeriums, trug das Telegramm in Hitlers großes Arbeitszimmer in der Reichskanzlei und las es laut vor. Die Wirkung beschreibt er folgendermaßen: »Wie versteinert saß Hitler da und blickte vor sich hin ... Nach einer Weile, die mir wie eine Ewigkeit vorkam, wandte er sich Ribbentrop zu, der wie erstarrt am Fenster stehengeblieben war. ›Was nun?‹ fragte Hitler seinen Außenminister mit einem wütenden Blick in den Augen, als wolle er zum Ausdruck bringen, daß ihn Ribbentrop über die Reaktion der Engländer falsch informiert habe. Ribbentrop erwiderte mit leiser Stimme: ›Ich nehme an, daß die Franzosen uns in der nächsten Stunde ein gleichlautendes Ultimatum überreichen werden.‹«

Die BBC hatte angekündigt, daß der Premierminister um 11.15 Uhr zum Volk sprechen würde. Die Kriegsvorbereitungen liefen, der Krisenstab des Kabinetts tagte, und in den Gärten der Vororte bauten Leute behelfsmäßige Luftschutzbunker. In der Luft schwebten dicke Sperrballons, die die Luftwaffe abschrecken sollten. Die Londoner Bahnhöfe waren mit Reservisten und Freiwilligen auf dem Weg zu ihren Einheiten überfüllt. Schwer bepackte Soldaten standen neben Müttern und weinenden Kindern, die wegen des erwarteten Bombenterrors evakuiert wurden.

Als Big Ben 11 Uhr schlug, ging der Befehl an Englands Truppen: »TOTAL GERMANY«. Minuten später sagte die BBC den Premierminister an, und aus Downing Street Nr. 10 sprach die klanglose Stimme von Chamberlain zur Nation: »Heute morgen hat der britische Botschafter in Berlin der deutschen Regierung eine letzte Note übergeben, die besagt, daß wenn die britische Regierung nicht bis 11 Uhr von ihr hört, daß sie bereit ist, ihre Truppen sofort aus Polen zurückzuziehen, der Kriegszustand zwischen uns herrscht. Ich muß Ihnen nun sagen, daß eine solche Versicherung nicht eingegangen ist und daß infolgedessen dieses Land sich im Krieg mit Deutschland befindet.«

Der Premierminister hatte kaum geendet, als die Luftschutzsirenen über London heulten. Der blinde Alarm trieb Tausende in die Bunker. In Berlin hatte es nach der Ankündigung des Kriegszustandes keine dramatischen Ereignisse gegeben, und die deutschen Zivilisten hatten mit aufmerksamem Schweigen zugehört. Vielleicht hätten sie vielfach ähnlich reagiert wie Hermann Göring, der spontan sagte: »Wenn wir diesen Krieg verlieren, dann möge uns der Himmel gnädig sein!«

An Bord der *Athenia*, die in den Atlantik hinausdampfte, versicherte Kapitän James Cook seinen Passagieren, daß das Schiff nach den Regeln des Völkerrechts vor feindlichen U-Bootangriffen sicher sei. Er sagte ihnen außerdem, daß er als zusätzliche Sicherheitsmaßnahme die Geschwindigkeit erhöhen und im Zickzackkurs laufen würde. Die Seenotübungen wurden an diesem Tag dennoch mit tödlichem Ernst durchgeführt.

An Bord von U-30 erhielt Lemp kurz nach 13 Uhr eine Funkmeldung: »Beginn der Feindseligkeiten mit England sofort! Handelskrieg der U-Boote zunächst gem. Operations-Befehl. Frankreich betrachtet sich ab 17.00 Uhr mit Deutschland im Krieg befindlich. Eigene Feindhandlungen auch bei Vorgehen gegen Handelsdampfer zunächst nur in Abwehr.«

Wenige Minuten nach Ablauf des britischen Ultimatums begann in Frankfurt an der Oder tief im Herzen des Reiches die starke Goliath-Funkstation der Kriegsmarine Befehle an deutsche Schiffe auf der ganzen Welt zu senden. Für die Angehörigen der Kriegsmarine auf den Überwasserschiffen war die Meldung über die Kriegserklärung ein Schock. Ihre Flotte war ja der britischen weit unterlegen. Werner Schünemann, damals Seekadett auf dem Kreuzer *Emden*, erinnert sich: »Wir waren am Heck versammelt, als der 1. Offizier der *Emden* uns mitteilte, daß England Deutschland den Krieg erklärt hatte. Es war kein glücklicher Augenblick. Wir erinnerten uns daran, daß unsere Väter uns erzählt hatten, wie sie bei der Kriegserklärung gejubelt hatten, aber jetzt wußte niemand, was er sagen sollte. Wir alle dachten: ›Jetzt sitzen wir drin im Schlamassel.‹« Die U-Boot-Kommandanten wie Lemp aber waren enttäuscht, als sie feststellten, daß ihre Kriegsbefehle ihnen keine volle Freiheit für den Angriff gaben. Sie hatten nicht nur Befehl, alle französischen Schiffe zu verschonen, sondern mußten sich auch strikt an die Prisenordnung halten. Deutschland hatte das U-Boot-Protokoll von 1936 unterzeichnet, dessen Bestimmungen weitgehend unter britischem Druck formuliert worden waren und darauf abzielten, die U-Boote dadurch unschädlich zu machen, daß sie gezwungen wurden, gegen Handelsschiffe nach der Prisenordnung der Haager Konvention vorzugehen, wie sie für Überwasserschiffe galten. Nach der Prisenordnung war es illegal, ein Schiff zu versenken, »ohne vorher die Passagiere, die Bemannung und die Schiffspapiere an einen sicheren Ort gebracht zu haben. Für diesen Zweck werden die Boote des Schiffes nicht als sicherer Ort angesehen, es sei denn, daß die Sicherheit der Passagiere und der Bemannung bei den herrschenden See- und Wetterverhältnissen durch die Nähe von Land oder durch die Anwesenheit eines anderen Schiffes, welches in der Lage ist, sie an Bord zu nehmen, gewährleistet ist.«

Diese strengen Vorschriften nahmen dem U-Boot seinen größten Vorteil – seine Fähigkeit, plötzlich und unsichtbar aus der Tiefe zuzuschlagen. Die deutsche Seekriegsleitung war entschlossen, diese Handlungsfreiheit so bald wie möglich wiederherzustellen, aber Hitler hatte darauf bestanden, daß die Kriegsmarine die Prisenordnung auf den Buchstaben genau beachtete, da er jede Provokation auf See vermeiden wollte, die seinen Plan, »eine große Friedenskonferenz mit den Westmächten abzuhalten«, beeinträchtigen könnte.

Hitler war überzeugt, daß England und Frankreich eine politische Lösung akzeptieren würden, wenn Polen besiegt war. Deshalb wollte er bei den Neutralen jede Erinnerung an den uneingeschränkten U-Boot-Krieg der Deutschen vermeiden, der 1917 die Vereinigten Staaten in den Krieg gebracht hatte. Schließlich wollte er schon deshalb keinen langen Seekrieg

»Winston ist wieder da!« mit dieser Mitteilung steigerte sich die Siegeszuversicht der Royal Navy, die sofort nach der Kriegserklärung ihre überlegene Stärke einsetzte, um die deutsche Zufuhr zu stoppen.

gegen England beginnen, weil dieser ihn von seinem Hauptziel, der Eroberung von »Lebensraum im Osten«, abgelenkt hätte. Das deutsche Außenministerium bestärkte Hitler in seiner Haltung und bestand darauf, daß der Führer der U-Boote am Nachmittag an seine Kommandanten funkte: »Truppentransporter und Handelsschiffe mit militärischer Ausrüstung sind gemäß der Prisenordnung der Haager Konvention anzugreifen. Feindliche Geleitzüge sind ohne Warnung anzugreifen, unter der Bedingung, daß alle Passagierdampfer mit Passagieren in Sicherheit weiterfahren dürfen. Diese Schiffe sind selbst in einem Geleitzug immun für einen Angriff.«

Weder die Funkmeldung noch seine strikten Befehle beeindruckten den jungen Kommandanten von U-30 sehr, während er den Horizont absuchte. Er war entschlossen, den ersten Schuß auf See abzugeben.

Während die U-Boote an den britischen Schiffahrtswegen auf der Lauer lagen, entwickelte die Royal Navy auf der ganzen Welt bereits ihre überlegene Stärke, um die deutsche Seefahrt zu lähmen. In der Nordsee waren Kreuzerpatrouillen auf ihren Stationen und suchten den Feind. Sie hielten neutrale Schiffe an und durchsuchten sie nach Konterbande. Der Ärmelkanal wurde vermint, und die Home Fleet befand sich auf See, in der Hoffnung, die *Bremen* abzufangen, die über den Nordatlantik der Heimat zustrebte. Auch im Skagerrak und vor den Stützpunkten der Kriegsmarine an der Nordsee hielten britische U-Boote und Flugzeuge Wache.

Hitlers Hoffnungen, größere Kämpfe auf See zu vermeiden, verminderten sich, als er erfuhr, daß einen Tag nach der Kriegserklärung Winston Churchill wieder in die Admiralität zurückgekehrt war. Jahrelang hatte Churchill auf sich gestellt vor der Bedrohung durch die Nazis gewarnt. Jetzt war er entschlossen, den Seekrieg gegen Deutschland so energisch zu führen, wie er es schon im Ersten Weltkrieg getan hatte. Als er in das Amt des Ersten Lords der Admiralität zurückkehrte, ging an die Flotte die Meldung hinaus: »Winston ist wieder da.« Der 65jährige war hocherfreut, als er in seinem Büro dieselbe Karte wiederfand, mit deren Hilfe er 25 Jahre zuvor den Seekrieg gegen den Kaiser geführt hatte. Ohne Zeit zu verlieren, berief er das *Board of Admiralty* zusammen und ging dann persönlich durch alle Abteilungen. Er saß an diesem Abend noch an seinem Schreibtisch, als ihm aus dem Operationsraum der Admiralität die Meldung über den Zwischenfall gebracht wurde, der den langen und erbitterten Krieg gegen die U-Boote auslöste.

In seinen Kriegserinnerungen hat Churchill seine Überlegungen so formuliert: »Schlachten können gewonnen oder verloren werden, Unternehmen gelingen oder scheitern, Gebiete können gewonnen oder verlassen werden, aber entscheidend für unsere Fähigkeit, den Krieg fortzusetzen oder auch nur uns selbst am Leben zu erhalten, war unsere Beherrschung der Ozeanrouten und der freie Zugang und die Einfahrt in unsere Häfen ... Das einzige, wovor ich im Kriege wirklich Angst gehabt habe, war die U-Bootgefahr.«

Das erste Blutvergießen

Kurz nach 19.30 Uhr meldete der Ausguck von U-30 einen großen Dampfer, der sich in der einbrechenden Dunkelheit näherte. Lemp machte die Form eines Passagierdampfers aus, den er wegen des Zickzackkurses für einen Hilfskreuzer hielt. Ohne sich zu vergewissern, ob das Schiff bewaffnet war oder nicht, tauchte er zum Angriff. Als Lemp um 19.43 Uhr die *Athenia* groß in seinem Periskop hatte, gab er den Befehl, einen Torpedofächer loszumachen.

»Ich stand am Oberdeck, als es plötzlich eine fürchterliche Explosion gab«, erinnerte sich Frau Elizabeth Turner aus Toronto. »Ich glaube, ich muß sehr viel Glück gehabt haben, denn als ich mich von dem Schock erholt hatte, sah ich, daß mehrere Männer tot an Deck lagen.« Unten in ihrer Kabine brachte das Ehepaar Tom Conally aus New York gerade seine drei Söhne ins Bett. »Wir alle waren in unserer Kabine, das jüngste Kind war schon im Bett, als sich ohne Warnung die Explosion ereignete. Ohne daß man es uns sagen mußte, erkannten wir, was geschehen war. Wir warfen dem Kind etwas zum Anziehen über und hasteten dann zu den Rettungsbooten. Eine der Luken war auf Deck geschleudert worden, und viele Passagiere waren durch die umherfliegenden Splitter schwer verletzt worden.«

Einer der Torpedos von U-30 traf die *Athenia* an Backbord. Der Hauptstoß der Explosion wurde bei der Zertrümmerung des Schotts zwischen den Kesselräumen aufgefangen, und der Dampfer bekam Schlagseite, als das Wasser in die beschädigten Abteilungen eindrang. Das Schiff hatte 6 Grad Schlagseite nach Backbord, wodurch die Rettungsboote am Oberdeck schwer zu erreichen waren. Die Passagiere in den Speisesälen der Touristen- und der Dritten Klasse waren eingeschlossen, weil die Explosion die Treppen zum Oberdeck zerstört hatte.

Als es dunkel wurde, vermutete Lemp, daß er ohne Risiko sein Werk inspizieren könne. Er tauchte eine halbe Stunde nach der Explosion auf und rief einige Mitglieder seiner Besatzung auf den Kommandoturm, um sich das torpedierte Schiff anzusehen. Der Matrose Adolf Schmidt, der aus einer halben Meile Entfernung den Tumult an Bord beobachtete, gab später zu Protokoll, »daß ich das Schiff mit meinen eigenen Augen gesehen habe, aber daß ich nicht glaube, daß das Schiff unser U-Boot wegen der besonderen Position des Mondes zu dieser Zeit sehen konnte«. Das war ein Irrtum. Das Boot wurde von etwa einem Dutzend Leuten beobachtet, darunter John McEwan aus Glasgow, der voller Entsetzen zusah, »wie sie ihre Kanone auf uns richteten und zwei Schüsse abgaben«.

William Dawson aus Glasgow schilderte die schreckliche Szene: »Kinder suchten schreiend nach ihren Müttern. Mütter rannten zu ihren Kindern. Ich sah ein Mädchen bei seiner Mutter stehen, die mit einer klaffenden Wunde im Kopf auf dem Boden lag. Das Kind legte ein Handtuch auf die Wunde. ›Mammi ist krank‹, sagte sie, ›dies wird sie warmhalten.‹ Wir sahen die Körper von Kindern auf dem Deck und im Wasser. Andere hatten ihre Eltern verloren und rannten schreiend herum. Das Entsetzen verstärkte sich, als die Granaten das Schiff trafen.«

Lemp hatte versucht, die Antennen der *Athenia* wegzuschießen, damit sie keine Funksignale mehr abgeben konnte. Als er das sinkende Schiff beobachtete, erkannte er, daß er in Verletzung sowohl des Völkerrechts wie

Der tragische Irrtum. Mit seinem Torpedoangriff auf den Passagierdampfer *Athenia* in den ersten Stunden der Schlacht im Atlantik verletzte der 26jährige Fritz Julius Lemp (links) nicht nur die Prisenordnung, sondern auch klare Befehle. Als die Überlebenden in Irland an Land gebracht wurden (rechts), richtete sich die ganze Empörung der Weltöffentlichkeit gegen Deutschland.

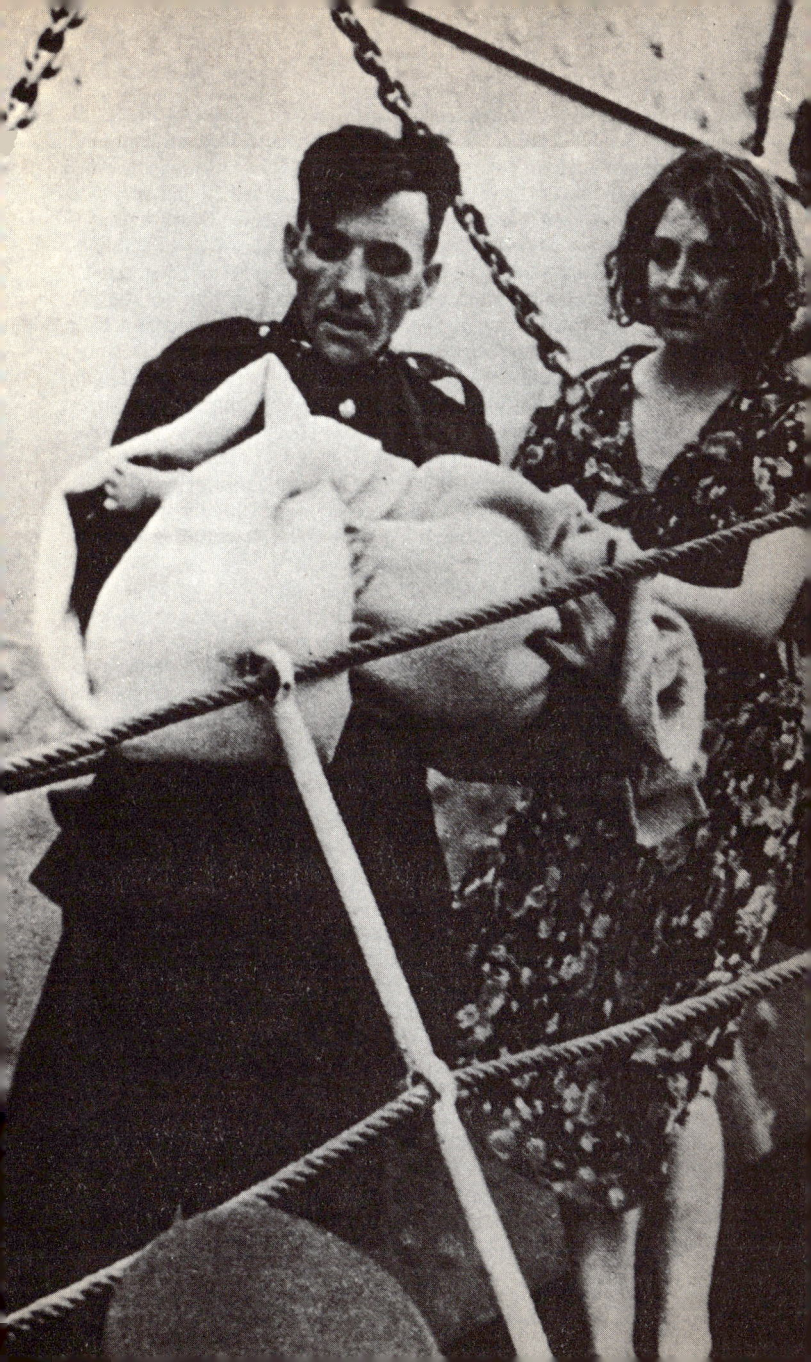

auch seiner strikten Befehle einen Passagierdampfer torpediert hatte. Dann tauchte U-30 ohne zu versuchen, die von dem U-Boot-Protokoll geforderte Hilfe anzubieten. Zehn Tage später wurde Adolf Schmidt bei einem Flugzeugangriff auf das U-Boot verwundet. Lemp verpflichtete ihn unter Eid zur Verschwiegenheit, bevor er ihn am 19. September an der Küste Islands absetzte.

Die dringenden SOS-Funksignale der *Athenia* führten Zerstörer der Royal Navy und Handelsschiffe heran. Sie erreichten den Ort des Angriffs aber erst in den frühen Morgenstunden des folgenden Tages und fanden die *Athenia* noch immer über Wasser, umgeben von ihren Booten. Der norwegische Frachter *Knut Nelson* begann als erster mit der Bergung der Opfer. Dies war in der Dunkelheit und der schweren Dünung ein schwieriges Unterfangen. Ein Matrose und drei andere Besatzungsmitglieder der *Athenia* waren verantwortlich für ein Boot mit 52 Frauen. Er erinnert sich: »Wir fuhren auf das norwegische Schiff los, aber als wir längsseits gingen, wurde unser Boot unter das Heck des Schiffes gezogen. Die Schraube traf uns und schlug den Boden aus dem Boot, nur etwa 8 oder 9 der Insassen überlebten.«

Zwei Zerstörer, der US-Dampfer *City of Flint* und die Motorjacht *Southern Cross* retteten gemeinsam 1300 Überlebende, bevor die *Athenia* am späten Vormittag endgültig mit dem Heck voran in den Wellen versank. Ihre Vernichtung kostete 118 Menschen das Leben, die ersten Verluste der Atlantikschlacht. Noch bevor die schockierten Überlebenden in Galway in Irland an Land gebracht wurden, hatte die Nachricht über den Torpedoangriff auf der ganzen Welt Schrecken und Entsetzen verursacht. In Amerika war die Öffentlichkeit wegen des Verlustes von 22 US-Bürgern empört.

Die Herausforderung an den Isolationismus

Die Admiralität reagierte sofort auf diese erste Versenkung, die man als Warnung verstand: Offenbar war Deutschland entschlossen, mit einem uneingeschränkten U-Boot-Krieg Englands Schiffahrt zu lähmen. Das Überleben des Inselreiches aber hing von der Flotte von 3000 Hochsee-Handelsschiffen ab, die jede Gallone Öl, die Hälfte der Lebensmittel und den größten Teil der Rohstoffe für die Industrie in das Land brachten. Die Wirtschaft des Landes war abhängig von Schiffen, die Englands Industrieprodukte auf die Märkte der Welt brachten. Wenn es den U-Booten gelang, diese Lebensadern abzuschneiden, würde England verhungern.

Die bitteren Lektionen des Ersten Weltkrieges hatten gezeigt, wie verwundbar England durch eine Blockade war. Im Frühjahr 1917 war das Land durch den uneingeschränkten U-Boot-Krieg an den Rand der Nie-

CLEVELAND PLAIN DEALER
FINAL EXTRA

BRITISH SHIP WITH 1,400 ABOARD IS TORPEDOED AS EUROPE GOES TO WAR

BRITAIN, FRANCE ACT; BLOCKADE OF BALTIC ON

BULLETIN
LONDON, Sept. 3—(UP)—The Admiralty announced tonight that the British Navy has started a blockade of Germany, presumably blocking the entrance to the Baltic at Skagerrak. The British home fleet reserve fleets are in the North Sea, stretched across the Scandinavian Peninsula.

By J. C. STARK
LONDON, Sept. 3—(AP)—Great Britain and France went to war against Germany today.
Prime Minister Chamberlain's announcement of momentous decision was followed quickly by a

Liner Athenia Struck by Torpedo West of the Hebrides

246 AMERICANS ON BOAT WHICH RADIOS 'SINKING'

BULLETIN
WASHINGTON, Sept. 4—(Monday)—(AP)—United States Ambassador Kennedy at London reported today that the British admiralty had so far been unable to determine whether the steamer Athenia had sunk or whether rescue arrangements were being made.

LONDON, Sept. 4—(Monday)—Germany struck the first blow at England as the 13,581-ton British liner Athenia, with at least 101 Americans among her 1,400 passengers, was torpedoed early today 200 miles off the Hebrides, west of Northern Scotland.

Im Kampf um die öffentliche Meinung in den Vereinigten Staaten stellte die Versenkung der *Athenia* einen schweren Rückschlag für die deutsche Propaganda und Politik dar. Würde der U-Bootkrieg erneut dazu führen, daß die Amerikaner auf dem europäischen Kriegsschauplatz eingriffen? Hitler und Goebbels wollten das auf alle Fälle verhindern, und so wurde Winston Churchill beschuldigt, er selbst habe die *Athenia* auf den Grund des Meeres geschickt.

derlage gebracht worden. Über 800 000 Tonnen Schiffsraum waren im schwarzen Monat April vernichtet worden, als jedes vierte Schiff, das einen Hafen verließ, seinen Bestimmungsort nicht erreichte. Nur die verspätete Einführung der Geleitzüge hatte die U-Boote geschlagen.

Nach dem Torpedoangriff auf die *Athenia* befahl Churchill die sofortige Einführung eines umfassenden Geleitzugsystems. Er sagte am nächsten Morgen vor dem Kriegskabinett, daß das Abweichen der Handelsschiffe von den üblichen Routen nicht ausreichen würde, um sie vor den Torpedos zu schützen, wenn die Deutschen das U-Boot-Protokoll ignorierten. Er kündigte auch Offensivmaßnahmen an, die auf der geltenden Taktik der

Admiralität beruhten, U-Boote durch Jagdgruppen zu bekämpfen. Diese Taktik entsprach dem Wunsch der Royal Navy nach aggressiven Handlungen, aber angesichts der Erfahrung aus dem Ersten Weltkrieg, die gezeigt hatte, wie nutzlos es war, U-Boote auf dem ganzen Ozean zu jagen, war sie längst überholt. Weit bessere Ergebnisse konnten erzielt werden, wenn man die U-Boote zwang, eskortierte Geleitzüge anzugreifen.

Die Admiralität, die sich darüber im klaren war, daß die Deutschen ihre Angriffe auf die Lebensadern des Empire wiederaufnehmen könnten, hatte 1937 einen Beratungsausschuß, das Shipping Defence Advisory Committee, eingesetzt. Der Ausschuß war der Meinung, daß vor allem die Atlantikrouten in Gefahr waren, die Hauptnachschublinien für den größten Teil der jährlich importierten 55 Mill. Tonnen Nahrungsmittel und Rohstoffe. Bedroht waren vor allem die Western Approaches, das Seegebiet westlich der Britischen Inseln, in dem alle Schiffahrtsrouten zusammenliefen.

Die entscheidende Bedeutung des Nordatlantiks wurde im Frühjahr 1939 in einem anglo-französischen Stabsbericht hervorgehoben, in dem es hieß, daß man sich im Falle eines Krieges bei der Lieferung zahlreicher Rohstoffe und Industriegüter auf die Vereinigten Staaten von Amerika verlassen müßte. England verließ sich in hohem Maße auf Kanada, besonders wegen des Weizens. Darüber hinaus hatten England und Frankreich in Nordamerika viele »Industriegüter« bestellt, als sie nach der Krise von München ihre Streitkräfte neu ausrüsteten. Die Franzosen hatten die Führung übernommen, als sie den energischen Jean Monnet an die Spitze einer französischen Einkaufsmission stellten, die einen Auftrag über nicht weniger als 555 Flugzeuge erteilt hatte. England war abhängig von US-Lieferungen von Phosphaten, Schwefel und Baumwolle sowie von großen Mengen von Werkzeugmaschinen. Wenn ihnen diese lebenswichtigen Importe entzogen wurden, war keines der beiden Länder in der Lage, der überlegenen militärischen und industriellen Macht Nazi-Deutschlands lange entgegenzutreten.

Die Versenkung der *Athenia* wurde von den Engländern als Gelegenheit betrachtet, die Deutschen wegen der brutalen Mißachtung amerikanischer Rechte zu verurteilen. Churchill sagte vor dem Kriegskabinett: »Das Vorkommnis sollte eine hilfreiche Auswirkung auf die öffentliche Meinung in den Vereinigten Staaten haben!« Die britische Regierung rief das Gespenst der *Lusitania* wach, die 1915 mit 128 Amerikanern an Bord untergegangen war und dazu beigetragen hatte, die Vereinigten Staaten zwei Jahre später in den Krieg zu bringen. Die neueste deutsche Greueltat zeigte, daß die U-Boot-Offensive im Atlantik erneut das Leben amerikanischer Bürger und die Interessen der Vereinigten Staaten bedrohte.

Im Jahre 1939 hatte sich Amerika auf eine Politik der strikten Neutralität festgelegt, obwohl Präsident Roosevelt und sein Außenminister, Cordell Hull, lange zuvor erkannt hatten, daß es für die Vereinigten Staaten unmöglich war, sich gegenüber den Weltereignissen völlig zu isolieren. »Es liegt in unserem eigenen außenpolitischen Interesse«, stellte er fest, »England und Frankreich zu unterstützen, zunächst in der Bemühung, den Krieg zu verhindern, dann aber darin, den Krieg zu gewinnen, wenn er doch kommt.«

Die amerikanische öffentliche Meinung sah den Krieg jedoch nicht so, und viele führende Politiker waren entschlossen, eine strikte Neutralität zu bewahren. Diese Haltung war tief in den Traditionen der Vereinigten Staaten verwurzelt. Schon George Washington hatte vor der »Verwicklung in Allianzen« gewarnt, und der heftigen Reaktion auf die Opfer amerikanischer Soldaten im Ersten Weltkrieg war eine Rückkehr zum Isolationismus gefolgt. Darüber hinaus herrschte im Kongreß der Verdacht vor, das Finanz-Establishment des amerikanischen Ostens habe ein großes Interesse daran, die Vereinigten Staaten in den Krieg zu verwickeln.

Starke Unterstützung für den Isolationismus fand sich bei den zwölf Millionen US-Bürgern deutscher Abstammung und den fünfzehn Millionen irischen Amerikanern. Obwohl sie die Nazis nicht unterstützten, waren sie gegen Hilfe für England. »Sie wollen keinen Kommunismus, Nazismus oder Faschismus«, schrieb ein Beobachter, »aber sie wollen auch keinen britischen Imperialismus. Sie wollen Amerikanismus.« Als die Krise in Europa im Sommer 1939 zum Sieden kam, hatten sich diese Gefühle zum Pazifismus kristallisiert.

Die Politiker in Washington hatten auch schon ein Mittel gefunden, das den Präsidenten daran hindern sollte, die Vereinigten Staaten in den Krieg zu manövrieren. Vom Kongreß war schon 1936 eine umfangreiche Neutralitätsgesetzgebung verabschiedet worden. Danach mußte der Präsident im Falle eines Krieges ein Waffenembargo erklären, wodurch es für jeden Amerikaner strafbar wurde, Waffen an einen kriegführenden Staat zu liefern. Es war US-Bürgern verboten, auf Schiffen kriegführender Staaten zu reisen, und es wurden Kredite an Staaten verboten, die ihre Schulden aus dem Ersten Weltkrieg nicht bezahlt hatten.

Dies war besonders peinlich für England, das den Vereinigten Staaten aus dem Ersten Weltkrieg noch zwei Milliarden Dollar schuldete. Sir John Simon, der Schatzkanzler, erklärte dem Kabinett am 8. September: »Unsere gesamten Mittel sind viel geringer als beim Beginn des letzten Krieges.« Die Reserven betrugen wenig mehr als eine Milliarde Pfund, und Simon hatte Grund zu dem Hinweis, daß England ohne Kredite einen längeren Krieg auch finanziell gar nicht durchstehen konnte: »Die Tür zu den Vereinigten Staaten ist durch das Johnson-Gesetz gegen Kriegsschuldner und durch die Neutralitätsgesetzgebung doppelt versperrt . . . Es ist offensichtlich, daß wir in ernster Gefahr sind, daß unsere Goldreserven in einem Ausmaß erschöpft werden, das uns außerstande setzt, Krieg zu führen, wenn der Krieg länger dauert.«

Weil England und Frankreich wußten, daß sie von amerikanischen Lieferungen abhängig waren, hatten die Stabschefs der beiden Länder ihre Hoffnungen auf den amerikanischen Präsidenten gesetzt. Bei ihren Plänen gingen sie von der Annahme aus, »daß er alles in seiner Macht Stehende tut, um England und Frankreich zu unterstützen«. Ihr Optimismus war nicht ohne Grundlage. Obwohl der Kongreß sehr ablehnend blieb, war sich Roosevelt völlig bewußt, in welchem Grade Amerikas industrielle und finanzielle Stärke gebraucht wurden. Er hatte schon im Januar 1939 durchblicken lassen, daß »es viele Methoden gibt, die geringer sind als Krieg, aber stärker als reine Worte, um Aggressorstaaten die vereinten Gefühle unseres eigenen Volkes klarzumachen«. Seine Bemühungen, unmittelbar darauf die Neutralitätsgesetze zu revidieren, waren allerdings am konsequenten Isolationismus der Volksvertreter gescheitert. Der Präsident mußte befürchten, daß er jetzt, nach dem Ausbruch des Krieges, gezwungen sein würde, England und Frankreich die kostbaren Waffen zu verweigern, die sie bei der amerikanischen Industrie bestellt hatten. Ehe diese katastrophale Lage eintrat, wollte der Präsident allerdings noch einen Versuch unternehmen, den Kongreß davon zu überzeugen, durch eine begrenzte Abänderung der Gesetze wenigstens die Aufhebung des Waffenembargos zu akzeptieren.

In einem sogenannten »Kamingespräch«, das wenige Stunden nach Chamberlains Kriegserklärung über den Rundfunk ausgestrahlt wurde, erkannte Roosevelt die tiefverwurzelte Liebe zur Neutralität ausdrücklich an. Gleichzeitig enthüllte er jedoch seine Absicht, den Atlantik genau zu beobachten. Die amerikanische Sicherheit sei gebunden an die Sicherheit der westlichen Hemisphäre und der benachbarten Meere. »Wir versuchen, den Krieg von unseren Kaminen fernzuhalten, indem wir ihn von Amerika fernhalten.« Bezeichnenderweise zeigte Roosevelt in dieser ersten Rundfunksendung im Kriege auch schon die Bereitschaft, den europäischen Demokratien zu helfen: »Diese Nation wird eine neutrale Nation bleiben, aber ich kann nicht verlangen, daß jeder Amerikaner neutral bleibt. Selbst ein Neutraler hat ein Recht, die Tatsachen zu berücksichtigen. Selbst ein Neutraler kann nicht seinen Verstand oder sein Gewissen verschließen.« Roosevelt hatte sich bereits entschlossen, den Kongreß wieder einzuberufen, damit seine Regierung der isolationistischen Opposition gegenübertreten und den Widerruf des Waffenembargos durchsetzen konnte. Der Präsident war überzeugt, daß die Vereinigten Staaten es sich nicht leisten konnten, einem Krieg zwischen den Demokratien und der Nazi-Diktatur einfach zuzusehen.

Die Möglichkeit eines amerikanischen Kriegseintritts war genau das, was Hitler fürchtete, und das »Kamingespräch«, dem die Nachricht von der Versenkung der *Athenia* folgte, machte ihn äußerst vorsichtig. Die Empörung über solche Zwischenfälle in der amerikanischen Öffentlichkeit würde es Roosevelt erleichtern, Deutschlands Gegnern zu helfen. So befahl Hitler am 4. September, nachdem die Seekriegsleitung wegen der strikten Funkstille nicht in der Lage war, zu bestätigen oder zu dementieren, daß eines der U-Boote verantwortlich war, die Übermittlung eines besonderen Funkbefehls: »Auf Anordnung des Führers zunächst keinerlei Feindhandlungen gegen Passagierdampfer, auch wenn im Geleit.«

Gleichzeitig wurden die deutsche Presse und der Rundfunk angewiesen, die Verantwortung für die Versenkung abzustreiten. Admiral Raeder versicherte dem US-Marineattaché in Berlin am 13. September, die *Athenia* könne unmöglich von einem deutschen U-Boot versenkt worden sein, weil »unser nächstes Unterseeboot von der Torpedierungsstelle 75 Seemeilen abstand«. Das Parteiorgan *Völkischer Beobachter* verstieg sich sogar zu der Behauptung, daß Winston Churchill den Versuch unternommen hätte, »das Schiff durch Explosion einer Höllenmaschine zu versenken . . ., damit sich der Zorn des von ihm belogenen amerikanischen Volkes gegen Deutschland als den vermeintlichen Urheber der Tat richten sollte«.

Dieser Propaganda setzten die Briten eine energische Kampagne entgegen, mit der sie die U-Boote als gnadenlose Vernichter von Schiffen und Mörder von wehrlosen Frauen und Kindern hinstellten. In England schlugen die Wogen der antideutschen Stimmung so hoch, daß die *Times* davor warnte, Dackel schlecht zu behandeln. Schließlich könnten die armen Hunde ja nichts dafür, »daß sie als typisch deutsch gelten«.

Die meisten U-Boot-Kommandanten waren darauf bedacht, sich nicht wie »bestialische Deutsche« zu verhalten, und taten ihre Pflicht zunächst so ritterlich wie möglich. Wenn ihre Opfer Widerstand leisteten, gerieten die U-Boote daher häufig in große Gefahr. Das mußte auch Kapitänleutnant Herbert Schultze feststellen, als er am Tag nach der Versenkung der *Athenia* vor der Biskaya auftauchte und dem britischen Dampfer *Royal Sceptre* einen Kanonenschuß vor den Bug setzte: Der Dampfer erhöhte sofort die Geschwindigkeit und funkte SOS. Schultze blieb nichts anderes übrig, als die *Royal Sceptre* mit einem gutgezielten Schuß mittschiffs zu stoppen. Neben ihm auf dem Kommandoturm von U-48 stand sein Erster Wachoffizier Reinhard Suhren: »Wir ließen die Leute in ihre Rettungsboote steigen und torpedierten das Schiff dann. Minuten später wurde ein anderes Schiff gesichtet, der britische Dampfer *Browning*. Schultze fragte mich, was wir tun sollten: ›Die Leute aussteigen lassen und das Schiff dann versenken?‹ Es war eine schwierige Entscheidung, denn die Rettungsboote der *Royal Sceptre* standen viele hundert Meilen draußen im Atlantik mit geringer Hoffnung auf Rettung. Die Besatzung der *Browning* verließ ihr Schiff, und die Leute waren schon in den Rettungsbooten. Unter ihnen war eine brasilianische Frau, die uns ihr Baby entgegenhielt. Danach brachten wir es nicht mehr fertig, das Schiff zu torpedieren. Wir sagten den Offizieren, daß sie ihre Boote zur *Browning* zurückbringen und dann die Überle-

benden der *Royal Sceptre* aufnehmen sollten. Wir stellten eine Bedingung: Sie sollten ihr Funkgerät nicht benutzen.«

Der britische Dampfer *Blairlogie* war das erste Schiff, auf das U-30 seit der Versenkung der *Athenia* traf. Diesmal beachtete Lemp die Prisenordnung sorgfältig und teilte sogar Schnapsflaschen und Zigaretten an die Rettungsboote aus. Die *Blairlogie* war das vierzehnte versenkte Schiff, wodurch der gesamte Tonnageverlust nach einer Kriegswoche auf über 80 000 Tonnen stieg. Es war ein guter Start für die U-Boote, aber nach Einführung der Geleitzüge und einer Verstärkung der Luft- und Seepatrouillen meldete Churchill: »Aus unserer Sicht war das Schlimmste vorüber.«

Das Kriegskabinett überschätzte dabei die Erfolge seiner eigenen Angriffsoperationen. Am Nachmittag des zweiten Kriegstages hatte die RAF ihren ersten Angriff gegen die Kriegsmarine geflogen. Unter strikter Einhaltung des Völkerrechts, das das Bombardieren von zivilen Zielen untersagte, griffen 29 Blenheim-Bomber die Marine-Reede bei Wilhelmshaven an. Der einzige Schaden trat ein, als ein Pilot verzweifelt seinen brennenden Bomber auf das Vorschiff des Leichten Kreuzers *Emden* stürzen ließ und zwölf Matrosen tötete. »Ist das Krieg?« fragte die deutsche Presse, aber die britische Öffentlichkeit war begeistert, zumal man ihr nicht sagte, daß sieben Flugzeuge abgeschossen worden waren und daß die Bomben, die das Panzerschiff *Scheer* getroffen hatten, nicht explodiert waren. Ein gleichzeitiger Angriff aus großer Höhe auf die vor Brunsbüttel an der Elbe ankernden *Scharnhorst* und *Gneisenau* war ebenfalls mißlungen.

Die Bombenangriffe, die kurz nach der Rückkehr der *Emden* von einem Vorstoß in die Nordsee erfolgten, verstärkten die allgemeine Befürchtung in der Kriegsmarine, daß sie mit dem Rücken zur Wand stand. Immerhin war ihr die Royal Navy zehnfach überlegen. Es wurde jedoch bald klar, daß die deutsche Furcht vor der drohenden Vernichtung ihrer kleinen Flotte verfrüht war. Abgesehen von dem Angriff auf Wilhelmshaven verfolgten die Briten und Franzosen eine vorsichtige Politik, da sie glaubten, daß eine wirksame Seeblockade Hitler zur Vernunft bringen würde, ohne daß Vergeltungsschläge der Luftwaffe riskiert werden mußten.

Noch wird die Prisenordnung befolgt! Der *Athenia*-Zwischenfall veranlaßte die deutschen Kommandanten, sich noch strenger an das U-Bootprotokoll von 1935/36 zu halten. Die Boote forderten das gestellte Handelsschiff zum Anhalten auf und ließen die Mannschaft von Bord gehen, ehe sie den Gegner versenkten. Die Mannschaft der *Kensington Court* (links), die KL Büchel (U-32) am 18.9.39 bei Lands End versenkte, wurde bald von Flugbooten des Coastal Command aufgenommen.

Die Angriffshandlungen gegen das Reich beschränkten sich auf das Abwerfen von Flugblättern. Der Schriftsteller Noel Coward, der im britischen Propagandabüro in Paris tätig war, kommentierte sarkastisch: »Es mag vielleicht die Politik der Regierung Ihrer Majestät sein, die Deutschen zu Tode zu langweilen, aber ich glaube nicht, daß wir genügend Zeit dazu haben.« Briten und Franzosen waren übereingekommen, Roosevelts Appell an alle Kriegführenden zu respektieren, daß Luftbombardements ziviler Anlagen oder nicht befestigter Städte unterbleiben sollten. Hitler hatte ebenfalls seine Zusage telegrafiert – während die Luftwaffe weiter polnische Städte angriff.

Der Oberbefehlshaber der Kriegsmarine, Großadmiral Erich Raeder, erkannte an, daß es notwendig war, sich während der ersten Wochen des Krieges auf See zurückzuhalten, und widerstand den Argumenten der Seekriegsleitung, die verlangte, daß die U-Boote rücksichtslos zuschlagen sollten, bevor die Briten ihr Geleitzugsystem wirksam organisierten. Er hoffte zuversichtlich, daß Hitler die Feindseligkeiten auf den »polnischen Zwischenfall« begrenzen könnte. »Angriffshandlungen nicht forcieren und eigene Kräfte zunächst schonen«, folgerte er.

Denn obwohl die amerikanischen Neutralitätsgesetze den Präsidenten gezwungen hatten, das Embargo gegen Lieferungen an England und Frankreich anzuwenden, konnte sich Hitler keine Illusionen über Roosevelts eigentliche Absichten machen. Am 12. September hatte er folgende Meldung vom deutschen Geschäftsträger in Washington, Hans Thomsen, erhalten: »Roosevelt glaubt einstweilen noch, Vereinigte Staaten aus Krieg dadurch heraushalten zu können, daß er durch unbeschränkte Ausfuhr von Waffen, Kriegsgeräten und kriegswichtigen Rohstoffen Siegesaussichten Alliierter stärkt. Sollten aber Alliierte in Gefahr einer Niederlage geraten, ist Roosevelt zum Krieg gegen Deutschland entschlossen, und zwar auch gegen Widerstände im eigenen Land.«

Roosevelt war sich durchaus bewußt, daß er Hitler indirekt half, wenn er den Alliierten die Waffen verweigerte. Aber die Neutralitätsgesetze ließen ihm keine andere Wahl, und die günstigste Änderung, die von dem isolationistischen Kongreß erwartet werden konnte, war der Ersatz des Embargos durch ein »Cash-and-Carry«-System. Das hieß, daß Waffen geliefert wurden, wenn die Alliierten sie bar bezahlten und mit eigenen Schiffen nach Europa transportierten. Um Chamberlain zu beruhigen, schrieb der Präsident ihm am 11. September: »Ich hoffe und glaube, daß wir das Waffenembargo noch in diesem Monat abschaffen werden, und dieses Ziel ist ein fester Bestandteil der Politik der Regierung.« Chamberlains Antwort zeigt, daß er immer noch auf einen politisch-moralischen Sieg hoffte, zu dem die amerikanische Haltung beitragen sollte: »Ich glaube, daß wir nicht durch einen vollständigen, spektakulären militärischen Sieg gewinnen werden, was unter modernen Bedingungen höchst unwahrscheinlich ist, sondern indem wir die Deutschen überzeugen, daß sie nicht gewinnen können.«

Das Wunschdenken des britischen Premiers beunruhigte Roosevelt. Er hatte fast den Verdacht, daß Chamberlain französischem Druck unterliegen und versucht sein könnte, einen Verhandlungsfrieden zu suchen. Deshalb hatte der amerikanische Präsident am 11. September nicht nur dem britischen Premierminister geschrieben, sondern unter Umgehung aller offiziellen Kanäle Winston Churchill, dem einzigen Mitglied der britischen Regierung, dem er zutraute, energischen Widerstand gegen ein neues »München« zu leisten, eine »private Leitung« zum Weißen Haus angeboten. »Mein lieber Churchill«, schrieb Roosevelt, »da Sie und ich im Weltkrieg eine ähnliche Funktion gehabt haben, möchte ich Sie wissen lassen, wie sehr ich mich darüber freue, daß Sie wieder in der Admiralität sind. Ich bin mir durchaus bewußt, daß Ihre Aufgaben durch neue Faktoren kompliziert werden, aber im wesentlichen hat sich kaum etwas geändert . . . Ich werde es immer begrüßen, wenn Sie mich persönlich über alles informiert halten, was Sie mir mitteilen wollen. Sie können mir jederzeit in Ihrer oder meiner Diplomatenpost versiegelte Briefe zuschicken . . .«

Die beiden Männer hatten sich zuvor nur einmal kurz im Jahre 1918 getroffen, als Roosevelt Stellvertretender Marineminister war. Churchill war hoch erfreut, als er den Brief erhielt. Unter dem Pseudonym »Former Naval Person« (»Ehemaliger Angehöriger der Marine«) begann er einen lebhaften Gedankenaustausch mit Roosevelt. Als der amerikanische Präsident fünf Jahre später starb, umfaßte diese Korrespondenz, die zu den wichtigsten der Weltgeschichte gehört, mehr als tausend persönliche Telegramme und Briefe. Diese enge Beziehung zwischen Roosevelt und Churchill wurde zur Grundlage für das atlantische Bündnis.

In den ersten Monaten des Krieges glich diese »private Leitung« zwischen der Admiralität und dem Weißen Haus die pessimistischen Berichte von Botschafter Joseph Kennedy aus. Seit sein Sohn John Deutschland besucht und ihm einen glühenden Bericht über die immense industrielle und militärische Stärke des Reiches gegeben hatte, glaubte der irisch-amerikanische Millionär und Bankier, der die Vereinigten Staaten in London vertrat, daß England und Frankreich Hitler nicht standhalten könnten. Am 30. September meldete er dem Präsidenten: »Ich habe in dieser Woche noch mit keinem Militär- oder Marine-Experten irgendeiner Nation gesprochen, der glaubt, daß England überhaupt eine Chance hat...« Prominente amerikanische Industrielle wie Henry Ford, der die deutsche Industrie ebenfalls gesehen hatte, waren gleichermaßen überzeugt, daß England dem »Dritten Reich« nicht gewachsen war. Eine andere einflußreiche Stimme, die die Amerikaner drängte, sich nicht in den Krieg verwickeln zu lassen, war der Nationalheld Oberst Charles Lindbergh, ein persönlicher Freund seines Fliegerkameraden Hermann Göring und ein Bewunderer der Luftwaffe.

Als am 21. September 1939 die Sondersitzung des Kongresses eröffnet wurde, entstand eine heftige Auseinandersetzung um das »Cash-and-Carry«-System. Der isolationistische Senator McNary erklärte: »Wenn wir die ganzen Neutralitätsgesetze widerrufen, könnte die Welt glauben, daß wir unsere Neutralität widerrufen!« Senatoren und Abgeordnete wurden mit Briefen, Telegrammen und Petitionen bombardiert. Die Kampagne gegen die Vorschläge des Präsidenten fand in höchsten Kreisen ebenso Unterstützung wie bei der faschistischen Vereinigung von Fritz Kuhns »Amerika-Deutschem Volksbund«.

Roosevelt, ein Anhänger von Admiral Mahans Philosophie über die Seemacht, hatte ein sehr klares Verständnis der strategischen Kernfragen, die auf dem Spiele standen. Wenn England besiegt wurde, kontrollierte die Wehrmacht die europäischen Küsten, und Deutschland konnte den Sprung nach Südamerika wagen, wo der deutsche wirtschaftliche und politische Einfluß schon zu spüren war. Anderseits besaßen die Vereinigten Staaten keine ausreichend starke Flotte, um einer Drohung der Nazis im Atlantik zu begegnen und gleichzeitig mit der wachsenden Gefahr einer japanischen Ausdehnung im Pazifik fertig zu werden. Seit der Krise von München im Jahre 1938 war damit begonnen worden, die US-Flotte aufzurüsten, aber sie war im wesentlichen noch eine »one ocean navy«, und Roosevelt mußte sich darauf verlassen, daß die Royal Navy den Atlantik beherrschte. Er war jedoch bereit, jede Hilfe zu leisten, und bei geheimen anglo-amerikanischen Stabsgesprächen war im Mai in Washington vereinbart worden, daß im Falle eines Krieges »die Beherrschung des West- und Südatlantiks sowie des Pazifiks von der US-Flotte sichergestellt werden müsse«. Bei privaten Gesprächen mit König George VI. während des Staatsbesuches im Juli hatte der Präsident durchblicken lassen, daß es seine Absicht war, die US-Marine bis zu tausend Meilen in den Atlantik hinaus patrouillieren zu lassen.

Diese geheimen Vorschläge waren von den Briten begrüßt worden, die sich allerdings fragten, wie der Präsident diesen »Keuschheitsgürtel« anbringen wollte, ohne die strikte Neutralität der USA zu kompromittieren. Roosevelts Lösung war charakteristisch und findig. Am 14. September berief er eine Sonderkonferenz aller 21 amerikanischen Republiken nach Panama ein, um erneut eine Monroe-Doktrin beschließen zu lassen und sie davor zu schützen, in den Krieg in Europa hineingezogen zu werden. Der bedeutendste praktische Schritt in der Panama-Akte vom 2. Oktober war die Erklärung einer Neutralitätszone. Diese Zone schnitt einen breiten Gürtel des Westatlantiks von Kanada bis zur Spitze Südamerikas ab, der zwischen 300 und 1000 Meilen breit war. Diese Gewässer sollten für Kriegsschiffe der kriegführenden Parteien gesperrt und durch das neu aufgestellte Atlantikgeschwader der US-Navy geschützt werden. Drei Schlachtschiffe, acht Kreuzer und eine starke Zerstörerstreitmacht sollten in diesem Gebiet patrouillieren und dabei eng mit den Schiffen der US-Küstenwache zusammenarbeiten.

Während die Vereinigten Staaten mit ihrer »Neutralitätszone« der Kriegsmarine den Zugang zum Westatlantik versperrten, verstärkten die Engländer ihre Abwehrmaßnahmen in den Seegebieten rund um die Britschen Inseln. Es wurden Geleitzüge organisiert, und am 14. September hatte die Royal Navy ihr erstes U-Boot versenkt. Als U-39 den Flugzeugträger *Ark Royal* verfehlt hatte, waren seine Torpedos im Kielwasser des Trägers explodiert und hatten zwei Zerstörer alarmiert, die das U-Boot mit

»Ein wunderbarer Erfolg!« notierte Dönitz, als Kapitänleutnant Schuhart (U-29) am 17. 9. 1939 den britischen Flugzeugträger *Courageous* versenkte. Die Admiralität war gezwungen, ihre Flugzeugträger zurückzuziehen. In der Verteidigung der Geleitzüge entstand eine riesige Lücke.

ihren Asdic-Geräten orteten und mit Wasserbomben versenkten. Drei Tage später wurde U-39 auf dramatische Weise gerächt, als der Flugzeugträger *Courageous*, der U-Boot-Patrouille in den Western Approaches fuhr, von Kapitänleutnant Otto Schuhart gesichtet wurde. Schuhart, der Kommandant von U-29, beschloß, den Träger abzufangen. »Zu dieser Zeit sah es wie ein hoffnungsloses Unternehmen aus. Wegen der Flugzeuge konnte ich nicht auftauchen, und meine Unterwassergeschwindigkeit war weniger als 8 Knoten, während der Träger 26 laufen konnte. Aber bei der Ausbildung war uns eingeschärft worden, daß wir immer in der Nähe bleiben sollten, und genau dies tat ich und folgte ihm getaucht, bis ich nahe genug war, um zu feuern. Nachdem wir unsere Torpedos losgemacht hatten, herrschte gespannte Stille im Boot, bis wir sicher waren, daß wir Erfolg gehabt hatten. Dann konnten wir, ohne daß wir sehen konnten, die Explosionen hören.«

Fünfzehn Minuten nach den Treffern sank der 22 500-Tonnen-Flugzeugträger und mit ihm 518 Offiziere und Matrosen. Schuhart entkam den Wasserbomben, aber der Name seines Opfers wurde erst am nächsten Tage bekannt, als die BBC die Nachricht ausstrahlte, die *Courageous* sei versenkt worden.

Die britische Öffentlichkeit war genauso schockiert wie das Kriegskabinett, das darauf bestand, daß nun die *Ark Royal* sofort von ihren Einsätzen

gegen U-Boote zurückgerufen wurde. Die Leichtigkeit, mit der Schuhart durch den Asdic-Schirm der Zerstörer geschlüpft war, erregte die ersten Zweifel an seiner Wirksamkeit. Es stellte auch die Taktik der aggressiven U-Boot-Jagd der Royal Navy in Frage, weil der Abzug der Träger und ihrer Flugzeuge eine riesige Lücke in der Geleitzugverteidigung in den gefährlichen Gewässern der Western Approaches hinterließ. Der Abzug der Trägerjagdgruppen unterstrich auch den ernsten Mangel an Kriegsschiffen zur Sicherung der Geleitzüge. Um die Effektivität des Geleits zu verbessern, hätte die Admiralität gern die irischen Stützpunkte Berehaven und Lough Swilly wieder benutzt, die den Eskorten in den Western Approaches 200 Meilen mehr Reichweite verschafft hätten. Diese Häfen, die Churchill die »Wachttürme der Western Approaches« genannt hatte, waren aber 1938 als Geste guten Willens an Irland zurückgegeben worden, und nun wurde die Frage ihrer Benutzung durch die Engländer mit dem Problem der irischen Einheit verbunden. Eamon de Valera, Irlands Premierminister, war nicht bereit, sie ohne Konzessionen Englands in der Nordirlandfrage der Royal Navy zu übergeben.

Churchill war ungehalten über de Valeras Unnachgiebigkeit und drängte auf eine gewaltsame Besetzung der irischen Häfen. Aber das Kriegskabinett war vorsichtiger. Es war nicht ratsam, die einflußreiche irisch-amerikanische Lobby auf die Barrikaden zu treiben, solange der Kongreß noch über eine Änderung der Neutralitätsgesetzgebung stritt. Das Ergebnis war so unentschieden, daß Roosevelt einen Besuch des Generalgouverneurs von Kanada absagen mußte: »Ich führe buchstäblich einen Eiertanz auf. Nachdem ich meine Botschaft an den Kongreß gerichtet und gute Aussichten habe, daß der Entwurf durchgeht, sage, sehe und höre ich im Moment nichts.«

Präsident Roosevelts freundliche Haltung gegenüber den Alliierten und die Aussicht, daß der Kongreß das Waffenembargo aufheben würde, ließen Churchill den Krieg auf See optimistischer sehen. Als er sich am 26. September erhob, um im House of Commons eine neugierig erwartete Erklärung abzugeben, konnte er mitteilen, die Versenkungsrate habe sich in den letzten Wochen vermindert. Dementsprechend zog er die Bilanz, der Angriff der U-Boote auf den britischen Handel sei vorerst gescheitert.

Ein politischer Sieg für England

Am selben Nachmittag befahl das Oberkommando der Kriegsmarine in Berlin den beiden Panzerschiffen *Graf Spee* und *Deutschland,* die in abgelegenen Gebieten des Atlantiks auf der Lauer lagen, ihre Angriffe auf die Schiffahrtsrouten zu beginnen. Die Entscheidung, den Überwasserkrieg gegen den britischen Seehandel zu eröffnen, war drei Tage vorher gefallen.

Raeder hatte Hitler erläutert, daß die Wirksamkeit der U-Boote wegen der politischen Rücksichten stark eingeschränkt sei. Die vorsichtigen Weisungen Hitlers, keine Angriffe auf Passagierschiffe zu unternehmen, hatten die U-Boote davon abgehalten, die Truppentransporter anzugreifen, auf denen das britische Expeditionskorps nach Frankreich gebracht wurde.

Hitler wandte ein, daß eine Verschärfung des Seekrieges seine Strategie, einen Keil zwischen England und Frankreich zu treiben, gefährden würde, aber er akzeptierte, daß die französischen Kriegsschiffe angegriffen werden durften und daß die U-Boote ohne Warnung feindliche Handelsschiffe versenken durften, weil angenommen werden könne, daß sie bewaffnet seien. Passagierschiffe waren aber noch immer ausgenommen, und Hitler befahl, »man solle . . ., wenn möglich, gelegentlich mal einen Neutralen besonders gut behandeln, um zu zeigen, daß das System nicht grundsätzlich geändert sei«. Die Angriffe der Panzerschiffe auf die atlantischen Handelswege sollten mit dem Auslaufen einer neuen Welle von U-Booten koordiniert werden. Nachdem die *Deutschland* vor Grönland von ihrem Versorgungstanker Treibstoff übernommen hatte, nahm sie Kurs auf die Schiffahrtsrouten im Nordatlantik vor Bermuda. 3000 Meilen entfernt im Mittelatlantik steuerte die *Graf Spee* die Schiffahrtswege vor der brasilianischen Küste an. Am 30. September fing Kapitän zur See Langsdorff vor Pernambuco den Dampfer *Clement* ab. Der Krieg war für den ritterlichen Langsdorff noch nicht so wild geworden, daß er nicht den Kapitän der *Clement* einlud, die Vernichtung seines Schiffes von der Brücke der *Graf Spee* zu beobachten: »Tut mir leid, Captain, ich muß Ihr Schiff versenken. Es ist Krieg.« Er hatte seine freundliche Höflichkeit behalten, obwohl der Funker der *Clement* in Mißachtung seiner Signale eine Funk-Warnung gesendet hatte. Langsdorff forderte überdies eine brasilianische Funkstation auf, die Mannschaft zu bergen. Er bestätigte dabei die Positionsmeldung, versuchte seine Gegner aber dadurch zu täuschen, daß er die *Admiral Scheer* als Absender angab.

In der Admiralität war man zunächst verblüfft darüber, daß die von Bomben beschädigte *Scheer* auf See sein sollte, aber dann wurden alle verfügbaren Flugzeugträger, Schlachtschiffe, Schlachtkreuzer und Kreuzer zu acht starken Jagdgruppen zusammengefaßt, um den ganzen Atlantik von Grönland bis zu den Falkland-Inseln abzusuchen. Das deutsche Panzerschiff mußte unbedingt aufgespürt werden. Die gleichzeitige amerikanische Ankündigung der Neutralitätszone kam Churchill, der die Jagd im Atlantik aus dem besonderen Kartenraum in der Bibliothek des Admiralty House tatkräftig überwachte, äußerst gelegen. Der Erste Lord benutzte seine privilegierte Beziehung zu Roosevelt, um die Hilfe der US-Navy bei der Jagd auf die *Graf Spee* in Anspruch zu nehmen. »Je mehr amerikanische Schiffe entlang der südamerikanischen Küste kreuzen, desto besser«, schrieb er an Roosevelt, »da Sie, Sir, ja ohne Zweifel erfahren werden, was sie sehen oder nicht sehen.«

Die deutschen Kriegsschiffe aber blieben für das amerikanische Atlantikgeschwader ebenso unsichtbar wie für die Briten. Es verging fast eine Woche, bevor es eine neue Nachricht über ihren Standort gab: Am 6. Oktober wurden Notsignale von dem Dampfer *Newton Beech* vor der afrikanischen Küste aufgefangen. Am selben Tag versenkte auch die *Deutschland* ihr erstes Schiff, die *Stonegate* in den Gewässern bei Bermuda. Es wurden keine Notsignale aufgefangen, und erst zwei Wochen später erkannte die Admiralität, daß ein zweiter Handelsstörer im Einsatz war. Die Ursache war ein Zwischenfall mit einem amerikanischen Schiff: Vier Tage nach der Versenkung der *Stonegate* hatte die *Deutschland* die *City of Flint* im Atlantik gestellt. An Bord des US-Frachters wurden Traktoren, Obst und Getreide gefunden, die für Großbritannien bestimmt waren. Daraufhin übernahm ein Prisenkommando der *Deutschland* die *City of Flint*, setzte die deutsche Flagge und zwang die Besatzung, nach Murmansk zu fahren. Die Irrfahrt nahm ihr Ende in Haugesund, wo Norwegen den Frachter beschlagnahmte und mit der Mannschaft in die USA zurückschickte, während das deutsche Prisenkommando interniert wurde.

Das überraschende Erscheinen der Panzerschiffe zwang die Briten, ihre Seestreitkräfte über den ganzen Atlantik zu zerstreuen. Als Teil dieses sorgfältig abgestimmten Einsatzes der kleinen Flotte der Kriegsmarine zur Auflockerung der überlegenen Stärke der Royal Navy sandte Raeder am 8. Oktober seinen Flottenchef, Admiral Hermann Boehm, mit dem Schlachtschiff *Gneisenau* in Begleitung des Kreuzers *Köln* zu einem vorgetäuschten Vorstoß nach Norwegen, um die Aufmerksamkeit von den Panzerschiffen im Atlantik abzulenken. Dem deutschen Flottenchef gelang es zwar, die britische Home Fleet aus ihren Häfen zu locken, und die deutschen Schiffe konnten sich auch absetzen. Aber der zweite Teil des Planes, der darin bestanden hatte, die schweren Einheiten des Feindes in Reichweite der Bombergeschwader der Luftwaffe zu locken, schlug fehl. Zum Schrecken der Seekriegsleitung erwies sich dieser erste Versuch einer Zusammenarbeit zwischen den Teilstreitkräften als miserabler Fehlschlag. Görings hochgelobten Bomberpiloten gelang es nicht, einen einzigen Treffer auf den beiden Kreuzern *Southampton* und *Glasgow* zu erzielen. Anfang Oktober erhielt auch der Propagandakrieg um die amerikanische Neutralität neuen Auftrieb. Die Versenkung der *Athenia* spielte dabei immer noch eine entscheidende Rolle. Eine Gallup-Umfrage hatte gezeigt, daß nicht weniger als 40% der Amerikaner bereit waren, die deutsche Version zu glauben. Doch zu dieser Zeit kannte das Oberkommando der Kriegsmarine die Wahrheit. Am 26. September war U-30 nach Wilhelmshaven zurückgekehrt, und bei seiner Ankunft wurde der »bedauerliche Irrtum« seines Kommandanten (der geglaubt hatte, einen bewaffneten Hilfskreuzer vor sich zu haben) an das Führerhauptquartier gemeldet. Es wurde Befehl erteilt, die Angelegenheit zu vertuschen. Lemp wurde nicht etwa wegen Mißachtung eines Befehls vor ein Kriegsgericht gestellt, sondern ebenso wie seine Besatzung verpflichtet, einen Eid über absolute Verschwiegenheit abzulegen. Die entsprechende Seite im Kriegstagebuch des U-30 wurde herausgerissen und durch eine Fälschung ersetzt.

Um ihrer Behauptung Glaubwürdigkeit zu verleihen, daß die Briten die Versenkung des Dampfers bewerkstelligt hätten, gaben Raeders Offiziere in Berlin Warnungen über angebliche Bomben auf amerikanischen Schiffen heraus. Dann, zehn Tage bevor die wichtige Abstimmung über die Neutralitätsgesetze im Kongreß stattfinden sollte, kamen die fantastischen Behauptungen von Gustav Anderson in die Schlagzeilen. Anderson, der Manager eines Reisebüros in Illinois, gehörte zu den Überlebenden der *Athenia*. Er behauptete, daß ihm von einem Offizier an Bord des Dampfers erzählt worden sei, daß die *Athenia* Kanonen für kanadische Hafenverteidigungsanlagen an Bord gehabt hätte. Um seine Geschichte glaubwürdiger zu machen, behauptete er, daß das Schiff schon als Hilfskreuzer ausgerüstet gewesen sei. »Man hatte die Passagiere gewarnt, sie sollten keine Streichhölzer anzünden, und die Offiziere waren nervös.« Trotz der Dementis von anderen Passagieren, die die Geschichte klar widerlegten, meldete die Nazi-Presse: »Churchill versenkt die *Athenia*.«

Roosevelt sah sich zu einer Stellungnahme gezwungen. Am 26. Oktober, dem Tag bevor der Senat über die Neutralitätsgesetze abstimmte, leugnete er in einem »Kamingespräch« jede Absicht, an diesem neuen Krieg teilzunehmen. Die Isolationisten wurden dabei in die Rolle von Panikmachern und Fälschern gerückt: »Innerhalb und außerhalb des Kongresses haben wir Redner und Kommentatoren und andere, die sich an die Brust schlugen, gehört, die sich gegen die Entsendung der Söhne von amerikanischen Müttern zum Kampf auf den Schlachtfeldern Europas aussprachen. Ich zögere nicht, dies als eine der schlimmsten Provokationen in der heutigen Geschichte zu bezeichnen. Es ist das bewußte Erfinden eines imaginären Schreckgespenstes.«

Am nächsten Tag war klar, daß die Isolationisten und das deutsche Außenministerium überreizt hatten. Der Senat billigte Roosevelts Änderungen der Neutralitätsgesetze mit 63 gegen 31 Stimmen. Das House of Representatives folgte eine Woche später mit einer Mehrheit von 61 Stimmen. Das Waffenembargo gegen England und Frankreich wurde aufgehoben, und beide Länder konnten nun Amerikas industrielle Kapazität nutzen. Der britische Botschafter in Washington kabelte nach London: »Sowohl der Präsident wie auch die Isolationisten haben einen Teilsieg errungen. Das jetzige Neutralitätsgesetz spiegelt den Kompromiß zwischen beiden sehr gut.«

Die erste Schlacht im Atlantikkrieg war gewonnen.

Die Macht der Kühnheit 2.

2.

> »An Land bin ich ein Held,
> auf See bin ich ein Feigling.«
> ADOLF HITLER

Am 10. Oktober 1939, zwei Wochen nach dem Fall Warschaus, hatte Großadmiral Raeder eine entscheidende Konferenz mit Hitler. Polen war geschlagen, und da sich die Sowjetunion gemäß dem Nichtangriffspakt die Beute mit Deutschland teilte, hatte Hitler freie Hand gegen den Westen. Die Stunde schien günstig für die Seekriegsleitung, ihren Plan für eine Verstärkung des Handelskrieges gegen England durchzudrücken. Raeder drängte Hitler, sofort und mit größter Intensität eine »Belagerung Englands zur See« zu beginnen. Er gab einen Abriß der Pläne, Englands Seeverbindungen mit einer Flotte von Hilfskreuzern anzugreifen, die die Operationen der Panzerschiffe in entfernten Gewässern unterstützen würden. Die Speerspitze der Offensive aber sollten die U-Boote sein. Raeder riet Hitler, die U-Boote ohne Beschränkungen kämpfen zu lassen, wies aber darauf hin, daß die Zahl der Boote noch viel zu gering sei. Hitler schien mit Raeders Darlegung übereinzustimmen, aber es wurde wenig unternommen, um den Plan zu verwirklichen. Der U-Bootbau stagnierte, und die Aufmerksamkeit Hitlers wandte sich den Vorbereitungen für den Westfeldzug zu. Im Oberkommando der Kriegsmarine am Berliner Tirpitz-Ufer sah man voller Enttäuschung die Aussichten schwinden, Englands verwundbare Lebensadern anzugreifen, ehe ihre Verteidigung verstärkt wurde. Aber diese Enttäuschung verdeckte eine tiefgreifende Sorge: Niemand glaubte, daß Deutschland einen langen Seekrieg durchstehen könnte.

Die Marine war mit dem Krieg konfrontiert worden, lange bevor sie eine Überwasserflotte besaß, die stark genug war, um die Royal Navy herauszufordern. Da er diesen Umstand kannte, hatte Raeder gehofft, Hitler von einer Eröffnung der Feindseligkeiten abhalten zu können. Als Deutschland dann nach dem Überfall auf Polen der Krieg erklärt wurde, war seine Enttäuschung und Niedergeschlagenheit so groß, daß der alte Admiral sich einschloß und seine Ahnungen zu Papier brachte: »Am heutigen Tage«, schrieb er, »ist der Krieg gegen England–Frankreich ausgebrochen, mit dem wir nach den bisherigen Äußerungen des Führers nicht vor etwa 1944 zu rechnen brauchten ... Was die Kriegsmarine anbetrifft, so ist sie selbstverständlich im Herbst 1939 noch keineswegs für den großen Kampf mit

England hinreichend gerüstet. Sie hat zwar ... eine gutausgebildete, zweckmäßig aufgebaute U-Bootwaffe geschaffen, ... die aber trotzdem noch viel zu schwach ist, um ihrerseits *kriegsentscheidend* zu wirken. Die Überwasserstreitkräfte aber sind noch so gering an Zahl und Stärke gegenüber der englischen Flotte, daß sie – vollen Einsatz vorausgesetzt – nur zeigen können, daß sie mit Anstand zu sterben verstehen ...«

Für Admiral Raeder war der Krieg sieben Jahre zu früh gekommen. Er rang darum, die Kriegsmarine nach den Jahren der Einschränkungen durch den Versailler Vertrag auf ihre volle Stärke zu bringen. Seit seiner Ernennung zum Oberbefehlshaber im Jahre 1928 im Alter von 52 Jahren war es Raeders Ziel gewesen, eine Flotte zu schaffen, die es mit jeder anderen europäischen Macht aufnehmen konnte, aber sein wichtigstes Ziel war, einen Zusammenstoß mit der Royal Navy zu vermeiden, der nach seinem Glauben das *Finis Germaniae* sein mußte. Als Sohn eines Hamburger Lehrers war Raeder in der Kaiserlichen Marine schnell aufgestiegen. Er hatte sich in der Schlacht am Skagerrak ausgezeichnet und war ein erstklassiger Stratege, der in globalen Maßstäben dachte. Auch Hitler zeigte großen Respekt für sein strenges Urteil und beließ ihm bei der Führung der Marine ein großes Maß an Unabhängigkeit. Nach Ansicht von Beobachtern war der steife Admiral allerdings »weder ein guter Psychologe noch ein Meister der Kunst, Menschen zu führen. In persönliche Beziehungen zu ihm zu treten war schwierig.« Er war immer kühl und reserviert, aber weil er als junger Offizier an Bord der Jacht des Kaisers gedient hatte, wo endlose Intrigen und Kabalen stattfanden, besaß er doch ein gewisses politisches Geschick.

Diese Erfahrung hatte Raeder auch geholfen, als er unmittelbar nach seiner Ernennung den Plan für das erste neue Großkampfschiff, das Deutschland nach dem Vertrag von Versailles erlaubt war, durch den Reichstag der Weimarer Republik lotsen mußte. Den Plänen der Marine hatte eine erbitterte sozialistische Kampagne »Panzerschiffe oder Kinderspeisung« gegenübergestanden, aber der ausdauernde Raeder hatte durch geschickte Beeinflussung der Abgeordneten den Sieg davongetragen. Als die 10 000 Tonnen große *Deutschland* am 1. April 1933 vom Stapel lief, zog ihre revolutionäre Konstruktion die Aufmerksamkeit der Engländer und Franzosen auf sich. Ihre bemerkenswerte Reichweite von 21 500 Meilen und ihre gewaltigen 28-cm-Geschütze in zwei Drillingstürmen machten sie zu einer neuen Kriegsschiffklasse, deren Artillerie jedem Kreuzer und deren Geschwindigkeit jedem Schlachtschiff überlegen war. Halb bewundernd hatten die großen Seemächte den Ausdruck »Westentaschen-Schlachtschiff« geprägt, um diesen neuen Kriegsschifftyp zu beschreiben. Die ganze Bedrohung für ihre Schiffahrt erkannten sie allerdings nicht, weil die Reichweite der neuartigen Panzerschiffe geheim war.

Die neue Richtung der deutschen Marinestrategie, die auf die Handelsrouten abzielte, spiegelte sich in einem Buch des damaligen Konteradmirals

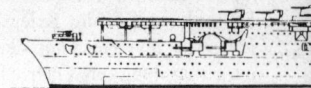

Ohne klares Verständnis für die Seestrategie oder Englands politische Haltung ließ Hitler eine Flotte von Großkampfschiffen entwerfen, die bis zum Jahre 1947 (!) gebaut werden sollte. Neben den

Wolfgang Wegener. In seiner Untersuchung über die *Marinestrategie im Weltkrieg* kritisierte er Tirpitz, weil dieser eine Schlachtflotte aufgebaut hatte, deren gewaltige Schiffe zwar dem Kaiser und dem Volk imponierten, deren Aufgabe sich aber darauf beschränkte, die Royal Navy in der Nordsee zu provozieren. Nach Wegeners Ansicht brauchte Deutschland eine ausgewogene Flotte, die stark genug war, aus dem »nassen Dreieck« der Nordsee auszubrechen und im Atlantik zu operieren. Diese Auffassung wurde von anderen Offizieren wie Kapitän zur See Waldeyer-Hartz eifrig aufgegriffen, der schrieb, »zukünftige Operationen sollten nicht mehr gegen die Streitkräfte des Feindes, sondern gegen seine Wirtschaftsquellen gerichtet sein ... Der Angriff auf den Seehandel des Feindes und Schutz für unseren eigenen Handel sind die entscheidenden Aufgaben, denen alles andere untergeordnet werden muß.«

Die geheime Herausforderung

Raeder und die höheren Stabsoffiziere akzeptierten diese Argumente nicht völlig, aber die Entscheidung, eine Flotte von Panzerschiffen zu bauen, wurde von den neuen Theorien stark beeinflußt. Die Angriffsaufgaben der *Deutschland* gegen den Handel des Feindes auf allen Weltmeeren wurden sorgfältig durchdacht. Um sie zu unterstützen, wurde auch eine geheime Versorgungsorganisation entwickelt. Der sogenannte »Etappendienst« war ursprünglich aufgestellt worden, um den Mangel der Kaiserlichen Marine an Stützpunkten auszugleichen. Dann wurde sie unter Führung von Kapitän zur See Canaris, dem späteren Chef der Abwehr, wieder ins Leben gerufen. Etappen-Agenten wurden in Häfen auf der ganzen Welt eingesetzt. Sie standen mit Canaris' Hauptquartier in Berlin durch die Büros der deutschen Reedereien wie dem Norddeutschen Lloyd in Verbindung, über deren Bankkonten auch Gelder zur Errichtung des globalen Marineversorgungssystems geleitet wurden. 1939 war der Etappendienst ein äußerst wirksames Nachrichtennetz für Meldungen über die Handelsschiffahrt der potentiellen Gegner geworden. Außerdem entwickelten die deutschen Agenten

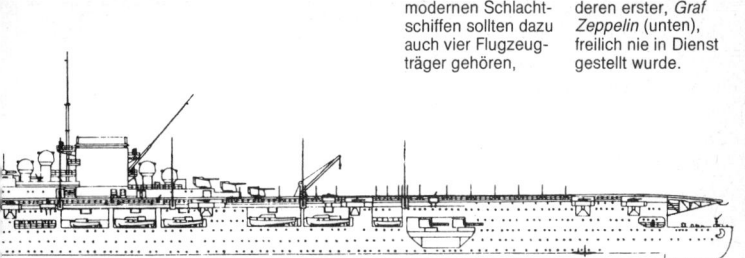

modernen Schlachtschiffen sollten dazu auch vier Flugzeugträger gehören, deren erster, *Graf Zeppelin* (unten), freilich nie in Dienst gestellt wurde.

auch Pläne, um die eigenen Kriegsschiffe und Blockadebrecher im Krieg zu versorgen.

Als die Nazis 1933 an die Macht kamen, erkannte Raeder sofort, daß Hitler seinen Traum von einer mächtigen deutschen Marine unterstützen würde. Zwischen den beiden Männern, die sehr verschiedene Persönlichkeiten waren, bestand bald ein Band der gegenseitigen Achtung. Hitler bewunderte und akzeptierte trotz seines Argwohns gegenüber preußischen Offizieren die fachlichen Fähigkeiten des Admirals auf einem Gebiet, für das ihm jedes Verständnis fehlte. Raeder, der zwar nie seine Abneigung gegenüber dem früheren Gefreiten überwand, sah in Hitler »einen großen und sehr geschickten Politiker«, der ihm die Mittel geben und ihn dann die Kriegsmarine auf seine Weise führen lassen würde.

Zunächst ließ sich Raeder durch Hitlers Fähigkeiten beeindrucken, technische Einzelheiten zu meistern, und ihm schmeichelte wohl auch die Aufmerksamkeit, die Hitler den Marineangelegenheiten zuwandte. Die neueste Ausgabe des »Taschenbuches der Kriegsflotten« hatte Hitler stets zur Hand, und wie Kaiser Wilhelm II. fand er ein Betätigungsfeld für sein künstlerisches Talent, indem er grandiose Entwürfe von Schlachtschiffen aufs Papier warf. Auf Konferenzen und bei Stapelläufen erfreute er sich daran, den Berufsoffizieren der Kriegsmarine enzyklopädisches Wissen zu demonstrieren, aber es zeigte sich bald, daß Hitlers Beschäftigung mit Tonnagen, Panzerungen und Geschützkalibern ein fehlendes Verständnis für vernünftige Marinestrategie verdeckte.

Hitler hatte sehr romantische Vorstellungen über das Wesen von Seemacht, die sich an 100 000-Tonnen-Schlachtschiffen orientierten. Der Zauber der großen Schiffe wirkte auf Hitler, und er war immer darauf bedacht, anwesend zu sein, wenn diese Symbole der wachsenden Macht des Reiches vom Stapel liefen. Die Staatsjacht, der Aviso *Grille*, führte die Flotte aus dem Kieler Hafen in die jährlichen Manöver, aber gewöhnlich war Hitler gar nicht an Bord; er wurde leicht seekrank. An das letztlich undynamische, territoriale Denken des »Blut und Boden« gefesselt, erklärte er Raeder: »Der Landkrieg ist meine Angelegenheit, Sie müssen ihn auf

See führen.« Während er seinen Heeresgeneralen nie traute, verließ er sich 1939 schon völlig auf Raeder. Er drängte ihn, nicht in Pension zu gehen, und beförderte ihn zum Großadmiral. So konnte sich die Kriegsmarine eine gewisse Unabhängigkeit bewahren und war vor den schlimmsten Exzessen des Nazi-Regimes sicher. Einmischungen der SS wurden nicht geduldet, und die Marine hielt sich strikt aus der Politik heraus. Sie wies sogar eine große Anzahl von Hitlerjungen als »psychologisch labil« zurück. Raeder, ein streng religiöser Mann, brachte es fertig, eine große Zahl von Marinepfarrern zu halten, und durch sein Bestehen auf religiöser Duldung schützte er viele Marineoffiziere jüdischer Abstammung.

Hitlers Machtergreifung führte zunächst nicht zu dem schnellen Aufbauprogramm für die Marine, das Raeder erhofft hatte. Die beiden Jahre der Verzögerung, in denen sich die Nazis nicht stark genug fühlten, um die Rüstungsbeschränkungen des Versailler Vertrages abzuschütteln, erwiesen sich als ernstes Hindernis. Hitler erkannte auch nie, daß Schlachtschiffe (im Gegensatz zu Panzern und Flugzeugen) viele Jahre brauchten, um konstruiert und gebaut zu werden. Mit dem Bau von U-Booten ging es sehr viel schneller voran. Dabei war den Deutschen jeder Bau, Besitz und Handel mit U-Booten durch den Versailler Frieden verboten. Schon seit 1920 hatte die Marine aber verschiedene Projekte gefördert, bei denen deutsche Konstrukteure und Ingenieure die Fortentwicklung deutscher U-Boot-Typen im neutralen Ausland vorantrieben. Auf Betreiben der Marine wurde im Juli 1922 von den drei ehemaligen deutschen U-Bootwerften ein Konsortium gebildet und eine neue Firma gegründet. Unter dem Deckmantel einer in Den Haag registrierten Firma namens *Ingenieurskaantor voor Scheepsbouw* (IvS) wurden U-Boote für die Türkei und Finnland und später für die Sowjetunion und Spanien gebaut (wo sich der allgegenwärtige Canaris um die entsprechenden Kontakte bemüht hatte). An der Erprobung dieser U-Boote waren seit 1927 deutsche Mannschaften und Kommandanten beteiligt. Ab 1928 wurden die Arbeiten durch die Berliner Tarnfirma *Igewit* überwacht. Unter größter Geheimhaltung begannen 1932 die Vorbereitungen zum Bau von 16 U-Booten für Deutschland. Die Konstruktion basierte auf den Modellen des »Ingenieurskaantors«. Im Oktober 1933 wurde in Kiel-Wik eine deutsche U-Bootschule gegründet, die ironischerweise den Tarnnamen »U-Bootabwehrschule« erhielt. Beim Training wurden eigens gebaute Schulungsräume verwendet, in denen sich nachgebaute Kommandobrücken über künstliche »Seestücke« bewegten.

Im März 1935, als Hitler die Beschränkungen des Versailler Vertrages einseitig aufhob, war die Marinerüstung schon angelaufen. Im Februar 1934 hatte man mit dem Bau von Panzerschiffen begonnen, die statt der erlaubten 10000 ts auf 18000 ts ausgelegt waren. Im Juli war der Bau gestoppt worden, um die beiden Schiffe, die spätere *Scharnhorst* und *Gneisenau*, zu Schlachtschiffen von 26000 ts umzukonstruieren, wobei Hitler allerdings Anweisung gab, ihre schwere Artillerie auf 28-cm-Geschütze wie bei den Panzerschiffen zu beschränken und auf das von der Marine gewünschte Kaliber 38 cm zu verzichten. Im Oktober 1934 wurden auch zwei Schwere Kreuzer von 10000 ts in Auftrag gegeben. Vor allem aber wurde im Februar 1935 in schwerbewachten Schuppen der Deutschen Werke und der Germania-Werft in Kiel mit dem Zusammenbau der ersten 12 U-Boote begonnen. Weitere 24 U-Boote wurden in Auftrag gegeben.

Die krasse Mißachtung des Versailler Vertrages durch den Aufbau der Luftwaffe, die Einführung der Wehrpflicht und den Bau der Schlachtschiffe rief im Ausland kaum Reaktionen hervor. Hitler mußte lediglich einen milden Tadel des Völkerbundes hinnehmen. Ja, es kam sogar noch besser. Die Engländer zeigten sich plötzlich bereit, einen Flottenvertrag zu erörtern. Deutschland war von den Marinekonferenzen in Washington und London nach dem Kriege ausgeschlossen gewesen, auf denen versucht worden war, ein künftiges Wettrüsten auf See zu begrenzen. Dabei hatte man sich darauf geeinigt, daß die Flotten Englands, Amerikas und Japans im Verhältnis 5:5:3 ausgebaut werden sollten, während Frankreich und Italien einen noch kleineren Anteil von 1,75 akzeptierten.

Die hart erkämpften Flottenverträge brachen 1935 unter der entschiedenen Forderung der Japaner nach Gleichheit zusammen. Raeder ergriff diese Gelegenheit, Deutschlands Stellung wiederherzustellen, indem er vorschlug, eine Flotte zu bauen, die ein Drittel der Stärke der englischen hatte. Als Joachim Ribbentrop an der Spitze einer Sonderkommission nach England entsandt wurde, um die Erlaubnis zum Bau einer Flotte zu fordern, deren Umfang 35% der englischen ausmachen sollte, stellte er fest, daß seine Vorschläge gern akzeptiert wurden. Als Gegenleistung versprach Ribbentrop, daß Deutschland das U-Bootprotokoll unterzeichnen würde, und bot Unterstützung für die englischen Bemühungen an, das U-Boot überhaupt zur illegalen Waffe erklären zu lassen. In einem geheimen Gutachten der britischen Admiralität zu den Verhandlungen hieß es: »Es wäre von großem Vorteil für uns, die Entscheidung der deutschen Regierung anzuerkennen, bevor die Forderung erhöht wird.« Die Admiralität hoffte, die deutsche Überwasserflotte bis 1942 auf fünf Schlachtschiffe, zwei Flugzeugträger und die unterstützenden Geschwader und Zerstörer begrenzen zu können. Um dies zu erreichen, war sie bereit, die Drohung einer wiederaufgestellten U-Bootwaffe zu übersehen, indem sie zustimmte, daß die Deutschen bis zu 45 Prozent der britischen U-Boottonnage bauen konnten – mit einer Ausweichklausel, die den Bau von bis zu 100% »nach gegenseitigen freundschaftlichen Erörterungen« erlaubte. Der englisch-deutsche Flottenvertrag wurde am 18. Juni 1935 unterzeichnet; Hitler bekannte gegenüber Raeder: »Das ist der glücklichste Tag meines Lebens.«

Die Franzosen, die erbost über das einseitige britische Vorgehen waren, erklärten London, daß »Deutschland das Abkommen verletzen würde, so-

Beim Wettrüsten zur See befand sich die deutsche Überwasserflotte von vornherein in aussichtsloser Position. Ihre modernen Panzerschiffe (hier die *Deutschland*, 11 700 ts) bedrohten zwar die britischen Schiffahrtswege auf allen Weltmeeren, mußten aber jedem Gefecht mit schweren britischen Einheiten wie der *Nelson* (links, 35 000 ts) aus dem Weg gehen.

bald es ihm paßte«. Diese durchaus realistische Meinung über die Rechtschaffenheit der Nazis wurde elf Tage später bestätigt, als U-1, das erste neue U-Boot in Kiel zu Wasser gelassen wurde. Aber die britische Regierung sandte nur einen milden Protest nach Berlin und zog es vor, die Tatsache zu ignorieren, daß auch die tüchtigen Deutschen ein 250-Tonnen-U-Boot nicht in anderthalb Wochen produziert haben konnten. Der Geheimdienst der Royal Navy war durch seine Agenten über das geheime U-Bootbauprogramm informiert worden, aber die Admiralität war leidenschaftlich davon überzeugt, daß zukünftige Seekriege durch Kanonen und Schlachtschiffe und nicht durch U-Boote entschieden würden. Selbst wenn Deutschland sein Versprechen brach, »nie wieder den uneingeschränkten U-Bootkrieg anzuwenden«, schien die britische Schiffahrt gesichert. Die Royal Navy war überzeugt, daß ihr geheimes Unterwasserortungsgerät *Asdic* das U-Boot zu einer überholten Waffe gemacht hatte.

Das Oberkommando der deutschen Marine war sich demgegenüber bewußt, daß die U-Boote keineswegs ausgespielt hatten. Man war aber gar nicht in der Lage, soviel U-Boot-Tonnage zu bauen, wie das Londoner Abkommen erlaubt hätte. Entscheidend war schließlich, daß man einen Mann als führende Persönlichkeit für den Wiederaufbau und die Ausbildung der U-Bootwaffe auswählte, der sich als einer der fähigsten Marinetaktiker des Jahrhunderts erweisen sollte.

Die Waffe wird geschmiedet

Im Jahre 1935 bereitete sich Kapitän zur See Karl Dönitz als Kommandant des Kreuzers *Emden* auf eine Weltreise vor. Mit 44 Jahren war er einer der vielversprechendsten höheren Offiziere der Kriegsmarine. Er war der Sohn eines Ingenieurs bei Zeiss und Berliner. 1910 war er als Kadett in die Kaiserliche Marine eingetreten. Nach seiner Beförderung zum Leutnant im Jahre 1916 wurde er zur U-Bootwaffe versetzt und war Kommandant von UB 25 und später UB 68. Er zeigte kühle Entschlossenheit im Gefecht und gute Führungseigenschaften. Als sein Boot 1918 im Mittelmeer versenkt wurde, mußte Dönitz ein Jahr in einem englischen Kriegsgefangenenlager verbringen, bevor er wegen simulierter Krankheit entlassen wurde. Bevor er Kommandant der *Emden* wurde, hatte er in der kleinen deutschen Nachkriegsmarine eine Torpedobootflottille befehligt. Zunächst war Dönitz geneigt, das Angebot zur Führung der neuen U-Bootwaffe abzulehnen, weil er glaubte, daß »in der neu aufzubauenden homogenen Flotte« die U-Boote »kein bedeutender Faktor« werden könnten. Aber er war ein U-Bootmann mit Leib und Seele, und dies gab schließlich den Ausschlag.

Am 28. September 1935 übernahm Dönitz als Fregattenkapitän das Kommando über die ersten U-Boote. Diese neun 250-Tonnen-Boote waren im Vergleich zu britischen und französischen Entwicklungen jener Zeit

Die ersten Boote der Flottille »Weddigen« (im Hintergrund das Begleitschiff *Saar*) waren heimlich gebaut worden, denn nach dem Versailler Vertrag durfte Deutschland keine U-Bootwaffe besitzen. Erst das deutsch-britische Flottenabkommen des Jahres 1935 erlaubte den Deutschen, eine U-Bootflotte zu bauen, die bis zu 45% der britischen U-Bootflotte umfaßte. Die Engländer glaubten, die strenge Prisenordnung einerseits und ihre akustischen »Asdic«-Geräte andererseits hätten die U-Bootgefahr ein für allemal beseitigt. »Der Löwe« Karl Dönitz (rechts) wußte es besser, aber selbst er hatte gezögert, als man ihm das Kommando über die U-Boote anbot. Er fürchtete, daß »in der neu aufzubauenden Flotte« die U-Boote »kein bedeutender Faktor« sein würden.

und späteren deutschen Booten extrem klein. Die Besatzungen sprachen spöttisch von ihren »Einbäumen«. Solcher Spott verging den jungen Männern allerdings bald, als sie von Dönitz gedrillt wurden. Die U-Flottille »Weddigen« (die man wie alle späteren Flottillen nach einem U-Boot-As des Ersten Weltkriegs benannt hatte) wurde das schwimmende Klassenzimmer, in dem Dönitz seine taktischen Theorien erproben und die neuen Offiziere und Männer ausbilden konnte.

In gut einem Jahr hatte Dönitz den Kern einer gut ausgebildeten und ständig wachsenden Truppe gebildet. Er hatte ein gründliches sechsmonatiges Ausbildungsprogramm aufgestellt und ging oft mit seinen jungen Kommandanten in See oder leitete die Operationen von seinem Begleitschiff *Saar* aus. Jede neue Besatzung mußte 66 Überwasser- und 66 Unterwasserübungsangriffe fahren, bevor sie das Torpedoschießen üben durfte.

Der Mythos der »Elitewaffe« erlaubte es Dönitz, unter den Bewerbern eine strenge Auswahl zu treffen. Der Andrang zur Kriegsmarine war groß, und die Anforderungen waren sehr hoch. Jährlich bewarben sich 40 000 Mann um die 2000 freien Stellen, und der Wettbewerb bei den Offizieren war ebenso groß – 1932 bewarben sich 618 Mann um nur 45 Stellen. Insbesondere die Offiziersbewerber mußten gute Ergebnisse bei einer Reihe von schriftlichen, körperlichen und psychologischen Prüfungen erzielen und schließlich eine »Mutprobe« bestehen, bei der sie durch versteckte Kameras gefilmt wurden, während sie elektrisch geladene Metallstangen in den Händen hielten, in denen die Spannung systematisch erhöht wurde. Die erfolgreichen Bewerber, gewöhnlich die, die die Schmerzen am längsten ertrugen, durchliefen dann eine mehrmonatige Ausbildung auf Segelschiffen, bevor sie auf der Marineschule in Mürwik ihre Offiziersausbildung erhielten.

Dieses zermürbende erste Jahr »prüfte die Besatzungen bis an die äußersten Grenzen menschlicher Leistungsfähigkeit«, stellte einer der Kommandanten rückblickend fest. Aber es legte auch eine solide Grundlage für die Moral, Führung und Leistung, auf der die U-Bootwaffe wuchs und auch in den schwärzesten Tagen des Krieges überlebte. »Ich wollte«, schrieb Dönitz, »die Besatzungen mit Begeisterung für ihre Waffe . . . erfüllen und sie zu selbstloser Einsatzbereitschaft erziehen. Nur ein solcher Geist konnte im Kriege bei der Schwere des U-Bootkampfes Erfolge herbeiführen. Das militärische Können allein würde nicht genügen.«

Bei dem ersten großen Manöver mit der Flottille am Ende des Jahres wurde die sogenannte »Rudeltaktik« der aufeinander abgestimmten Überwasserangriffe, die später in den großen Atlantikmanövern im Frühjahr 1939 vervollkommnet werden sollte, zum ersten Mal auf die Probe gestellt. Dönitz war überzeugt, daß die Rudeltaktik die Antwort des U-Bootes auf das Geleitzugsystem war, von dem es im Ersten Weltkrieg geschlagen worden war.

Die Übungen waren oft so realistisch, daß U-Boote schwer beschädigt wurden, und viele mußten repariert werden, bevor sie überhaupt zum Einsatz kamen. Mehrmals wurden U-Boote gerammt, und eines versank, aber Dönitz nahm dieses Risiko in Kauf, um wachsame, leistungsfähige Besatzungen heranzubilden.

Wie das »klassische« Tauchmanöver aussehen sollte, schilderte er mit folgenden Worten: »Normalerweise fährt das U-Boot über Wasser. Nur bei Insichtkommen des Feindes geht es bei Tage, zum Angriff auf den Feind – oder um feindlichem Angriff auszuweichen, unter Wasser.

Auf der Brücke befindet sich die Wache: der Wachhabende Offizier mit seinen Ausguckposten, die dauernd aufmerksam Himmel und Horizont nach Schiffen oder Flugzeugen absuchen.

Das Luk von der Brücke zum Turm ist offen, ebenso das Luk zwischen Turm und Zentrale. Sonst sind alle Niedergänge an Oberdeck geschlossen, damit das U-Boot sich in möglichst tauchklarem Zustand befindet.

Im Turm oder in der Zentrale befinden sich der Rudergänger und der Posten Maschinentelegraph, die für den zu steuernden Kurs und die zu laufende Fahrt ihre Befehle vom Wachhabenden Offizier von der Brücke erhalten. Im U-Boot selbst ist die Hälfte der Besatzung auf ihren Stationen: da das U-Boot über Wasser fährt, laufen die beiden Dieselmaschinen und werden von der technischen Maschinenwache gewartet. In der Zentrale ist der Wachhabende Unteroffizier bereit, Befehle des Leitenden Ingenieurs für die technische Bereitschaft des U-Boots entgegenzunehmen. Die übrige Besatzung macht ihren Tagesdienst: Wartung der Waffen und Einrichtungen des Bootes – oder sie befindet sich in Ruhe, um für die kommende Wachablösung bereit zu sein.

Da z. Zt. kein Feind in Sicht ist, ist der Kommandant des U-Boots an keinen Platz im Boot gebunden. Nehmen wir an, er ist gerade auf der Brücke, da der Wachhabende Offizier ihm gemeldet hat, daß es anfängt, unsichtig zu werden.

Das U-Boot rollt und stampft leicht in dem Seegang, die Seen spülen über das Oberdeck des Bootes, dann und wann kommen ein paar Spritzer einer sich am Boot brechenden See auf die Brücke. Da sind an der Kimm in der diesigen Luft plötzlich die Aufbauten und Schornsteine eines feindlichen, größeren Kriegsschiffes zu erkennen, bei ihm einige kleinere Kriegsschiffe, anscheinend Zerstörer. Es ist also höchste Zeit, daß das U-Boot verschwindet, unter Wasser geht. Wird es vom Gegner gesehen, sind seine Aussichten, an diesen zum Angriff heranzukommen, vorbei – das Kriegsschiff wird abdrehen und ablaufen und dem U-Boot außerdem einen kleinen Zerstörer auf den Hals schicken und es mit Wasserbomben behämmern lassen.

Der Kommandant befiehlt ›Alarm‹. Die Alarmglocken gellen durch das Boot. Ein jeder stürzt auf seine Tauchstation. Die Dieselmaschinen werden abgestellt und der Dieselmaschinenraum tauchklar gemacht, d. h. die Zuluftmasten für den Dieselraum und die Auspuffventile der Diesel werden geschlossen. Die Elektrischen Motoren werden auf die Schrauben gekuppelt und gehen auf ›Äußerste Kraft‹.

In der Zentrale ist der Leitende Ingenieur, der die Leitung des technischen Betriebes hat. Die Entlüftungen der Tauchtanks sind durch Posten besetzt. Die Flutklappen waren bereits, da das Boot sich im Kriegsgebiet befindet, geöffnet; da jedoch die Entlüftungen des Tanks noch geschlossen waren, konnte die Luft aus den Tanks nicht entweichen, also das Wasser durch die offenen Flutklappen auch nicht nachdringen. Das Boot schwamm also auf der in den Tauchtanks befindlichen Luft, trotzdem diese unten offen waren.

Die Pumpen und Ventile zum Lenzen oder Fluten des Reglertanks und diejenigen zum Trimmen in die Trimmtanks sind von technischen Unteroffizieren und Mannschaften besetzt. Am Tiefenruderstand sitzen die beiden seemännischen Unteroffiziere, die die vordern und achtern Tiefenruder zu bedienen haben, bereit, die Befehle des Tiefensteuerleiters, des Leitenden Ingenieurs, für die Tiefensteuerung, auszuführen.

Bei Alarm ist das Brückenpersonal einschließlich des Wachhabenden Offiziers durch das Luk die senkrechten eisernen Leitern hinab in das Boot gestürzt. Wer hierbei nicht beweglich genug ist, wird es schnell lernen, sonst

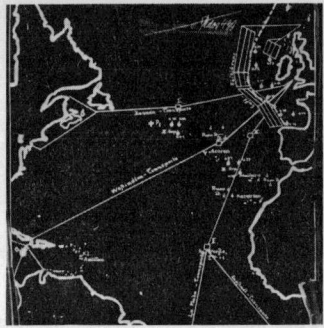

Freiwillige gab es für die U-Bootwaffe immer genug. Gerade die Härte der Ausbildung schien die Bewerber zu reizen. »Die U-Bootwaffe war so kriegsmäßig wie möglich auszubilden«, schrieb Dönitz. »Ich wollte jede Lage, die der Krieg bringen konnte, den U-Booten bereits im Frieden vorsetzen...«

Die Planspiele vom April 1939 (oben) zeigten bereits das vollständige Konzept eines Zufuhrkrieges gegen die atlantischen Lebensadern der Britischen Inseln.

tritt den Langsamen nämlich der Nachfolgende mit seinen dicken Seestiefeln rücksichtslos auf Kopf und Hände, denn die Brückenwache muß so schnell wie möglich in das Boot hinein, damit das U-Boot tauchen kann.

Als letzter hat soeben gerade der Kommandant das Turmluk – noch die einzige Öffnung des U-Bootes – dichtgeschlagen und gleichzeitig dem Leitenden Ingenieur durch das Luk zur Zentrale den Befehl ›Fluten‹ zugerufen.

Es werden jetzt in der Zentrale schlagartig die Schnellentlüftungen aufgerissen. Donnernd pfeift die Luft aus den Tauchtanks. Das vordere und das hintere Tiefenruder werden hart nach unten gelegt. Das Boot taucht, die elektrischen Maschinen gehen äußerste Kraft, die Tiefenruder kippen das Boot nach vorn über, und mit hoher Fahrt und starker Vorlastigkeit geht das Boot auf Tiefe. Das Oberdeck ist schon weit unter Wasser, jetzt schneiden auch Turm und Brücke durch die See, und die Tiefenmanometer in Turm und Zentrale zeigen gleich darauf an, daß das Boot sich bereits auf 18 m unter Wasser befindet. Der Kommandant, der möglichst schnell seinen Gegner wieder beobachten will, befiehlt: ›auf Sehrohrtiefe gehen‹ und verlangsamt die Fahrt des U-Boots. Jetzt wird vom Tiefensteuerleiter das U-Boot, das zum Tauchen mit starker Vorlastigkeit nach unten gesteuert war, durch Legen der Tiefenruder achterlastig gemacht und die Sehrohrtiefe, etwa 12 bis 14 m, angesteuert. Wenn das U-Boot achterlastig geworden ist, werden die Entlüftungen der Tauchtanks geschlossen. Es ist jetzt sicher, daß keine Luftblase sich mehr in den Tauchtanks befindet, sie sind restlos voll Wasser. Fallen oder Steigen des Bootes werden jetzt zeigen, ob das Boot zu schwer oder zu leicht ist. Entsprechend läßt der Leitende Ingenieur den Regler lenzen oder fluten. Zum Lenzen wird die elektrische Lenzpumpe in der Zentrale angestellt – oder der Leitende Ingenieur kann auch anordnen, daß mit Preßluft das Wasser aus dem Regler gedrückt werden soll.

Die Wasserwaage zeigt jetzt ferner noch an, ob das Boot vorlastig ist, d. h. auf der Nase liegt, oder ob es nach hinten zu tiefer liegt. Der Tiefensteuerleiter nimmt jetzt durch die Trimmpumpe oder durch Preßluft so lange einen Wasserausgleich zwischen den beiden Trimmtanks vor, bis das Boot sich auf ebenem Kiel befindet. Er meldet dann seinem Kommandanten: ›Boot ist eingesteuert.‹

Der Kommandant hatte im Turm, sobald das Boot auf 18 m wieder die Sehrohrtiefe von 14 m ansteuerte, das Sehrohr ausfahren lassen, er sucht im Sehrohr jetzt wieder den Gegner und setzt nun seinen Angriff auf diesen an.«

Die Asdic-Legende

Während Dönitz seine Kommandanten und Mannschaften schulte, hatte die britische Admiralität niemals Zweifel, daß ihr berühmtes »Asdic«-System die U-Bootgefahr ein für allemal gebannt habe. »Asdic« war der Name eines Gerätes für die Ortung von getauchten Booten durch Schallwellen. Der Name stammte vom »Anti-Submarine Detection Investigation Committee«, das 1917 die Entwicklung dieses Geräts herbeigeführt hatte. Sorgfältig einstudierte »Vorführungen« wurden durchgeführt, um die Wirksamkeit des »Unterwasserauges« zu demonstrieren, das »dem U-Boot den Deckmantel der Unsichtbarkeit nimmt, der seine Hauptwaffe ist«.

Winston Churchill hatte 1936 einer Demonstration des Anti-Submarine Training Squadron in Weymouth Bay beigewohnt. »Diese gute Arbeit hat uns von einer großen Gefahr befreit«, schrieb er danach an den damaligen Ersten Seelord, der die Vorführung arrangiert hatte, um zu zeigen, »daß unsere Methoden jetzt so wirksam sind, daß wir weniger Zerstörer in der Nordsee und im Mittelmeer benötigen werden«. Das Vertrauen der Admiralität auf Asdic wurde in jenem Jahr in einer Denkschrift unterstrichen, die aussagte: »Die Entwicklung des Asdic ist so bedeutend, daß die U-Boote nie wieder in der Lage sein werden, uns jene Schwierigkeiten zu machen, die wir 1917 hatten.« Für die britische Regierung, die in den Jahren der Depression unter chronischem Geldmangel litt, war das eine willkommene Nachricht. Voller Befriedigung stellte man fest, daß jetzt »ein Zerstörer die Arbeit einer ganzen Flottille zu leisten vermochte«. Zahlreiche neue Zerstörer und Geleitschiffe wurden aus den Beschaffungslisten der Royal Navy gestrichen.

Selbst als das Asdic-Gerät bei der ersten wirklichen Erprobung im Spanischen Bürgerkrieg weitestgehend versagte, glaubte man bei der Royal Navy noch immer, U-Boote mit 80 Prozent Sicherheit entdecken zu können. Daß das ein Irrtum war, hätte sich durch Zwischenfälle wie jenen am 31. August 1936 klar zeigen müssen, als der Zerstörer HMS *Havock* nur knapp vom Torpedo eines italienischen Kommandanten verfehlt wurde. Der Asdic-Kontakt ging schnell verloren, und den ungeschickten Wasserbombenangriffen der Zerstörerbesatzung konnte sich das U-Boot *Iride* ohne Probleme entziehen. Aber die Admiralität behielt ihr Vertrauen in die Wirksamkeit des Asdic, und in den Offiziersmessen der Royal Navy erzählte man sich, alle neapolitanischen Zahnärzte hätten damit zu tun, den Männern der *Iride* die Zähne zu ersetzen, die sie bei dem Wasserbombenangriff eingebüßt hätten.

Die relative Unwirksamkeit des Asdic-Gerätes unter Einsatzbedingungen überraschte die Offiziere nicht, die das empfindliche Gerät auf den wenigen Schiffen bedienen mußten, die mit ihm ausgerüstet waren. Weit davon entfernt, das alles sehende »Unterwasserauge« zu sein, war es in Wirklichkeit äußerst beschränkt. Es konnte nur solche Ziele erfassen, die sich innerhalb einer Reichweite von etwa einer Meile befanden. Die Schallimpulse, die mit hoher Energie von dem Sender am Kiel des Schiffes ausgestrahlt wurden, boten nur einen sehr schmalen Ausschnitt, und der Winkel, in dem der Schall gesendet wurde, war nicht verstellbar. Die Geräte arbeiteten nur bei langsamer Fahrt und wurden durch rauhe See und Geschwindigkeiten über 8 Knoten erheblich gestört. Die von einem Objekt reflektierten Echos wurden als ein charakteristisches »PING-PING« empfangen, aber es war ein gut ausgebildeter Posten mit den hochempfindlichen Ohren eines Klavierstimmers erforderlich, um die verschiedenen Echos, die von einem U-Boot oder von Fischschwärmen, Walen, Wracks, dem Meeresgrund oder sogar von verschiedenen Wasserschichten reflektiert wurden, zu unterscheiden. Die Leute von der U-Bootabwehr, die in der Royal Navy den Spitznamen »Pingers« erhielten, litten darunter, daß die Offizierskameraden anderer Laufbahnen sie als die »niedrigsten unter Gottes Geschöpfen« ansahen. Sie hatten den Ruf, »Spezialisten dritter Wahl« zu sein, die die glorreichere Torpedo- oder Artillerie-Laufbahn nicht geschafft hatten, und sie wurden als »nicht sehr klug« angesehen.

Der bemerkenswerteste Fehler der Admiralität in den Jahren zwischen den Kriegen bestand aber darin, daß man nicht einsehen wollte, daß U-Boote auch bei Nacht eingesetzt werden konnten. Die britischen U-Boot-Offiziere mußten zu ihrem Ärger bei allen Manövern »in der Abenddämmerung auftauchen und die Navigationslichter anschalten und durften bis zum Morgengrauen des nächsten Tages nicht mehr an den Operationen teilnehmen«. Dabei hatte man im Ersten Weltkrieg längst die Erfahrung gemacht, daß die U-Boote viele ihrer Angriffe während der Nacht aufgetaucht durchführten, wobei sie ihre niedrigen Silhouetten und ihre Überwassergeschwindigkeit ausnutzten, um unbemerkt in die Geleitzüge eindringen zu können, was um so leichter gelang, als das Asdic-Gerät gegen aufgetauchte U-Boote überhaupt nichts ausrichten konnte.

Dönitz hatte seine Männer auf die Nachtangriffe gut vorbereitet: »Vom Bootskörper des U-Boots ist im allgemeinen nachts nichts zu sehen. Bei etwas Seegang bildet er keine Silhouette mehr. Nur der Turm des U-Boots erhebt sich über die Wasseroberfläche. Er ist aber ... so klein, daß sicherlich das U-Boot das Überwasserschiff eher sehen wird ... Der U-Bootskommandant wird so nahe herangehen, als er glaubt, ungesehen zu bleiben ... Gebannt blickt das Auge auf die immer größer und breiter werdende dunkle Schiffssilhouette, daneben die Dunkelheit nach etwaigen weiteren feindlichen Schiffen absuchend ... Jetzt entschließt sich der Kommandant zum Schuß, dreht mit dem U-Boot ab und gibt Feuererlaubnis. Die Torpedos schießen aus den Rohren ins Wasser, dem ahnungslosen Feind entgegen. Das U-Boot dreht vom Gegner ab, in die Dunkelheit zurück, oder es geht unmittelbar nach dem Schuß unter Wasser, sich einer einsetzenden Abwehr entziehend.«

Die Admirale der Royal Navy waren zum größten Teil Artillerieoffiziere, und es überrascht daher nicht, daß ihre Aufmerksamkeit in erster Linie den kostbaren Schlachtschiffen galt. Sie waren besessen von dem Gedanken, ein neues Duell der Schlachtflotten im Stile der Schlacht am Skagerrak vorzubereiten. Nur allzu gern ließen sie sich weismachen, das U-Boot sei als Waffe des Seekriegs erledigt und auch die Flugzeuge könnten den geliebten Schlachtschiffen nichts anhaben. Ein Marineoffizier jener Generation meinte: »Die verdammten Artillerieoffiziere kamen zwischen den Kriegen an die Spitze, und um sie wieder loszuwerden, mußten wir zwei Jahre lang am Rande einer Niederlage Krieg führen.«

Die Gleichgültigkeit der Admirale gegenüber der Bedrohung durch Flugzeuge änderte sich allerdings noch, bevor es zu spät war. In einer Vorführung vor dem Kriege kreiste eine durch Funk ferngesteuerte *Queen Bee* nahezu unbehelligt zwei Stunden lang über der Flotte, die aus allen Rohren wild auf sie schoß. Es zeigte sich, daß »viele Kriegsschiffe buchstäblich ohne Verteidigung gegen einen Luftangriff« waren. Nach diesem vernichtenden Urteil über die unzulängliche britische *»Multiple Pom-Pom«*-Flak wurden in aller Eile schwedische *Bofors* und schweizerische *Oerlikonkanonen* gebaut, als der Krieg ausbrach.

Unglücklicherweise gab es kein ähnliches Versagen des Asdic, um die Admiralität wachzurütteln, und so wurde in unglaublicher Mißachtung aller Lektionen der Seekriegsgeschichte seit den Tagen von Elisabeth I. bis zum schwarzen Frühjahr 1917 angenommen, daß es nicht erforderlich sei, Handelsschiffe in Geleitzügen fahren zu lassen. 1933 hatte der Parlamentarische Staatssekretär der Marine, Lord Stanley, angekündigt, daß »das Geleitzugsystem nicht sofort bei Ausbruch eines Krieges eingeführt würde«, und spätere Kabinette nutzten dies als Vorwand, um die Mittel für Zerstörer und andere Eskorten zu sperren. Die britische U-Bootwaffe, die an allen Manövern teilnahm, hatte längst gezeigt, was U-Boote konnten: »Bei jedem Manöver durchdrangen wir ohne Ausnahme den Zerstörerschirm und torpedierten das Ziel.« Aber solche Berichte wurden nicht ernstgenommen. Selbst wenn die U-Boote an ihre Ziele herankamen, meinte man, könnten sie doch einem Schlachtschiff nichts anhaben.

Im März 1938, als die Planungsabteilung der Admiralität endlich ihre früheren Ansichten revidiert hatte und die »Einführung eines Geleitzugsystems« verlangte, strich die Regierung erneut den Bau von Zerstörern aus dem Etat, und nur der im Frühjahr 1939 drohende Krieg ließ die Regierung schließlich in Panik Mittel für 56 »besondere Geleitschiffe« bereitstellen. Die Entscheidung kam so spät, daß die Admiralität keine Zeit mehr hatte, ein neues Schiff zu entwickeln, sondern auf einen älteren Typ zurückgreifen mußte, der in aller Eile gebaut werden konnte. Als Vorbild wurde schließlich der Walfänger *Southern Pride* der Firma Smith in Middlesbrough gewählt, weil er den Anforderungen am nächsten kam. Es war bekannt, daß er gut 3 Knoten langsamer als die Überwassergeschwindigkeit deutscher U-Boote war, aber es war keine Zeit für größere Modifikationen. Der robuste Walfänger wurde über Nacht zum Kriegsschiff gemacht, und ein Sofortprogramm für die »Korvetten der Flower-Klasse« wurde in die Wege geleitet.

Wenn man bedenkt, wie lange die Admiralität gebraucht hatte, um wenigstens bei den Geleitschiffen eine Lösung zu finden, überrascht es kaum, daß sie die Möglichkeit der U-Bootabwehr durch Flugzeuge völlig vergaß. Auf diesem Gebiet gab es fast keine Vorbereitungen. Die Ursache war unter anderem darin zu suchen, daß die Navy und die Air Force in der Zwischenkriegsperiode erbittert um die Unterstellung der Flugzeuge gekämpft hatten, die auf See eingesetzt wurden. Die Schlacht hatte damit geendet, daß die Marine schließlich das Kommando über den *Fleet Air Arm* erhalten hatte und die RAF eifersüchtig ihre Macht über das *Coastal Command* aufrechterhielt.

Außerdem hatten während des Ersten Weltkrieges Flugzeuge keine U-Boote versenkt, aber es gab genügend Beweise dafür, daß sie U-Boote gezwungen hatten zu tauchen, wodurch deren Kampfkraft drastisch vermindert wurde. Daß die Handelsschiffe auf diese Weise geschützt werden konnten, ließ sich statistisch belegen: In den letzten Jahren des Weltkrieges hatten die Geleitzüge, die durch Schiffe und Flugzeuge geschützt wurden, nur zwei Schiffe verloren. Dennoch wurde die Möglichkeit der U-Bootbekämpfung durch Flugzeuge ignoriert. Infolgedessen begann das Coastal Command den Krieg mit 300 Flugzeugen weniger, als es 1918 gehabt hatte. Die meisten von ihnen waren völlig ungeeignet für lange Flüge über See, und die Besatzungen waren in der U-Bootbekämpfung nicht ausgebildet. Als sie schließlich gegen U-Boote eingesetzt wurden, stellte sich heraus, daß ihre Landbomben oft vom Wasser zurückprallten und mehr Schaden am Flugzeug als am U-Boot anrichteten.

Der Z-Plan

Im Jahre 1939 hatte die Admiralität Glück, daß die deutsche Kriegsmarine so wenige U-Boote hatte, daß sie zwei Jahre lang keine große Offensive gegen England beginnen konnte. Der Führer der U-Boote, Kapitän zur See Dönitz, hatte zwar seit 1937 den beschleunigten Ausbau der U-Bootwaffe verlangt und in seinen Berichten über die Kriegsspiele 1938/39 und die Biskaya-Übung im Mai 1939 auch dargelegt, welche U-Boottypen notwendig seien, aber er hatte wenig Erfolg.

Viele der höheren Offiziere der Seekriegsleitung waren wie ihre britischen Gegenspieler Artillerieoffiziere, deren Denken von der Schlacht im Skagerrak beherrscht wurde. Dies war 1935 klargeworden, als sie Pläne für den Bau von zwei großen Schlachtschiffen – *Bismarck* und *Tirpitz* – als Grundlage einer mächtigen Schlachtflotte unterstützt hatten. In diesem Stadium zogen Raeder und die anderen deutschen Admirale eine Herausforderung der britischen Überlegenheit zur See nicht in Betracht. Dem Flottenvertrag, hatte Raeder im Juli 1935 vor dem Offizierskorps erklärt, »liegt der Wille zugrunde, die Möglichkeit einer Gegnerschaft Deutschlands und Englands für die Zukunft auszuschließen und daher auch eine Flottenrivalität zwischen den beiden Ländern endgültig auszuschalten«.

Aber die Hoffnung, einen weiteren Krieg mit ihrem alten Feind zu vermeiden, wurde schließlich am 5. November 1937 zunichte gemacht, als Hitler die Oberbefehlshaber der Streitkräfte bei einer Geheimsitzung in der Reichskanzlei in einer vierstündigen Rede mit seinen wahren Zielen vertraut machte. Hier wurde klar, daß Hitler den Krieg wollte. Voller Schrekken hörte Raeder, daß Hitler erklärte, man »habe mit den beiden Haßgegnern England und Frankreich zu rechnen, denen ein starker deutscher Koloß inmitten Europas ein Dorn im Auge sei«. Jetzt wurde klar, daß die Kriegsmarine eine Flotte aufbauen sollte, die stark genug war, um es mit der größten Seemacht der Welt aufzunehmen.

Dies war eine unmögliche Aufgabe. Raeder bildete dennoch einen Planungsausschuß, der auf der Grundlage einer Denkschrift über die »Seekriegführung gegen England« Baupläne vorlegen sollte. Die Denkschrift stammte von dem brillanten jungen Fregattenkapitän Hellmuth Heye, der auch im Planungsausschuß eine führende Rolle erhielt. Ende Oktober 1938 legte der Ausschuß seine Ergebnisse vor. Er stellte Raeder und Hitler vor die Wahl zwischen einer Flotte von schnellen Panzerschiffen und U-Booten, die schnell gebaut werden konnten, aber nur für den Handelskrieg taugten, oder einer ausgewogenen Flotte von Schlachtschiffen und Flugzeugträgern, die die Royal Navy herausfordern konnte, aber eine lange Bauzeit notwendig machte.

Aus diesen Alternativen entstand im Auftrag von Hitler und Raeder schließlich Ende Januar 1939 (sieben Monate vor Ausbruch des Krieges) der »Z-Plan«. Danach sollte bis zum Jahr 1947 (!) eine Flotte gebaut werden, die in vier Gruppen eingesetzt werden konnte. Zunächst sollte es eine Heimatflotte geben, die stark genug war, die britische Home Fleet herauszufordern, und aus vier großen Schlachtschiffen, zwei Schweren Kreuzern und Zerstörerflottillen bestehen würde. Zweitens gab es Raider-Gruppen für den Handelskrieg, aus drei Panzerschiffen, Schlachtkreuzern, Leichten Kreuzern und 190 U-Booten bestehend, und schließlich waren zwei starke Kampfgruppen mit Flugzeugträgern und je drei 56 000-Tonnen-Schlachtschiffen geplant, die britische Schlachtschiffe angreifen konnten.

Die Z-Plan-Flotte war ein geschickter Versuch, zwei Marinestrategien zu betreiben: die »*Fleet-in-Being*« und »die Kontrolle der Seeverbindungen«. Die Hauptflotte sollte die britische Home Fleet binden, während die Raider-Gruppen Englands Seehandel angreifen konnten. Jeder Versuch, die Raider-Gruppen durch die Verlegung britischer Flotteneinheiten zu jagen, würde dazu führen, daß die beiden schnellen Angriffsgruppen eingesetzt würden. Damit hatte das Konzept der »ozeanischen Kriegführung« zum ersten Mal eine feste Grundlage im strategischen Denken der deutschen Seekriegsleitung gewonnen. Technisch blieb der Z-Plan hingegen dem traditionellen Denken verhaftet: Immer noch glaubten die Seekriegsleitung und Hitler, auf die grandiosen »Großkampfschiffe« vertrauen zu können, die für den alles entscheidenden Handelskrieg praktisch untauglich waren. Der von Dönitz seit 1937 geforderte Bau von U-Booten wurde im Z-Plan vernachlässigt. Daraufhin legte Dönitz am 1. September 1939 eine Denkschrift vor, die eine entscheidende Alternative zum Z-Plan darstellte und die vom Flottenchef, Admiral Boehm, voll unterstützt wurde. Dönitz stellte fest, daß die U-Boote »immer das Rückgrat der Kriegführung gegen England« sein würden, und verlangte den beschleunigten Bau von 300 U-Booten. Die vorhandenen 57 U-Boote könnten dem englischen Handel bestenfalls »Nadelstiche« versetzen.

Die Warnung erreichte Raeder zu spät. Im Januar 1939 hatte der Z-Plan Vorrang vor allen übrigen Rüstungsvorhaben erhalten, aber es wurde Raeder bald klar, daß der Bau der Z-Plan-Flotte ein hoffnungsloses Rennen gegen die Zeit war. Hitler war keineswegs bereit, mit Rücksicht auf die Kriegsmarine seine Forderungen gegenüber Polen zu dämpfen. Im September 1939 sah sich die Kriegsmarine in der beängstigenden Lage, daß sie einen Krieg kämpfen mußte, für den sie in den nächsten sieben Jahren nur eine Flotte auf dem Papier haben würde. Die *Bismarck* und *Tirpitz* brauchten noch ein Jahr zu ihrer Fertigstellung; das Reich war den Briten bei Schlachtschiffen um 7:1, bei Kreuzern um 6:1 und bei Zerstörern um 9:1 unterlegen. Den sechs Flugzeugträgern der Briten hatte die Kriegsmarine gar nichts entgegenzustellen, die eigenen Träger wurden nie fertiggestellt. Selbst bei den U-Booten war die Royal Navy im Vorteil; die Anzahl der deutschen und der britischen U-Boote war zwar ungefähr gleich, aber die Boote der Navy waren wesentlich größer. Ihre Hauptaufgabe konnte die deutsche U-Bootwaffe kaum erfüllen: Sie hatte nur ein Sechstel der Stärke, die als erforderlich für einen Krieg gegen den englischen Handel angesehen wurde. Es war, wie Raeder bemerkte, als ob man »einen Soldaten ohne Waffen in die Schlacht schickte«. Von dieser Resignation erholte sich Raeder allerdings verblüffend rasch und entschloß sich, das Tirpitz-Motto »Kraft durch Kühnheit« als Ersatz für fehlende Schiffe zum Einsatz zu bringen. Vor allem die U-Boote sollten jetzt sobald wie möglich zum rücksichtslosen Angriff gegen die britischen Handelswege antreten.

Die britische Regierung bereitete das Land jetzt auf einen totalen Krieg vor, und in Erinnerung an die demütigenden Erfahrungen von 1917 erhielten die Abwehrmaßnahmen gegen eine U-Bootblockade die höchste Priorität. Neben der U-Bootbekämpfung und den Verteidigungsmaßnahmen für Handelsschiffe wurden bis ins einzelne ausgearbeitete Systeme für die Kontrolle der Importe, die Lizensierung von Waren und die Organisation der Handelsschiffahrt begonnen. Docks, Häfen, der inländische Güterverkehr und die Lagerhäuser wurden in einem umfassenden Verteidigungsplan aufgenommen, der in Friedenszeiten ausgearbeitet worden war. Man ging davon aus, daß England sofort aus der Luft angegriffen und lange belagert würde.

Die Maßnahmen der Regierung veränderten das Leben der Bevölkerung erheblich: Der Staat übernahm die Verantwortung für den täglichen Bedarf. Am 29. September, dem *National Registration Day,* wurden jeder Mann, jede Frau und jedes Kind namentlich erfaßt, und es wurden Personalausweise ausgegeben. Dieses *National Register* bildete die Grundlage für die Lebensmittelrationierung, die vor dem Krieg ausgearbeitet worden war. Obwohl die Öffentlichkeit die sofortige Rationierung erwartete, gab es bei der Einführung Durcheinander und Verzögerungen. Angesichts sich widersprechender Schätzungen der Lebensmittelreserven durch die Experten war sich das Kabinett nicht im klaren über das erforderliche Ausmaß der Rationierung.

Die Post bemühte sich, 45 Millionen Kartenbücher auszuliefern, die jedem Bürger eine regelmäßige und gleiche Versorgung mit Speck, Butter und Zucker sicherte. Der Tag, an dem die Rationierung beginnen sollte, wurde wiederholt hinausgeschoben. Als die befürchteten Luftangriffe nicht kamen und die Admiralität zuversichtlich war, die U-Bootbedrohung im Griff zu haben, debattierte das Kriegskabinett darüber, ob die Rationierung überhaupt eingeführt werden sollte. Es wurde angenommen, daß sie politisch nicht populär und schädlich für die Moral sein würde, aber diese Überlegung mußte gegen die Gefahr abgewogen werden, daß Hamsterkäufe und Inflation zu ernsten sozialen Spannungen führten. Während der Verminderung der U-Bootangriffe Anfang Oktober sandte Churchill eine optimistische Denkschrift an den Innenminister: »Führen Sie die Rationierung auf alle Fälle ein, aber ich höre, daß zum Beispiel die Fleischration nicht viel besser als die deutsche ist. Ist dies nötig, wenn die See noch offen ist? Wenn wir schwere Rückschläge durch Luft- oder Bodenangriffe erleiden, könnte es erforderlich sein, diese Härten einzuführen. Aber bisher gibt es keinen

Grund zu der Annahme, die Navy könne die Versorgung nicht sichern.«

Churchill hatte sich auf eine hektische Reise mit Inspektionen, Besuchen und Konferenzen in der ganzen Flotte begeben und zum Unwillen der höheren Offiziere Anweisungen erteilt, die eindeutig in ihr Aufgabengebiet fielen. Der Erste Lord und spätere Premier war keineswegs zimperlich, wenn es darum ging, seinen Willen durchzusetzen. Zu seinem »Arsenal« gehörten nach Auskunft eines älteren Admirals: »Überredung, wirklicher oder vorgetäuschter Ärger, Spott, Beleidigung, Wutanfälle, Frotzelei und sogar Tränen. Jeder, der sich ihm widersetzte oder Ansichten äußerte, die zu seiner vorgefaßten Meinung im Widerspruch standen, bekam diese Waffen zu spüren, oft auch bei ganz nebensächlichen Dingen.«

Sofort nachdem Churchill die Admiralität übernommen hatte, forderte er, daß der Schlachtschiffbau drastisch gekürzt werden müsse. Alle Schiffe, die nicht bis zum Jahre 1941 gebaut werden konnten, sollten zurückgestellt werden.

Zum Entsetzen einiger Admirale verlangte Churchill in einer Denkschrift vom 12. September, daß sofort 100 neue Korvetten der »Flower-Klasse« gebaut werden müßten. Dabei erläuterte er auch, warum er den ehemaligen Walfänger für kriegswichtig hielt: »Man kann diese Schiffe als *Cheap & Nasties* bezeichnen (billig für uns, gefährlich für die U-Boote). Diese Schiffe, die für eine einzige, aber dringende Aufgabe gebaut werden, werden ohne Zweifel für die Navy wenig Wert haben, wenn diese Aufgabe getan ist – aber zunächst müssen wir diese Aufgabe erst einmal lösen.«

Die Wirtschaftskrise und das Vertrauen auf die »Asdic«-Geräte hatten dazu geführt, daß England 1939 nicht genügend Zerstörer besaß, um seine Schiffahrt zu schützen. In aller Eile wurden aus einem Walfänger (links) die Korvetten der Flower-Klasse entwickelt, von denen im Laufe des Krieges 288 gebaut wurden. Sie waren mit einem Stückpreis von £ 90.000 sehr billig und zerstörten insgesamt 50 U-Boote.

Der Gipfe

der Niedertracht
3.

3.

> »*Getrieben von der Kanone zum Torpedo und vom Torpedo zur Mine, haben die U-Boote nun den Gipfel der Niedertracht erreicht.*«
> WINSTON CHURCHILL, *November 1939*

Nach dem Fall Polens und dem Nachlassen des Krieges auf See nach der Heimkehr der ersten U-Bootwelle, startete Hitler seine geplante »Friedensoffensive« mit der Ankündigung, daß es den Interessen aller Völker dienen würde, den Kriegszustand zwischen Deutschland, England und Frankreich zu beenden. In einer langen Rede vor dem Reichstag machte er sich am 6. Oktober selbst zum Mann des Friedens, indem er erklärte, er wünsche Freundschaft mit England und Frankreich. »Niemals und an keiner Stelle bin ich wirklich den britischen Interessen entgegengetreten ... Weshalb soll nun der Krieg im Westen stattfinden?« Man solle doch (auf der Grundlage der deutschen Eroberungen im Osten) eine Friedenskonferenz abhalten, »ehe noch erst Millionen an Menschen zwecklos verbluten und Milliarden an Werten zerstört sind«. Aber weder die britische noch die französische Regierung sahen eine Zukunft in Verhandlungen mit den Nazis. Sechs Tage nach der Reichstagssitzung wies Chamberlain in einer außergewöhnlich harten Rede vor dem Unterhaus die Friedensvorschläge zurück: »Es ist nicht mehr möglich, sich auf das unbewiesene Wort der deutschen Regierung zu verlassen. Wir müssen bis zum Ende aushalten.«

Er hatte recht: Schon am 9. Oktober hatte Hitler eine Denkschrift an seine Oberbefehlshaber verfaßt, in der es hieß: »Das deutsche Kriegsziel hat in der endgültigen militärischen Erledigung des Westens zu bestehen.« Und noch ehe Chamberlain die Initiative abgelehnt hatte, hatte die Kriegsmarine einen spektakulären Schlag vorbereitet. In den frühen Morgenstunden des 14. Oktober drang ein U-Boot in den Ankerplatz der Home Fleet bei Scapa Flow auf den Orkney-Inseln ein und versenkte ein Schlachtschiff.

Dieses »kühnste aller kühnen Unternehmen« war von Dönitz genau geplant worden, nachdem eine Auswertung von Luftaufnahmen der ausgedehnten U-Bootnetze, Sperren und Minenfelder des Stützpunktes einen ungeschützten, siebzehn Meter breiten Kanal zwischen den drei Blockschiffen im Holm Sund gezeigt hatte, durch den ein U-Boot bei der Gezeitenwende aufgetaucht gerade hindurchschlüpfen konnte. Dönitz befahl den 31jährigen Kapitänleutnant Günther Prien, einen früheren Handelsschiffsoffizier, zu einer Unterredung zu sich. Als Kommandant von U-47 hatte

Entgegen Hitlers Berechnungen waren die Westmächte nach der Besetzung Polens nicht mehr zum Frieden bereit. Die deutsche Reaktion auf die Ablehnung war spektakulär: Kapitänleutnant Prien (rechts) drang mit U-47 in den Stützpunkt Scapa Flow ein und versenkte das Schlachtschiff *Royal Oak* (unten).

sich der zierliche Prien als einer der entschlossensten der neuen U-Bootkommandanten erwiesen und den Ruf erworben, daß er auf Disziplin hielt. Es kam nicht selten vor, daß er von einer Feindfahrt zurückkehrte und ein Drittel seiner Besatzung zur Bestrafung meldete. Aber Dönitz sah das Unternehmen als so gefährlich an, daß er Prien 48 Stunden Bedenkzeit gab. Der Kommandant akzeptierte am folgenden Tag.

U-47 lief unter größter Geheimhaltung aus, und am 12. Oktober näherte sich Prien dem gut bewachten Scapa Flow. Nach einem bangen Tag auf dem Meeresboden, an dem seine Maschinisten verzweifelt versuchten, einen defekten Motor zu reparieren, tauchte Prien am späten Abend des 13. Oktober auf. Er führte die schwierige Annäherung unmittelbar nach der Flut durch, wodurch er die beste Chance hatte, den schmalen Kanal zu passieren. Wäre er 24 Stunden später eingetroffen, so hätte er den Kanal durch ein neues Blockschiff versperrt gefunden, das am nächsten Morgen eintraf. Kurz nach Mitternacht hatte er Glück, wie sein Logbuch verzeichnet: »Es ist widerlich hell! Die ganze Bucht ist fabelhaft zu übersehen. Im Süden – bei Cava – liegt nichts ... Also Entschluß: ... bevor jede Aussicht auf Erfolg aufs Spiel gesetzt wird, müssen erreichbare Erfolge durchgeführt werden. Dementsprechend kehrtgemacht und unter der Küste nach Norden gelaufen. Dort liegen zwei Schlachtschiffe, weiter unter Land Zerstörer vor Anker. Kreuzer nicht auszumachen. Angriffe auf die beiden Dicken. Entfernung 3000 Meter. Geschätzte Tiefe 7,5 Meter. Aufschlagzündung. 0116: Ein Torpedo auf das nördliche Schiff abgefeuert, zwei auf das südliche. Nach gut 3½ Minuten detoniert ein Torpedo am nördlichen Schiff; von den beiden anderen ist nichts zu sehen. 0121: Torpedo vom Heck abgeschossen; im Bug werden beide Rohre geladen; aus den Vorderrohren drei Torpedos auf das nächstliegende Ziel und wieder Kurs auf die Ausfahrt genommen. Drei Minuten später erfolgt auf dem Schlachtschiff eine starke Detonation. Da rollt, knallt, bummst und grummelt es gewaltig. Zunächst Wassersäulen, dann Feuersäulen. Brocken fliegen durch die Luft. Jetzt wird es im Hafen lebendig. Zerstörer haben Lichter, aus allen Ecken wird gemorst, an Land fahren Autos über die Straße. Es ist ein Schlachtschiff versenkt, ein weiteres beschädigt. Alle Rohre sind leergeschossen.«

Was Prien als ein zweites Schlachtschiff angesehen hatte, war nur ein altes Flugzeugtransportschiff, das keine Schäden erlitt, aber bei der Versenkung der *Royal Oak* waren 786 Offiziere und Mannschaften gefallen und der Weltöffentlichkeit auf demütigende Weise die Verwundbarkeit der Royal Navy demonstriert worden. Daß Prien in Scapa Flow nur den Veteranen aus dem Ersten Weltkrieg vorfand, hatten sich die Deutschen selbst zuzuschreiben. Bei dem vorgetäuschten Ausbruchsversuch der *Gneisenau* zwischen dem 7. und 9. Oktober hatten sie fast die gesamte Home Fleet in die Nordsee gelockt. Für die britische Öffentlichkeit aber war ein Schlachtschiff noch immer ein Schlachtschiff – unabhängig vom Alter –, und der

Verlust der *Royal Oak* wurde als Katastrophe betrachtet. Es gab wütende Pressereaktionen gegen die triumphierende deutsche Propaganda, die der Welt erzählte, wie Britannia »von der Nordsee verjagt« wurde. Um zu zeigen, daß dies kein leeres Gerede war, griff die Luftwaffe drei Tage später Schiffe der Home Fleet an, die im Schatten der Eisenbahnbrücke über den Firth of Forth vor Anker lagen, und am 18. Oktober wurde Scapa Flow bombardiert. Etwas außer Fassung ließ die Admiralität die Home Fleet in den Clyde und nach Loch Ewe an der Westküste Schottlands außerhalb der Reichweite der Luftwaffe verlegen. Aber damit waren die Schiffe nicht außerhalb der Reichweite von Dönitz' U-Booten, die die Zugänge zu den schottischen Ankerplätzen verminten. Am 21. November 1939 lief der nagelneue Kreuzer *Belfast* auf eine von U-21 in den Forth gelegte Mine, und zwei Wochen später wurde das Schlachtschiff *Nelson,* das Flaggschiff der Home Fleet, beschädigt, als es eine Magnetmine zur Detonation brachte, die von U-31 vor Loch Ewe gelegt worden war. Beim Angriff im Clyde war allerdings auch U-33 unter Kapitänleutnant von Dresky mit seiner gesamten Besatzung verlorengegangen.

Wirtschaftskrieg

Bereits am 10. Oktober hatten sich Raeder und Hitler darauf geeinigt, daß nach der zu erwartenden Ablehnung des »Friedensangebots« der Handelskrieg gegen England verschärft werden müsse. »Je früher Beginn und je brutaler, umso früher die Wirkung, umso kürzer der Krieg«, hieß es im Protokoll der Lagebesprechung. Priens Triumph und Hitlers bessere Meinung über die Marine ermutigten Raeder, auf eine Intensivierung des U-Bootkrieges zu drängen. Am 15. Oktober legte er eine Denkschrift vor, in der er einen sofortigen uneingeschränkten U-Bootkrieg verlangte, da Deutschland nun in einem Kampf mit England stand, der die Unterordnung neutraler Interessen und des Völkerrechts unter »militärische Erfordernisse« verlangte. »Der Hauptgegner Deutschlands in diesem Kriege ist England. Seine verwundbarste Stelle ist der Seehandel ... Das Hauptobjekt der Seekriegsführung ist das Handelsschiff, und zwar nicht nur das feindliche, sondern überhaupt jedes Handelsschiff, das zur Versorgung der feindlichen Kriegswirtschaft ... die See befährt.« Raeder empfahl, gegen England eine rücksichtslose »Belagerung zur See« einzusetzen, die jedem U-Boot und Flugzeug erlaubte, »jedes feindliche und neutrale Schiff, das die Küsten Englands ansteuert oder verläßt, *warnungslos zu versenken«.*

Raeder wies freilich auch darauf hin, daß der Entschluß zum uneingeschränkten U-Bootkrieg endgültig sein müsse. »Ist die Entscheidung für die schärfste Handelskriegsform in Richtung der militärischen Forderung gefallen, so muß an ihr unter allen Umständen und endgültig festgehalten werden. Keinesfalls darf ... der einmal gefaßte Entschluß ... unter dem politischen Gegendruck der Neutralen wieder fallen gelassen werden oder eine spätere Auflockerung erfahren ... Auch Drohungen mit einem Eintritt weiterer Staaten, insbesondere der Vereinigten Staaten von Amerika in den Krieg, der bei langer Fortdauer des Krieges mit Sicherheit erwartet werden muß, dürfen *nicht* zu Einschränkungen in der einmal aufgenommenen Handelskriegsform führen.«

Hitler war aber immer noch nicht bereit, die politischen Rückwirkungen einer rücksichtslosen »Belagerung Englands zur See« zu riskieren. Immerhin hob er aber seinen Befehl auf, französische Handelsschiffe nicht anzugreifen, und bestand nur noch darauf, daß Passagierschiffe weiterhin gewarnt werden müßten.

Eine neue Dimension hatten die Pläne der Marine dadurch erhalten, daß sie für ihren Wirtschaftskrieg gegen England eine koordinierte Offensive der Teilstreitkräfte vorsahen. Die Operationen der Kriegsmarine gegen die Seeverbindungen sollten ergänzt werden durch massive Bombardements britischer Häfen und Industriezentren durch die Luftwaffe. Dieser ehrgeizige Plan erhielt zunächst Hitlers begeisterte Unterstützung. General Keitel, der Chef des Oberkommandos der Wehrmacht, erhielt den Befehl, einen »Sonderstab für Handelskrieg und wirtschaftliche Kampfmaßnahmen« im OKW aufzustellen. Die Kriegsmarine, der an dieser Einrichtung viel gelegen war, entsandte Admiral Schuster.

Aber zum Glück für England war die Zusammenarbeit zwischen den deutschen Teilstreitkräften sehr schlecht, und der Ausschuß ging nach seinen ersten Sitzungen auseinander. Das Oberkommando des Heeres war vollauf beschäftigt, eine große Offensive im Westen zu planen, und Göring prahlte damit, daß seine Luftflotten England ohne Unterstützung der Marine vernichten könnten.

Diese Rivalität zwischen den Teilstreitkräften strahlte bis in die Industrieproduktion aus. Die Ministerien weigerten sich, der Kriegsmarine den Vorrang einzuräumen, der für eine Verstärkung des U-Bootbaus erforderlich war. Nach drei Wochen beschwerte sich Raeder erbittert bei Hitler über den mangelnden Fortschritt im U-Bootbauprogramm und zeigte auf, daß das halbe Dutzend Verluste der U-Bootflotte den Neubau schon übertraf.

Hitler aber war so von dem Plan des Angriffs auf Frankreich gefesselt, daß seine Begeisterung für den Plan der Marine bald nachließ. Er teilte Raeder mit, daß die Marine auf die unentbehrlichen Zuweisungen von Stahl und Arbeitskräften bis nach dem Abschluß des Landkrieges im Westen warten müsse. Die deutsche Wirtschaft war auf einen kurzen Blitzkrieg mit begrenzten Zielen zugeschnitten, und es gab nicht genügend Stahl und Industriekapazität, um gleichzeitig den Bau von Panzern, Kanonen und U-Booten zu steigern. Raeder wurde gesagt, daß er in den kommenden 12 Monaten nicht mehr als 17 neue U-Boote erwarten könne, die nicht einmal ausreichten, um die erwartete zehnprozentige Verlustrate auszugleichen. Während des ersten Kriegswinters war Dönitz deshalb nie in der Lage, mehr als zehn U-Boote gleichzeitig in den Einsatzgebieten zu halten, und einmal waren es lediglich zwei.

Angesichts dieses Mangels an U-Booten folgerte der mittlerweile zum Konteradmiral beförderte Dönitz, »daß sie nur Erfolge erzielen konnten, wenn sie den Stier bei den Hörnern packten und so weit wie möglich die Konzentrationspunkte des Verkehrs in oder in der Nähe von Häfen angriffen«. Diese Taktik brachte Ergebnisse, die die Erwartungen bei weitem übertrafen. Im Oktober hatten die U-Boote 27 Schiffe torpediert und 19 durch Minen vernichtet. Damit hatten sie seit Kriegsbeginn fast 200 000 Tonnen Schiffsraum versenkt.

Die hohen Verluste und die immer schneller erfolgenden Angriffe wiesen auf eine stetige Verschärfung bis zum uneingeschränkten U-Bootkrieg hin. Churchill hatte das seit dem 11. September erwartet, als er dem Shipping Defence Committee seine Entscheidung angekündigt hatte, »tausend Handelsschiffe« zu bewaffnen, um den Feind zu zwingen, unter Wasser zu operieren. Den Reedern versuchte Churchill diese Maßnahme durch moralische Argumente schmackhaft zu machen. Die Deutschen, behauptete er, »werden mit Unterwasserangriffen keinen Erfolg haben; es geht doch nichts über das freie Spiel auf der Oberfläche. Selbst wenn der Krieg brutaler werden sollte, ist es von Vorteil für uns, denn die Deutschen werden die Schmach erleiden, eine Methode der Kriegführung anzuwenden, die von der gesamten Weltmeinung verdammt wird.«

Ob die altmodischen Geschütze aus dem Ersten Weltkrieg, die bald auf den Handelsschiffen montiert wurden, mehr als moralische Wirkungen hervorrufen konnten, stand allerdings in den Sternen.

Handelsschiffe im Krieg

Die Entscheidung, Handelsschiffe zu bewaffnen, wurde von Deutschland sofort als Rechtfertigung genutzt, alle bewaffneten Schiffe ohne Warnung anzugreifen. Einige Reeder widersetzten sich der Bewaffnung ihrer Schiffe aus Furcht, Angriffe damit zu provozieren. Aber die meisten Kapitäne und Besatzungen begrüßten die Chance, zurückschießen zu können, und die U-Boote mußten bald feststellen, daß einige ihrer vorgesehenen Opfer überraschende Dinge tun konnten. Kapitän Ernest Coultas von der *Clan Macbean* hatte zwei der 27 Schiffe des Geleitzuges HG 3 sinken sehen, bevor sich der Konvoi aus Sicherheitsgründen über die Biskaya zerstreute. Am 18. Oktober erreichte er die Brücke wenige Minuten, nachdem ein Torpedo sein eigenes Schiff »um Zentimeter« verfehlt hatte.

»Unser Schiff reagierte sehr gut auf das Ruder, und ich hielt den Bug so, daß er dauernd auf das U-Boot zeigte und jeder seiner Wendungen folgte – oder sie vorausahnte – mit dem Ergebnis, daß ich dem U-Boot ständig näherkam, obwohl es zu täuschen versuchte. Als wir etwa 200 Meter voneinander entfernt waren, eröffnete das U-Boot das Feuer mit der Kanone, feuerte drei Schuß, erzielte aber keine Treffer ... Als wir bis auf 100 m an das U-Boot herangekommen waren, erkannte es die Gefahr, gerammt zu werden, und tauchte. Es ließ offenbar die Geschützbedienung im Wasser zurück, denn sofort darauf hörten wir laute Hilfeschreie. Wir liefen direkt über seinen Turm, aber es war schon tief genug getaucht. Wir sahen es später achteraus bei dem Versuch, die Geschützbedienung zu retten. Durch diese Verzögerung konnten wir entkommen.«

Berichte über ähnliche Vorfälle wurden den Reedereien mitgeteilt, um ihre Kapitäne zum Kampf gegen die U-Boote zu ermutigen. Aber die Männer von der Handelsmarine hatten ohnehin längst begriffen, daß sie jetzt an der Front des Seekrieges standen. Diese selbstbewußten Zivilisten ließen sich nicht gern in ihre Angelegenheiten hineinreden, schon gar nicht von den »Royal Navy Bubis mit ihren Gasmasken und ihren Gamaschen«.

Nirgends war die Kluft zwischen der Handelsmarine und der Royal Navy offensichtlicher als an der Spitze. Zu den Besprechungen vor dem Auslaufen erschienen die Handelskapitäne »fast alle mit Melonen in den Händen und in rehbraunen Regenmänteln über Zivilanzügen« (so besucht der Kapitän normalerweise den Reeder), wie Konteradmiral Kenelm Creighton bei seiner ersten Geleitzugkonferenz bemerkte. Als Kommodores der Geleitzüge hatten sich zahlreiche bereits pensionierte Marineoffiziere zur Verfügung gestellt, die schon über 60 Jahre alt waren und zum Teil hohe militärische Ränge besaßen. Sie hatten es mit eigenwilligen Partnern zu tun: »Bei der ersten Bekanntschaft kamen mir die Kapitäne wie gewöhnliche, bescheidene Leute vor«, schrieb Creighton, »aber ich fand bald heraus, daß es etwas gab, was sie von ihren Zeitgenossen an Land unterschied, eine knappe, selbstsichere und ruhige Schlichtheit ... Konversation machen sie nicht, ihre Redeweise ist schroff, sie beschränken sich auf das Wesentliche und kommen direkt zur Sache ... Die Disziplin halten sie durch ihren Charakter und ihre Persönlichkeit aufrecht – denn eine Befugnis zu bestrafen gibt es nach den Vorschriften des Board of Trade fast nicht.«

Als der Krieg ausbrach, führten etwa 4500 Kapitäne die Schiffe der größten Handelsflotte der Welt, die 120 000 Mann beschäftigte. Ihnen standen etwa 13 000 Deckoffiziere und 20 000 Ingenieure zur Seite. Die Masse der Besatzungen bestand aus 36 000 Matrosen, 30 000 Maschinisten und 17 000 Stewards. Dieser traditionell unabhängige und robuste Dienst hatte weniger Angehörige als acht Heeresdivisionen, aber jeder uniformierte Soldat, jeder Zivilist, jede Frau und jedes Kind auf den Britischen Inseln waren von ihnen abhängig.

Die Männer, die unter der Flagge der Handelsmarine fuhren, achteten wenig auf den Rang. Diese Offiziere, Hilfsmaschinisten, Schmierer, Matrosen, Heizer, Trimmer und Stewards rekrutierten sich aus allen Rassen und Religionen des britischen Weltreichs. Ein Drittel waren Laskars – dienstverpflichtete farbige Seeleute –, von denen drei Viertel Inder waren. Viele Stewards kamen aus Bombay und Chittagong, während die Sikhs aus dem Punjab gewöhnlich als Heizer in den Kesselräumen der vielen Kohlenschiffe arbeiteten. In den meisten Maschinenräumen waren afrikanische Schmierer, und einige Schiffe waren mit Seeleuten aus den Häfen am Arabischen Golf oder mit Malaien und Chinesen aus Hongkong besetzt.

Diese vielrassigen Mannschaften hatten in Friedenszeiten bei den Schiffahrtslinien angeheuert, als ihre Schiffe in den Tropen verkehrten, aber der Krieg hatte sie unversehens auf die eisigen Gewässer des Atlantiks gebracht, wo viele Laskars die ersten waren, die in offenen Rettungsbooten starben. Die meisten Maschinisten lebten ohnehin dem Tode näher als die Decksbesatzungen. Ihre Überlebenschancen im dampfgefüllten Inferno des Maschinenraums waren äußerst gering, wenn das Schiff torpediert wurde.

Englands Handelsmarine konnte sich schwere Verluste kaum leisten. Obwohl sie mit 6000 Schiffen über 500 Tonnen die größte Handelsflotte der Welt war, hatte die Rezession nach dem Ersten Weltkrieg die Handelsmarine hart getroffen. Es hatte große Arbeitslosigkeit gegeben, und Englands Anteil am Schiffsraum der Welt war zurückgegangen. Die Wirtschaftskrise war auch für die Werften katastrophal gewesen, die in dem Jahrzehnt vor dem Krieg nur halb so viel produzierten wie 1918. Die Industrie war so geschrumpft, daß England den Krieg mit 2000 Handelsschiffen weniger begann, als es am Ende des Ersten Weltkrieges gehabt hatte. Diese Knappheit wurde noch ernster, weil sich die Bevölkerung des Landes um 4 Millionen erhöht hatte. Außerdem verbrauchten das Verkehrswesen und die Industrie zehnmal mehr Erdölprodukte als 1918, aber die Regierungen hatten es vor dem Kriege versäumt, eine große Tankerflotte zu bauen, mit dem Ergebnis, daß England von amerikanischer und norwegischer Tonnage abhängig war.

Die Ausweitung der Handelsmarine und die hohe Verlustrate brachten viele junge Männer erstmalig auf See. Freiwillige wurden von der Einberufung in die Streitkräfte ausgenommen, und einige durchliefen besondere Ausbildungslehrgänge. Aber die meisten jungen Männer, die sich meldeten, weil sie das Abenteuer suchten und den militärischen Drill ablehnten, heuerten ohne vorherige Ausbildung oder Erfahrung auf ihrem ersten Schiff an. John Harrison aus Liverpool war 16, als er die Schule verließ: »Ich kam auf den Trampdampfer *Bathna* als Kammersteward, nachdem ich von der Armee mit der Bemerkung abgelehnt worden war: ›Komm zurück, wenn du anfängst, dich zu rasieren.‹ Bei meiner ersten Reise gab mir meine

Mutter eine Büchse mit belegten Broten mit auf die Reise und sagte: ›Das wird wohl reichen, bis du heimkommst.‹«

In dem Bestreben, jedes verfügbare Frachtschiff wieder auf die Handelsrouten zu bringen, bot die Regierung großzügige Versicherungsdeckung an, so daß viele schrottreife Schiffe wieder ausliefen. Die Reeder erkannten die Chance, mit Schiffen, die jahrelang in Bächen und Flüssen gerostet hatten, Profite zu machen, und viele Besatzungen fanden an Bord dieser alten Kähne unerträgliche Bedingungen vor. Urban Peters, der auf dem Passagierschiff *Oropesa* anheuerte, erinnerte sich: »Sie war ein schmutziges Schiff, und obwohl sie jahrelang gelegen hatte, kam Ungeziefer

Ob die Ausrüstung ziviler Handelsschiffe mit Zwölfpfündern aus dem Ersten Weltkrieg (links) militärisch sinnvoll war, muß man bezweifeln. Die Hoffnung, die deutschen U-Boote müßten wegen der alten Kanonen getaucht bleiben, erwies sich als falsch. Den einzig wirksamen Schutz gegen die U-Bootgefahr bildeten die Geleitzüge, die auf besonderen Konvoikonferenzen (unten) vorbereitet wurden. Das Zusammenwirken der Royal Navy mit den zivilen Handelsschiffskapitänen gehört zu den bemerkenswertesten organisatorischen Leistungen der Briten im Zweiten Weltkrieg. Im Seekrieg brachten die Bewaffnung der Handelsschiffe und die Einführung der Geleitzüge eine unheilvolle Verschärfung: Der U-Bootkrieg nach der Prisenordnung war durch diese Maßnahmen unmöglich geworden.

aus allen Ecken und Winkeln. Es war so schlimm, daß wir Passagierkabinen erhielten.«

Peters war Lagerist, und seine Aufgabe bestand darin, Soldaten auf dem Weg nach Bermuda zu versorgen. Der Truppentransporter gehörte zu einem der ersten Geleitzüge und wurde von »ein paar Zerstörern zu einem Punkt mehrere 100 Meilen draußen im Atlantik« geleitet. »Man sprach einfach nicht darüber, torpediert zu werden. Es passierte immer den anderen, nicht einem selbst, und je weiter man hinausfuhr, desto weniger sorgte man sich wegen der U-Boote. Wir hatten jeden Tag Rettungsübungen, und die Rettungsboote hingen bereit. Wir hatten eine Kanone am

Heck, die die älteste war, die ich bis dahin gesehen hatte. Es war eine japanische 12-cm-Kanone, die von Hand gerichtet wurde. Unmittelbar unterhalb der Kanone befanden sich die Kombüse für die Besatzung und sechs Kabinen für den Quartiermeister und die Kanoniere. Wenn sie Übungsschießen hatten, wurde der Schornstein der Kombüse geschlossen, der Kohlenrauch ging zurück in die Kombüse, und der Koch mußte flüchten. Mein Kamerad, der Lagerverwalter, rannte jedes Mal zum Rettungsboot, wenn der erste Schuß fiel.«

Nach dem Passieren des Panamakanals veränderte sich die Stimmung an Bord. Peters erinnert sich an viele Gelegenheiten, bei denen der Krieg weit entfernt schien. So in den südamerikanischen Häfen, wo die *Oropesa* auch neben deutschen Schiffen festmachte, die wegen der Blockade nicht auslaufen konnten: »Das Erstaunliche war, daß es nicht etwa Zusammenstöße zwischen den gegnerischen Seeleuten gab, sondern daß wir uns gegenseitig an Bord besuchten, das Bier probierten und es uns gutgehen ließen. Valparaiso war voll von Deutschen, darunter die Besatzung eines mit Kadetten besetzten Schulschiffes. Sie arbeiteten an Land als Kellner in den Bars und Cabarets, und so hatten wir freundschaftlichen Kontakt mit dem Feind. Der ganze Krieg schien lächerlich damals.«

Aufgrund ihrer Erfahrung aus dem Ersten Weltkrieg begann die Trade Division der Admiralität bald die Bewegungen britischer Schiffe durch Offiziere der Royal Navy zu überwachen, die in Häfen auf der ganzen Welt stationiert waren. Diese wichtige Arbeit interessierte Churchill persönlich, der bereits im Oktober gefragt hatte: »Sollten wir nicht täglich einen Bericht von jedem Konvoi erhalten und so regelmäßig arbeiten wie das Meldesystem bei der Eisenbahn?« Admiral Pound konnte ihm sagen, daß Captain Mansergh, damals Direktor der Trade Division, ein solches System fast fertiggestellt hatte. Die auslaufenden atlantischen Konvois aus der Themse wurden mit »OA« bezeichnet. Sie sammelten sich bei Southend, fuhren durch den Kanal und nahmen Schiffe aus den Häfen der Südküste auf. Im Norden verließen »OB«-Geleitzüge Liverpool und fuhren durch die Irische See, wo sich ihnen Schiffe aus Bristol und von der Westküste anschlossen. Heimwärts fahrende Geleitzüge aus Halifax, dem Haupt-Ablaufpunkt am Westende der Nordatlantikstrecke, wurden mit »HX« und die aus Kingston (Jamaika) mit »KJ« bezeichnet. Geleitzüge aus dem Mittelmeer und dem Südatlantik hatten ihre eigene Codebezeichnung. Wenn sie Gibraltar passierten, wurden auswärts laufende Geleitzüge »OG« (Outward Gibraltar) genannt, während jene, die heimwärts liefen, mit »HG« (Homeward Gibraltar) und »SL« (Sierra Leone) bezeichnet wurden.

Die Geleitzüge umfaßten maximal 70 Schiffe, die in einem engen Verband fuhren und etwa 20 Quadratmeilen bedeckten, wobei die einzelnen Schiffe etwa 650 m voneinander entfernt waren. Zunächst durften aufgrund des Drucks von den Reedereien und des Mangels an Eskorten schnellere Schiffe allein fahren, in der Hoffnung, daß ihre Geschwindigkeit den Feind schlagen würde. Die Eskorten, in den ersten Monaten des Krieges gewöhnlich zwei Zerstörer, begleiteten die auslaufenden Schiffe nur bis etwa 100 Meilen hinaus in die Western Approaches. Ihre Aufgabe wurde dann von einem einzigen Ozeangeleitschiff übernommen, das gewöhnlich nur ein bewaffnetes Handelsschiff war. Die Zerstörer übernahmen einen heimwärts laufenden Geleitzug und geleiteten ihn bis an die South Western Approaches von Irland, wo er sich in zwei Ströme spaltete und Kurs auf die Irische See und den Ärmelkanal nahm.

So oft wie möglich patrouillierten Flugzeuge des Coastal Command über den Geleitzügen, aber den unerfahrenen Piloten unterliefen oft entsetzliche Navigationsfehler. Ein Funkstandort eines Flugzeuges versetzte einen Geleitzug in die Mitte der Place de la Concorde in Paris, und ein anderer Geleitzug wurde zwei Tage lang gesucht, bevor entdeckt wurde, daß er noch vor Anker am Feuerschiff *Liverpool Bar* lag!

Das Positionshalten im Verband war zuerst katastrophal. Ingenieure und Kapitäne versuchten, ihre Plätze zu halten, indem sie mit feinen Veränderungen der Schraubendrehzahl die Geschwindigkeit konstant hielten, aber es gab oft kritische Momente der Spannung zwischen den Kommandanten der Eskorten und den Handelskapitänen, die überzeugt waren, daß sie genausoviel über die Seemannskunst wüßten wie die Kollegen von der »Grey Funnel Line«. Die schwierige Aufgabe, die Handelsschiffe zu überwachen, fiel dem Geleitzug-Kommodore zu, der, obwohl er ein sehr erfahrener Reserve-Offizier der Royal Navy, etwa ein pensionierter Admiral oder der Ex-Kommandant eines Ozeanriesen, war, seine Autorität taktvoll ausüben mußte, da er gewöhnlich auf einem der Handelsschiffe mitfuhr. Er war von seinem Signalgast abhängig, der von der Royal Navy ausgebildet war und die Schiffe mit seinen optischen Signalen auf Position halten mußte. Insbesondere die Kohlenschiffe, die den Geleitzug durch schwarze Rauchwolken verrieten, waren ein großes Problem. Die Handelsschiffer waren verwirrt wegen der detaillierten Anweisungen für das Stationhalten und über die umfangreichen Anweisungen für den Fall eines Angriffs. Sie durften am Tage keinen Rauch machen und nachts keine Lichter setzen. Sie wurden gewarnt, keine Abfälle über Bord zu werfen oder während des Tages die Bilgen leerzupumpen, damit nicht treibender Abfall oder Ölflecken die Route des Geleitzugs verrieten.

Die komplizierten Zickzack-Manöver, mit denen sich die Geleitzüge gegen Torpedoangriffe schützen sollten, waren wohlüberlegt, aber die Übungen eines neuen Konvois waren ein haarsträubendes Erlebnis für alle Beteiligten – insbesondere bei Nacht ohne Lichter. Einen Geleitzug bei schlechtem Wetter oder in dichtem Nebel zusammenzuhalten, wenn jedes Schiff einer Boje folgen mußte, die das vorauslaufende schleppte, war ein Alptraum.

Dennoch erwiesen die Geleitzüge nach wenigen Wochen der Proben ihren Wert. Die Admiralität konnte sie leicht um gemeldete U-Bootpositionen herumführen, und die geringe Zahl der feindlichen U-Boote gab ihr dazu auch in den Western Approaches genügend Spielraum.

Die Minenoffensive

Als Antwort auf die sich verbessernde britische Verteidigung entschloß sich Dönitz, die Rudeltaktik anzuwenden, die in den Manövern vor dem Kriege so sorgfältig erprobt worden war. »Angesichts der Zusammenziehung des feindlichen Handels zu Geleitzügen halte ich es nicht für zweckmäßig, (die U-Boote) über ein sehr weites Gebiet einzeln zu verstreuen. Ziel muß (es) sein, Geleitzüge abzufangen und konzentriert mit den wenigen vorhandenen Booten zu vernichten.« In der zweiten Oktoberwoche ließ er nun U-Boote auslaufen, die als »Atlantik-Gruppe« unter dem Kommando von Korvettenkapitän Werner Hartmann die Gibraltar-Geleitzüge angreifen sollten.

Die ersten Versuche mit der Rudeltaktik unter Kriegsbedingungen erwiesen sich jedoch als Enttäuschung. Nur drei von den neun Booten waren rechtzeitig auf Station, als die Gruppe am 13. Oktober das Signal erhielt,

Im Winter 1939/40 gelang es deutschen U-Booten, Zerstörern und Flugzeugen, die Häfen an der britischen Ostküste durch Minen zu lähmen.

südwestlich von Irland den Konvoi HG 3 anzugreifen. Einige Schiffe wurden versenkt, und der Geleitzug zerstreute sich, aber es gab Torpedoversager, und die Schwierigkeiten von Korvettenkapitän Hartmann in U-37 bei der Leitung der Operation waren beträchtlich. Dieselben Probleme beeinflußten andere Versuche mit der Rudeltaktik Ende Oktober. »Jedesmal war die zur Verfügung stehende Zahl der U-Boote nicht groß genug«, schrieb Dönitz, »um im freien Seeraum die Geleitzüge erfassen und gemeinsam bekämpfen zu können. Es schien mir damit erwiesen, daß das U-Boot-Reservoir noch zu klein war, um eine solche Schwerpunktbildung durchführen zu können.«

Einen wichtigen Erfolg konnten zwei britische Minenräumer erzielen, als sie am 23. 11. 39 zwei der deutschen Magnetminen, die im Schlick der Themsemündung steckengeblieben waren, unbeschädigt einbrachten. König Georg VI betrachtet zufrieden die Waffe, deren Wirkungsweise den Briten bis dahin unbekannt war.

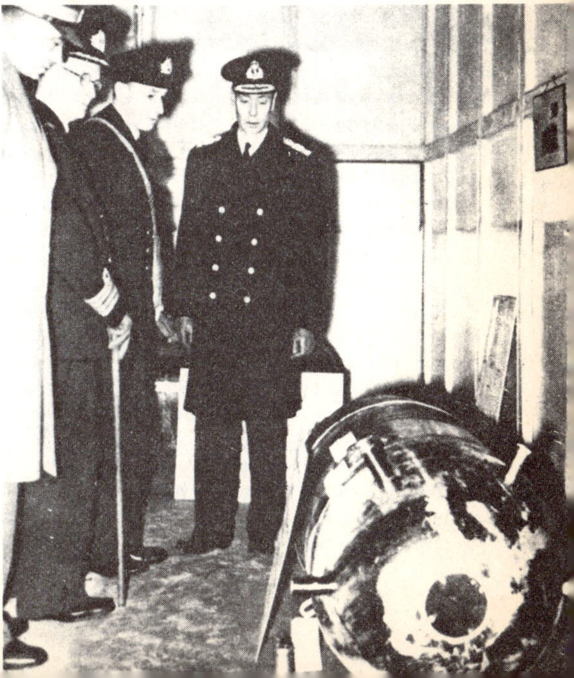

Danach war Dönitz gezwungen, eine große Rudeloffensive um ein Jahr zu verschieben. Der erste Einsatz der neuen Taktik hatte ihm aber eine wichtige Erkenntnis gebracht: Die Operationen der »Wolfsrudel« konnten von Land aus geführt werden. »Ich (war) in der Heimat sehr wohl in der Lage, die ganze taktische Führung am Geleitzug zu übernehmen.«

Eine neue Offensive gegen die Schiffahrt wurde Mitte Oktober begonnen, als die Zugänge zu britischen Häfen vermint wurden. Während die Versenkungen durch U-Boote im November auf die Hälfte des vorhergehenden Monats zurückgingen, fielen nicht weniger als 27 Schiffe mit 121 000 Tonnen den Minen zum Opfer. Die Admiralität sah darin einen »Versuch, neutralen Ländern zu beweisen, daß es selbstmörderisch gefährlich war, Handel mit England zu treiben«.

Seit Ausbruch des Krieges hatten die U-Boote in den Eingängen zu Häfen Minen gelegt, und dies erwies sich als so erfolgreich, daß Anfang November die Unternehmen gesteigert und schnelle Zerstörerverbände bei Nacht hinausgeschickt wurden, um ausgedehnte Minenfelder vor der Ostküste und in den Zugängen zur Themsemündung zu legen. Die Minenoffensive war vor allem deshalb erfolgreich, weil die Deutschen ihre erste Geheimwaffe einsetzten – die magnetische Grundmine, die durch das Magnetfeld eines über sie laufenden Schiffes gezündet wurde. Die Idee war nicht neu. 1917 hatte die Royal Navy ihre eigenen Versuchsmodelle erprobt, aber die Erfindung war nicht ernstgenommen worden. Die Navy besaß nur einen Minenräumer für Magnetminen. Die einzige sichere Methode, ein Magnetminenfeld zu erkennen, bestand monatelang darin, auf das erste Opfer zu warten. Die Admiralität wollte zunächst nicht zugeben, daß die ausgedehnten Minenfelder von Überwasserschiffen gelegt worden sein könnten. Das arktische Wetter des Winters 1939/40 gab den deutschen Zerstörern und Minenlegern, die als Handelsschiffe getarnt waren, die notwendige Deckung, um versteckte Operationen vor der Ostküste und dem Zugang zur Themsemündung durchzuführen. Monatelang nahm die Admiralität an, daß lediglich einzelne Minen von Flugzeugen oder U-Booten gelegt worden seien. Die Angelegenheit wurde ernst, als ein großes Minenfeld quer über die Hauptfahrrinne der Themsemündung gelegt wurde und zwei Schiffe und einen großen Tanker vernichtete. Die Schiffahrt war unterbrochen, und der Londoner Hafen war von der Schließung bedroht. Churchill war außer sich und beschuldigte die Deutschen »einer Freveltat am akzeptierten Völkerrecht. Getrieben von der Kanone zum Torpedo und vom Torpedo zur Mine haben die U-Boote nun den Gipfel der Niedertracht erreicht.«

Zum Glück für England wurde der Plan der Seekriegsleitung, 22 000 Magnetminen zu legen, bevor die Briten Gegenmaßnahmen treffen konnten, von Göring vereitelt, der sich weigerte, Flugzeuge zum Minenlegen zu stellen, so daß die Kriegsmarine mit ihrer Handvoll von Seeflugzeugen auskommen mußte. Am 23. November erlitt die deutsche Offensive einen schweren Rückschlag, als ein Pilot zwei Magnetminen in die Schlickzone vor Shoeburyness abwarf. Sie wurden entdeckt, und einem Minenräumkommando der Royal Navy gelang es, eine Mine zu entschärfen und ihren Zündungsmechanismus auseinanderzunehmen. Dies führte zur Entwicklung der hochwirksamen elektrischen Räumvorrichtung »LL« und eines Verfahrens zur Entmagnetisierung der Schiffe. Kleine Schiffe wurden in besonderen Stationen entmagnetisiert, wo ihr Magnetismus »gelöscht« wurde. Bei größeren Schiffen wurde ein Stromkreis in den Rumpf eingebaut, der in flachen Gewässern eingeschaltet wurde und das Schiff entmagnetisierte.

Es dauerte viele Monate, bis diese komplizierten Gegenmaßnahmen voll wirksam wurden. Die deutschen Minenfelder mit Magnet- und Kontaktminen vor den englischen Küsten trugen beträchtlich zu den Gefahren bei, denen die Handelsflotte im ersten Kriegswinter gegenüberstand. Zur gleichen Zeit gingen in fernen Gewässern die *Graf Spee* und *Deutschland* auf Beute aus. Die Schnelligkeit und Unvorhersehbarkeit ihrer Angriffe hatte die Versuche der Admiralität, sie mit acht kampfstarken Jagdgruppen zu jagen, vereitelt.

Am 22. Oktober hatte die *Graf Spee* vor der Küste Südwestafrikas den Dampfer *Trevarion* versenkt, bevor sie Kurs in den Indischen Ozean nahm, um ihre Verfolger abzuschütteln. Die Admiralität hörte nichts mehr von ihr, obwohl sie am 15. November im Mocambique-Kanal den kleinen Tanker *Africa Shell* versenkt hatte, bevor er »RRR« funken konnte. Die *Deutschland* war ebenfalls unauffindbar, und obwohl sie nur zwei Schiffe versenkte, stellte sie für die Briten einen erheblichen Störfaktor dar. Schließlich befahl Hitler sie in die Heimat, weil er nicht riskieren wollte, ein Schiff ihres Namens zu verlieren. Die *Deutschland* konnte das Skagerrak am 14. November passieren und machte am nächsten Tag in Gotenhafen (Gdingen) in Ostpreußen fest, wo sie in *Lützow* umbenannt wurde.

Dieser erfolgreiche Durchbruch durch die britische Blockade ermutigte Raeder, eine Woche später seine soeben fertiggestellten schnellen Schlachtschiffe, *Scharnhorst* und *Gneisenau*, in den Nordatlantik zu schikken. Ihre Aufgabe war das »Aufrollen der feindlichen Überwachung im Seegebiet zwischen Faröern und Island«. Dieses Scheinmanöver, das darauf abzielte, die Aufmerksamkeit der Royal Navy von der *Graf Spee* abzulenken, wurde möglich, weil der B(eobachtungs)-Dienst der deutschen Funkaufklärung die benutzten Codes geknackt hatte und die Bewegungen der feindlichen Luft- und Marineeinheiten zum Teil voraussagen konnte.

Die beiden Schlachtschiffe waren unentdeckt fast bis in den Atlantik gelangt, als sie am späten Nachmittag des 23. November mittwegs zwischen Island und den Faröern auf den bewaffneten Hilfskreuzer *Rawalpindi* stießen. In der zunehmenden Dämmerung hatte Captain E. C. Kennedy kaum

Heroischer Einsatz: Mit seinem Hilfskreuzer *Rawalpindi* stellte sich Captain E. G. Kennedy am 23. 11. 39 den beiden deutschen Schlachtschiffen *Scharnhorst* und *Gneisenau* (unten) entgegen, die in den Atlantik ausbrechen sollten.

Zeit, das dringende Signal »Feindliche Schlachtkreuzer gesichtet« abzusetzen, bevor sein umgebauter Passagierdampfer von den 28-cm-Breitseiten der beiden Schlachtschiffe umgeben war. Er befahl, mit seinen acht 15,2-cm-Kanonen das Feuer zu erwidern, aber dieser heldenhafte Kampf gegen die mächtigen Gegner dauerte gerade sechzehn Minuten, bis die Flammen das frühere Passagierschiff einhüllten und die dunkle See beleuchteten.

Die Deutschen beschlossen ritterlich, die überlebenden Gegner zu retten, und waren immer noch mit dieser Aufgabe beschäftigt, als der Kreuzer *Newcastle* auf der Szene erschien, um die vermutete Heimwärtsfahrt der *Deutschland* zu stoppen. Die Schlachtschiffe beendeten ihre Rettungsaktion und wichen aus. Drei Tage lang wurden sie ohne Erfolg von sämtlichen Einheiten der Home Fleet gejagt, aber das deutsche Geschwader entkam, unterstützt durch die sehr genauen Meldungen über die britischen Bewegungen und ein geschicktes Nutzen des trüben Wetters, das ihre Bewegungen entlang der norwegischen Küste und ins Skagerrak deckte. Die »Kraft der Kühnheit« schien bewiesen zu haben, daß die kleine deutsche Überwasserflotte eine ebenso große Bedrohung für Englands Vorherrschaft auf See sein konnte wie die U-Boote.

Die unheilvolle Verzückung
4.

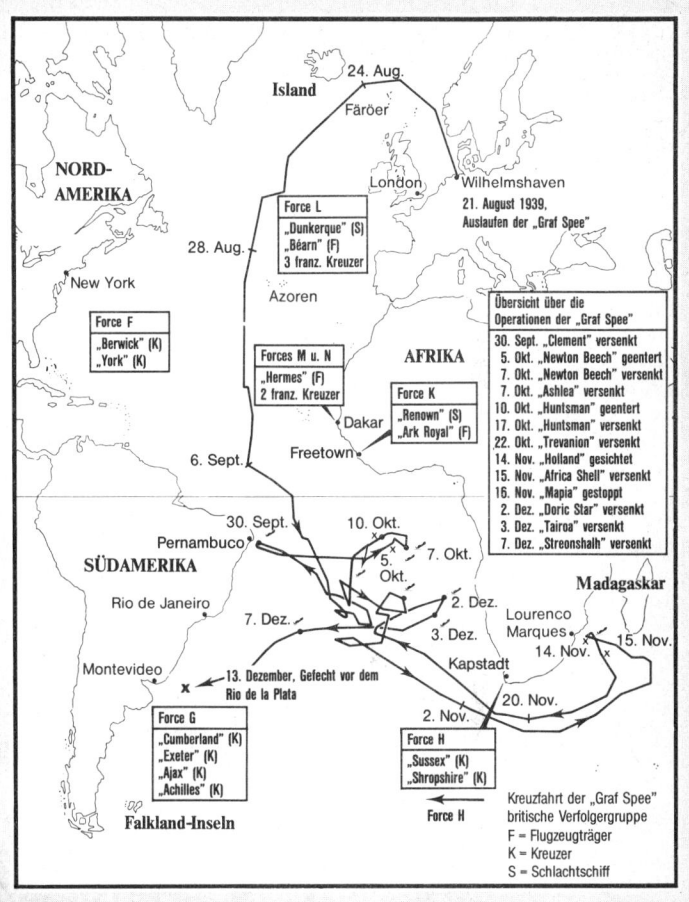

Das Wrack der *Graf Spee* versinkt im Schlamm des Rio de la Plata, wo das Panzerschiff nach seinen Operationen im Atlantik und Indischen Ozean (Karte) von der eigenen Besatzung versenkt wurde.

4.
»*Die Nachricht, die uns aus Montevideo erreicht hat, ist auf unserer Insel mit größter Dankbarkeit empfangen worden, und im größten Teil der Welt mit unverhohlener Zufriedenheit.*«
Winston Churchill *in einer Rundfunksendung am 18. Dezember 1939.*

Im Dezember 1939 hatte sich nach dem Fall Polens auf beiden Seiten die unbehagliche Routine eines »Scheinkriegs« entwickelt. In Frankreich standen sich die gegnerischen Armeen entlang der Maginot-Linie gegenüber, und der Oberbefehlshaber der British Expeditionary Force, General Ironside, behauptete zuversichtlich: »Hitler hat den Bus verpaßt.« Die deutschen Soldaten witzelten in ihren Stellungen über den »Sitzkrieg«, während die Planer im Oberkommando des Heeres Vorbereitungen für den Fall Gelb trafen – die Tarnbezeichnung für den Angriff im Westen. Aber im Seekrieg gab es kein Nachlassen. Er wurde jeden Tag erbitterter. England hatte schon den Verlust von 150 Handelsschiffen, eines Schlachtschiffes und eines Flugzeugträgers durch die U-Boote erlitten. Die halbe Million Tonnen an Handelsschiffsraum, die vernichtet worden war, stellte über zwei Prozent der Vorkriegstonnage der Handelsmarine dar. Nach dem anfänglichen Optimismus, daß die U-Bootjagd mit Asdic und das Geleitzugsystem die Gefahr gebannt hätten, war die Zuversicht der Admiralität jetzt schwer erschüttert. Im Oktober und November waren die Verluste ständig gestiegen, und am 25. November hatte Hitler befohlen, daß ein konzentrierter Versuch unternommen werden solle, England ganz abzuschneiden.

Die Angriffe der U-Boote und die deutschen Minenerfolge wurden von Goebbels mit einer Propagandaoffensive begleitet. Er benutzte dabei ein Gedicht, das Rudyard Kipling während der U-Bootkrise des Ersten Weltkriegs geschrieben hatte. Vor allem der letzte Vers des »Big Steamer« wurde in den letzten Wochen des Jahres 1939 mit höhnischer Monotonie wiederholt: »Das Brot, das ihr eßt, und die Kekse, die ihr knabbert, die Süßigkeiten, die ihr lutscht, und das Fleisch, das ihr schneidet, all das wird von uns, den großen Dampfern gebracht, und wenn irgendjemand uns hindert, dann müßt ihr verhungern!«

Zur gleichen Zeit machte das britische Kriegskabinett die Entdeckung, daß die Weizenvorräte zuende gingen. Die Weizenmühlen machten Kurzarbeit, und einige Wochen lang sah es so aus, als ob das Brot rationiert werden müßte. Aber die Krise im November war weniger auf den Verlust von Frachtschiffen als auf bürokratisches Durcheinander zurückzuführen, das sich aus einer späten Ernte und mangelnder Voraussicht der Regierung bei der Vorratshaltung ergab. Jetzt mußte das Ernährungsministerium mitteilen, daß weniger als drei Wochenvorräte an Weizen verblieben, während eine Anzahl anderer Waren, darunter Zucker, auf weniger als einen Monatsvorrat gefallen waren. Die Reserven an Rohstoffen waren noch alarmierender. Wenn es auch Ölreserven für sechs Monate gab, so waren die Vorräte an anderen wichtigen Rohstoffen gefährlich gering. Es gab nur Eisenerzvorräte für wenige Wochen. Die Krise wurde noch verschlimmert, als das neugebildete Schiffahrtsministerium bekanntgab, daß frühere Schätzungen über ausreichenden Schiffsraum zum Transport der fünfzig bis sechzig Millionen Tonnen jährlicher Importe falsch waren und daß neuere Berechnungen zeigten, daß die Importe um fast 20% gekürzt werden müßten.

Die erste Schiffahrtskrise des Krieges führte bald zu einem erbitterten Krach zwischen dem Ernährungs- und dem Versorgungsministerium. Die Herren stritten darüber, wer die größeren Abstriche hinnehmen sollte. Der Ernährungsminister sagte dem Kriegskabinett: »Wir haben einen Zustand gefährlicher Knappheit erreicht.« Das Kriegskabinett entschied sich für »Butter vor Kanonen« und befahl im Dezember jedes verfügbare Schiff nach Nordamerika zur Abholung der Weizenlieferungen, bevor das Versorgungsministerium die Schiffe bekam, um der Eisenerzknappheit zu begegnen. Auf diese Weise blieb die Belastung der Zivilbevölkerung ziemlich erträglich. Benzin war zwar von Anfang an rationiert, aber die Lebensmittelmarken wurden nur sehr allmählich in Umlauf gebracht. Selbst im Januar 1940 war lediglich der Verbrauch von Schinken, Butter, Eiern und Zucker auf jeweils vier Unzen pro Woche beschränkt. (In Deutschland waren zu dieser Zeit auch Fleisch, Fett, Milch, Tee, Kaffee, Seife, Kleider, Stiefel und Schuhe schon rationiert.) Dennoch war die Zuweisung von Schiffsraum für Lebensmittel, Waffen und Rohstoffe ein heikler Balanceakt, den das Kriegskabinett im ersten Jahr des Krieges noch viele Male wiederholen mußte.

Panzerschiff gesichtet!

Ende Dezember 1939 waren die Deutschen wesentlich näher daran, England an den Rand des Hungers zu bringen, als sie geahnt haben mögen. Ironischerweise hatte wenige Stunden, nachdem das Kipling-Gedicht am 2. Dezember erstmalig verlesen wurde, die *Graf Spee* die *Doric Star* mit einer Ladung Fleisch, Butter, Käse und Wolle aus Neuseeland versenkt. Die verzweifelten RRR-Signale des Opfers (Angriff durch Raider) waren seit drei Wochen der erste Hinweis auf den Standort des Kriegsschiffes. Am nächsten Morgen wurde in denselben Gewässern die *Tairoa* von einem großen Kriegsschiff gestoppt, das scheinbar eine schmuddelige französische Flagge zeigte. Dies war eine weitere List von Kapitän zur See Langsdorff, und nach der Übernahme der Besatzung versenkte die *Graf Spee* ihren achten »großen Dampfer« mit seiner Ladung Fleisch, Wolle und Blei aus Australien.

»Funken Sie nicht, oder Sie werden beschossen!« hatte Langsdorff die *Tairoa* gewarnt, aber der Kapitän des Dampfers hatte den Befehl ignoriert. Die Signale der *Tairoa* unterbrachen eine Reihe von dringenden Konferenzen zwischen Churchill und seinem Stab. Den Jagdgruppen wurde befohlen, den Raider nicht noch einmal entkommen zu lassen. Im Südatlantik erriet der Führer der Gruppe G, Commodore Harwood, daß die *Graf Spee* nun Kurs auf den Rio de la Plata nehmen würde, wo es zahlreiche wertvolle Getreidefrachter als Angriffsziel gab. Harwood kam zu dem Ergebnis, daß »dies das entscheidende zu verteidigende Gebiet« sei und befahl seinem Kreuzergeschwader, vor der breiten Flußmündung zwischen Uruguay und Argentinien zu patrouillieren. Am frühen Morgen des 12. Dezember stieß der Schwere Kreuzer *Exeter* zu Harwoods Leichten Kreuzern *Ajax* und *Achilles*.

Am nächsten Morgen tauchte die *Graf Spee* in diesem Gebiet auf. Kapitän zur See Langsdorff plante, den großen Frachter *Highland Princess* abzufangen, dessen Auslaufen aus Buenos Aires in einer Zeitung angekündigt worden war, die er auf seinem letzten Opfer gefunden hatte, der *Streonshalh*, die er am 7. Dezember vor der brasilianischen Küste versenkt hatte.

Der 13. Dezember brach klar und sonnig an, als die drei Kreuzer der Gruppe G in Kiellinie durch das ruhige Wasser patrouillierten. Um 6.14 Uhr sichtete ein Ausguck der *Ajax* einen Fleck am nordwestlichen Horizont. Die *Exeter* fuhr voraus, um aufzuklären, und zwei Minuten später blinkte ihr Lichtsignal zurück zur *Ajax:* »Ich glaube, es ist ein Taschen-Schlachtschiff!« Harwood befahl sofort volle Fahrt, und seine Schiffe gingen schnell in ihre vorher abgesprochenen Positionen, während die Mannschaften zu den Geschütztürmen eilten.

Auf der *Graf Spee* ging es viel ruhiger zu. Ihr Aufklärungsflugzeug war nicht in Betrieb, aber die Ausgucks hatten die *Exeter* ausgemacht. Die vier winzigen Masten, die hinter ihr auftauchten, wurden für Begleitzerstörer gehalten. Zuversichtlich, daß seine durch Radar geleitete Hauptbewaffnung leichtes Spiel mit einem einzigen Kreuzer haben würde, beschloß Langsdorff, ihm entgegenzufahren. Damit gab Langsdorff seinen Hauptvorteil auf, der darin bestand, daß seine Geschütze die größere Reichweite hatten. Anstatt sofort zu fliehen und die schnelleren Schiffe Harwoods so lange wie möglich aus sicherer Entfernung unter Feuer zu halten, geriet Langsdorff fast augenblicklich in die Reichweite seiner Verfolger. Harwood hatte sein Geschwader geteilt, und schon nach kurzer Zeit konnten seine Schiffe die *Graf Spee* von beiden Seiten beschießen. Um 6.18 Uhr donnerte die erste Salve vom vorderen Geschützturm der *Graf Spee,* da Langsdorff sein Feuer auf den größeren Kreuzer konzentrierte und nur gelegentlich auf die leichteren Schiffe schoß. Zwei Minuten später schoß HMS *Exeter* zurück, und bald darauf auch *Ajax* und *Achilles.* Sechs Minuten nach der Feuereröffnung hatte eine der 28-cm-Granaten der *Graf Spee* den Geschützturm »B« der *Exeter* außer Gefecht gesetzt und die Brücke mit einem mörderischen Splitterhagel übersät. Viele Matrosen waren gefallen oder schwer verwundet, und Captain Bell mußte sich durch Wrackteile und Feuer einen Weg bahnen, um das Schiff vom Notruder am Heck aus zu steuern. Um sein Schiff etwas von dem Feuerhagel zu entlasten, befahl er, daß die Steuerbord-Torpedos losgemacht werden sollten, wodurch das Panzerschiff gezwungen wurde, vorübergehend abzudrehen.

Kurz bevor Harwoods Flaggschiff, die *Ajax,* in das Gefecht eingegriffen hatte, hatte sie ihr Flugzeug zur Artilleriebeobachtung katapultiert, aber das Gefecht wurde bald so verwirrend, daß eine Unterscheidung der Aufschläge unmöglich wurde, und die Schußgenauigkeit verschlechterte sich, als die Entfernung sich vergrößerte. Nun sah Langsdorff seine Chance, seine gesamte Feuerkraft auf die *Exeter* zu konzentrieren, und er näherte sich, um sie zu versenken. Aber Harwoods zwei Leichte Kreuzer näherten sich aus allen Rohren feuernd und trugen einen so beherzten Angriff vor, daß das Panzerschiff sich seinen neuen Angreifern zuwandte. Dieses kühne Vorgehen gab Captain Bell Gelegenheit, mit der *Exeter* den Rückzug anzutreten, nachdem inzwischen auch sein letzter Geschützturm außer Gefecht gesetzt war. Der schwer angeschlagene Kreuzer stand mittschiffs in hellen Flammen und zog sich aus dem Gefecht zurück.

Die *Graf Spee* vereinigte nun das Feuer aller Geschütze auf die Leichten Kreuzer, deren Kommandanten ihre äußerste Seemannskunst beweisen mußten, als sie mit hoher Geschwindigkeit im Zickzack fuhren, um den deutschen Salven auszuweichen, die sie mit riesigen Wasserfontänen umgaben. Das Glück war auf ihrer Seite, bis zwei der Geschütztürme der *Ajax* kurz hintereinander außer Gefecht gesetzt wurden und ihr Mast durch eine weitere gut plazierte Salve brach. Das Gefecht war nun zu heiß geworden, und Harwood, der wußte, daß seine schwach gepanzerten Kreuzer nicht mehr viel vertragen konnten, befahl den Einsatz von Torpedos und ein Absetzen in der Deckung einer Rauchwand. Als die *Graf Spee* abdrehte, um den Torpedos auszuweichen, war die Schlacht kurz nach 7.30 Uhr nach neunzig wütenden Minuten vorbei.

Die lahmgeschossene *Exeter* hatte mit 64 Offizieren und Matrosen schwere Verluste erlitten. Sie nahm nun Kurs auf die Falkland-Inseln, während Löschmannschaften gegen das Feuer kämpften, das sie zu überwältigen drohte. Die *Ajax,* auf der zwei Geschütztürme außer Gefecht und sieben Mann gefallen waren, und der weniger schwer beschädigte Kreuzer *Achilles* verfolgten das Panzerschiff im Abstand von 15 Seemeilen, eben

Commodore Harwood gelang es durch geschicktes Manövrieren mit seinen drei schnellen Kreuzern (oben die *Ajax*), die überlegene Feuerkraft der *Graf Spee* (links) auszugleichen. Als Kapitän z. S. Langsdorff das Gefecht (s. Karte) gegen die Verfolger abbrach, war das Schicksal des Panzerschiffes besiegelt.

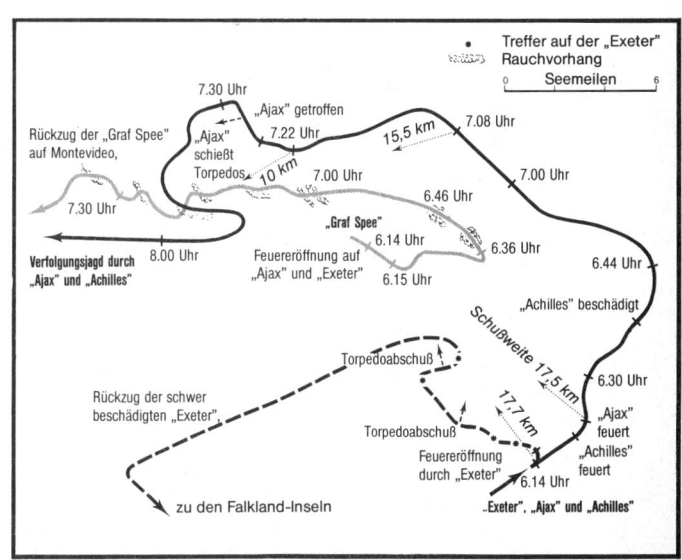

außerhalb der Geschützreichweite. Die Kampfkraft der *Graf Spee* war noch nicht beeinträchtigt, obwohl sie zwanzig Treffer erhalten hatte und 36 Mann gefallen waren. Die meisten 15,2-cm-Granaten der Leichten Kreuzer waren von ihren gepanzerten Seiten abgeprallt, aber ihre Aufbauten waren beschädigt, ihre Bäckerei war zerschossen, und eine 20,3-cm-Granate der *Exeter* hatte ein 2 m großes Loch über der Wasserlinie gerissen. Statt sich seinen Verfolgern zuzuwenden, entschied Langsdorff, sich in den Schutz von Montevideo zu begeben, dem nächsten neutralen Hafen, um die Schäden zu reparieren.

Kurz vor Mitternacht ging die *Graf Spee* im Hafen vor Anker, und in den nächsten vier Tagen war die uruguayische Hauptstadt die Szene intensiver diplomatischer Aktivität. Der deutsche Botschafter suchte um eine Verlängerung der 24 Stunden für Reparaturen nach, die nach dem Völkerrecht erlaubt sind; sie wurde gewährt. Währenddessen versuchten die Briten, das Auslaufen der *Graf Spee* zu verzögern, um den Schlachtkreuzer *Renown* und den Flugzeugträger *Ark Royal*, die gerade in Rio de Janeiro auftankten, heranführen zu können. Zu diesem Zweck ließen die Briten das Handelsschiff *Ashworth* aus Montevideo auslaufen und verlangten, daß Uruguay das Panzerschiff weitere 24 Stunden festhalten solle; denn nach der Haager Konvention durfte ein Kriegsschiff einem feindlichen Handelsschiff erst nach Ablauf dieser Frist folgen. Andererseits war Langsdorff aber gar nicht mehr davon überzeugt, daß er ausbrechen könnte. Er glaubte, neben *Ajax* und *Achilles* lägen auch die *Renown* und die *Ark Royal* bereits auf der Lauer. Alle leichten Flugzeuge, die Aufklärungseinsätze hätten fliegen können, standen für die Deutschen »nicht zur Verfügung«, und die Überseesendungen der BBC verstärkten die sorgfältig ausgestreuten Gerüchte, daß starke englische Kräfte vor der Mündung des La Plata eingetroffen seien.

Am 16. Dezember, als die 72-stündige Verlängerung ablief, bat Langsdorff Raeder über Funk um Anweisungen und meldete ihm, er habe »keine Hoffnung, auf hohe See zu kommen und die Fahrt nach (den) Heimatgewässern zu erzwingen«. Er schlug vor, kämpfend über den schlammigen Fluß in die sympathisierende Neutralität von Buenos Aires zu flüchten. Falls sich dies als unmöglich erweisen sollte, bat er um eine Entscheidung, ob das Schiff selbst versenkt oder interniert werden sollte. Nach Rücksprache mit Hitler, der über die ganze Entwicklung äußerst empört war, funkte Raeder nach Montevideo: »KEINE Internierung in Uruguay. Versuchen Sie wirkungsvolle Zerstörung, wenn Schiff versenkt werden muß.«

Am 17. Dezember 1939 um 6.15 Uhr verließ die *Graf Spee* langsam mit gehißter Kriegsflagge den Hafen. Weiter unten an der breiten Mündung des La Plata gingen die *Ajax* und *Achilles*, die durch den Schweren Kreuzer *Cumberland* verstärkt worden waren, auf Gefechtsstation. Am Ufer warteten Hunderte von Zuschauern auf die ersten Schüsse einer dramatischen

Auf einem Friedhof in Montevideo wurden die 36 Deutschen begraben, die bei dem Gefecht vor der Mündung des Rio de la Plata gefallen waren. Die britische Presse hob hervor, daß Kapitän z. S. Langsdorff (im Gegensatz zu den beiden Geistlichen und anderen Trauergästen) am offenen Grab nicht mit dem Hitlergruß salutierte.

Schlacht. Dann stoppte zur allgemeinen Überraschung das Panzerschiff eben außerhalb der Dreimeilenzone. Die Zuschauer sahen durch Ferngläser, wie die Besatzung auf einen längsseits liegenden deutschen Frachter umstieg. Minuten später, gerade als das erste rote Glühen des Sonnenuntergangs das schlammige Wasser färbte, krachten überall auf dem Schiff Explosionen. Das wagnerianische Schauspiel beendete die Karriere der *Graf Spee,* in der sie 50 000 Tonnen Handelsschiffsraum versenkt und die halbe britische Flotte in Atem gehalten hatte. Während der ganzen Nacht leckten Flammenwände um ihren geschwärzten Rumpf, während sie auf das Flußbett niederging. Langsdorff schrieb, nachdem er die Sicherheit des pro-deutschen Argentinien erreicht hatte, zwei Tage später Abschiedsbriefe an seine Familie und den deutschen Botschafter. Er legte noch einmal dar, daß er keine Aussicht gesehen habe, aus der »Falle« von Montevideo entkommen zu können. Jeder Versuch, die offene See zu erreichen, wäre daran gescheitert, daß der Munitionsvorrat nur noch für ein Gefecht von knapp anderthalb Stunden gereicht hätte. Langsdorff schloß mit den Worten: »Ich allein trage die Verantwortung für die Versenkung des Panzerschiffs *Admiral Graf Spee.* Ich bin glücklich, mit meinem Leben zahlen zu können, um die Ehre der Fahne reinzuhalten.« In jener Nacht erschoß er sich, nachdem er sich mit der Kaiserlichen Marineflagge bedeckt hatte, unter der er am Skagerrak gekämpft hatte.

Der Einsatz wird erhöht

Die Nachricht von der Vernichtung der *Graf Spee* rief in England Freudenausbrüche hervor. Es war der erste Sieg des Krieges. Churchill faßte die Volksstimmung zusammen: »In einem kalten Winter wärmte es das Herz des britischen Volkes.« Auch in Amerika bewunderte man diese sensationelle Waffentat, obwohl Washington verpflichtet war, wegen der offensichtlichen Verletzung der panamerikanischen Neutralitätszone einen offiziellen Protest zu erheben. Am Heiligabend sandte Churchill dem Präsidenten ein langes Telegramm, in dem er seine Verärgerung über die offizielle Reaktion der USA ausdrückte und die Schwierigkeiten der Royal Navy bei der Überwachung der Welthandelswege darstellte: »Die Admiralität hat für die ganze Welt eine schwere Pflicht auf ihre Schultern genommen. Selbst ein einziger Raider im Nordatlantik erfordert eine halbe Schlachtflotte, um sicheren Schutz zu gewährleisten. Jetzt belastet der uneingeschränkte Minenkrieg unsere Flottillen und kleinen Boote noch weiter. Wir sind voll ausgelastet...«

Diese »beträchtliche Belastung«, die nach weniger als drei Kriegsmonaten eintrat, war ein Beweis für den Erfolg der deutschen Marinestrategie. Churchill hatte dem Kriegskabinett schon Ende November in einer Denkschrift berichtet: »Fast die ganze britische Flotte ist in der Defensive, um den lebenswichtigen Fluß des Handels zu erhalten.« Um der doppelten Bedrohung durch die U-Boote und die Handelsstörer fertig zu werden, gab es einen Plan der Admiralität für eine gigantische »Nördliche Sperre«, mit der die Nordsee von Scapa Flow bis zur norwegischen Küste vermint werden sollte. Eine doppelte Barriere sollte die Ausfahrt aus der Nordsee verschließen. Tiefe Minen sollten die U-Boote davon abhalten, getaucht durchzukommen, und Oberflächenminen sollten verhindern, daß die Handelsstörer in den Atlantik gelangten.

Das Ausmaß dieses »riesigen Projektes« beeindruckte Churchill, aber das Kriegskabinett war skeptisch, als es erfuhr, daß die Durchführung ein Jahr dauern würde und daß 200 000 Minen zum schwindelerregenden Preis von 20 Millionen Pfund erforderlich waren. Den Kritikern hielt Churchill entgegen, daß »ein modernes, fünfzehn Knoten laufendes Fleischschiff mit seiner Fracht rund ¾ Millionen Pfund und ein Tanker mit zwölf Knoten, der 10 000 Tonnen Erdöl geladen hat, 330 000 Pfund koste«, so daß die Ausgaben für die Minensperre eine sehr preiswerte Versicherung seien.

Die Minister scheuten aber nicht nur die Kosten, sondern fürchteten auch Proteste neutraler Nationen. Zu Churchills Bedauern wurde die Entscheidung über die »Nördliche Sperre« verschoben. Die Deutschen hingegen verstärkten ihre Minenoperationen vor der britischen Küste während der ersten Monate des Jahres 1940. Erst Mitte Februar 1940, nachdem über hundert Handelsschiffe den Minenfeldern zum Opfer gefallen waren,

Waffen nur gegen Bargeld! England und Frankreich waren von der amerikanischen Rüstungsindustrie abhängig, aber aufgrund der strengen Neutralitätsgesetze mußten sie die Lieferungen (hier Lockhead Hudsons für das Coastal Command) bar bezahlen und selbst für den Transport sorgen.

wurde das volle Ausmaß der Gefahr erkannt, und als Gegenmaßnahme wurden nächtliche Zerstörerpatrouillen eingesetzt.

Die riesigen, nicht angekündigten Minenfelder vor Englands Küsten gaben dem deutschen Oberkommando die Deckung, die es benötigte, um einen uneingeschränkten U-Bootkrieg zu beginnen. Am 17. Januar erhielt Dönitz die Ermächtigung, durch U-Boote ohne Warnung alle Schiffe in den Gewässern nahe der feindlichen Küsten zu torpedieren, in denen die Anwendung von Minen möglich war. Plötzliche Schiffsverluste konnten nun auf Minen zurückgeführt werden, und die Verluste erhöhten sich dramatisch, wobei auch eine große Zahl neutraler Schiffe ohne Warnung versenkt wurde. Das monatliche U-Bootabwehr-Bulletin der Admiralität schloß: »Diese Politik scheint zwei Ziele zu haben, die Neutralen durch Furcht von den englischen Häfen abzuhalten und die gesamte Welttonnage zu vermindern, da sich dies zum Nachteil der Alliierten auswirken wird.«

In weniger als sechs Monaten hatte sich der U-Bootkrieg grundlegend verändert. Menschliche Rücksichtnahme gab es nicht mehr, Handelsschiffe wurden nicht mehr gestoppt und durchsucht, sondern vor allem versenkt. Anfangs zögerten die Kommandanten allerdings, ihr Vorgehen zu ändern. Dönitz mußte befehlen: »Keine Leute retten und mitnehmen. Keine Sorge um Boote des Dampfers. Wetterverhältnisse und Landnähe sind gleichgültig. Nur Sorge um das eigene Boot und das Streben, sobald wie möglich den nächsten Erfolg zu erringen! Wir müssen hart in diesem Kriege sein. Der Gegner hat den Krieg angefangen, um uns zu vernichten, es geht also um nichts anderes.«

Die Kriegsmarine erholte sich bald von dem Schlag, den ihr Prestige durch die Versenkung der *Graf Spee* erlitten hatte. Bis Ende Januar 1940 hatten die U-Boote und Minen zusammen weitere 200 000 Tonnen Handelsschiffsraum vernichtet. Vizeadmiral a. D. Lützow erklärte in einer Rundfunksendung am 17. Januar, wie Nazi-Deutschland siegen wollte, wo Napoleon und der Kaiser versagt hatten: »Der Krieg wird nicht mit Gold, sondern mit Eisen gewonnen . . . Wir sehen es als äußerst wichtig an, die Finanzmacht des Feindes zu schädigen, aber wir zielen darauf ab, die Flotte zu dezimieren, die weiterhin Handel mit England betreibt und besonders darauf, alle Frachtschiffe mit lebenswichtigen Lieferungen für England zu vernichten.«

Trotz des fürchterlichen Wetters waren die U-Boote sowohl mit ihren Torpedos als auch mit ihren Minen weiterhin sehr erfolgreich bei der Vernichtung von Frachtschiffen, und Raeder hoffte, die Welle der Begeisterung nutzen zu können. Er drängte darauf, U-Boote vor die amerikanische Küste zu schicken, um die Geleitzüge auch am westlichen Ende ihrer Route angreifen zu können. Aber Hitler untersagte dies »angesichts der psychologischen Auswirkungen auf die USA«.

Im Februar erreichten die monatlichen Schiffsverluste fast eine Viertelmillion Tonnen, von denen zwei Drittel von nur zehn einsatzfähigen U-Booten versenkt worden waren. Die Offensive gegen die U-Boote war demgegenüber ein enttäuschender Fehlschlag gewesen. Die besten Schätzungen der Admiralität wiesen aus, daß seit Kriegsbeginn etwa ein Dutzend U-Boote versenkt worden waren und daß die Jagdpatrouillen nicht mehr als drei versenkt hatten. Die meisten waren den Eskorten der Geleitzüge oder den Minen im Ärmelkanal und vor den Zugängen zu den deutschen Stützpunkten zum Opfer gefallen.

Churchill erteilte Befehl, daß die Statistiken »im kleinsten Kreise gehalten« und »ermutigende Meldungen« an die bei der U-Bootabwehr eingesetzten Truppen gesandt werden sollten. Er trug auch selbst zur Steigerung der Moral bei, als er erklärte: »Ich persönlich glaube, daß wir geneigt sind, den erzielten Erfolg zu unterschätzen. Die U-Boote sind praktisch aus dem Geschäft gedrängt, besonders in den Western Approaches, und es ist offensichtlich, daß sie sehr schwere Verluste erlitten haben müssen.«

Die Statistik bewies, daß die Strategie der Admiralität, gegen die U-Boote Angriffsgruppen zu bilden, ein Mißerfolg war, aber das Western Approaches Command glaubte noch immer, daß Patrouillen das beste Mittel gegen die U-Boote seien, solange es die nördliche Minensperre nicht gab. Diese offizielle Ansicht wurde von dem Leiter der Planung in der Admiralität unterstützt. »Das Geleitzugsystem ... wird nicht für sich allein die U-Boote schlagen.« Die Admiralität setzte also immer mehr Zerstörer auf Patrouillenfahrt ein und entzog sie damit den Geleitzügen.

Bei Kriegsausbruch hatte die Royal Navy nur 180 mit Asdic ausgerüstete Kriegsschiffe, die gegen U-Boote eingesetzt werden konnten – und davon waren 150 Zerstörer, von denen viele zum Schutz der Flotte eingeteilt waren. So blieben nur zwei Dutzend Zerstörer aus dem Ersten Weltkrieg, eine Handvoll Kanonenboote und einige umgerüstete Trawler für die Geleitzüge. Im Winter 1939/40 gab es nicht genügend Eskorten, um jedem Geleitzug wenigstens zwei Begleitschiffe zu geben, und die Admiralität mußte 70 Trawler von der Fischereiflotte requirieren.

Ende Februar sah die Admiralität schließlich ein, daß ihre Strategie keine Ergebnisse zeitigte. Es wurde klar, daß das beste Mittel der Verteidigung gegen das U-Boot der Konvoi war. Gegenüber 50 Alleinfahrern waren nämlich im Februar nur sechs Schiffe aus den Geleitzügen versenkt worden.

Diese bedeutende Tatsache entging dem Befehlshaber der U-Boote nicht, und er beschloß, erneut die Rudeltaktik zum Einsatz zu bringen. Die Befehle zum Angriff auf die Geleitzüge waren schon fertiggestellt, als am 4. März 1940 der Befehl aus Berlin eintraf: »Auslaufen weiterer U-Boote zunächst abstoppen. Kein Einsatz auch bereits ausgelaufener U-Boote an norwegischer Küste. Verwendungsmöglichkeit aller Seestreitkräfte beschleunigt herstellen.« Am nächsten Tag gab Hitler die Weisungen für die Invasion Norwegens heraus.

Kriegsziel Norwegen

Die strategische Bedeutung Norwegens hatte Großadmiral Raeder seit langem beschäftigt. Alle deutschen Schiffe waren darauf angewiesen, dicht unter der norwegischen Küste zu bleiben, wenn sie aus der Nordsee ausbrechen oder aus dem Atlantik nach Deutschland zurückkehren wollten. Und ein Großteil des Eisenerzes aus Schweden wurde während der Wintermonate, wenn die Ostsee zugefroren war, entlang der norwegischen Küste nach Deutschland verschifft. Dieser »gedeckte Weg« war durch britische Angriffe verwundbar, wenn sich London entscheiden sollte, die norwegische Neutralität zu verletzen. Seit Oktober 1939 hatte Raeder Hitler gedrängt, die Norweger zu zwingen, die Stationierung deutscher Marinekräfte in Trondheim zu akzeptieren. Die Gefahr eines britischen Eingreifens hatte sich Anfang Dezember verstärkt, als russische Truppen gegen Finnland vorgingen. Eine deutsche Intervention zog Hitler allerdings erst in Betracht, nachdem Raeder einen Berlin-Besuch von Vidkun Quisling, dem Führer der norwegischen Nazi-Partei, vermittelt hatte. Es wurde vereinbart, daß Geld und Agenten nach Norwegen geschleust werden sollten, um Quisling bei einem Staatsstreich zu unterstützen. Gleichzeitig begann eine vorsorgliche Planung für eine volle militärische Besetzung. Der »Fall Weserübung« sollte eintreten, wenn ein Staatsstreich keinen Erfolg hatte.

Die strategische Bedeutung Norwegens wurde auch von Churchill erkannt. Die Chance, den deutschen Eisenerzverkehr zu unterbrechen, mußte ihm verlockend erscheinen. Außerdem war nicht zu übersehen, daß die ungesicherte östliche Flanke eine Gefahr für England darstellte. Die britischen Stabschefs hatten im Dezember die Notwendigkeit eines »Norwegen«-Unternehmens anerkannt, und Anfang 1940 spielten beide Seiten mit dem Gedanken, das Land zu besetzen. Auslösender Faktor für den

Wo war die Royal Navy? Am 8. 4. 40 versenkte die *Hipper* (unten) als Speerspitze der deutschen Invasionsflotte den Zerstörer *Glowworm*, der vor der norwegischen Küste zur Deckung von Minenlegern eingesetzt war. An einem einzigen Tage brachten deutsche Truppen fast die gesamte norwegische Küste in ihre Gewalt und kamen damit den Briten zuvor, die ein ähnliches Unternehmen geplant hatten.

DEUTSCHE Landungen und Angriffe, Fallschirmjäger-Landungen
ALLIIERTE Landungen und Angriffe, Rückzugsbewegungen

Meilen 150
Kilometer 200

15. April Briten, Franzosen, Polen, brit. 24. Gren.-Brig.
Tromsö
8. April Harstad
Bardufoss
Bjerkvik
NARVIK
Lofoten
I. Gruppe
15. Mai
30. Mai
Bodö
28. Mai Einnahme von Narvik durch französische u. britische Truppen
31. Mai
Mo-I-Rana 14. Mai
Vormarsch der Deutschen zum Entsatz ihrer Truppen in Narvik
Mosjöe 10. Mai

9. April, „Renown" beschädigt „Gneisenau"
Narvik, 8. April, Versenkung von 2 britischen Zerstörern durch truppentransportierende deutsche Zerstörer
10. – 13. Apr.: Versenkung von 10 deutschen Zerstörern
8. Juni, Versenkung der „Glorious" und Beschädigung der „Scharnhorst", im Seegefecht

NORDMEER

16./17. April britische 146. Inf.-Brig.
2./3. Mai
NAMSOS
Steinkjer 19. April
SCHWEDEN

9. April 1940 Deutsche Landung in Oslo, Kristiansand, Stavanger, Bergen, Trondheim, Narvik

8. April, „Hipper" versenkt „Glowworm"
II. Gruppe
Hegra
Dragset TRONDHEIM
29. April

18. April britische 148. Inf.-Brig.
Molde
ANDALSNES
1. Mai 2. Mai
Alesund
GUDBRANDSDAL
Dombas
Kvam
Tynset
Rendal 24. April
Gena
OSTERDAL 19. April
25. Mai
Lillehammer
21. April
Elverom
Hamar
1. Mai
Gol
Honefoss
Kongsberg
Oslo
Oslofjord
Halden
12. April

10. April Versenkung des Kreuzers „Königsberg"
BERGEN
III. Gruppe
NORWEGEN

9. April Versenkung der „Blücher" durch Küstenbatterien
11. April Beschädigung der „Lützow" durch Torpedotreffer

STAVANGER
27. April V. Gruppe
Arendal

16. Februar 1940 Entern der „Altmark"
KRISTIANSAND
Jössingfjord
SKAGERRAK

9. April Torpedierung des Kreuzers „Karlsruhe"
IV. Gruppe
Alborg
KATTEGAT

9. April 1940, Besetzung Dänemarks durch deutsche Truppen
DÄNEMARK KOPENHAGEN

101

deutschen Angriff war schließlich der *Altmark*-Zwischenfall. Die *Altmark*, das Versorgungsschiff der mittlerweile versenkten *Graf Spee*, war bis zum 22. Januar im Südatlantik geblieben und hatte sich dann mit 299 britischen Gefangenen an Bord auf den Heimweg gemacht. Kapitän Dau war es gelungen, unbemerkt die norwegischen Hoheitsgewässer zu erreichen. Eine Durchsuchung durch die Norweger lehnte er ab, aber am 15. Februar führte der britische Kapitän Philip Vian auf unmittelbaren Befehl Churchills seinen Zerstörer *Cossack* in den Jössing-Fjord, um die *Altmark* zu entern. Bei dieser eindeutigen Verletzung der norwegischen Hoheitsgewässer, die Berlin einen Zusammenbruch der norwegischen Neutralität anzeigte, wurden die britischen Gefangenen befreit und 5 Deutsche getötet.

Die Befreiung der Gefangenen wurde in England zu einem großen Propagandasieg umgemünzt. Aber der Ruf: »Die Navy ist da!«, der sein Echo von den schneebedeckten Fjordwänden zurückgeworfen hatte, war mehr als genug, um Hitler zu überzeugen, daß er eingreifen müsse. Und nachdem die Pläne für den »Fall Gelb«, die Frühjahrsoffensive im Westen, noch einmal völlig umgestellt werden mußten, weil die Aufmarschpläne den Alliierten in die Hände gefallen waren, fiel die Entscheidung.

Als Datum für das Unternehmen wurde der 9. April 1940 festgelegt. Die Weisung für die »Weserübung« bestimmte, daß der Überfall den Charakter »einer friedlichen Besetzung« haben sollte. Ziel der Operation sei der »bewaffnete Schutz der Neutralität der nordischen Staaten«. Jeder Widerstand sollte freilich »unter Einsatz aller militärischen Mittel« gebrochen werden, und zu diesem Zweck standen sechs Heeresdivisionen bereit. Alle verfügbaren Kriegsschiffe mußten eingesetzt werden, um die Truppen in die norwegischen Häfen von Narvik bis Oslo zu bringen. Dänemark sollte gleichzeitig besetzt werden, und beide Operationen sollten durch einen massiven Einsatz der Luftwaffe gedeckt werden.

Alles hing von der Überraschung ab, und die größte Sorge war, daß die Engländer zuerst zuschlagen könnten. Aber trotz Churchills leidenschaftlichem Drängen war auch über die zunächst geplante Verminung des »gedeckten Weges« vor der norwegischen Küste noch keine Entscheidung gefallen. Der von Chamberlain beklagte »unheilvolle Trancezustand« der ersten Kriegsmonate lähmte die Alliierten noch immer.

Am 28. März, nach siebenmonatiger Diskussion, kam der anglo-französische Oberste Kriegsrat überein, die norwegischen Gewässer zu verminen. Die Admiralität gab sofort die Einsatzbefehle heraus, die Churchill »Wilfred« titulierte – »weil sie so klein und unschuldig waren«. Gleichzeitig wurden Pläne für ein begrenztes alliiertes Expeditionskorps gemacht, das gelandet werden sollte, um jeder deutschen Reaktion in Südnorwegen zu begegnen. Durch einen merkwürdigen Zufall liefen am Sonntag, dem 7. April, die am »Unternehmen Wilfred« beteiligten Minenleger zur gleichen Zeit auf die norwegische Küste zu wie die deutschen Kriegsschiffe. Als die mit seekranken deutschen Soldaten vollgepackten Zerstörer Kurs auf Narvik nahmen, wurde die Admiralität vom Coastal Command vor Feindbewegungen in der Nordsee gewarnt, aber das Ausmaß der feindlichen Operationen wurde zu spät erkannt.

Das erste Gefecht kam in den frühen Stunden des 8. April, als der Zerstörer HMS *Glowworm* blind in die deutsche Gruppe 2 lief, die gedeckt von dem Schweren Kreuzer *Admiral Hipper* auf dem Weg nach Trondheim war. Hoffnungslos unterlegen, befahl Korvettenkapitän Gerard Roope verzweifelt volle Fahrt zum Rammen. Die *Glowworm* stieß in den Bug der *Hipper* und riß ein 40 m langes Leck, bevor sie kenterte und sank. 38 Überlebende mußten aus der rauhen See gerettet werden.

Erst im Morgengrauen des nächsten Tages erkannte die Admiralität, daß ein deutsches Großunternehmen zur Besetzung Norwegens lief. Durcheinander und Verwirrung behinderten alle Versuche, die Deutschen zu stoppen. Die Truppen, die zur Unterstützung von »Wilfred« bereitstanden, waren sogar am Vortage wieder an Land gesetzt worden. Die Home Fleet lag noch in Scapa Flow, und die einzigen Kriegsschiffe, die nahe genug standen, um die Invasion zu verhindern, waren der Schlachtkreuzer *Renown* und eine Flottille von Zerstörern, die die Minenleger deckte. Der Schlachtkreuzer sichtete die deutschen Schiffe und hatte im Schneetreiben ein kurzes Artillerieduell mit *Scharnhorst* und *Gneisenau*. Admiral Lütjens, dessen Schlachtschiffe die Gruppe Narvik deckten, zog die Briten erfolgreich zum Nordwesten ab, aber die *Gneisenau* erlitt einen Treffer von den 38,1-cm-Geschützen der *Renown*.

Obwohl im Süden britische U-Boote und Flugzeuge die Leichten Kreuzer *Karlsruhe* und *Königsberg* zerstörten und die norwegischen Küstenbatterien im Oslo-Fjord den neuen Schweren Kreuzer *Blücher* versenkten, überwältigte die deutsche Wehrmacht die schwache Verteidigung schnell. Wenige Stunden nach Fallschirmjägerlandungen in Oslo hatten die Deutschen den größten Teil Norwegens fest in der Hand. Die einzige ernste Bedrohung ihres Unternehmens gab es in Narvik, wo bei einem Zerstörerangriff durch Captain Warburton Lees Flottille und einem zweiten, von der *Warspite* gedeckten Vorstoß zehn deutsche Zerstörer und eine Anzahl von Versorgungsschiffen vernichtet wurden. Die Besetzung Norwegens war ein bemerkenswerter militärischer Erfolg, aber auf Kosten hoher Verluste für die Kriegsmarine. Für Hitler war der Preis gerechtfertigt. Er sagte zu Raeder: »Selbst wenn die ganze deutsche Flotte bei dem Versuch versinkt, mich nach Norwegen zu bringen, wird sie ihren Zweck erfüllt haben.«

Die U-Bootwaffe hatte bei der »Weserübung« keine Erfolge erzielt. Das Versagen der neuen elektrischen Torpedos mit ihrer magnetischen Zündpistole war die Ursache für das Fiasko. Die U-Bootkommandanten, die ihre Torpedofächer gegen britische Zerstörer und Schwere Kreuzer eingesetzt hatten, mußten verbittert feststellen, daß ihre Torpedos entweder zu früh explodierten oder unter den feindlichen Schiffen durchliefen, ohne zu explodieren. Prien, der mehrere große britische Schiffe verfehlt hatte, erklärte nach seiner Rückkehr, man könne ihm nicht zumuten, »mit einem Holzgewehr zu kämpfen«. Dönitz vermerkte in seinem Kriegstagebuch: »Ich glaube nicht, daß jemals in der Kriegsgeschichte Soldaten mit einer so unbrauchbaren Waffe gegen den Feind geschickt werden mußten.« Am 20. April befahl Raeder die Bildung einer Torpedo-Kommission, die bald verhängnisvolle Mängel bei der friedensmäßigen Erprobung dieser Waffe aufdeckte. Gleichzeitig unternahm er eine Reise zur Hebung der Moral, klärte die Besatzungen offen über die Tatsachen auf und versprach Abhilfe. Aber die verbesserte magnetische Zündpistole wurde erst 1942 endgültig einsatzbereit. So mußten also in den beiden kritischsten Jahren der Atlantikschlacht die U-Boote weiterhin die veralteten Aufschlagzünder verwenden.

Churchill übernimmt die Regierung

Die britische Niederlage in Norwegen machte Chamberlains Unzulänglichkeit als Kriegspremier sichtbar. Am 9. Mai fiel während einer erbitterten Mißtrauensdebatte im House of Commons die Regierungsmehrheit von 231 auf 81. Am 10. Mai trat Chamberlain zurück, und Churchill übernahm die Regierung. Für den Ersten Lord der Admiralität, die bei der deutschen Besetzung Norwegens weitestgehend versagt hatte, war es ein beinahe überraschender Aufstieg. »Angesichts der Rolle, die ich bei diesen Ereignissen gespielt habe«, mußte Churchill zugeben, »war es ein Wunder, daß ich politisch überlebt habe.« Dennoch fühlte er sich mit dem Schicksal im Einklang. »Es schien, als wäre mein gesamtes bisheriges Leben nur Vorbereitung für diese Stunde und diese Prüfung gewesen.«

Am selben Tag löste Hitler den »Fall Gelb« aus, und die Offensive gegen Luxemburg, Belgien, Holland und Frankreich begann. Als die deutschen Panzer durch die »undurchdringbaren« Ardennen vorstießen, wurde Norwegen zum Nebenschauplatz. Nur die 25 000 in Nord-Norwegen gelandeten britischen Soldaten mußten noch zurückgeholt werden. Auch dabei waren die Briten vom Unglück verfolgt: Am 8. Juni wurden von *Scharnhorst* und *Gneisenau* der Flugzeugträger *Glorious* und zwei Zerstörer versenkt. Am Ende des Skandinavien-Feldzuges hatte Deutschland eine unermeßlich stärkere strategische Position. Die Kriegsmarine war angeschlagen; fast alle Schiffe mußten repariert werden, aber das Reich hatte nun Stützpunkte außerhalb von Nord- und Ostsee.

Die Alliierten erkannten darüberhinaus noch eine neue Gefahr. Sie fürchteten, daß Hitler versuchen könnte, die dänischen Färöer-Inseln, Island und selbst Grönland zu nehmen. Eine Besetzung von Island wäre be-

Torpedokrise! Beim Norwegenfeldzug mußten die U-Bootmänner erleben, daß ihre neuen Torpedos wegen technischer Mängel versagten. Im Bild U-37 in Kiel, im Hintergrund die *Gneisenau*.

sonders gefährlich gewesen, weil diese Insel einen großen Teil der nordatlantischen Geleitzugroute beherrschte, der außerhalb der Reichweite der britischen Luft- und Seepatrouillen lag. Die Alliierten beschlossen, schnell zu handeln. Die Invasion Norwegens und Dänemarks nahm ihnen alle Skrupel hinsichtlich der Integrität der dänischen Besitzungen. Am 13. April wurden die Faröer besetzt, und am 6. Mai wurde die Entscheidung getroffen, eine britische Garnison von 25 000 Mann in Island zu stationieren. Die Ankerplätze in Hvalfjord und der Flugplatz Reykjavik sollten in der Atlantikschlacht bald eine entscheidende Bedeutung bekommen.

Die Schnelligkeit und die Kühnheit, mit der die Deutschen vorgingen, hatten auch die Amerikaner erschreckt. An einem Tag hatte Hitler strategische Schlüsselpunkte über eine Tausendmeilenfront besetzt, und wenn Norwegen mit seinem Heer von 200 000 Mann und der Unterstützung der Royal Navy so schnell besiegt werden konnte, dann waren auch strategisch wichtige Gebiete in der Nähe der Vereinigten Staaten gefährdet.

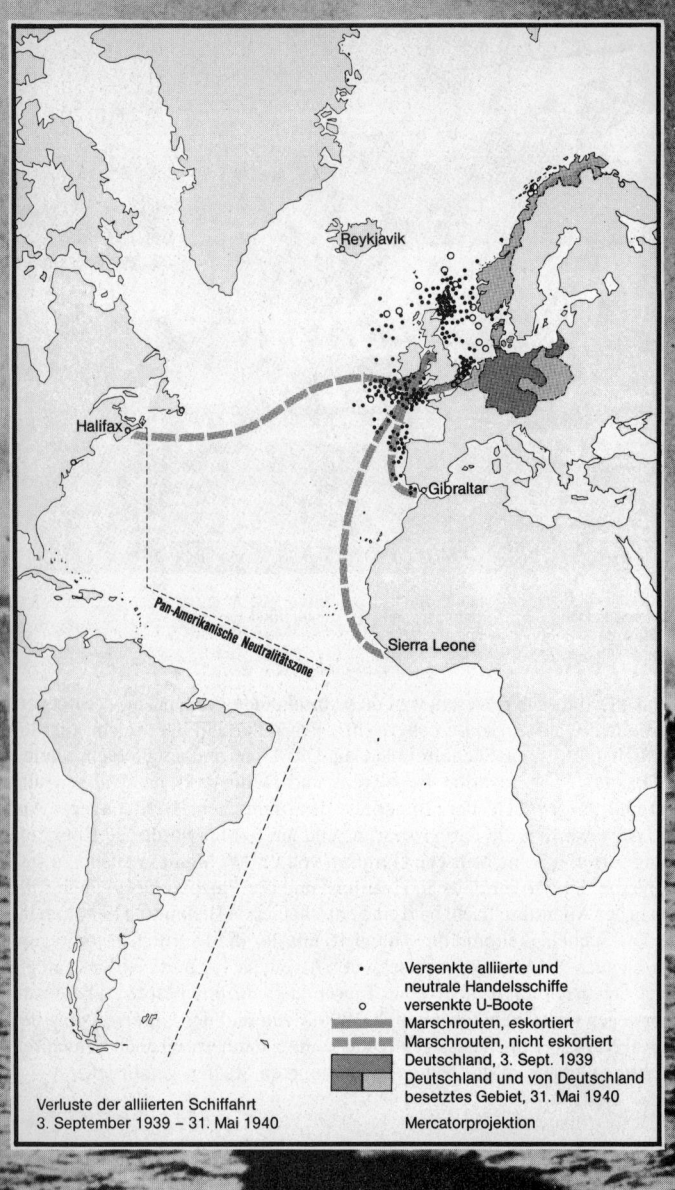

Verluste der alliierten Schiffahrt
3. September 1939 – 31. Mai 1940

- • Versenkte alliierte und neutrale Handelsschiffe
- ○ versenkte U-Boote
- Marschrouten, eskortiert
- Marschrouten, nicht eskortiert
- Deutschland, 3. Sept. 1939
- Deutschland und von Deutschland besetztes Gebiet, 31. Mai 1940

Mercatorprojektion

Eine gewisse Eventualität
5.

5.

Am Morgen des 15. Mai wurde Winston Churchill um 7.30 Uhr durch das Telefon an seinem Bett geweckt. Er war erst seit fünf Tagen Premierminister. In dieser Zeit hatten sich die Ereignisse überschlagen. 134 deutsche Divisionen, darunter zehn Panzerverbände, hatten auf breiter Front von der holländischen Grenze bis zu den Ardennen angegriffen. Der Anruf kam von dem französischen Premier Paul Reynaud. »Wir sind geschlagen!« sagte er. Als Churchill nicht sofort antwortete, sagte er nochmals: »Wir sind geschlagen; wir haben die Schlacht verloren!«

In einem bemerkenswerten Zusammenspiel zwischen Heer und Luftwaffe stieß die Wehrmacht in zwei Angriffskeilen vor. Die Heeresgruppe B hatte Holland überrannt und die alliierten Armeen in Belgien zurückgedrängt, und die Heeresgruppe A hatte die Maginot-Linie umgangen und einen spektakulären Durchbruch durch die Ardennen erzielt. Paris war ebenso bedroht wie die Kanalhäfen.

Der Erfolg der deutschen Offensive kündigte eine strategische Katastrophe für die Alliierten an. Bald konnte die gesamte europäische Küste von Norwegen bis Spanien durch die Nazis besetzt sein. Wenn Frankreich fiel, bestand die Gefahr, daß England selbst einer Invasion ausgesetzt war und die Deutschen den Atlantik beherrschten. In Washington herrschte Alarmstimmung. William Bullitt, der amerikanische Botschafter in Frankreich, warnte den Präsidenten: »... wenn Hitler in der Lage sein sollte, Frankreich und England zu erobern, wird er sich sofort Südamerika zuwenden und schließlich versuchen, eine Nazi-Regierung in den Vereinigten Staaten zu schaffen.«

Die dramatischen Siege im Westen wurden ohne Unterstützung der Kriegsmarine erzielt, deren wenige unbeschädigte Einheiten vollauf damit beschäftigt waren, Nachschub und Truppen nach Norwegen zu bringen. Dabei mußten zum Ärger von Dönitz selbst die U-Boote helfen. Nachdem verschiedene Nachschubdampfer versenkt worden waren, liefen schließlich 6 völlig überladene U-Boote aus, um die stark gefährdeten deutschen Truppen in Narvik über Trondheim mit Munition, Bomben und sogar Flugzeugbenzin zu versorgen.

Blitzkrieg im Westen! Am 10. 5. 40 stürzten sich deutsche Stukas, Luftlandetruppen und Panzerverbände auf die Niederlande, Belgien und Frankreich. Im »Sichelschnitt« stießen deutsche Panzer an die Kanalküste vor, am 17. 6. mußte Frankreich einen Waffenstillstand anbieten. Durch die Besetzung der Atlantikküste erlangten die Achsenmächte neue wertvolle Marinestützpunkte.

Der Geleitzug-Kode wird geknackt

Insgesamt waren beim Einsatz in Norwegen vier Boote verlorengegangen, die meisten anderen mußten nach der Rückkehr in der Werft überholt werden. Der Handelskrieg im Atlantik hatte seit vielen Wochen geruht. Im April und in den ersten Maiwochen wurde kaum noch Handelsschiffstonnage versenkt. Deshalb war die Admiralität überzeugt, daß sie die deutsche Bedrohung eingedämmt hätte. Der Leiter der U-Bootabwehr war anderer Meinung. Er meldete am 24. April, daß seit Kriegsbeginn nur 19 U-Boote versenkt worden waren. Dies mißfiel Churchill, der überzeugt war, mindestens 50 deutsche U-Boote lägen am Grunde des Meeres. »Die ganze Sache hat mich überzeugt, daß es gut wäre, wenn Captain Talbot so bald wie möglich in See ginge«, vermerkte er ärgerlich gegenüber dem Ersten Seelord, als der pessimistische Bericht einging. Talbots Schätzung, daß noch 43 U-Boote einsatzfähig waren, war natürlich vollkommen richtig, aber dies bewahrte ihn nicht davor, wenige Monate später durch Captain Creasy ersetzt zu werden.

Das Nervenzentrum der britischen Seemacht war die »Operations Division«, deren Maßnahmen gegen Handelsstörer und U-Boote davon bestimmt wurden, was das »Operational Intelligence Centre« an Informationen über den Gegner bereitstellen konnte. Als besonders wirksame Einrichtung des OIC erwies sich der »Submarine Tracking Room«, der zunächst von Captain Thring und später von Lieutenant Commander Rodger Winn geführt wurde. An den Kartentischen des »Submarine Tracking Room« bemühte man sich, mit Hilfe von kleinen Holzmodellen der gemeldeten gegnerischen Einheiten deren Kurs zu verfolgen und vorauszuberechnen, über Telefon und Fernschreiber kamen ständig Meldungen aus den Häfen der Welt. Der »Submarine Tracking Room« war in ständiger Verbindung mit den Schiffen der Royal Navy, mit dem Coastal Command und der Royal Air Force.

Konteradmiral John Godfrey war der energische Director of Naval Intelligence, der seinen Marine-Nachrichtendienst mit jungen Talenten aus der City, der Justiz und dem Journalismus ergänzte. Sein eigener persönlicher Assistent, Commander Ian Fleming RNVR, kam von der Nachrichtenagentur Reuter (und wurde später durch seine James Bond-Romane bekannt).

Admiral Godfrey führte mit seinem Stab, der bei den anderen Marineoffizieren der »Zoo« hieß, die mannigfaltigen Operationen der Naval Intelligence aus dem »Room 39« im Gebäude der Admiralität gegenüber der Horseguards Parade. Tief unter dem Erdboden befand sich der bombensichere, erst nach Kriegsbeginn fertiggestellte Komplex. Er beherbergte die Kartentische des Operational Intelligence Centre, die Operations Division, den »Trade Plot« (wo die Bewegungen der eigenen Handelsschiffe und Ge-

Bei ihrer Suche nach gegnerischen Konvois wurden die U-Bootkommandanten vom Funkbeobachtungsdienst der Kriegsmarine unterstützt, der schon vor dem Krieg einige britische operative Schlüssel geknackt hatte und schließlich auch den »Naval Cypher 3« zu lösen vermochte, der bei der Geleitzugführung benutzt wurde. Den Funkverkehr der deutschen U-Boote zu entziffern schien völlig unmöglich. Erste Hinweise erhielten die britischen Wissenschaftler vom polnischen Geheimdienst, mit dessen Hilfe eine Enigma-Schlüsselmaschine nachgebaut wurde (links).

leitzüge registriert wurden) und die Nachrichtenregistratur. In dieser Zitadelle trafen sich Churchill und der Marinestab in Krisenmomenten.

»Wenn irgendein ›Marineereignis‹ stattfand«, schrieb Admiral Godfrey, »oder wenn es kritisch zu werden versprach, kamen alle Betroffenen in dem kleinen Konferenzraum in dem tiefgelegenen OIC zusammen, und der Erste Lord und andere Seelords kamen und gingen. Sie waren daran gewöhnt, während Ereignissen wie der Schlacht am Rio de la Plata oder der Versenkung der *Rawalpindi* hier auf Nachrichten zu warten. Die hier während der Nacht zugebrachten Stunden, manchmal lange Zeit in vollkommenem Schweigen in der stickigen, düsteren Atmosphäre, waren nicht die beste Voraussetzung für einen erfolgreichen Arbeitstag.«

Das größte Problem für das Operational Intelligence Centre während der ersten beiden Kriegsjahre bestand darin, die Kodes und Verschlüsselungssysteme der Kriegsmarine zu knacken. Die deutsche Kriegsmaschinerie, die von Funkverbindungen abhängig war, besaß ein kompliziertes Chiffriersystem, das den Entschlüsselungsversuchen der Briten lange Zeit standhielt. Das Nachrichtennetz der Wehrmacht war nicht nur das bestentwickelte, sondern auch das sicherste, weil es durch die Enigma-Maschinen geschützt wurde.

Die Enigma-Maschinen waren elektromechanische Chiffriergeräte, die im Feld leicht zu handhaben waren und wie Reiseschreibmaschinen aussahen. Ihr geniales Geheimnis lag darin, daß sie einen sich ständig verändernden elektrischen Weg für den Stromkreis schufen, der immer dann geschlossen wurde, wenn der zu kodierende Buchstabe auf der Tastatur gedrückt wurde. Das Signal ging durch die inneren Stromkreise von drei Schlüsselwalzen hin und zurück, und um den Vorgang noch zu komplizieren, gab es ein Steckerbrett, das zusammen mit den Kombinationen und Ausgangspositionen der Walzen den Schlüssel bestimmte. Die jeweils gültige Schlüsseleinstellung wurde von vier Faktoren bestimmt. Zunächst waren aus einem Vorrat von acht Schlüsselwalzen drei in einer bestimmten Reihenfolge in die Maschine einzusetzen. An jeder Schlüsselwalze konnte mit einem drehbaren Ring die innere Ringstellung verändert werden. Nach dem Schließen der Maschine wurden in den jeder Walze zugeordneten Fenstern drei Buchstaben sichtbar, die der befohlenen Einstellung entsprechend eingestellt werden mußten. Außerdem waren die Steckerverbindungen auf dem Steckerbrett entsprechend der gültigen Anweisung zu stöpseln. Die Kombination dieser vier verschiedenen Einstellungen machte die täglich wechselnde Schlüsseleinstellung aus. Es gab 336 verschiedene Möglichkeiten der Anordnung der Schlüsselwalzen, es gab 17 657 mögliche innere Ringeinstellungen und noch einmal die gleiche Zahl von möglichen Grundstellungen der Buchstaben in den Fenstern neben den Schlüsselwalzenrädern. Schließlich waren noch rund 1500 Steckerkombinationen möglich. Aus der Multiplikation dieser Faktoren ergibt sich die theoretisch mögliche Zahl von Tauschalphabeten, von denen jeweils für den gültigen Schlüsselbereich eine für 24 Stunden ausgewählt werden konnte. Diese Schlüsseleinstellung zu entziffern war die scheinbar nicht zu lösende Aufgabe. Der bedeutungslose Wirrwarr von Buchstaben in der verschlüsselten Nachricht konnte theoretisch nur dadurch entschlüsselt werden, daß der Vorgang in einer genau gleichen Enigma-Maschine umgekehrt wurde, deren Steckerbrett und Schlüsselwalzen in derselben Ausgangsposition standen.

Dennoch ließen die Briten natürlich nichts unversucht, um das »Enigma«-Geheimnis zu lüften. In einem viktorianischen Herrenhaus in Bletchley Park, etwa 65 km nördlich von London, war eine Elite von Spezialisten zu diesem Zweck versammelt. Diese treffend benannte »Regierungsschule für Kodes und Chiffrieren« hatte insofern einen fliegenden Start, als ihr der polnische Geheimdienst eine nachgebaute Enigma-Maschine zugespielt hatte. Mit Hilfe eines primitiven, »Bombe« genannten Computers begann das Team im Frühjahr 1940, kleine Teile des Enigma-Verkehrs des Heeres und der Luftwaffe zusammenzustückeln. Jede deutsche Teilstreitkraft hatte ihre eigenen Enigma-Modelle, und es war das Pech der Admiralität, daß die Kriegsmarine die kompliziertesten – und damit am schwersten zu knackenden – Funkschlüsselmaschinen besaß.

Während die »Funkschlüsselmaschine M« der Kriegsmarine allen britischen Entschlüsselungsversuchen standhielt, hatten die Deutschen den Vorteil, einen großen Teil des gegnerischen Nachrichtenverkehrs mitlesen zu können. Unentschlossenheit vor dem Kriege und der Konservatismus des britischen Oberkommandos hatten dazu geführt, daß die Royal Navy keine Schlüsselmaschinen benutzte, sondern an der Handverschlüsselung mit Kodebüchern festhielt. Dem B(eobachtungs)-Dienst der Kriegsmarine war schon in Friedenszeiten ein Einbruch in die britischen Kodes gelungen. Er hatte seit 1936 den Funkverkehr der Royal Navy sorgfältig überwacht und einen Teil der neuen Schlüsselverfahren gelöst. Unter Leitung von Kapitän zur See Bonatz war der 50 Mann starke Stab nach vier Jahren so erfahren in seiner Aufgabe, daß er während des Norwegen-Feldzugs etwa fünfzig Prozent des britischen Marinefunkverkehrs aufzufangen und innerhalb weniger Stunden zu entschlüsseln vermochte. Als die Royal Navy aufgrund dieser Leistung in der Schlacht um Narvik mehrere Zerstörer verlor, änderte man schließlich die Schlüssel. Dabei mußte die Admiralität unter strikter Geheimhaltung Tausende von neuen Handbüchern in der Oxford University Press neu drucken und dann jedes einzelne durch Kurier an die Schiffe ausliefern lassen. Doch innerhalb weniger Wochen hatte der B-Dienst auch die neuen Kodes entschlüsselt.

Mehr als 2000 Meldungen im Monat wurden vom B-Dienst im Oberkommando der Kriegsmarine am Tirpitz-Ufer in Berlin entschlüsselt. Ein großer Teil der Meldungen waren Geleitzugsignale, die Einzelheiten über den Kurs und die Treffpunkte mit den Eskorten enthielten. Sie wurden sofort über Draht an den B.d.U. in Wilhelmshaven durchgegeben. Dönitz hatte nicht selten genaue Vorausinformationen darüber, wo er seine Kräfte konzentrieren mußte, und konnte damit im ersten Kriegsjahr den Mangel an deutscher Luftaufklärung einigermaßen ausgleichen.

Die Schlacht beginnt erneut

In den ersten sechs Monaten des Krieges hatten die U-Boote im Handelskrieg gute Erfolge erzielt, dann hatten sie wegen des Norwegenfeldzugs ihre Operationen abbrechen müssen. Dönitz gefiel diese Pause gar nicht. Den Atlantik »hatten wir vor nahezu drei Monaten . . . geräumt«, klagte er später. »Deshalb besaß die U-Bootführung über die Feindlage im Atlantik keinerlei sichere Kenntnisse mehr . . . Zu dieser Unsicherheit der Verhältnisse draußen traten . . . die Ungewißheit über die Leistungsfähigkeit der Torpedos und die Frage, ob die U-Bootbesatzungen den deprimierenden Mißerfolg (beim Norwegenfeldzug) auch völlig überwunden hätten.«

Es mußte etwas geschehen, und Dönitz beschloß, zunächst eines der großen Boote vom Typ IX A mit 48 Mann Besatzung und 22 Torpedos an Bord allein in den Atlantik zu schicken.

Die neue deutsche Offensive begann, als Kapitänleutnant Victor Oehrn auf U-37 am Morgen des 16. Mai 1940 die Schiffahrtswege vor Kap Finisterre angriff. Seine Torpedos waren mit verbesserten Aufschlagzündern und den alten Magnetzündpistolen ausgerüstet. Man hoffte, daß er mit einigen raschen Erfolgen das Vertrauen der U-Bootbesatzungen in die Torpedowaffe wiederherstellen könnte. Aber die ersten Funkmeldungen waren fatal. Oehrn hatte vier Torpedoversager. Dönitz hatte sofort die Magnetpistolen in Verdacht und verbot ihren Einsatz. Die Magnetzünder mochten zwar, wenn sie funktionierten, wirksamer sein, weil die Druckwelle der tiefliegenden Explosion dem angegriffenen Schiff den Kiel brach. Aber Dönitz erschien es wichtiger, daß die Torpedos eine *sichere* Wirkung erzielten. Mit dem Befehl von Dönitz war die Torpedokrise fürs erste beendet, eine neue Offensive konnte beginnen.

Am 24. Mai hob Raeder alle Einschränkungen der U-Bootoperationen um England und Frankreich auf. Die einzigen Ausnahmen waren amerikanische Schiffe und Schiffe der »freundlichen Neutralen« – Italien, Japan und Rußland. Am Nachmittag des 27. Mai sichtete Kapitänleutnant Oehrn durch das Periskop den britischen Frachter *Sheafmead*. Sein Kriegstagebuch verzeichnet in leidenschaftsloser Ausführlichkeit, mit welcher tödlichen Unbarmherzigkeit der Krieg auf See jetzt geführt wurde.

»Die Entfernung nimmt ab, Dampfer nähert sich schnell, die Lage ist noch immer 40–50. Ich kann das Heck noch nicht sehen – Torpedorohr klar. Soll ich schießen oder nicht? Geschützbedienung gleichfalls klar. An Bordwand des Schiffes gelbes Kreuz auf kleinem, viereckigem, dunkelblauem Grund. Schwede? Voraussichtlich nicht. Ich hebe das Sehrohr etwas. Hurra, eine Heckkanone, ein Flakgeschütz oder etwas ähnliches. Feuer! Kann nicht vorbeigehen ...

Auftauchen. Achterschiff (des getroffenen Dampfers) ist unter Wasser. Bug steigt höher. Die Rettungsboote sind jetzt zu Wasser. Ihr Glück. Ein Bild vollkommener Ordnung. Sie liegen in einiger Entfernung. Der Bug richtet sich sehr hoch auf. Zwei Mann erscheinen von irgendwoher im Vorderteil des Schiffs. Sie springen und rennen in großen Sprüngen über das Deck zum Heck. Das Heck verschwindet. Ein Boot kentert. Dann eine Kesselexplosion. Zwei Mann fliegen mit ausgespreizten Gliedern durch die Luft. Brechen und Getöse. Dann ist alles vorbei. Ein großer Haufen von Schiffstrümmern schwimmt umher. Wir nähern uns, um den Namen zu ermitteln. Die Mannschaft hat sich auf Schiffstrümmer und gekenterte Boote gerettet. Wir fischen einen Rettungsring auf. Kein Name dran. Ich fragte einen Mann auf dem Floß. Er sagt: ›Nix Name‹, ohne kaum seinen Kopf zu drehen. Ein junger Bursche im Wasser ruft: ›Help, help, please‹. Die anderen sind alle sehr gefaßt. Sie sehen bedrückt und ziemlich müde aus. Ein Ausdruck kalten Hasses liegt auf ihren Gesichtern. Zurück zum alten Kurs. Nach Abwaschen der Farbe von dem Rettungsring kommt der Name zutage: ... 5006 BRT.«

Als Oehrn nach 26 Tagen Feindfahrt am 9. Juni nach Wilhelmshaven zurückkehrte, hatte er zehn Schiffe mit 41 207 Bruttoregistertonnen versenkt. Mit den Verlusten durch Minen und Bombenangriffe der Luftwaffe näherte sich das Gesamtergebnis 300 000 Tonnen – dem bisher höchsten. Der Druck auf der Royal Navy verstärkte sich. Der unglückselige Narvik-Feldzug zog sich in den Juni hinein, und noch ernster war Mussolinis drohende Haltung, die eine Verstärkung der Royal Navy im Mittelmeer notwendig machte. Aber den Vorrang hatte der Schutz der atlantischen Geleitzugrouten vor der neuen U-Bootoffensive und der erneuten Bedrohung durch Überwasser-Handelsstörer.

Nachdem die Kriegsmarine ein Panzerschiff eingebüßt hatte und andere repariert oder umgerüstet werden mußten, brachte sie jetzt Hilfskreuzer zum Einsatz. Die »Geisterschiffe« waren umgebaute Handelsschiffe von etwa 7000 Tonnen, die lange auf See bleiben konnten. Sie wurden mit Schornsteinattrappen, Teleskop-Masten, falschen Ladebäumen und Deckaufbauten versehen, die den Eindruck eines friedlichen Handelsschiffes erweckten, aber unter hydraulisch betätigten Klappen waren Geschützbatterien und Torpedorohre verborgen. Einige der Hilfskreuzer führten Flugzeuge mit, um ihren Jagdbereich zu vergrößern, während sie wie Piraten lebten und von Ozean zu Ozean streiften, britischen Kriegsschiffen auswichen und von den Ladungen erbeuteter Schiffe lebten. Gelegentlich ver-

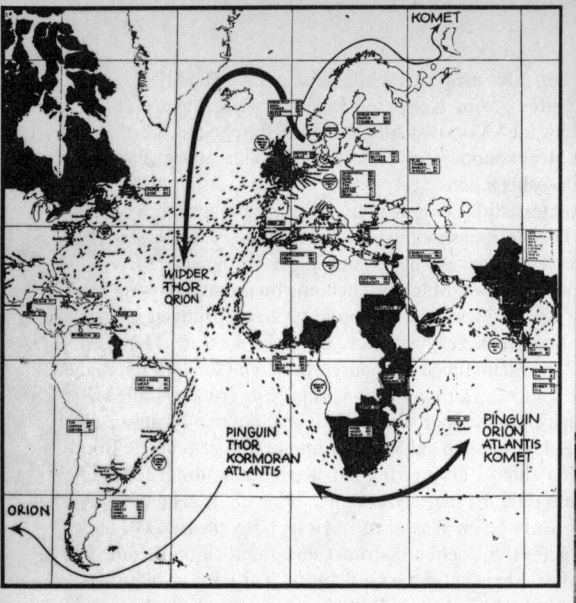

sorgten die Raider, zu deren Unterstützung Troßschiffe eingesetzt waren, auch U-Boote in weit entfernten Seegebieten mit Nachschub und Treibstoff, wobei sich die U-Bootbesatzungen vor allem über das frische Brot aus der Bordbäckerei freuten, das sie auf diese Weise erhielten.

Im Frühjahr 1940 waren 6 Raider ausgelaufen. Die *Atlantis* verließ Kiel am 31. März in Richtung Südatlantik, gefolgt von der *Orion,* die schließlich Neuseeland erreichte, wo sie Minen am Eingang des Hafens von Auckland legte, bevor sie im Pazifik operierte. Die *Widder* lief im Mai in den Mittelatlantik, wo sie fünf Monate operierte und zehn Schiffe versenkte, bevor sie im Oktober zurückkehrte. Bis Ende Juni waren weitere Hilfskreuzer bereit zum Auslaufen. Die *Thor* wurde in den Südatlantik, die *Pinguin* in den indischen und antarktischen Ozean entsandt, während die *Komet* ihre Reise in den Pazifik durch die Nordost-Passage – entlang dem Packeis der nordrussischen Küste mit Hilfe sowjetischer Eisbrecher machte. Das plötzliche Auftauchen dieser Hilfskreuzer auf den Handelsrouten stellte eine neue Bedrohung für die Handelsschiffe dar. So konnten die *Kormoran* 68 274, die *Thor* 83 000 und die *Atlantis* sogar 145 697 Bruttoregistertonnen versenken. Insgesamt fielen den deutschen Hilfskreuzern bis Ende 1941 fast 500 000 Tonnen Schiffsraum zum Opfer. Es war eine fast unlösbare Aufgabe für die Royal Navy, diese Raider in entlegenen Seegebieten zu finden, und wenn es ihr dennoch gelang, mußten die Besatzungen der britischen

Zur Täuschung des Gegners wird der Hilfskreuzer *Orion* auf hoher See neu gestrichen.

Kapitän z. S. Weyher operierte sogar vor Neuseeland.

Hilfskreuzer, die dabei eingesetzt wurden, oft genug feststellen, daß die deutschen Schiffe mit ihren 15-cm-Geschützen eine größere Reichweite besaßen. So beschädigte die *Thor* am 28. Juli 1940 den britischen Hilfskreuzer *Alcantara* nach einem schweren Gefecht und konnte später noch zwei weitere britische Hilfskreuzer abschlagen, die sie aufspüren sollten.

Die Royal Navy geriet auch dadurch in eine bedrängte Lage, daß die sich verschlechternde Lage in Frankreich eine Konzentration aller verfügbaren Kriegsschiffe in den Heimatgewässern verlangte. Die durch die U-Bootjagd und den Geleitschutz schon schwer belasteten Zerstörer mußten nun auch noch zur Unterstützung der alliierten Armeen entsandt werden, die auf die Kanalhäfen zurückgedrängt wurden. Dabei gelang es den Stukas der Luftwaffe, die britischen Zerstörerflottillen erheblich zu dezimieren.

Eine verzweifelte Bitte

Am 15. Mai hatte Churchill diese ernste Verschlechterung der Lage mit Botschafter Joseph Kennedy besprochen, der sofort den Präsidenten angerufen und ihm eine dringende Botschaft angekündigt hatte. Noch am selben Tage erreichte den amerikanischen Präsidenten der Hilferuf Churchills: »Ich glaube, Sie erkennen, Herr Präsident, daß die Stimme und die Macht der Vereinigten Staaten nichts gelten können, wenn sie zu lange zurückgehalten werden. Sehr bald schon kann das europäische Festland unterworfen und nazifiziert sein, und diese Last könnte mehr sein, als wir ertragen. Alles, um was ich Sie jetzt bitte, ist, daß Sie sich zur nicht-kriegführenden Partei erklären, was bedeuten würde, daß Sie uns mit Ausnahme von bewaffneten Kräften jede Hife geben könnten. Der sofortige Bedarf sind 40 oder 50 Ihrer älteren Zerstörer als Leihgabe, um die Lücke zu schließen . . .«

Neben den Zerstörern erbat Churchill »mehrere hundert der neuesten Flugzeuge«, und »Flugabwehrgerät und Munition, von denen es nächstes Jahr genügend geben wird, wenn wir es noch erleben«. In seiner typisch großzügigen Art wischte er die finanziellen Probleme beiseite. »Wir werden weiterhin in Dollars bezahlen, solange wir können, aber ich wäre gern sicher, daß Sie uns das Material auch dann geben werden, wenn wir nicht mehr bezahlen können.« Neben den Waffen erwähnte Churchill auch andere Themen. So bat er Roosevelt darum, die diplomatische Macht der Vereinigten Staaten einzusetzen, um Mussolini von einer Unterstützung Hitlers abzubringen und De Valera zu überreden, der Benutzung der früheren englischen Stützpunkte durch die Briten zuzustimmen.

Diese detaillierten Anforderungen kamen zu einer Zeit, als die öffentliche Meinung in den Vereinigten Staaten über den raschen deutschen Vormarsch entsetzt war. Als sich die deutschen Armeen dem Kanal näherten, schrieb Robert Sherwood, der Roosevelts Reden verfaßte: »Ein Gefühl von Terror ging infolge dieser unglaublichen Leistungen mechanisierter Barbarei durch die Welt.« Viele Amerikaner glaubten bereits, daß man England und Frankreich abschreiben müsse, und eine Umfrage des Magazins *Fortune* zeigte, daß nur noch 30% an einen alliierten Sieg glaubten, während, was noch bestürzender war, 63% glaubten, daß Hitler versuchen könnte, Gebiete in Nord- oder Südamerika zu besetzen.

Mit einer Armee, die nur fünf Divisionen ins Feld schicken konnte und die kaum Panzerverbände besaß, waren die Vereinigten Staaten schlecht gerüstet, um einer solchen Bedrohung begegnen zu können. Die US-Navy war in besserem Zustand und sollte mit einem großen Erweiterungsprogramm zu einer »*Two Ocean Navy*« gemacht werden, die sowohl im Atlantik als auch im Pazifik mit entscheidendem Gewicht operieren konnte. Dennoch glich sie noch nicht der japanischen, deren Flotte die leistungsfähigste Marinefliegerwaffe der Welt hatte. Auch hatten die Vereinigten Staaten trotz ihrer starken Luftfahrtindustrie ihren Streitkräften nur wenige neue Flugzeuge zur Verfügung gestellt. Einen Tag nachdem Präsident Roosevelt Churchills dringendes Telegramm erhalten hatte, veranlaßte er die ersten Maßnahmen zur Reform der Streitkräfte. Die Rüstungsindustrie, die bisher schon Mühe gehabt hatte, die bescheidenen Aufträge Englands und Frankreichs zu erfüllen, wurde nun schnell erweitert, um die US-Streitkräfte zu versorgen. In einer Botschaft an den Kongreß wurde das amerikanische Volk gebeten, einen schwindelerregenden Milliarden-Dollar-Wiederbewaffnungsplan und einen zusätzlichen Fonds von 200 Mio. Dollar zu unterstützen. 50 000 Jäger und Bomber sollten gebaut werden, um Amerika zur stärksten Luftmacht der Welt zu machen. Der Präsident, der auf den dringenden Bedarf Englands bedacht war, riet dem Kongreß, »nichts zu unternehmen, was in irgendeiner Weise die Lieferung von in Amerika hergestellten Flugzeugen an andere Nationen behindern oder verzögern könnte«.

Den Isolationisten und Sympathisanten der Nazis antwortete bereits eine neue und mächtige Organisation: William Allen Whites »Komitee zur Verteidigung Amerikas durch Unterstützung der Alliierten«. Mit privater Unterstützung durch Roosevelt war er bestrebt, prominente Bürger zu finden, »die Amerika drängten, der nichtkriegführende Verbündete Frankreichs und Englands zu werden«. Aber die Isolationisten waren noch immer so stark, daß Roosevelt nicht wagte, Churchills verzweifelter Bitte nach Zerstörern sofort zu entsprechen.

Am 16. Mai gab er eine unverbindliche Antwort. »Wie Sie wissen«, schrieb er, »könnte ein Schritt dieser Art nicht ohne die besondere Ermächtigung durch den Kongreß unternommen werden, und ich bin mir nicht sicher, ob es klug wäre, dem Kongreß diesen Vorschlag gerade jetzt vorzulegen.« Es war eine bittere, aber nicht unerwartete Ablehnung. Der Admiralität fehlten weiterhin die nötigen Zerstörer, um die Geleitzüge schützen zu können, aber inzwischen hatte sich Churchill wieder gefangen. Am 20. Mai telegrafierte der Premierminister seinen Entschluß, dem Schlimmsten entgegenzusehen, auch ohne Hilfe von außen: »Unsere Absicht ist, was auch immer geschieht, auf dieser Insel bis zum Ende zu kämpfen. Vorausgesetzt, daß wir die Hilfe bekommen, um die wir bitten, hoffen wir, daß wir es angesichts der individuellen Überlegenheit in den Luftschlachten mit ihnen aufnehmen können. Angehörige der derzeitigen Regierung würden wahrscheinlich während dieses Vorganges aus dem Amt scheiden, wenn es schlecht ausgehen sollte, aber unter keinen voraussehbaren Umständen werden wir einer Kapitulation zustimmen.«

Die britischen und französischen Truppen zogen sich unter andauernden Angriffen der Luftwaffe nach Dünkirchen zurück. Um die Verluste im Kanal zu ersetzen, wurden vier Zerstörer der Royal Canadian Navy nach England befohlen.

Mit einer improvisierten Flotte von 861 kleinen Fahrzeugen aller Muster und Größen mußte das geschlagene britische Expeditionskorps aus Dünkirchen evakuiert werden. Das heldenhafte Unternehmen begann am 26. Mai 1940. Zunächst ging »Operation Dynamo« nur langsam voran, erst 7669 Mann waren von der brennenden Mole aufgenommen worden, als die Admiralität alle verfügbaren Zerstörer nach Dünkirchen befahl. Am 31. Mai kabelte Churchill noch einmal an Roosevelt: »Die Lage hinsichtlich der Zerstörer wird ziemlich verzweifelt. Sie haben beim Rückzug aus Dünkirchen drei Totalverluste erlitten, und 13 wurden beschädigt.«

Am nächsten Tag gingen bei den unaufhörlichen Luftangriffen zwei weitere Zerstörer verloren, und viele andere wurden beschädigt. Die Besatzungen waren völlig erschöpft, aber sie hatten eine Hauptrolle bei der Evakuierung von 180 000 Mann gespielt. Als »Operation Dynamo« am 4. Juni zuendeging, waren wie durch ein Wunder 330 000 alliierte Soldaten gerettet. Aber der Preis für die Royal Navy war hoch gewesen. Von den 39 beteiligten Zerstörern waren 6 versenkt und 19 beschädigt worden. Captain Kirk, der US-Marineattaché in London, meldete nach Washington, daß von 94 Zerstörern in den Heimatgewässern nur noch 43 einsatzbereit waren.

Aber Roosevelts Möglichkeiten, England zu Hilfe zu kommen, waren begrenzt. Die öffentliche Meinung in den Vereinigten Staaten polarisierte sich gefährlich zwischen jenen, die sich in eine »Festung Amerika« zurückziehen wollten, und jenen, die sahen, daß die Demokratien unterstützt werden mußten. Die britischen Stabschefs ließen in einer bedeutenden Neueinschätzung der strategischen Lage für das Kriegskabinett keine Zweifel, daß das Überleben fast völlig von den Vereinigten Staaten abhing. Unter dem geheimnisvollen Titel »Britische Strategie in einer gewissen Eventualität«, untersuchte ihr Bericht »die Mittel, durch die wir allein weiterkämpfen könnten, wenn der französische Widerstand vollkommen zusammenbrechen sollte«. Diese Denkschrift basierte auf zwei Annahmen: Erstens, daß Italien eingreifen und mit seiner starken Marine Englands strategische Vormachtstellung im Mittelmeer beenden könnte. Zweitens, »daß die Vereinigten Staaten gewillt sind, uns volle wirtschaftliche und finanzielle Unterstützung zu geben, ohne die wir den Krieg vermutlich nicht mit Aussicht auf Erfolg fortsetzen könnten«.

England sah sich nun Luftangriffen, einer U-Bootblockade und der Drohung einer Invasion ausgesetzt. »In einigen Monaten werden unsere Feinde ihre wirtschaftliche und militärische Kontrolle auf Spanien, Portugal und Nordafrika im Westen und mit Ausnahme der Türkei auch auf den Balkan ausdehnen können. Dies wird ihre wirtschaftliche Lage verbessern und zusätzliche Stützpunkte für den Angriff auf den britischen Handel im Atlantik eröffnen . . . *Wir gehen davon aus, daß wir auf die volle wirtschaftliche und finanzielle Unterstützung der Vereinigten Staaten zählen können, die sich möglicherweise zu einer aktiven Beteiligung ausweitet.*«

Die Stabschefs glaubten, daß die Luftverteidigung der »Kernpunkt des Problems« war. Das Fighter Command sollte höchsten Vorrang erhalten und ganz England zu einer »Festung nach totalitären Gesichtspunkten« umorganisiert werden. Neben der RAF sollte die Hauptverteidigung des Landes in die Hände der Navy gelegt werden. »Da Deutschland Häfen in

Flucht aus Dünkirchen. An Bord des Zerstörers *Havant* drängen sich Soldaten des geschlagenen britischen Expeditionskorps. Bei der Evakuierung verlor die Royal Navy viele Zerstörer, die beim Geleitschutz dringend gebraucht worden wären. Am 1. 6. 40 wurde auch die *Havant* versenkt.

Norwegen, Holland, Belgien und Frankreich in Besitz hat, muß die Navy Vorkehrungen treffen, daß wir einer Invasion von See her sowohl an der Ost- als auch an der Südküste des Vereinigten Königreichs zu begegnen vermögen.«

Die Navy hatte noch immer die lebenswichtige Aufgabe, den Nachschub über See zu schützen, und sie war die erste Verteidigungslinie gegen die Invasionsdrohung. Aber der britische Seehandel konnte auch durch Luftangriffe auf Häfen im Süden und Osten bedroht werden, die deren Aufgabe erzwingen würden, und der Bericht kam zu dem Schluß: »Selbst wenn unsere Importe auf ein bloßes Rinnsal reduziert würden, sollten wir in der Lage sein, uns über eine kritische Periode von wenigen Wochen hinwegzuhelfen, indem wir unsere Reservevorräte angreifen, die für eine Krise dieser Art gesammelt worden sind. Strikte Rationierung und sorgfältige Verteilung der Vorräte müßten eingehalten werden: Dessenungeachtet hängt unsere Fähigkeit, den Krieg fortzuführen, völlig von der Beibehaltung des Nachschubs durch die Häfen an der Westküste ab.«

Der »ernste und schonungslose« Bericht war von solcher Bedeutung, daß er von den Stabschefs, Admiral Pound, Luftmarschall Newall und Feldmarschall Lord Ironside, und ihren Stellvertretern gemeinsam unterzeichnet wurde. Mehr als irgendein anderes einzelnes Dokument zeigte er die grundlegende Verlagerung der Weltmacht zu den Vereinigten Staaten.

Wir werden niemals kapitulieren!

Als die deutschen Panzerdivisionen weiter auf Paris zurollten, sah es für die Alliierten düster aus. In London wich die flüchtige Erleichterung nach dem »Wunder von Dünkirchen« der Entschlossenheit, einer Belagerung durch die Nazis zu widerstehen. »Kriege werden nicht durch Evakuierungen gewonnen«, sagte Churchill vor dem House of Commons am 4. Juni und erklärte dann trotzig: »Wir werden in Frankreich kämpfen. Wir werden mit zunehmender Zuversicht und wachsender Stärke in der Luft kämpfen. Wir werden unsere Insel verteidigen, was auch immer der Preis sein mag. Wir werden auf den Landeplätzen kämpfen. Wir werden auf den Feldern und in den Straßen kämpfen. Wir werden in den Hügeln kämpfen. Wir werden niemals kapitulieren!«

Die Rede des Premierministers rüttelte die Nation auf. Aber die Armee brauchte zur Zurückschlagung einer Invasion mehr als klingende Worte. Der größte Teil ihrer Panzer und Geschütze war auf den Stränden von Dünkirchen zurückgeblieben, und die Truppe brauchte dringend Ersatz aus amerikanischen Lieferungen. Jetzt, wo Englands Überleben völlig davon abhängig war, daß Waffen und Nachschub über den Atlantik gebracht wurde, erklärten die Deutschen am 29. Mai, daß Handelsschiffe die Atlantikroute nur auf eigene Gefahr benutzen könnten und daß auch bestimmte

Gewässer innerhalb der panamerikanischen Sicherheitszone »nicht mehr respektiert werden könnten«. Das war eine ernste Herausforderung an die Royal Navy, deren Zerstörerkräfte so drastisch reduziert waren, daß der Schutz der Geleitzüge hinter der Abwehr der bevorstehenden Invasion zurückstehen mußte.

In den ersten Juniwochen nahmen die U-Boote zu ihrer bisher am besten abgestimmten Offensive Kurs auf die Western Approaches. Ihre Angriffe kündigten die von Dönitz und seinen Kommandanten so genannte »Glückliche Zeit« an. »Es wurden von den U-Booten noch zahlreiche Einzelfahrer angetroffen. Die Geleitzüge waren schwach gesichert. Nicht immer waren Flugzeuge dabei . . . Die erwartete weiträumige Streuung des Geleitzugverkehrs erfolgte nicht.« Der Hauptstoß der Offensive traf die Handelsschiffahrt in den Western Approaches, wo es nur 40 Geleitschiffe und eine Handvoll von Hilfskreuzern zu ihrem Schutz gab.

In diesen schwarzen Wochen sah sich der 16 Jahre alte John Harrison in den Docks von Liverpool nach einem neuen Schiff um: »An der Tafel wurde eine freie Stelle für einen Kombüsenmaat auf einem Hilfskreuzer angeboten, also ging ich hin und bewarb mich. Ich wurde einem Bootsmann in Marineuniform vorgeführt. Er sah mein Seefahrtsbuch an und sagte, als er mein Geburtsdatum sah: ›Tut mir leid, du bist gerade 17 geworden, du mußt 18 sein.‹ Also ging ich weg und wartete auf eine andere freie Stelle. Neben mir stand eine Gruppe von Matrosen, und einer von ihnen sagte: ›Du hast dich doch nicht etwa um die Stelle beworben?‹ ›Doch‹, sagte ich, und er sagte zu mir: ›Geh bloß nicht auf diese schwimmenden Särge.‹ Niemand wollte anheuern. Dann rief der Bootsmann: ›Ist keiner da, der den Job haben will?‹ Einer der Männer sagte: ›Du kannst ihn dir an den Hut stecken, Mann!‹

Der Bootsmann rief mich herüber und fragte: ›Bist du noch interessiert?‹ und ich sagte: ›Ja.‹ Dann sagte er mir, daß er mich als Küchenjungen in Heuer nehmen könne, und ich unterschrieb. Ich erhielt zwei Wochen Heuer im voraus und ging nach Hause, um meine Sachen zu holen. Als ich heimkam, erzählte ich meiner Mutter, daß ich auf ein Schiff der Navy ginge, und sie weinte. Der Heuervertrag, den ich unterschrieben hatte, galt für zwei Jahre. Meine Heuer war zweieinhalb Pfund.«

Seit der Versenkung der *Rawalpindi* galt es als gefährlich, auf den Hilfskreuzern zu fahren, aber die meisten Handelsschiffe waren ebenso verwundbar für Torpedos und Luftangriffe. Mit Ausnahme der schnellsten Passagierdampfer konnten sich die Handelsschiffe gegen Überraschungsangriffe durch U-Boote kaum schützen, und weil die Kanonen hoffnungslos knapp waren, konnten auch nur wenige Schiffe mit Flak ausgerüstet werden. Wenn ein Schiff einmal von einem Torpedo oder einer Bombe schwer getroffen war, wurde seine Überlebenszeit nur noch in Minuten gemessen. Erzfrachter sanken wie Steine, und Öltanker flogen sofort in die Luft.

Der 12 000-Tonnen-Tanker *Saranac* war zweimal Bombenangriffen entkommen, bevor er 350 Meilen westlich von Bantry Bay, Irland, im Periskop von U-51 auftauchte. »Am 25. Juni um etwa 3 Uhr nachmittags, etwa einen Tag nachdem die *Saranac* den Geleitzug verlassen hatte und allein auf einen US-Hafen zulief, wurde sie im Hauptmaschinenraum am Heck des Schiffes getroffen«, berichtete der Erste Offizier, John H. Drew. »Das Schiff verlor hinten schnell an Schwimmkraft, und innerhalb weniger Minuten sank das Achterdeck fast ins Wasser, während der Bug aus den Wellen aufragte. Unser Richtschütze, ein farbiger Sergeant der Marineinfanterie, stand bei unserem 12-cm-Geschütz, um zurückzuschießen, wenn das U-Boot auftauchte. Die *Saranac* war vollkommen manövrierunfähig und bot ein leichtes Ziel für einen weiteren Angriff. Wir ahnten, daß unsere Bewegungen auf dem Deck der *Saranac* durch das Periskop des U-Bootes beobachtet wurden. Um etwa 4.30 Uhr nachmittags kamen Kapitän Alcock und ich überein, das Schiff mit unseren Freiwilligen in dem weniger beschädigten der beiden verbliebenen Rettungsboote zu verlassen und bis zur Dunkelheit in der Nähe zu warten, in der Absicht, wieder an Bord zu gehen, wenn aufgrund unserer früheren Funkmeldungen Rettungsschiffe oder Schlepper eintrafen.

Etwa um 4.45 Uhr tauchte das U-Boot plötzlich zwischen uns und der *Saranac* auf und eröffnete sofort das Feuer mit dem Geschütz. Zwei Granaten explodierten in der See neben unserem Boot – offenbar eine Warnung – der nächste Schuß traf das Munitionsmagazin der *Saranac,* das sofort explodierte. Dann umkreiste das U-Boot das treibende Schiff und feuerte eine Granate nach der anderen auf die Wasserlinie am Rumpf. Etwa drei Stunden nach dem Beginn des Angriffs versank die *Saranac* fast senkrecht über das Heck. Die Versenkung erforderte etwa 50 Granaten und zwei Torpedos . . . Wir kamen überein, daß unsere einzige Überlebenschance in unserem beschädigten und leckenden Boot darin bestand, die 350 Meilen nach Bantry Bay zu segeln, da wir keinen Motor hatten und es nicht möglich war, das Boot mit nur 7 Mann zu rudern. Unser einziger Proviant bestand aus Schiffszwieback, einem Karton Kondensmilch, einigen Büchsen Sardinen und mehreren tausend Zigaretten, aber wenigen Streichhölzern. Der Kompaß des Rettungsbootes war beschädigt und unzuverlässig. Dennoch kamen wir an den ersten beiden Tagen unter Ausnutzung der Sonnenpeilung am Tage und des Polarsterns bei Nacht gut voran, unterstützt durch leichten, achterlichen Westwind, ruhige See und Dünung. Etwa am 27. Juni überholte uns eine steife westliche Brise mit schweren Brechern und heftiger Dünung. Das Boot lief immer wieder voll und kenterte fast, aber mit Entschlossenheit und dadurch, daß wir alle sieben Wasser schöpften und unseren Ölsack achtern treiben ließen, gelang es uns, das Boot vor der Brise laufen zu lassen, bis eine plötzliche Böe den Mast brach und das einzige Segel zerriß. Dann zogen wir ein improvisiertes Segel aus den Resten unseres Segels und unserer einzigen Decke hoch. Die Brise ließ nach, und 24 Stunden später, am 30. Juni, sichteten wir einen Trawler, der in der Nähe von Bantry Bay auf uns zulief . . .«

Die Vernichtung dieses großen Tankers trug zu dem schrecklichen Gesamtergebnis von 289 000 Tonnen bei, die von den U-Booten im Juni 1940 versenkt wurden. Obwohl im Durchschnitt nur sechs U-Boote eingesetzt werden konnten, hatten die U-Boote damit einen neuen Rekord aufgestellt. Sie versenkten alle 12 Stunden ein Schiff. Der Geist der Aggression hinter diesen erneuten Angriffen auf die Schiffahrt wird im Vorwort zu Dönitz' neuen Dauerbefehlen, die im Juni herauskamen, enthüllt: »In erster Linie angreifen und weiterhin angreifen; lassen Sie sich nicht abschütteln; wenn das Boot vorübergehend abgedrängt oder unter Wasser gedrückt wird, folgen Sie in der allgemeinen Richtung des Geleitzuges, versuchen Sie wieder Fühlung zu bekommen und greifen Sie erneut an!«

Am 12. Juni hatte Dönitz im Atlantik zwei U-Bootgruppen gebildet. Sie sollten Geleitzüge angreifen, die der deutsche Funkbeobachtungsdienst erfaßt hatte. Die südliche Gruppe bei Kap Finisterre stand unter der taktischen Führung von Korvettenkapitän Rösing auf U-48 und umfaßte fünf Boote. Ihr Ziel war der im Funkverkehr gemeldete Konvoi US 3, den die U-Boote aber verfehlten. Dagegen fanden sie seit dem 11. Juni im fraglichen Gebiet so viele Einzelfahrer und versprengte Schiffe, daß sie vollauf beschäftigt waren. Die Gruppe wurde deshalb am 15. Juni aufgelöst.

Die zweite U-Bootgruppe war am 12. Juni im Gebiet westlich des Kanals gebildet worden und stand unter der taktischen Führung von Kapitänleutnant Prien. Sie bestand aus fünf kleineren und zwei größeren Booten. Das Ziel war der vom B-Dienst erfaßte Konvoi HX 48. Prien konnte allerdings nur einen Nachzügler dieses Konvois, den britischen Dampfer *Balmoralwood* versenken, ehe die Gruppe aufgelöst wurde und die Boote einzeln auf Jagd gingen. Am 21. Juni griff Prien den Konvoi HX 49 an und versenkte den Tanker *San Fernando* und in der folgenden Woche fünf einzeln fahrende Schiffe verschiedener Nationalität. Er hatte nur noch einen Torpedo an Bord, als ihm schließlich am 2. Juli die *Arandora Star* über den Weg lief. Das ehemalige Passagierschiff, das mit mehreren Geschützen bestückt war, wurde ohne Warnung versenkt. Aber während das 15 000-Tonnen-Schiff bisher meist als Truppentransporter eingesetzt wurde, waren diesmal Deutsche und Italiener an Bord, die in Kanada interniert werden sollten. Während Prien und seine Besatzung den Tonnagerekord von 51 483 Tonnen bejubelten, ertranken ihre Landsleute.

Die wachsenden Erfolge der U-Boote verliehen den Botschaften Churchills an Roosevelt, in denen er um Zerstörer und Flugzeuge bat, eine neue Dringlichkeit. Listen dringend benötigter Waffen, von Gerät und Munition, die zur Verteidigung Englands gegen die vermeintliche Invasionsgefahr erforderlich waren, mußten in die Büros der Britischen Einkaufsmission in

New York geschickt werden. Dieser entscheidende Teil des Nachschubsystems für Kriegsmaterial stand unter Leitung des schottisch-kanadischen Industriellen Arthur Purvis. Seine engen Beziehungen zur Geschäftswelt der USA und seine Freundschaft zu Henry Morgenthau, dem US-Finanzminister und Vertrauten des Präsidenten, hatten viel dazu beigetragen, die lebenswichtigen Lieferungen zu beschleunigen. Nun überreichte Purvis zusammen mit dem französischen Vertreter, Bloch Lainé, eine sechsseitige Liste mit Waffenanforderungen der Alliierten. Man hoffte, diese Waffen aus Beständen der US-Armee zu erhalten. Um die isolationistische Opposition im Kongreß zu umgehen, suchte Morgenthau verzweifelt nach einer verfassungsrechtlichen Formel, die es dem Präsidenten erlauben würde, die Lieferung aus eigener Machtvollkommenheit in die Wege zu leiten. Am 2. Juni konnte der Justizminister erklären, daß nach einem Gesetz vom Juli 1919 die Regierung legitim über Waffen verfügen konnte, die »Überschuß im Bedarf« darstellten. Die Tür war nun offen. Innerhalb von Stunden war Purvis in Morgenthaus Büro und schloß den Kauf der Waffen für einen Preis von 37 619 556 Dollar und 60 Cent ab.

Schon am 3. Juni verließ die erste Lieferung Gewehre die US-Arsenale. In den Häfen der Ostküste waren Schiffe und Schauerleute in Bereitschaft, um die Waffen schnellstmöglich über den Atlantik zu bringen. Eine Woche später verließ der britische Frachter *Eastern Prince* den Hafen Raritan in

Das Jagdglück ist ihnen hold! Die U-Bootoffensive im Juni 1940 war trotz der geringen Zahl von eingesetzten Booten erfolgreich, weil der Rückzug vom Festland die britischen Abwehrkräfte empfindlich geschwächt hatte. Für die Asse und ihre Boote (hier Priens U-47) war es das »goldene Zeitalter«. Sie fühlten sich als »Könige auf dem Meer« (Dönitz).

New Jersey mit 48 Feldgeschützen, 12 000 Gewehren, 15 270 Maschinengewehren und 37 Millionen Schuß Munition vom Kaliber 7,62 mm.

Vier Tage später waren die deutschen Panzer durch die französischen Linien gebrochen, und Paris war ohne Verteidigung. Aber nicht die Deutschen versetzten der französischen Moral den letzten Schlag. Am 10. Juni entdeckte Mussolini, daß er zu lange beiseite gestanden hätte, und erklärte England und Frankreich auf charakteristische, grandiose Weise den Krieg: »Wir haben nur eine Losung – wir wollen erobern, und wir werden erobern, um Europa und der Welt endlich eine lange Zeit des Friedens zu geben.«

Roosevelt war wütend, daß der italienische Diktator alle amerikanischen Friedensappelle ignoriert hatte, und verurteilte Mussolinis Angriff: »Die Hand, die den Dolch hielt, hat ihn ihrem Nachbarn in den Rücken gestoßen.«

Beunruhigt durch die amerikanische Haltung, wies Berlin den deutschen Botschafter in Washington an, dem Präsidenten nochmals zu versichern, daß Hitler »Europa den Europäern und Amerika den Amerikanern« belassen wolle und nicht die Absicht habe, das Britische Empire oder die Vereinigten Staaten zu schädigen.

Der französische Premierminister Reynaud, der sich der Niederlage und der Evakuierung nach Nordafrika gegenübersah, versuchte die amerikanischen Verpflichtungen zu einer direkten militärischen Beteiligung auszuweiten, aber seine Bitten, die lebhaft von Churchill unterstützt wurden, konnten Roosevelt nicht dazu bringen, Deutschland den Krieg zu erklären oder Truppen schicken. Angesichts der militärischen Auflösung zerbrach die französische Regierung und beschloß, Waffenstillstandsverhandlungen zu eröffnen.

Der tödliche Schlag

Für England und die Vereinigten Staaten stellte sich damit die Frage, was mit der französischen Flotte geschehen würde. Unter dem Kommando von Admiral Darlan hatte Frankreich eine Flotte von fünf älteren und zwei modernen Schlachtschiffen, drei weitere Schlachtschiffe waren im Bau. Außerdem gehörten ein Flugzeugträger, ein Flugzeugmutterschiff, sieben Schwere und zwölf Leichte Kreuzer, über sechzig Zerstörer und fast achtzig U-Boote zur französischen Flotte. Sie hatte beim Geleitschutz vor Nordafrika und in der Biskaya wertvolle Hilfe geleistet und spielte für das Kräfteverhältnis im Mittelmeer eine wichtige Rolle. Der bevorstehende französische Zusammenbruch und der Kriegseintritt Italiens konnten eine gefährliche Kräfteverschiebung zuungunsten Englands und der Vereinigten Staaten herbeiführen. Schon lange hatte der Duce geprahlt, das Mittelmeer müsse zum italienischen *Mare Nostrum* gemacht werden. Er besaß zwei ältere, aber modernisierte Schlachtschiffe (zwei weitere Schlachtschiffe waren im Umbau, zwei moderne fast fertig) sieben Schwere und zwölf Leichte Kreuzer, 61 Zerstörer und mit 115 Booten die zweitstärkste U-Bootflotte der Welt (nur die Sowjetunion besaß mehr). Wenn die französische und die italienische Flotte zur Kriegsmarine stießen, besaßen die Achsenmächte eine Seemacht, die alles übertraf, was die Royal Navy aufbieten konnte. Eine Studie des amerikanischen Marinegeheimdienstes vom 13. Juni 1940 kam zu dem Ergebnis, daß eine solche deutsch-italienisch-französische Marinekoalition um ein Drittel stärker sein würde als die britischen und amerikanischen Kräfte im Atlantik zusammengenommen – selbst wenn die US-Pazifikflotte von Hawaii herangeführt werden sollte.

Churchill hoffte, daß sich die französische Flotte nach England absetzen und von dort aus weiterkämpfen würde. Schließlich waren in den englischen Häfen schon polnische, holländische und norwegische Kriegsschiffe zu finden, deren Besatzungen freiwillig den Krieg gegen Deutschland fortführen wollten. Am 12. Juni, bei einem Besuch mit dem Flugzeug bei dem französischen Kabinett in Briare, hatte Churchill den Marineoberbefehlshaber zur Seite genommen und ihm gesagt: »Darlan, ich hoffe, Sie werden die Flotte nie übergeben.« »Das steht überhaupt nicht zur Diskussion; es wäre gegen unsere Marinetradition und Ehre«, war die frostige Antwort.

Als die französisch-deutschen Waffenstillstandsgespräche begannen, waren Churchill und Roosevelt wegen der großen Waffenkäufe, die Frankreich in den Vereinigten Staaten getätigt hatte, äußerst besorgt. Die Verträge waren so verflochten mit den britischen, daß ein fast unüberwindbares rechtliches Durcheinander drohte, wenn nicht gehandelt wurde, bevor der Waffenstillstand unterzeichnet war. Purvis hatte das Glück, auf die Zusammenarbeit von Bloch Lainé rechnen zu können, und bei einem Treffen in Purvis' Washingtoner Wohnung am Abend des 16. Juni 1940 übertrugen die beiden Männer die französischen Kontrakte im Wert von 600 Mio. Dollar ganz einfach auf England. Purvis hatte einen Großteil der englischen Dollarreserven mit wenigen Federstrichen gebunden.

Inzwischen verstärkte Churchill seinen Druck auf das französische Kabinett, Frankreichs Schiffe nach England oder in befreundete Häfen zu schicken. Zwei große, noch im Bau befindliche Schlachtschiffe wurden außer Reichweite Hitlers gebracht: die *Jean Bart* nach Casablanca und die *Richelieu* nach Dakar. In den französischen Häfen lagen nur wenige Kriegsschiffe, als am 22. Juni die Bedingungen des Waffenstillstandes verkündet wurden. Seine Klauseln spiegelten Hitlers tiefe Neigung zu einer kontinentalen Strategie wider. Frankreich sollte 40% seines Gebietes und eine eigene Regierung behalten, obwohl die Nordprovinzen und die lange Küstenlinie von der belgischen Grenze bis zu den Pyrenäen von Deutschland besetzt und kontrolliert wurden. Dieser Schein von Unabhängigkeit sollte einen Keil zwischen Franzosen und Engländer treiben.

Die Kriegsmarine, die gehofft hatte, außer den französischen Häfen auch die französische Flotte übernehmen zu können, ging leer aus. Hitler wollte auf alle Maßnahmen verzichten, die Frankreichs Ehre verletzen könnten, und als der Waffenstillstandsvertrag veröffentlicht wurde, mußte die Seekriegsleitung zu ihrer Enttäuschung und Überraschung feststellen, daß ihre Wünsche nach Auslieferung »des französischen Materials an Kriegsschiffen, Handelsschiffen, Stützpunkten, Werften, Vorräten an Betriebsstoffen, Munition, kriegswichtigen Rohstoffen« sowie allen französischen Planungsunterlagen von Hitler ignoriert worden waren. Die französische Flotte war dem Vichy-Regime unterstellt worden. »Es ist hier nicht bekannt«, stellte Generaladmiral Saalwächter fest, »welche Gründe ... zu dem Verzicht ... geführt haben. Sie sind offenbar rein politischer Natur.«

Churchill blieb mißtrauisch. Er wollte auf alle Fälle verhindern, daß Hitler die französischen Schiffe doch noch gegen England einsetzte. Er schickte Befehle an die Royal Navy, den einzelnen französischen Befehlshabern direkte Angebote zu unterbreiten. Sie sollten vor die Wahl gestellt werden, den Kampf an der Seite Englands fortzusetzen, die Internierung oder Repatriierung zu akzeptieren oder ihre Schiffe selbst zu versenken. Falls sie diese Angebote ausschlagen sollten, würde den französischen Admiralen mitgeteilt werden, »daß die Royal Navy jede erforderliche Gewalt anwenden würde, um ihre Schiffe nicht in deutsche oder italienische Hand fallen zu lassen«.

Der Tag der Entscheidung für »Operation Catapult« wurde auf den 3. Juli festgelegt. Die französischen Schiffe in britischen Häfen gingen entweder auf die Bedingungen ein oder wurden schnell überwältigt. Widerstand an Bord des U-Kreuzers *Surcouf* führte zum Tod von drei englischen Matrosen. In Alexandria überzeugte Admiral Andrew Cunningham den französischen Admiral Godfroy, seine Schiffe zu entwaffnen. Nur im großen französischen Marinestützpunkt in Mers el Kebir verlief es anders. Admiral Somerville war mit der starken Kampfgruppe H mit der *Hood, Valiant, Resolution* und *Ark Royal* entsandt worden, um Admiral Gensoul ein Angebot zu unterbreiten, unter dessen Kommando die stärksten Einheiten der französischen Flotte standen – die beiden starken Schlachtschiffe *Strasbourg* und *Dunkerque* sowie die beiden älteren Schlachtschiffe *Provence* und *Bretagne* und eine Anzahl von großen Zerstörern und ein Flugzeugmutterschiff. Nach einem langen, angespannten Verhandlungstag fühlte sich Gensoul jedoch verpflichtet, die britischen Bedingungen zurückzuweisen. Kurz vor 6 Uhr nachmittags befahl Admiral Somerville seinen Schiffen, das Feuer auf die Franzosen zu eröffnen. In 16 Minuten explodierte die *Bretagne,* nach einem direkten Treffer durch eine 38,1-cm-Salve von der *Hood,* die *Provence* wurde beschädigt und auf den Strand gesetzt, wäh-

Obwohl die französische Flotte dem Vichy-Regime unterstellt blieb und die Kriegsmarine zu ihrer Enttäuschung keinerlei Beutewaffen erhielt, blieb Churchill mißtrauisch. Nach kurzen ergebnislosen Übergabeverhandlungen schoß die Force H der Royal Navy am 3. 7. 40 einen Teil der französischen Flotte im Hafen von Oran zusammen.

rend die *Dunkerque* und der schwere Zerstörer *Mogador* kampfunfähig gemacht wurden. Der *Strasbourg* gelang mit vier schweren Zerstörern eine spektakuläre Flucht nach Toulon.

Das britische Kriegskabinett war ungeheuer erleichtert und nahm die Empörung der neuen Regierung in Vichy und das Entsetzen der französischen Bevölkerung über die vielen hundert Opfer in Kauf. Vor allem war man darüber zufrieden, daß Churchills kaltblütiges Vorgehen die Zustimmung der USA gefunden hatte. Als sich die Vichy-Regierung über Englands Überfall beschwerte, bekannte Roosevelt: »Ich hätte nicht anders gehandelt. Ich bin Realist.«

Das goldene Zeitalter
6.

6.

»*Wir alle fühlten uns wie Schulkinder an Weihnachten.*«
Kapitänleutnant OTTO KRETSCHMER, *U–99*

Die deutsche Besetzung Norwegens, Dänemarks, Belgiens, Hollands und nun auch Frankreichs hatte England nicht nur seine Verbündeten genommen, sondern es auch von bedeutenden Quellen von Nahrungsmitteln und Rohstoffen abgeschnitten. Der größte Teil von Europas Industriekapazität war in deutscher Hand, was die Kriegsmaschinerie des Reiches bedeutend verstärkte und die britische Seeblockade fast sinnlos machte. Zum Kampf gegen die Nazis war die volle Unterstützung der amerikanischen Industrie erforderlich. Aus diesem Grunde schien es den Engländern notwendig, daß die Amerikaner ihre Industrie und den privaten Verbrauch jetzt schon auf Kriegsbedingungen umstellten. »Die Vereinigten Staaten können uns wirksame Hilfe bei der Produktion von Flugzeugen und Panzerfahrzeugen nur geben, wenn in gewissen lebenswichtigen Richtungen Mittel gefunden werden können, um den Konsum in den Vereinigten Staaten zu reduzieren«, erklärte Arthur Greenwood, der stellvertretende Führer der Labour Party und Minister ohne Portefeuille dem Kriegskabinett am 14. Juni, zwei Tage nach dem Fall von Paris. Es war eine ungeheure Forderung an eine Nation, die sich gar nicht im Krieg befand, aber die britische Regierung hatte keine Alternative.

Am 27. Juni 1940 wurde eine lange Wunschliste nach Washington telegrafiert. Cordell Hull, der US-Außenminister, war zunächst überwältigt von dem Ausmaß der Forderungen: »Flugzeuge, Zerstörer, leichte Marinefahrzeuge, militärische Geräte und Nachschub; auch Personal, möglicherweise Freiwillige, um Schiffe und Flugzeuge zu besetzen. England schlug vor, alle Lieferungen an feindliche Länder und besetzte Gebiete an der Quelle zu stoppen und bei der Überwachung von Konterbande-Lieferungen an die verbliebenen Neutralen, einschließlich des asiatischen Rußlands, voll zusammenzuarbeiten. Man erbat Lebensmittellieferungen, Munition und Rohstoffe, falls erforderlich auf Kredit, und Handelsschiffsraum, der zwischen Amerika und dem Vereinigten Königreich pendeln sollte.«

Die US-Stabschefs bezweifelten Englands Überlebenschancen und teilten auch Roosevelt ihre pessimistische Einschätzung mit. Es wurde als unwahrscheinlich angesehen, daß England eine Invasion zurückschlagen könnte, und der Stabschef der Armee, General George C. Marshall, Roosevelts Hauptberater, war besorgt, daß die Reservebestände der USA zu weit absinken und am Schluß nicht mehr genügend Waffen und Munition für die eigenen Streitkräfte vorhanden sein könnten: »Wenn England geschlagen wird, werden die Armee und die Regierung das Risiko, das sie eingegangen sind, vor dem amerikanischen Volk niemals rechtfertigen können.«

Es wurde vorgeschlagen, daß die Vereinigten Staaten ihre Mittel auf die Verteidigung ihrer eigenen Hemisphäre konzentrieren sollten. Der deutsche Einfluß in einigen südamerikanischen Ländern wie Argentinien war stark, und Washington war besorgt darüber, daß Goebbels die Auslandsdeutschen zur Unterstützung des Reiches aufforderte. Es gab Gerüchte, in Guyana und Brasilien seien deutsche Agenten dabei, einen Putsch vorzubereiten. Im Juni befahl die US-Navy die Schweren Kreuzer *Quincy* und *Wichita* nach Montevideo, um die uruguayische Regierung beim Verbot der Nazi-Partei des Landes zu stützen. Die Amerikaner waren auch besorgt wegen der Möglichkeit eines wachsenden Einflusses der Nazis in den westindischen Kolonien. Der Hauptreibungspunkt lag auf der französischen Insel Martinique, wo zwei Kreuzer und der Flugzeugträger *Béarn* mit 160 in Amerika gebauten Flugzeugen an Bord Zuflucht gefunden hatten. Sie hatten einen Großteil der französischen Goldreserven mitgebracht, die die Engländer gern in ihre Hand bringen wollten. Aber die Amerikaner, die ein Gefecht vermeiden wollten, verhängten eine Blockade über den Hafen.

Martinique war nur eine von zahlreichen Inseln, welche die amerikanischen Strategen als lebenswichtig für die Verteidigung der westlichen Hemisphäre ansahen. Auf den atlantischen Inseln von Island über Bermuda in die Karibik und hinunter nach Trinidad hatten die Vereinigten Staaten nur drei Stützpunkte – in Puerto Rico, St. Croix und St. Thomas. 1939 war die englische Regierung bereit gewesen, den amerikanischen Streitkräften die Benutzung von St. Lucia, Trinidad und Bermudas zu erlauben, die Isolationisten drängten nun auf eine Einnahme oder einen Kauf dieser europäischen Besitzungen zum Ausgleich von unbezahlten Kriegsschulden.

Unterstützt von den Kommunisten hatte die isolationistische Opposition eine neue Welle von Demonstrationen begonnen. Im Juli hatten Studenten einen Friedensmarsch zum Weißen Haus unternommen und in New York und Chicago demonstriert, wobei sie Tausende von weißen Kreuzen trugen, die die GIs symbolisierten, die im Ersten Weltkrieg gefallen waren. Ihre Spruchbänder trugen den Slogan: »Die Yanks kommen *nicht*.«

Der schnelle Fall Frankreichs war ein schwerer Rückschlag für Roosevelts Hoffnung, daß Deutschland durch die »Dreieinigkeit französischer Landmacht, englischer Seemacht und amerikanischer Industriemacht« im Zaume gehalten werden könnte.

Dennoch ging er daran, die Rüstungsindustrie neu zu organisieren, um ihren Ausstoß zu vergrößern und sowohl die USA als auch Großbritannien mit den für die Verteidigung erforderlichen Waffen versorgen zu können. Er stärkte auch geschickt seine politische Basis durch eine Umbildung seiner Regierung zu einer faktischen Koalitionsregierung, indem er zwei prominente Republikaner, Oberst Frank Knox, einen führenden Befürworter einer starken Flotte, als Marineminister und den Veteranen Henry Stimson als Kriegsminister, aufnahm. Gleichzeitig wurde der Kongreß um vier Milliarden Dollar zur Finanzierung neuer Rüstungsvorhaben gebeten.

Der Zusammenbruch Frankreichs und die verzweifelte Lage Englands hatten Roosevelt veranlaßt, sich um eine dritte Präsidentschaft zu bewerben, was es noch nie gegeben hatte. Um die Isolationisten zu beruhigen, versprach er: »Wir werden keine Männer zur Beteiligung an den europäischen Kriegen entsenden.« Er vermied es auch, die unpopuläre Frage der allgemeinen Wehrpflicht zu stellen. Churchill wurde wegen des vorsichtigen politischen Kurses, den Roosevelt zu steuern schien, immer nervöser. Am 26. Juni informierte er Lord Lothian: »Wir haben bisher wirklich keine nennenswerte Hilfe von den Vereinigten Staaten bekommen. Wir wissen, der Präsident ist unser bester Freund, aber es ist nutzlos, sich auf Treffen der Republikaner und Demokraten zu zeigen. Was wirklich wichtig ist, ist die Frage, ob Hitler in drei Monaten Herr von England ist oder nicht.«

Dennoch wandelte sich die öffentliche Meinung in den Vereinigten Staaten allmählich, und das war auf die anti-isolationistischen Bemühungen des »Komitees zur Verteidigung Amerikas durch Unterstützung der Alliierten« zurückzuführen, das schnell wuchs. Dieses Komitee hatte sich mit der exklusiven und sehr einflußreichen »Century Group« der »Ivy Leaguers« aus Presse und Geschäftswelt verbündet und konnte sich auf Pulitzer-Preisträger und einflußreiche Verleger wie Henry Luce, den Inhaber der Magazine *Time, Life* und *Fortune,* und die mächtige New Yorker Anwaltsfirma, die von Dean Acheson und Allen Dulles vertreten wurde, stützen. Die Gruppe hatte auch die Unterstützung von Hollywood, aber neben der stimmgewaltigen isolationistischen Opposition gab es auch eine einflußreiche Gruppe von pro-deutschen Industriellen und Sympathisanten, die sich Ende Juni im New Yorker Waldorf Astoria Hotel versammelten, um den deutschen Sieg über Frankreich zu feiern.

Es gab wenig Zweifel in London und Washington, daß Hitlers nächster Schritt eine Invasion Englands sein würde. Genau dies wünschten auch die deutschen Generale, aber zu ihrer Überraschung war Hitler sehr skeptisch. Er zögerte konkrete Planungen für eine Invasion Großbritanniens vor allem deshalb hinaus, weil er immer noch hoffte, daß England die Nutzlosigkeit einer Fortführung des Kampfes von selbst einsehen würde. Wenn ihm der Westen auf dem Kontinent freie Hand ließ, konnte er endlich den Raubkrieg nach Osten beginnen, bei dem England womöglich ein nützlicher Verbündeter sein würde. Abgesehen von der Rückgabe der ehemaligen deutschen Kolonien habe er keine Ansprüche an England zu stellen, hatte Hitler immer wieder erklärt. Das Empire solle keineswegs zerstört werden.

Den Warnungen Raeders, der schon im Mai auf die Schwierigkeiten einer (damals noch gar nicht geplanten) Invasion Großbritanniens hinwies, stand Hitler daher zunächst verständnislos gegenüber. Erst Ende Juni tauchte in einer Denkschrift Jodls der Gedanke auf, falls die Belagerung Englands zur See durch Marine und Luftwaffe und Terrorangriffe gegen die Bevölkerung nicht ausreichten, um England zum Frieden zu zwingen, müsse als »ultima ratio« eine Invasion ins Auge gefaßt werden. Und obwohl der Plan »noch keineswegs feste Gestalt angenommen« hatte, befahl Hitler am 2. Juli »die Vorbereitung eines möglichen Falles«.

Schon diese vagen Pläne ließen Raeder sofort zum Führerhauptquartier auf dem Obersalzberg eilen, wo er die Schwierigkeiten darlegte und die Ansicht vertrat, daß England zum Einlenken gebracht werden könnte, wenn »das englische Volk den Krieg stark am eigenen Leibe spürt. Erstens durch die Abschnürung seiner Seezufuhr. Zweitens durch starke Luftangriffe auf seine Hauptzentren.« Hitler schien erneut seine Meinung zu ändern und für eine Seestrategie zu sein, versprach, die Arbeit an den Super-Schlachtschiffen und Trägern neu zu beginnen, und sagte ein grandioses 15-Jahres-Programm zu, das Trondheim in Norwegen zum größten Marinestützpunkt der Welt machen würde. Er genehmigte auch Raeders Plan für eine Ausweitung der Operationen im Atlantik durch die Besetzung des französischen Marinestützpunktes in Dakar und den Abschluß eines Abkommens mit Spanien über den Aufbau eines U-Bootstützpunktes auf den Kanarischen Inseln.

Da sich England auch nach Dünkirchen zu keinem faulen Frieden bereitfinden wollte, mußte Hitler sich widerwillig mit einer Invasion der Britischen Inseln befassen. Von der Wehrmacht wurden Landungsunternehmen geprobt.

Aber Hitlers Begeisterung für eine reine Seestrategie gegen England hielt nicht vor. Am 13. Juli machten ihm von Brauchitsch und Halder Vorschläge für eine Landung in England, die man sich als »gewaltsamen Flußübergang in breiter Front« vorstellte, wobei der Luftwaffe »die Rolle der Artillerie« zufallen sollte. Drei Tage später unterzeichnete Hitler die Weisung Nr. 16, in der die Absicht niedergelegt war, »eine Landungsoperation gegen England vorzubereiten und, wenn nötig, durchzuführen«. Die Landungen sollten entlang der Kanalküste von Ramsgate bis zur Isle of Wight durchgeführt werden. Leicht stellte sich Hitler den Angriff nicht vor, denn in seiner Weisung wurden Bedingungen gestellt, die praktisch nicht erfüllt werden konnten. Dazu gehörten »eine dichte Minensperre«, die den Kanal nach beiden Seiten abriegeln sollte, und starke Küstenartillerie. Und: »Die englische Luftwaffe muß moralisch und tatsächlich so weit niedergekämpft sein, daß sie keine nennenswerte Angriffskraft dem deutschen Übergang gegenüber mehr zeigt.«

Raeder war sehr beunruhigt darüber, daß der Marine, deren schwere Schiffe fast alle in der Reparatur waren, eine »unlösbare Aufgabe« gestellt wurde. Die Landung sollte mit Schleppkähnen durchgeführt werden, und er sah keinerlei Möglichkeit, diese gebrechlichen, kaum seetüchtigen Fahrzeuge vor den britischen Zerstörern und Kreuzern zu schützen. Ebenso unklar war es, wie die Übergangszone von fremden Minen gesäubert und durch eigene geschützt werden sollte. Hitler versuchte es mit einem Bluff. Er entschloß sich dazu, in einer Rede vor dem Reichstag am 19. Juli »noch einmal einen Appell an die Vernunft auch in England zu richten. Ich glaube, dies tun zu können, weil ich ja nicht als Besiegter um etwas bitte, sondern als Sieger nur für die Vernunft spreche. Ich sehe keinen Grund, der zur Fortführung dieses Kampfes zwingen könnte...«

Am nächsten Tag wies der britische Außenminister Lord Halifax das neue Friedensangebot zurück. Hitler befahl, daß »ein Versuch unternommen werden muß, um die Operation für den 15. September 1940 vorzubereiten«. In Erwartung des Schlimmsten machten die britischen Stabschefs Pläne, um einem Invasionsversuch zu begegnen. Die Home Fleet wurde nach Rosyth verlegt, so daß ihre schweren Schiffe für einen sofortigen Vorstoß in den Süden bereit waren, zusätzliche Zerstörerflottillen wurden in die Kanalhäfen entsandt, und am Himmel über Südengland kämpfte das Fighter Command um die Luftüberlegenheit.

An allen natürlichen Verteidigungslinien wie Flüssen und Kanälen wurden Betonbunker und Befestigungsanlagen gebaut. Panzerfallen aus Stahl, Minenfelder und Stacheldrahtverhaue wurden auf den verlassenen Badestränden an der Küste gelegt, und die Armee konzentrierte ihre Kräfte im Südosten Englands, bereit, die Invasion zurückzuschlagen.

Den Geleitzügen mußte die Admiralität die Zerstörer und Korvetten entziehen, die zu ihrem Schutz eingesetzt waren. Auch in anderer Hinsicht konnten die deutschen U-Bootkommandanten mit größerer Zuversicht hinausfahren: Mehrere französische, mit britischem Asdic ausgerüstete Zerstörer waren von deutschen Experten sorgfältig untersucht worden. Die Meldungen bestätigten, was die bisherigen Erfahrungen gelehrt hatten: Asdic war nur sehr beschränkt wirksam und stellte bei den nächtlichen Überwasserangriffen der U-Boote keine Gefahr dar. Im Juli stiegen die Versenkungen durch U-Boote auf über 200 000 Tonnen.

In der Erinnerung vieler Handelsschiffer war der Spätsommer 1940 die Zeit, wo Geleitschiffe »allenfalls in Märchenbüchern erwähnt wurden«. Ein Kapitän erinnert sich an eine Gelegenheit, bei der eine einzelne Korvette und ein Trawler eintrafen, um einen einlaufenden Geleitzug von 30 Schiffen zu schützen. Sein Erster Offizier, ein Cockney, rief von der Brücke: »Blimey! Sieh, was sie uns geschickt haben – ein Floß und ein Rettungsboot!« Der Scherz hatte seine bittere Seite. Die einzelnen Korvetten und langsamen Trawler, die zum Schutz von Konvois eingesetzt wurden, deren Schiffe oft über eine Fläche von 50 qkm verstreut waren, konnten die U-Bootangriffe kaum abwehren. Selbst nachdem eine plötzliche Explosion die Anwesenheit des Feindes enthüllt hatte, konnte eine regelrechte Jagd nicht begonnen werden, da kein Geleitschiffkommandant wagte, seine Schiffsgruppe ungeschützt zurückzulassen. Die Flöße und Rettungsboote torpedierter Schiffe bedeckten die Western Approaches.

Während der drei Monate vom Juli bis Oktober 1940, als die Admiralität gezwungen war, den größten Teil ihrer Zerstörerflottillen gegen die drohende Invasion einzusetzen, vernichteten die U-Boote 217 Handelsschiffe. In diesen Monaten wurden nur zwei U-Boote versenkt, während die Deutschen frohlockend ihre erfolgreichste Zeit des Krieges genossen. Die Royal Navy konnte nur wenig zur Abwehr des Gemetzels in den Western Approaches tun. Am 17. August proklamierte Hitler eine »totale Blockade der Gewässer um England« und rief die Neutralen auf, ihre Schiffe aus dieser »Kriegszone« herauszuhalten. Sofort stiegen die Versenkungen an, und in der letzten Woche des August 1940 erreichten sie mit 110 000 Tonnen ihren bisherigen Höhepunkt.

Sollte die Admiralität den Geleitzügen Vorrang vor den Maßnahmen zur Abwehr der Invasion geben? Solche Verluste konnten nicht andauern, ohne daß Englands Fähigkeit, den Krieg fortzusetzen, ernsthaft gefährdet würde, aber eine noch größere Bedrohung bestand in den Tausenden von Invasionskähnen, die die französischen Kanalhäfen verstopften.

Adler mit gebrochenen Flügeln

Um an eine Invasion auch nur denken zu können, mußte die Wehrmacht die Luftherrschaft über England erringen. Das war bei der Planung für das

Unternehmen »Seelöwe« ausdrücklich festgestellt worden. Alles wandte sich der Luftoffensive zu, die am 15. August mit dem »Adlertag« begann, als Göring 1790 Flugzeuge nach England schickte. Die geordneten Verbände der Luftwaffenbomber fegten über den Kanal, um Flugplätze und Radareinrichtungen der RAF anzugreifen. Schon am ersten Tag der »Luftschlacht um England« zeigten die Spitfires und Hurricanes der RAF, daß sie der Luftwaffe einen erbitterten Kampf liefern würden. Frühwarnung durch Radar vor den deutschen Bomberflotten in Verbindung mit einem wirksamen Jägerleit-Apparat erlaubte es dem Fighter Command, seine Flugzeuge dort einzusetzen, wo sie die größte Wirkung erzielten. Der erste

Zumindest die Luftherrschaft mußte hergestellt werden, sonst war an ein Landungsunternehmen an der englischen Küste gar nicht zu denken. Darüber waren Hitler, Göring, Raeder und die Wehrmachtführung sich einig. Aber in der »Battle of Britain« wurden die Bomberpiloten der Luftwaffe vom Radar und den britischen Jägern geschlagen. Das »Unternehmen Seelöwe« mußte abgesagt werden, und Hitler wandte seine Aufmerksamkeit endgültig der Sowjetunion zu.

bedeutende Einbruch in den Enigma-Schlüssel der Luftwaffe durch das Expertenteam in Bletchley Park brachte zusätzliche Vorausinformationen. Dies erlaubte Luftmarschall Dowding, seine schwindenden Jägerreserven in entscheidenden Momenten in der großen Abnutzungsschlacht einzusetzen, die über Südengland wütete. Bis Ende August stiegen die deutschen Verluste stark an. Es gab noch immer kein Anzeichen für den von Göring versprochenen Sieg in der Luft, während die hastig gesammelte Invasionsflotte der Kriegsmarine in den Einschiffungshäfen von der RAF bombardiert wurde.

Die Angriffe der deutschen Luftwaffe zeigten jedoch, daß die Admiralität ihre Zerstörer noch nicht zu den Geleitzügen zurückschicken durfte. Es blieb ihr nichts übrig, als den Kanal und die südlichen Western Approaches für die Schiffahrt zu sperren und den Küstenverkehr nordwärts um Schottland herumzuleiten.

Diese Maßnahmen hatten wenig Wirkung. Die U-Boote konnten seit dem Fall Frankreichs von neuen Stützpunkten aus operieren. Die gesamte französische Atlantikküste stand zu ihrer Verfügung. Dies ersparte ihnen die lange Fahrt über die Nordsee und verdoppelte die Zeit, die sie in den Western Approaches patrouillieren konnten. Dönitz hatte nicht gezögert, sich diese »strategische Position von äußerster Bedeutung« zu sichern. Noch ehe der Waffenstillstand mit Frankreich unterzeichnet war, waren Lastwagen mit Technikern auf dem Weg, die in Lorient in der Bretagne den ersten deutschen Atlantikstützpunkt aufbauen sollten. Nur die Tatsache, daß die Zahl der U-Boote, die während der kritischen Herbstmonate 1940 zur Verfügung stand, noch sehr gering war, rettete die englische Schiffahrt vor der Vernichtung. Der B.d.U. hatte weniger als 25 einsatzfähige Boote, von denen im Durchschnitt nur 12 auf See waren. Von diesen standen nur jeweils 8 Boote am Feind.

Im Rückblick auf die spektakulären Erfolge, die von dieser Handvoll U-Boote erzielt wurden, ist Dönitz später zu der Überzeugung gelangt, daß England in diesen Wochen besiegt worden wäre, wenn er doppelt so viele Boote gehabt hätte. »Was wir heute versenken, ist wirkungsvoller als alles, was wir in zwei oder drei Jahren versenken können«, sagte Dönitz seinen Männern, als sie im Juli 1940 ausliefen. Er drängte sie, ihre Entschlossenheit einzusetzen, um ihre fehlende Zahl auszugleichen. Sie ließen ihn nicht im Stich. Vom Juli bis zum November 1940 brachten die aggressiven Fähigkeiten der U-Bootkommandanten aus den ersten Ausbildungsjahrgängen ungeheure Einzelerfolge. Es war die große Zeit der »Asse«, wie Prien, Kretschmer, Schepke, Schultze, Endraß, Bleichrodt und Rollmann. Ihre Namen, Gesichter und Tonnageergebnisse wurden die Schlagzeilen im Reich. Presse- und Rundfunkreporter strömten zu den U-Boot-Stützpunkten, um die neuen Helden zu interviewen und zu fotografieren. Die Programme im deutschen Rundfunk wurden oft unterbrochen, um den Zuhörern die neuesten – und oft übertriebenen – Siegesmeldungen über die im tödlichen Kampf auf dem Atlantik versenkte Tonnage zu bringen.

Lorient sollte bald in ganz Deutschland als »Hafen der Asse« berühmt werden. Das erste U-Boot, das Anfang Juli hier eintraf, war kein anderes als Kapitänleutnants Lemps U-30. Dönitz selbst war aus Deutschland gekommen, um den Aufbau des Stützpunkts zu überwachen. Der Flottillengefechtsstand befand sich in der Präfektur, das gemütliche Hotel *Beau Séjour* an der Place Lorraine wurde als Offiziersunterkunft übernommen, und die nahegelegene Militärmusikschule wurde zu Unterkünften für die Mannschaften umgebaut. Besondere Aufmerksamkeit wurde der Verbesserung der französischen sanitären Einrichtungen gewidmet. Gruppen von Marineärzten durchstreiften den Bordellbezirk der Stadt. Besondere Ruhelager wurden in den nahegelegenen Badeorten Quiberon und Carnac eingerichtet. Während die Offiziere ihre Erfolge mit einem Teil der 100 000 Flaschen requirierten alten Champagners im *Beau Séjour* feierten, genossen ihre Männer den guten französischen Wein und flirteten mit den hübschen Mädchen, die sie in den Cafés der Seitenstraßen trafen. Später entdeckten die abenteuerlustigen Offiziere auch die Reize der französischen Hauptstadt, aber während der Monate der »Glücklichen Zeit« nahm Dönitz seine Besatzungen hart heran. Der Landurlaub war auf wenige Tage begrenzt, gerade lange genug, um ihre Boote zu betanken und neu zu be-

waffnen. Die Fahrten wurden kürzer, weil die Kommandanten mit zunehmender Erfahrung ihre 12 Torpedos immer schneller verschossen.

Eines der am meisten gefeierten Asse von Lorient war Kapitänleutnant Otto Kretschmer. Mitte Juli fuhr er mit U-99 zum ersten Mal in die gewundene Mündung des Scorff ein, nachdem sein Boot auf einer Feindfahrt 19 Stunden fast andauernder Wasserbombenwürfe überlebt hatte. Nach wenigen Tagen Ruhe, in denen seine Besatzung eine Sauforgie feierte, an die man sich in der Stadt noch lange erinnerte, sammelte sich die Besatzung für ihre nächste Feindfahrt in britischen Heeresuniformen. Diese hatte man

Die neuen Stützpunkte Brest (links), Lorient und Bordeaux verkürzten die Anmarschwege der U-Boote und vergrößerten ihre Erfolge. Bei der Rückkehr in den Hafen (hier U-37 mit Kapitänleutnant Oehrn) flatterten die Siegeswimpel am Mast.

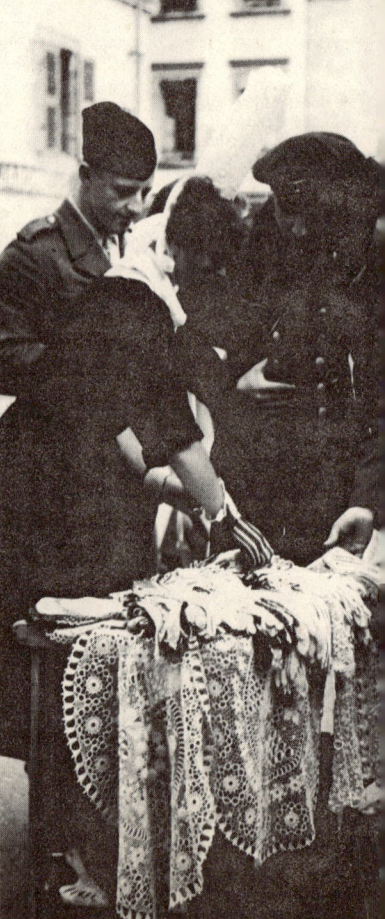

In Lorient, dem »Hafen der Asse«, ließen es sich die U-Bootbesatzungen gutgehen. Das Verhältnis zur französischen Bevölkerung war allerdings nicht immer so entspannt, wie es die Propagandakamera zeigt. Resistance-Gruppen informierten die britische Admiralität über das Kommen und Gehen der U-Boote. Angesichts der viel genaueren Informationen, die der Admiralität von der Funkaufklärung geliefert wurden, waren diese Hinweise freilich ohne große Bedeutung.

einem riesigen Lager entnommen, das man in der Marinewerft entdeckt hatte. Die Kostümierung war notwendig geworden, weil die eigenen Uniformen in der feuchten Luft an Bord des U-Bootes ruiniert worden waren.

Am 24. Juli lief U-99 mit zwei goldenen Hufeisen an seinem Turm erneut in den Atlantik aus. Zwei Wochen später kehrte Kretschmer triumphierend mit sieben Hufeisenwimpeln am Periskop zurück. Eine Kapelle und jubelnde deutsche Soldaten begrüßten U-99 nach einer Feindfahrt, auf der Kretschmer 56168 Tonnen als versenkt gemeldet hatte. Er erhielt das Ritterkreuz für seine »andauernde Entschlossenheit und Geschicklichkeit«. Großadmiral Raeder, der das Boot inspizierte, war freilich erstaunt, daß seine Männer in britischen Heeresuniformen antraten.

Die U-Boote hatten ihre Taktik geändert und wurden nun gegen die Geleitzüge eingesetzt. Sie griffen aufgetaucht im Schutze der Dunkelheit an. Am 25. August kostete der erste dieser neuen Angriffe den heimwärts laufenden Geleitzug HX 65 A sechs schwer beladene Schiffe. Die Wirksamkeit der neuen Nachtunternehmen wurde vier Tage später auf dramatische Weise unterstrichen, als Kapitänleutnant Schepke in vier Stunden fünf Schiffe aus dem OA 204 torpedierte. Der aus 21 Schiffen bestehende Geleitzug fuhr in sechs Kolonnen, die nur von dem Trawler *Gleaner* und der Korvette *Clematis* geleitet wurden. Sie konnten wenig tun, um Schepke in U-100 davon abzuhalten, sich Schiffe auszusuchen, wie der Geleitzugbericht jener Nacht vermeldet: »Um 23.25 Uhr etwa 175 Meilen von Bloody Foreland wurde der britische Dampfer *Hartismere* an Steuerbord unterhalb der Brücke getroffen. Eine Minute später wurde das Schiff des Kommodores, die SS *Dalblair,* mittschiffs an ihrer Steuerbordseite torpediert und sank in zehn Minuten. HMS *Clematis* begann sofort eine Asdic-Suche auf der Steuerbordseite des Geleitzuges, aber sie bekam keinen Kontakt. Um 0.30 Uhr erreichte sie einige der Überlebenden der *Dalblair*. HMS *Gleaner* sichtete die Explosion und versuchte vor dem Konvoi zu kreuzen, wobei sie fast mit mehreren Schiffen zusammenstieß, die mit voller Geschwindigkeit und ohne Befehle in alle Richtungen auseinanderliefen.«

Um ein klares Bild über Englands Überlebenschancen zu bekommen, beschloß Roosevelt, Botschafter Kennedy und seine pessimistischen Berichte durch die Entsendung seines persönlichen Abgesandten Oberst »Wild Bill« Donovan zu ergänzen. Donovan folgte einer Gruppe hoher amerikanischer Stabsoffiziere, die im August unter dem Deckmantel eines »Standardisierungskomitees für Waffen« in England eintrafen. Am 26. August trafen sie sich mit den britischen Stabschefs, um sich unterrichten zu lassen. Die Stabschefs faßten die gefährliche militärische Lage so realistisch, wie sie konnten, zusammen und sagten den Amerikanern, daß »die wirtschaftliche und industrielle Zusammenarbeit der Vereinigten Staaten die Grundlage unserer gesamten Strategie sei«.

Die Nachtangriffe der U-Boote auf die schlecht bewachten Geleitzüge gaben der Forderung nach mehr Zerstörern eine neue Dringlichkeit. In seinem Telegramm vom 31. Juli verlangte Churchill erneut, Roosevelt solle ihm modernisierte Zerstörer aus dem Ersten Weltkrieg überlassen. Und diesmal machte Roosevelt eine Möglichkeit ausfindig, dem britischen Wunsch zu entsprechen. Am 13. August kabelte er an Churchill: »Ich glaube, daß es möglich sein wird, der britischen Regierung als sofortige Hilfe mindestens 50 Zerstörer zu liefern ... im Austausch dafür, daß Neufundland, Bermudas, die Bahamas, Jamaika, St. Lucia, Trinidad und Britisch Guyana im Falle eines Angriffs auf die amerikanische Hemisphäre als

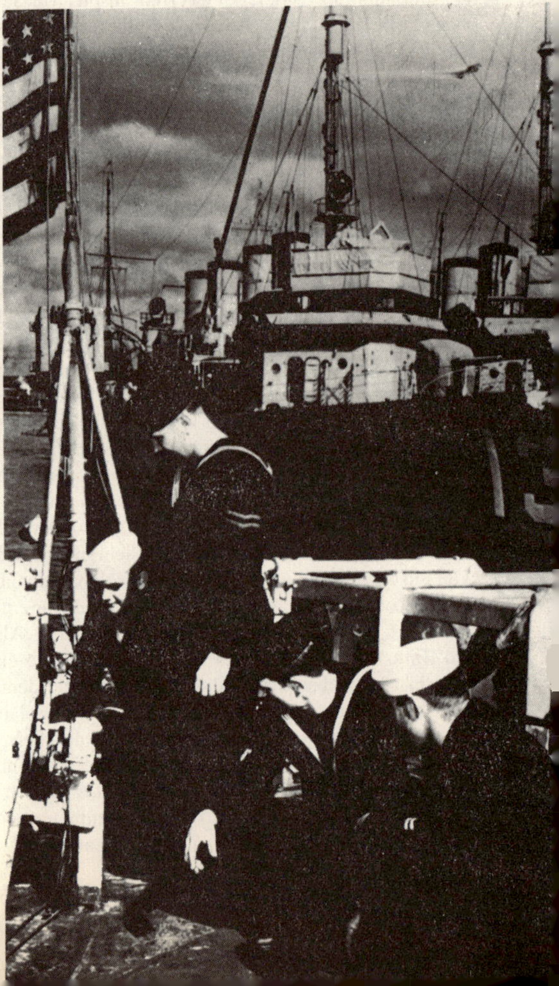

30. 8. 40: Ein Geschäft unter Freunden. Dafür, daß England den USA die militärische Nutzung verschiedener Inseln in der westlichen Hemisphäre erlaubte, lieferte Roosevelt 50 alte Zerstörer.

Marine- und Luftstützpunkte für die Vereinigten Staaten benutzt werden können...«. Churchill war wohl ziemlich wütend über diesen Vorschlag, denn er teilte dem Präsidenten mit, er habe eigentlich nicht daran gedacht, irgendetwas verkaufen zu müssen, die Amerikaner sollten die Inseln »als Geschenk« nehmen.

Die Nachricht von dem Geschäft wurde schließlich am 30. August auf einer informellen Pressekonferenz an Bord des Präsidentenzuges auf einer Fahrt durch Westvirginia mitgeteilt. Es dauerte nur eine Woche, bis die Zerstörer nach Halifax kamen, wo die ersten acht am 6. September eintrafen, um von der Royal Navy übernommen zu werden. Die altmodischen Kriegsschiffe mit flachem Deck und vier Schornsteinen waren durchaus robust. Sie waren für die Patrouillenfahrten in der amerikanischen Neutralitätszone gründlich überholt worden und konnten den Briten in ausgezeichnetem Zustand übergeben werden. Die Schiffe waren makellos sauber, und die neuen Besatzungen entdeckten viele Extras an Bord, von Bleistiftspitzern bis zu Kaffeemaschinen und einer großen Auswahl amerikanischer Lebensmittel, einschließlich Muscheln, Tomatensaft und Kürbissen.

Der erste Zerstörer, der übergeben wurde, wurde treffend in HMS *Churchill* umbenannt. Die Besatzungen der US-Navy stellten sich am Kai auf, als die amerikanische Flagge auf den acht Schiffen langsam eingeholt wurde, dann machten sie kehrt und marschierten zu den Zügen, die sie in ihre Heimatstützpunkte zurückbrachten. Dann gingen die britischen Besatzungen an Bord, und die Kriegsflagge der Royal Navy wurde gehißt, während die amerikanischen Offiziere und Besatzungen, die die Engländer einweisen sollten, unter Deck außer Sicht blieben.

Es gab beträchtliche Schwierigkeiten und eine Reihe von Unfällen und Kollisionen, als die britischen Kommandanten versuchten, die ungewohnten Schiffe für die Atlantiküberquerung vorzubereiten. Nur fünf Zerstörer aus der ersten Lieferung konnten Ende November auslaufen. Erst 1941 konnten die früheren US-Zerstörer tatsächlich in größerer Zahl die Atlantikkonvois eskortieren, aber die Admiralität konnte nun davon ausgehen, daß die Zerstörerstärke der Royal Navy um über 30% steigen würde – was die schweren Verluste bei Dünkirchen mehr als wettmachte.

Ansturm auf See und in der Luft

7.

7.

»*Bei Erörterung der Luftangriffe auf London unterstützt der Oberbefehlshaber der Marine den Standpunkt, daß Angriffe auf kriegswichtige Anlagen . . . nicht genügen, um Massenpsychose und Auswanderung zu erzeugen . . .*«
Protokoll der Besprechung zwischen Großadmiral RAEDER *und* HITLER *am 14. September 1940*

Für die deutsche Seekriegsleitung wurden die Landung in England und die Schlacht im Atlantik immer deutlicher zu strategischen Alternativen. Im Verlauf des Sommers 1940 zeigte sich, daß die Kräfte der Marine nicht ausreichen würden, um sowohl die Blockade Englands als auch die Vorbereitung einer Invasion mit gleicher Intensität zu verfolgen. Aber die Entscheidung fiel nicht auf dem Wasser, sondern in der Luftschlacht um England. Seit August war Göring verzweifelt bemüht, die Luftüberlegenheit zu erringen, aber die RAF war immer wieder Sieger geblieben. Während sich Hitler in seinen Gedanken dem Überfall auf die Sowjetunion zuwandte, stiegen die Verluste der Luftwaffe.

Aufgereizt durch einen Scheinangriff der RAF auf Berlin befahl Göring schließlich einen Bombenangriff auf London. Am Abend des 7. Septembers 1940 dröhnten 200 schwere Bomber über die Themse. Ihr Auftrag in jener Nacht und in jeder Nacht des folgenden Monats war »die völlige Vernichtung von Londons Häfen, Docks, Industrien und Lieferungen durch fortgesetzte schwere Luftangriffe«. Zwei Wochen später, am 22. September, verschob Hitler die Invasion auf unbestimmte Zeit. Die Luftwaffe, so hieß es jetzt, solle nicht mehr die Invasion vorbereiten, sondern England aus der Luft in die Knie zwingen. Bei der Seekriegsleitung war man erleichtert und verbittert zugleich. Mit den Vorbereitungen für das Unternehmen »Seelöwe«, das für Hitler stets nur eine vage Möglichkeit geblieben war, hatte man wertvolle Wochen vertrödelt. Vor allem der U-Bootbau hatte sich auf verhängnisvolle Weise verzögert.

Görings Bomberflotte hatte jedoch weit mehr Erfolg bei ihrer neuen Aufgabe. Nach drei Bombennächten, in denen Tausende von Tonnen an Gütern in den Docks vernichtet worden waren, mußte der Londoner Hafen für Hochseeschiffe gesperrt werden. Es wurde der Befehl erteilt, alle Schiffe von der Themse und der Ostküste in die Häfen Glasgow, Liverpool und Bristol umzuleiten. Das Kriegskabinett hatte beschlossen, die gesamte Versorgung des Landes neu zu organisieren. Das Verwaltungs- und Verkehrschaos, das folgte, wurde bald die »Schlacht in den Häfen« genannt, da mehr Schiffe in den überfüllten Häfen an der Westküste eintrafen, als

Bombenangriffe auf die britischen Häfen trugen wesentlich dazu bei, die Versorgungslage in England, die wegen der U-Bootgefahr ohnehin schon angespannt war, noch zu verschärfen. Die deutsche Führung war der irrigen Ansicht, daß es möglich sei, England durch Bombenterror gegen die Zivilbevölkerung zum Frieden zu zwingen. Aber der »Blitz« trug eher dazu bei, die Moral in England zu stärken und die USA an die Seite Großbritanniens zu treiben. Trümmerschutt aus den Ruinen von London wurde als Ballast in die Vereinigten Staaten gebracht und fand beim Straßenbau in New York eine neue Verwendung.

abgefertigt werden konnten. Der Arbeitskräftemangel stieg, die Lagerhäuser waren verstopft, und die Unterbrechung von Englands internen Nachschublinien brachte bald größere Probleme als die direkten Auswirkungen des Bombenkrieges selbst.

Inzwischen ging die »Glückliche Zeit« der U-Boote weiter. Nur 50 Geleitschiffe standen der Admiralität zur Verfügung, um den Konvois minimalen Schutz zu gewähren, die jetzt den zunehmenden Nachtangriffen der U-Boote ausgesetzt waren. Zum Glück für England hatten die Deutschen nach wie vor nur 57 Boote; die 28 neuen U-Boote, die im ersten Kriegsjahr in Dienst gestellt worden waren, hatten gerade die Verluste ausgeglichen.

Die Ankunft der 27 Boote von Mussolinis italienischer Atlantikflottille ab August hatte auf dem Papier die Einsatzstärke erhöht, aber Dönitz hatte ernste Zweifel an der Kampfkraft der italienischen U-Boote. Seine Befürchtungen wurden bald durch die schlechten Ergebnisse der italienischen Atlantikflottille bestätigt. Die italienischen Boote, die jetzt von Bordeaux aus operierten, waren für den Einsatz im Atlantik wenig geeignet. Sie waren gebaut worden, um den Verkehr im Mittelmeer zu blockieren, wo das Wasser ruhig und die Seewege eng waren. Jetzt sollten sie unter schweren Wetterbedingungen Geleitzüge jagen. Die Besatzungen brachten für diese dynamische Taktik kaum Voraussetzungen mit, und die Boote entsprachen nicht den technischen Anforderungen. Äußerlich waren die italienischen U-Boote geräumig und imposant. Sie hatten große Türme, deren Silhouetten auch bei Nacht vom Gegner ausgemacht werden konnten, aber keinen Zuluftmast für die Dieselmotoren, so daß sie bei Überwasserfahrt stets mit offenem Turmluk fahren mußten, was bei den Wetterverhältnissen im Atlantik oft genug bedeutete, daß tonnenweise Wasser ins Boot schlug. Dönitz befahl daher, die gewaltigen Türme der italienischen U-Boote umzubauen und zu verkleinern; eine Arbeit, die freilich erst in den Jahren 1941–1943 zum Abschluß gebracht werden konnte.

Der Kommandant der *Cappellini*, Salvatore Todaro, erregte Dönitz' besonderen Zorn durch seine Weigerung, Schiffe zu torpedieren. Er bestand

Trotz der heroischen Parolen (rechts) und tapferem Einsatz konnten die italienischen U-Boote, die im August 1940 nach Bordeaux kamen, keine größeren Versenkungserfolge beisteuern. Weder die technische Ausstattung der italienischen Boote noch die Ausbildung der Besatzung waren für den U-Bootkrieg im Atlantik geeignet.

darauf, aufzutauchen, um mit den Handelsschiffen ein ritterliches Kanonenduell zu führen, was den B.d.U. dazu veranlaßte, auf seinem Bericht zu vermerken: »Es ist schade, daß dieser Offizier kein Kanonenboot befehligt.« Aber obwohl der temperamentvolle Todaro sich den Zorn der Deutschen zuzog, war er in Bordeaux sehr beliebt. Sein Ruhm erreichte seinen Höhepunkt, als bekannt wurde, daß er ein Rettungsboot mit Überlebenden eines von ihm versenkten Schiffes 600 Meilen weit nach Marokko geschleppt hatte. Einer scharfen Rüge des B.d.U. folgten bald die Dankesbriefe von den Frauen der Geretteten, die ihm schrieben, daß er »ein Engel der Güte« und »ein Ritter ohne Furcht und Tadel« sei.

Im August hatten die Italiener nur vier Schiffe versenkt. Neben dem deutschen Ergebnis von über einer Viertelmillion Tonnen waren das kaum 20000 Tonnen. Nach diesem Fehlschlag befahl Dönitz den Italienern, die Western Approaches zu verlassen und bei den Azoren zu patrouillieren, wo es keine Luft- und Seepatrouillen gab. Aber auch hier zeigte sich, daß von den Italienern zunächst nicht viel zu erwarten war. Im September versenkten sie lediglich drei Schiffe. Erst Korvettenkapitän Longobardo, der 1940 von Kretschmer geschult wurde, sollte später die italienische Bilanz entscheidend verbessern. Im Januar 1941 versenkte die von ihm geführte *Torelli* vier Schiffe und setzte damit den Tonnagerekord dieses Monats.

Das Nervenzentrum

Dönitz hatte seine Befehlsstelle im Sommer 1940 nach Frankreich verlegt. Zunächst zu einem vorübergehenden Kommando in einer imposanten Pariser Villa auf dem Boulevard Suchet 18, und später im Herbst nach Kernevel in der Nähe des Stützpunktes Lorient. Die Villa eines früheren Sardinenhändlers, die einen Ausblick über die Mündung des Scorff bot, war vom Stab des B.d.U. übernommen worden, der es in ein leistungsfähiges Nervenzentrum mit einem unterirdischen Bunker im Garten verwandelte. In kleinen »Lagezimmern«, an deren Wänden Karten des Atlantiks hingen, leitete ein kleiner Stab den U-Bootkrieg.

Dönitz arbeitete eng mit seinem Stab von einem halben Dutzend sorgfältig ausgewählten jungen Offizieren zusammen, von denen jeder eine spezielle Aufgabe im Operationsbereich hatte. Sie alle waren erfahrene U-Bootkommandanten, die ein solides Wissen der Operationstaktik erworben hatten, und sie arbeiteten als eng verbundenes Team. Chef der Operationsabteilung war Kapitän zur See Godt.

Jeden Morgen um 9 Uhr versammelte Dönitz seinen Stab im Lagezimmer vor den großen Atlantikkarten mit ihren Markierungen, die die neuesten Standorte der U-Boote und die Kurse von Geleitzügen und Schiffen zeigten, die durch den B-Dienst und Luftaufklärung gemeldet waren. Dann fand ein Gespräch am runden Tisch statt, um über die taktischen Operationen für die nächsten 24 Stunden zu entscheiden, und anschließend wurden die Befehle an die U-Boote auf See gefunkt.

Um mit seinen Besatzungen in Verbindung zu bleiben, besuchte Dönitz oft die anderen Stützpunkte der Flottille, die bald in den französischen Atlantikhäfen Brest, St. Nazaire, Bordeaux und La Pallice eingerichtet wurden. Nach der Rückkehr jedes Bootes von einer Feindfahrt las er den Bericht des Kommandanten sehr genau, bevor er ihn zu einem eingehenden persönlichen Gespräch empfing. Hierdurch hatte er nicht nur die Möglichkeit, zu ermutigen und zu kritisieren, sondern auch dafür ein »Gefühl aus erster Hand« zu bekommen, wie seine Männer ihre Operationen durchführten. Daneben baute er damit das unschätzbar wertvolle Gefühl der persönlichen Loyalität und des Vertrauens auf, die für seine Führung kennzeichnend waren; »jeder hatte das Gefühl, daß er persönlich von Dönitz ausgewählt war«. Gleichzeitig gewann der B.d.U. dadurch ein genaues Bild von den besonderen Eigenschaften jedes Offiziers, so daß er wußte, wie jeder einzelne sich unter der Belastung der Schlacht verhalten würde.

Dieses Fingerspitzengefühl war bei der Führung des U-Bootkrieges durch Dönitz und seinen Stab das entscheidende Element. Sie mußten die Geleitzugschlachten aus der Entfernung kämpfen. Sie konnten die Boote zwar an die Geleitzüge heranführen, aber es war die Aufgabe jedes einzelnen Kommandanten, Erfolge zu erzielen. Die Idee, möglichst viele angrei-

War ein Geleitzug einmal entdeckt, führte Dönitz (hier mit dem späteren Admiralstabsoffizier für Geleitzugoperationen Adelbert Schnee) so viele Boote wie möglich heran. Diese »Rudeltaktik« beruhte darauf, daß der U-Boot-Funkverkehr völlig geheim blieb.

fende Boote zu konzentrieren, um die Verteidigung eines Geleitzuges aufzubrechen, war nicht neu. Drakes schnelle elizabethanische Kriegsschiffe hatten sie mit vernichtendem Erfolg gegen die »flottas« spanischer Silberschiffe angewandt. Dönitz hatte dafür gesorgt, daß die U-Boote sie ebenfalls einsetzen konnten, indem er die jungen Kommandanten von Anfang an in dieser Taktik geschult hatte.

Die beiden Schlüssel zum Erfolg der Rudeltaktik waren, wie Dönitz aus der Erfahrung des vorausgegangenen Oktobers gelernt hatte, erstens den Geleitzug zu lokalisieren und dann so viele Boote wie möglich gegen ihn zu konzentrieren, so daß »die Ablenkung, die durch eine Anzahl gleichzeitiger Angriffe verursacht wird, die Verteidigung des Geleitzuges niederkämpft und den Weg zur Möglichkeit öffnet, große Erfolge zu erzielen«. Dementsprechend erhielten die Kommandanten die Anweisung: »Erst sichten. Dann melden. Fühlung halten. Andere Boote heranführen. Und gemeinsam angreifen.«

Die ersten Erfolge der Wolfsrudel

Ihre ersten wirklichen Erfolge erzielten die U-Bootgruppen, die von den Engländern bald »Wolfsrudel« genannt wurden, in derselben Nacht, in der die Luftwaffe ihren Blitz auf London eröffnete. Ein Rudel von vier Booten wurde um den langsamen Geleitzug SC 2 konzentriert, der aus Kanada kam und 53 Schiffe umfaßte. Dönitz koordinierte die erste Phase der Operation über Funk, nachdem der B-Dienst vier Tage, bevor der SC 2 sein Geleit vor den Western Approaches treffen sollte, Funksignale von ihm aufgefangen hatte. Die Asse Prien und Kretschmer erhielten Befehl, den Geleitzug abzufangen, aber es war Kuhnke in U-28, der in schwerem Wetter die Schiffe zuerst sichtete. Sein Fühlunghalten und seine Peilsignale brachten das Rudel zusammen, aber es wurde durch ein Sunderland-Flugboot des Coastal Command unter Wasser gedrückt und auseinandergetrieben. Dieser Rückschlag wurde in den Nächten des 7. und 8. September ausgeglichen, als es Prien und Kuhnke gelang, in koordinierten Angriffen fünf Schiffe zu versenken.

Wolfsrudel-Operationen, die vom Stab des B.d.U. geführt wurden, nahmen bald zu, obwohl die »einsamen Asse« noch immer die schwach geleiteten Geleitzüge auch einzeln angreifen konnten. Die Härte dieser neuen Nachtangriffe auf die Geleitzüge setzte dem englischen U-Bootabwehrstab zu, aber erst die Versenkung eines 11000-Tonnen-Passagierschiffes führte den Zeitungslesern auf der ganzen Welt die Unbarmherzigkeit der Schlacht im Atlantik vor Augen.

Die *City of Benares* sollte Hunderte von Kindern aus England nach Amerika evakuieren. Am 17. September wurde sie 600 Meilen westlich von England von Kapitänleutnant Bleichrodt in U-48 gesichtet. Um 10 Uhr abends, als viele der Kinder tief schliefen, traf der Torpedo.

Mr. Cooper, der 4. Offizier der *City of Benares,* wurde durch einen Alarmgong geweckt und half, die Kinder und Passagiere in Rettungsboote zu bringen, bevor er zu seinem eigenen ging. Hier fand er sechs Kinder und eine ihrer Begleiterinnen, Miss Cornish, mit anderen Passagieren und Angehörigen der Laskar-Besatzung im Boot wartend: »Der Hilfssteward meldete, daß alle Kinder vom Sammelplatz im Spielzimmer zu den ihnen zugeteilten Booten gebracht worden waren. Ich schickte ihn noch einmal zur Durchsuchung der Kabinen. Er kehrte zurück und sagte, daß die Kabinen schwer beschädigt seien. Da ihm das Wasser bis zur Gürtellinie gestanden hätte, hätte er den Gang entlang gerufen. Weil keine Antwort kam, nahm er an, daß keine Kinder mehr dort seien. Wir hatten achtzehn Laskars und neun Europäer im Boot, und da das Schiff nicht schnell zu sinken schien, blieb ich noch etwa eine Viertelstunde in der Nähe, falls noch Nachzügler auftauchen sollten ... um etwa 11 Uhr abends begann das Schiff mit dem Heck zuerst zu sinken; sein Bug stieg hoch aus dem Wasser, es schien schwere Schlagseite nach backbord zu haben und versank. Wir bemerkten einen Mann auf einem der Flöße, gingen längsseits und nahmen ihn an Bord. Im Boot waren jetzt sechs Kinder, zwei Begleiterinnen, ein Passagier, ein Kadett, ein Kanonier, der Hilfssteward, ein Marinesignalgast, 32 Laskars und ich selbst. Die See war rauh, und es lief eine schwere Dünung. Ich bemerkte ein Licht, das ich für das Rettungsschiff hielt, und steuerte darauf zu. Bei der Annäherung erkannte ich aber, daß es ein anderes Rettungsboot war, dessen Insassen uns zuriefen und fragten, welches Schiff. Ich antwortete *City of Benares,* und sie riefen *Marina.* Da wir keine Zeichen der anderen Rettungsboote sahen, blieben wir bei dem Boot der *Marina* und steuerten in östlicher Richtung vor einem starken Wind, die See und die Dünung achtern. Wir blieben bis zum Morgengrauen zusammen, als das Boot der *Marina* Segel setzte und uns verließ. Bei Anbruch des Tageslichtes spannte ich vorn die Segeltuchdecke für die Kinder auf, die in Decken gewickelt waren, von denen wir genügend im Boot hatten. Das Wetter war so schwer, daß ich beschloß, kein Segel zu setzen, sondern mit dem Flamsegel weiterfuhr und Angehörige der Besatzung auf Wache stellte. Mittags setzte ich alle Insassen des Bootes auf Proviant- und Wasserrationen und befahl dem Steward, die zugeteilten Mengen auszuteilen.«

Die ganze nächste Woche fuhr Cooper mit dem Rettungsboot in östlicher Richtung in der Hoffnung, Land zu erreichen. Wenn der Wind auffrischte, warf er einen Treibanker und versuchte, die Kinder unter dem Segeltuch im Bug des Bootes zu schützen. Am 23. September, als das Wasser und die Notrationen knapper wurden, wurde das Boot von einer Sunderland des Coastal Command 400 Meilen vom Land entfernt gesichtet, die einen Zerstörer heranführte.

»Um etwa 2 Uhr nachmittags erschien das Flugboot erneut und warf ein Paket mit Lebensmitteln ab und eine Nachricht, daß Hilfe unterwegs sei. Um etwa 4.30 Uhr nachmittags sichteten wir einen Zerstörer, der von dem Flugzeug geführt wurde ... Alle Kinder waren in guter Form, sie hatten, wie ich glaube, die ganze Sache als ein Abenteuer angesehen, und nur ein Kind litt unter Fußbrand. Wir waren schon 200 Meilen gesegelt und immer noch 200 Meilen vom Land entfernt, als wir aufgenommen wurden.«

Drei Tage nach der Torpedierung der *City of Benares* wurde ein großes Wolfsrudel um die 41 Schiffe des schnellen, heimwärts laufenden Geleitzuges HX 72 gesammelt. Er war zuerst von Priens U-47 gesichtet worden, der zur Wetterbeobachtung weit draußen im Atlantik kreuzte. Da er nach den Angriffen auf den SC 2 nur noch einen Torpedo hatte, funkte er Standort und Kurs des Geleitzuges an den Stab des B.d.U. Er hielt einen Tag lang Fühlung am HX 72, bis Kretschmer, Bleichrodt und Schepke am 21. September zu ihm stießen. Am späten Abend gingen vier der deutschen Asse zum Angriff über. Der Geleitzug war ziemlich stark gesichert durch eine Sloop und vier Korvetten, aber die Eskorten besaßen wenig Erfahrung.

Commander Knapp von der Sloop *Lowestoft* gab folgenden Bericht: »Die Nacht war hell mit einem leuchtenden Mond, aber mit schweren Regenschauern von Zeit zu Zeit und geringer Sicht. Die See war ruhig. Etwa um 22.20 Uhr wurde ein helles Licht gesichtet, das von der Steuerbordseite des Geleitzuges zu kommen schien. Kurz darauf setzte ein Schiff ein rotes Licht (BIN TORPEDIERT WORDEN). Dies Licht schien von der Steuerbordseite des Geleitzuges zu kommen, aber man konnte weder eine Explosion hören noch sehen ... Ich drehte sofort nach Steuerbord in der Annahme, daß der Angriff wahrscheinlich von jener Seite kam. Ich versuchte, zur *La Malouine* zu signalisieren, aber ich konnte sie nicht sehen, und nachdem ich um den ganzen Horizont signalisiert hatte, gab ich es auf und rief stattdessen den Kommodore. Ich fragte den Kommodore nach der Richtung des Angriffs. Er bestätigte das Signal, gab aber keine Erwiderung. Inzwischen konnte ich sehen, daß sich das torpedierte Schiff in der Mitte des Geleitzuges befand, so befahl ich um 22.27 Uhr den Eskorten über Funk,

77 Kinder ertranken, als Kapitänleutnant Bleichrodt am 17. 9. 40 die *City of Benares* versenkte. Unter Obhut von Miss Cornish (rechts) trieben sechs Kinder tagelang auf dem Atlantik. Am 21. 9. versenkten die deutschen Asse bei einem Nachtangriff zahlreiche Tanker. »Die Nacht war von gewaltigen Fackeln erleuchtet, die auf dem Meer brannten. Zeitweilig fuhren die U-Boote im Konvoi mit, als wären *sie* die Eskorten.«

ihre eigenen Seiten abzusuchen . . . Ich ging sofort an die Backbordseite in einer Entfernung von etwa 4 Meilen vom Geleitzug und schoß Leuchtgeschosse. Da ich nichts sehen konnte, drehte ich hinter den Geleitzug, und ich stieß zur *Heartsease,* die, wie sich später herausstellte, erst jetzt entdeckte, daß der Geleitzug angegriffen worden war. Während wir zum Konvoi zurückkehrten, wurden Funkmeldungen empfangen, daß zwei weitere Schiffe torpediert waren, eines vorn nahe der Mitte des Geleitzuges und das letzte Schiff der Backbordkolonne . . . Als ich hinter den Geleitzug gelangte und im Kielwasser hin und her fuhr, wurde klar, daß der Geleitzug in zwei Teile auseinandergebrochen war, und kurz darauf erschien es, daß die Backbordhälfte sich zerstreute. Ich drehte dann, um hinter dem Konvoi mit höchster Geschwindigkeit den Feind zu suchen.«

Der Angriff flammte wieder auf, und die *Lowestoft* versuchte, die Schiffe zusammenzuhalten, aber die von Panik ergriffenen Handelsschiffer, die sich zerstreuten, gaben dem U-Bootrudel seine Chance: »Etwa um Mitternacht gab es eine schwere Explosion, und ein Tanker brach in Flammen aus. Er war etwa fünf Meilen an Backbord voraus. Ich dampfte sofort mit der *Heartsease* auf den Tanker zu, suchte die vom Mond abgewendete Seite ab und schoß eine Leuchtkugel. Mit dem zerstreuten Geleitzug und den Schiffen, die auf verschiedenen Kursen mit voller Fahrt und kaum langsamer als ich selbst fuhren, wurde meine Aufgabe fast unmöglich. Da ich zu-

rückgefallen war, um das Kielwasser abzusuchen, konnte ich nicht schnell genug aufholen, um anzugreifen oder mit einem gut geführten, aufgetauchten U-Boot fertigzuwerden, dessen Höchstgeschwindigkeit meine wahrscheinlich übertraf.«

Während der ganzen Nacht gab es weitere fürchterliche Explosionen. Ohne von den Eskorten behelligt zu werden, kurvte Schepke vier Stunden lang in dem versprengten Geleitzug herum und versenkte allein sieben Schiffe. Da den Geleitschiffen die Geschwindigkeit fehlte, um die aufgetauchten U-Boote einzuholen, kämpften sie ein verlorenes Gefecht. Sie konnten ein U-Boot nur vernichten, wenn sie es unter Wasser drückten, wo es durch Asdic geortet und mit Wasserbomben bekämpft werden konnte. Doch während des siebenstündigen Gefechtes, das elf Handelsschiffe kostete und über hunderttausend Tonnen amerikanischen Nachschubs auf den Grund des Atlantiks schickte, konnte nur ein Wasserbombenangriff ausgeführt werden.

Daß die Geleitschiffe nicht ausgerüstet waren, um mit den U-Bootrudeln fertigzuwerden, wurde von Commander Knapp im Schlußsatz seines Berichtes bestätigt: »Heute fahren U-Boote im Geleitzug als Überwasserschiffe mit, sie haben den Vorteil einer winzigen Silhouette, die im Dunkeln äußerst schwierig zu sehen ist, und sie können schnell tauchen, um Kollisionen zu vermeiden oder zu fliehen, wenn sie durch Handelsschiffe gesichtet werden. Gegen diese Art des Angriffs ist unser Asdic fast wirkungslos, und die einzige wirksame Gegenmaßnahme scheint zu sein, die Nacht zum Tage zu machen, Leuchtgranaten, Scheinwerfer und Leuchtraketen von Flugzeugen einzusetzen und mit hoher Geschwindigkeit zu suchen ... Sloops, Korvetten und Trawler sind schwer benachteiligt und bei Nachtgefechten von geringem Nutzen.«

Bei der Admiralität gab es unterschiedliche Ansichten darüber, wie man am besten der Drohung durch die Wolfsrudel begegnen sollte. Im Oktober stellte das Western Approaches Command acht Geleitgruppen auf, um die Geleitzugverteidigung zu verstärken, aber die Trade Division in der Admiralität, die für die Koordinierung der Handelsschiffahrt verantwortlich war, trat für offensiveres Vorgehen ein: »Völlige Immunität gegen einen Angriff kann durch die gegenwärtige Anzahl der Geleitschiffe nicht garantiert werden, deshalb sollten die Eskorten nicht als Schutzschirm eingesetzt werden.« Aber die Royal Navy hatte erst recht nicht genügend Schiffe, um an den Flanken der Geleitzüge Jagdgruppen zu bilden, wie die Trade Division es zur Abwehr der U-Boote vorschlug. Außerdem lag der Vorteil so lange bei den Wolfsrudeln, wie die Geleitschiffe kein Mittel besaßen, die U-Boote bei Nacht zu entdecken.

In einem Versuch, die Ausbreitung des U-Bootkrieges in den Mittelatlantik und auf die Schiffahrtslinien vor der Küste Afrikas zu verhindern, hatte Churchill eine Expedition zur Besetzung des Vichy-französischen Marinestützpunktes Dakar entsandt. Aber als General de Gaulle am 23. September mit dem britischen Expeditionskorps vor Dakar erschien, wurden ihm lediglich Granaten aus den Geschützen des Schlachtschiffes *Richelieu* zur Begrüßung entgegengeschickt. Die Alliierten mußten sich zurückziehen, die »Operation Menace« war fehlgeschlagen.

Die Seekriegsleitung war von der Entschlossenheit der Vichy-Regierung beeindruckt. Am darauffolgenden Tag hatte Admiral Raeder Gelegenheit, bei Hitler auf eine breiter angelegte Seestrategie zur Niederwerfung Englands zu drängen. In einem langen Gespräch nannte er die Vorschläge der Seekriegsleitung zur Verschärfung der Blockade der Britischen Inseln. Seine wichtigste Forderung: beschleunigter Bau von U-Booten. Ein starker Flankenangriff sollte auch gegen die britische Stellung im Mittelmeer gerichtet werden, die nach Raeders Ansicht immer noch »der Schlüssel zu Englands Weltgeltung« war. Eine Mittelmeer-Offensive sollte »schnell unternommen werden, bevor die Vereinigten Staaten aktiv in den Konflikt eintreten«. Er drängte Hitler, Gibraltar zu nehmen und auf den Kanarischen Inseln Fallschirmtruppen zu landen. Gleichzeitig sollten die Italiener bei einem Vorstoß an den Suez-Kanal unterstützt werden, was den Weg für einen Angriff auf Rußland oder Indien öffnen würde.

Raeder glaubte zunächst, daß er die Zustimmung Hitlers für seinen großen Plan gewonnen hätte. Aber er irrte sich, Hitlers strategische Träume drehten sich nicht um den Atlantik, sondern um Rußland. Er wollte alle Entscheidungen zurückstellen, bis der Dreimächtepakt zwischen Deutschland, Italien und Japan geschlossen war. Dieser würde die Führung Deutschlands und Italiens bei der Errichtung einer »neuen Ordnung« in Europa anerkennen, als Gegenleistung dafür, daß sie Japans »Errichtung einer neuen Ordnung in Großasien« akzeptierten. Der Dreimächtepakt wurde drei Tage später, am 27. September 1940, unterzeichnet. Das Hauptziel des Abkommens war, sicherzustellen, daß die drei Nationen »zusammenarbeiteten, um den Vereinigten Staaten nicht zu erlauben, in Regionen außerhalb der westlichen Hemisphäre aufzutreten«. Bis Ende Oktober hatte Raeders Hoffnung, eine gemeinsame Atlantik-Mittelmeerstrategie der Achsenmächte zu erreichen, schwere Rückschläge erlitten. Marschall Pétain weigerte sich, Vichy-Frankreich an die Achsenmächte zu binden, und Mussolini stolperte, nachdem er Hitlers Angebot für deutsche Unterstützung gegen die Briten in Nordafrika abgelehnt hatte, in die Invasion Griechenlands. Das größte Hindernis aber bildete der vorsichtige Franco, der auch im direkten Gespräch mit Hitler keinerlei Neigung zeigte, auf der Seite der Achsenmächte in den Krieg einzugreifen, eine Besetzung der spanischen Inseln im Atlantik durch deutsche Truppen rundheraus ablehnte und selbst ein Vorgehen gegen Gibraltar von so vielen Forderungen an Deutschland abhängig machte, daß Hitler schließlich aufgeben mußte.

Obwohl die volle Seestrategie nie eingeführt werden sollte, drohte durch die neue Taktik der Wolfsrudel bereits die Unterbrechung des britischen Geleitzugsystems. Im September hatten die U-Boote fast 300 000 Tonnen Schiffsraum versenkt. Die Admiralität suchte fieberhaft nach Maßnahmen zur Verminderung der Verluste. Die Geleitzüge wurden verkleinert, und es konnten auch mehr Geleitschiffe an die Konvois abgestellt werden, weil die Admiralität inzwischen wußte, daß eine deutsche Invasion zumindest in diesem Jahr nicht mehr stattfinden würde. Es wurde eine neue Verteidigungstaktik eingeführt, bei der die Geleitschiffe weiter vom Geleitzug entfernt liefen, um die U-Boote gar nicht erst an die Handelsschiffe herankommen zu lassen. Im Falle eines Angriffs sollten die Eskorten »vom Geleitzug weg mit voller Kraft voraus fahren und Leuchtgeschosse schießen, um das Gebiet, in dem man die U-Boote vermutete, hell zu beleuchten«. Auf diese Weise hoffte man, »die U-Boote zum Tauchen zu zwingen und die Chancen einer Ortung durch Asdic zu erhöhen«.

Gemetzel in den Western Approaches

Diese neuen Maßnahmen erwiesen sich bald als unzureichend. Im Oktober stiegen die Versenkungsziffern an, und dieser Herbststurm erreichte mit dem Angriff auf den SC 7 ein Crescendo. Bleichrodt hatte den langsamen, heimwärts laufenden Geleitzug am 17. Oktober gesichtet, aber er hatte eine der Grundregeln der Rudeltaktik gebrochen, als er angriff, ohne auf das Sammeln des Rudels zu warten. Nachdem er zwei Schiffe versenkt hatte, verlor er die Fühlung am Geleitzug. Der Chef der Operationsabteilung, Kapitän Godt, war entschlossen, die Beute nicht entkommen zu lassen, und legte einen Streifen von fünf U-Booten quer über den erwarteten Kurs des Konvois. Der Linie, in der mehrere der Asse, darunter Kretschmer, standen, gelang es, den Geleitzug abzufangen, und sie hätten ihn wohl völlig vernichtet, wenn die einsame Sloop, die den SC 7 geleitete, nicht an der Rockallbank durch vier weitere Geleitschiffe verstärkt worden wäre. Wie der Angriff verlief, schildert Kretschmer in seinem Kriegstagebuch: »23.55 Uhr Bugschuß auf großen Frachter, etwa 6000 BRT, Entfernung 750 m. Treffer vorderer Mast. Der Torpedo-Detonation folgt unmittelbar eine durch eine hohe Stichflamme begleitete Explosion, die das Vorschiff bis zur Brücke aufreißt und deren Qualmwolke etwa 200 m hoch steht. Vorschiff anscheinend gebrochen. Schiff brennt weiter mit grünlicher Flamme. 00.15 Uhr, drei Zerstörer nähern sich dem Schiff und suchen in Dwarslinie die Umgebung ab. Ich laufe mit äußerster Kraft ab nach Süd-West und gewinne bald wieder Anschluß an den Geleitzug. Es sind dauernd Torpedo-Detonationen anderer Boote zu hören. Die Zerstörer wissen sich nicht zu helfen und schießen dauernd zu ihrer Beruhigung Leuchtgranaten, die aber in der hellen Mondnacht nicht viel ausrichten. Ich fange nun an, den Geleitzug von achtern abzubauen.«

Kretschmer allein schoß sechs der achtzehn Handelsschiffe ab, die bei der Verfolgungsschlacht versenkt wurden. Das Gemetzel wurde noch dadurch verschlimmert, daß der Geleitzug sich wiederum unter dem wilden Angriff zerstreut hatte, wodurch die Nachzügler einer nach dem anderen versenkt werden konnten. Über 80 000 Tonnen Schiffsraum und fast 100 000 Tonnen Material wurden in einer der größten Geleitzugkatastrophen des Krieges vernichtet. »Die Kommandanten«, schrieb Dönitz, »fühlten sich als ›Könige auf dem Meer‹.«

Am Morgen nach der Niederlage von SC 7 sichtete Prien einen weiteren großen, heimwärts laufenden Geleitzug. Es war der schnelle, aus 49 Schiffen mit amerikanischem Militärnachschub bestehende HX 79. Wegen seiner Wichtigkeit war HX 79 durch einen Zerstörer, zwei Sloops, zwei Korvetten und vier bewaffnete Trawler geschützt. Versuchsweise war das holländische U-Boot 0–14 dem Geleit beigegeben worden, aber es sollte sich als unwirksam gegen die deutschen Boote erweisen. In den fünf Stunden, in denen die U-Boote neben der Handelsschiffskolonne herliefen und Torpedos nach Backbord und Steuerbord abschossen, wurde ein Viertel des Geleitzuges vernichtet.

Einer der vielen Seeleute, die in jener Nacht torpediert wurden, war James Lee vom Dampfer *Uganda:* »Der maltesische Hilfsmaschinist Manuel

Bonella und ich tranken gerade Kakao, als wir die erste Explosion hörten. Als wir an Deck stürzten, erfolgte eine zweite – und dann traf uns die dritte. Wir wurden weggeschleudert, und als wir wieder aufstanden, entdeckten wir zu unserem Entsetzen, daß alle Boote fehlten, mit Ausnahme eines einzigen, und mehr durch Glück als durch kühle Überlegung gelang es uns, vom Schiff wegzukommen. Etwa eine Stunde später fuhr ein Zerstörer vorüber und sagte uns über den Lautsprecher, daß er es nicht riskieren könne, zu stoppen, aber im Morgengrauen kam eine Sloop und stoppte. Es war ziemlich schwer, an Bord zu kommen, da die Boote auf- und niedergingen, und die Matrosen zogen uns am Haar oder an irgendetwas anderem an Bord. Als wir an Bord kamen, entdeckten wir, daß dies nicht das erste Mal in der Nacht war, sie war mit so vielen Überlebenden beladen, daß ihr Bug fast im Wasser lag.«

Insgesamt dreizehn Schiffe mit 60 000 Tonnen wurden vernichtet. Am Monatsende, als die Verluste auf über eine Drittelmillion Tonnen gestiegen waren, fragte sich die Admiralität besorgt, ob der Sieg der Deutschen über die Geleitzüge bevorstand. Die U-Bootabwehr-Abteilung forderte »Geleitschiffe in hinreichender Zahl an den Flanken der Geleitzüge«, vor allem aber ein Mittel zur »Entdeckung der Annäherung des Feindes und zu seiner Lokalisierung«. Nur wenn die U-Boote gezwungen wurden zu tauchen, konnten sie mit den bewährten Wasserbomben zerstört werden. Solange die Geleitschiffe warten mußten, bis die U-Boote ihre Anwesenheit durch einen Angriff anzeigten, war die einzige praktische Gegenmaßnahme die Beleuchtung des Geleitzuges mit Leuchtraketen. Dieses wenig erfolgversprechende Verfahren konnte nur durch die Ausrüstung der Geleitschiffe mit ASV-Radar abgelöst werden. Es waren bereits einige ASV-Geräte für die Geleitschiffe in der Entwicklung, aber ihre empfindliche Elektronik war noch nicht für die Praxis geeignet. Dennoch setzte die U-Bootabwehr all ihre Hoffnungen auf dieses Gerät: »Es darf keine Mühe gescheut werden, diese Schwierigkeiten zu klären. Wir hoffen zuversichtlich, daß ASV bald einsatzfähig ist und auf allen Schiffen eingesetzt wird.« Neben der Beschleunigung der Radarentwicklung erhielt ein neues UKW-Funksystem für die Verständigung zwischen den Geleitschiffen höchsten Vorrang.

Nach Ansicht Churchills glich England jetzt »dem Taucher tief in der See«, der zusehen mußte, wie Haifische seinen Versorgungsschlauch angriffen. Nach dem Schock der beiden Geleitzugkatastrophen nahm der Premierminister die erforderlichen Maßnahmen selbst in die Hand. Er ordnete an, daß sofort weitere Zerstörer aus dem Kanal zu den Geleitzügen verlegt werden sollten. Das Radar für die Geleitschiffe erhielt höchsten Vorrang. Die Admiralität wurde veranlaßt, in Liverpool ein völlig selbständiges Kommando zum Schutz der Western Approaches zu bilden. Die Kommandostruktur, in der die Western Approaches zum Plymouth Command unter Admiral Sir Dunbar Nasmith gehörten, hatte sich als unzulänglich erwiesen. Ein neuer Commander-in-Chief für die Western Approaches mit großen Machtbefugnissen wurde ernannt und in Liverpool ein Hauptquartier und ein großer Einsatzgefechtsstand errichtet. Gleichzeitig war klar, daß die Ausbildung in der U-Bootabwehr radikal geändert werden mußte. Dazu wurde in Tobermory auf den Hebriden ein neuer Stützpunkt errichtet, der dem Western Approaches Command unterstellt war. Hier sollten die Geleitschiffbesatzungen in einem harten Lehrgang in der Taktik der Geleitzugverteidigung und U-Bootabwehr geschult werden.

Aber ehe diese Maßnahmen wirksam wurden, war England monatelang schwer gefährdet, und während der ganzen Winterkrise blickte Churchill sorgenvoll auf die Vereinigten Staaten, von wo er die lebenswichtigen Lieferungen für den Widerstand gegen die erwartete deutsche Offensive im Jahre 1941 erhoffte. In der britischen Einkaufsmission in Washington wurden Pläne für die Herstellung von 4000 Flugzeugen im Monat für die RAF und 2000 Panzern für die neuen britischen Panzerdivisionen besprochen. Aber es war bald klar, daß man nicht genug Geld hatte, um diese Pläne zu finanzieren. Die britischen Gold- und Dollarreserven gingen trotz des ständigen Verkaufs von nordamerikanischen Wertpapieren zurück. Im August hatte der Finanzminister vorausgesagt, daß England bis zum Ende des Jahres aufgrund der neuen Einkäufe in Amerika kein Gold mehr haben würde. Die Einkäufe kosteten eineinhalb Milliarden Dollar. Im September 1940

Die triumphale Heimkehr der Asse. In der Nacht vom 19./20. 10. 40 griffen Prien, Bleichrodt, Schepke und Endraß den Konvoi HX 79 an und versenkten 13 Schiffe mit 60.000 ts. U-47 (rechts) fuhr an der Spitze, als das Rudel nach Lorient heimkehrte.

hatte England nur noch 897 Mio. Pfund in Reserve, von denen 600 Mio. Pfund für Zahlungen nach Kanada vorgesehen waren.

»Keine fremden Kriege«

Die amerikanische Regierung konnte wenig tun, um die finanzielle Krise zu erleichtern, solange der Kongreß nicht dazu bereit war, die Neutralitätsgesetze zu ändern, die alle Kredite für Lieferungen verbot. Die lebenswichtige nordamerikanische Nachschublinie, mit der England hoffte, Deutschlands industrielle Überlegenheit auszugleichen, war gefährdet. In der Hoffnung, Technologie gegen Lieferungen eintauschen zu können, bot das Kriegskabinett den Amerikanern auch wissenschaftliche Informationen und technische Entwicklungen an. Im September reiste Sir Henry Tizard, einer von Englands führenden Physikern, an der Spitze einer wissenschaftlichen Delegation in die Vereinigten Staaten. Unter den Geheimnissen, welche die Wissenschaftler in ihren Aktentaschen nach Washington trugen, war auch der Prototyp der Magnetronröhre – der Schlüssel zum fortgeschrittenen Zentimeterradar.

Die Richtungslosigkeit, mit der die Amerikaner ihre Rüstungsproduktion zu organisieren schienen, beunruhigte die Briten, aber Roosevelt war nicht gewillt, in der Endphase des Wahlkampfes eine volle Kriegswirtschaft einzuführen. Der Wahlkampf 1940 war eine eigenartig ruhige Sache. Die Nazis hatten viel Geld aufgewandt, um eine Kampagne gegen Roosevelt in die Wege zu leiten, aber das hatte sich als Fehlschlag erwiesen. Der republikanische Kandidat Wendell Willkie hielt in fünfzig Tagen 560 Reden. Roosevelt verhielt sich passiv. Bis zwei Wochen vor der Wahl blieb er im Weißen Haus. Erst als die Meinungsumfragen zeigten, daß sein zehnprozentiger Vorsprung gefährlich schrumpfte, hielt er fünf wichtige Reden, in denen er an den amerikanischen Instinkt appellierte, »keine fremden Kriege« zu führen. Bei einer Rede in Boston vor einer hauptsächlich irischen Zuhörerschaft sagte er am 30. Oktober: »Und während ich zu Ihnen spreche, Mütter und Väter, gebe ich Ihnen eine weitere Versicherung. Ich habe dies schon zuvor gesagt, aber ich sage es wieder und wieder: Ihre Jungen werden nicht in irgendeinen fremden Krieg geschickt.«

Am Abend des 5. November zeigte sich, daß Roosevelts Taktik Erfolg gehabt hatte. Zum ersten Mal in der Geschichte war ein amerikanischer Präsident in eine dritte Amtszeit gewählt worden, mit 27 243 466 Stimmen gegen Willkies 22 304 755. Churchill telegrafierte: »Ich hielt es für mich als Ausländer nicht für richtig, irgendeine Meinung über amerikanische Politik zu äußern, während der Wahlkampf lief, aber nun glaube ich, daß Sie es mir nicht übelnehmen werden, wenn ich sage, daß ich für Ihren Erfolg betete und daß ich wirklich dankbar dafür bin...«

Eine schwere Zeit 8

> »Wenn England untergehen sollte, würden wir alle
> in Amerika vor einer Kanonenmündung leben.«
> Präsident ROOSEVELT in einer Rundfunksendung am
> 29. Dezember 1940

Ende Oktober 1940 erreichten die U-Booterfolge ihren Höhepunkt. Der Kai in Lorient hallte vom Echo der Militärkapellen und dem Knallen von Champagnerkorken wider, wenn die Asse nach der Heimkehr aus ihren atlantischen Jagdgründen begrüßt wurden. Die Besatzungen wurden mit Blumengirlanden und dem Auftritt von Filmstars gefeiert. Deutschlands Presse und Rundfunk brüsteten sich vor der Welt, daß seine unerschrockenen U-Bootfahrer, die jeden Tag tausend Tonnen Schiffsraum versenkten, den Krieg gegen England gewinnen würden.

Der Mann der Stunde war Kapitänleutnant Otto Kretschmer, dessen Versenkungserfolge Goebbels nur allzugern für die Nazipropaganda ausschlachten wollte. Aber Kretschmer war von natürlicher Zurückhaltung und keineswegs bereit, für Goebbels den Helden zu spielen. Erst ein ausdrücklicher Befehl von Dönitz veranlaßte ihn, im Rundfunk von seinen Erlebnissen auf See zu berichten. Als besondere Auszeichnung wurde Kretschmer das Eichenlaub zum Ritterkreuz von Hitler selbst überreicht, und er wurde in die Reichskanzlei zum Essen gebeten. Bei dieser Feierlichkeit ging es vermutlich recht steif zu, aber in Paris, im Nachtlokal »Scheherazade« wußten die U-Bootoffiziere durchaus wilde Feste zu feiern.

In den verdunkelten britischen Häfen gab es keine Blumensträuße und keinen Champagner. Die Männer von den Handelsschiffen waren erschöpft, viele hatten das Martyrium einer tage- oder wochenlangen Fahrt in offenen Booten erlebt. Andere kamen überhaupt nicht zurück. Fast 6000 britische Seeleute verloren 1940 ihr Leben, und im Winter übertrafen die Verluste der Zivilisten die der Royal Navy. Die Presse brachte immer wieder Berichte über das persönliche Heldentum der Seeleute, die Torpedoangriffe überlebt hatten, und Churchill schlug vor, daß ein Orden gestiftet werden sollte, um besonders tapfere zivile Seeleute auszuzeichnen. Man überlegte sich aber, daß die Handelsmarine – zumindest nach dem Völkerrecht – besser geschützt sei, wenn die Stellung der Seeleute als Nicht-Kombattanten nicht in Frage gestellt würde.

»Man gewöhnte sich sehr schnell an die Situation«, erinnert sich einer dieser Matrosen, Urban Peters, aus Liverpool. »Die Matrosen schliefen

z. B. nicht in den Kleidern, sondern in ihren Pyjamas. Man sprach einfach nicht über die Möglichkeit, daß man torpediert wurde. Es geschah immer dem anderen Kumpel, nicht dir. Das Leben ging weiter, wie es auf See weitergeht. Das übliche Bier am Abend, Kartenspiel, saftige Geschichten – das übliche Matrosengespräch über Wein, Weib und Gesang, obwohl es nicht sosehr um den Gesang ging, wie um die anderen beiden Dinge!«

Wie die meisten Seeleute haßte es Peters, wie »ein hypnotisiertes Kaninchen auf einem Schiff sitzen zu müssen, das nicht zurückschlagen konnte«, und deshalb meldete er sich freiwillig zu einem Artillerielehrgang der RNVR. Nachdem er den Lehrgang abgeschlossen hatte, heuerte er auf dem Bananenfrachter *Mopan* als Kanonier an. »Ich träumte davon, alle möglichen tapferen Dinge zu tun«, erzählt er, aber die einzige Chance, während eines schweren Nachtangriffes zurückzuschießen, wurde kläglich vertan: »Wir konnten unsere Kanone nicht abfeuern, weil der uns zugeteilte Marineschütze den Schlüssel zum Munitionsschrank verlegt hatte.«

Auf der Heimreise aus Jamaika hatte die *Mopan* 70 000 Bananenstauden an Bord, aber sie sollte England nicht mehr erreichen. Es war ihr Schicksal, dem Panzerschiff *Admiral Scheer* zu begegnen. Kapitän zur See Krancke hatte am 1. November 1940 unbeobachtet die Dänemark-Straße passiert und lief in den Atlantik hinaus, um nach Geleitzügen zu suchen. Die *Scheer* stieß zufällig auf die *Mopan*, als Krancke nach dem heimwärts laufenden Konvoi HX 84 suchte, den der B-Dienst in der Nähe gemeldet hatte.

Kurz nach 2 Uhr nachmittags am 5. November wurde Urban Peters wachgerüttelt. Die *Mopan* war von einem Kriegsschiff gestoppt worden, und Peters hörte, als er an seine Kanone ging, den Marineschützen erklären: »›Alles o.k., es ist eins von der *Royal Oak*-Klasse.‹ Das beruhigte uns für einen Moment, und eine andere Stimme sagte: ›Sie morst herüber!‹ Die Lichtsignale erwiesen sich jedoch als Mündungsblitze. Es gab eine laute Explosion. Das genau über uns hängende Rettungsboot wurde zerschmettert, und die Trümmer und Granatsplitter prallten an die Luke hinter uns. Erstaunlicherweise erhielt keiner einen Kratzer. Alle standen im Todesschweigen da, außer dem Kühlraum-Ingenieur, der flüsterte: ›Es ist ein verdammter Jerry.‹ Das brachte uns in Schwung. Wir folgten unserem Marineschützen auf das Kanonendeck, wo gerade eine Granate aufschlug. Wie ein Mann machten wir kehrt und hauten ab. In diesem Moment begann das Kriegsschiff um unser Schiff zu kreisen, und wir taten dasselbe, nur ihnen. In der Panik machten die Kumpels unerklärliche Sachen. Der Hilfskoch öffnete den Ofen und holte einige Hühner heraus, nicht um sie ins Rettungsboot zu bringen, sondern um sie nicht verbrennen zu lassen! Ein anderer ging zu seinem Schrank und zog seinen Regenmantel und Filzhut an, und ich zog aus irgendeinem Grund meine Uniformjacke und einen Regenmantel an und steckte mir 50 Zigaretten und meinen Rasierapparat in die

Anfang 1941 erreichte der Einsatz schwerer deutscher Überwassereinheiten als Handelsstörer den Höhepunkt. Bei ihrer monatelangen Kreuzfahrt (s. Karte) stieß die Admiral Scheer (oben) bis in den Indischen Ozean vor und erzielte beim Angriff auf den HX 84 auch wichtige Versenkungserfolge. Noch höher schätzte die Seekriegsleitung die Diversionswirkung dieser »vom Glück begünstigten Unternehmung«. Solange die Flotte die Briten in Atem hielt, waren z. B. Rommels Truppentransporte nach Nordafrika nicht durch die Royal Navy gefährdet. Voller Optimismus ließ die Seekriegsleitung daher auch die Schlachtschiffe Scharnhorst (unten) und Gneisenau in den Atlantik vorstoßen. Von Brest aus sollten sie eine beständige Drohung für die alliierte Schiffahrt darstellen. War Deutschland zur atlantischen Seemacht geworden?

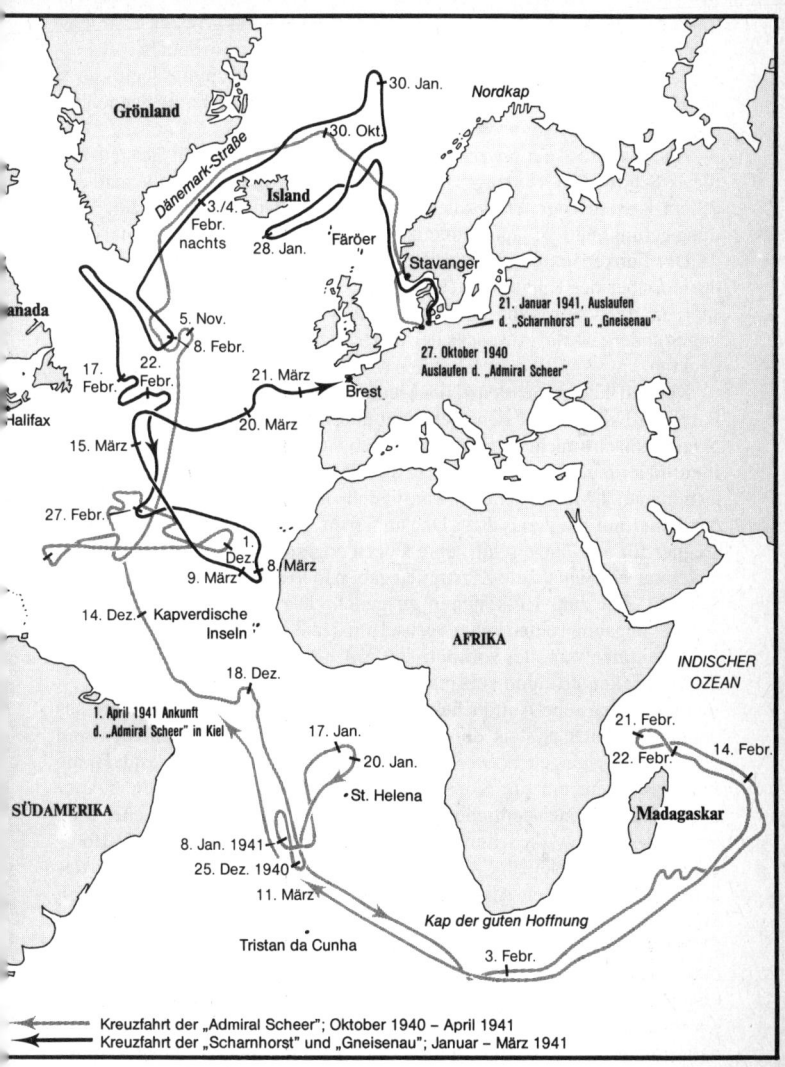

Tasche. Da es keinen Befehl zum Verlassen des Schiffes gegeben hatte, gingen wir nur allmählich zu den Booten. Es muß das katastrophalste ›Schiff-Verlassen‹ gewesen sein, daß es je gab. Das Boot des Kapitäns legte zuerst ab. Jemand in unserem Boot rief: ›Frauen und Kapitäne zuerst!‹ Schließlich legten die drei Boote ab.«

Als sie an Bord der *Scheer* gezogen wurden, fiel Peters plötzlich ein, daß die 37 Schiffe des Geleitzuges HX 84 demselben Kurs folgten und bald den 28-cm-Kanonen der *Scheer* zum Opfer fallen würden. »Wenn wir eine Meldung gefunkt hätten, sagte jemand, könnten sie jetzt schon zerstreut sein.«

Der Funker hatte auch mehrfach gebeten, das RRR-Signal senden zu dürfen, aber der Kapitän hatte es ausdrücklich verboten. Jetzt war es zu spät, um irgendetwas zur Rettung des HX 84 zu tun. Es war nur eine Frage von Stunden, bis die Ausgucks der *Scheer* den Rauch des Geleitzuges entdeckten.

Kapitän Fegen auf dem Hilfskreuzer *Jervis Bay,* einem bewaffneten Passagierdampfer, der den Geleitzug anführte, konnte die Identität der *Scheer* zunächst nicht ausmachen. Er gab ein Lichtsignal mit der Bitte um Identifizierung. Krancke ignorierte das Signal und kam näher. Als die Entfernung auf 4 Meilen gefallen war, ließ er die Maske fallen und eröffnete das Feuer auf die *Jervis Bay*. Der ungepanzerte 14000-Tonner war kein Gegner für ein Panzerschiff, aber Fegen zögerte nicht: Während er dem Geleitzug ein Signal zum Zerstreuen gab, näherte er sich, um den anderen Schiffen Zeit zum Entkommen zu geben. Die 15,2-cm-Geschütze des Schiffes begannen einen Feuerwechsel mit den 28-cm-Kanonen der *Scheer*. In 20 Minuten war alles vorüber. Das rauchende Wrack der heldenhaften *Jervis Bay* kenterte und versank.

Das dramatische Auftauchen der *Scheer* im Mittelatlantik brachte das gesamte Geleitzugsystem durcheinander, weil Abfahrten gestrichen und die Geleitzüge umgelenkt werden mußten, bis die Schlachtschiffe der Home Fleet eintrafen, um die Konvois im Mittelatlantik zu schützen. Dieser zweite Angriff eines deutschen Panzerschiffs kam zu einer kritischen Zeit für die Royal Navy, die schon mit dem Versuch überlastet war, die U-Bootangriffe auf die Geleitzüge zu parieren. Diese Angriffe gingen während des ganzen Monats weiter. Als sie am 21. November den heimwärts laufenden SC 11 und den auswärts laufenden OB 244 gleichzeitig packten, wurden 15 Schiffe versenkt. Die Versenkungsziffer des Monats stieg auf über 200000 Tonnen. Dies war allerdings erheblich weniger als im Oktober. Im ersten Kriegsjahr hatten die U-Bootneubauten allenfalls die Verluste ausgleichen können, und statt der 300 U-Boote, die Dönitz 1939 verlangt hatte, mußte er im Winter 1940/41 mit einem knappen Zehntel vorliebnehmen. In der Regel hatte er nur ein Dutzend einsatzfähiger Boote. Die U-Boote, die im Oktober die großen Erfolge erzielt hatten, mußten zum Auftanken und zur Neubewaffnung heimkehren. Am 14. November erschien Raeder bei Hitler, um das Nachlassen der Erfolge zu erklären und sich darüber zu beschweren, daß zuwenig U-Boote gebaut werden: »Nach heutigem Stand werden bis 1941 schon 37 U-Boote weniger fertig als nach Plan beabsichtigt. Ich muß dringend um Abhilfe bitten . . .« Aber Hitler hörte kaum noch hin. Er wollte England auf dem Umweg über Moskau besiegen.

Sofortmaßnahmen in den britischen Häfen

Auch die britischen Gegenmaßnahmen waren nicht ohne Einfluß auf die Versenkungsziffern geblieben. Es gab mehr Korvetten, und die geschickte Lenkung der Konvois erschwerte den U-Bootkommandanten die Suche. »Die englische Bewachung der ›Western Approaches‹ wurde stärker«, mußte Dönitz zugeben. »Dies bezog sich auch auf die Bewachung durch Flugzeuge.« Andererseits waren die Gesamtverluste des Jahres von über einer Million Tonnen äußerst bedrohlich für England. Die Tankerverluste waren besonders schwer gewesen. Die Ölimporte Englands waren um die Hälfte zurückgegangen, und der Bedarf konnte nur durch den Einsatz der Reserven gedeckt werden. Es war nicht nur die blutige Schlacht auf See, die ihren Zoll von Englands Zufuhr verlangte. Die Verstopfung in den Häfen und die daraus folgende langsamere Abfertigung der Schiffe ließen die Importe ebenfalls um 10% zurückgehen. Der Mangel an Kränen und Kairaum und die schlecht organisierte Beladung der Schiffe auf der anderen Seite des Atlantiks trugen zur Verzögerung bei. Auf den Kais stapelte sich der Stahl, weil die großen Eisenbahnwagen fehlten, die für die langen amerikanischen Stangen erforderlich waren. Die Docker erhöhten die Schwierigkeiten, weil sie sich weigerten, ein neues Schichtsystem einführen zu lassen. Außerdem hatte die Schließung des Mittelmeeres für den Handelsverkehr die Fahrten in den Fernen Osten um ein Drittel verlängert, wodurch die Kapazität an Schiffsraum zurückging.

Die Lage wurde so ernst, daß Churchill einschritt. Er verschickte eine Fülle von Denkschriften mit der eindrucksvollen Schlagzeile »*Action this Day*« und betonte, daß die Lieferungen schneller durch die Häfen geschleust werden müßten. Die Wirksamkeit der Docks war ebenso entscheidend für Englands Überleben wie die Verstärkung der Geleite.

Zu Churchills Bestürzung schien Roosevelt nach der Präsidentschaftswahl Engand gegenüber gleichgültiger geworden zu sein. Er fuhr Anfang Dezember in Begleitung seines Beraters Harry Hopkins an Bord der *Tuscaloosa* zu einem Urlaub in die Karibik. Dort erhielt er am 9. Dezember 1940 eine Botschaft von Churchill, der ihm mitteilte, es seien nicht weniger als drei Millionen Tonnen zusätzlichen Handelsschiffsraums erforderlich, um Englands Überleben zu sichern. Nur die Vereinigten Staaten konnten diesen Bedarf decken. Aber: »Je schneller und reichlicher der Fluß von Munition und Schiffen, die Sie uns senden können, desto schneller werden unsere Dollarkredite erschöpft sein ... Es nähert sich der Augenblick, in dem wir nicht länger in der Lage sein werden, für Schiffsraum und Lieferungen bar zu bezahlen. Ich glaube, Sie sind mit mir einer Meinung, daß es grundfalsch wäre und beiden Seiten zum Nachteil gereichen würde, wenn Großbritannien auf der Höhe dieses Kampfes aller verkäuflicher Vermögenswerte entblößt würde ... Wenn der Sieg mit unserem Blut errungen, die Zivilisation gerettet und für die Vereinigten Staaten genügend Zeit gewonnen wird, um gegen alle Eventualitäten gerüstet zu sein, dann dürfen wir nicht völlig ausgeplündert dastehen.«

Die Auswirkungen dieses dramatischen Appells auf Roosevelt waren zunächst nicht ersichtlich. Harry Hopkins, der Vertraute des Präsidenten, erinnert sich: »Eine Zeitlang wußten wir nicht, was er darüber dachte, wenn überhaupt etwas. Dann kam er an einem Abend plötzlich heraus damit – mit dem ganzen Programm.« Nach seiner Rückkehr in das Weiße Haus am 16. Dezember nahm Roosevelt einige Reporter zu einer improvisierten Pressekonferenz beiseite und gab die Grundlagen des Pacht-Leihabkommens bekannt.

Anstatt britische Aufträge wahllos zu erfüllen, sollte die amerikanische Industrie nun ihre gesamte Produktion an die Regierung liefern, die ent-

Erbittert wehrte sich die isolationistische Presse der USA (rechts) gegen das Leih-Pachtgesetz, mit dessen Hilfe Roosevelt die Unterstützung für Großbritannien unabhängig von dessen Zahlungsfähigkeit machen wollte.

scheiden würde, ob die Rüstungsgüter an die US-Streitkräfte gingen oder anderen zugeteilt würden, die durch ihren Kampf gegen Hitler zur Verteidigung Amerikas beitrugen. In seiner Kaminplauderei vom 29. Dezember erklärte der Präsident den Amerikanern: »Wenn England untergehen sollte, würden wir alle in Amerika vor einer Kanonenmündung leben ... Wir müssen mit aller Energie und allen Mitteln ... Waffen und Schiffe herstellen. Wir müssen das große Arsenal der Demokratie sein.«

Am 10. Januar wurde das historische Pacht-Leihgesetz dem Kongreß zugeleitet. Es war auf einem wenig bekannten Statut von 1892 aufgebaut, das dem Kriegsminister das Recht gab, militärisches Eigentum zu verleihen, »wenn es nach seinem Gutdünken für das öffentliche Wohl ist«. Das Gesetz war sofort dem Beschuß der Isolationisten ausgesetzt, die es als unheilvollen Kriegsplan ansahen, »um jeden vierten amerikanischen Jungen unter die Erde zu bringen«.

Während das Gesetz in den amerikanischen Parlamentsausschüssen debattiert wurde, steigerte das britische Finanzministerium die Rate, mit der es seine verbleibenden US-Wertpapiere einlöste, von 2 Mio. Dollar auf 10 Mio. Dollar pro Woche. Die Lage war so verzweifelt geworden, daß England seine letzten Goldreserven in Südafrika angreifen mußte. Am 5. Januar machte der amerikanische Kreuzer *Louisville* in Kapstadt fest, um 150 Mio. Dollar in Goldbarren zu übernehmen.

Die Front verschiebt sich nach Westen

Am 27. Dezember enthüllte Raeder gegenüber Hitler seine Befürchtung, daß die Amerikaner ihre Rüstungslieferungen an England bedeutend erhöhen und der Royal Navy durch Verstärkung der Patrouillen im Atlantik helfen würden. »Die Versorgung aus den USA entwickelt sich günstig für England«, stellte er fest. Er wies auf den »gewaltigen Anstieg der Eisen- und Stahllieferungen und Maschinen« hin. Die Amerikaner, schätzte er, lieferten jeden Monat 350 bis 400 Frontflugzeuge an England. Außerdem seien die »USA entschlossen zu verstärkter Hilfeleistung. Die Seekriegsleitung erwartet die großzügige Abgabe von Handelsschiffen, den Aufbau der Werften, die Steigerung des Schiffbaus, die Abgabe weiterer Zerstörer und Hilfsschiffe, die weitestgehende Übernahme englischer Sicherungsaufgaben im amerikanischen Küstenvorfeld zur Entlastung britischer Streitkräfte und möglicherweise später die Übernahme des Geleitdienstes im West-Atlantik.« Der Höhepunkt der Unterstützung, meinte Raeder, sei aber »erst Ende 1941, Anfang 1942« zu erwarten. Hitler blieben nur noch zwölf Monate, um England einen entscheidenden Schlag zu versetzen.

Raeder wies erneut darauf hin, daß die geplanten Stückzahlen beim U-Bootbau bisher nicht erreicht worden seien. Statt 20 bis 30 seien nur 12

Nur ein einziges Kampfgeschwader mit viermotorigen Focke Wulf FW 200 Condor half den U-Booten, die Geleitzüge in den Weiten des Atlantik zu finden.

oder 18 Boote im Monat gebaut worden. Es müßten sofort mehr Arbeiter auf die U-Bootwerften geschickt werden. Hitler stimmte zwar zu, aber in Wirklichkeit hatte er andere Pläne. Am 4. Januar 1941 erteilte er die Weisung Nr. 21, mit der er der Wehrmacht befahl, einen schnellen Feldzug zur Niederwerfung der Sowjetunion vorzubereiten.

Diese Entscheidung entsetzte Raeder, der keineswegs mit dem Versprechen zufrieden sein konnte, daß »nach dem Sieg in Rußland alles auf den Bedarf der Luftwaffe und der Kriegsmarine konzentriert werden« könne. Die Strategie der Seekriegsleitung, die England durch einen energischen Zufuhrkrieg im Atlantik, unterstützt durch den Flankenangriff im Mittelmeer niederringen wollte, war so gut wie gescheitert. Mussolinis Truppen hatten bereits eine Reihe von Niederlagen durch die Briten erlitten, und am 11. und 12. November erhielt Mussolinis Schlachtflotte einen vernichtenden Schlag. Bei einem Angriff mit Torpedoflugzeugen auf den Flottenstützpunkt Tarent wurden drei italienische Schlachtschiffe außer Gefecht gesetzt. Wenige Wochen später war die italienische Bedrohung Ägyptens hinfällig, als General Wavells 30000 Mann Grazianis 200000 Italiener bei Sidi Barrani schlugen. Um die zusammenbrechende italienische Position im Mittelmeerraum zu stützen, war Hitler gezwungen, trotz einer drohenden Verzögerung für seinen Plan »Barbarossa« deutsche Truppen nach Griechenland und Nordafrika zu entsenden. Dennoch zeigte sich Hitler beim Neujahrsempfang für die Führer der Wehrmacht am 8. Januar 1941 davon überzeugt, daß Großbritannien nur noch durch Hoffnung auf die USA und Rußland gestützt werde. So, wie es den deutschen Armeen gelingen werde, Rußland niederzuringen, könnten Luftwaffe und Marine auch die atlantische Zufuhr Großbritanniens vielleicht schon im Juli oder August 1941 endgültig abschneiden.

Hitlers Prophezeiungen eines schnellen Sieges erschienen der U-Bootführung unrealistisch. Ende 1940 konnte Dönitz nur zwei U-Boote auf Patrouille schicken, um einen Rest an Offensive gegen England aufrechtzuerhalten. Das rauhe Wetter und die Kälte in den engen Booten waren für die Männer schwer zu ertragen. Die Umleitung der Konvois, die von den Engländern nun geschickt ausgeführt wurde, machte es für die deutschen U-Bootkommandanten schwieriger, die Geleitzüge zu finden. Aber trotz dieser schlechten Voraussetzungen gelang es den Deutschen im Dezember 1940 immer noch, 37 Schiffe zu versenken. Die durch U-Boote monatlich versenkte Tonnage war von ihrem Oktoberrekord auf 200 000 Tonnen im Dezember gesunken. Fast die Hälfte des Gesamtergebnisses des Dezembers war durch ein Rudel von 6 U-Booten am HX 90 versenkt worden. Aber während ein Konvoi attackiert wurde, konnten viele andere völlig ungehindert passieren. Am 20. Dezember beschloß die Admiralität, Geleitzüge weit nach Norden umzuleiten, weg von den Konzentrationen der U-Boote. Es wurden mehr Schiffe und Flugzeuge zur Deckung der Geleitzüge abgestellt, und im Verlaufe des Monats gingen die Angriffe zurück. Die britische U-Bootabwehr konnte befriedigt feststellen: »Die U-Boote müssen jetzt viel weiter draußen im Atlantik angreifen.«

Dönitz war sehr unzufrieden über diese Entwicklung, denn mit der Verlagerung des Operationsgebietes »wurde der Raum weiter und das Finden des Verkehrs schwieriger. Es gab weniger Feindberührung«. Er gelangte zu dem Schluß, daß er Flugzeuge brauchte. »Das Ortungsproblem erforderte dringend bessere Aufklärung. Das U-Boot selbst mit seiner äußerst begrenzten Sichtweite war das schlechteste Mittel. Die wichtigste und notwendigste Ergänzung zum U-Boot, das unser Hauptinstrument in der Schlacht war, war das Flugzeug. Hier wurde der Mangel in der Seekriegsführung mit peinlicher Klarheit enthüllt.«

Die Wurzel des Problems war Görings Weigerung, der Kriegsmarine die Aufstellung eigener Fliegerkräfte oder die Befehlsgewalt über einige Fernaufklärer der Luftwaffe zuzugestehen. »Alles, was fliegt, gehört mir«, hatte der selbstbewußte Göring schon 1933 erklärt. Seit Kriegsausbruch hatten Dönitz und Raeder versucht, die Zusammenarbeit mit der Luftwaffe zu sichern. Aber lediglich Dönitz' persönliche Kontakte zum Fliegerführer Atlantik in Mérignac bei Bordeaux, Oberstleutnant Harlinghausen, einem früheren Seeoffizier, hatten zum täglichen Flug einer einsamen FW 200 Condor über den Western Approaches geführt. Aber dieser Flug mußte aufgrund schlechten Wetters oder wegen technischer Schwierigkeiten oft abgesagt werden. Entmutigt reiste Dönitz im Dezember 1940 nach Berlin, um sich der Unterstützung durch Raeder und Generaloberst Jodl zu vergewissern. Er verlangte, daß ihm mindestens 20 Fernaufklärer vom Typ Focke-Wulf zur Verfügung gestellt werden müßten. Jodl konnte sich den Argumenten von Dönitz nicht entziehen und erwirkte einen Führerbefehl, woraufhin das Kampfgeschwader 40 mit 12 einsatzbereiten FW 200 (Condor) dem B.d.U. unterstellt wurde. Dennoch fielen die Versenkungsziffern der U-Boote im Januar auf 127000 Tonnen.

Um den Seekrieg zu verstärken, schlug Raeder die Entsendung der Überwasserflotte gegen die britischen Geleitzüge vor. Im Gegensatz zum Vorjahr bestanden auch für die deutschen Großkampfschiffe jetzt bessere Operationsmöglichkeiten. Wenn sie den Atlantik einmal erreicht hatten, konnten sie ähnlich wie die U-Boote von Frankreich aus eingesetzt werden. Das ersparte ihnen den gefährlichen Anmarschweg um England herum. Die ersten Bewegungen begannen Anfang Dezember, als der schnelle, aber wenig gepanzerte Kreuzer *Admiral Hipper* auslief, um die *Scheer* zu unterstützen, die noch im Atlantik stand. Durch hohen Kraftstoffverbrauch und störungsanfällige Maschinen hatte der Einsatz wenig Erfolg. Am Ersten Weihnachtstag 1940 stieß die *Hipper* schließlich auf einen Truppentransport, der aus 20 Schiffen bestand. Aber der Konvoi war durch mehrere britische Kreuzer gesichert, und Kapitän zur See Meisel war gehalten, einem Gefecht aus dem Wege zu gehen. Nach kurzem Feuerwechsel drehte er ab und lief den französischen Hafen Brest an. Von hier aus, so hoffte man, würde er eine ständige Gefahr für die Gibraltar-Geleitzüge bilden.

Die tief im Südatlantik stehende *Scheer* mit ihrer dreimal größeren Reichweite von 19000 Seemeilen hatte mehr Erfolg. Sie traf sich gelegentlich mit Versorgungstankern und den Hilfskreuzern *Thor* und *Pinguin*. Anfang Februar erreichte Kapitän zur See Krancke den Indischen Ozean, wo er auf der Route Australien-Kapstadt operieren wollte. Aber als er die Küste Ostafrikas hinunterfuhr, gelang es einem der drei Schiffe, die er versenkte, die Admiralität zu alarmieren. Der Flugzeugträger *Hermes* und sechs Kreuzer wurden sofort in den Indischen Ozean entsandt, um die *Scheer* zu stellen. Das Panzerschiff wurde durch das Bordflugzeug des Kreuzers *Glasgow* gesichtet, schüttelte die Royal Navy aber ab und kehrte am 1. April 1941 nach Kiel zurück. Beim erfolgreichsten Einsatz eines Panzerschiffes während des ganzen Krieges hatte die *Scheer* fast 100000 Tonnen versenkt. Auch die deutschen Hilfskreuzer störten den britischen Handel im Winter 1940/41 empfindlich. Von der *Pinguin* wurden zwei Walfangflotten der Antarktis aufgebracht, und die Phosphatinsel Nauru im Pazifik wurde von der *Komet* und der *Orion* unter Feuer genommen. »Sie sind auf allen Meeren zu finden«, hieß das Klagelied der Matrosen von Australien und Neuseeland.

Bei ihrem Vorstoß in den Atlantik Anfang 1941 versenkten die *Gneisenau* und die *Scharnhorst* 16 feindliche Schiffe. Die Begegnung mit U-124 vor den Azoren (unten) demonstrierte, wie selbstbewußt die Kriegsmarine in diesen Monaten auftreten konnte.

Damit schienen die Überwassereinheiten der Kriegsmarine zu einer echten Konkurrenz für die U-Bootwaffe zu werden. Schließlich war man bei der Seekriegsleitung bis ins Jahr 1941 hinein bei der Überzeugung geblieben, dem Großkampfschiff gehöre die Zukunft. Selbst den Zufuhrkrieg wollte man nicht allein den U-Booten und Hilfskreuzern überlassen. Denn, so hieß es in einer Denkschrift vom Juli 1940: »Der Hauptträger der ozeanischen Kriegsführung gegen die feindlichen Seeverbindungen ist *das Schlachtschiff selbst.*«

Dabei übersah die Seekriegsleitung geflissentlich, daß die deutschen Überwassereinheiten recht ängstliche Räuber sein mußten. Sie konnten immer nur nach der Taktik des »Hit and Run« operieren und mußten nach jedem Kontakt mit feindlichen Schiffen das Weite suchen, um nicht von überlegenen Kräften der Royal Navy gestellt und vernichtet zu werden. Bei der Seekriegsleitung versuchte man sich zwar lange mit dem Hinweis zu trösten, jedes Panzerschiff und jeder Kreuzer, der im Atlantik auftauchte, habe große feindliche Flottenverbände gebunden und damit eine Diversionswirkung beim Gegner erzielt, aber schließlich mußte man zugeben, daß allein die versenkte Tonnage kriegsentscheidend sein konnte.

Die Erkenntnis, daß die schweren Überwassereinheiten bei ihren Vorstößen kaum solche Erfolge erzielen können wie ein einziges U-Boot bei einer einzigen Feindfahrt, kam freilich erst später. Zunächst gab man sich weiter der Hoffnung hin, die schweren deutschen Einheiten könnten von den französischen Stützpunkten aus regelmäßige Operationen gegen die Atlantik-Geleitzüge durchführen.

Am 4. Februar 1941 wurde die *Hipper* erneut zu einem Vorstoß in den Atlantik entsandt. Dieses Mal nahm sie Südkurs, um auf der Route der Gibraltar-Geleitzüge zu operieren. Am 12. Februar fing sie die nicht geleiteten Schiffe des Sierra Leone-Geleitzuges SLS 65 ab. Die 20,3-cm-Geschütze der *Hipper* vernichteten sieben Frachter, bevor sie nach Brest zurücklief. Jetzt zeigte sich aber, daß der französische Hafen nicht nur Vorteile bot. Die Briten, die von französischen Widerstandskämpfern über alle Bewegungen im Hafen laufend unterrichtet wurden, erfuhren sofort von der Rückkehr der *Hipper*. Und da sich Brest in bequemer Reichweite der Royal Air Force befand, erfolgte am 24. Februar ein schwerer Bombenangriff. Es wurden zwar keine direkten Treffer auf der *Hipper* erzielt, aber Raeder erschien es geraten, das störanfällige Schiff zurück nach Deutschland zu holen. Unmittelbar vor der *Scheer,* die aus dem Südatlantik zurückkehrte, passierte die *Hipper* die Dänemarkstraße und lag Ende März wieder in Kiel.

Auch die beiden Schlachtschiffe *Gneisenau* und *Scharnhorst* nahmen an den Operationen in den ersten Monaten des Jahres 1941 teil. Seit den Erfolgen bei der Besetzung Norwegens hatten die beiden Schiffe sechs Monate lang in Kiel repariert werden müssen, und bei einem Ausbruchversuch im Dezember wurden die Schiffe entdeckt und kehrten in die Heimat zurück. Am 21. Januar brachen beide Schiffe erneut auf. Admiral Lütjens umging die britischen Kreuzerpatrouillen, brach durch die Dänemarkstraße und nahm Südkurs, bis er am 8. Februar den ostwärts laufenden Geleitzug HX 106 sichtete. Aber als das Schlachtschiff *Ramillies* aus dem Ersten Weltkrieg als Geleit der Handelsschiffe festgestellt wurde, mußte Lütjens befehlsgemäß abdrehen.

Am 22. Februar stießen die beiden Schlachtschiffe auf einen westgehenden Geleitzug, der sich kurz zuvor aufgelöst hatte. Sie versenkten 500 Meilen östlich von Neufundland 5 Schiffe. Lütjens, der erkannte, daß nun der Ernst der Schlacht beginnen würde, nahm Südostkurs, tankte im Mittelatlantik von einem Versorgungstanker auf und verlegte seinen Angriff dann auf die Sierra Leone-Route. Die beiden Schlachtschiffe, die von den Engländern den Spitznamen »Salmon und Glückstein« erhalten hatten, wurden dann von Trägerflugzeugen 350 Meilen nördlich der Kapverdischen Inseln entdeckt, aber Lütjens ging zurück auf die Nordatlantik-Routen. Das Geleitzugsystem war durcheinandergebracht worden, weil die Abfahrten verschoben werden mußten, bis für jeden Konvoi ein Schlachtschiffgeleit verfügbar war. Lütjens, der seine Versorgungsschiffe als Aufklärer einsetzte, ortete bald einen Geleitzug, der sich vor Neufundland auflöste. Am 15. März versenkte er 13 Schiffe.

Die Home Fleet war eingesetzt worden, um die Rückkehr von *Scharnhorst* und *Gneisenau* über die Nordroute zu blockieren, aber Lütjens, der durch den B-Dienst gewarnt war, konnte der Force H, die von Gibraltar ausgelaufen war, ebenso ausweichen wie einer U-Bootfalle der Briten. »Salmon und Glückstein« liefen schließlich am 22. März 1941 in Brest ein, und Raeder war sehr zufrieden darüber, wie unbehelligt die beiden Schiffe operiert hatten. Die beiden Schiffe hatten 115000 Tonnen versenkt, aber noch wichtiger war das Durcheinander, das sie in das Geleitzugsystem gebracht hatten.

Die Amerikaner hatten aufmerksam beobachtet, daß die *Scharnhorst* und *Gneisenau* sich ihren Küsten näherten. Churchill berichtete dem Präsidenten am 23. März über die neuesten Aktivitäten des deutschen Geschwaders. Er ergriff die Gelegenheit, die Zustimmung Roosevelts zur Reparatur des durch U-106 mit Torpedos beschädigten Schlachtschiffes *Malaya* auf einer amerikanischen Werft zu erbitten. Der Präsident konnte zustimmen, da das Pacht- und Leihgesetz im März endlich den Senat mit 60 gegen 31 Stimmen passiert hatte. Zwei Tage später wurde es vom House of Representatives verabschiedet und am 11. März 1941 von Roosevelt unterzeichnet. Churchill frohlockte: »Segenswünsche vom ganzen Britischen Empire gehen an Sie und die amerikanische Nation für diese teilnehmende Hilfe in schwerer Zeit.«

Im Griff der Blockade
9.

9.

Hitlers Weisung Nr. 23, die am 6. Februar 1941 die »Richtlinien für die Kriegsführung gegen die englische Wehrwirtschaft« nach den Forderungen der Seekriegsleitung neu formulierte, stellte für Raeder einen großen Erfolg dar. Zum erstenmal wurde hier »im Gegensatz zu unseren früheren Auffassungen« schriftlich bestätigt, daß der Tonnagekrieg das effektivste Mittel sei, um England niederzuzwingen. Die Luftangriffe hätten sich in Zukunft auf die Hafenanlagen, Werften und Schiffe zu konzentrieren und damit den Seekrieg zu unterstützen. Göring war über diese neue Wendung empört. Am 7. Februar verlangte er von Dönitz die Rückgabe des KG 40. Andernfalls, drohte er, werde er dem Geschwader die Ersatzteile sperren. Aber der B.d.U. war nicht bereit, die Luftaufklärung für die U-Boote Göring zu überlassen.

Aber während Raeder und Dönitz bei den Zwistigkeiten mit Göring bald wieder in die Defensive gerieten, brachten die wenigen Wochen zwischen der Weisung Nr. 23 und dem Beginn der Feldzüge gegen Jugoslawien und Griechenland doch beachtliche Erfolge der kombinierten See-Luftkriegführung. Die unbarmherzigen Bombenangriffe der Luftwaffe unterbrachen die Verkehrsverbindungen und zerstörten die Häfen, auf See verstärkten die Überwasserschiffe und die U-Boote der Kriegsmarine ihre Angriffe auf die atlantischen Lebensadern. Nach einem absoluten Tiefpunkt im Januar 1941 stiegen die Versenkungsziffern im Februar wieder auf über 400 000 Tonnen, wobei 39 Schiffe von U-Booten, 28 von Überwasser-Raidern, 27 durch Görings Bomber und 10 durch Minen versenkt wurden. Da die U-Bootflotte ständig verstärkt wurde, hatte Dönitz mehr einsatzfähige Boote, mit denen er dem Ausweichen der Geleitzüge begegnen konnte. Der schreckliche Blutzoll, der den Handelsschiffen abverlangt wurde, beunruhigte Churchill und das Kriegskabinett. Sie verloren Schiffe mit einer Rate von über 7 Millionen Tonnen im Jahr, mehr als dreimal so viel, wie die Werften bauen konnten.

Der ständige Rückgang der Ladekapazität wirkte sich auf das Importprogramm aus. Ursprünglich hatte man gehofft, 1941 43 Mio. Tonnen Nahrungsmittel und Rohstoffe nach England zu bringen. Aber Mitte März mußte diese Zahl um fast ein Fünftel gekürzt werden, und dann mußte eine weitere Verminderung um 5 Mio. Tonnen angeordnet werden. Die größten Kürzungen wurden bei den Rohstofflieferungen vorgenommen. Die Nahrungsmittelimporte wurden auf ein Minimum von 15 Mio. Tonnen festgelegt, aber selbst dies mußte später um fast 2 Mio. Tonnen gekürzt werden. Das bedeutete, daß mehr Vieh geschlachtet werden mußte, um die Fleischimporte zu reduzieren. Wenn die derzeitige Verlustrate anhielt, konnte die Kriegswirtschaft das Jahr 1942 nicht überdauern. »Wie gern hätte ich einen großen Invasionsversuch gegen diese maßlose Gefahr eingetauscht, die sich in Karten, Kurven und Statistiken ausdrückte«, schrieb Churchill.

Im März kam die Krise. Als Admiral Pound dem Kriegskabinett die vollen Zahlen der Schiffsverluste vorlegte, zeigte sich, daß die kombinierte Blockadetaktik der Deutschen die englische Lebensmittelversorgung erheblich reduziert hatte. Es gab inzwischen Kontrollen und Rationierungen in jedem Lebensbereich. Das kleine lederfarbene Lebensmittelkartenbuch war für jedermann der Schlüssel zum Überleben. In den 12 Monaten seit Januar 1940 waren Speck, Schinken, Butter und Zucker nicht nur rationiert worden, sondern die Ration war auch ständig verringert worden. Die meisten anderen Nahrungsmittel mit der Ausnahme von Brot waren unter fester Kontrolle. Fleisch wurde durch den Preis rationiert (jedes Kartenbuch enthielt Karten für einen Gegenwert von 2 Schilling, 2 Pence) und die Kä-

Als sich die Ernährungslage verschlechterte, machte sich in England schwarzer Humor breit. Aber eine Vergrößerung der Anbauflächen verminderte auch die Notwendigkeit von Lebensmittelimporten.

»Wie möchtest Du Dein Ei diesen Monat?«

sezuteilungen änderten sich ständig. Eier gab es kaum noch, die Zuteilung war eines in vierzehn Tagen. Der stärkste Schlag kam Anfang 1941 mit der Rationierung von Tee (magere zwei Unzen pro Person und Woche). Ein BBC-Kommentar meinte: »Hitler muß auf der Hut sein. Wenn die Engländer den Tee rationieren, sind sie zu allem bereit.«

Die Ernährungsexperten des Ernährungsministeriums waren durch diese Knappheiten nicht beunruhigt, denn sie hatten eine wöchentliche »Grunddiät« von 12 Unzen Brot, 450 g Kartoffeln, 2 Unzen Hafermehl, 1 Unze Fett, 6 Unzen Gemüse und 2,3 l Milch errechnet. Die Pläne wurden nie offiziell verwirklicht, aber man war sehr vom Brot als dem englischen Grundnahrungsmittel abhängig. Obwohl der kanadische Hartweizen für das Weißbrot über den Atlantik gebracht werden mußte, war Weißbrot während des Krieges nie rationiert. Die Ernährungsexperten des Ministeriums hatten versucht, die Weizenimporte dadurch zu verringern, daß sie die Öffentlichkeit davon überzeugten, Vollkornbrot aus englischem Mehl zu essen, aber eine umfangreiche Werbung, mit der die Verbraucher überredet werden sollten, das Graubrot zu akzeptieren, schlug fehl. Das Vollkornbrot hieß im Volksmund: »Hitlers Geheimwaffe«.

Wenn Hitler hoffte, daß die von der Blockade verursachten Entbehrungen soziale Unruhen und Defätismus in England heraufbeschwören würden, so irrte er sich. Die Schiffsverluste hatten Auswirkungen auf den Lebensstandard, aber die Bevölkerung akzeptierte die Rationierung bereitwillig. Dieser Erfolg war vor allem darauf zurückzuführen, daß Ernährungsminister Lord Woolton den richtigen Ton fand. Woolton, der ehemalige Direktor einer großen Einzelhandelsfirma, setzte alle Mittel der Werbung und der Öffentlichkeitsarbeit ein, um die Hausfrauen am Kampf gegen Hitler zu beteiligen. Eine Kampagne »Eßt mehr Kartoffeln«, die die Witzfigur »Potato Pete« groß herausstellte, brachte einen sechzigprozentigen Anstieg im Verbrauch dieses wertvollen, in England erzeugten Nahrungsmittels. Jeden Morgen um 8.15 Uhr gab die BBC den Hausfrauen ein Rezept für den Tag und Hinweise und Vorschläge für neue Nahrungsmittel und Rezepte. »Haben Sie schon Kohlblätter, Steckrübenblätter und Rettichblätter versucht, oder junges Farnkraut, das wie Spargel schmeckt?« fragte Rundfunksprecher S.P.B. Mais. Aus dem ganzen Land ging bald eine Flut von Rezepten ein, die genial waren – wenn auch kaum appetitanregend – Erfindungen wie »Ersatzspeck« aus Kopfsalat und Bratenfett, und Hunderte von Rezepten für eierlose, zuckerlose Kuchen. Es gab auch viele Vorschläge für Kartoffelmehl, feines Gebäck und selbst für »Kartoffelgerste« zum Bierbrauen.

Der Schwarzhandel hatte kaum eine Chance. Besondere Überwachungsspezialisten im Ernährungsministerium hielten strenge Ausschau nach Schwindlern und Lebensmittelhamsterern, und jede Übertretung wurde streng bestraft. Auch Restaurants der Spitzenklasse entgingen den

»Männern aus dem Ministerium« nicht. Bei jeder Mahlzeit durfte nur ein Hauptgang pro Person serviert werden. Die Öffentlichkeit hatte den Verdacht, daß Londons Luxushotels Mittel und Wege fanden, die Einschränkungen zu umgehen, aber ein amerikanisches Magazin berichtete, daß das Ritz »seinen wöchentlichen Butterverbrauch von 392 Pfund auf 77 Pfund« verringert hatte und daß das Claridges »jetzt 378 Eier in der Woche im Vergleich zu 9100 vor dem Krieg servierte«.

Parallel zu den Bemühungen, die Verteilung gerecht durchzuführen, lief eine Kampagne des Landwirtschaftsministeriums zur Erhöhung der Nahrungsmittelproduktion im Lande. Von 1939 bis 1941 wurde die Anbaufläche in England von 12 auf 17 Millionen Morgen erweitert. In den Grafschaften wurden Landwirtschaftskomitees eingesetzt, die bestimmten, welche Pflanzen angebaut werden sollten, und der Einsatz von Landmaschinen wurde nach kollektivistischen Prinzipien eingeteilt. Ein großes Heer vor freiwilligen Helferinnen, die in dicke Cord-Breeches und Jerseys gekleidet waren, wurde zur Arbeit auf den Bauernhöfen mobilisiert. Viele von ihnen tauschten Arbeitsstellen in Läden und Büros gegen die Härten des Landlebens ein.

Die Anstrengungen der Landarbeiter wurden durch Amateurgärtner ergänzt. Der Slogan »Graben für den Sieg«, der 1939 gemünzt worden war, erschien nun überall auf den Gartenzäunen. Ebenso wie private Gärten und Schrebergärten wurden öffentliche Parks und Golfplätze für den Anbau von Gemüse genutzt. Hintergärten ähnelten bald Kleinbauernhöfen mit Kaninchenställen und Hühnerausläufen. Das Gackern von Hennen war bald auch in Londons feinsten Wohnvierteln zu hören. Im Hyde Park wurden Kartoffeln und Kohl angepflanzt, und das Albert Memorial überschattete einen blühenden Garten. Infolge dieser Anstrengungen war England bald Selbstversorger für Gemüse. Waren vor dem Krieg zwei Drittel des Gesamtbedarfs an Lebensmitteln importiert worden, so war der Importanteil bis 1941 auf ein Drittel des Gesamtbedarfs reduziert worden.

Die Blockade traf auch den Nachschub an Rohstoffen, die für die Rüstungsproduktion gebraucht wurden. Es gab landesweite Altpapier- und Schrottsammlungen. Aus den Parks und von Privatgrundstücken wurden Geländer entfernt. Eine Posterkampagne proklamierte das Schlagwort »Save Our Ships«, »Spart mit unseren Schiffen.«

Das Atlantik-Komitee

Trotz aller nationalen Bemühungen, Selbstversorger zu werden, wußte der Premierminister, daß der Ausgang der Blockade letztlich nicht in den Schrebergärten und Küchen Englands, sondern auf den stürmischen Gewässern des Atlantiks entschieden würde. Am 6. März 1941 proklamierte

Churchill die »Battle of the Atlantic«: »Angesichts verschiedener deutscher Erklärungen müssen wir annehmen, daß die Schlacht im Atlantik begonnen hat. Die nächsten vier Monate sollten uns in die Lage versetzen, den Versuch zu vereiteln, unsere Lebensmittellieferungen und unsere Verbindungen mit den Vereinigten Staaten abzuwürgen. Aus diesem Grunde müssen wir die Offensive gegen das U-Boot und die Focke Wulf aufnehmen, wann und wo immer wir können.«

In der Denkschrift wurde dann die Ausrüstung von Handelsschiffen mit Katapultflugzeugen befohlen, und es wurde in Frage gestellt, ob die Eindockung der amerikanischen Zerstörer für die »zweite Verbesserungsstufe« ratsam war. Außerdem wurde angeregt, Schiffe, die schneller als zwölf Knoten liefen, »vom Geleitzugsystem zu befreien«.

Einer der wichtigsten Teile der Weisung für die Schlacht im Atlantik befaßte sich mit der Verstopfung in den britischen Häfen und Werften. »Eine Einsparung von 15 Tagen bei der Abfertigung allein wäre gleichbedeutend mit fünf Millionen Tonnen Importen oder einer Tonnage von $1^{1}/_{4}$ Mio. Tonnen der importierenden Flotte.« Vierzigtausend Mann aus den Streitkräften sollten in die Werften geschickt werden und bei der Reparatur von 800 000 Tonnen Schiffsraum mithelfen, die dort im Dock lagen. Ein Komitee aus Vertretern der Trade Division der Admiralität, des Schiffahrtsministeriums und des Verkehrsministeriums sollte sich täglich treffen und »alle aufgedeckten Störungen und Schwierigkeiten« feststellen. Alle diese Maßnahmen sollten vom »Komitee für die Schlacht im Atlantik« geführt werden. Bei dem ersten Treffen des neuen Komitees am 19. März legten die beteiligten Ministerien ihre Pläne vor, wie sie mit der Krise fertigwerden sollten. Der Erste Lord der Admiralität begrüßte es, daß die U-Boote und ihre Stützpunkte und Werften ebenso wie die Focke-Wulf-Werke und die deutschen Flugplätze zu den bevorzugten Bombenzielen der RAF zählten. Auch die verstärkten Bombenangriffe auf Brest und Bordeaux wurden gelobt, aber die Admiralität wollte noch mehr Luftunterstützung. Das Bomber Command erhielt zu seinen 31 Staffeln weitere 9, und der Einbau von ASV-Radar erhielt Vorrang. Ein gemeinsames Komitee der Navy und der RAF kam schließlich überein, daß das Coastal Command bei der Ausrüstung mit den neuen amerikanischen Langstreckenbombern vom Typ Liberator Vorrang haben sollte. Geeignete Handelsschiffe sollten in Geleit-Flugzeugträger umgebaut werden, und als Notmaßnahme sollten andere mit Katapultjagdflugzeugen vom Typ Hurricane ausgerüstet werden. Vier dieser CAM-(Catapult Armed Merchant)-Schiffe sollten bis Ende April 1941 fertiggestellt sein.

Der Premierminister drängte darauf, daß um die Haupthäfen stärkere Luftverteidigungsstellungen gruppiert werden sollten. Denn seit die Luftwaffe begonnen hatte, ihre Bombenangriffe auf Häfen und Werften zu konzentrieren, hatte sich deren Wirkung vervielfacht. Schwere und systematische Luftangriffe hatten Görings »Hafenrundflug« eröffnet: Portsmouth, Salford und Manchester wurden bombardiert, bevor sich die Bomber Liverpool und dem Clyde zuwandten, wo die Werften schwer getroffen und mehrere hundert Menschen getötet wurden. Aber es sollte noch schlimmer kommen. Die Luftwaffe verwüstete große Gebiete von Plymouth und Bristol, und Anfang Mai wurde Liverpool in sieben aufeinanderfolgenden Nächten angegriffen – es gab 2000 Tote, 7600 Obdachlose, und in den Docks wurden von 144 Liegeplätzen 69 zerstört. Tausende von Tonnen wertvoller Güter gingen verloren, als Schiffe und Lagerhäuser in Flammen aufgingen.

Aber während Göring über diese Erfolge frohlockte, waren die USA einem Kriegseintritt erneut nähergerückt. Im Januar hatten in Washington geheime Stabsgespräche stattgefunden, und am 27. März 1941 wurde bei einer Konferenz, die als ABC (America-Britain-Canada) bekannt wurde, die grundlegende strategische Doktrin zur Niederwerfung Hitlers beschlossen: »Da Deutschland das vorherrschende Mitglied der Achsenmächte ist, werden der Atlantik und der Krieg in Europa als die entscheidenden Kriegsschauplätze angesehen. Die Hauptkriegsanstrengungen der USA werden auf diesen Kriegsschauplatz gerichtet, und Operationen von US-Streitkräften auf anderen Kriegsschauplätzen werden so geführt, daß sie diese Anstrengung begünstigen.«

Ende Mai begann sich die Blockade Englands zu lockern, weil Hitler seine Bomber zur Vorbereitung des Feldzuges gegen Rußland nach Osten verlegte. Hinzu kam die wachsende Zahl der neuen Geleitschiffe, die zum Western Approaches Command stießen, in Verbindung mit den umgebauten amerikanischen Zerstörern und der Intensivierung von Patrouillen des Coastal Command. So wurde das Frühjahr 1941 ein bedeutender Wendepunkt im Kampf auf See.

Die Verstärkung der Eskort-Gruppen

Die Wende im Kriegsglück der Engländer war nicht zuletzt auf die Einrichtung des Western Approaches Command Centre in Liverpool Anfang 1941 unter der Leitung eines neuen Oberbefehlshabers, Admiral Sir Percy Noble, zurückzuführen. Nun waren die Geleitschiffkommandanten, die Geleitzug-Kommodores und die Kapitäne der Handelsschiffe alle in demselben Hafen stationiert, was zu einer bedeutenden Erhöhung der Moral und Leistungsfähigkeit führte. Der Umzug in das neue Hauptquartier in einem stark geschützten Keller unterhalb der rußigen Fassaden des Büroblocks von Derby House geschah gleichzeitig mit der Ernennung Admiral Nobles zum Oberbefehlshaber. Der fünfzigjährige Sir Percy Noble hatte den Ruf, der »bestangezogene Admiral der Royal Navy« zu sein, und es ging das Gerückt, er habe sich für seinen Gefechtsstand ein Bad mit vergoldeten Wasserhähnen einrichten lassen. Wichtiger war es hingegen, daß er seinen scharfen Verstand benutzte, um trotz des Mangels an Geleitschiffen Erfolge bei der U-Bootabwehr zu erzielen. Obwohl er sich ständig in der Defensive befand, gelang es ihm, eine taktische Neuorientierung durchzusetzen.

Das Hauptquartier der 15. Gruppe des Coastal Command der britischen Luftwaffe wurde von Plymouth ebenfalls nach Liverpool verlegt, und die enge Zusammenarbeit im Operationsraum der Western Approaches wurde dadurch verbessert, daß die Stabschefs übereinkamen, das Coastal Command operativ der Royal Navy zu unterstellen.

Anfang 1941 wurde unter Admiral Sir Percy Noble (rechts) ein neues Western Approaches Command in Liverpool eingerichtet. Zu den ersten Maßnahmen des neuen Befehlshabers gehörte eine Verbesserung der Ausbildung auf den Geleitschiffen. Die Zeichnungen (unten) waren Bestandteil dieser Kampagne.

Auf das Teamwork kommt es an

Unter Nobles Führung stieg die Moral der U-Bootabwehrkräfte. Einer seiner ersten Schritte bestand darin, die taktische Führung der Konvoisicherung den Männern auf See in die Hände zu legen. Er hatte sich davon überzeugt, daß eine zu enge Kontrolle aus dem Hauptquartier unsinnig war. An Land konnten die Lageaufzeichnungen das erforderliche Gesamtbild für Umleitungen der Geleitzüge geben, aber wenn einmal ein Gefecht begonnen hatte, mußten die Entscheidungen dem Mann an der Front überlassen werden. Damit die Eskorten beim Einsatz als einheitliches Team arbeiteten, stellte er die Schiffe unter seinem Kommando zu »Geleitgruppen« (»Escort Groups«) zusammen.

Als eine der wichtigsten Maßnahmen begann sofort eine intensive Ausbildung der Geleitschiffbesatzungen. Das war deshalb besonders wichtig, weil auf den Zerstörern, Sloops und Korvetten vor allem Offiziere der Handelsmarine, reaktivierte Reservisten und »Wochenendmatrosen« der Royal Navy Volunteer Reserve Dienst taten. Die Besatzungen hatten immer ein Rückgrat von aktiven Offizieren und Mannschaften, aber im großen und ganzen hatte die Routine der Arbeit an den Geleitzügen nicht gerade die Elite der Royal Navy angezogen.

Die März-Offensive der U-Boote sollte die erste Herausforderung für das neue Selbstbewußtsein der Eskorten darstellen. Die Schlacht wurde weiter in den Atlantik hinausgetragen, da Dönitz seine Kräfte südlich von Island konzentriert hatte, wohin nach Geheimdienstberichten die Geleitzüge mit dem besserwerdenden Wetter umgeleitet wurden. Einige der fähigsten und erfahrensten U-Boot-Asse sollten die Speerspitze der Angriffe bilden.

Die Schlacht begann am 6. März, als Prien die fernen Rauchwolken eines Geleitzuges sichtete. Es war der westwärts laufende OB 293. Die Peilsignale Priens führten Kretschmer in U-99, Matz in U-70 und Schreiber in U-95 heran.

Aber diesmal sollte sich die zunehmende Wirksamkeit der Geleitgruppen zeigen. Den Zerstörern *Verity* und *Wolverine* und den Korvetten *Arbutus* und *Camelia* gelang es, das ganze Rudel von vier U-Booten unter

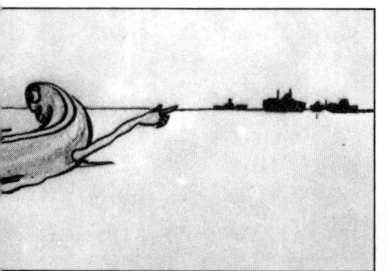

Das erste U-Boot schickt immer eine Sichtmeldung an seine Freunde

Immer sofort angreifen!

Wasserbomben! Tief unter der Meeresoberfläche halten die U-Bootmänner den Atem an. Wird der Druckkörper halten? Oder springt das Boot leck? Für Günther Prien, den »Stier von Scapa Flow«, kam im Februar 1941 die letzte Ausfahrt. Am 7. März wurde U-47 versenkt.

Wasser zu drücken und mit Wasserbomben einzudecken. Kretschmer konnte sich mit U-99 absetzen, aber Matz hatte weniger Glück. Wenn alles gutging, konnte er bis zum späten Nachmittag getaucht bleiben, aber länger würden die Batterien nicht aushalten. Die Initiative lag in den Händen der Briten, während Matz in 100 m Tiefe sein Boot ruhighielt, was bedeutete, daß die kostbaren Luftreserven nach und nach in die Tanks geblasen werden mußten, um U-70 in der Trimmung zu halten. Stunde um Stunde ging der Angriff weiter. Die Erschütterungen durch die Wasserbomben zertrümmerten alle Beleuchtungskörper, und zerbrochenes Glas bedeckte das Deck. Der Inhalt von Schränken lag überall herum. Dann sank das U-Boot plötzlich unter einem gut plazierten Wasserbombenwurf, der es steuerungslos auf über 200 m Tiefe drückte, bevor es Matz gelang, das Boot an die Oberfläche zu bringen, wo die Korvette *Arbutus* darauf wartete, es zu erledigen. Ehe das U-Boot mit zwanzig Mann an Bord endgültig sank, wurden Matz und die andere Hälfte der Besatzung gerettet.

Die anderen U-Boote hatten inzwischen ihren Angriff wieder aufgenommen. Prien hatte den Geleitzug eingeholt und begann, aufgetaucht heranzufahren, um von der Steuerbordflanke aus anzugreifen. 23 Minuten nach Mitternacht spürte Commander J. M. Rowlands auf der *Wolverine* den beißenden Geruch von Dieselabgasen, und gleichzeitig meldete sein Posten am Horchgerät Schraubengeräusche. Sekunden später wurde das phosphoreszierende Kielwasser von Priens U-47 entdeckt. Der Zerstörer setzte mit voller Kraft voraus zu einer heißen Verfolgungsjagd an. Als die *Wolverine* rammen wollte, schoß die *Verity* Leuchtgeschosse, und Prien konnte gerade noch alarmtauchen, bevor die *Wolverine* über ihn wegfuhr. Der Zerstörer warf einen Wasserbombenteppich. Fünf Stunden lang jagten die beiden Zerstörer U-47. Während der eine angriff, hielt der andere Asdic-Kontakt. Unbarmherzig folgten sie jedem Haken und jeder Kurve Priens. Ihre Anstrengungen wurden schließlich kurz nach 04.00 Uhr morgens belohnt, als ein Ölfleck an die Oberfläche kam. Eine Stunde später meldete der Posten am Horchgerät laute rasselnde Geräusche. Um 05.19 Uhr tauchte U-47 wieder auf, jedoch nur, um wieder alarmzutauchen, als Prien sah, daß die *Wolverine* ihn rammen wollte. Dieses Mal führte der volle Wasserbombenwurf zu einem gefährlich aussehenden dunkelroten Feuerschein unter Wasser. Der Schein dauerte zehn Sekunden, dann brach der Asdic-Kontakt ab. Der Stier von Scapa Flow und seine Besatzung waren gefallen.

Die Nachtoperation hatte zwei U-Boote gekostet und den Tod von Deutschlands führendem U-Boot-Helden mit sich gebracht. Zu diesem vernichtenden Schlag für die U-Bootwaffe kam eine Woche später in der Schlacht am Geleitzug HX 112 der Verlust von zwei weiteren Assen.

Der schnelle, heimwärts laufende Geleitzug, der mit nordamerikanischen Lieferungen schwer beladen war, wurde am Morgen des 16. März von Lemp in U-110 erstmals gesichtet und nachts angegriffen. Der Beginn des Angriffs wurde von Captain Donald Macintyre beschrieben, der von seinem Zerstörer HMS *Walker* das starke Geleit von sieben Kriegsschiffen der 5. Geleitgruppe führte: »Die *Erodona*, ein 10 000-Tonnen-Tanker mit Erdöl, ging in einer blendenden Flamme auf, die einen schrecklichen Feuerschein über die bewegte See warf. Dann kam die volle Detonation des Torpedotreffers. Ich hatte diese entsetzlichste aller nächtlichen Katastrophen noch nie gesehen, und auf der Brücke der *Walker* standen wir, durch ihre Grausigkeit erschüttert, schweigend da ...«

Es war unmöglich festzustellen, aus welcher Richtung der Angriff erfolgt war, und Macintyre war erleichtert, daß er in jener Nacht nicht mehr angegriffen wurde. Am nächsten Tag setzte Lemp die Fühlunghaltung fort. Am frühen Abend hatte er mit Peilsignalen ein Wolfsrudel an den Geleitzug herangeführt, zu dem auch die Asse Kretschmer und Schepke gehörten. Die erste Runde in der nächtlichen Schlacht ging an die Deutschen, als Kretschmer in einem einzigen brillant ausgeführten Angriff aus seiner »Lieblingsposition zwischen den Kolonnen« sechs Schiffe aus dem Geleitzug versenkte.

»Ich marterte mein Gehirn, um einen Weg zur Beendigung der Katastrophe zu finden«, erinnerte sich Macintyre, »unsere einzige Hoffnung war, das verräterische weiße Kielwasser eines U-Bootes zu sichten, es durch eine Jagd zum Tauchen zu zwingen und dann dem Asdic eine Chance zu geben, unsere Wasserbomben ins Gefecht zu werfen.« Nach mehreren falschen Ansätzen gelang es dem Zerstörer *Vanoc* kurz vor 1 Uhr, ein gutes Asdic-Echo aufzufangen, und während die *Walker* als Leitschiff fuhr, wurde das Echo mit Wasserbomben bepflastert. Es dauerte fast eine halbe Stunde, bis sie merkten, daß es ihnen gelungen war, U-100 zum Auftauchen zu zwingen. Der zu selbstsichere Schepke war zu spät getaucht, und die starken Unterwasserexplosionen hatten sein Boot schwer beschädigt. Er versuchte, sich heimlich über Wasser abzusetzen, aber es gab kein Entkommen. Die *Vanoc* erfaßte das U-Boot mit ihrem 286 M-Radargerät auf etwa 1000 Meter Entfernung und drehte mit voller Kraft zum Rammen. Es war der erste erfolgreiche Einsatz eines Radargerätes von Überwasserschiffen gegen U-Boote.

Wie die Überlebenden später aussagten, versagten im kritischen Moment die Dieselmotoren an Bord von U-100, aber auch mit den Elektromotoren gab es Probleme: »Der Kommandant verlor die Nerven und gab den falschen Befehl ... dann war es zu spät, das U-Boot zu wenden und einen Torpedo loszumachen, denn der Zerstörer war schon zu nahe. Einen Augenblick hat Schepke geglaubt, der Zerstörer würde am Heck von U-100 vorbeilaufen, aber er sah bald ein, daß das nicht der Fall sein würde. Er rief seiner Mannschaft den Befehl zu, das Schiff zu verlassen, und die Männer liefen mit ihren Schwimmwesten zur Brücke hinauf. Als sie erkannten, daß sie ihre 8,8-cm-Kanone nicht einsetzen konnten, machten einige Männer Anstalten, das 2-cm-Geschütz zu besetzen, aber ihre Kameraden hielten sie zurück. Sie sahen ein, daß sie gegen den Zerstörer keine Chance hatten, und befürchteten, im Wasser zurückgelassen zu werden.

Fünf Sekunden vor der Kollision stoppte die *Vanoc* alle Maschinen, und der Zerstörer rammte U-100 fast im rechten Winkel eben unterhalb des Kommandoturms. Die Seite des U-Bootes und der Turm wurden aufgeschnitten, und der Kommandant wurde zwischen der eingedrückten Seite der Brücke und dem Sehrohr eingeklemmt und zermalmt. Ein Offizier und

16. 3. 1941. Bei der Verteidigung des Konvois HX 112 zerstörte Commander Donald Macintyre (oben), dessen Geleitgruppe von dem Zerstörer *Walker* (unten) geführt wurde, U-99 und U-100.

fünf Mann wurden von der *Vanoc* gerettet. Der Kommandant wurde von dem sinkenden U-Boot in die Tiefe gezogen.«

Während die *Walker* um den Zerstörer kreiste, der nun gestoppt hatte, um seinen schwer beschädigten Bug zu inspizieren, erfaßte Macintyres Asdic-Posten ein neues Echo: »Zunächst glaubten wir, daß dies kein U-Boot sei, aber der Asdic-Posten bestand darauf, daß das Echo gut war und sich schnell verbesserte. Ich beschloß erneut anzugreifen. Um 03.43 Uhr wurden sechs Wasserbomben geworfen. Das Echo wurde achtern wiedergefunden, und das Schiff drehte auf das Echo zu, als die *Vanoc* signalisierte, daß hinter ihr ein U-Boot aufgetaucht war.«

Prien (rechts) und Schepke (Mitte) gefallen und Kretschmer (links) gefangengenommen. Das war die bittere Bilanz der Geleitzugschlachten im März 1941.

Es stellte sich heraus, daß das schwer beschädigte U-Boot Kretschmers U-99 war, das allen verzweifelten Versuchen seiner Besatzung getrotzt hatte, ein Leck abzudichten, und schnell sank. Macintyres Zerstörer fischte die Überlebenden aus dem Wasser: »Der letzte, der über die Seite kam, war offensichtlich der Kommandant, da er, während er zur *Walker* schwamm, noch seine Offiziersmütze trug. Wir sollten bald herausfinden, daß wir einen bemerkenswerten Gefangenen hatten, denn der Kommandant war Otto Kretschmer, führendes As der U-Bootwaffe, Träger des Ritterkreuzes mit Eichenlaub und nach der versenkten Tonnage erfolgreichster U-Bootkommandant.«

Dieses Mal wurden die britischen Kommandanten stürmisch begrüßt, als sie zum Stützpunkt in Liverpool zurückkehrten. Zu jedermanns Überraschung stellte sich bei Kretschmers Vernehmungen heraus, daß er nicht dem Image eines gnadenlosen Nazi-U-Boot-Asses glich. Er war »ruhig und besonnen, mehr wie ein Student als wie ein U-Bootkommandant«. Als ihm die Bombenkrater in der Nähe von Buckingham Palace gezeigt wurden, schien er ehrlich erschrocken darüber, daß seine Landsleute den Palast bombardiert hatten. Bei den Verhören kam auch zutage, in welche Starrolle die Nazipropaganda die U-Bootleute gedrängt hatte: »Die Besatzung von U-99 war von ihrer Wichtigkeit und Würde sehr überzeugt; ihr übertriebenes Selbstbewußtsein war ohne Zweifel auf die Heldenverehrung zurückzuführen, an die sich die Männer gewöhnt hatten. Sonderflüge und Blumensträuße am Bahnhof gehörten offenbar schon seit langem zu ihrem Alltag, wenn sie an Land waren . . . Schepke und seine Mannschaft sind oft fotografiert, gefilmt, interviewt und sogar mit Serenaden gefeiert worden. Sie haben im Rundfunk gesprochen und erhielten einen kostenlosen Wintersporturlaub. Während der zehn Wochen, die sie in Deutschland zubrachten, wurden sie fast pausenlos für Propagandazwecke benutzt.« Etwas zynisch schloß der britische Bericht: »Die deutsche Presse hat immer wieder in grausamer Ausführlichkeit über die Versenkung britischer Schiffe und den Tod von britischen Seeleuten berichtet. Es scheint, daß man diesen Darstellungen eine große Wirkung zuschreibt. Der Verlust Schepkes, die bitteren Umstände seines Todes und der Tod der meisten seiner Besatzungsmitglieder dürfte die Wirkung der Propaganda, für die er benutzt wurde, erheblich vermindern und eine Gegenwirkung erzeugen.«

Im Hotel *Beau Séjour* und den anderen Lieblingsplätzen der U-Bootbesatzungen, die in den letzten Monaten der Schauplatz so vieler rauschender Feste gewesen waren, herrschte eine düstere Atmosphäre, als sich die Gerüchte vom Tode der besten Asse ausbreiteten. Ihr Verlust wurde fast zwei Monate lang bis zum 2. Mai geheimgehalten, bis im Wehrmachtsbericht der knappe Hinweis auftauchte, daß »das von Korvettenkapitän Prien geführte Unterseeboot von seiner letzten Fahrt nicht zurückgekehrt sei«. In einem Tagesbefehl an die Truppe schrieb Dönitz:

»Der Held von Scapa Flow tat seine letzte Fahrt. Wir U-Boot-Männer neigen uns in stolzer Trauer und grüßen ihn und seine Männer . . . Symbol ist er uns geworden für unseren harten, unerschütterlichen Angriffswillen gegen England. Der Kampf geht weiter in seinem Geiste.«

Das Ausmaß des Rückschlages für die U-Bootoffensive zeigt sich in Dönitz' Eintragung in seinem Kriegstagebuch vom 19. März: »Mit Sicherheit kann ich im Nordraum z. Zt. nur mit 3 Booten rechnen.«

Die Versenkung von vier U-Booten in nur zehn Tagen und der Verlust von drei der besten Kommandanten, die zusammen 600 000 Tonnen Schiffsraum versenkt hatten, waren der erste größere Sieg für das Western

Approaches Command. Für Churchill war es noch mehr. »Die Vernichtung dieser drei fähigen Männer hatte eine merkliche Auswirkung auf die Weiterentwicklung des Kampfes. Wenige U-Bootkommandanten, die ihnen folgten, waren ihnen in ihrem unbarmherzigen Können und Wagen gleich ... Man kann sagen, daß die erste Runde der Schlacht im Atlantik mit einem Remis endete.«

Bismarck und *Prinz Eugen* vor dem Ausbruch in den Atlantik. Am 21. 5. 41 wurden die beiden Schiffe von der RAF in einem Fjord bei Bergen entdeckt.

Duell der Titanen 10.

10.

»Wir kämpfen bis zur letzten Granate.« *Die Bismarck in einem Funkspruch nach Berlin am 26. Mai 1941*

Die gleichzeitige Ausschaltung der drei besten Asse, Kretschmer, Prien und Schepke, im März 1941 kennzeichnete das Ende der »Glücklichen Zeit« für die U-Bootmänner. Deutschlands erfolgreichste Phase in der Atlantikschlacht, in der die monatlichen Versenkungen einen Höhepunkt von acht Schiffen für jedes in See stehende Boot erreicht hatten, war vorüber. In düsterer Stimmung fragte sich die U-Bootführung bei der Auswertung der neuen Statistiken, nach denen jetzt nur noch zwei Schiffe pro Boot und Monat versenkt wurden, ob der Feind eine neue, vernichtende U-Bootabwehrwaffe entwickelt habe. Doch die Wende im Kriegsglück in den Western Approaches war im wesentlichen durch Verbesserungen der Geleittaktik eingetreten und nicht durch einen technologischen Durchbruch. Die »Ungewißheit über die Ursachen des gleichzeitigen Verlustes der bewährtesten U-Bootkommandanten« veranlaßte Dönitz aber, »Ende März das Seegebiet südlich Islands nach Südwesten zu räumen«.

Die Entscheidung, die Wolfsrudel aus dem Flaschenhals zwischen der Rockall Bank und dem Bloody Foreland zurückzuziehen, machte es dem Western Approaches Command leichter, die Geleitzüge um die U-Boote herumzuführen. Andererseits mußten die Konvois nun immer weiter in den Atlantik hinaus geleitet werden. Der monatliche U-Bootabwehrbericht warnte: »Im Moment kann das Geleit nach Westen nur auf Kosten schwächerer Geleite erreicht werden.«

Die dringende Notwendigkeit, die Schiffahrtswege viel weiter nach Westen zu schützen, zeigte sich bald an dem Schicksal des langsamen, heimwärts laufenden Geleitzuges SC 26, der zwei Tage und Nächte lang seinen Weg durch ein Wolfsrudel von sieben Booten kämpfen mußte, bevor am 5. April sein Western Approaches-Geleit zu ihm stieß. Zehn Schiffe waren versenkt worden. Dann gelang den Geleitschiffen die Versenkung eines U-Bootes. Danach gab es bis Ende April für die U-Boote nur noch Einzelerfolge, weil es der U-Bootführung nicht mehr gelang, die Geleitzüge in den Weiten des Ozeans zu finden.

Erst auf den HX 121 konnte Dönitz wieder ein Wolfsrudel konzentrieren, das vier Schiffe versenkte. Zum Unglück für die U-Boote kam das kampfstarke Geleit dieses schnellen, nach England laufenden Geleitzugs hinzu, bevor sich die Schlacht entwickelte. Dönitz befahl, Unterwasserangriffe bei Tage durchzuführen, aber dabei konnten die U-Boote vom Asdic erfaßt werden. U-65 wurde vernichtet.

Im April 1941 war eine weitere Viertelmillion BRT aus den britischen Schiffahrtsregistern verschwunden, aber weniger als die Hälfte der Verluste dieses Monats war das Ergebnis von U-Booteinsätzen, und zwei Boote waren versenkt worden. Dadurch, daß Dönitz seine Kräfte weiterhin im Westen ansetzte, wo die Geleitzüge weniger gut durch See- und Luftpatrouillen geschützt waren, bekam Island zunehmende strategische Bedeutung. In Hvjalfjord an der rauhen Westküste wurde ein Stützpunkt zum Auftanken der Geleitgruppen eingerichtet, der ihre Reichweite im Atlantik erheblich erhöhte. Das RAF Coastal Command schickte Staffeln von Lockheed Hudsons, die die veralteten Fairey Battles ablösen sollten, die unter schwierigen Wetterbedingungen von der rauhen Lava der isländischen Flugplätze aus operierten. Als die neuen Flugzeuge im Juni 1941 eintrafen, konnten die Geleitzüge auf nördliche Routen gelenkt werden. Die Hudsons mit ihrem Aktionsradius von 500 Meilen konnten ihnen nahezu während der Hälfte ihrer Reise über den Atlantik Luftdeckung geben. Gleichzeitig wurden die Luftpatrouillen in den Western Approaches mit alten Whitley- und Wellington-Bombern verstärkt, die das Bomber Command widerstrebend für diesen Zweck abgestellt hatte. Der Aktionsradius dieser Bomber war freilich begrenzt, und die einzigen verfügbaren Langstreckenflugzeuge waren die in Nordirland stationierten Flugboote. Mit den neu eingetroffenen PBY-Catalinas aus dem Pacht-Leihabkommen mit den Vereinigten Staaten konnte die Luftdeckung bald über 700 Meilen hinaus ausgedehnt werden. Aber ebenso wie die großen Sunderland-Flugboote, die die meisten Fernpatrouillen flogen, führten auch die Catalinas nur eine kleine Ladung Wasserbomben mit. Das Flugzeug war noch keine wirksame Waffe gegen das U-Boot, und Dönitz' Besatzungen nannten die plumpen Flugboote »müde Hummeln«. Aber selbst wenn ihr Stich nicht scharf war, tauchten die meisten U-Bootkommandanten doch blitzschnell, wenn sie ein Flugboot am Horizont ausmachten. Darin bestand der eigentliche Erfolg der Flugzeugpatrouillen, die wesentlich dazu beitrugen, daß die U-Bootrudel aus den Western Approaches verschwanden.

Als das Komitee für die Schlacht im Atlantik Ende April die Gesamtlage überprüfte, hatte es dennoch keinen Grund zum Optimismus. Die Wolfsrudel waren zwar aus den Western Approaches vertrieben, aber die Versenkungen waren noch immer viel höher als der Neubau, und die kumulierte Wirkung auf Englands Importe wurde immer bedrohlicher. Das Ernährungsministerium warnte vor »einer bedauernswerten Verschlechterung der Ernährung«, und es wurde ein Notprogramm organisiert, um Frachtraum zu sparen. Knochenfreies Rindfleisch, Kondensmilch und Trockenei tauchten auf, begleitet von einem Strom neuer Rezepte von der »Küchenfront«.

Das Kriegskabinett wußte sehr wohl, daß das Land der deutschen Blockade nicht unbegrenzt standhalten konnte, und versuchte, eine sofortige Erhöhung der amerikanischen Pacht-Leihhilfe zu erreichen. Die Briten legten erneut eine lange »Einkaufsliste« vor, in der noch mehr Flugzeuge, Nahrungsmittel, Handelsschiffe und Munition verlangt wurden. Außerdem wurde vereinbart, daß britische Handels- und Kriegsschiffe in US-Werften repariert werden konnten. Am 2. April telegrafierte Roosevelt: »Ich habe Mittel für den Bau von 58 zusätzlichen Helligen und von 200 zusätzlichen

Schiffen angewiesen.« Churchill aber drängte auf sofortige Unterstützung durch die US-Navy im Atlantik. »Das U-Boot zu schlagen ist einfach eine Frage von Zerstörern und Geleitschiffen, aber wir sind so angespannt, daß wir nur ein Loch mit dem anderen stopfen können«, schrieb er und bat gleichzeitig um zehn Kutter der US-Küstenwache.

Während Churchill zuversichtlich war, daß die Blockade mit zusätzlicher US-Hilfe gebrochen werden könnte, waren die amerikanischen Stabschefs nicht überzeugt, daß England das Jahr 1941 überstehen würde. Sein Überleben war nicht nur durch die Seeblockade und Luftangriffe bedroht: In Nordafrika hatten Rommels Panzerdivisionen die britische Armee bis

Nach der Verabschiedung des Leih- und Pachtgesetzes am 11. 3. 41 begann die amerikanische Rüstungsindustrie systematisch für die Bedürfnisse Großbritanniens zu arbeiten. In Kalifornien (Bild links) wurden Lockheed Hudsons für das Coastal Command zusammengebaut, die der U-Bootjagd dienen sollten. Britische und amerikanische Militärs überlegten bereits, wie die amerikanische Flotte im Ostatlantik und im Bereich von Gibraltar eingesetzt werden könnte.

nach Tobruk zurückgeworfen. In Griechenland waren die britischen Truppen von der deutschen 12. Armee aufgerollt worden und mußten schleunigst evakuiert werden. Die Geleitzugrouten um die Azoren wurden zunehmend von U-Booten angegriffen. Averell Harriman, Roosevelts Vertrauter in London, warnte den Präsidenten: »England blutet aus. Ich hoffe in unserem eigenen Interesse, daß unsere Navy direkt eingesetzt werden kann, bevor unser Partner zu schwach ist.«

Am 11. April 1941 hatte die US-Navy ihre ersten scharfen Schüsse abgegeben, als der Zerstörer *Niblack* ein Asdic-Echo mit Wasserbomben beworfen hatte, während er Überlebende von einem torpedierten Handelsschiff rettete. Zum Leidwesen Churchills führte der Zwischenfall nicht zu einer sofortigen amerikanischen Verwicklung in den Krieg. Das Widerstreben des Präsidenten, zu handeln, enttäuschte Admiral Stark, den Chief of Naval Operations, der insgeheim geplant hatte, vom 1. April 1941 an »die Schiffe im Atlantik bis nach England zu geleiten«. Eine hohe Delegation unter Admiral Ghormley war nach England entsandt worden, um die Beziehungen zur Admiralität zu festigen und den Aufbau eines US-Marinestützpunktes in Nordirland vorzubereiten. Stark hatte das Atlantik-Geschwader durch die Verlegung dreier Schlachtschiffe, eines Flugzeugträgers und eines Zerstörer-Geschwaders aus dem Pazifik verstärkt. Der Präsident befürchtete aber, daß der Kongreß ihm die Vollmacht verweigern würde, Geleitzüge eskortieren zu lassen.

Hitler, der unmittelbar vor dem Angriff auf die Sowjetunion jede Auseinandersetzung mit den Vereinigten Staaten vermeiden wollte, war äußerst vorsichtig. Die Seekriegsleitung hatte zwar Ende März durchsetzen können, daß die Kriegszone bis vor die Küsten Grönlands ausgedehnt wurde. Aber alle deutschen Marinekräfte hatten Befehl erhalten, jeden Zwischenfall mit US-Kriegsschiffen zu vermeiden. Auch die Besetzung Grönlands durch die Amerikaner, bei der eine deutsche Wetterstation an der Ostküste verlorenging, und die Ausweitung ihrer Patrouillenfahrten bis in den mittleren Atlantik veranlaßten Hitler nicht, seine Haltung zu ändern. Als Raeder am 15. April darauf drängte, amerikanische Handelsschiffe nach der Prisenordnung angreifen zu dürfen, lehnte Hitler dies ebenso ab wie eine Verletzung der panamerikanischen Sicherheitszone. Im Gegensatz zur Seekriegsleitung war man in der Umgebung Hitlers 1941 noch keineswegs bereit, den Kriegseintritt der USA als unvermeidliche Entwicklung in die Planungen einzubeziehen.

Die Engländer wiederum waren über Roosevelts Vorsicht enttäuscht. Der monatliche Bericht über die Schiffsverluste wurde nicht mehr veröffentlicht, weil er die traurige Wahrheit enthüllte, daß für jedes neu gebaute britische Schiff drei versenkt worden waren. Die Aussichten waren so düster geworden, daß der Premierminister in der letzten Aprilwoche resigniert schrieb: »Wenn Sie überlegen, wie leicht es ist, Schiffe auf See zu versenken, und wie schwer es ist, sie zu bauen, und wenn Sie sich klarmachen, daß wir nie weniger als 2000 Schiffe auf See und 300 bis 400 in der Gefahrenzone haben – und wenn Sie an die großen Armeen denken, die wir im Osten verpflegen und verstärken und an den weltweiten Verkehr, den wir fortführen müssen – wenn Sie an alles dies denken, können Sie sich dann wundern, daß die Schlacht im Atlantik den ersten Rang in den Gedanken derjenigen einnimmt, auf deren Schultern die Verantwortung für den Sieg ruht?«

Unternehmen Rheinübung

Zwei Wochen nachdem der Flottenchef, Admiral Günter Lütjens, mit der *Scharnhorst* und *Gneisenau* in Brest festgemacht hatte, erhielt er Befehl, sich auf der *Bismarck* einzuschiffen, die gerade sechs Monate Versuchsfahrten in der Ostsee abgeschlossen hatte.

Das Unternehmen »Rheinübung« sollte die bisher größte Operation von deutschen Überwassereinheiten in diesem Krieg werden. An diesem Kraftakt sollten neben der *Bismarck*, dem Stolz der Kriegsmarine, auch der neue Schwere Kreuzer *Prinz Eugen*, die *Gneisenau*, mehrere U-Boote, Troßschiffe und Begleittanker teilnehmen. Sogar der Kommandant der *Tirpitz*, der seine Mannschaft erst wenige Wochen geschult hatte, wollte mit von der Partie sein. Aber Lütjens lehnte dieses Angebot ab. Die Aufgabe des Flottenchefs sollte darin bestehen, mit den Schlachtschiffen auf dem Umweg über Norwegen und die Dänemarkstraße in den Atlantik durchzubrechen und die Geleitzüge zu vernichten. Im Gegensatz zu früheren Aufträgen sollten die Schlachtschiffe nicht mehr flüchten, wenn sie entdeckt wurden, aber sie sollten sich auch nicht auf den »Kampf mit gleichwertigen Gegnern« einlassen. »Lediglich die Bindung eines einzelnen Schlachtschiffes, wenn dieses als Deckung bei einem Geleitzug fährt, kommt in Frage . . .« Aber: »Falls Kampf unvermeidbar, ist er unter vollem Einsatz durchzuführen.«

Die *Bismarck* allein hatte eine beträchtliche Kampfkraft. Als eines der größten Kriegsschiffe der Welt hatte sie vier 38-cm-Zwillingsgeschütztürme und eine Sekundärbewaffnung von sechs 15-cm-Geschütztürmen. Spezielle Panzerung vom Typ Krupp »Wotan« schützte ihre Decks und ihren Rumpf. Sie war auch so ausgeklügelt unterteilt, daß man sie für nahezu »unsinkbar« hielt. Feindliche Granaten und Torpedos würden einfach abprallen.

Hitler war wegen des Unternehmens besorgt, aber er akzeptierte schließlich, daß ein Durchbruch ausgeführt werden mußte, bevor die Nächte zu kurz wurden. Er zögerte jedoch, Raeder die endgültige Erlaubnis zu geben. Es beunruhigte ihn, daß das größte und neueste militärische Symbol des Reiches aufs Spiel gesetzt werden sollte. Auch Admiral Lütjens hatte Zweifel, die sich noch steigerten, als er erfuhr, daß die *Gneisenau* von der RAF außer Gefecht gesetzt worden war. »Ich bin mir darüber klar«, vertraute er einem Freund an, »daß ich mich ... früher oder später opfern muß. Ich habe mit meinem privaten Leben abgeschlossen, und ich bin entschlossen, die mir zugefallene Aufgabe ehrenvoll so oder so zu lösen.«

Andererseits mußte die Seekriegsleitung befürchten, daß die Bedingungen für die deutschen Überwassereinheiten durch die zunehmende Luftüberwachung in der Dänemarkstraße und im Atlantik im Verlauf der Monate immer schlechter werden würden, und die umfangreichen Vorbereitungen für die »Rheinübung« waren bereits weit fortgeschritten. Die fünf Tanker und zwei Troßschiffe waren auf dem Weg zu abgelegenen Treffpunkten. Sie sollten zu den Wetterschiffen stoßen, die über den Atlantik verteilt waren, um Wettervorhersagen für das Unternehmen zu machen. Am 12. Mai besuchte Hitler Lütjens und seinen Stab an Bord der *Bismarck*, die vor dem Ostseehafen Gotenhafen vor Anker lag. Jedermann vermied es peinlich, über das kommende Unternehmen zu sprechen. Nachdem das Schlachtschiff ausgelaufen war, machte Raeder zwei Tage lang keine Meldung darüber, um zu verhindern, daß Hitler noch einen Gegenbefehl gab.

Zu dieser Zeit war der britische Marine-Geheimdienst schon vorgewarnt, daß ein großes Unternehmen im Gange war. Von Nordnorwegen war starker Funkverkehr aufgefangen worden, und im Gebiet Jan Mayen,

Düstere Vorahnungen beschäftigten Admiral Lütjens, ehe er mit der *Bismarck* zum Unternehmen »Rheinübung« aufbrach. Das Aufklärungsfoto eines RAF-Piloten vom 21. 5. 41, das die *Bismarck* im Grimstadfjord zeigte, gab der Admiralität Gewißheit, daß ein größeres Unternehmen bevorstand.

Island und Grönland nahmen deutsche Aufklärungsflüge zu. Die aufgefangenen Enigma-Signale konnten noch nicht gelesen werden, aber aus dem starken Funkverkehr schloß man, daß ein Ausbruch starker Kräfte bevorstand. Da die *Scharnhorst* und *Gneisenau* noch in Brest festlagen, sagte das Operation Intelligence Centre der Admiralität einen Vorstoß der *Bismarck*, möglicherweise in Begleitung der *Tirpitz* voraus. Am 18. Mai informierte Admiral Tovey, der Befehlshaber der Home Fleet, den Kreuzer *Suffolk*, der in der Dänemarkstraße am Rande des grönländischen Packeises patrouillierte, daß feindliche Kriegsschiffe zu erwarten seien. 48 Stunden später, am 20. Mai, erhielt die Admiralität ein Telegramm höchster Dringlichkeit von Captain Denham, dem britischen Marineattaché in Stockholm:

»Kattegat, heute, 20. Mai um 15.00 Uhr, zwei große Kriegsschiffe, begleitet von drei Zerstörern, fünf Begleitschiffen, zehn oder zwölf Flugzeugen Marstrand Kurs Nordwest passiert.«

Am nächsten Morgen lag Lütjens Kampfgruppe sicher im Korsfjord bei Bergen. Zu dieser Zeit wußte er schon, daß sein Geschwader entdeckt worden war, weil die Offiziere des B-Dienstes an Bord des Schlachtschiffes gemeldet hatten, daß britische Flugzeuge den Befehl erhielten, nach »zwei Schlachtschiffen auf Nordkurs« zu suchen.

Um 13.15 Uhr wurden die *Bismarck* und *Prinz Eugen* aus 8000 m Höhe von einer Aufklärungs-Spitfire gesichtet. Die Admiralität handelte sofort.

Um Mitternacht liefen der Schlachtkreuzer *Hood* und das nagelneue Schlachtschiff *Prince of Wales*, das noch zivile Techniker der Vickers Armstrong-Werft an Bord hatte, mit sechs Zerstörern in Richtung Dänemarkstraße. Der Kreuzer *Norfolk* sollte sein Schwesterschiff *Suffolk* ablösen und in der Dänemarkstraße patrouillieren. Die Lücke zwischen Island und den Färöern wurde von den Kreuzern *Manchester* und *Birmingham* gedeckt. Der Schlachtkreuzer *Repulse* und der neue Träger *Victorious*, die sich als Geleit für einen Truppentransport von 20 000 Soldaten in den Nahen Osten klar zum Auslaufen machten, erhielten Befehl, bei der Home Fleet zu bleiben.

Während die Home Fleet in Scapa Flow ungeduldig auf genaue Nachrichten über den Feind wartete, machte eine dichte Wolkendecke 24 Stunden lang alle Flüge über der Nordsee unmöglich. Erst am Abend des 22. Mai meldete Commander G. A. Rotherham von einem Aufklärungsflug, daß die Fjorde um Bergen leer waren. Die *Bismarck* und *Prinz Eugen* standen schon weit draußen in der Norwegen-See. Admiral Tovey beschloß sofort, mit der Home Fleet in See zu stechen, um eine Position in den Seepassagen nördlich und südlich von Island einzunehmen. Auch die *Suffolk* stand wieder in der Dänemarkstraße, nachdem sie in Hvalfjord Brennstoff ergänzt hatte.

An Bord von *Bismarck* und *Prinz Eugen* herrschte Optimismus, da die letzten Aufklärungsmeldungen der Luftwaffe besagten, daß die britische Flotte noch in Scapa Flow lag. Lütjens beschloß, Zeit zu sparen und nicht aufzutanken, sondern schnell auszubrechen, um die nördlich Islands gemeldeten Nebelbänke auszunutzen. Den ganzen Tag und die Nacht des 23. Mai hindurch lief die *Bismarck* am Rande des arktischen Eises entlang mit 24 Knoten nach Westen. Das schlechte Wetter deckte ihre Sturmfahrt, und die Offiziere des B-Dienstes an Bord meldeten keine verdächtige Zunahme des britischen Funkverkehrs. Aber am Abend des 23. Mai 1941 wurde die Ungewißheit der Admiralität beendet. Konteradmiral Wake Walker, der das 18. Kreuzergeschwader von seinem Flaggschiff *Norfolk* aus befehligte, hatte gerade seine beiden Schiffe vom Rande des Packeises auf das Minenfeld westlich von Island zugedreht, als das Radar der *Suffolk* ein Ziel erfaßte. Minuten später tauchte die *Bismarck* in 7 Meilen Entfernung aus dem leichten Nebel auf. Sie steuerte ebenfalls südwestlichen Kurs. Sofort wurde eine Funkmeldung höchster Dringlichkeit abgesetzt: »Ein Schlachtschiff, ein Kreuzer in 020 Grad in Sicht, Entfernung 7 Meilen, Kurs 240 Grad.« Die Jagd war los.

Das deutsche Schlachtschiff eröffnete das Feuer auf die *Norfolk* und zwang sie, hinter einem Rauchschleier abzudrehen. Es entwickelte sich ein Versteckspiel. Die *Bismarck* versuchte, ihre Beschatter abzuschütteln, indem sie in Nebelbänke hineinfuhr. Sie entkam jedoch nicht dem Radar der *Suffolk*, und die beiden Kreuzer blieben eben außerhalb der Reichweite der

Geschütze des Schlachtschiffs in Fühlung. An Bord der *Bismarck* entschlüsselten die Offiziere des B-Dienstes geschäftig die Meldungen der *Norfolk* und andere britische Funksprüche und waren so in der Lage, Lütjens ein genaues Bild von den ausgedehnten Operationen zu geben, mit denen die Admiralität ihn einkreisen wollte.

In Gibraltar hatte Admiral Somervilles Kampfgruppe H Befehl erhalten, in den Atlantik auszulaufen. Die Schlachtschiffe *Ramillies* und *Revenge* waren angewiesen, ihre Halifax-Geleitzüge zu verlassen und nach Osten zu laufen. Die Home Fleet dampfte in Richtung Grönland. Um die Südeinfahrt der Dänemarkstraße zu blockieren, sandte Admiral Tovey sein schnellstes Geschwader unter dem Kommando von Vizeadmiral Lancelot Holland auf dem Schlachtkreuzer *Hood*, dem Stolz der Royal Navy, in Begleitung der *Prince of Wales* voraus. Die acht 38-cm-Geschütze der *Hood* hatten das gleiche Kaliber wie ihr modernerer Gegner, aber die Panzerung des Schlachtkreuzers war der Geschwindigkeit geopfert worden. Die Schlacht im Skagerrak im Jahre 1916 hatte die tödliche Schwäche dieser Schlachtkreuzerklasse enthüllt, von der die *Hood* einer der letzten war. Trotz ihrer eleganten Silhouette entsprach die 23 Jahre alte *Hood* den jetzigen Maßstäben nicht mehr. Dauernde Kreuzfahrten vor dem Krieg als Paradestück der Royal Navy hatten größere Umbauten zur Verbesserung der Panzerung verhindert.

Holland bezog die relative Schwäche der *Hood* gegenüber der *Bismarck* in seine Überlegungen ein, während er sich, geführt von den Meldungen der *Suffolk*, Lütjens Geschwader näherte. Da er ein Nachtgefecht vermeiden wollte, bei dem sein Schiff seiner Meinung nach im Nachteil gewesen wäre, und weil die *Prince of Wales* technische Schwierigkeiten mit ihrem vorderen 35,6-cm-Vierlings-Geschützturm hatte, hatte er den Kurs nach Nordwesten geändert, um den Feind erst im Morgengrauen zu treffen.

Als die *Hood* die *Bismarck* schließlich am 24. Mai kurz vor 6 Uhr sichtete, mußte Holland feststellen, daß er sich taktisch im Nachteil befand. Das deutsche Geschwader lag fast genau voraus, so daß seine beiden Schiffe nur ihre vorderen Geschütztürme gegen die vollen Breitseiten des Feindes einsetzen konnten. Das britische Geschwader war außerdem dadurch behindert, daß nur fünf der sechs vorderen 35,6-cm-Geschütze der *Prince of Wales* gefechtsklar waren. Hollands Absicht war es wahrscheinlich, seine überlegene Geschwindigkeit auszuspielen, um die Entfernung zu verringern. Daran mußte ihm gelegen sein, weil die über große Entfernung steil einfallenden Granaten eine größere Gefahr für seine schwache Horizontalpanzerung dargestellt hätten. Allerdings nahm er fälschlicherweise an, daß die *Bismarck* das führende Schiff sei, und befahl, das Feuer auf dieses Schiff zu konzentrieren. In Wirklichkeit hatten die deutschen Schiffe ihre Position im Dunkeln gewechselt, weil das vordere Funkmeßgerät der *Bismarck* nicht funktionierte.

Die Jagd beginnt! Am 23. 5. 41 um 20.15 Uhr stellte der Kreuzer Suffolk (rechts) in der Dänemarkstraße Fühlung mit der *Bismarck* und der *Prinz Eugen* her.

Die *Suffolk* und ihr Schwesterschiff *Norfolk* folgten dem deutschen Geschwader außer Reichweite der schweren Geschütze und hielten Kontakt mit Hilfe ihres Radars. Gleichzeitig stürmten unter dem Kommando von Admiral Holland der berühmte Schlachtkreuzer *Hood* (unten) und die *Prince of Wales* heran, um die deutschen Schiffe zu stellen, ehe sie die Atlantikrouten angreifen konnten.

Der Verlust der Hood

Am 24. Mai 1941 um 5.53 Uhr morgens feuerte die *Hood* von ihren vorderen Türmen die Eröffnungssalve ab. Das Ziel war die *Prinz Eugen*, und nicht die *Bismarck*. Der Fehler des Flaggschiffes wurde vom Artillerieoffizier der *Prince of Wales* entdeckt, der seine Geschütze auf das zweite Schiff gerichtet hatte. Von Admiral Holland wurde kein Gegenbefehl gegeben. Er hat mit einiger Gewißheit die *Bismarck* überhaupt nicht angegriffen.

Der Signalgast Albert Edward Briggs beobachtete an der Seite Admiral Hollands und seines Stabes das majestätische Geschützduell. »Als die *Hood* das Feuer eröffnete, drehte die *Prinz Eugen* ab, aber es wurde angenommen, daß die *Bismarck* abdrehte. Dies erriet ich aus einer Unterhaltung zwischen dem Admiral und dem Kommandanten. Wir änderten den Kurs um 30 Grad und gingen auf 12 Meilen Entfernung heran ... Die *Bismarck* eröffnete das Feuer erst, als wir schon etwa 4 oder 5 Salven abgefeuert hatten. Und dann traf sie uns, laut unserem Geschwader-Artillerieoffizier ›an der Steuerbordseite des Bootsdecks achtern‹, wodurch ein Feuer in den Bereitschaftsmagazinen für die 10,2-cm-Munition ausbrach.«

Prinz Eugen und *Bismarck* hatten ihr Feuer auf die *Hood* konzentriert. Als die dritte Salve der *Bismarck* auf der *Hood* einschlug, nahm Oberge-

Das Ende der *Hood*. Von der Brücke der *Prinz Eugen* beobachtet Kapitän z. S. Brinkmann (links) die Salven der *Bismarck* (unten), in deren Feuer die *Hood* explodiert ist (rechts).

freiter Robert Tilburn unter der vorderen Brücke Deckung: »Es brach ein Feuer aus, das in sehr hellen Flammen brannte, eine lila Farbe mit wenig Rauch. Es gab ziemlich kleine Explosionen, wie von Feuerwerkskörpern. Ich hörte die Explosionen, konnte aber keine Auswirkungen erkennen. Der Befehl zum Feuerlöschen wurde gegeben, und dann wegen explodierender Munition widerrufen. Nachdem das Feuer eine gute Weile gebrannt hatte und insgesamt etwa sechs Salven abgefeuert worden waren, wurden wir, als wir nach backbord drehten, irgendwo getroffen. Das Schiff bebte, und eine Menge Trümmer und Leichen fielen überall auf die Decks.«

Die fünfte Salve der *Bismarck* lähmte die *Hood*, und zumindest eine der Granaten durchschlug das ungenügend gepanzerte Deck mittschiffs und traf das 10,2-cm-Magazin. In Sekunden breitete sich ein gewaltiges Feuer bis in das hintere 38,1-cm-Magazin aus. Von Bord der *Prince of Wales* beobachtete der Gefreite Usher, was folgte: »Mittschiffs schien alles in die Luft geschleudert zu werden, das Schiff war umgeben von gelbem Rauch . . . Das Oberdeck schien Blasen zu werfen, als ob es kochte. Es brodelte wie ein Ei in der Pfanne . . . Als nächstes sah ich, wie das Achterdeck in die Luft flog und erkannte die Schrauben. Dann verschwand das Achterdeck, und ich konnte nur noch Rauch sehen.«

Auf der Brücke wurde Briggs Zeuge der letzten Augenblicke des Schlachtkreuzers: »Es gab eine fürchterliche Explosion. Der Wachoffizier

sagte dem Admiral, daß der Kompaß ausgefallen sei, und der Admiral befahl, an das hintere Ruder zu gehen. Währenddessen hatte die *Hood* sechs bis sieben Grad Schlagseite nach Steuerbord und kurz nachdem der Admiral gesprochen hatte, krängte sie etwa 25 Grad nach Backbord. Die Besatzung versuchte wegzukommen – mit Besatzung meine ich die Männer auf der Brücke –, aber der Admiral machte keinerlei Anstalten zu gehen. Ich ging durch die Steuerbordtür hinaus, und dort stand der Navigator genau vor mir und der Geschwader-Artillerieoffizier genau vor ihm. Ich war gerade aus der Tür herausgekommen, und das Wasser stand schon bis zum Kompaßhaus. Ich erinnere mich an nichts weiter, bis ich mich an der Oberfläche wiederfand. Der Bug der *Hood* stand in etwa 50 Metern Entfernung senkrecht im Wasser, und ich sah auf die Unterseite des Schiffes.«

Zwei Stunden später fischte ein Zerstörer drei Überlebende auf, jeden auf einem eigenen Floß: Briggs, Tilburn und Fähnrich Dundas. Die restliche Besatzung von 95 Offizieren und 1324 Mann war verschwunden.

Die *Prince of Wales* mußte scharf den Kurs ändern, um die treibenden Wrackteile der *Hood* zu umfahren. Nun war sie dem konzentrierten Feuer beider deutscher Schiffe ausgesetzt. Nach wenigen Minuten wurde sie von einer Salve der *Bismarck* getroffen, und eine 38,1-cm-Granate tötete oder verletzte alle auf der Brücke, mit Ausnahme des Kommandanten. Die 20,3-cm-Geschütze der *Prinz Eugen* hatten drei Treffer erzielt, als der hintere Geschützturm des britischen Schlachtschiffes blockierte und Captain Leach, der sich nun auf der hinteren Kommandobrücke befand, beschloß, sein Schiff durch den Abbruch des Gefechtes zu retten. Um 6.13 Uhr zog sich die *Prince of Wales* hinter einem Rauchschleier zurück.

Die Falle schließt sich

An Bord der *Bismarck* herrschte Jubel. Viele Matrosen waren, die Gefahr mißachtend, die Aufbauten an Backbord hinaufgeklettert. Der Matrose Herbert Manthey berichtet, daß Hurragebrüll ausbrach, »als von der Brücke bekanntgegeben wurde, daß der Feind die größten britischen Schlachtschiffe waren. Gleichzeitig wurde bekanntgegeben, daß die *Hood* versenkt war . . . und die *Prince of Wales* abgedreht hätte. Bei Gefechtsende erfuhren wir, daß die *Bismarck* drei Treffer erhalten hatte . . . Einer lag an der Seite des Schiffes (am Bug). Der zweite ging durch das Beiboot an Steuerbord und detonierte im Wasser. Der dritte war in den Ölbunker an Backbord gegangen.« Diese Beschädigungen beeinträchtigten die Kampffähigkeit der *Bismarck* nicht, aber der Ölverlust und die dringende Notwendigkeit, den Bug zu reparieren, zwangen Lütjens, die Geschwindigkeit auf 24 Knoten zu reduzieren. Nachdem er die ausführlichen Meldungen über die Beschädigungen erhalten hatte, erkannte er, daß er die Operation abbrechen mußte. Um 8.00 Uhr unterbrach er die Funkstille und meldete, daß er St. Nazaire anlaufen wolle.

In diesem Augenblick stand der Hauptteil der britischen Flotte noch 300 Meilen entfernt. Bei 19 großen Kriegsschiffen, die über den Atlantik aus verschiedenen Richtungen aufeinanderzuliefen, war es für Admiral Tovey entscheidend, daß die *Prince of Wales* und Wake Walkers fühlunghaltende Kreuzer die Verbindung nicht verloren. Das Radar der *Suffolk* arbeitete gut. Sie hatte gemeldet, daß die Geschwindigkeit der *Bismarck* leicht abgefallen war und daß das feindliche Geschwader nun auf einem südlicheren Kurs war. Tovey erkannte, daß die Deutschen ihm noch entgehen konnten, wenn es ihm nicht gelang, ihre Marschgeschwindigkeit zu verringern. Zu diesem Zweck schickte Tovey den Flugzeugträger *Victorious* in Begleitung des 2. Kreuzergeschwaders mit voller Kraft voraus, um einen Luftangriff zu starten.

Kurz nach 6 Uhr nachmittags versuchte Lütjens, Wake Walkers fühlunghaltende Kampfgruppe dadurch aus der Fassung zu bringen, daß er sich ihnen entgegenstellte. Er eröffnete das Feuer, um das Absetzen der *Prinz Eugen* nach Süden zu decken. Später am Abend, als sich die Kraftstofflage verschlechtert hatte, nahm Lütjens Kurs auf Brest. Er bat um einen U-Boot-Riegel, der, quer über seinen Kurs gelegt, die Verfolger aufhalten sollte.

Die Jagd über den Mittelatlantik ging den ganzen Nachmittag und Abend weiter, bis die *Victorious* nahe genug war, um einen Luftangriff zu starten. In dickem Wetter starteten 9 Swordfish-Torpedobomber der 25. Staffel des Fleet Air Arm unter dem Kommando von Lieutenant Commander Esmonde, gefolgt von einer Kette Fulmar-Jägern als Geleitschutz. Sie gingen in der dunklen Wolkendecke auf südwestlichen Kurs. Der Staffelbericht vermeldet: »Radar zeigte Schiff voraus und unterhalb, infolgedessen brach die Staffel durch die Wolkendecke, um Angriff vorzutragen. Schiff sofort als Kutter der Küstenwache der Vereinigten Staaten erkannt. *Bismarck* beobachtete Flugzeuge, als sie die Wolkendecke durchstießen, Entfernung 6 Meilen, und eröffnete Feuer mit Flugabwehrkanonen.«

Der Kutter *Modoc* der US-Küstenwache, der nach Überlebenden eines Geleitzuges suchte, sah sich plötzlich in das *Bismarck*-Drama verwickelt. Die Swordfish-Doppeldecker mit ihren Torpedos unter dem Rumpf stießen auf die verblüffte amerikanische Besatzung hinunter, bevor Esmonde den Fehler erkannte und wieder aufstieg. Die Kanoniere der *Bismarck* waren nun alarmiert, als Esmondes Flugzeuge sich erneut für den Angriff formierten: »Flugzeuge gingen hinter eine Lücke in den Wolken und sahen die *Bismarck*, die in dem Augenblick eine Salve abfeuerte. Ein roter Schein war voraus zu sehen, geschätzte Entfernung 100 m. Nach dem Verlassen der Wolken kamen sofort schwere Explosionen . . . Einige Explosionen erfolgten hinter dem Flugzeug, aber sie lagen immer dicht. Zwei Explosionen zu-

Ein Zufallstreffer! Das war die Ansicht der Seekriegsleitung, als am Abend des 26. 5. ein Swordfish-Torpedoflugzeug (links) von der *Ark Royal* die *Bismarck* manövrierunfähig machte. Schließlich waren zuvor schon mehrere Torpedos der 825. Schwadron, die vom Flugzeugträger *Victorious* kamen, wirkungslos an der Panzerung des Schlachtschiffes abgeprallt. Aber mit dem »Zufallstreffer« war das Ende der *Bismarck* besiegelt. Mit verklemmtem Ruder und einer breiten Ölspur hinter sich (unten) konnte das größte Schlachtschiff der deutschen Flotte seinen Verfolgern nicht mehr entkommen. Hilflos mußten die Deutschen abwarten, bis die *Rodney*, die *King George V.*, die *Norfolk* und die *Dorsetshire* heranwaren.

sammen 40 m in Steuerbord und unten schüttelten das Flugzeug und versetzten es 90 Grad vom Kurs.«

Da die Flugzeuge nur von einer Seite aus angriffen, konnte die *Bismarck* den meisten Torpedos durch rasche Manöver entgehen. Erst der achtzehnte Torpedo traf die Wasserlinie des Schiffes. Der Luftdruck tötete einen Oberbootsmann, aber die Gürtel-Panzerung hielt, was die Hersteller versprochen hatten. Die Swordfish-Piloten, deren Staffel offiziell noch in der Ausbildung war, brachten es irgendwie fertig, ihren Weg zum Träger zurückzufinden, aber fünf der geleitenden Fulmars gingen verloren.

Trotz all ihrer Tapferkeit war es den Marinepiloten Commander Esmondes nicht gelungen, die *Bismarck* aufzuhalten. Dann erlitt Tovey am 25. Mai 1941 morgens um 3 Uhr einen schweren Rückschlag. Kapitän z. S. Lindemann war es gelungen, seine Verfolger abzuschütteln. Die *Suffolk*, die wegen der vermeintlichen U-Bootgefahr Zickzack fuhr, konnte die *Bismarck* nämlich nur im Viertelstundenrhythmus mit ihrem Radar orten. Auf diese Weise war die *Bismarck*, ohne daß das Lütjens bewußt war, durch eine plötzliche Kursänderung hinter die fühlunghaltenden Kreuzer gelangt. Es war ein bitterer Augenblick für Tovey, da die *Bismarck* zu diesem Zeitpunkt weniger als 100 Meilen westlich von ihm stand.

Während des ganzen nächsten Tages und der folgenden Nacht wurde das Schlachtschiff mit Schiffen und Flugzeugen hektisch gesucht. Am 26. Mai

um 10.30 Uhr morgens wurde die Ungewißheit beendet, als ein Catalina-Flugboot der 209. Staffel des Coastal Command tief unter sich ein Schiff sichtete. Die *Bismarck* beseitigte schnell jeden Zweifel, den Leutnant z. S. Leonard Smith, ein Freiwilliger aus der US-Navy, der das Flugzeug steuerte, über ihre Identität haben mochte. Sie feuerte einen Sperrgürtel von Sprenggranaten ab, und Splitter flogen durch den Rumpf des Flugzeuges. Der amerikanische Offizier war als »Sonderbeobachter« an Bord, und der Pilot der Catalina, Flying Officer D. A. Briggs, morste sofort das Signal: »Ein Schlachtschiff in Sicht, Peilung 240 Grad, Entfernung 5 Meilen, mein Standort 49.33N 21.77W.«

Nach der Meldung der Catalina stand die *Bismarck* etwa 690 Meilen westlich von Brest, was besagte, daß sie am Abend des folgenden Tages in Sicherheit sein würde, wenn die Luftwaffe von ihren Stützpunkten in Frankreich aus massive Luftdeckung bieten konnte. Es war ein verzweifeltes Wettrennen für Tovey. Seine Kräfte standen mehr als 130 Meilen entfernt, und ihnen ging der Kraftstoff aus. Die nächsten britischen Kriegsschiffe waren Admiral Somervilles Kampfgruppe H, die noch 70 Meilen entfernt stand. Ihr Schlachtkreuzer *Renown* war nicht in der Lage, es mit der *Bismarck* allein aufzunehmen. Aber Tovey sah die Chance, daß ein erfolgreicher Torpedoangriff der Flugzeuge der *Ark Royal* die *Bismarck* langsamer machen konnte.

Der Träger erhielt Befehl, sofort Aufklärer zu starten. Zwei der Swordfish der *Ark Royal* sichteten schließlich die *Bismarck*. Kurz vor 3 Uhr nachmittags wurde ein Angriff gestartet, während das Flugdeck des Trägers in schwerer See auf- und niederging. Eine Stunde später stießen 14 Swordfish-Torpedobomber, nachdem sie ein Radarziel erfaßt hatten, durch die Wolkendecke, um ihre Torpedos zu werfen. Aber der grüne Punkt auf dem Radarschirm, den sie für das feindliche Schiff gehalten hatten, erwies sich als der Kreuzer *Sheffield*, der vorausgeschickt worden war, um die *Bismarck* zu beschatten. Er mußte nun wild manövrieren, um nicht getroffen zu werden.

Eine zweite Gruppe von 15 Swordfish der 810., 818. und 820. Staffel des Fleet Air Arm unter Führung von Lieutenant Commander T. P. Coode wurde hastig auf das Flugdeck gebracht und startete mit dem Befehl, vor dem Angriff auf die *Bismarck* mit der *Sheffield* Verbindung aufzunehmen. Kurz vor 8 Uhr abends begannen die Swordfish paarweise aus allen Richtungen eine Reihe von Angriffen auf die *Bismarck*. Von den 13 geworfenen Torpedos trafen zwei. Einer explodierte, ohne Schaden zu verursachen, mittschiffs an dem schweren Panzergürtel, aber der zweite traf das ungeschützte Heck des Schlachtschiffes, blockierte sein Ruder und zerstörte den Rudermechanismus. Allen Flugzeugen gelang es, ihren Träger zu finden, aber vier gingen bei der Landung zu Bruch, weil das Flugdeck der *Ark Royal* in der rauhen See zehn Meter auf- und niederging.

Im Lageraum der Admiralität ging zunächst die Meldung ein, daß der Angriff fehlgeschlagen sei, aber dann meldete die *Sheffield*, daß die *Bismarck* ziellos hin- und hermanövrierte. Lütjens war in Schwierigkeiten. Die Ruderanlage in der schweren See zu reparieren, erwies sich als unmöglich, und seine Kraftstofflage wurde hoffnungslos. Er funkte: »Schiff manövrierunfähig.«

Der Tod der Bismarck

Am 27. Mai 1941, der Lütjens Geburtstag war, funkte Hitler kurz vor 2 Uhr morgens die letzte Botschaft: »An Flottenchef: Ich danke Ihnen im Namen des ganzen deutschen Volkes. An Besatzung Schlachtschiff *Bismarck*: Ganz Deutschland ist bei Euch. Was noch geschehen kann, wird getan. Eure Pflichterfüllung wird unser Volk im Kampf um sein Dasein stärken.«

Kurz vor 9 Uhr morgens traf Admiral Tovey mit der *King George V.* in Begleitung des Schlachtschiffes *Rodney* ein. Sie näherten sich und eröffneten das Feuer. Die *Bismarck*, die einen wirren Kurs steuerte, erwiderte das Feuer über eine Entfernung von 14400 m. Ihre Feuerleitung war noch tödlich genau, und ihre ersten Salven lagen dicht bei der *Rodney*. Aber unter der Einwirkung der britischen Salven wurde ihr Feuer schnell wirkungsloser. Um 10.15 Uhr schwiegen die Geschütze der *Bismarck*. Während der Stolz von Hitlers Kriegsmarine zu einem brennenden Wrack geschossen wurde, starben auf den Decks schon Dutzende von Männern im gegnerischen Granathagel. »Als sich die Treffer mehrten, durften die Flakbedienungen in Deckung treten. Wir hatten das Gefühl, von allen Seiten beschossen zu werden. Zuerst war ich mit einer Gruppe von 20 Kameraden beim achteren Artillerieleitstand. Nach einigen weiteren Treffern flohen wir hinter die Türme C und D.«

Als Turm C als letzter zu feuern aufhörte, öffnete der Matrosengefreite Riedel das Einstiegluk, um nach draußen zu sehen: »Was ich sah, war ein Bild des Grauens. Ich sah Tote und Verwundete. Sie lagen nebeneinander und übereinander. Hinter dem schwer gepanzerten Turm hatten wir uns eine Deckung, einen Schutz vor den gegnerischen Granaten erhofft.«

Es blieb dem Kreuzer *Dorsetshire* überlassen, den Fangschuß abzugeben. Um 10.36 Uhr feuerte er in beide Seiten des nach einer Selbstsprengung im Turbinenraum sinkenden Wracks einen Torpedo, und die *Bismarck*, deren Flagge noch flatterte, verschwand in den Wellen. Nur 110 Überlebende konnten aufgefischt werden, bevor die Drohung durch U-Boote und Flugzeuge die Engländer zwang, den Schauplatz zu verlassen. Von der Besatzung des Schiffes blieben 2000 Mann auf See.

Die Nachricht von der Vernichtung der *Bismarck* löste in England Jubel aus. Das House of Commons brach in Hurrarufe aus, nachdem Churchill

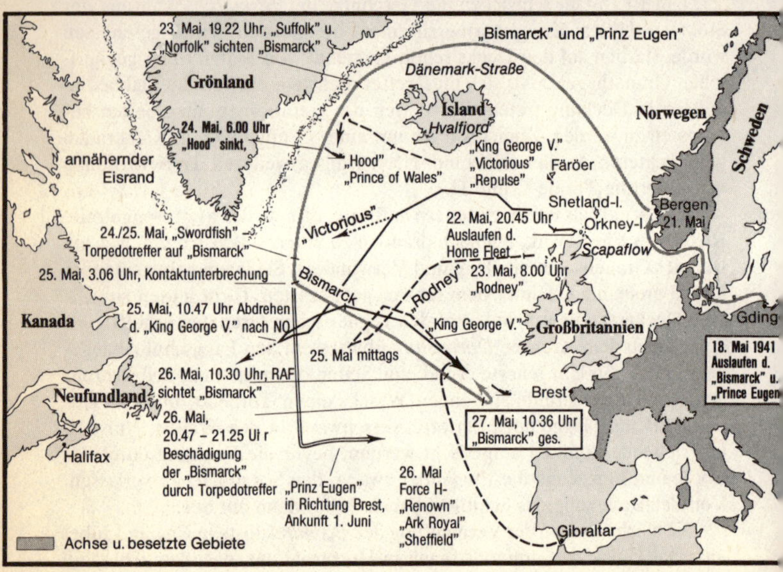

Karte: Die Jagd auf die "Bismarck"

- 23. Mai, 19.22 Uhr, "Suffolk" u. "Norfolk" sichten "Bismarck"
- "Bismarck" und "Prinz Eugen"
- Dänemark-Straße
- Grönland
- Island / Hvalfjord
- Norwegen
- 24. Mai, 6.00 Uhr "Hood" sinkt
- "King George V.", "Victorious", "Repulse"
- "Hood", "Prince of Wales"
- annähernder Eisrand
- Färöer
- Shetland-I.
- Bergen
- 21. Mai
- Orkney-I.
- Scapaflow
- Schweden
- 24./25. Mai, "Swordfish"-Torpedotreffer auf "Bismarck"
- "Victorious"
- 22. Mai, 20.45 Uhr Auslaufen d. Home Fleet
- 25. Mai, 3.06 Uhr, Kontaktunterbrechung
- Bismarck
- 23. Mai, 8.00 Uhr "Rodney"
- "Rodney"
- Kanada
- 25. Mai, 10.47 Uhr Abdrehen d. "King George V." nach NO
- "King George V."
- Großbritannien
- Gding
- 18. Mai 1941 Auslaufen d. "Bismarck" u. "Prinz Eugen"
- 25. Mai mittags
- 26. Mai, 10.30 Uhr, RAF sichtet "Bismarck"
- Neufundland
- 26. Mai, 20.47 – 21.25 Uhr Beschädigung der "Bismarck" durch Torpedotreffer
- Halifax
- "Prinz Eugen" in Richtung Brest, Ankunft 1. Juni
- Brest
- 27. Mai, 10.36 Uhr "Bismarck" ges.
- 26. Mai Force H "Renown", "Ark Royal", "Sheffield"
- Gibraltar
- Achse u. besetzte Gebiete

Der Todesstoß. Von der Brücke seines Flaggschiffes *King George V.* aus beobachtet Admiral Tovey am Morgen des 27. 5. die Beschießung der manövrierunfähigen *Bismarck*. Mit dem brennenden Wrack des deutschen Schiffes versanken zweitausend Mann in den Fluten, 110 Überlebende nahmen die Briten an Bord, fünf weitere wurden später von U-74 und dem Wetterbeobachtungsschiff 7 entdeckt und gerettet.

die Nachmittagssitzung unterbrochen hatte, um bekanntzugeben, daß die *Hood* gerächt war.

Interessanterweise hatte Churchill übrigens auch bei der dramatischen Jagd auf die *Bismarck* noch diplomatische Nebenabsichten verfolgt. In einer streng geheimen Nachricht an den Ersten Seelord hatte der Premierminister einen militärisch-politischen Doppelerfolg anvisiert: »Es wäre zum Beispiel viel besser, wenn sie durch ein US-Schiff geortet würde, um so den Zwischenfall zu geben, für den die US-Regierung so dankbar wäre.«

In Deutschland herrschte Niedergeschlagenheit. Hitler wußte, daß Raeders Überwasserstrategie fehlgeschlagen war, und er befahl ihn zu einer zermürbenden Unterredung. Wütend fragte Hitler, warum man die *Prince of Wales* hatte entkommen lassen. Er stellte heraus, daß Raeder ihn zu der ganzen »Rheinübung« gegen sein eigenes, besseres Urteil überredet habe. Dies führte zu einer Vertrauenskrise zwischen Hitler und Raeder; jetzt wußten beide, daß der Ausgang der Schlacht im Atlantik von den U-Booten abhing. Sie wußten jedoch nicht, daß ihre Gegner zu diesem Zeitpunkt einen Erfolg erzielt hatten, der sich auf den endgültigen Ausgang des Kampfes auf See noch entscheidender auswirken sollte als die Vernichtung der *Bismarck*. Der britische Geheimdienst hatte endlich einen Zugang zum Enigma-Schlüssel der deutschen Kriegsmarine gefunden.

Der »Ultra«-Durchbruch

Der erste einer Reihe von Schritten, die zu diesem Durchbruch führten, ereignete sich am 3. März 1941. Bei einem Raid gegen die Lofoten wurde das Vorpostenboot *Krebs* von dem Zerstörer *HMS Somali* geentert. Der Kommandant hatte die Schlüsselmaschine zwar noch über Bord werfen können, doch hatten die Engländer den Kasten mit den Walzen erbeutet, die an diesem Tag nicht in Gebrauch waren. Mit großer Verzögerung gelang es den Spezialisten in Bletchley Park gelegentlich schon, deutsche Funksprüche zu entziffern.

Am 7. Mai gelang den Briten ein weiterer Coup. Durch die Einpeilung deutscher Wetterfunksprüche hatte man die Position des Beobachtungsschiffes *München* in der Nähe von Jan Mayen erkannt. In einer sorgfältig geplanten Operation wurde das Wetterschiff bei schlechter Sicht von einem starken britischen Verband überfallen und geentert. Die Schlüsselmaschine war zwar zerstört worden, aber verschiedene wichtige Unterlagen, darunter das Wetterkurzsignalbuch, ein Kenngruppenbuch (für die Einstellung der Spruchschlüssel) sowie ein Blatt mit den gerade vorgesehenen Schlüsseleinstellungen wurden von den Briten erbeutet.

Innerhalb weniger Tage war das Material in Bletchley Park. Es brachte die Experten erneut einen Schritt weiter, aber ohne die fehlenden Walzen konnte die »Universal«-Entschlüsselungsmaschine noch nicht so programmiert werden, daß eine rasche Entzifferung von Funksprüchen möglich war. Außerdem war der Schlüssel des Wetterschiffes niedrig eingestuft und zum Knacken der komplizierten Schlüssel, die von den deutschen Schlachtschiffen oder U-Booten verwendet wurden, wenig geeignet. Aber er war einer in einer bedeutenden Reihe von Anhaltspunkten für das glänzende Team von Mathematikern unter Alfred Knox, einem früheren Mitglied des King's College Cambridge, und seinem Kollegen Alan Turing, der bei Einstein studiert hatte. Und bald darauf kam der Durchbruch.

Seit Frühjahr 1941 hatten alle Geleitkommandeure Befehl, jede Gelegenheit zu nutzen, ein U-Boot intakt zu erbeuten. Aber Dönitz' Besatzungen wußten, daß sie ihre Boote versenken mußten. Um dies zu verhindern, gab die Admiralität an die Geleitgruppen die Anweisung heraus, kapitulierenden U-Bootbesatzungen zuzurufen: »Boot hoch halten, sonst wird keiner gerettet!« Wer gern ein U-Boot erbeuten wollte, wurde gewarnt: »Das Boot wird dunkel sein, deshalb ist eine wasserdichte elektrische Taschenlampe erforderlich.«

Die langerhoffte Kaperung erfolgte schließlich zwei Tage nach dem Unternehmen auf die *München*. Es war das Boot unter dem Kommando von Kapitänleutnant Lemp – dem Mann, der die *Athenia* versenkt hatte. Am Morgen des 8. Mai hatte Lemp den Geleitzug OB 318 gesichtet, kurz nachdem dieser sich vor den Hebriden formiert hatte. Am folgenden Morgen hatte er sich mit U-201 unter Kapitänleutnant Schnee getroffen und sich über die Taktik abgestimmt, bevor sie einzeln angriffen.

Lemp manövrierte aufgetaucht in eine Position vor dem Geleitzug. Kurz vor Mittag feuerte er in schneller Folge drei Torpedos in den Geleitzug. Der vierte Torpedo war auf ein 15 000-Tonnen-Walfang-Fabrikschiff gerichtet, aber er blieb im Rohr. Lemp bereitete sich darauf vor, den Walfänger erneut anzugreifen, als er sah, daß er von einer Korvette gesichtet worden war, die direkt auf ihn zulief. Er tauchte in dreißig Sekunden, aber der erste, gut plazierte Wasserbombenwurf der *HMS Aubretia* beschädigte sein Boot schwer.

Weitere Angriffe der *Aubretia,* die zusammen mit den Zerstörern *Bulldog* und *Broadway* gegen U-110 vorging, setzten die Tiefenruder und das Ruder des U-Boots außer Gefecht, zerstörten einen Elektromotor und die Batterien, aus denen Gas austrat. Als sich das Boot mit beißenden Dämpfen füllte, geriet die Besatzung in Panik. U-110 begann in die Tiefe zu sinken, und alles ging nach vorn, um das Gleichgewicht wiederherzustellen. Lemp befahl, die Haupttanks mit Luft zu füllen, aber das Rad, mit dem das Ventil betätigt wurde, war abgebrochen und lag auf dem Boden. Einige Minuten lang sank das Boot weiter. Die Besatzung verzweifelte, aber dann begann es unerklärlicherweise zu steigen. Wenige Minuten später tauchte U-110 auf und fand sich eingekesselt und in einem Feuerhagel wieder, der so vernichtend war, daß einer der Beobachter, die es sahen, berichtete: »Im Vergleich dazu muß die Schlacht von Trafalgar eine Schneeballschlacht gewesen sein.«

HMS Broadway kam näher, um Wasserbomben zu werfen und die Panik zu verstärken, während die Deutschen begannen, das Schiff zu verlassen. Commander Baker-Creswell von der *Bulldog* sah seine Chance, das U-Boot zu kapern, oder zumindest an Bord zu gehen, bevor es sank. Er lief mit voller Geschwindigkeit heran. Dies ließ Lemp und die letzten seiner Besatzung von dem Kommandoturm springen, da sie glaubten, daß ihr Boot rasch untergehen würde und gerammt und versenkt werden sollte. Aber *Bulldog* drehte bei und setzte Boote aus. Die Überlebenden wurden schnell aufgefischt und unter Deck gebracht, bevor ein Prisenkommando an Bord des U-Boots ging. Lemp selbst kämpfte noch im Wasser, als er zu seinem Entsetzen erkannte, daß U-110 nicht sank, sondern geentert werden sollte. In einem verzweifelten Versuch begann er zurückzuschwimmen, um das Boot zu versenken. Bevor er jedoch die schlüpfrige, nasse Außenhaut hinaufklettern konnte, wurde er entdeckt und von dem Prisenkommando erschossen.

Als die britischen Matrosen behutsam in den engen Kommandoturm hinabstiegen, fanden sie die Schlüsselmaschine M, die Satz- und Kenngruppenbücher, das U-Bootkurzsignalheft sowie die gültigen Schlüsseleinstellungspapiere, die auf wasserlöslichem Papier gedruckt waren, und sämtliche Schlüsselwalzen. Auch die Erbeutung der Funkkladde und des Kriegstagebuchs waren von großer Bedeutung.

Baker-Creswell, der sofort die Bedeutung seiner Beute erkannte, gab strengen Befehl, die durchnäßten Überlebenden, die nun sicher unter Deck waren, nichts über den Erfolg seiner Gruppe wissen zu lassen. U-110 wurde in Schlepp genommen, aber Baker-Creswells Hoffnungen auf eine triumphale Heimkehr wurden gedämpft, als das U-Boot am nächsten Morgen sank. Die Admiralität befahl ihm über Funk, strengste Geheimhaltung über das Unternehmen einzuhalten und mit voller Kraft Scapa Flow anzulaufen.

Die Erbeutung von U-110 sollte sich als einer der bedeutendsten einzelnen Durchbrüche im Geheimdienstwesen während des ganzen Krieges erweisen. Mit Hilfe des neuen Materials war es Bletchley Park zunächst für die Zeit bis Anfang Juli möglich, den Funkverkehr des Schlüsselkreises Hydra mitzulesen, den auch die U-Boote benutzten. Danach konnten die Experten so weit in das deutsche Verfahren eindringen, daß sie auch die nach dem Auslaufen der erbeuteten Unterlagen turnusmäßig geänderten Schlüssel zu entziffern vermochten.

Ende Mai 1941 gingen die ersten wirren Entschlüsselungen der U-Bootmeldungen über die geheimen Fernschreiberleitungen von Bletchley Park im Operational Intelligence Centre der Admiralität ein. Diese Meldungen waren nur Bruchstücke des gesamten Funkverkehrs, aber sie gaben

Der Ultra-Durchbruch. Am 8. 5. 41 gelang es einem Prisenkommando der *Bulldog*, ein U-Boot zu entern. Kapitänleutnant Lemp und seine Besatzung hatten U-110 verlassen, als sie nach einem Wasserbomben-

Commander Rodger Winn und seinem Team im Submarine Tracking Room ein Bild davon, wie Dönitz die Einsätze führte. Über zwei Jahre lang war der Einbruch in den Enigma-Verkehr der U-Boote weder dauerhaft noch vollständig. Es gab oft Lücken von Tagen, Wochen – und 1942 einen Ausfall von zehn Monaten – in denen es den Teams in Bletchley Park nicht gelang, die Enigma-Schlüssel zu brechen, aber die Meldungen mit der Sicherheitsklassifikation »Ultra«, die vom Operational Intelligence Centre kamen, gaben dem Krieg gegen die U-Boote eine völlig neue Dimension.

Oft erhielt der Tracking Room so frühzeitig Warnungen vor den Operationen, die Dönitz leitete, daß Geleitzüge erfolgreich um einen U-Bootstreifen herumgeführt werden konnten. Wenn die »Sondergeheimberichte« zu spät eintrafen, um einen Geleitzug vor einem Wolfsrudel zu retten, so gab der Analyse der während der Operation gefunkten Meldungen eine wertvolle Einsicht in die Taktik des Gegners.

Auch wenn es nicht möglich war, neu eingehende Signale zu entziffern, konnte man aufgrund der neuen Erkenntnisse die verschiedenen Muster der Enigma-Signale identifizieren und sofort bestimmen, ob das U-Boot eine Positionsmeldung funkte oder einen Geleitzug beschattete. Diese Sammlung von Geheimdiensterfahrung machte das »intuitive Rätselraten« des Tracking Room sehr genau, so daß sich ab Mai 1941 die Funkmeldungen der U-Boote als die Achillesferse der U-Bootwaffe erwiesen.

angriff auftauchen mußten. Den Briten fiel eine komplette Enigma-Schlüsselmaschine M (im Bild das Modell mit vier Walzen, das erst ab 1942 benutzt wurde) in die Hände. Commander Winn (links), der Chef des Submarine Tracking Room, erhielt von nun an Berichte über den U-Boot-Funkverkehr. Er konnte Geleitzüge umleiten und U-Boot-Standorte angreifen. Die Erbeutung der Funkgeheimnisse von U-110 blieb den Deutschen bis lange nach dem Krieg verborgen, denn die Überlebenden von U-110 glaubten, ihr Boot sei gesunken, und Kapitän Lemp wurde bei dem Versuch, zurück an Bord zu gelangen, von dem Prisenkommando erschossen.

Die »Atlantik-Charta« 11.

11.

> »*Die Schlacht im Atlantik erstreckt sich jetzt von den eisigen Gewässern des Nordpols bis zu den gefrorenen Einöden der Antarktis ... Die schonungslose Wahrheit ist, daß die derzeitige Versenkungszahl der Nazis an Handelsschiffen dreimal so hoch ist wie die Kapazität der britischen Werften, diese Schiffe zu ersetzen; sie ist doppelt so hoch wie der zusammengefaßte heutige Ausstoß von England und Amerika.*«
> Präsident ROOSEVELT *in einer Rundfunksendung im Juni 1941*

Im Juni 1941 standen mehr als drei Millionen deutsche Soldaten, massive Panzer- und Artilleriekräfte und 2000 Flugzeuge zum Angriff auf die Sowjetunion bereit. »Wenn ›Barbarossa‹ steigt, wird die Welt den Atem anhalten«, hatte Hitler seinen Generalen im Februar prophezeit. Ein schneller Feldzug gegen Rußland werde dem deutschen Volk nicht nur unbegrenzten »Lebensraum« verschaffen und den Bolschewismus vernichten, sondern auch die westlichen Gegner so einschüchtern, daß ein isoliertes England keine andere Wahl mehr hätte, als um Frieden zu bitten.

Die deutschen Absichten waren in London und Washington bekannt, und zum Teil auch in Moskau. Der britische Geheimdienst hatte den Aufmarsch monatelang durch entzifferte Luftwaffen-Funksprüche verfolgt, und im Februar 1941 hatte ein unzufriedener Heeresoffizier dem US-Handelsattaché in Berlin Teile der »Barbarossa«-Pläne übergeben. Der Kreml war gewarnt und gleichzeitig diskret darauf hingewiesen worden, daß die Anglo-Amerikaner Rußland helfen würden, wenn es dem deutschen Angriff zuvorkommen würde. Aber Stalin mochte den Warnungen nicht glauben. Im März hatte der Kreml sogar Berichte aus Tokio von seinem eigenen Meisterspion Richard Sorge über den Zeitplan und die Ziele von »Barbarossa« nur teilweise akzeptiert.

Die Russen glaubten, daß ihr verräterischer Verbündeter sich zurückhalten würde, und vermieden alles, was einen deutschen Angriff auslösen konnte. Hitler wiederum gab sich alle Mühe, den Vereinigten Staaten keinen Vorwand für ein verstärktes Eingreifen in den Konflikt zu geben. Aber an Zwischenfällen fehlte es nicht. Am 20. Mai 1941 wurde der neutrale ägyptische Frachter *Zamzam* im Südatlantik von einem Hilfskreuzer versenkt, wobei auch einige amerikanische Staatsangehörige umkamen. Einen Tag später wurde das klar identifizierte US-Handelsschiff *Robin Moor* von U-69 vernichtet. In Verbindung mit der durch den Einsatz der *Bismarck* im Atlantik verursachten Beunruhigung brachten diese Zwischenfälle Roosevelt dazu, am 27. Mai »einen unbegrenzten nationalen Notstand« zu erklären. Obwohl es die Politik des Präsidenten war, darauf zu warten, daß Hitler den ersten Schuß abgab, bevor er die US-Navy gegen die U-Boote einsetzte, kabelte er am 17. Juni optimistisch an Churchill: »Ich habe das bestimmte Gefühl in den Knochen, daß die Dinge sich für Sie und für uns bessern. Nach dem Einfrieren der deutschen und italienischen Vermögenswerte am Samstag [dem 14. Juni] schloß ich gestern die deutschen Konsulate und Agenturen, und die Reaktion hier ist, würde ich sagen, zu 90% Zustimmung.«

Drei Tage später beschwor ein übereifriger U-Bootkommandant fast genau den Zwischenfall herauf, den Hitler am meisten fürchtete – einen Zwischenfall, der den Vereinigten Staaten einen Vorwand für einen offenen Krieg im Atlantik gegeben hätte. Kapitänleutnant Mützelburg in U-203 patrouillierte am 20. Juni im Nordatlantik, als er das amerikanische Schlachtschiff *Texas* in Begleitung eines Zerstörerschirmes beobachtete. Es fuhr zehn Meilen innerhalb des Blockadegebiets, das Deutschland zum uneingeschränkten Operationsgebiet der U-Boote erklärt hatte. Ohne auf die Antwort des B.d.U. auf seine Meldung zu warten, versuchte Mützelburg in eine Angriffsposition zu kommen. Aber nachdem er das amerikanische Geschwader 140 Meilen weit gejagt hatte, machten die rauhe See und der Zickzackkurs der Amerikaner seinen Plan zunichte. Am nächsten Tag erhielt er den Funkspruch, der ihm zeigte, wieviel Glück er gehabt hatte: »Führer hat Vermeidung jeden Zwischenfalls mit USA für die nächsten Wochen befohlen . . . Angriffe nur auf Kreuzer, Schlachtschiffe und Flugzeugträger und nur, wenn diese einwandfrei als feindlich erkannt, freigegeben. Abgeblendet-Fahren gilt bei Kriegsschiffen nicht als Beweis feindlichen Charakters.«

Als er von Raeder erfuhr, daß U-203 zwei Tage, bevor das Unternehmen »Barbarossa« beginnen sollte, beinahe seine gesamte Strategie über den Haufen geworfen hätte, war Hitler außerordentlich wütend. Erneut erteilte er strengsten Befehl, »alle Zwischenfälle mit den USA zu vermeiden. Nach einigen Wochen wird die Lage klarer werden. Amerika wird dann aufgrund der verstärkten Drohung von Japan weniger Neigung haben, in den Krieg einzutreten. Deshalb sollten wenn möglich alle Angriffe auf Kriegsschiffe in der Kriegszone unterbleiben . . .«

Am 22. Juni 1941 um 3.00 Uhr morgens, acht Stunden nach dieser stürmischen Konferenz kündigte ein Artilleriefeuerschlag von 6000 Kanonen den Überfall auf die Sowjetunion an. 120 deutsche Divisionen gingen über die russische Grenze. Englands Aussichten auf sein Überleben hatten sich dramatisch verbessert. Nach wenigen Stunden bot Churchill Stalin über den Rundfunk öffentlich ein Bündnis an: »Jeder Mann oder Staat, der gegen den Nazismus kämpft, wird unsere Unterstützung finden. Jeder Mann oder Staat, der mit Hitler marschiert, ist unser Feind . . . Die Gefahr für Rußland ist auch für uns und die Vereinigten Staaten eine Gefahr, und der Kampf jedes Russen für Heim und Herd geht alle freien Menschen und Völker auf der ganzen Welt an.«

Aus dem Kreml kam nicht sofort eine Erwiderung auf das Hilfsangebot. Erst am 3. Juli bezog sich Stalin in einer Rundfunksendung auf »die historische Erklärung des britischen Premierministers«. Am 12. Juli wurde in Moskau der sowjetisch-britische Pakt für gegenseitige Hilfe unterzeichnet. Von nun an sollte ein Teil der kostbaren *Lend-Lease*-Lieferungen in die Sowjetunion umgeleitet werden. Es wurden auch gemeinsame Marineoperationen beschlossen. Aber es gab erschreckend wenig, was England oder die Vereinigten Staaten sofort geben konnten, und führende Militärs in London und Washington waren sich insgeheim darüber einig, daß die Sowjetunion den deutschen Ansturm nicht überleben könne. Um jedoch die Niederlage der Roten Armee abzuwenden, stimmte das britische Kriegskabinett am 25. Juli zu, 200 in den USA gebaute Tomahawk-Jagdflugzeuge abzugeben, zusammen mit anderem Kriegsmaterial, darunter »drei Millionen Paar Stiefel«. Vier Wochen später lief der erste Rußland-Geleitzug im Geleit der Royal Navy von Reykjavik nach Archangelsk aus.

Hitler, der seinen Blick ganz auf den Ostfeldzug gerichtet hatte, erkannte nicht, wie intensiv sich die Vereinigten Staaten auf den Krieg im Westen vorbereiteten. Bei seinem Treffen mit Mussolini auf dem Brenner im Juni hatte er Berichte, nach denen die Vereinigten Staaten planten, monatlich 400 Panzer und bis zum Jahre 1942 18 000 Flugzeuge zu bauen, als »kindisch« zurückgewiesen. Seine Überzeugung wurde durch eine Studie des Außenministeriums bestätigt, wonach der amerikanische Präsident durch die japanische Drohung einerseits und den isolationistischen Kongreß andererseits daran gehindert werde, in den Krieg einzutreten.

Diese Studie unterschätzte die amerikanische Kriegsbereitschaft. Obwohl der Kongreß noch dagegen war, einen offenen Konflikt auszulösen, hatte er der Sperrung der deutsch-italienischen Vermögenswerte und der Schließung der Konsulate ohne weiteres zugestimmt. Roosevelt war sicher, daß ihm der Kongreß keine Hindernisse in den Weg legen würde, wenn die Deutschen im Atlantik zu schießen begannen. Aber er wünschte keinen Zweifrontenkrieg gegen Japan und Deutschland. Zur Besorgnis der Engländer leitete er Gespräche mit Tokio ein. »Wenn wir den Atlantik kontrollieren wollen«, erklärte er den Briten, »ist es sehr wichtig, im Pazifik den Frieden zu bewahren. Ich habe einfach nicht genug Marine, um überall zu sein . . .«

Der Präsident löste das Problem, indem er neue Schritte zur »Verteidigung der Hemisphäre« ergriff, was von den meisten Amerikanern akzeptiert wurde, weil es ihr Land vor »fremden Kriegen« bewahrte. Schon vor Deutschlands Invasion in Rußland hatte Roosevelt beschlossen, auch Island einzubeziehen. Admiral Stark erhielt Befehl, 4400 Marineinfanteristen für eine Expedition bereitzustellen. Das Unternehmen mußte verschoben werden, bis der »Althing«, das isländische Parlament, dazu überredet werden konnte, die amerikanischen Beschützer »einzuladen«. Aber schließlich lief die Task Force 19 am Tag des deutschen Überfalls auf die Sowjetunion aus. Während sie auf Island zudampfte, überlegten es sich die Militärs in Washington noch einmal anders und befahlen sie zurück. Die Neuigkeit war im Senat »durchgesickert«, und die Maßnahme wurde von den Isolationisten offen verurteilt. Der Kongreß gab jedoch seine Zustimmung. Die Reaktion der Öffentlichkeit war günstiger als erwartet. Dies ermutigte Roosevelt, einen Befehl an die Navy herauszugeben, mit deutschen Kräften, die eine »Bedrohung« der Verbindungen zwischen den Vereinigten Staaten und Island darstellten, kurzen Prozeß zu machen.

Nun, da sich die Amerikaner in Island, weniger als 500 Meilen von England entfernt, festgesetzt hatten, war es aller Welt klar, daß sie kurz vor einem Kriegseintritt standen. Diese neue Lage ließ Raeder in das Führerhauptquartier bei Rastenburg in Ostpreußen eilen, um zu fragen, »ob die Besetzung von Island als Kriegseintritt der USA« anzusehen sei. Hitler aber mochte sich mit »sofortigem Waffengebrauch gegen alle USA-Fahrzeuge innerhalb der von uns proklamierten Kriegszone« nicht einverstanden erklären, sondern verlangte, daß die U-Boote »jeden Zwischenfall« vermeiden sollten, da »die Wirkung des siegreichen Ostfeldzuges auf die Gesamtlage, wahrscheinlich auch auf die Haltung der USA, ungeheuer groß sein werde«.

Viele von Roosevelts engsten Beratern erwarteten stündlich den Zwischenfall, der es den Vereinigten Staaten erlauben würde, einen Schlag gegen Hitler zu führen. Aber Roosevelt wollte vorsichtig vorgehen. Churchills Erklärung im House of Commons, die US-Navy und die britische Flotte würden demnächst zusammenarbeiten, ärgerte den Präsidenten, und er entsandte Harry Hopkins, einen seiner engsten Berater, mit der strikten Weisung nach London: »Kein Wort über Krieg!«

Bei einem seiner ersten Treffen mit Churchill brachte Hopkins, der von US-Militärbeobachtern begleitet wurde, das Versagen der britischen Strategie im Mittelmeer zur Sprache. Kreta war unter schweren Verlusten der Engländer den deutschen Fallschirmjägern in die Hände gefallen, und General Wavells lange angekündigte Offensive in der Wüste gegen Rommel war gerade zusammengebrochen. Hopkins sagte: »Unsere Stabschefs . . . glauben, daß das Britische Empire zu viele Opfer bei dem Versuch bringt, eine nicht zu verteidigende Stellung im Nahen Osten zu halten. Die Schlacht im Atlantik ist die endgültige, entscheidende Schlacht des Krieges, und alles muß darauf konzentriert werden, sie zu gewinnen.«

Die anglo-amerikanischen Gespräche nahmen eine dramatische Wende, als der sowjetische Botschafter eine Nachricht von Stalin brachte, der die sofortige Eröffnung einer zweiten Front forderte, um Rußland vor der militärischen Niederlage zu bewahren. Angesichts der Schwäche der Westmächte war dies ein unmögliches Verlangen. Aber Roosevelt, der darauf bedacht war, dem Sowjetführer seinen Willen zur Unterstützung zu demonstrieren, entsandte Hopkins auf einen gefährlichen Flug nach Moskau, um die Lage an Ort und Stelle zu prüfen. »Geben Sie uns Flugabwehrkanonen und Aluminium, und wir können drei oder vier Jahre lang kämpfen«, sagte ihm Stalin in »offenen und harten« Gesprächen.

Ein historisches Treffen

Beeindruckt von Rußlands offensichtlicher Entschlossenheit, dem Ansturm der Nazis standzuhalten, kehrte Hopkins nach London zurück, um Churchill auf seiner geheimen Reise über den Atlantik zum ersten Gipfeltreffen mit Roosevelt zu begleiten. Am 4. August lief das Schlachtschiff *Prince of Wales*, das noch die Schrammen seines Gefechtes mit der *Bismarck* trug, unter totaler Geheimhaltung aus Scapa Flow aus.

»Man hätte denken können, daß Winston in den Himmel getragen wurde, um Gott zu treffen«, schrieb Hopkins über die ausgelassene Stimmung an Bord. Während das große Schlachtschiff und sein starkes Zerstörergeleit mit hoher Geschwindigkeit im Zickzackkurs über den Atlantik fuhren, durchforschte Churchill das große Kriegsschiff wie ein Schuljunge, spielte Rommé und sah sich Filme wie »Lady Hamilton« an. Churchill war überzeugt, daß die Konferenz das Vorspiel für die lange erwartete Kriegs-

erklärung der Vereinigten Staaten sein würde. Am Tage des Auslaufens hatte er an den Präsidenten telegrafiert: »Es ist heute 27 Jahre her, daß die Hunnen ihren letzten Krieg begonnen haben. Wir müssen diesmal gute Arbeit leisten. Zweimal sollte genug sein...« Aber Roosevelt wollte sich keineswegs in den Konflikt drängen lassen, bevor er sicher war, daß die öffentliche Meinung ihn unterstützte, und hielt das Treffen äußerst geheim. Mit umfangreichen Täuschungsmanövern hatte man der amerikanischen Presse weisgemacht, daß Roosevelt noch an Bord der Präsidentenyacht *Potomac* sei, als er bereits an Bord des Kreuzers *Augusta* auf dem Weg zur Placentia Bay war.

Am 9. August 1941, einem Sonnabend, dampfte die *Prince of Wales* in die neblige Bucht in Neufundland und ging neben dem amerikanischen Geschwader vor Anker. Die Kapellen der beiden Flaggschiffe spielten, und die Decks der US-Schiffe waren mit jubelnden Matrosen gefüllt. Kurz vor Mittag stimmte die Kapelle der *Augusta* »God save the King« und die amerikanische Nationalhymne an, als Churchill das Fallreep hinaufging, um Roosevelt unter dem Zeltdach auf dem Achterdeck zu begrüßen. Nach einem Festessen nahmen der Präsident und der Premierminister ihre dreitägigen Gespräche auf.

Die Engländer mußten in ihrer Enttäuschung bald feststellen, daß die Amerikaner nicht bereit waren, sofort mit voller Kraft in den Krieg einzu-

Das atlantische Bündnis. Geschenkpakete des amerikanischen Präsidenten für die Seeleute der Royal Navy (rechts) und ein gemeinsamer Gottesdienst auf der *Prince of Wales* (links) waren Symbole der besonderen Beziehung, die seit der Argentia-Konferenz zwischen England und den USA herrschte. Die Atlantik-Charta vom 14. 8. 41 wurde zum Grundstein für die Charta der Vereinten Nationen.

greifen, aber die heikle Lage des Präsidenten wurde am letzten Tage des Treffens noch einmal demonstriert, als aus Washington die Nachricht einging, daß das House of Representatives den wichtigen Gesetzentwurf für die allgemeine Wehrpflicht mit nur einer Stimme Mehrheit verabschiedet hatte.

Es gelang der britischen Delegation jedoch, die Amerikaner von ihrer Strategie im Mittelmeer zu überzeugen. Weiter versprachen die Amerikaner, eine feste Haltung gegen Japan einzunehmen und einer Besetzung der Azoren zuzustimmen, wenn Deutschland in Spanien einmarschierte. Roosevelt brachte den »Marineplan 4« auf den Tisch, in dem vorgeschlagen wurde, daß amerikanische Schiffe den Schutz der Geleitzüge auf dem Abschnitt Halifax-Island übernehmen sollten, »wodurch die Engländer eine Entlastung erhielten, die über 50 Zerstörern und Korvetten entsprach«.

Die tiefe Einigkeit der beiden Nationen wurde am Sonntag in einem Gottesdienst auf dem Achterdeck der *Prince of Wales* im Schatten ihrer großen 35,6-cm-Geschütze zum Ausdruck gebracht. Die öden grauen Hügel der Placentia Bay warfen das Echo der Stimmen britischer und amerikanischer Matrosen zurück, die begleitet von den Klängen der britischen Marinekapelle die bekannten Lieder »*For Those in Peril in the Sea*« und »*Onward Christian Soldiers*« sangen. Es war ein Augenblick tiefster Ergriffenheit für jeden Anwesenden, und wie ein Mann aus der Delegation des Präsidenten berichtete, verlieh dieser Gottesdienst »dem Konflikt zwischen der Zivilisation und einer arroganten, brutalen Herausforderung eine tiefe Bedeutung und gab ein Versprechen, das mächtiger und bindender war, als es je ein formeller Vertrag hätte sein können...«

»Als ich diese dicht gedrängte Gemeinde von Soldaten derselben Sprache, desselben Glaubens, derselben Ideale und zu einem großen Teil derselben Interessen sah, die gewiß im verschiedenen Ausmaß denselben Gefahren ausgesetzt waren, überkam mich das Gefühl, daß hier die einzige Hoffnung, aber auch die sichere Hoffnung gegeben war, die Welt von gnadenloser Erniedrigung zu retten«, sagte Churchill später im Rundfunk.

Das wesentliche und unerwartete Ergebnis der Argentia-Konferenz war eine Erklärung über die anglo-amerikanischen Kriegsziele, die »Atlantik-Charta«. Was bald als eine der bedeutendsten Erklärungen des Krieges angesehen werden sollte, war ursprünglich nur eine Presseerklärung. Hier sollten nicht spezifische Kriegsziele, sondern moralische Prinzipien proklamiert werden, mit denen Churchill die britische Unterstützung von Roosevelts »Vier Freiheiten« zum Ausdruck bringen wollte. Sein Entwurf wurde von den Amerikanern geändert, was beinahe eine Mißstimmung heraufbeschwor, weil sie darauf bestanden, daß die Charta einen Hinweis auf die Lockerung der Kolonialmachtstellung Großbritanniens enthalten sollte. Die Atlantik-Charta, die einer der Hauptgrundsteine der Vereinten Nationen werden sollte, forderte unter anderem, daß »alle Menschen in allen

Ländern ihr Leben in Freiheit von Furcht und Not leben können«. Die Abrüstung nach dem Kriege und der »Verzicht auf die Anwendung von Gewalt« sollten die »Errichtung eines größeren und dauerhafteren Systems kollektiver Sicherheit« garantieren.

Gerüstet mit dieser Erklärung fuhr Churchill auf der *Prince of Wales* nach Hause. Bis Island wurde er von Zerstörern der US-Navy geleitet. Zum Ärger des Premierministers war kein U-Boot tollkühn genug, anzugreifen, aber seine Stimmung hob sich, als das Schlachtschiff vor Reykjavik majestätisch durch die Kolonnen eines Geleitzuges von 71 Schiffen dampfte. In Island inspizierte er die neue amerikanische Garnison, bevor er heimwärts fuhr. Am 19. August traf er in London ein.

Bei ihrem historischen Treffen hatten Roosevelt und Churchill die Sowjetunion nicht vergessen. Sie glaubten beide, daß Hitler nicht besiegt werden könne, wenn Rußland nicht weiterkämpfte, und deshalb wurden Harriman und Beaverbrook im September gemeinsam nach Moskau entsandt, um »alles anzubieten, was wir erübrigen konnten«. Stalin verlangte eine »zweite Front« und ein umfangreiches Pacht-Leihprogramm einschließlich kompletter Rüstungsfabriken. Die Briten befürchteten, daß sich dies auf ihre eigenen Pacht-Leihlieferungen auswirken würde und daß ihre Eskorten die Geleitzüge nach Rußland decken müßten. Die Amerikaner waren ebenfalls verärgert, als Stalin verlangte, daß ihm dieselben Pacht-Leihbedingungen wie den Briten gewährt wurden. Dies bedeutete nämlich, daß die Regierung Schwierigkeiten hatte, die Gesetze durch einen streng antikommunistischen Kongreß zu bringen.

Hitlers Oberkommando glaubte nicht an anglo-amerikanische Hilfe für Stalin und war zuversichtlich, daß Moskau vor dem Winter fallen würde. Nur die Seekriegsleitung war anderer Meinung und nahm an, daß jede Verzögerung des geplanten schnellen Sieges ernste Konsequenzen haben würde. Die Entwicklung des Rußlandfeldzuges sorgte insbesondere Dönitz, der ihn als eine Abwendung von der atlantischen Strategie sah. »Für das Oberkommando der Kriegsmarine, dessen strategische Interessen ganz auf den Seekrieg gegen England und seine Seeverbindungen ausgerichtet waren«, stellte er fest, »war diese neue Entwicklung besonders schmerzhaft.«

Seit dem Zusammenbruch von Raeders Überwasserstrategie hatte Dönitz gewarnt, daß der endgültige Ausgang der Atlantikschlacht nun mehr denn je von der Zahl der U-Boote abhing. Die enormen Mittel, die für »Barbarossa« erforderlich waren, hatten sich auch auf das Marinebauprogramm ausgewirkt, und statt der geplanten 20 wurden nur 14 Boote pro Monat fertig. Dies wurde dem Mangel an Kupfer und Stahlblech zugeschrieben, aber den Werften fehlten auch 25 000 Facharbeiter, die als Soldaten an die Ostfront geschickt worden waren.

Solange zu wenig U-Boote in Dienst gestellt wurden, mußte der Kampf gegen Englands Lebensadern nachlassen. Auch die Angriffe der Luftwaffe

Seit sie in der Lage waren, einen Teil des U-Boot-Funkverkehrs zu entschlüsseln, konnten die Briten den Geleitschutz gefährdeter Konvois erheblich verstärken. Beim Angriff auf den HX 133 am 27. 6. 41 gingen zwei U-Boote verloren. Die Vernichtung von U-556 wurde von der Korvette *Gladiolus* aus fotografiert. Zunächst (oben) werden Wasserbomben geworfen, die das U-Boot zum Auftauchen zwingen. Dann folgt Beschuß mit Geschützen, während die Besatzung das Boot schon verläßt. Noch ehe die *Nasturtium* das Boot rammen kann, beginnt es zu sinken. Die Überlebenden werden gerettet und gefangengenommen.

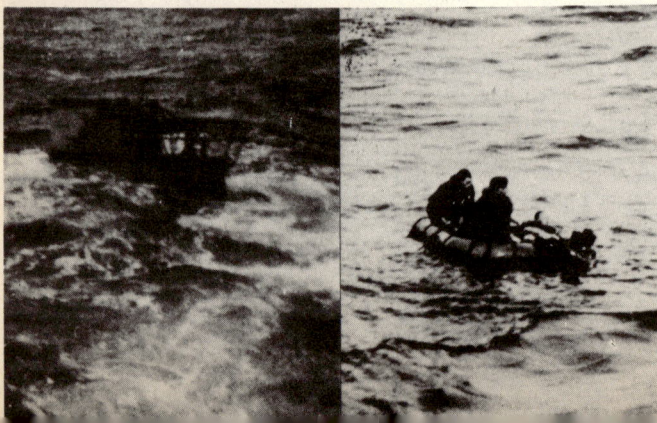

auf britische Häfen und Verkehrsverbindungen gingen zurück. Aber vier Wochen nach dem Überfall auf die Sowjetunion versicherte Hitler Raeder, daß er nicht die Absicht habe, die »Blockade Englands« aufzuheben. Zugleich stellte er aber noch einmal fest, daß Amerika aus dem Konflikt herausgehalten werden müßte. Obwohl die USA immer weiter nach Osten vorrückten, waren Angriffe auf Kriegsschiffe, die »nicht eindeutig als britisch identifiziert sind« auch weiter verboten.

Die Richtigkeit von Dönitz' Warnungen erwies sich in den Sommermonaten 1941, als die Erfolge der U-Boote von über 300000 Tonnen Versenkungen im Juni auf etwas mehr als 90000 Tonnen im Juli zurückgingen und im August noch weiter abfielen. Der Grund für diesen Rückgang um 75% war nicht, wie die Deutschen damals glaubten, nur das Ergebnis größerer Zahlen britischer Geleitschiffe oder amerikanischer Patrouillen, sondern auch die Folge der Tatsache, daß die Briten jetzt den U-Boot-Enigma-Verkehr zum Teil mitlesen konnten.

Der »Sondergeheimdienst« schickte nun einen stetigen Strom genauer Informationen über die U-Bootbewegungen, und das Western Approaches Command konnte die meisten Geleitzüge um die Wolfsrudel herumleiten. Die Geleitgruppen konnten jetzt an jenen Geleitzügen konzentriert werden, die bedroht waren, und gegen bekannte U-Bootkonzentrationen konnten die Flugzeuge des Coastal Command gezielt angesetzt werden, statt daß sie Hunderte von Quadratmeilen leeren Ozeans abfliegen mußten. Der erste Beweis für den Wert der »Ultra«-Berichte kam am 23. Juni 1941, als der Tracking Room von Bletchley Park die Vorauswarnung erhielt, daß sich 10 U-Boote sammelten, um den heimwärts laufenden Geleitzug HX 133 anzugreifen, der von U-203 südlich von Grönland gesichtet worden war. Das Western Approaches Command befahl sofort über Funk, den Kurs des Geleitzuges zu ändern. Gleichzeitig wurde der Geleitschutz am HX 133 durch Schiffe von zwei in der Nähe stehenden westwärts fahrenden Geleitzügen verstärkt, für die nach Angaben des Tracking Room keine unmittelbare Gefahr bestand. Vor dem Geleitzug und an seinen Flanken wurden Luftpatrouillen konzentriert, so daß die U-Boote fortgesetzt gezwungen waren, zu tauchen. Fünf Tage lang wurde das Wolfsrudel von der starken Geleitverteidigung abgeschlagen, und zwei U-Boote wurden vernichtet, während fünf Handelsschiffe verlorengingen. Obwohl die U-Boote den OB 336, einen der nun schwach verteidigten, westwärts fahrenden Geleitzüge abfingen und drei leere Frachter versenkten, war es eine bedeutende Schlappe. Zwei Monate lang konnten die Wolfsrudel nun keinen Erfolg mehr im Nordatlantik erzielen, weil die Konvois um die U-Bootaufstellungen herumgeführt wurden. Auch die Verlegung des Schwerpunkts auf die Gibraltarroute, wo die Geleitzüge mit Hilfe von Agentenmeldungen und Luftaufklärung leichter erfaßt werden konnten, brachte wegen der hier konzentrierten Abwehr nur geringe Erfolge.

Spionagebesessenheit

Immer häufiger bemerkten Dönitz und sein Stab nun, daß ihre Maßnahmen den Engländern scheinbar alle bekannt waren. Es begann damit, daß die Versorgungsschiffe und Tanker im Mittelatlantik verschwanden. Im Juni versenkten Kreuzer der Royal Navy dreizehn deutsche Wetterschiffe und Tanker, von denen einige zur Unterstützung der *Bismarck* auf See geschickt worden waren und nun von den U-Booten und Hilfskreuzern angelaufen wurden. Unter anderem wurden auch die *Esso Hamburg* und die *Egerland*, die an dem vermeintlich geheimen Treffpunkt »Andalusien« im Mittelat-

Kurz nach diesem Treffen zwischen dem Versorgungsschiff *Nordmark* (das als US-Tanker *Prairie* getarnt war) und U-107 am 5. 5. 41 gingen die sorglosen Zeiten für die großen Boote vom Typ IX in den warmen Gewässern des Mittelatlantik zu Ende. Im Juni versenkten die Briten sämtliche deutschen Tanker, deren Standorte ihnen die entschlüsselten Funksignale verrieten.

lantik warteten, um die bei den Azoren operierenden U-Boote aufzutanken, Opfer von »Ultra«.

Diese Angriffe waren ein schwerer Schlag für Dönitz, denn die Versorgungsschiffe waren ein fester Bestandteil der Südatlantik-Operationen vor Freetown gewesen, bei denen er seit Anfang 1941 mehrere große 1200-Tonnen-U-Boote vom Typ IX eingesetzt hatte. Die Versorgung in See ersparte die 5600 Meilen lange Hin- und Rückfahrt zu den Häfen in der Biskaya und verdoppelte die Einsatzzeit der Boote vom Typ IX. Die sieben im Südatlantik stehenden Boote hatten bereits 74 Schiffe versenkt, aber mit der Vernichtung der Versorgungsschiffe wurden die Versuche, die Offensive in entfernte Gewässer zu tragen, vereitelt. Als Ersatz plante Dönitz eine Flotte von 1700 Tonnen großen Versorgungs-U-Booten, den sogenannten »Milchkühen«.

Die Vernichtung der Versorgungsschiffe wurde in Deutschland auf Peilerfolge, amerikanische Meldungen – und Spionage zurückgeführt. Dieser Verdacht schien sich durch die schnell geringer werdenden Erfolge der U-Boote zu bestätigen. Die Versenkungsrate war zum ersten Mal unter eine Versenkung pro U-Boot und Monat gefallen – trotz der Tatsache, daß 25 einsatzfähige U-Boote auf See waren, mehr als je zuvor. Vor allem die U-Bootaufstellungen nördlich von Irland hatten keinen Erfolg mehr. »Sie waren starker feindlicher Luftüberwachung ausgesetzt«, mußte Dönitz feststellen, »ohne feindlichen Verkehr zu sehen.« Bei einer sorgfältigen Untersuchung der Gründe für dieses »magere Ergebnis« schenkte Dönitz' Stab der Sicherheit in den Stützpunkten besondere Aufmerksamkeit. Es hatte bereits Sabotageversuche gegeben, die von Wasser und Sand im Schmieröl bis zu dem Tod von drei U-Bootleuten durch Vergiftung mit den Dieselabgasen auf U-101 gereicht hatten. Untersuchungen hatten ergeben, daß unzufriedene Deutsche verantwortlich waren, aber besonders verdächtig waren natürlich die französischen Werftarbeiter. Die Resistance konnte allerdings nur sehr vorsichtig vorgehen, weil direkte Methoden zu schrecklichen Vergeltungsmaßnahmen geführt hatten. Im Dezember 1940 war in Lorient eine bewaffnete Marinestreife verschwunden. Daraufhin wurde der Stadtverwaltung befohlen, eine Liste mit den Namen aller männlichen Einwohner über 19 Jahre zu liefern. Für jeden der verschwundenen Deutschen wurden 10 und für jeden Offizier 25 Franzosen erschossen. Nach diesem Zwischenfall durften die U-Bootbesatzungen in Lorient nur noch in Gruppen von mindestens 4 Mann an Land gehen, und sie mußten Waffen tragen.

Als U-138, kurz nachdem es ausgelaufen war, am 18. Juni 1941 vor Gibraltar verschwand, nahm die Furcht vor Spionen ungeahnte Ausmaße an. Ein besonderer Verdacht fiel auf die Italiener in Bordeaux, denen lange Vorträge darüber gehalten wurden, daß sie den Frauen in der Stadt keine Geheimnisse mitteilen dürften. Die Deutschen hatten versucht, den Umtrieben der modernen Mata Haris dadurch zu begegnen, daß sie durch die

Organisation Todt besondere »Ruhelager« wie das »U-Boot-Ferienheim« am Sandstrand von Quiberon, das sogar einen Bierkeller hatte, bauen ließen. Aber die U-Bootfahrer zogen es vor, sich mit den französischen Mädchen anzufreunden. Für die Offiziere war Paris eine besondere Versuchung. Kapitän z. S. Meckel in Dönitz' Stab war fest überzeugt, daß die Stadt ein Sicherheitsrisiko war: »Es gab einen Club, die Scheherazade, in dem besonders gern erfolgreiche Feindfahrten gefeiert wurden. Es war ein russischer Club mit hübschen Mädchen, die wunderbar sangen und auch gut deutsch sprachen. Es gab ein besonders hübsches Mädchen, das Tanja hieß, das sich um die Gunst einiger unserer höheren Kommandeure bemühte. Ich war mir sicher, daß sie in Wahrheit Informationen sammeln wollte, aber trotz aller unserer Bemühungen konnten wir sie nie stellen.«

Die Untersuchungen in den Stützpunkten brachten keinen Beweis für eine undichte Stelle, und Dönitz nahm schließlich an, daß die Briten ihre Informationen durch die Kaperung eines der Wetterschiffe erlangt hätten. Das Oberkommando der Kriegsmarine ging davon aus, daß dies kein gravierender Einbruch in das Nachrichtensystem sein könne, weil das Enigma-System der Wetterschiffe relativ niedrig eingestuft war. Den lebenswichtigen U-Boot-Schlüssel hielt man noch immer für sicher. Man hatte damit gerechnet, daß ein U-Boot in gegnerische Hände fallen könnte, und deshalb allen Offizieren die Weisung gegeben, in die Rot-Kreuz-Briefe aus der Gefangenschaft bestimmte Codewörter einzuschmuggeln und auf diese Weise über das Schicksal ihres Bootes Auskunft zu geben, aber im entscheidenden Fall versagte dieses System. Die Kaperung von U-110 wurde nie entdeckt, weil der einzige deutsche Zeuge (Kapitänleutnant Lemp) tot war und die Überlebenden unter Deck gehalten worden waren.

Von einem Bomber gekapert

Im Fall von U-570 allerdings funktionierte das Nachrichtensystem mit den Gefangenenbriefen. U-570 war am 27. August ausgerechnet von einem Bomber, einer Hudson der 269. Staffel des Coastal Command, gekapert worden. Squadron Leader J. Thompsons Log beschreibt, wie er die Kapitulation des U-Bootes 80 Meilen südlich von Island erreichte: »Sichtete U-Boot über Wasser 1200 Meter Entfernung backbord voraus auf Kurs 09 Grad, 6 Knoten. Flugzeug sank sofort von 500 auf 100 Fuß und warf vier Wasserbomben, deren Explosionen das U-Boot umgaben, als es zu tauchen begann. Eine Minute nachdem das Wasser wieder glatt wurde, tauchte das U-Boot in leicht buglastiger Lage wieder auf, und zehn oder zwölf Mann der Besatzung kamen in gelben Rettungswesten aus dem Kommandoturm und standen an Deck. Das Flugzeug griff sie mit Bugkanone und Rumpf-MGs an. Die Besatzung lief in den Kommandoturm zurück, und das Flugzeug setzte den Angriff mit MGs fort und verschoß etwa 2000 Schuß. Dann wurde auf dem Kommandoturm eine weiße Flagge geschwenkt und auf Deck ein großes weißes Brett ausgelegt. Das Flugzeug funkte zum Stützpunkt und bat um Luft- und Seeunterstützung und kreiste bis 13.45 Uhr, als eine Catalina der 209. Staffel eintraf und die Wache übernahm. Rettung und Bergung wurden von der Navy übernommen.«

Beschädigt und unfähig zu tauchen, hatte U-570 kaum genug Strom aus den auslaufenden Batterien, um seine Pumpen laufen zu lassen, und wegen der sehr rauhen See konnte die Besatzung das Boot nicht verlassen. Kurz vor 11 Uhr abends wurden die kreisenden Flugzeuge von dem bewaffneten

Ein Bomber kapert U-570. Weil das Boot tauchunklar war, mußte sich die Besatzung Squadron Leader Thompson ergeben, der am 27. 8. 41 mit Bordwaffen angriff. Zum ersten Mal gelang es der Royal Navy, ein intaktes U-Boot zu bergen und später als *HMS Graph* selbst zu benutzen.

Trawler *Northern Chief* abgelöst, der zum U-Boot blinkte: »Wenn Sie einen Versuch machen, das Boot zu versenken, werde ich niemanden retten und auf ihre Rettungsflöße feuern.« Der glücklose Kommandant von U-570, Korvettenkapitän Hans Rahmlow blinkte auf englisch zurück: »Ich kann nicht versenken oder das Boot aufgeben, retten Sie uns bitte morgen.«

Im ersten Licht des nächsten Tages wurden Rahmlow und seine nervöse und unerfahrene Besatzung von ihrem U-Boot geholt, das dann in Schlepp genommen und in einer kleinen isländischen Bucht auf den Strand gesetzt wurde. Die Royal Navy hatte nun ihr erstes komplettes U-Boot, eine bedeutende Prise, wenn auch die geheimen Schlüssel und Papiere über Bord

geworfen worden waren. Nach der vollständigen Wiederherstellung wurde U-570 als HMS *Graph* bei der Royal Navy in Dienst gestellt und führte Versuchsfahrten durch.

Britische Experten waren jetzt in der Lage, die Einsatzmöglichkeiten der U-Boote genau zu analysieren. Es wurden einige erstaunliche Entdeckkungen gemacht, hauptsächlich, daß die Deutschen »den stärksten Schiffskörper gebaut hatten, der im Marinebau bekannt ist«. Er bestand aus 2,5 cm dickem Stahl. Jede Verbindung war sorgfältig genietet und geschweißt, so daß er dem Wasserdruck von 15 atü in 150 m Tiefe standhielt. Diese Erkenntnis über die Tieftauchfähigkeit der feindlichen U-Boote führte dazu, daß sofort alle Zündsätze an den Wasserbomben geändert wurden, so daß sie auch noch unterhalb 200 m gezündet werden konnten.

Die Kaperung von U-570 kennzeichnete den Höhepunkt des britischen Kriegsglücks im Atlantik im Jahre 1941. Vier Monate nach seiner Bildung konnte das »Komitee für die Schlacht im Atlantik« einen optimistischen Überblick über den Fortschritt seit der Märzkrise geben. Die zunehmende Zahl der Geleitschiffe und verstärkter Einsatz der Royal Canadian Navy hatten es im Juni zum ersten Mal möglich gemacht, die Geleitzüge auf ihrer ganzen Fahrt zu schützen. Ein großer Teil des Geleitschutzes wurde jetzt vom westlichen Hauptquartier in St. Johns in Neufundland organisiert.

Auf der Ostseite des Atlantiks spielte der Luftgeleitschutz eine besondere Rolle. Der Chef der britischen Luftwaffenstabes konnte zufrieden feststellen, daß »der Einsatz von Flugzeugen die U-Boote weiter nach Westen trieb«. Im Juni trafen 20 der neuen, in den USA gebauten Liberator-Bomber ein. Nach einem Umbau erwiesen sie sich als das ideale Langstreckenflugzeug für den Geleitschutz. Die Liberators konnten 700 Meilen in den Atlantik hinausfliegen und 24 Wasserbomben mitführen. Im September 1941 war die erste Liberator-Staffel einsatzfähig und patrouillierte zwischen Island und England. Aber im Oktober mußte das Coastal Command die Hälfte seiner wertvollen Liberators an das Flugzeugüberführungskommando der RAF und BOAC abgeben, die sie als Transatlantikflugzeuge zwischen England und Amerika einsetzten. Das Coastal Command mußte erneut zurückstehen, als das Bomber Command der RAF und die US Army Air Force ebenfalls die hervorragende Leistung der Liberator entdeckten, nachdem sie das Flugzeug jahrelang mißachtet hatten.

Der neue Oberbefehlshaber des Coastal Command, Air Marshal Sir Philip Joubert de la Ferté, verlangte, daß seine 200 Flugzeuge noch aggressiver gegen die U-Boote vorgehen sollten. Keines der 41 bisher versenkten U-Boote war das unmittelbare Opfer eines Luftangriffes gewesen, obwohl die Flugzeuge Überwasser-Geleitschiffe zu erfolgreichen Versenkungen herangeführt hatten. Joubert beschloß, einige seiner Mittelstreckenflugzeuge einzusetzen, um die Gebiete vor den Stützpunkten in der Biskaya und die Nordsee intensiv zu überwachen. Dort fuhren die U-Boote aufgetaucht, und Joubert hoffte, daß verstärkte Sichtungen zu Versenkungen führen würden. Das Bomber Command wurde vom »Komitee für die Schlacht im Atlantik« dazu gedrängt, seine Angriffe gegen die U-Bootwerften in Deutschland und die französischen Stützpunkte zu konzentrieren. Die Luftaufklärung hatte gezeigt, daß die Organisation Todt in den französischen Stützpunkten riesige Betonbunker baute. Der größte Bunker in St. Nazaire sollte fast 300 m lang und 27 m hoch werden. Er würde 26 U-Boote aufnehmen können. Seine Wände bestanden aus 8 m dickem Stahlbeton. Zu Jouberts Überraschung wurde seine vernünftige Bitte vom Bomber Command ärgerlich abgelehnt. Dort glaubte man, daß die Angriffe auf die Industrieanlagen und Werften des Reiches konzentriert werden müßten. Als dann die schweren Angriffe auf die Stützpunkte in der Biskaya Anfang 1942 schließlich doch begannen, waren die U-Boote in ihren fertigen Bunkern praktisch unverletzlich geworden.

Das Coastal Command hatte die »Ultra«-Berichte genutzt, um den bedrohten Geleitzügen maximale Deckung zu geben. Jouberts größte Probleme waren der Mangel an Langstreckenflugzeugen und die Schwierigkeiten, U-Boote bei Nacht zu orten, wenn sie gewöhnlich angriffen. Bis zum Herbst waren die meisten Flugzeuge mit Mk II ASV-Radar ausgerüstet, aber die Besatzungen waren unerfahren im Gebrauch des Geräts. Außerdem hatte das System noch eine Reihe von Mängeln, die im Telecommunications Research Establishment in Swanage geklärt werden mußten. Gleichzeigig erprobte Squadron Leader Humphrey de Vere Leigh einen neuen Scheinwerfer, mit dessen Hilfe radargeortete U-Boote in den letzten Minuten eines nächtlichen Angriffs, wenn das Radarecho durch die Reflexion der Wasseroberfläche gestört wurde, optisch erfaßt werden konnten.

Ehe diese neuen U-Bootabwehrsysteme der Flugzeuge wirksam wurden, verging aber noch einige Zeit. 1941 waren die Eskorten noch das Hauptkampfmittel. Es war jetzt möglich, fast alle großen Atlantik-Geleitzüge sowohl mit einem inneren wie mit einem äußeren Schirm zu decken. Als festgestellt wurde, daß über 80 Prozent der U-Boote entkamen, weil kein genauer Angriff vorgetragen werden konnte, bekam die Ausbildung am Asdic höchsten Vorrang. Londoner Doppeldecker-Autobusse wurden zu mobilen Ausbildungseinrichtungen mit Asdic-Simulatoren umgebaut: Eine »Brücke« auf dem Oberdeck enthielt die Steuereinheit des Asdic, während das »Unterdeck« als Koppelraum eingerichtet war. Eine wesentliche Neuentwicklung war der »Hedgehog«, ein Wurfgerät für kleinere Wasserbomben, das es dem Geleitschiff erlaubte, über den Bug anzugreifen, solange das U-Boot noch vom eigenen Asdic erfaßt wurde.

Ein äußerst ungewöhnliches Mittel waren die Admiralty Net Defences, eine Idee des Ersten Weltkrieges, nach der ausgehängte Netze die Torpedos des U-Bootes aufhalten sollten. Doch schon das erste AND-Schiff wurde von einem U-Boottorpedo getroffen, der das Netz durchstieß. Eine verbesserte Klasse von Ozeangeleitschiffen, die Fregatten der River-Klasse, wurde im Juli bestellt. Sie waren fast doppelt so groß wie die Korvetten der Flower-Klasse und mit 20 Knoten auch schneller. Es wurden Radargeräte eingeführt, die robust und zuverlässig genug für die Überwassergeleitschiffe waren. Bis zum Herbst war der wirksamere Typ 271 verfügbar, der ein aufgetauchtes U-Boot auf 5000 m und ein Sehrohr auf 1300 m ausmachen konnte. Mit neuen Kurzwellenpeilgeräten (HF/DF) konnten die Geleitschiffe U-Boote anpeilen, die funkten.

Die Anstrengungen des »Komitees für die Schlacht im Atlantik« waren aber nicht nur darauf gerichtet, die Kampfkraft zu erhöhen, sein unmittel-

barster Einfluß war in den Kaianlagen und Werften Englands zu spüren. Bis Mitte Juli war die zu reparierende Tonnage auf 700 000 Tonnen gesunken, und die Leistungsfähigkeit der Häfen hatte sich bedeutend erhöht. Die Abfertigungszeit für die Schiffe hatte sich erheblich verkürzt. Mit zusätzlichen Flak-Batterien und Feuerwehren war der Luftschutz wesentlich besser geworden. Ein neuer Plan zur Tarnung der Kaianlagen in Liverpool durch das Streuen eines dünnen Films von Kohlestaub auf die Hafeneingänge »näherte sich einer Lösung«.

Angesichts dieser Fortschritte mußte Churchill im Kabinett eine Warnung aussprechen: »Es sollte nicht in der Öffentlichkeit gesagt werden, daß

Bombensicher waren die gewaltigen Bunker, die von der Organisation Todt in den französischen Atlantik-Häfen für die U-Boote gebaut wurden. Während der Bauzeit blieben die Deutschen von Luftangriffen völlig verschont; als sich das Bomber Command der RAF schließlich im Herbst 1942 zu Bombenangriffen entschloß, war es zu spät. Die U-Boote lagen geschützt unter 8 Meter dickem Beton, und die Zerstörung ihrer Städte rief Empörung bei der französischen Bevölkerung hervor.

die Schlacht im Atlantik gewonnen ist, da es sehr wohl noch Überraschungen für uns geben kann.« Er war einer der wenigen, die wußten, daß die U-Boote zu diesem Zeitpunkt nur deshalb im Nachteil waren, weil die Briten einen Teil des Funkverkehrs ›mitlesen‹ konnten.

Stoppt Hitler jetzt!

In den Werften der Vereinigten Staaten kämpfte die US Maritime Commission unter Leitung des rauhbeinigen Admirals Emory S. Land darum, ausreichend Stahlblech zu erhalten, um ihr ehrgeiziges Programm »Schiffe für England« zu erfüllen. Es war im vorherigen Jahr mit einem 10 Mio. Pfund-Auftrag für 60 Frachtschiffe, der dem Baumagnaten Henry J. Kaiser erteilt worden war, eröffnet worden. Am 17. August 1941 lief der 10 000-Tonner *Ocean Vanguard,* das erste Schiff der neuen Flotte, vom Stapel. Ohne Zwischenfall ging es allerdings nicht ab: Noch ehe die Frau des Admirals, Betty, ihre Rede halten konnte, glitt der Rumpf des Schiffes bereits dem Wasser entgegen. Zum Glück hatte sie die Geistesgegenwart, die Champagnerflasche zu schleudern, ehe es zu spät war.

Im Herbst 1941 sah es noch immer so aus, als ob Hitler mit seiner skeptischen Ansicht über die amerikanische Produktionskapazität Recht behal-

Im Herbst 1941 waren die amerikanischen Nazis (rechts) am Ende. Der Fliegerheld Lindbergh (oben) schadete der isolationistischen Bewegung mit antisemitischen Äußerungen.

ten würde. Der Präsident griff jedoch persönlich ein, und General Marshall wurde gebeten, den amerikanischen Kriegsbedarf zu überprüfen und ein Verteilungssystem zu entwerfen, das sowohl den Anforderungen der US-Streitkräfte als auch den Wünschen der Verbündeten gerecht wurde. Dies war eine Gelegenheit für die Stabschefs, eine strategische Studie über eine amerikanische Beteiligung am Schießkrieg zu erstellen. In seinem Bericht, den er zusammen mit Admiral Stark erstellt hatte, kam Marshall zu dem Ergebnis, daß Deutschland und seine europäischen Satelliten nicht durch die europäischen Mächte besiegt werden könnten, die jetzt gegen sie kämpften. »Deshalb wird es, wenn unsere europäischen Feinde geschlagen werden sollen, für die USA erforderlich sein, in den Krieg einzutreten und einen Teil ihrer Streitkräfte im Ostatlantik und in Europa oder Afrika offensiv einzusetzen.«

Marshall schlug vor, daß Pläne für einen gleichzeitigen Krieg im Pazifik und im Atlantik gemacht werden sollten, denn Unschlüssigkeit würde Deutschland nur Gelegenheit geben, »Europa in seinem Sinne zu organisieren und dadurch stärker zu werden«. Marshall machte deutlich, daß die USA nicht hoffen konnten, eine Verwicklung in einen größeren Landkrieg zu vermeiden; denn »Marine- und Luftstreitkräfte allein sind selten, wenn überhaupt in der Lage, wichtige Kriege zu gewinnen. Es sollte als eine fast unabänderliche Regel anerkannt werden, daß nur Landheere Kriege endgültig gewinnen können.« Diese Feststellung und Marshalls Kostenvoranschläge für die Ausrüstung einer Armee von 8 Mio. Mann erschütterten den Präsidenten. Zum ersten Mal waren die schwindelerregenden Kosten eines weltweiten Krieges genannt worden.

Die isolationistische Organisation »America First« war noch immer aktiv, aber ihr trat nun eine neue starke Gruppe von Interventionisten gegenüber. Die »Fight for Freedom«-Bewegung trat weniger vornehm auf als die frühere »Century Group«. Im Juli wurde eine Kampagne »Stoppt Hitler jetzt!« gestartet, mit neuen Slogans (»V for Victory«), Autoaufklebern, Knöpfen und Anhängern.

Die Kampagne der Isolationisten erlitt einen schweren Rückschlag, als Charles Lindbergh, eine ihrer führenden Persönlichkeiten, im September in Des Moines der jüdischen Minderheit in den USA auf plumpe Weise mit den Nationalsozialisten drohte. Aber nicht alle Vertreter des Isolationismus hatten ihre Aktivitäten auf Reden beschränkt. Der texanische Ölhändler William Rhodes Davis hatte zwei Jahre lang als Untergrundagent der Nazis gearbeitet. Mit seiner Eurotank-Raffinerie in Hamburg und deutschen Mitteln, die über Züricher Banken geleitet wurden, hatte er versucht, eine geheime Ölversorgung von Mexiko in das Reich zu organisieren. 1939 hatte er sich um die Unterstützung des Präsidenten für eine Einmann-Friedensmission bemüht und war zurückgewiesen worden. Ein Jahr später schleusten die Nazis anderthalb Millionen Dollar über Davis in die USA ein, um

Schiffe für England! Am 17. 8. 41 lief die *Ocean Vanguard* von Stapel.

die Wiederwahl Roosevelts zu verhindern. Zu den führenden Isolationisten, mit denen er in Kontakt stand, gehörte auch der einflußreiche linke Gewerkschaftsführer John L. Lewis von den United Mineworkers. Er wollte die Stimmen von 5 Millionen Arbeitern gegen den Präsidenten gewinnen. Als Davis im Juni 1941 plötzlich starb, tauchte der Verdacht auf, es sei bei seinem Tod nicht alles mit rechten Dingen zugegangen, aber das FBI unterdrückte diskret jede öffentliche Untersuchung.

Die Kampagne gegen die Naziagenten und die versteckten Geschäftsbeziehungen mit Deutschland waren vom »British Security Coordination Office« durchgeführt worden, dessen Hauptquartier (an New Yorks Rockefeller Plaza) William Stephenson, ein einflußreicher Kanadier mit guten Verbindungen, führte, dem Churchill den Codenamen »Intrepid« zugewiesen hatte. Mit dem stillschweigenden Einverständnis des Weißen Hauses, das die Aktivitäten der Nazis in Amerika mit großem Mißtrauen beobachtete, organisierte das BSC zum Beispiel eine Pressekampagne gegen die Geschäftsverbindungen von Firmen wie ITT mit Deutschland.

Die deutschen Agenten und die Isolationisten hatten auch nicht verhindern können, daß die amerikanische Regierung die Briten mit Rüstungsgütern und Nahrungsmitteln versorgte. Viele der Pacht-Leihlieferungen waren für die Engländer »Luxusgüter«, wie Obstkonserven, Bohnen, Kondensmilch, Käse und der berüchtigte »Spam« (Schinken in Scheiben). Diese Güter wurden nach einem besonderen Punkte-Rationierungssystem verteilt, das von den Deutschen »abgeguckt« worden war.

Eine Untersuchung von Dr. J. T. Palmer zeigte auf, daß die Amerikaner sich verpflichtet hatten, »im Jahre 1942 ein Viertel des Nahrungsmittelbedarfes Großbritanniens zu liefern, genug um 10 Mio. Menschen zu ernähren«. Auf Englands Einkaufsliste standen 500 Mio. Dutzend Eier, 18 Mio. Pfund Hühnerfleisch, 750 Mio. Pfund Schweinefleisch und Schmalz sowie Millionen von Kartons mit Obst- und Gemüsekonserven. England konnte den größten Teil seiner Lieferungen an Weizen, Zucker und anderen Massengütern aus Kanada und anderen Ländern des Empire beziehen, aber die USA planten, »konzentrierte Nahrungsmittel wie Milch, Eier und Käse, die reich an Eiweiß und Vitaminen sind und Schiffsraum sparen«, zu liefern. Da Amerika keinen Überschuß an Rindfleisch hatte und Rinder fünf Jahre Aufzucht erforderten, wurde beschlossen, die Eiweißlücke mit »9 Mio. Schlachtschweinen« zu schließen. »Spam-Scheiben« und Omeletts aus Trockenei wurden Gegenstand einer umfassenden Öffentlichkeitsarbeit durch die BBC und in Wochenschauen.

Während die britische und amerikanische Regierung zuversichtlich sein konnten, daß die Lage auf dem Ernährungssektor gut war, war dies bei der Rüstung nicht so. Britische Untersuchungen kamen zu dem Ergebnis, daß »Ende 1942 die vielgerühmte amerikanische Produktion nicht viel größer sein wird als unsere eigene und Kanadas zusammen«.

Zur Hölle mit den Torpedos - volle Kraft voraus!
12.

12.

»Wir beginnen umfangreiche Operationen zwischen Nordamerika und Island ... wenn die Deutschen einen Vorwand für den Krieg wollen, können sie ihn massenhaft haben«, schrieb Admiral Stark, der US-Chef der See-Operationen Ende August 1941. Die amerikanischen Patrouillen reichten über drei Viertel des Nordatlantiks und hatten ausdrücklich Befehl, auf alle »Angriffsdrohungen« aggressiv zu reagieren. Die »Angriffsdrohung« galt natürlich schon dann als gegeben, wenn Deutsche überhaupt in dem Teil des Ozeans entdeckt wurden, den Roosevelt jetzt als »unsere Seite« ansah.

Am frühen Vormittag des 5. September 1941 wurde der alte Zerstörer USS *Greer* etwa 125 Meilen vor Island von einer Hudson der RAF abgefangen, die mit Lichtsignalen meldete, daß gerade ein U-Boot unmittelbar vor der *Greer* alarmgetaucht war. Da der Pilot nicht wußte, ob der Zerstörer sich an der Jagd beteiligen würde, kreiste er über dem Punkt, wo der Feind getaucht war. Der dienstälteste Offizier an Bord der *Greer,* der Chef der Zerstörerdivision 61, entschied, daß die »richtige Handlung« war, das U-Boot zu verfolgen, weil es »eine Bedrohung für die US-Schiffahrt« darstellte. Er begann eine Jagd mit seinem Sonar-Gerät, gegen die sich das U-Boot mit zwei Torpedos zur Wehr setzte.

Die *Greer* suchte über vier Stunden lang, bevor sie wieder Kontakt bekam und eine letzte Reihe von Wasserbomben warf. Oberleutnant Fraatz, der Kommandant von U-652, entkam mit seinem Boot, indem er tiefer tauchte. Später funkte er an seinen Stützpunkt, daß er von einem britischen Zerstörer angegriffen worden sei. Eine Meldung über den Zwischenfall wurde sofort nach Washington gefunkt und erreichte nach wenigen Stunden den Schreibtisch im ovalen Dienstzimmer des Präsidenten. Nachdem er die Meldung gelesen hatte, beschloß Roosevelt, vorsichtig vorzugehen, denn es war klar, daß die *Greer* den Angriff provoziert hatte. Erst am 11. September berichtete er der Nation über die »Piraterie, in rechtlicher und moralischer Hinsicht«, die er als einen Teil eines »Nazi-Planes zur Vernichtung der Freiheit der Meere und zur Übernahme absoluter Kontrolle und Beherrschung der Ozeane« darstellte.

Der Präsident versprach, die US-Navy werde »alle Handelsschiffe –

Die Amerikaner suchen den Krieg. Am 5. 9. 41 griff der Zerstörer *USS Greer* mit Wasserbomben U-652 an.

nicht nur amerikanische Schiffe, sondern Schiffe aller Flaggen – die sich am Handel in den von uns verteidigten Gewässern beteiligten . . .«, schützen. »Wenn man eine Klapperschlange sieht, die sich aufrichtet, dann wartet man nicht, bis sie zugebissen hat, ehe man sie zertritt. Die Nazi-U-Boote und Raider sind die Klapperschlangen des Atlantiks. Sie sind eine Bedrohung für die freien Wege der Meere. Sie sind eine Herausforderung an unsere Souveränität . . . In Gewässern, die wir als für unsere eigene Sicherheit erforderlich ansehen, werden amerikanische Kriegsschiffe und Flugzeuge nicht länger warten, bis unter dem Wasser lauernde U-Boote der Achsenmächte oder ihre Piratenschiffe auf hoher See den tödlichen Streich zuerst führen.«

Die US-Navy befand sich jetzt in einem Zustand eines nicht erklärten Krieges. »Was den Atlantik angeht, sind wir fast, wenn nicht tatsächlich, drin«, schrieb Admiral Stark. Churchill war hocherfreut. »Die vom Präsidenten getroffenen Dispositionen müssen mit Sicherheit zum Konflikt mit den U-Booten führen«, schrieb er in der Erwartung, daß Roosevelts Schießbefehl Hitler zur Kriegserklärung zwingen mußte. Zu seiner großen Enttäuschung gab es jedoch keine Reaktion aus Berlin. Es war offensichtlich, daß Hitler, der mit dem Rußland-Feldzug beschäftigt war, nicht nach Vorwänden suchte, um einen Krieg mit den Vereinigten Staaten zu beginnen. Raeder flog am 17. September in Begleitung von Dönitz zur »Wolfsschanze«, um Hitler dazu zu überreden, die Beschränkungen der Angriffe auf amerikanische Schiffe aufzuheben. Raeder erklärte: »Die amerikanischen Streitkräfte werden in Zukunft nicht nur zur Aufklärung, sondern auch zu Geleitzwecken (auch für englische Schiffe) eingesetzt. Die deutschen Streitkräfte haben in jedem Fall eines Zusammentreffens mit offensiven Kriegsmaßnahmen von ihrer Seite zu rechnen. Ein Unterschied zwischen britischen und amerikanischen Einheiten als Gegner besteht nicht mehr.«

Hitler war anderer Meinung. Er war nicht bereit, sich zu einem Angriff auf die Vereinigten Staaten provozieren zu lassen, und vertraute noch immer darauf, daß der September die »große Entscheidung« im Rußland-Feldzug bringen werde. Die Admirale erhielten Anweisung, »bis Mitte Oktober jeden Zwischenfall im Handelskrieg zu vermeiden«. Er befahl auch, daß ein sofortiger Funkspruch an die U-Boote gesandt werden sollte, der nochmals darauf hinwies, daß die bestehenden Befehle strikt zu beachten waren. Dies war ein schwerer Schlag für die U-Bootführung, der es praktisch unmöglich gemacht wurde, ihre Offensive gegen die Geleitzüge im Nordatlantik fortzusetzen.

Am selben Tage übernahm die US-Navy den Schutz der Geleitzugrouten zwischen Neufundland und Island. Unter den Hochrufen der Kanadier, die den Konvoi zusammengeführt hatten, dampfte der Zerstörer USS *Ericsson* an die Spitze von 51 schwer beladenen Schiffen des Geleitzuges

HX 150. Vier Tage später übergab Kapitän z.S. Deyo die Schiffe am Mid-Ocean Meeting Point (MOMP), dem Treffpunkt im Mittelatlantik, an das britische Geleit mit dem Signal: »Wie im letzten Krieg weiß ich, daß unsere Seeleute völlig übereinstimmen.«

Der erste US-Geleitzug hatte Glück gehabt, daß er von der Konzentration von 17 U-Booten, die zwischen Grönland und Island patrouillierten, nicht entdeckt wurde. Die sieben westlich stehenden Boote mit der Tarnbezeichnung »Markgraf« durchkämmten die Geleitzugrouten wie eine riesige Harke. Mit etwa 20 Meilen zwischen den U-Booten war die Gruppe in der Lage, den Ozean auf einer Breite von 200 Meilen zu durchstreifen. Der langsame, ostwärts laufende Geleitzug SC 42, der vor dem HX 150 ausgelaufen war, lief genau in die Falle.

Der Tracking Room der Admiralität wußte von der U-Bootkonzentration in der »Torpedo-Kreuzung«. Aber er konnte den genauen Standort der Gruppe »Markgraf« nicht rechtzeitig feststellen, um den Geleitzug zu retten. Diese schwerwiegende Verspätung der »Ultra«-Berichte war darauf zurückzuführen, daß kurz zuvor befohlen worden war, die Buchstaben der Großquadrate in den Positionsmeldungen gesondert zu überschlüsseln. Die Entschlüsselungsteams in Bletchley Park mußten oft vier Tage ringen, bis wieder U-Bootpositionen entschlüsselt werden konnten. Dennoch hätte der von Kanadiern eskortierte Geleitzug SC 42 entkommen können, wenn nicht U-85 zufällig seinen Rauch gesichtet hätte, als es auf seine Station am Nordende der Linie »Markgraf« 60 Meilen vor Grönlands Kap Farewell zulief. Am frühen Nachmittag des 9. September wurde im Hauptquartier des B.d.U. in Kernevel der Funkbefehl abgesetzt, die Gruppe »Markgraf« solle sich für einen Rudelangriff bei Nacht auf den von U-85 gesichteten Geleitzug bereithalten.

Angreifen und Versenken

Zum Pech von Lieutenant Commander Jackson RCN, der die drei begleitenden Korvetten von der kanadischen *Kenogami* aus führte, war es eine klare Vollmondnacht, die günstig für einen Angriff der U-Boote war. Wie sich zeigte, waren die Eskorten zu langsam, um den Angriff zu stoppen: »Ein U-Boot wurde gesichtet, als es vom Geleitzug weg auf die Küste zulief. Wir bemühten uns, es zu überholen, aber unsere Geschwindigkeit reichte dazu nicht aus, und um 23.10 Uhr verschwand es. Zu dieser Zeit verloren wir auch den Asdic-Kontakt. Während des Restes der Nacht fanden wiederholte Angriffe statt, aber wir bekamen keinen Kontakt mehr.«

In dieser Nacht wurden acht Schiffe torpediert. Am nächsten Morgen wurden drei weitere versenkt, während der Geleitzug in dem vergeblichen

Versuch, die Angreifer abzuschütteln, immer wieder den Kurs änderte. Die U-Boote hingen wie die Kletten an ihm, während Dönitz funkte: »Dieser Geleitzug darf nicht durchkommen. U-BOOTE VERFOLGEN, ANGREIFEN UND VERSENKEN.« Einige U-Boote meldeten, daß sie keine Torpedos mehr hatten, und die weiter entfernt stehenden Boote der Gruppe »Markgraf« liefen heran, um in die Schlacht einzugreifen. Nicht alle erreichten den Geleitzug. U-501 hatte das Pech, zwei kanadischen Korvetten, HMCS *Chambly* und *Moosejaw,* die bei einer Übung waren, in die Arme zu laufen. Es gelang ihnen, in einem sorgfältig koordinierten Angriff das U-Boot zu versenken, bevor sie um Mitternacht in die Schlacht eingriffen. Diese Verstärkung war dringend erforderlich, denn vier weitere U-Boote erreichten den Geleitzug in der Dämmerung, als gerade das letzte Catalina-Flugboot abflog. Bevor am nächsten Morgen die Luftpatrouillen und fünf neue britische Geleitschiffe eintrafen, wurden sieben weitere Schiffe versenkt.

Obwohl die Schlacht am SC 42 zwei U-Boote kostete, wurde die Versenkung von 16 der 64 Schiffe des Geleitzuges als Erfolg für die U-Bootwaffe betrachtet, der in kritischer Zeit die Moral hob. Er hatte gezeigt, daß, ausreichende U-Bootzahlen vorausgesetzt, ein Wolfsrudel durch den Geleitschutz brechen und Chaos verursachen konnte. Lieutenant Commander Jackson RCN meldete: »Die U-Boote zeigten großen Wagemut und zöger-

ten nicht, an die Oberfläche zu kommen. Sie tauchten oft mitten im Geleitzug auf und fuhren ihre Periskope selbst im Tageslicht aus.«

Die Schlacht am SC 42 überzeugte Dönitz davon, daß das Mittel zum Erfolg gegen die atlantischen Geleitzugrouten nicht festgelegte Einsatzorte der U-Boote waren, deren Standort entdeckt oder von Flugzeugen gemeldet werden konnte, sondern das Aufstellen von U-Boot-Streifen in den Gewässern vor dem südlichen Grönland, wo die Geleitzüge aus der Luftdeckung herausbogen, bevor sie für die Atlantiküberquerung nach Norden schwenkten. Seine Ansicht, daß dieses Gebiet »besonders günstig« für Wolfsrudel-Unternehmen sei, wurde eine Woche nach dem Angriff auf den Geleitzug SC 42 bestätigt, als die Gruppe »Brandenburg« vier Schiffe aus dem langsamen, ostwärts laufenden Geleitzug SC 44 versenkte. Die Gruppe »Seewolf« hingegen, die im Ostatlantik, 200 Meilen vor der Küste Irlands, operierte, war keineswegs so erfolgreich. Die Gruppe wurde sehr oft durch Flugzeuge des Coastal Command auseinandergerissen, die die Boote zum Tauchen zwangen. Der B-Dienst meldete, daß der Feind »über den Vorpostenstreifen informiert ist und ihn umgehen kann«. Die U-Bootführung gab bald die Versuche auf, U-Bootgruppen im Ostatlantik innerhalb der Reichweite der Luftpatrouillen aus England einzusetzen.

Dönitz wandte seine Aufmerksamkeit nun den Gewässern um die Azoren und die Kapverdischen Inseln zu. Sieben der großen U-Boote vom

Während die Schlacht im Nordatlantik nicht zuletzt durch den regelmäßigen Einsatz amerikanischer Zerstörer (links) immer bitterer wurde und die U-Boote jeden Versenkungserfolg mit eigenen Verlusten bezahlten, hatten die Kommandanten der großen U-Boote vom Typ IX eher Schwierigkeiten damit, ihre Mannschaften auf den langen Kreuzfahrten vor der afrikanischen Küste fit und bei guter Laune zu halten.

Typ IX wurden nach Süden entsandt, um Schiffe auf dem Wege zur Kaproute abzufangen. Anfangs waren sie erfolgreich, und der Geleitzug SL 87 verlor nach einer dreitägigen Jagd durch vier U-Boote neun Schiffe. Danach stellten die U-Bootkommandanten fest, daß es nur wenige, weit auseinandergezogene Geleitzüge gab, weil die Admiralität die Alleinfahrer weit nach Westen in die amerikanische Neutralitätszone umgeleitet hatte, wo sie vor Angriffen sicher waren. Aber die U-Boote hatten nicht nur Schwierigkeiten beim Erfassen von Handelsschiffen, sondern wurden selbst das Ziel eines britischen Angriffs. Zwei U-Boote, die sich in der Tarafel-Bucht auf den Kapverdischen Inseln zum Auftanken trafen, entgingen nur knapp einer Torpedosalve des britischen U-Bootes *Clyde*.

Dönitz äußerte sofort den Verdacht, daß den Briten ein Einbruch in die deutschen Schlüsselmittel gelungen sein könnte oder Verrat im Spiel wäre. Es erschien ihm unwahrscheinlich, daß ein englisches U-Boot rein zufällig in einem so abgelegenen Seegebiet sein sollte. Diese Vermutung war richtig: *HMS Clyde* war tatsächlich aufgrund einer »Ultra«-Meldung in Position gebracht worden. Die Deutschen konnten aber trotz gewisser Bedenken auf das Enigma-System nicht verzichten, sondern ließen es bei verschärften Sicherheitsvorkehrungen beim Umgang mit Funksprüchen und Schlüsseln bewenden. Die Royal Navy wiederum gab sich Mühe, das »Ultra«-Geheimnis zu wahren. Obwohl ihr ein weiterer Treffpunkt deutscher U-Boote bei Kap Verde bekannt war, verzichtete sie auf eine Operation, um die Deutschen nicht noch mißtrauischer zu machen.

Trotz dieser Störung war Dönitz entschlossen, die stark befahrene Kaproute weiterhin anzugreifen. Im Oktober liefen drei U-Boote mit großer Reichweite in Begleitung des Versorgungsschiffes *Python* zum Kap aus, um dort zu den Booten zu stoßen, die inzwischen bei ihrem zweiten Versuch in der Kapverdischen Bucht aufgetankt hatten. Der Tracking Room der Admiralität wußte, was im Gange war. Er war über die deutschen Pläne informiert, die U-Boote durch den heimkehrenden Raider *Atlantis* und die *Python* auf geheimen Treffpunkten im Mittelatlantik auftanken zu lassen. Die Funksprüche an die *Atlantis* konnten die Briten zwar nicht entziffern (die Schlüsselkreise der Hilfskreuzer wurden nie geknackt), aber die Anweisungen an die U-Boote verrieten die Treffpunkte. Nach Abwägen des möglichen Risikos kam die Admiralität zu dem Ergebnis, daß der einzige Weg zum Schutz der Kaproute die Zerschlagung des Nachschubsystems der U-Boote war.

Der erste Angriff fand am 21. November 1941 statt, als der Kreuzer *Devonshire* das Treffen zwischen der *Atlantis* unter Kapitän zur See Rogge und U-126 störte. Der Star-Raider der Kriegsmarine, der auf seiner langen Fahrt 22 Schiffe versenkt hatte, stand bald in Flammen. U-126, dem es gelungen war, rechtzeitig vor dem Beschuß zu tauchen, blieb in der Nähe, um Überlebende zu retten. Mit 305 Überlebenden an Bord wurden die Rettungsboote des Raiders zwei Tage lang zu einem neuen Treffpunkt mit dem Versorgungsschiff *Python* geschleppt. Es war Pech für die Überlebenden der *Atlantis*, daß zehn Tage später, als die *Python* U-A und U-68 auftankte, der britische Kreuzer *Dorsetshire* über den Horizont herandampfte. Das Versorgungsschiff versenkte sich selbst. Die U-Boote, die in Panik alarmgetaucht waren, nahmen später Überlebende auf. Zwei weitere U-Boote in dem Gebiet erhielten Befehl, sich an der Rettung zu beteiligen. Mit je über 100 Mann zusätzlich an Bord begannen sie ihre 2500 Meilen lange Heimreise.

Diese Katastrophen beendeten die Offensive gegen die Kaproute. Der Verlust der Versorgungsschiffe beunruhigte Dönitz um so mehr, als der heimgekehrte Rogge ihm seinen Verdacht mitteilte, »daß mit der Funkerei etwas faul« sein müsse. Doch wann immer er diese Möglichkeit mit Berlin besprach, wurde ihm barsch mitgeteilt: »Diese Sache wird von der Seekriegsleitung laufend überprüft und als außer Frage stehend angesehen.«

»Ein großer Sieg«

Den Fehlschlag seiner U-Bootoffensive im Süden konnte Dönitz mit dem Erfolg der Operationen gegen die Gibraltar-Geleitzüge ausgleichen, wo zunehmende Angriffe der U-Boote und der Luftwaffe der Admiralität zusetzten. Die »Ultra«-Experten hatten gemeldet, daß die Focke Wulf Condor erfolgreich eine neue Taktik einsetzten. Statt die Geleitzüge anzugreifen, umkreisten die Flugzeuge sie nun und sandten Peilsignale für die U-Boote aus. Diese Taktik machte es fast unmöglich, die Geleitzüge um die U-Bootstreifen auf der Gibraltar-Strecke herumzuleiten. Außerdem erhielten die Deutschen von ihren in Algeciras sitzenden, mit starken Zeiss-Fernrohren ausgerüsteten Agenten ziemlich genaue Meldungen über das Auslaufen von Geleitzügen.

Die Engländer waren dadurch behindert, daß ihnen das Coastal Command nur auf einem Teil der Strecke Luftdeckung geben konnte. Die CAM-Schiffe waren nur wenig wirksam, weil ihre Hurricane-Jagdflugzeuge nur einmal von den Katapulten starten konnten und dann im Meer landen mußten. Erst als im September der Hilfsflugzeugträger *Audacity* eintraf, wurde die Luftdeckung besser. Seine amerikanischen Martlet-Jäger begannen die Focke Wulfs abzuschießen. Aber die *Audacity* konnte nicht jeden Geleitzug decken.

Im Herbst 1941 stiegen die Verluste auf der Gibraltarstrecke alarmierend an. Nach der Versenkung von fünf Schiffen und dem Zerstörer *Cossack* aus dem HG 75 im Oktober beschloß die Admiralität, keine Geleitzüge fahren zu lassen, bis ausreichend starker Geleitschutz gesammelt war, um die Schiffe durchzukämpfen.

Die entscheidende Kraftprobe begann am 14. Dezember 1941, als die 31 Schiffe des HG 76 im Geleit von 16 Kriegsschiffen ausliefen; zwei Zerstörer, vier Sloops, neun Korvetten, der Geleitträger *Audacity* und das CAM-Schiff *Darwin*. Die Verteidigung des Geleitzuges war um die erfahrene 3. Escort Group unter dem Kommando des unerschrockenen Lt. Commander F. J. Walker auf der Sloop *Stork* gruppiert. Der hochgewachsene und hagere »Johnny« Walker war der führende U-Bootabwehr-Taktiker der Royal Navy.

Das Sammeln und Auslaufen des HG 76 und sein kampfstarker Geleitschutz wurden von den deutschen Agenten gemeldet, und Dönitz war bereit. Die sieben U-Boote der Gruppe »Seeräuber«, die westlich von Gibraltar patrouillierten, erhielten über Funk einen Angriffsbefehl. Die Focke Wulf Condor der I./KG 40 aus Bordeaux nahmen die Suche nach dem Geleitzug auf. Aber erst zwei Tage später sichteten sie HG 76, weil Walker seinen Kurs aufgrund von Warnungen des Geheimdienstes weit nach Süden verlegt hatte. In der Dämmerung hatte das am weitesten südlich stehende U-Boot der Gruppe »Seeräuber« den Geleitzug erkannt. Ein zweites Boot traf während der Nacht des 16. Dezember ein. Am nächsten Morgen ging die erste Runde an das Geleit, als U-131, das den Konvoi beschattete, sich in einem Gefecht mit den Martlets der *Audacity* versuchte und versenkt wurde, bevor es tauchen konnte.

"Don't mind me—I'm only the pilot."

Lt. Commander Walker (oben) leitete die Verteidigung des HG 76. Ein neues Hilfsmittel beim Geleitschutz waren die CAM-Schiffe (unten), die von ihrem Katapult eine Hurricane abschießen konnten. Das »Schwarze Loch« ohne Luftdeckung wurde dadurch verkleinert, aber die Flugzeuge waren nach einmaligem Einsatz verloren und die Piloten mußten aus dem Meer gefischt werden.

In der zweiten Nacht trafen zwei weitere Boote der Gruppe »Seeräuber« ein, aber drei U-Boote waren nicht genug, um Walkers starkes Geleit zu durchdringen, das aus einem äußeren Schirm von fünf und einer inneren Barriere von acht Eskorten bestand. Nach einer ruhigen Nacht signalisierte der Geleitzug-Kommodore: »Machen Sie sich nichts aus dem heraufziehenden Sturm. Mit dem Ergebnis von Eins zu Null ist der Geleitzug zuversichtlich, daß er in guter Hand ist.« Das Ergebnis sollte bald auf Zwei zu Null erhöht werden, als am frühen Morgen U-434, das einzige U-Boot, das noch Fühlung hielt, gesichtet und versenkt wurde.

Die U-Boote hatten nun den Kontakt mit dem Geleitzug verloren. Während des Tageslichts versuchten die Jäger der *Audacity,* die Focke Wulfs fernzuhalten, aber kurz vor Einbruch der Nacht gelang es den deutschen Piloten, die U-Boote erneut an das Ziel heranzuführen. In jener Nacht befahl Dönitz über Funk eine neue Taktik. U-574 und U-108 gingen in Stellung, um das Geleit anzugreifen und eine Bresche durch die Verteidigung des Geleitzuges zu schlagen. Dies wurde Walker bald klar. Er hatte gerade einen Signalspruch an den Zerstörer *Stanley* beendet, als dieser »in einer Flammenwand, die mehrere hundert Fuß hoch war, buchstäblich in die Luft flog. Später wurde mir gemeldet, daß etwa zur gleichen Zeit Torpedos achtern an der *Stork* vorbeigelaufen waren.«

Die Vernichtung eines seiner Zerstörer ließ Walker wie einen Racheengel angreifen. Er drehte mit voller Kraft um 180 Grad, bekam schnell einen Asdic-Kontakt und machte zwei Wasserbombenangriffe, die U-574 an die Oberfläche brachten. Walker meldete: »Die nun folgende Jagd dauerte 11 Minuten, und ich war überrascht, später auf der Karte zu sehen, daß die *Stork* drei volle Kreise gedreht hatte. Das U-Boot schien stetig nach backbord eben innerhalb des Wendekreises der *Stork* mit einer Geschwindigkeit von nur 2 oder 3 Knoten weniger als der Höchstgeschwindigkeit der *Stork* zu laufen. Ich beleuchtete es mit ›Schneeflocken‹ – die für den ungewöhnlichen Kampf völlig wertlos waren. Von dem vorderen Geschütz wurden einige 10,2-cm-Granaten abgefeuert, bis die Rohre nicht mehr genügend nach unten gerichtet werden konnten, woraufhin die Besatzungen, die nur noch mit den Fäusten drohen konnten, den Feind verfluchten, der mehrere Male nur einige Fuß statt Yards entfernt zu sein schien. Es wurde eine Garbe von Maschinengewehrschüssen abgegeben, aber die besten Schüsse machte mein Oberleutnant (GTS Gray DSC). Mit einem Lewis-MG über dem Schild an der Brücke machte er den Kommandoturm des U-Boots zu einer Leichenhalle. Schließlich gelang es mir, das U-Boot knapp vor dem Turm mit einem Winkel von etwa 20 Grad von steuerbord achtern zu rammen und zum Kentern zu bringen. Es hing einige Sekunden am Bug, dann wieder am Asdic-Dom und rutschte nach hinten, wo es von einem Wurf von zehn Wasserbomben (nur neun zündeten) mit der geringsten Zündereinstellung begrüßt wurde. Mir wurde gemeldet, daß ein Boche, der im Wasser seine Arme hochhielt und ›Kamerad‹ schrie, stattdessen den Inhalt des Werfers in sein Gesicht bekam.«

Im ersten Büchsenlicht kamen die Focke Wulf zurück, um weitere U-Boote heranzuführen. Es entbrannte eine Luftschlacht mit den Martlets der *HMS Audacity,* die sie den ganzen Tag über wegtrieben. In einem Luftkampf stürzten und stiegen die Jäger, als ein Feindflugzeug »versuchte, zuerst in die Wolken und dann zum Wasser zu entkommen. Sie kehrten sofort zurück und hinterließen eine sehr tote Wulf«.

Trotz dieser emsigen Bemühungen waren bei Einbruch der Nacht fünf U-Boote herangeführt. Walker ahnte, daß »das Netz der U-Boote in dieser Phase unbequem eng wurde«. Er beschloß, das Wolfsrudel durch eine drastische Kursänderung zu überlisten. Zur Ablenkung befahl er eine Scheinschlacht mit Leuchtgranaten und Wasserbomben. Unglücklicherweise erwies sich der Plan als Fehlschlag. Ein in Panik geratenes Handelsschiff feuerte irrtümlicherweise eine »Schneeflocke« und verriet damit die wahre Position des Geleitzuges. »Der Ballon ging um 22.33 Uhr hoch, in Steuerbord voraus konnte man hören und verschwommen sehen, daß ein Schiff torpediert wurde. Wieder gingen überall ›Schneeflocken‹ hoch, nur das angegriffene Schiff konnte keine Leuchtraketen mehr abfeuern.«

Wenige Minuten später erzielten die U-Boote einen vernichtenden Schlag gegen Walkers Verteidigung, als sie die *Audacity* torpedierten. Der größte Teil der wachfreien Besatzung spielte Tombola, aber Seekanonier George Parr hatte Wache an der vorderen Flak auf der Backbordseite, als ihm das Blut in den Adern erstarrte: »Geradewegs auf unser Heck zu kam an der Backbordseite ein dünner Streifen von verräterischen Blasen – ein Blechfisch.« Er hatte gerade noch Zeit, die Geschützbedienung zu warnen, bevor der Torpedo aufschlug. Die Lichter gingen aus und das Schiff schlingerte nach backbord.

»Der Kapitän befahl, alle Boote und Flöße zu Wasser zu lassen, als gerufen wurde, das Feuer nach backbord dwars zu eröffnen. Das U-Boot war wenige hundert Meter ab entdeckt worden. Es gelang mir, das Geschütz zu richten und nach unten zu zielen. Ich hatte einen Schuß abgefeuert, als ein neuer Blasenstreifen auf uns zukam und die Hölle losbrach. Flammen und Rauch hüllten alles ein. Das Boot, das vor mir zu Wasser gelassen wurde, schoß in den Himmel und nahm den verletzten Mann und die Besatzung mit einem Splitterschauer hoch. Das Schiff knarrte furchtbar, überall lief Wasser herein. Es kam der Befehl, das Schiff aufzugeben. Zwei meiner Kameraden riefen: ›Bleib bei uns!‹ Ich sah sie nie wieder. Entlang dem Oberdeck kam ein riesiger Brecher. Ich ging sofort unter. Ich kam an die Oberfläche und griff nach einem Carley-Floß. Es gelang mir, an Bord zu klettern, und ich lag da und sah mit Ehrfurcht den Untergang meines Schiffes. Als es unter die Wellen ging, kam ein letzter Hochruf als Gruß von den Männern im Wasser. Dann Stille.«

Der Verlust des Trägers war ein ernster Rückschlag für Walker. Fast wäre auch sein eigenes Schiff verlorengegangen, als es am nächsten Nachmittag von der *Deptford* gerammt wurde. Voller Erleichterung stellte er fest: »Der Schaden war schwer genug, aber nicht lebensgefährlich. Der Vordersteven der *Deptford* war in das vorübergehend eingerichtete Gefängnis eingedrungen. Zwei der fünf Boches wurden buchstäblich zu einer blutigen Masse gequetscht.« Walker gelang es, wieder flott zu werden, aber angesichts der wachsenden Zahl der U-Boote »war es schwierig, keine einigermaßen düstere Ansicht über die Lage zu bekommen«.

Es war jedoch erst ein Handelsschiff verlorengegangen. Obwohl dies zu dieser Zeit nicht bekannt war, war U-567 von der *Deptford* vernichtet worden, und der Geleitzug stand bereits innerhalb der Reichweite der Liberators aus England. Dennoch ergriff Walker weitere Vorsichtsmaßnahmen: »Es gab eindeutig eine Sache, die man nicht tun durfte, und das war, den Geleitzug auf einem geraden Kurs zu halten und passiv auf den Angriff zu warten. Ich konnte mir nichts Besseres ausdenken, als die List der vergangenen Nacht.«

Dieses Mal klappte die Strategie. Während zwei Geleitschiffe eine Scheinschlacht mit Leuchtgranaten und Wasserbomben zur Ablenkung kämpften, drehte der Geleitzug auf einen neuen Kurs. »Alles ging nach Plan, und eine ruhige Nacht folgte.«

Mit dem Verlust von vier der sieben Boote der Gruppe »Seeräuber« hatten die Deutschen eine schwere Niederlage erlitten. Sie wurde für Dönitz noch bitterer durch den Tod eines der wenigen überlebenden Asse, Kapitänleutnant Endraß in U-567. Die Geleitschiffe hatten ebenfalls gelitten, aber nur ein Handelsschiff war verlorengegangen, und der Geleitzug-Kommodore des HG 76 hatte keinen Zweifel, wer die Schlacht gewonnen hatte. Er signalisierte an Walker: »Sie haben einen großen Sieg errungen. Im Namen des Geleitzuges gratuliere und danke ich Ihnen.«

Die Niederlage am HG 76 verstärkte die Enttäuschung der U-Bootführung. Die Gesamtversenkungen des Septembers von 200 000 Tonnen waren im Oktober auf 156 000 und im November auf magere 62 000 Ton-

nen abgefallen, dem niedrigsten Ergebnis seit 18 Monaten. Auch im Dezember stiegen sie nur auf 125000 Tonnen an.

Der Hauptgrund für das Versagen war darin zu sehen, daß von den 220 U-Booten nur ein gutes Drittel frontklar war und Dönitz den größten Teil der etwa 80 Frontboote gar nicht im Atlantik einsetzen konnte. So hatte er zur Unterstützung des Rußlandfeldzugs und zur Sicherung Norwegens U-Boote in die Ostsee und ins Nordpolarmeer abstellen müssen. Während fast alle Marinefliegerverbände nach und nach der Luftwaffe unterstellt wurden und diese zur Unterstützung der U-Boote immer weniger beitrug, mußten stets einige U-Boote für die Luftwaffe »Wetterdienst« fahren. Schließlich hatten Hitler und Raeder verlangt, daß U-Boote ins Mittelmeer geschickt werden müßten, wo die italienischen Nachschubkonvois für Rommel dringend Schutz vor den englischen Kriegsschiffen brauchten. »Die Engländer wußten, wo der schwache Punkt der Rommelschen Offensive lag«, beklagte sich Dönitz, mußte aber nachgeben. Ende September 1941 schickte er die ersten sechs Atlantik-Boote durch die Straße von Gibraltar, Anfang November folgten weitere vier. Aber als er am 22. November von der Seekriegsleitung den Befehl erhielt, von·den 29 frontklaren U-Booten 25 an der Straße von Gibraltar und im östlichen Mittelmeer operieren zu lassen, platzte Dönitz der Kragen. Das Mittelmeer stellte seiner Ansicht nach eine »Mausefalle« für die U-Boote dar, und die hohen Verluste beim Durchqueren der schwerbewachten Straße von Gibraltar verbitterten ihn. Außerdem würde eine solche Verlegung seiner Stärke »eine Beendigung der U-Bootkämpfe auf dem Hauptkriegsschauplatz Atlantik« bedeuten. Er protestierte bei Raeder, erhielt aber von seinem Oberbefehlshaber keine Unterstützung. Raeder sah die Mittelmeerstrategie noch immer als entscheidend an und konnte überdies auf die spektakulären Erfolge hinweisen, die die U-Boote gleich bei ihrem ersten Einsatz im Mittelmeer erzielt hatten. Am 13. November war von Kapitänleutnant Friedrich Guggenberger der Flugzeugträger *Ark Royal* und zwei Wochen später das Schlachtschiff *Barham* von Oberleutnant von Tiesenhausen versenkt worden.

In der erbitterten Schlacht am HG 76 fiel auch Kapitänleutnant Endraß (U-567).

Der größte U-Booterfolg der Schlacht bestand in der Versenkung des früheren deutschen Frachters *Hannover,* der von den Briten zum Flugzeugmutterschiff *HMS Audacity* (links) umgebaut worden war.

Wegen der geringen Indienststellungen und langen Reparaturzeiten bestand auch keine Aussicht, die chronische Knappheit an U-Booten kurzfristig zu beheben. Angesichts Hitlers Weigerung, dem Marinebauprogramm höchsten Vorrang zu geben, und weil mehr und mehr Männer an die Ostfront abgezogen wurden, konnte wenig zur Verbesserung der Lage getan werden. Raeder war nicht bereit, die Forderungen von Dönitz zu unterstützen, der am 26. November eine Denkschrift vorlegte, in der er mit dürren Worten verlangte, daß die Reparatur der Schlachtschiffe, Kreuzer und Zerstörer zugunsten der U-Boote zurückgestellt werden müsse. »Wir stehen im Kampf mit den beiden größten Seemächten der Erde«, schrieb er, »die in dem für den Seekrieg entscheidenden Raum des Atlantik die Seeherrschaft haben. Die Vorstöße unserer Überwasserstreitkräfte in diesem Raum waren Operationen größter Kühnheit. Die Zeiten sind jedoch hierfür vorbei ... Unsere Kriegsmarine kann nur noch durch das U-Boot entscheidend an der siegreichen Beendigung dieses Krieges mitwirken.« Den Marinewerften fehlten zu diesem Zeitpunkt bereits über 90 000 Arbeiter, und der Bedarf an Kupfer, Stahl und Aluminium für das Jahr 1942 sollte nur zu einem oder zwei Dritteln gedeckt werden. Angesichts der zunehmenden Verluste und der Erwartung, daß bald nur noch zwölf oder fünfzehn Boote monatlich fertiggestellt werden könnten, ging das Jahr 1941 »für die U-Bootführung in Kummer und Sorgen zu Ende«.

In weniger als 12 Monaten waren die U-Boottriumphe des ersten Quartals 1941 auf die »mageren Ergebnisse« des Sommers und den endgültigen Zusammenbruch der Herbst-Offensive zurückgegangen. Seit Ende März waren im Atlantik bei dem Verlust von 28 deutschen und italienischen U-Booten 325 Schiffe versenkt worden, ein Verhältnis von nicht ganz eins zu elf. Aber im gleichen Zeitraum war die britische U-Bootabwehr sehr viel wirksamer geworden. In der zweiten Hälfte des Jahres 1941 wurde jedes dritte U-Boot, das von Überwasserschiffen angegriffen wurde, schwer beschädigt, und jedes siebente wurde versenkt. Die Versenkungsrate war seit März um die Hälfte gefallen. Außerdem war das Gewicht der amerikanischen Intervention immer stärker zu spüren.

Amerikaner unter Beschuß

Die Vereinigten Staaten behielten noch offiziell ihre Neutralität bei, aber ihre Navy trat beim Schutz der nordatlantischen Geleitzüge immer mehr in Erscheinung. Amerikanische Schiffe übernahmen das Geleit von den örtlichen kanadischen Eskorten an einem Western Ocean Meeting Point (WESTOMP) südlich von Neufundland und deckten die Konvois bis zu einem Mid Ocean Meeting Point (MOMP) vor Island, wo die Briten die Verantwortung übernahmen. Die US-Kriegsschiffe tankten dann in Island auf und waren bereit, einen anderen Geleitzug zurück nach Neufundland zu decken.

Die amerikanischen Kommandanten waren sehr unerfahren, und entgegen britischen Ratschlägen hatten sie eine Taktik der Nahdeckung angenommen, bei der sie mit ihren Zerstörern weniger als eine Meile von dem Geleitzug entfernt fuhren. Wie die Royal Navy in der ersten Zeit des Krieges entdeckt hatte, gab dies den U-Booten die Chance, ihre Angriffe aus nächster Nähe vorzutragen.

Die Schwäche der amerikanischen Taktik zeigte sich in der ersten Schlacht, in der ihre Eskorten einem großen U-Bootangriff ausgesetzt waren. Fünf US-Zerstörer wurden abgestellt, um den Geleitzug SC 48 zu verstärken, einen langsamen Konvoi von 50 Schiffen, der in schweres Wetter gelaufen war. Elf Schiffe gingen verloren, als Nachzügler am 15. Oktober 1941 400 Meilen südlich von Island in einen U-Bootstreifen gerieten.

Kapitänleutnant Thurmann in U-553 traf mit einem Torpedo das erste Schiff, den britischen 6000-Tonnen-Frachter *Silvercedar*. An Bord war Vollmatrose Hughes, der sich erinnert: »Das Rettungsboot an steuerbord war durch die Explosion weggeflogen. Ich konnte die Schreie von zwei Burschen hören, die in ihrer Kabine auf dem Bootsdeck eingeschlossen waren, weil ihre Kabinentür klemmte – ich hatte meine mit einem Haken als Vorsichtsmaßnahme halb offen gehalten. In diesem Augenblick brach das Schiff in zwei Hälften. Ich wurde immer tiefer unter Wasser gezogen, aber schließlich kam ich an die Oberfläche, und es war wundervoll, Luft zu schnappen und zu erkennen, daß ich noch lebte. Ringsum herrschte eine von den Flammen hervorgerufene Tageshelle, und überall waren Artillerieschüsse und Explosionen zu hören. Ich erinnerte mich in diesem Augenblick an die vergangenen Jahre. Ich hatte Angst, daß ich sterben müßte und meine Mutter nicht wiedersehen würde, und obwohl ich nicht religiös eingestellt bin, betete ich zu Gott, mich zu retten. Ich schlug gegen die Schiffsseite. In diesem Augenblick muß jemand in die Schiffsschraube gezogen worden sein, denn ich konnte Schreie und das Dreschen hören, als sie aus dem Wasser kamen.«

Der andere Torpedo aus Thurmanns Salve versenkte den norwegischen 5000-Tonnen-Frachter *Ila*. Am nächsten Tag, dem 16. Oktober, traf kurz vor Sonnenuntergang die Verstärkung des SC 48 ein. Es waren die fünf US-Zerstörer *Plunkett*, *Livermore*, *Kearny*, *Greer* und *Decatur*, der britische Zerstörer *HMS Broadwater* und die frei-französische Korvette *Lobelia*, die von einem westwärts laufenden Konvoi abgestellt worden waren. Im Gegensatz zu den meisten britischen Zerstörern in den Western Approaches hatten die amerikanischen Eskorten noch keine Radargeräte an Bord und blieben dicht am Konvoi. Deshalb ging das U-Bootrudel auf Torpedoreichweite heran und verschoß unbehelligt seine Aale. Der norwegische Frachter *Erviken* und der Tanker *Teagle* wurden getroffen, dann die

Korvette *Gladiolus*. Nun verloren die Amerikaner die Nerven, und sie feuerten wild Leuchtgeschosse und »Schneeflocken« ab, die die Ausgucks blendeten und es den U-Booten leichter machten, ihre Ziele zu sichten.

Als nächstes wurde das Handelsschiff *Rym* versenkt. Schultze in U-432 traf ein und torpedierte den großen norwegischen 12 000-Tonnen-Tanker *Barfonn:* »Ein kolossaler Blitz kam aus dem Geleitzug hoch. In einem einzigen Augenblick verwandelte er sich in eine ungeheure Flamme, die von dem Wasser hochschoß, begleitet von einem Geräusch wie dem Vorbeifahren eines Personenzuges. Die große Feuersäule, deren Durchmesser ungefähr der Länge des Schiffes entsprochen haben mag, aus dessen Tanks sie kam, schien fast die Wolkendecke zu erreichen. Der ganze Geleitzug wurde durch ihr Leuchten erhellt.«

Der neue US-Zerstörer *Kearny,* der beidrehte, um einer kanadischen Korvette auszuweichen, bot ein perfektes Ziel für Kapitänleutnant Preuß in U-568, der einen Fächer von drei Torpedos abschoß. Einer traf den Steuerbord-Maschinenraum des Zerstörers und tötete sieben Mann. Vier weitere starben, als die Explosion durch das Deck schlug und den Steuerbordflügel der Brücke wegriß. Die Sirene des Zerstörers war ausgelöst worden. Ihr hohes Heulen verstärkte die Verwirrung, während der Kommandant der *Kearny,* Lieutenant Commander Anthony L. Davis, sich bemühte, sein angeschossenes Schiff, dessen Maschinenraum, Kompaß und Ruder zerschmettert waren, unter Kontrolle zu halten. Die Schotten des überfluteten Steuerbord-Maschinenraums wurden durch die Rettungsmannschaften abgedichtet. Mit der Kraft der Backbordmaschine und geleitet von der *USS Greer* gelang es Davis, sein Schiff, das von dem Torpedo fast in zwei Hälften geschnitten war, nach Island zurückzubringen.

Einen Tag nach der *Kearny* wurde der britische Zerstörer *HMS Broadwater* von U-101 torpediert. Er war nicht so stabil gebaut wie das neue amerikanische Kriegsschiff und versank kurz darauf. Mit einer Strecke von neun Handelsschiffen, zwei Zerstörern und einer Korvette war der Angriff auf den SC 48 ein voller Erfolg für die U-Bootführung gewesen. Aber die 11 Besatzungsmitglieder, die auf der *Kearny* fielen, waren die ersten amerikanischen Kriegsopfer auf See.

Die Torpedierung der *Kearny* ereignete sich zu einer für Hitler besonders ungelegenen Zeit, da der Kongreß die Anfrage des Präsidenten debattierte, die letzten noch verbliebenen Einschränkungen des Neutralitätsgesetzes aufzuheben. »Wir haben versucht, Gefechte zu vermeiden«, sagte Roosevelt am 27. Oktober über den Rundfunk, »aber der Schießkrieg hat begonnen. Und die Geschichte verzeichnet, wer den ersten Schuß abgab.«

Hitler reagierte am 8. November 1941 auf Roosevelts Erklärung mit der Ankündigung: »Herr Präsident Roosevelt hat seinen Schiffen befohlen, zu schießen, sobald sie deutsche Schiffe sehen. Und ich habe den deutschen Schiffen befohlen, wenn sie amerikanische sehen – nicht darauf zu schießen,

Im Herbst 1941 hatten die »neutralitätswidrigen Maßnahmen der USA zur Unterstützung Englands« nach Ansicht der Seekriegsleitung »einen solchen Grad erreicht, daß nunmehr auch eine Kriegserklärung nichts Wesentliches mehr ändern kann«. An Zwischenfällen fehlte es nicht. Die Versenkung des klar gekennzeichneten amerikanischen Frachters *Lehigh* durch U-126 (Kapitänleutnant Ernst Bauer) vor der westafrikanischen Küste am 19. 10. (links) war nur einer davon. In anderen Fällen kam es zu Gefechten zwischen U-Booten und US-Zerstörern, die britische Geleitzüge schützten.

aber sich zu wehren, sobald sie angegriffen werden. Einen deutschen Offizier, der sich nicht wehrt, stelle ich vor ein Kriegsgericht.«

Mit dieser Feststellung bemühte sich Hitler, einen Zwischenfall im Nordatlantik propagandistisch zu »klären«, über den er äußerst besorgt war. Am 31. Oktober hatte Kapitänleutnant Erich Topp in U-552 den von Amerikanern geleiteten Konvoi HX 156 gesichtet. Sein erster Torpedo schlug in die Seite des amerikanischen Zerstörers *USS Reuben James,* eben vor dem vorderen Schornstein. »Mit einem fürchterlichen Brüllen« schoß eine Flammensäule in die Luft. Als sie verschwand, sahen alle Schiffe des Geleitzuges »eine große schwarze Rauchwolke, an der züngelnde orangefarbene Flammen leckten«.

Der Teil des Schiffes vor dem Bunker Nummer 4 war verschwunden. Einer aus der Handvoll Überlebender war der Heizer Robert Carr, der auf wunderbare Weise entkam: »Es gab einen blendenden Blitz. Ich glaubte zu schwimmen. Dann erkannte ich, daß ich kein Wasser unter mir spürte. Ich drehte meinen Kopf nach unten und erkannte, daß ich acht Meter über dem Wasser war. Dann schlug ich mit dem Rücken auf dem Wasser auf. Schiffsteile und Stahl flogen durch die Luft und stürzten um mich herum in die Wellen.«

Die See war bald mit einem schmutzigen, stickigen Film von Bunkeröl bedeckt, der es den im Wasser um ihr Überleben Kämpfenden fast unmöglich machte, an Bord der wenigen Flöße zu klettern oder die Netze der vier Zerstörer zu greifen, die ihnen zu Hilfe kamen. Nur 46 Überlebende wurden aufgefischt. Sie sahen wie »schwarze glänzende Seehunde« aus, wie sich einer der Retter auf der *USS Hilary P. Jones* erinnert: »Sie waren aufgebläht und erstickten an Öl und Wasser. Sie waren wie kleine, in Sirup gefallene Tiere. Wir befanden uns nun in einem schwarzen Wasserkreis, der von einem weiten silbernen Ring von Ölschlick umgeben war. Die Männer an Backbord trieben auf uns zu, und die Taue rutschten durch ihre fettigen Hände. Viele ängstliche Hände ergriffen das Ladenetz, aber das Aufwärtsrollen unseres Schiffes löste ihren schlüpfrigen Halt.«

Hundertundfünfzehn amerikanische Matrosen waren gefallen. Berlin wartete besorgt auf die Reaktion Washingtons. Hitler glaubte, daß die Vereinigten Staaten den Krieg erklären würden, und Admiral Stark stellte fest: »Die Ereignisse bewegen sich schnell auf eine entscheidende Kraftprobe zu ... Die Navy ist schon am Krieg im Atlantik beteiligt, aber das Land scheint es nicht zu erkennen ... Teilnahmslosigkeit bis zu dem Punkt offener Opposition zeigt sich in einem beträchtlichen Teil der Presse ... Ob es das Land weiß oder nicht, wir befinden uns im Krieg.« Doch der Präsident wartete noch. Churchill erklärte dem südafrikanischen Premierminister Jan Smuts: »Er (Roosevelt) ging soweit, mir zu sagen: ›Ich werde niemals Krieg erklären. Ich werde Krieg machen. Wenn ich den Kongreß bitten sollte, den Krieg zu erklären, könnten sie drei Monate lang darüber debattieren.‹« Die

Haltung der USA wurde immer stärker von der Wechselwirkung der Kriegsereignisse im Atlantik und im Pazifik bestimmt. Am 17. Oktober 1941 war der japanische Kriegsminister, General Hideki Tojo, Premierminister geworden. Dies machte den Konflikt im Pazifik noch wahrscheinlicher, da Amerika sein Ölembargo enger zog. Die Engländer, die ihre eigenen und die holländischen Besitzungen im Fernen Osten ebenso zu schützen versuchten wie die Dominions Australien und Neuseeland, waren auch im Pazifik von der Unterstützung Amerikas abhängig. Aber die Amerikaner hatten selbst nur wenige einsatzbereite Truppen zu ihrer Verfügung. General Marshall mußte den Präsidenten darauf hinweisen, daß die US-Armee gegenwärtig nicht in der Lage sei, einen Angriff auf die Philippinen zurückzuschlagen. Noch pessimistischer war Admiral Stark. Frühestens im Februar 1942 könne die US-Navy genügend Kräfte aufbieten, um der japanischen Flotte gegenüberzutreten, stellte er fest. »Wir sind im Atlantik am Ende unserer Weisheit. Die Butter ist äußerst dünn gestrichen, und die Aufgabe wird zunehmend härter«, schrieb er dem Befehlshaber der Pazifikflotte, Admiral Husband E. Kimmel.

Die Royal Navy war gleichermaßen überfordert. Nur zögernd war sie bereit, auf Churchills Wunsch ein starkes Geschwader, bestehend aus dem Schlachtschiff *Prince of Wales,* dem Schlachtkreuzer *Repulse* und dem Flugzeugträger *Indomitable,* zur Verstärkung Singapurs zu entsenden. »Zur Abschreckung gegen Japan sollte das hinreichen«, telegrafierte Churchill am 7. November 1941 dem Präsidenten.

Am gleichen Tag warnte der amerikanische Außenminister Cordell Hull, der die Verhandlungen mit den Japanern führte: »Wir sollten auf einen militärischen Angriff jederzeit an jedem Ort vorbereitet sein.« Seine Befürchtungen wurden durch den US-Geheimdienst »Magic« untermauert, der die geheimen Funksprüche zwischen den japanischen Unterhändlern in Washington und Tokio entschlüsselte. Am 22. November wies »Magic« nach einem Treffen zwischen den japanischen Emissären und dem Präsidenten darauf hin, daß General Tojo verlangt habe, daß bis zum 25. November eine Übereinkunft erreicht werden müßte. (Diese Frist wurde später um vier Tage verlängert.) »Danach werden die Dinge automatisch geschehen.« Am 27. November 1941 wurden die US-Armee und die Navy im Pazifik in Kriegsbereitschaft versetzt. Man glaubte, daß die Japaner die Halbinsel Malaya angreifen würden.

Der Wendepunkt

Das deutsche Auswärtige Amt hatte die Japaner wiederholt ermutigt, ihre aggressiven Ambitionen im Fernen Osten auszutoben. Dies war in der Hoffnung geschehen, daß es die Vereinigten Staaten ablenken würde. Aber

Hitler wollte »einen starken neuen Verbündeten ohne einen starken neuen Feind« und hoffte fest, daß die Japaner die Besitzungen Englands im Fernen Osten und – noch wichtiger –, die Ostprovinzen der UdSSR statt der Vereinigten Staaten angreifen würden. Roosevelts Zurückhaltung nach dem Zwischenfall mit der *Reuben James* wurde von Hitler mit Erleichterung aufgenommen, aber die Kriegsmarine war sich längst darüber im klaren, daß ein Schießkrieg im Atlantik unvermeidbar war.

Als der Krieg in den letzten Wochen des Jahres 1941 in seine entscheidendste Phase eintrat, waren Hitlers Berechnungen durch das Scheitern des Unternehmens »Barbarossa« ins Wanken geraten. Unvorbereitet auf einen Winterfeldzug waren die Elitedivisionen der Wehrmacht im bittern Winter vor Moskau zum Halten gebracht worden. Die Waffen froren ein, die Fahrzeuge fuhren nicht, und Tausende von Männern erfroren, während die deutschen Verbände fast in Sicht des Kremls gegen die hartnäckige sowjetische Verteidigung anstürmten. Die deutschen Befehlshaber begannen, auf einen taktischen Rückzug und eine Stabilisierung der Front zu drängen, bevor sie Opfer einer großen militärischen Katastrophe wurden.

Als die Gespräche zwischen der Regierung Tojo und der amerikanischen Regierung in die Sackgasse gerieten, wäre jede offensive Aktion Japans ein Geschenk des Himmels für die Deutschen gewesen, aber trotz des Dreimächtepaktes war Berlin völlig im unklaren über Japans Absichten. Da die Amerikaner den »Magic«-Code geknackt hatten, waren sie viel besser über Tokios Pläne im Bilde als die Verbündeten Japans in Deutschland. In den ersten Dezembertagen fragten sich die britischen und amerikanischen militärischen Führer, ob Japan aus heiterem Himmel losschlagen würde und wo dieser Schlag erfolgen könnte. Nach diplomatischen Noten aus Tokio, die die Möglichkeit deutscher Hilfe in einem Notfall sondierten, war den Deutschen ebenfalls bewußt geworden, daß eine offensive Aktion ihres Verbündeten in der Luft lag und sie nach dem Dreimächtepakt bestimmte Verpflichtungen hatten.

Die Spannung stieg, während sich die japanische diplomatische Delegation mühsam durch die letzten Phasen ihrer Verhandlungen in Washington schleppte, und die britischen und amerikanischen Politiker fragten sich, wo und wann Japan zuschlagen würde. In dieser explosiven Atmosphäre veröffentlichte die amerikanische isolationistische »Chicago Tribune« einen der verblüffendsten – und potentiell schädlichsten – Zeitungsknüller des Jahrhunderts. Unter der fettgedruckten Schlagzeile »FDR's WAR PLANS« wurde das von Admiral Stark und General Marshall aufgestellte »Siegesprogramm« veröffentlicht, das die Anforderungen an die Rüstungsproduktion enthielt, die zur Erreichung des strategischen Zieles der USA erforderlich waren.

Diese Meldung enthüllte, daß es in den USA »die grundlegende Strategie eines weltweiten Krieges« gab, noch ehe das Land daran teilnahm.

Marshall und Stark hätten die ersten beiden Kriegsjahre dazu benutzt, hieß es, um ihre Pläne, die von den Briten stark beeinflußt worden seien, bis ins Detail auszuarbeiten. Ihre »Joint Strategy Estimate« ginge davon aus, daß eine umfangreiche Verwicklung in einen Landkrieg in Europa stattfinden werde. In London begrüßte die Presse die Story begeistert als ein Zeichen des bevorstehenden Kriegseintritts Amerikas. In Berlin war man über das Ausmaß der amerikanischen Pläne beunruhigt, denn Roosevelt, so hieß es, wollte nicht nur Japan im Fernen Osten im Zaum halten, sondern auch ein Expeditionskorps von 6 Millionen Mann für den Einsatz in Europa ausrüsten.

Stimson und Knox, die beiden Republikaner in der Regierung, waren über den Bericht entsetzt und drängten auf eine sofortige Untersuchung. Sie hielten die Meldung für Hochverrat und verlangten, das amerikanische Volk müsse aus seiner Teilnahmslosigkeit aufgerüttelt werden. Es war charakteristisch für Roosevelt, daß er nichts tat. Angesichts der wachsenden Kriegsgefahr schien er sich entschlossen zu haben, daß »dies nicht der Augenblick sei, Breitseiten mit den schwersten Batterien der isolationistischen Festung zu wechseln, die nur die nationale Einheit untergraben«. Stimson mußte sich mit einer Pressekonferenz zufriedengeben, auf der er verbittert bedauerte, daß »diese Veröffentlichung ohne Zweifel eine Genugtuung für unsere potentiellen Feinde und eine Quelle der Schwächung und der Behinderung unserer nationalen Verteidigung sein wird«.

Es wurde später in manchen Kreisen behauptet, daß der Leitartikel ein raffinierter Schachzug des britischen Geheimdienstes gewesen sei, der darauf abzielte, Hitler zu einer Kriegserklärung gegenüber den Vereinigten Staaten zu provozieren. Aber die Meldung stammte von dem gegen Roosevelt eingestellten Senator Burton K. Wheeler. Das Dokument war ihm, der als prominenter Isolationist bekannt war, von einem jungen Hauptmann der Kriegsplanungsabteilung der US-Armee übergeben worden. Der Offizier war entschlossen, den Präsidenten davon abzuhalten, Amerika in den – nach seiner Ansicht – falschen Krieg gegen Deutschland hineinzuziehen. Es war kein Problem, den anti-britischen »Colonel« McCormick dazu zu überreden, die Meldung zu drucken.

Das deutsche Oberkommando nahm die Enthüllungen der »Tribune« sehr ernst. Raeder ergriff sofort die Gelegenheit, Hitler wieder auf eine globale und maritime Strategie hinzulenken, von der er fest glaubte, daß sie der einzige Weg zum Sieg sei. Er wies Keitel darauf hin, daß »das Kriegsziel der Vereinigten Staaten die totale Niederlage Deutschlands« sei, und »die Vereinigten Staaten den Krieg bis zum Endsieg fortsetzen würden, selbst im Falle einer totalen Niederlage Großbritanniens und der Sowjetunion«. Da die Amerikaner nicht vor Mitte 1943 in der Lage sein würden, eine Offensive zu beginnen, drängte Raeder auf eine sofortige Intensivierung des Krieges im Atlantik und im Mittelmeerraum mit dem Ziel, England auszuschalten, ehe es zu einem vorgeschobenen Stützpunkt für die amerikanischen Streitkräfte würde. Offensichtlich würde eine enge Zusammenarbeit mit Japan erforderlich sein, aber »nach Ansicht der Seekriegsleitung haben die neutralitätswidrigen Maßnahmen der USA zur Unterstützung Englands einen solchen Grad erreicht, daß nunmehr auch eine Kriegserklärung nichts Wesentliches mehr ändern kann«. Die Vorschläge des Admirals wurden Hitler, der sich an der Ostfront aufhielt, über Telefon übermittelt. Er schien zuzustimmen und erlaubte der Kriegsmarine, »amerikanische Schiffe anzugreifen, wann immer und wo immer sie auf sie traf«. Plötzlich wurden jedoch alle Kalkulationen in dramatischer Weise von den Ereignissen überrollt, als am 7. Dezember 350 japanische Trägerflugzeuge die US-Pazifikflotte in Pearl Harbor angriffen.

Weltkrieg

Die Nachricht, daß japanische Trägerflugzeuge die Pazifikflotte in Pearl Harbor bombardierten, verbreitete sich am 7. Dezember 1941, einem Sonntag, wie ein vernichtender Schock. In England, wo Churchill zufällig den amerikanischen Botschafter John Winant und Averell Harriman zu einem Diner nach Chequers eingeladen hatte, war später Abend. Als sie die bestürzende Nachricht im Radio hörten, wollte der Premierminister Japan sofort den Krieg erklären. Winant riet ihm zur Vorsicht: »Großer Gott, Sie können nicht aufgrund einer Radiomeldung eine Kriegserklärung abgeben«, und bestand darauf, den Präsidenten anzurufen. Nachdem Roosevelt dem Botschafter die Tatsachen bestätigt hatte, nahm Churchill den Hörer und fragte: »Herr Präsident, was ist das mit Japan?« Die vertraute Stimme erwiderte: »Es ist ganz wahr. Sie haben uns in Pearl Harbor angegriffen. Wir sitzen nun alle in demselben Boot.« Roosevelt erwartete, daß der Kongreß seine Kriegserklärung gegenüber Japan sofort bestätigen würde.

In Berlin war man von der Nachricht über den japanischen Angriff ebenfalls überrascht. Ribbentrop, der deutsche Außenminister, wies zwar darauf hin, daß Deutschland nach dem Wortlaut des Vertrages nicht verpflichtet war, den USA den Krieg zu erklären, aber Hitler bestimmte: »Wenn wir nicht auf Japans Seite treten, ist der Pakt politisch tot. Aber das ist nicht die Hauptsache. Die Hauptsache ist, daß die USA bereits auf unsere Schiffe schießen ... Sie haben durch Taten bereits den Kriegszustand herbeigeführt.« Aber zu ihrer Verblüffung mußten die Deutschen feststellen, daß der Präsident der Vereinigten Staaten sie nicht automatisch einschloß, als er vor den Kongreß trat, um die Kriegserklärung gegen Japan bekanntzugeben.

Roosevelt, der sich noch immer der Gefahr, die amerikanische öffentliche Meinung zu spalten, und der Risiken einer Entscheidung des Kongresses gegen den Krieg mit Deutschland bewußt war, wollte »warten und Hitler und Mussolini ihre Erklärungen zuerst abgeben lassen«. Während die Amerikaner sich zurückhielten, erkannte das OKW, daß die strategische Lage von den Japanern völlig verändert worden war. Raeder schrieb triumphierend: »Alle Kalkulationen des Kriegsplanes der Vereinigten Staaten, wie sie von der ›Chicago Tribune‹ veröffentlicht wurden, sind nun angesichts der jüngsten Entwicklungen null und nichtig. Ein Krieg im Pazifik, zwei oder drei Jahre vor der Aufstellung einer ›Two-Ocean-Navy‹ zu einer Zeit, in der die Armee noch nicht voll ausgerüstet ist und die riesige Rüstungsmaschinerie noch keinen Schwung erlangt hat, muß der Regierung der Vereinigten Staaten unwillkommen sein.«

Wenn Hitler dazu überredet werden konnte, die Grundstrategie des Reiches neu zu überdenken, bestand die Aussicht, daß Deutschland vielleicht doch triumphierte. Zumindest fielen die politischen Rücksichten jetzt endlich weg, von denen sich die Kriegsmarine eingeschränkt fühlte: »Ohne Zweifel werden nicht mehr viele Staaten außerhalb des Krieges bleiben . . . Die Neuordnung der Dinge kann daher eine *allgemeine* werden; sie hängt jetzt lediglich von den Erfolgen der Waffen, den Fähigkeiten der Führungen und dem Durchhaltevermögen der Völker ab. Somit kennzeichnet der 7. 12. 1941 nicht nur einen neuen Abschnitt in den Waffengängen, sondern eröffnet einen durch keinerlei Rücksichten beschränkten, weltumfassenden und überkontinentalen Ausblick auf die künftige Ordnung der Welt.«

Hitler, der bekannte: »Mein Herz schwoll an, als ich von den ersten japanischen Operationen hörte«, bereitete sich nun darauf vor, den Vereinigten Staaten den Krieg zu erklären. Die Enthüllungen der ›Chicago Tribune‹ und Roosevelts kompromißlose Rundfunkrede vom 9. Dezember, in der er den Amerikanern erklärt hatte, daß »ein Sieg über Japan von geringem Wert wäre, wenn der Rest der Welt von Hitler und Mussolini regiert würde«, hatte Hitler nun von der Unvermeidbarkeit eines weltweiten Krieges mit den Vereinigten Staaten überzeugt. In einer langen Rede vor dem Reichstag trug er am 11. Dezember eine Reihe von Klagen gegen die Vereinigten Staaten vor und erklärte schließlich den Krieg; denn jetzt sei »das aufrichtige und von beispielloser Langmut zeugende Bestreben Deutschlands . . ., trotz der seit Jahren erfolgten unerträglichen Provokationen durch den Präsidenten Roosevelt eine Erweiterung des Krieges zu verhüten . . ., zum Scheitern gebracht worden«.

Unter den völlig veränderten Umständen des weltweiten Krieges drängten Raeder und das OKW auf eine defensive Strategie in Rußland und eine neue Offensive im Westen. Die Weisung Nr. 39 wurde vorbereitet, die diese Entscheidungen wiedergab. Gleichzeitig schlug das OKW eine Reihe von Maßnahmen zur Stabilisierung der militärischen Situation vor. Dazu gehörte die Beendigung des Rußlandfeldzuges: »Wenn der völlige Sieg nicht 1942 errungen werden kann, sollte eine günstige Verteidigungsstel-

lung errichtet werden.« Die »Festung Europa« sollte durch den Einschluß Spaniens, Portugals, Schwedens und Frankreichs verstärkt werden, während die Briten aus dem Mittelmeerraum verdrängt werden sollten, um der Achse die Besetzung Nordafrikas und Ägyptens zu ermöglichen. Der Atlantikwall sollte bis zur Undurchdringbarkeit verstärkt werden, und höchster Vorrang sollte den Marine- und Luftangriffen gegen die atlantischen Verbindungslinien gegeben werden, da die angelsächsische Offensivkraft völlig von dem Transport amerikanischer Truppen und Munition auf den europäischen Kriegsschauplatz abhing. Deutschland sollte sich auf eine Blockade und Luftangriffe vorbereiten. Eine maximale Zusammenarbeit mit Japan sollte durch die Koordinierung aller Marine- und Luftoperationen der Achse im Atlantik, dem Indischen und dem Pazifischen Ozean erreicht werden.

Das OKW erkannte klar, daß das Reich den Gipfelpunkt seines Einflusses erreicht hatte und daß die »Hauptkriegsziele Deutschlands schon erreicht sind«. Wenn es England und den Vereinigten Staaten gelang, Japan in Schach zu halten, war es nur noch eine Frage der Zeit, wann es zu einer anglo-amerikanischen Invasion auf dem europäischen Kontinent kam. Nur eine nie dagewesene Defensivstrategie, die England ausschalten mußte, um zu verhindern, daß die Amerikaner in Europa Fuß faßten, konnte das »Tausendjährige Reich« retten.

Auch nach dem japanischen Angriff auf Pearl Harbor (links) brauchte Roosevelt die Kriegserklärung an Deutschland nicht als erster zu unterzeichnen (oben). Hitler kam ihm zuvor.

Aber die Generale hatten die Rechnung ohne Hitler und ohne die Russen gemacht. Am 5./6. Dezember 1941 hatte die Rote Armee mit den ersten schweren Gegenoffensiven begonnen. Die deutschen Panzerdivisionen waren steckengeblieben und wichen zurück. Als er nach Rastenburg zurückgekehrt war und die bevorstehende Katastrophe an der Ostfront erkannte, wollte Hitler von einer neuen Strategie nichts mehr wissen. Instinktiv nahm er an, daß eine defensive Haltung gegenüber der Roten Armee zu einem demoralisierenden Debakel für die Wehrmacht werden würde. In einem stürmischen Gespräch mit seinen Heeresbefehlshabern wurde die neue Strategie als »kindischer Unsinn« fallengelassen.

Zwei Tage später entließ Hitler von Brauchitsch und übernahm selbst den Oberbefehl über das Heer. Gleichzeitig widerrief er die neuen Pläne für eine Offensive im Westen. Damit hatte er die einzige Strategie zurückgewiesen, die die anglo-amerikanischen Kriegsanstrengungen hätte entscheidend beeinflussen können.

Der Paukenschlag
13.

13.

> »*Die Meldung von U-123 läßt darauf schließen, daß das Boot erhebliche Erfolge gehabt hat . . .*«
> DÖNITZ *in seinem Kriegstagebuch am 17. Januar 1942*

»So hatten wir schließlich doch noch gewonnen«, schrieb Churchill über den Wendepunkt des Krieges im Dezember 1941. »Viele Katastrophen, unermeßliche Kosten und Widerwärtigkeiten lagen noch vor uns, aber über den endgültigen Ausgang gab es keinen Zweifel mehr.« Der Premierminister fürchtete allerdings, daß die US-Stabschefs und die amerikanische Öffentlichkeit zunächst einmal Rache für Pearl Harbor verlangen würden. Das hätte die Strategie des »Europe First« erheblich gefährdet. Churchill schlug deshalb von sich aus ein neues Treffen mit Roosevelt vor, »um den Kriegsplan im Lichte der Realität und neuer Fakten zu überprüfen«.

Churchills Mißtrauen wuchs, als Roosevelt vorschlug, das Treffen zu verschieben. Am 9. Dezember telegrafierte er an den Präsidenten: »Es wäre katastrophal, einen weiteren Monat zu warten, bevor wir die gemeinsamen Aktionen angesichts der neuen ungünstigen Lage im Pazifik festlegen. Ich hoffe, morgen abend zu starten . . .« Zwei Tage später stimmte Roosevelt dem neuen Gipfeltreffen zu.

Roosevelt hatte seine Meinung vor allem deshalb geändert, weil sich der japanische Vormarsch mit beängstigender Schnelligkeit vollzog. Wenige Stunden nach dem Überfall auf Pearl Harbor wurde Shanghai erobert; Hongkong und die US-Stützpunkte auf den Philippinen wurden bombardiert; Bangkog war gefallen, und eine japanische Armee stürmte die Halbinsel Malaya hinunter auf Singapur zu. Am frühen Morgen des 10. Dezembers wurde Churchill durch einen Telefonanruf geweckt und nahm die schockierende Nachricht entgegen, daß die *Prince of Wales* und die *Repulse* durch japanische Torpedobomber im Golf von Siam versenkt worden waren.

Während die Engländer und Amerikaner sich mit dieser Katastrophe im Fernen Osten befaßten, planten Dönitz und sein Stab einen noch größeren Schlag gegen die alliierte Seemacht. Erfahrene U-Bootkommandanten sollten zur Offensive auf den Handelsverkehr an der Ostküste der Vereinigten Staaten antreten.

Dönitz hatte die Seekriegsleitung gebeten, mindestens zwölf der großen U-Boote vom Typ IX, die die erforderliche Reichweite hatten, für die Offensive vor Nordamerika einsetzen zu dürfen. Die Offensive trug die Tarnbezeichnung »Paukenschlag«. Aber der Stab in Berlin machte die Chancen, einen »spektakulären Erfolg« zu erzielen, zunichte, indem er nur erlaubte, sechs Boote einzusetzen. Dönitz erhielt Befehl, die Boote, die vor Gibraltar oder im Mittelmeer operierten, nicht abzuziehen. Wie sich zeigen sollte, waren schließlich sogar nur fünf Boote des Typs IX einsatzfähig und bereit, nach Amerika auszulaufen. Dönitz wehrte sich verbittert gegen die Zersplitterung seiner ohnehin zu geringen Kräfte: »Sieht man den Kampf gegen England als entscheidend für den Ausgang des Krieges an, so müssen daher den U-Booten *alle* Aufgaben ferngehalten werden, die sie von dem Hauptkriegsschauplatz dieses Kampfes fernhalten. Der Krieg im Atlantik hat jetzt seit Wochen aufgehört – das vornehmste Ziel muß es jetzt sein, ihn sobald und so gründlich wie möglich mit den neu zuströmenden Kräften wieder aufzunehmen.«

Am 12. Dezember, vier Tage bevor das erste U-Boot des Unternehmens »Paukenschlag« Kurs auf die amerikanischen Gewässer nahm, lief das neue Schlachtschiff *Duke of York* aus dem Clyde aus. An Bord waren der britische Premierminister und seine höchsten Berater. Churchill war darüber besorgt, daß die Vereinigten Staaten angesichts der unklaren Lage zunächst einmal »ein totales Embargo verhängt« hatten. »Ich hoffe, es aufzulockern«, sagte er seinem Außenminister Anthony Eden, der mit der strikten Anweisung nach Rußland entsandt wurde, »keine Versprechungen über die bisher vereinbarten Lieferungen hinaus zu machen«.

Das große Schlachtschiff und sein Zerstörergeleit, das den gemeldeten U-Booten auswich, pflügte innerhalb der Reichweite der Luftwaffenbomber durch schwere atlantische Stürme. Da die Delegation die meiste Zeit unter Deck war und strikte Funkstille eingehalten wurde, so beklagte sich Beaverbrook, der britische Minister für Kriegsproduktion, hätten sie »ebensogut im U-Boot unterwegs sein können«.

Die britische Abordnung traf am 22. Dezember 1941 in Washington ein. Sie wollte vor allem verhindern, »daß die Vereinigten Staaten lediglich gegen Japan im Pazifik Krieg führten und uns gegen Deutschland allein ließen«. Bei den offiziellen Gesprächen der Arcadia-Konferenz, die unmittelbar nach Weihnachten begannen, drängten die Briten auf eine Offensive im Mittelmeerraum, der die Befreiung Europas folgen sollte. Beide Seiten kamen überein, daß ihre gemeinsamen Pläne nur wirksam werden konnten, »wenn die britische und amerikanische Überlegenheit im Atlantik aufrechterhalten wird, wenn die Versorgungslinien ununterbrochen weiterlaufen und wenn die Britischen Inseln wirksam gegen eine Invasion geschützt werden«.

Die Engländer waren ungemein erleichtert, als sie feststellten, daß General Marshall ihr Grundargument unterstützte, daß »Deutschland noch der primäre Feind und seine Niederlage der Schlüssel zum Sieg« seien. Dieses Prinzip wurde bekräftigt, und der vereinbarte strategische Kriegsplan stimmte fast genau mit den britischen Zielen überein. Die Achsenmächte sollten durch die Verstärkung des um sie gelegten Stahlringes im Zaum gehalten werden, »indem die russische Front unterstützt wurde; indem die Türkei bewaffnet und unterstützt wurde; indem die Stärke im Nahen Osten erhöht wurde; und indem die gesamte nordafrikanische Küste besetzt wurde, um deutsche Ausbrüche zum Persischen Golf oder zur Westküste Afrikas oder in andere Gebiete zu verhindern«. Amerikanische Truppen sollten die britische Garnison in Nordirland entlasten, und US-Bomber sollten die RAF bei der Luftoffensive gegen die Industrie des Reiches und die U-Bootstützpunkte unterstützen. Zur Koordinierung der alliierten Kriegsanstrengungen sollte in Washington eine gemeinsame britisch-amerikanische Organisation der Stabschefs errichtet werden.

In einer großen politischen Geste kamen 22 Nationen, darunter die Sowjetunion, überein, am 1. Januar 1942 die »Erklärung der Vereinten Nationen« zu unterzeichnen, in der ein totaler Sieg gegen die Achsenmächte gelobt wurde.

Die Realitäten der alliierten Strategie hingen nun von dem amerikanischen »Victory Program« der Kriegsrüstung und Mobilisierung und vom Transport der Rüstungsgüter und Truppen über den Atlantik ab. Wenn eines dieser Elemente versagte, würden alle anglo-amerikanischen Pläne zusammenbrechen. Die britische Delegation konzentrierte sich deshalb darauf, Donald M. Nelson, den für das »Victory Program« verantwortlichen früheren Vizepräsidenten des Versandgeschäftes Sears Roebuck, zu einer Steigerung des Plansolls zu überreden. Amerika sollte die Alliierten weiterhin unterstützen, seine eigenen Streitkräfte erweitern und innerhalb von zwei Jahren eine Armee von zwei Millionen Mann zur Befreiung Europas ausrüsten.

Der Überfall auf die Ostküste

Als der Präsident in seiner Neujahrsansprache an den Kongreß die neuen Produktionsziele nannte, war die Nation zunächst von dem Ausmaß der geforderten Anstrengungen überwältigt. Die Flugzeugproduktion sollte im laufenden Jahr verdoppelt und bis 1943 nochmals auf 100 000 Maschinen verdoppelt werden. Die Panzerproduktion sollte auf 45 000 verdoppelt werden und dann auf 75 000 steigen. Der Schiffsbau sollte auf 8 Mio. Tonnen und dann auf 10 Mio. Tonnen erhöht werden, und für den militärischen Nachschub gab es ähnlich himmelhohe Ziele.

Auch in Amerika mußten jetzt gewisse Opfer gebracht werden. Nachdem die Japaner die malayischen Kautschukgebiete erobert hatten, mußten z. B. Autoreifen rationiert werden. Weitere Einschränkungen bei den Verbrauchsgütern folgten. Nicht umsonst hatte Churchill an die »Macht und Willenskraft der amerikanischen Nation« appelliert, als er am 26. Dezember vor dem Kongreß sprach. Die optimistische Stimmung des 67 Jahre alten Premiers war durch den leichten Schlaganfall, den er während seines Aufenthaltes im Weißen Haus erlitten hatte, nicht gemindert. Nach einer kurzen Erholungszeit entschloß er sich, in einem der riesigen Boeing-Flugboote über den Atlantik zurückzufliegen.

Als Churchill jedoch am 16. Januar 1942 wieder in Downing Street Nr. 10 eintraf, schwanden seine großen Hoffnungen. Er sah sich einer düsteren militärischen Lage gegenüber. Der japanische Vormarsch im Fernen Osten ging ungehindert voran, und die Meldungen aus dem Mittelmeer waren noch schlimmer. Die britische Armee in Libyen wich vor Rommel zurück, und Malta war abgeschnitten.

Dann kam der Schlag auf der anderen Seite des Altantiks. Am 12. Januar eröffnete Kapitänleutnant Hardegen in U-123 die Operation »Paukenschlag«, als er 300 Meilen vor Cape Cod den britischen Dampfer *Cyclops* versenkte. Am nächsten Tag torpedierte Kapitänleutnant Kals in U-130 zwei Frachter vor Halifax, und am 14. Januar versenkte U-123 den panamesischen 10000-Tonnen-Tanker *Norness* in Sichtweite des Feuerschiffes *Nantucket*. Der Krieg fand nun auch an Amerikas Küsten statt. Die US-Presse brachte Gerüchte über Hunderte von U-Booten vor der Ostküste und über deutsche Spione am Ufer.

Mit den wenigen verfügbaren Kriegsschiffen und Flugzeugen konnte wenig getan werden, um die 2000 Meilen lange Küste von Maine bis Florida zu schützen. Angesichts einer allgemeinen Hysterie wurde die Handvoll Kutter der Küstenwache durch vier »Blimp«-Luftschiffe der Marine und 20 Flugzeuge verstärkt. Ihren vergeblichen Flügen folgten Hunderte von falschen Sichtmeldungen. Neben einem Verbot von Wetterberichten im Rundfunk konnte wenig getan werden, außer daß man die Hoffnung der »New York Times« teilte: »es ist nicht anzunehmen, ... daß Deutschland eine ausgedehnte Kriegführung dieser Art lange Zeit aufrechterhalten kann.«

Sie irrte sich. Dönitz hatte sorgfältig berechnet, daß seine Boote vom Typ IX nach der Überquerung des Atlantiks mindestens für einige Wochen Treibstoff haben würden. Er hatte seine Kommandanten angewiesen, ihre 14 Torpedos zu sparen, nur große Schiffe anzugreifen und Tankern besonderen Vorrang zu geben. »In diesen noch jungfräulichen Gewässern«, hatte Dönitz den U-Bootkommandanten geraten, »müssen Sie mindestens ebenso günstige Bedingungen antreffen wie vor etwas mehr als einem Jahr noch in den britischen Gewässern. Diese Situation muß so schnell und so gut wie möglich ausgenutzt werden. Die Unerfahrenheit der Amerikaner wird nicht von langer Dauer sein. Halifax ist 2400 sm von der französischen Küste entfernt, New York 3000 sm ... Marschieren Sie sparsam – mit Die-

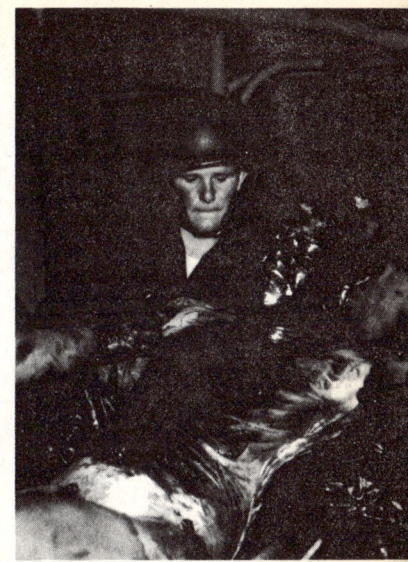

Der »Paukenschlag« der deutschen U-Boote Anfang 1942 traf die Amerikaner unvorbereitet und hart. Zum Entsetzen der Briten glaubte Admiral King (rechts), nicht genügend Geleitschiffe für ein Konvoisystem zur Verfügung zu haben.

Die Tankerverluste (links) gefährdeten die Ölversorgung der Alliierten. Rechts einer der Frachter, der bei der Operation »Paukenschlag« von U-123 versenkt wurde.

sel- und E-Maschinen-, um möglichst lange im Operationsgebiet bleiben zu können ... Die U-Boot-Tanker vom Typ XIV stehen uns leider noch nicht zur Verfügung.«

Hardegen hatte bereits zwei Tanker und einen weiteren Frachter versenkt, als am 18. Januar Zapp in U-66 zu ihm stieß, der vor New York den amerikanischen Tanker *Allan Jackson* versenkte. Hardegen ging dann nah an den geschäftigen Hafen von Manhattan heran. Er könne in seinem Fernrohr sogar die tanzenden Paare auf der Dachterrasse des Empire State Building ausmachen, behauptete er im Scherz gegenüber Besatzungsmitgliedern. Am folgenden Abend trug er nach der Versenkung eines amerikanischen Frachters vor Kap Hatteras in sein Logbuch ein: »Es ist ein Jammer, daß in der Nacht, als ich vor New York stand, nicht außer mir noch zwei große Minen-U-Boote da waren und alles dicht warfen und daß heute nacht statt meiner nicht 10 bis 20 Boote hier waren. Ich glaube, alle hätten genügend Erfolg haben können. Ich habe schätzungsweise 20 Dampfer, zum Teil aufgeblendet, gesehen, dazu noch ein paar Kolcher. Alle klemmten sich dicht unter die Küste.«

Die fünf U-Bootkommandanten, die jetzt in dem Gebiet standen, waren verblüfft, daß die Lichter an der Küste hell brannten. Aber es sollte fast drei Monate dauern, ehe gegen die Proteste der Fremdenverkehrsunternehmen in Florida, daß ihre Touristensaison verdorben würde, eine Verdunkelung der Küste durchgesetzt werden konnte. Nach den harten Kämpfen mit den stark verteidigten Atlantik-Geleitzügen meldeten die Kommandanten über Funk, wie leicht es war, vor der amerikanischen Küste Schiffe zu versenken. Ihre Erfolge sprachen für sich selbst. In zwei Wochen wurden 25 Schiffe, insgesamt 200 000 Tonnen, darunter über 70% Tanker, auf Grund geschickt. Die spektakulären Leistungen der fünf Boote des Typs IX übertrafen Dönitz' Erwartungen bei weitem, und die Seekriegsleitung gab Genehmigung, sieben Boote des Standard-Atlantiktyps VII in amerikanische Gewässer zu entsenden. So konnten vier der Boote vom Typ IX abgestellt werden, um die Operationen südlich von Kap Hatteras zu eröffnen.

Admiral Adolphus Andrews, der 62-jährige Texaner, der die »Eastern Sea Frontier« der U.S. Navy befehligte, wußte, daß die U-Boote ungestraft fast in Sichtweite seines Hauptquartiers in der Church Street 90 im Stadtgebiet von Manhattan Tanker torpedierten. Anfang Januar hatte Andrews Admiral King, den am 20. Dezember neu ernannten Oberbefehlshaber der US-Flotte, gewarnt: »Sollten die feindlichen U-Boote vor dieser Küste operieren, hat dieses Kommando keine verfügbaren Kräfte, um gegen sie einzuschreiten, weder offensive noch defensive.« Angesichts der wachsenden Kritik tat die Navy ihr Bestes, um das Vertrauen wiederherzustellen. Sie meldete am 24. Januar, daß »eine nicht genannte Zahl von U-Booten« an der Atlantikküste versenkt worden war, aber daß »die Einzelheiten geheimgehalten werden sollen, um die Moral der Nazis zu schädigen«. Die US-Army versuchte es mit einer anderen Propagandataktik: Sie stellte der Öffentlichkeit einige Flieger vor, die angeblich feindliche U-Boote versenkt hatten.

Als der U-Boot-Blitz begann, hatte die britische Admiralität in Washington telegrafisch angefragt, welche Verteidigungsmaßnahmen zum Schutz der Schiffahrtswege eingesetzt würden. Die Trade Division in London war entsetzt über die Antworten. Captain B. B. Schofield fand es »völlig unverständlich«, daß die Amerikaner nicht in der Lage waren, mit den U-Booten fertigzuwerden. Die US-Navy war jederzeit vollkommen über die britische U-Bootabwehr informiert worden. Ein amerikanischer Verbindungsoffizier hatte beobachtet, wie die Trade Division das Geleitzugsystem betrieb. Jetzt, als die Versenkungen nie dagewesene Höhen erreichten und Admiral King keine Maßnahmen zu befehlen schien, »fand es die Trade Division äußerst schwierig, dabei höflich zu bleiben«. Am 3. Februar 1942 wies King sogar britische Vorschläge zurück, ein vereinigtes Kommandosystem für die Atlantik-Geleitzüge aufzustellen. Eine Woche später telegrafierte Admiral Pound, der Erste Seelord, wiederum an King und wies darauf hin, daß ein Geleitzugsystem das einzige Mittel gegen die U-Boote sei, und schlug sogar vor, mit 24 Trawlern der Royal Navy »auszuhelfen«. Drei Tage später erwiderte der amerikanische Oberbefehlshaber frostig, daß »ständige Überlegungen« über Küstengeleitzüge angestellt würden. Angeblich stünden aber keine Eskorten zur Verfügung.

Die Briten waren verblüfft. Kings Haltung gefährdete das gesamte Nachschubsystem über den Atlantik. Die Hälfte der Schiffsverluste trat vor dem Sammeln oder nach dem Verlassen der Geleitzüge ein. Auch ein amerikanischer Bericht stellte fest: »Das Massaker an unserer Atlantikküste war ähnlich katastrophal, als ob Saboteure ein halbes Dutzend unserer Rüstungsbetriebe in die Luft gesprengt hätten. Wenn ein U-Boot zwei 6000-Tonnen-Frachter und einen 3000-Tonnen-Tanker versenkt, dann haben wir etwa 42 Tanks, 8 Haubitzen, 88 große und 40 kleine Kanonen, 24 Panzerwagen, 50 Schützenpanzerwagen, 5112 Tonnen Munition, 600 Gewehre, 428 Tonnen Ersatzteile, 2000 Tonnen Vorräte und 1000 Benzintanks verloren.«

Prinz Eugen bei der Fliegerabwehr. Der spektakuläre Durchbruch von drei schweren deutschen Überwassereinheiten durch den Kanal am 11. 2. 42 war für die Royal Navy eine Demütigung. Strategisch aber hatte der deutsche Rückzug aus dem Atlantik begonnen.

Bald jedoch sollte das Prestige der Royal Navy einen schweren Schlag erleiden. Am späten Abend des 11. Februar 1942 brachen die Schlachtschiffe *Scharnhorst* und *Gneisenau* und der Schwere Kreuzer *Prinz Eugen* aus Brest aus. Hitler hatte sich über seine Marineberater hinweggesetzt und befohlen, daß die beiden Schlachtschiffe durch den Kanal laufen sollten, um in Norwegen zur *Tirpitz* zu stoßen. Dieser waghalsige Rückzug war nach Hitlers Meinung notwendig, um die Schiffe vor den britischen Bombern zu schützen. Hinsichtlich der atlantischen Kriegführung mit Überwassereinheiten hatte Hitler ohnehin resigniert. Norwegen aber hielt er aufgrund einer sorgfältig inszenierten britischen Gerüchtekampagne für den künftigen Brennpunkt des Krieges. Er war fest überzeugt, daß die Westalliierten durch einen Angriff auf Nord-Norwegen näher an die Sowjetunion heranrücken wollten. Deshalb hatte er zum Ärger von Dönitz U-Boote zu »Aufklärungszwecken« ins Nordmeer befohlen und wollte nun auch *Scharnhorst* und *Gneisenau* zur Abwehr der vermeintlichen Gefahr heranziehen.

Das Glücksspiel zahlte sich aus. Das Unternehmen »Cerberus« überraschte die Engländer völlig. Das deutsche Geschwader wurde erst entdeckt, als es am 12. Februar Boulogne erreichte. Und dann konnte wenig getan werden, um die Schlachtschiffe zu stoppen, die unter einem starken Jagdschutz durch die Straße von Calais liefen.

Als sie schließlich Wilhelmshaven erreichten, war die Admiralität erleichtert, daß die deutschen Schiffe nicht mehr von Brest aus den Atlantik bedrohten. Aber die britische öffentliche Meinung akzeptierte nicht ohne weiteres den Standpunkt der Navy, daß die Episode »eine taktische Niederlage, aber ein strategischer Sieg« gewesen sei. Die Bevölkerung war wütend über die Unverschämtheit der Deutschen, und selbst die »Times« kommentierte: »In den Heimatgewässern ist seit dem 17. Jahrhundert nichts geschehen, was den Stolz der Seemacht mehr demütigte.«

Die britischen Rückschläge begannen jedoch gerade erst. Bald wurde gemeldet, daß die Japaner Singapur genommen hatten. Außerdem sah sich Churchill inmitten einer politischen Krise. »Alles in allem ist es ein dunkler Augenblick für ihn«, telegrafierte Harriman nach Washington, als der kampfbereite Premierminister dem Druck der Labour Party ausgesetzt war, Sir Stafford Cripps ins Kriegskabinett aufzunehmen, der sich als Botschafter in Moskau ausgezeichnet hatte. Dann trat der Minister für Kriegsproduktion, der grimmige Lord Beaverbrook, wegen Differenzen über die Hilfe an die Sowjetunion zurück. Ein erschöpfter Churchill telegrafierte inmitten der Krise an Roosevelt: »Die Demokratie muß beweisen, daß sie für den Krieg gegen die Tyrannei ein Granitfundament bieten kann.«

Der einzige Lichtblick für die Engländer während der dunklen Wochen Anfang 1942 war das Eintreffen der ersten GIs in Nordirland. »YANKS HERE« waren die einzigen riesigen Willkommensworte auf der Frontseite des »Belfast Telegraph«.

Der Berg von Abfall allerdings, der an Deck eines US-Transporters gesammelt worden war, war zuviel für die notleidenden Docker. Ein Matrose der Navy erinnert sich an das Wettrennen um den Abfall: »Da die Amerikaner ziemlich verschwenderisch lebten, hatte schließlich jeder Schauermann eine Einkaufstüte voll Nahrungsmittel, die er von dem Abfallhaufen mit nach Hause nehmen konnte.«

Dies führte den Amerikanern die Realität der Kriegswirtschaft vor Augen. Sie hatten noch keine strikte Rationierung erlebt. Die US-Regierung hatte zwar bereits Millionen von Kartenheften gedruckt und gelagert, es wurde jedoch nur ein freiwilliges Maßhalten und Sparen empfohlen. Hausfrauen wurden z. B. in Anzeigen darauf hingewiesen, keine Blechdosen wegzuwerfen. Der Kriegsproduktions-Ausschuß führte eine »Victory«-Mode für Herrenanzüge ein, bei der man Stoff sparte, indem man Hosenaufschläge, Falten, aufgesetzte Taschen und die von dem Filmstar Clark Gable populär gemachte zweireihige Mode vermied.

Die Umstellung der riesigen Automobilfirmen auf die Kriegsproduktion hatte bereits dazu geführt, daß weniger neue Autos in den Ausstellungsräumen zu sehen waren. In den ganzen Vereinigten Staaten gingen Fabriken zur Kriegsproduktion über. In einem Artikel über Detroit berichtete die »New York Times« in der zweiten Februarwoche: »Es ist schwierig, irgendeine sichtbare Erinnerung an die Fließbänder zu finden, die im letzten Jahr über 5 Millionen Automobile hervorbrachten.«

Ob viele dieser Kriegsgüter jemals England erreichen würden, war zweifelhaft. Mitte Februar tauchte eine zweite Welle von U-Booten vor der Küste Floridas auf, um die »Paukenschlag«-Offensive fortzusetzen – oft in Sichtweite von Wohnhäusern an der Küste. Am 16. Februar 1942 traf der U-Boot-Blitz die Karibische See, als Dönitz das Unternehmen »Neuland« startete, eine sorgfältig geplante Serie von Schlägen gegen Tanker vor den Karibischen Inseln und die örtliche Ölindustrie. Curaçaos Hafen Aruba wurde lediglich von einem umgebauten holländischen Walfänger verteidigt, als Kapitänleutnant Hartenstein im Schutze der Nacht mit U-156 heranging, um die Öltanks und die Raffinerie anzugreifen. Zwei kleine Tanker wurden versenkt. Der US-Heeresoffizier Hauptmann Robert Rudkin wurde Zeuge der ersten Schüsse des Unternehmens »Neuland«. »Unter einem stetigen Wind breitete sich brennendes Öl über ein weites Gebiet aus. Wir stürzten nach draußen. Ich konnte Schreie auf dem Wasser hören, das, von Barracudas verseucht war. Es kam ein ständiger Strom von Leuchtgeschossen aus der Dunkelheit des Ozeans – gezielt auf die Raffinerie.« Die erste Nacht des Unternehmens »Neuland« wurde ein Erfolg, als die drei anderen Boote sieben Tanker versenkten. Bis Ende Februar war die Versenkungszahl auf 17 Schiffe gestiegen – die meisten davon Tanker.

Am 19. Februar wurde vor Cape Canaveral der Tanker *Pan Massachussets* torpediert. Kapitän Robert E. Christy überlebte: »Das Meer um uns

her brannte, als sich das auslaufende Benzin und Öl im Umkreis von einer halben oder ganzen Meile verteilten. Der Ausgang war sofort von Flammen umgeben. Das Benzin explodierte allerdings nicht, denn unsere Tanks waren bis obenhin voll, und volle Tanks brennen nicht. Ich packte ein paar Handtücher, machte sie naß und wickelte sie um den Kopf, das Gesicht und die Hände. Ich stieß die Tür auf und rannte. Draußen überlegten wir kurz, dann beschlossen wir, ein Ankertau über den Bug herunterzulassen. Wir warteten, bis der Bug aus den Flammen herauskam, dann ließen wir uns ins Wasser hinabgleiten und schwammen vom Schiff weg. Ich glaubte nicht mehr an eine echte Chance zu überleben, die Rettungsboote waren alle verbrannt.«

Admiral Hoovers »Caribbean Sea Frontier«-Kampfgruppe mit dem Hauptquartier in San Juan, Puerto Rico, war machtlos und konnte nur wenige Zerstörer und zwei alte Patrouillenboote zur Verteidigung der ausgedehnten Küste von Key West bis Trinidad einsetzen. Aber dies war mehr als die Stärke der benachbarten »Gulf Sea Frontier«, die nur drei Küstenwachen-Kutter und eine Motorjacht aufbieten konnte, um den gesamten Golf von Mexico, den Yucatan-Kanal, Kuba und die Westküste Floridas zu überwachen.

Angesichts dieser schwachen Verteidigung nahm die Schnelligkeit des »Blitzes« in der Karibik zu. In der Nacht des 19. Februar lief Kapitänleut-

Bei ihrer triumphalen Heimkehr (links) von der amerikanischen Ostküste konnte die Mannschaft von U-582 (KL Werner Schulte) Beutestücke vorzeigen, die von der Versenkung des US-Frachters *Stella Lykes* am 27. 7. 42 herrührten. KL Ernst Vogelsang (U-132) feiert (rechts) mit Moet & Chandon aus der Flasche.

nant Achilles mit U-161 in den Hafen von Trinidads Port of Spain ein, den er als Offizier der Handelsmarine gut kannte, und versenkte einen Tanker und einen Frachter. Im nächsten Monat wiederholte er dies in St. Lucia, wo er zwei Frachter versenkte, die im Hafen vor Anker lagen. Bald darauf traf Kapitänleutnant Ernst Bauer in U-126 ein und versenkte in zwei Wochen in der Windward-Passage und dem alten Bahama-Kanal neun Schiffe, bevor ihm die Torpedos ausgingen.

Hitler war erfreut und gratulierte Dönitz telefonisch. Der B.d.U. wurde nun ermutigt, jedes verfügbare Boot zu entsenden. Die heimkehrenden U-Bootkommandanten, deren Moral durch die leichten Erfolge in den warmen Gewässern des Golfes und der Karibik gehoben war, scherzten über »das amerikanische Truthahnschießen«. Doch Dönitz war nicht in der Lage, diesen Durchbruch auszunutzen, der die alliierte Handelsmarine lähmte, weil Hitler immer noch darauf bestand, 20 Boote in Norwegen zu halten. Dönitz hatte weiterhin nur ein halbes Dutzend Boote, die er in amerikanischen Gewässern einsetzen konnte.

In der dritten Februarwoche 1942 konzentrierte sich die Offensive auf die Häfen von Carolina, Georgia und Florida. Gleichzeitig bemühte sich die U-Bootführung, die Operationen gegen die atlantischen Lebensadern aufrechtzuerhalten. Am 24. Februar fingen vier Boote den westwärts fahrenden Geleitzug ON 67 ab, der sich Neufundland näherte. Das entschlossene Wolfsrudel, das die Unerfahrenheit des Geleits der US-Navy ausnutzte, versenkte sechs Schiffe. Aber fast 80% der im Februar 1942 versenkten 430 000 Tonnen wurden in den Küstengewässern der USA vernichtet. Der Monat endete spektakulär mit der Torpedierung des 10000-Tonnen-Tankers *R. P. Leasor.* »Ein grausiges Schauspiel für die morgendlichen Beobachter an der Küste Jerseys. Die Flammen stiegen 60 m in die Luft«, meldete die »New York Times«.

Die amerikanische Krise

Erst als der Zerstörer *Jacob Jones* in Sichtweite der Küste New Jerseys torpediert wurde und nur 11 Mann seiner Besatzung überlebten, ergriff das Hauptquartier der US-Navy in Washington energische Maßnahmen. Endlich ordnete Admiral King an, daß mehr Zerstörer und Patrouillenboote für die Küstenverteidigung zur Verfügung gestellt wurden. Zufällig gelang es der US-Navy am 1. März, ihr erstes U-Boot zu versenken. Dies gelang hauptsächlich durch einen Luftangriff, als die Hudson von Ensign William Tepuni U-656 vor Neufundland erfolgreich mit Wasserbomben bewarf.

Nun wurde die Macht der amerikanischen Industrie gegen das U-Boot eingesetzt. Mit dem Slogan »Sechzig Schiffe in sechzig Tagen« wurde Anfang April ein Programm für die Kriegsproduktion von U-Bootabwehr-

Küstenfahrzeugen begonnen. In Miami wurde unter Lieutenant Commander McDaniel, einem früheren Geleitoffizier der Atlantikflotte, eine U-Bootabwehr-Schule errichtet, die mit der Asdic-Schule in Key West und einem Team von Dozenten der Universität von Chicago zusammenarbeiten sollte. Gleichzeitig wurde auf der Marinewerft in Boston die U-Bootabwehr-Abteilung geschaffen, wo zivile Wissenschaftler unter Dr. Philip Morse vom Massachusetts Institute of Technology zusammen mit erfahrenen Marineoffizieren neue Methoden der U-Bootbekämpfung erprobten.

Es konnte freilich Monate dauern, bevor die neuen U-Bootjäger in ausreichender Zahl an die Front kamen, und im März akzeptierte die US-Navy ein Angebot des »Cruising Club of America«, dreißig Segeljachten zum Einsatz zu bringen, die von Freiwilligen bemannt wurden. Dieses »Hooligans«-Navy diente als Küstenpostenkette vor den Häfen der Ostküste. Es war gut für die Moral, hielt aber die U-Boote kaum auf. Die Civil Air Patrol mit ihren freiwilligen Piloten, die ihre eigenen Sportflugzeuge mit roten pyramidenförmigen Erkennungszeichen und kleine Küstenflugzeuge benutzte, war demgegenüber erfolgreicher.

Allerdings wurden die Anstrengungen zur Bekämpfung der U-Boote aus der Luft durch Rivalitäten zwischen der Army und der Navy behindert. Die Verantwortung für die Luftdeckung der Küste war zwischen den 83 PBY-Flugbooten und Hudsons der US-Navy und den 84 Bombern der Army Air Force geteilt, die auf 18 Fliegerhorsten von Bangor, Maine, bis Jacksonville, Florida, stationiert waren. Zunächst war die Zusammenarbeit zwischen den Teilstreitkräften gut. Aber vier Monate später, als beide mit den neuen Liberator-Bombern ausgerüstet wurden, begann ein Konflikt. Jede Teilstreitkraft hatte ihre eigenen Vorstellungen über die Taktik der U-Bootabwehr. Erst nach einem erbitterten Zusammenstoß erreichte Admiral King im Juni 1942 endgültig die taktische Kontrolle über die U-Bootabwehr-Flugzeuge der Armee – aber ihre Besatzungen blieben bei der Army Air Force. Im März 1942 akzeptierten die Amerikaner schließlich britische Hilfe, als 24 U-Bootabwehr-Trawler der Royal Navy an der Ostküste eintrafen. Sie wurden dringend benötigt. Die Versenkungen hatten jetzt einen Durchschnitt von über 10 000 Tonnen pro Tag erreicht.

Viele dieser schweren Verluste wurden durch das völlige Fehlen eines amerikanischen Geleitzugsystems verursacht. Die Lage war so schlecht, daß die britische Admiralität angeboten hatte, eine komplette Geleitgruppe zu entsenden, um bei der Einrichtung der Konvois zu helfen. Am 12. März telegrafierte Churchill an Hopkins: »Die Lage ist so ernst, daß drastische Maßnahmen irgendeiner Art erforderlich sind. Wir hoffen sehr, daß Sie in der Lage sein werden, zusätzliche Geleitkräfte aufzubieten, um in Westindien und dem Gebiet von Bermuda sofort Geleitzüge zu organisieren, indem Sie einige Ihrer Zerstörer aus dem Pazifik abziehen, bis die zehn Korvetten, die wir Ihnen übergeben, in Dienst kommen.«

Admiral King, der zum Rapport in das Weiße Haus bestellt war, machte klar, daß er keine Anweisungen von den Engländern entgegennehmen würde. Er fand das Erfordernis eines vollen Geleitzugsystems an der amerikanischen Küste noch immer nicht »völlig überzeugend« und überredete Roosevelt, die Engländer stattdessen zu bitten, »schwere Angriffe auf U-Bootstützpunkte und Bau- und Reparaturwerften zu unternehmen, um so die U-Bootaktivitäten an ihrer Quelle zu treffen«.

Im März erreichten die Versenkungszahlen fast eine halbe Million Tonnen, und das britische Kriegskabinett sorgte sich wegen der Ölversorgung. Pro Tag waren vier große Tanker nötig, um die britische Kriegswirtschaft zu unterhalten. Da ein großer Teil des Öls aus den US-Golfhäfen und aus Venezuela kam, wurden die Tanker zum bevorzugten Ziel der U-Boote, wenn sie die Ostküste passierten. Bis Ende April brachten weitere 400 000 Tonnen Verluste die Gesamtvernichtung alliierten Schiffsraums in den ersten vier Monaten des Jahres 1942 auf fast eine Million Tonnen. Churchill befürchtete, daß der »Blitz« in den US-Gewässern zu einer lähmenden Knappheit an Schiffen führen und »unseren Anstrengungen im ganzen Jahre 1942 ernste Beschränkungen« auferlegen würde. Die Landungen in Nordafrika mußten bis zum Spätherbst 1942 verschoben werden.

Im Frühjahr 1942 hatte die deutsche Seekriegsleitung Aussicht auf den Sieg. Wenn die U-Boote weiterhin Schiffe schneller versenkten, als die Alliierten sie bauen konnten, war die Atlantik-Schlacht zu gewinnen. In seinem Februarbericht für Hitler betonte Raeder: »Zur Zeit bringt der U-Bootkrieg im Atlantik gute Erfolge ... Churchill erwähnt diesen immer wieder als größte Sorge.« Er legte eine Analyse vor, die zeigte, daß die Achsenmächte eine Versenkungsrate von 600 000 Tonnen pro Monat aufrechterhalten mußten, um die geschätzten 7 Mio. Tonnen jährlichen Schiffsbaus, die von den Alliierten geplant wurden, nutzlos zu machen. Einen Monat später war er noch zuversichtlicher, daß sein Ziel in Reichweite der U-Boote lag, da Geheimdienstberichte darauf schließen ließen, daß die Behauptungen der Amerikaner über ihren Schiffsbau hauptsächlich Propaganda waren. Außerdem konnten mehr U-Boote an die Front geschickt werden. Von 288 Booten waren jetzt 122 einsatzfähig. Davon standen 81 im Atlantik. Hitler war erfreut, aber er gewährte noch immer nicht den Vorrang, den Raeder erbat, um das U-Boot-Bauprogramm zu erhöhen.

Am 1. April 1942 mußte Admiral King schließlich akzeptieren, was die Engländer seit drei Monaten verlangt hatten. Er befahl die Einführung eines Geleitzugsystems für die 120 Schiffe, die jeden Tag entlang der Ostküste fuhren. Mit nur 28 verfügbaren Geleitschiffen mußte Admiral Adolphus Andrews allerdings auf die »Bucket Brigade« zurückgreifen, die die Handelsschiffe bei Tageslicht in 120-Meilen-Abschnitten die Ostküste hinaufgeleitete und jede Nacht im Schutz der Häfen ankerte. Wenn mehr Kriegsschiffe zur Verfügung standen, sollte diese Behelfslösung allmählich durch ein vollwertiges Geleitzugsystem abgelöst werden. Ende Juni war es dann möglich, die Schiffe von Halifax bis Key West zu schützen. Es folgte eine rapide Verbesserung. Die Verluste an der »Eastern Sea Frontier« fielen von 128 Schiffen im ersten Vierteljahr 1942 auf nur 21 im zweiten. Während des restlichen Jahres gab es überhaupt keine Verluste.

Aber die »Zweite Goldene Zeit« für die U-Bootkommandanten war damit noch nicht zu Ende. In den letzten Apriltagen ließ Dönitz 18 U-Boote für einen Großangriff auf alleinfahrende Schiffe in den Gewässern vor Florida aufmarschieren, und weitere neun Boote des Typs IX wurden in die Karibik befohlen, um in den sonnigen Gewässern zwischen den Bahamas und Trinidad zu jagen. Die U-Bootführung hatte jetzt die Mittel, die Offensive über die große Entfernung durch die Entsendung des ersten der 1700 Tonnen großen Tanker–U-Boote mit 700 Tonnen zusätzlichen Treibstoffes und Torpedos über den Atlantik aufrechtzuerhalten. Dies reichte aus, um ein Dutzend U-Boote weit draußen in der Karibik operieren zu lassen. Das erste Auftanken fand am 22. April 1942 statt, als U-459 500 Meilen nordöstlich von Bermuda U-108 traf. Innerhalb von zwei Wochen hatte U-459 die Tanks von 12 Booten des Typs VII und von zwei Booten des Typs IX gefüllt. Dann wurden zwei weitere »Milchkühe« entsandt, damit die Offensive quer über den Golf von Mexico bis zum Panama-Kanal vorgetragen werden konnte. Für Konteradmiral Hoover, den Kommandeur der »Caribbean Sea Frontier«, wurden der Mai und Juni 1942 zu einer »nervenzerrüttenden Zeit«, als die Versenkungen in seinem Gebiet auf 148 Schiffe stiegen.

Neben den Schlägen über die weite Entfernung bis in den Golf von Mexiko befahl Dönitz seinen Kommandanten, die Mississippihäfen New Orleans und Mobile heimzusuchen. Er wußte, daß dort zahlreiche Tanker und Bauxit-Schiffe fuhren, die die größte Konzentration von Raffinerien und Aluminiumschmelzen in den Vereinigten Staaten bedienten. Die neue Offensive sollte diese Grundstoffindustrien treffen, die entscheidend für die Rüstung der USA waren. Am 6. Mai 1942 führte Kapitänleutnant Schacht in U-507 den ersten Schlag, als er 100 Meilen südlich von Mobile (Alabama) den 8000 Tonnen großen Bauxitfrachter *Alcoa Puritan* versenkte. Ritterlich tauchte er auf, um den Überlebenden zu sagen: »Tut mir leid, aber ich mußte es tun. Hoffe, ihr kommt durch.« Sie kamen durch.

Am gleichen Tag wurde der Golf zur Gefahrenzone erklärt, in der keine Schiffe ungeleitet fahren sollten. Aber das Hauptquartier der »Gulf Sea Frontier« in Key West war viel zu schlecht ausgerüstet, um die nötigen Schutzmaßnahmen durchführen zu können. Zerstörer, eine Handvoll von kleineren Fahrzeugen und etwa 20 Flugzeuge standen für die Begleitung aller Schiffe in diesem Gebiet zur Verfügung. Bald versenkten U-507 und das zu ihm gestoßene U-506 jeden Tag ein Schiff. Die Zahl der U-Boote, die im Golf von Mexiko operierten, stieg nie über sechs, aber es wurden

41 Schiffe versenkt. Die 220 000 verlorenen Tonnen waren doppelt so hoch wie die Verlustrate irgendeines Monats an der »Eastern Sea Frontier« und, was die Sache noch schlimmer machte, über die Hälfte der Tonnage waren Tanker. Diese Verluste waren bald im Osten der Vereinigten Staaten zu spüren, wo am 15. Mai 1942 die Benzinrationierung eingeführt werden mußte. Jeder Verbraucher erhielt 15 Liter pro Woche.

Schließlich konnte General Marshall sich nicht länger zurückhalten. Am 19. Juni 1942 sandte er einen Brief mit einer starken Kritik an Admiral King: »Die Verluste durch U-Boote vor unserer Atlantikküste und in der Karibik bedrohen nun unsere gesamten Kriegsanstrengungen.« Admiral King schickte eine eisige Erwiderung, in der er den Mangel an U-Bootjägern und Geleitschiffen aufführte. Erst seit kurzem, so beklagte er sich, hätte die »Eastern Frontier« ausreichend Geleitschiffe, um ein Konvoisystem einzuführen. »Seit dem 15. Mai genießen unsere Gewässer vor der Ostküste einen hohen Grad an Sicherheit ... Ich möchte in diesem Zusammenhang sagen, daß das Geleit nicht nur *ein* Weg ist, mit der U-Bootdrohung fertig zu werden; es ist der einzige Weg, der Erfolge verspricht. Die sogenannten Patrouillen- und Jagdunternehmen haben sich immer wieder als nutzlos erwiesen.«

Es blieb unerklärt, warum der Admiralstabschef der USA sechs Monate gebraucht hatte, um zu diesem Schluß zu kommen. Inzwischen hatten die U-Boote weit über eine Million Tonnen Schiffsraum versenkt, und die Auswirkungen des Gemetzels drohten nicht nur die alliierte Strategie zu untergraben, sondern hätten auch dazu geführt, daß die Bürger der USA mit Kaffee, Zucker und Benzin immer sparsamer umgehen mußten. In England hatte der Verlust von einer Viertelmillion Tonnen Tankerraum eine verzweifelte Lage in der Benzinversorgung geschaffen. Der Erste Seelord flog nach Washington, um letztmalig zu versuchen, Admiral King zu überreden, einer Reihe von Tanker-Notgeleitzügen aus der Karibik zuzustimmen. Admiral Pound machte das Angebot, die erforderlichen Eskorten bereitzustellen, auch wenn dadurch die Zahl der Geleitgruppen der Royal Navy auf dem Nordatlantik auf zehn reduziert werden mußte.

Am 10. Juni 1942 akzeptierte Admiral King schließlich das Erfordernis eines vollständigen Geleitzugsystems in der ganzen Karibik, das mit Hilfe der britischen Geleitgruppen geschaffen werden konnte. Außerdem sollte ein Geschwader Hudsons des Coastal Command der RAF von Trinidad aus operieren.

Fünf Tage später wurde das dringende Erfordernis eines vollständigen Geleitzugsystems auf dramatische Weise unterstrichen, als vor Floridas elegantem Seebad Virginia Beach zwei große Frachter torpediert wurden. Tausende von sonnenbadenden Feriengästen wurden Zeugen dieses Ereignisses. Während die U-Bootführung in den US-Gewässern solche spektakulären Erfolge erzielte, achtete sie darauf, daß der Druck auf den Nordatlantik nicht nachließ. Nachdem beobachtet worden war, daß die Engländer zur Treibstoffersparnis die kürzere Großkreisroute befuhren und die Geleitgruppen wirksamer einsetzten, wurde eine Reihe von erfolgreichen Rudelangriffen gegen die Geleitzüge gerichtet. Im Mai 1942 verlor der ONS 92 sieben Schiffe. Im folgenden Monat kostete ein weiteres Wolfsrudel den ON 100 eine Korvette und vier Handelsschiffe, während in der Nacht des 15. Juni aus dem HG 84 fünf Schiffe versenkt wurden.

Die U-Boote schlugen auch auf andere Weisen zu. Es wurde versucht, amerikanische Häfen zu verminen, und am 13. Juni landete eine Gruppe von vier Saboteuren bei Amagansett Beach (Long Island) mit dem Befehl, Aluminiumfabriken und Eisenbahnbrücken zu sprengen. Es gelang ihnen, bis nach New York zu kommen, bevor sie vom FBI gefaßt wurden. Eine zweite Gruppe von vier deutschen Agenten, darunter zwei US-Bürger, wurde in Jacksonville (Florida) an Land gesetzt und gelangte bis nach Chikago, bevor sie festgenommen wurde.

Im Spätsommer flaute die U-Bootgefahr ab, weil immer mehr Konvois mit Geleitschutz fuhren und die U-Bootabwehrpatrouillen den U-Booten einen ständig zunehmenden Blutzoll abverlangten. Die Strapazen eines Einsatzes über 4000 Meilen von der Heimat entfernt begannen sich auf die U-Bootbesatzungen auszuwirken. Wochen andauernder Patrouillen in der tropischen Hitze der Karibik machte die Sardinenbüchsenatmosphäre eines vollgepackten U-Bootes besonders spannungsgeladen. Verpflegung und die Lebensnotwendigkeiten waren die Hauptsorgen von Kapitänleutnant Reinhart Suhren, der U-564 in der Karibik befehligte. »Die Verpflegung für die ersten acht Tage war ganz gut. Wir verließen unseren Stützpunkt mit viel frischem Obst, Gemüse und Fleisch. Der zweite Waschraum wurde als Speisekammer verwendet, aber es gab Nachteile. 46 Mann für einen Waschraum ist zuviel! Wenn die Frischverpflegung verbraucht war, gingen wir an unsere Lebensmittelkonserven, aber gleichgültig, ob es frisch oder in Dosen war, es schmeckte immer nach Dieselöl. Das größte Problem war das Brot; in der feuchten und verschwitzten Atmosphäre wurde es schnell muffig. Die Laibe sahen bald wie Kaninchen aus, bedeckt mit lockerem Schimmel. Wir entfernten soviel wie möglich davon, bevor wir es aßen.«

Die Verpflegung war immer ein großes Problem für U-Bootbesatzungen, die drei Monate oder länger unterwegs waren, und viele Kommandanten versuchten, wie Suhren, die Spannung aufzulockern, indem sie ihre Männer vor abgelegenen Karibischen Inseln im Meer baden ließen. Es war eine Erleichterung nach der Zeit in dem überfüllten U-Boot, in dessen Maschinenraum die Temperatur fast unerträglich wurde.

Für die Männer der Geleitgruppe B.5 der Royal Navy, die aus den rauhen Gewässern des Nordatlantiks kamen und jetzt zu Operationen mit der US-Navy in der Karibik abgestellt worden waren, erschien die neue Aufgabe fast wie eine Kreuzfahrt. Erst wenn ein U-Boot angriff oder Überlebende aus dem von Haien verseuchten Wasser aufgefischt werden mußten, erkannten diese Besatzungen die besonderen Schrecken des Krieges in diesen tropischen Meeren. Signalgast J. Lisle von der Korvette *HMS Pimpernel* erinnert sich an die Nacht des 18. August 1942, als der Geleitzug TAW 13 vor Trinidad angegriffen wurde: »Drei Schiffe gingen verloren. Es gab keine Überlebenden von dem Tanker, der von einem Torpedo getroffen wurde und vom Bug bis zum Heck in Flammen aufging. Der Geleitzug ließ ihn allein zum Ausbrennen, das ganze Schiff war eine Masse von Flammen, und seine Seiten waren weißglühend. Die Besatzung hatte keine Chance gehabt.«

Als die Wirkung der U-Bootangriffe Ende Juli durch ein festes Geleitzugsystem eingeschränkt werden konnte, waren vor der amerikanischen Küste fast 2½ Millionen Tonnen Schiffsraum versenkt worden, darunter viele wertvolle Tanker. Kapitän Donald Blyth, dessen Tanker *San Gaspar* am 18. Juli in der Nähe von Curaçao durch einen Torpedo von U-575 in ein brennendes Inferno verwandelt worden war, beschreibt die qualvollen Stunden vor seiner Rettung: »Ich gab den Befehl, das Schiff zu verlassen, und wir sprangen über Bord. Wir mußten um unser Leben schwimmen. Ein junger Matrose wurde unglücklicherweise eingeholt von den Flammen, aber die übrigen kamen weit genug weg ... Wir mußten die ganze Nacht hindurch schwimmen, um außerhalb des Flammenkreises zu bleiben. Bar-

rakudas griffen uns an. Da wir kaum einen Fetzen am Leib hatten, waren wir vermutlich reizvolle Köder für sie... Bei Tagesanbruch sahen wir ein Catalina-Flugboot, aber es entdeckte uns nicht. Aus dem Schiff brachen immer noch Flammen, und der Qualm stieg einige hundert Meter hoch in die Luft. Tigerhaie näherten sich, und ich strampelte heftig, um sie zu verjagen... Gegen Mittag waren wir völlig erschöpft, dann warfen zwei Bomber ein Schlauchboot ab. Selbst als wir im Boot saßen, mußten wir die Haie noch mit den Aluminiumpaddeln wegstoßen.«

Die U-Bootoffensive in den Gewässern vor Trinidad im Juli und August gefährdete auch die starke Küstenschiffahrt vor der brasilianischen Küste.

KL Reinhard Suhren (links) an Bord von U-564 operierte im Sommer 1942 ebenso erfolgreich in der Karibik wie

KL Helmut Möhlmann (U-571), der hier ein weiteres Opfer abhaken kann (unten).

Mit Hilfe von U-Tankern (links U-459) konnte Dönitz die U-Boote auch in der Karibischen See und im Golf von Mexiko angreifen lassen.

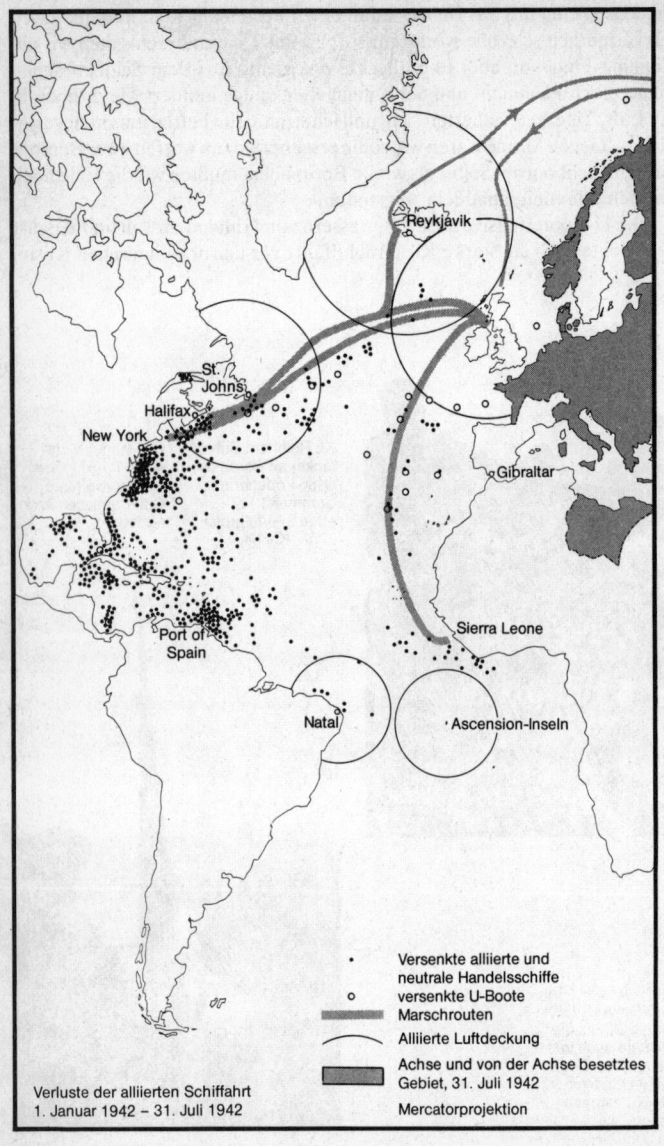

Die Bedrohung der lebenswichtigen Erzlieferungen – und der fast ebenso lebenswichtigen Kaffeeversorgung – veranlaßte die Amerikaner, mit brasilianischer Erlaubnis US-Marineinfanterie zu entsenden, um eine Reihe von Flugplätzen an der fast unverteidigten 4000 Meilen langen Küste zu bauen. Man fürchtete, daß die Deutschen geheime Versorgungsstützpunkte in abgelegenen Buchten zur Stützung der U-Bootoffensive im Mittelatlantik bauen könnten.

Hitler hatte der brasilianischen Regierung Millionen von erbeuteten US-Dollars als Gegenleistung für ihre Zusammenarbeit angeboten, aber wütend stellte er fest, daß auf Betreiben Washingtons alle Sympathisanten der Achsenmächte interniert worden waren. Im Juni stimmte Hitler Raeders Vorschlag zu, die U-Bootoperationen die brasilianische Küste hinunter auszudehnen.

Dies sollte sich als schwerer Fehler erweisen. Nachdem in drei Tagen fünf brasilianische Schiffe versenkt worden waren, erklärte Brasilien am 22. August 1942 Deutschland und Italien den Krieg. Admiral J. H. Ingrams Südatlantik-Kampfgruppe wurde sofort in die wertvollen brasilianischen Stützpunkte verlegt, um von dort aus den Mittelatlantik zu kontrollieren. Der Schutz der Küstenschiffahrt vor Südamerika durch die US-Navy war die letzte Masche in einem umfangreichen alliierten Geleitzugnetz.

Das ineinandergreifende Geleitzugsystem funktionierte von Herbst 1942 an mit der Zuverlässigkeit eines Eisenbahnfahrplanes. Alle nordwärts laufenden Geleitzüge fuhren im Abstand von fünf Tagen und hatten Anschluß an die Abfahrt der transatlantischen »Hauptlinie« von Halifax. Diese teilte sich bei New York. Eine Hauptlinie lief nach Key West, die andere nach Guantanamo, Kuba. Von Key West aus liefen alle zehn Tage Geleitzüge nach Galveston und zu den Mississippihäfen, und von Guantanamo fuhren die Konvois über die Karibik nach Panama, Venezuela und Curaçao und dann südwärts die brasilianische Küste entlang.

Zwischen August und Dezember 1942 wurden 1400 Schiffe durch das neue System geschleust und nur elf versenkt. Der gut eskortierte und geschützte Geleitzug hatte wiederum das U-Boot geschlagen.

Sieg durch Schiffe
14.

14.

> »Ein Wunder Gottes und der Genius freier
> amerikanischer Arbeiter.«
> HENRY J. KAISER *beim Stapellauf des in zehn Tagen
> gebauten Liberty-Schiffes* Joseph N. Teal *im
> Oktober 1942*

Die U-Bootoffensive in den amerikanischen Gewässern war nur eine der Bedrohungen, denen sich die Alliierten in der ersten Hälfte des Jahres 1942 ausgesetzt sahen. Bis zum Mai marschierten die Japaner ungehindert weiter vor, und im April begann das deutsche Heer eine neue Offensive im Süden Rußlands und stürmte bald auf die Ölfelder des Kaukasus zu. Diese ersten Monate weltweiten Unheils blieben Churchill in düsterer Erinnerung: »In diesem Augenblick des Weltkampfes konnte niemand sicher sein, daß Deutschland Rußland nicht zerbrechen oder es hinter den Ural treiben würde und dann in der Lage wäre, zurückzukommen und in England einzufallen – oder ob es sich über den Kaukasus ausbreiten und den japanischen Vorhuten in Indien die Hand reichen würde.«

Der erste alliierte Erfolg kam am 7. Mai 1942 mit der Schlacht im Korallenmeer, als die US-Navy die japanische Expansion nach Süden auf Australien zu aufhielt. Dies ebnete dem Oberbefehlshaber der US-Pazifikflotte, Admiral Chester W. Nimitz, den Weg, seine Kräfte auf die größte Konfrontation der Seekriegsgeschichte vorzubereiten, die einen Monat später in der Schlacht von Midway stattfand. Bis zum Jahresende hatten die USA die Initiative in dem langen und erbitterten »Inselspringen« gewonnen, mit dem Japan quer über den Pazifik zurückgetrieben wurde.

Es sollte noch viele Monate dauern, bevor die Alliierten die entscheidende Wende im Krieg in Europa erreichten. Das Frühjahr und der Sommer sahen die deutschen Panzer in einem ungehinderten Vorstoß auf Stalingrad. Die deutsche Wehrmacht begann einen zeitlich gut abgestimmten Vorstoß, um die Briten aus dem Mittelmeerraum zu vertreiben. Rommels Afrikakorps stürmte ostwärts und bedrohte Kairo. Um Malta tobten wütende Luft- und Seeschlachten, als die Achsenmächte endlich einen entschlossenen Versuch unternahmen, diese lebenswichtige Bastion durch Blockade und Bombardements in die Knie zu zwingen. Nur nach einem starken Einsatz britischer und amerikanischer Marinekräfte im Unternehmen »Pedestal« konnten die Versorgungskonvois durchgekämpft werden, die die Insel vor dem Fall retteten. Die Operationen im Mittelmeer, die zu den Kämpfen im Pazifik und Atlantik hinzukamen, zogen zunehmend alliierte Marine- und Schiffahrtsmittel von den Kämpfen im Atlantik ab. Dennoch mußte Churchill feststellen: »Die Schlacht im Atlantik war während des ganzen Krieges der beherrschende Faktor. Wir konnten nie auch nur für einen Augenblick vergessen, daß alles, was anderswo an Land, auf See oder in der Luft geschah, letztlich von ihrem Ausgang abhing.«

Im Jahre 1942 sicherten die Atlantikgeleitzüge nicht nur Englands Überleben, sondern stützten auch die Sowjetunion. Alle militärischen Berechnungen wurden von dem Wissen beherrscht, daß Hitler nur durch eine Invasion Europas geschlagen werden konnte und daß die Invasionsarmeen und ihre Waffen nur über diese Brücke von Schiffen nach Europa gebracht werden konnten. Angesichts der Schiffsverluste hielten es die Engländer für unmöglich, noch im Jahre 1942 auf dem Festland zu landen. Die Amerikaner – und auch Stalin – dachten anders. General Eisenhower sagte es so: »Wir müssen nach Europa gehen und kämpfen – und wir müssen damit aufhören, auf der ganzen Welt Material und (was noch schlimmer ist) Zeit zu verschwenden. Wenn wir Rußland behalten wollen, ganz zu schweigen vom Nahen Osten, Indien und Burma, müssen wir in Westeuropa mit unserer Luftmacht hart zuschlagen und dann sobald wie möglich einen Angriff zu Lande beginnen.«

Trotz des amerikanischen Drucks weigerten sich die britischen Stabschefs. Sie sahen einen solchen Versuch, die Rote Armee durch eine »zweite Front« zu entlasten, als Selbstmord an. Am 8. April 1942 traf General Marshall in Begleitung von Harry Hopkins in London ein, um die Briten zu einem Angriff über den Kanal zu drängen. Dabei versäumte er nicht, die Briten mit dem Hinweis unter Druck zu setzen, daß die amerikanische Öffentlichkeit vor allem wuchtige Schläge gegen die Japaner verlangte und an Großbritannien nur beschränkt interessiert sei. Es wurde ein Kompromiß erzielt und Eventualpläne für das Unternehmen »Sledgehammer« aufgestellt. Dieses war als begrenzter britischer Angriff über den Kanal im Jahre 1942 geplant, der begonnen werden sollte, wenn sich die Lage in Rußland verschlechterte. Ihm sollte im nächsten Jahr eine größere Invasion, das Unternehmen »Roundup«, folgen. Zur Erleichterung der britischen Stabschefs war es lediglich möglich, im August den Scheinangriff auf Dieppe zu starten, bevor sich die alliierten Vorbereitungen auf die Invasion Nordafrikas im Herbst konzentrierten.

Als Ersatz für die Eröffnung der »zweiten Front« wollte man der Sowjetunion aber wenigstens eine verstärkte Lieferung von Nachschub anbieten. Seit dem Besuch von Beaverbrook und Harriman in Moskau im Oktober 1941 waren regelmäßig Geleitzüge zum eisfreien Hafen Murmansk auf der öden Halbinsel Kola gelaufen. Bis zum Ende des Jahres hatten 110 Schiffe die Reise durch die eisige See gemacht und 799 Jagdflugzeuge, 572 Panzer, 1404 Fahrzeuge und 100 000 Tonnen militärischen Nachschub gebracht.

Bis zum Frühjahr 1942 hatten die Deutschen nicht ernsthaft versucht, die Geleitzugroute nach Murmansk zu stören. Aber auch ohne Angriffe des Feindes waren Schiffe und Männer in dem arktischen Winter einer fürchterlichen Zerreißprobe ausgesetzt. Die Schiffe benötigten Spezialöle und wegen des Eises einen verstärkten Bug und stählerne Schiffsschrauben. Es wurden dicke Isolierschichten und Kreiselkompasse in den Hauptschiffen eingebaut, da die Geleitzüge dicht am magnetischen Pol vorbeifuhren. Um die Besatzungen zu schützen, gab das Schiffahrtsministerium dicke Handschuhe, Mäntel mit Schafswollfütterung und Wollhauben mit Sehschlitzen aus.

Aber die Geleitzüge hatten bald mit mehr zu kämpfen als mit dem arktischen Wetter. In der irrigen Annahme, daß die Alliierten eine Invasion Skandinaviens planten, ließ Hitler die See- und Luftstreitkräfte in Norwegen erheblich verstärken. Im Lauf der Monate traten hier zahlreiche schwere Flotteneinheiten auf, darunter die mächtige *Tirpitz*, die *Scheer, Lützow, Prinz Eugen, Hipper, Köln* und mehrere Zerstörer. Die Luftwaffe wurde ebenfalls verstärkt. Diese starken Kräfte hatten eine ideale Position, um die Geleitzugroute nach Rußland zu bedrohen.

Die erste Herausforderung kam am 6. März 1942, als die *Tirpitz* in Begleitung von drei Zerstörern aus Trondheim auslief, um 80 Meilen südlich der Insel Jan Mayen den schwer gesicherten Geleitzug PQ 12 und den heimwärts laufenden QP 8 abzufangen. Die Konvois drehten nach Norden in den Nebel, und die *Tirpitz* konnte sie nicht finden. Sie versenkte lediglich einen Nachzügler. Auf ihrer Heimfahrt wurde sie von Flugzeugen des Trägers *Victorious* angegriffen, aber das Schlachtschiff wich den Torpedos aus und schoß zwei der angreifenden Albacores ab. Der nächste Geleitzug, PQ 13, wurde 85 Meilen vor dem Nordkap ebenfalls hart angegriffen, dieses Mal von Bombern der Luftwaffe und Zerstörern. Er verlor sechs Schiffe.

Angesichts des wachsenden deutschen Druckes und der länger werdenden Tage vertrat Admiral Pound die Ansicht, daß die Rußlandgeleitzüge eingestellt werden müßten, aber die alliierten Führer bestanden darauf, daß sie weiterhin fuhren. Roosevelt entsandte im April zur Verstärkung der Home Fleet die »Task Force 39«, zu der das Schlachtschiff *USS Washington* und der Träger *Wasp* gehörten.

Die Angriffe auf die Rußlandgeleitzüge dauerten an. Die Hauptlast der Verteidigung fiel auf die Eskorten. Vierzehn Schiffe des PQ 14 kehrten wegen schweren Eises zurück, und der heimkehrende QP 10 verlor vier. Im Mai verloren die gleichzeitig laufenden QP 15 und QP 11 nach wütenden Schlachten zwischen den starken Geleitkräften und U-Booten, Zerstörern und der Luftwaffe nur vier Handelsschiffe. Der Preis für die Royal Navy war hoch. Sie verlor auch die Kreuzer *Edinburgh* und *Trinidad*. »Diese Rußlandgeleitzüge werden zu einem regelrechten Mühlstein um unseren Hals«, sagte Pound zu Admiral King.

Die Konvois durch die Arktis hatten ernste Auswirkungen auf die Operationen im Atlantik, weil sie Verzögerungen und schließlich Verstopfungen in Island verursachten. Deshalb wurden die Geleitzüge vergrößert, und ihre Aus- und Heimreisen wurden so abgestimmt, daß der starke Seegeleitschutz sie in beiden Richtungen durch die kritischen Gewässer Norwegens decken konnte. Dies war der Luftwaffe nur recht. Am 25. Mai 1942 lief der ausreisende PQ 16 beim Passieren des heimwärts laufenden QP 12 in schwere Luftangriffe. An einem einzigen Tag führten 108 aufeinanderfolgende Wellen deutscher Flugzeuge einen gnadenlosen Bombenangriff aus. Als der Konvoi in Murmansk einlief, waren von 25 Schiffen acht gesunken, aber eine Viertelmillion Tonnen lebenswichtiger Militärausrüstung war bald ausgeladen und über die eingleisige Eisenbahnstrecke zur Roten Armee transportiert, die 2500 Kilometer weiter südlich kämpfte.

Die Verlustrate von 20% des Schiffsraumes auf der Rußlandroute übertraf nun selbst den schweren Blutzoll, der den erbittert umkämpften Maltakonvois abverlangt worden war. Die Admiralität drängte auf eine Unterbrechung während der ganztägigen Helligkeit des arktischen Sommers, aber Churchill machte klar: »Nicht nur Premier Stalin, sondern auch Präsident Roosevelt werden starke Einwände erheben, wenn wir jetzt davon Abstand nehmen, die Geleitzüge laufen zu lassen.«

So mußte es schon bald zu einer schweren Geleitzugschlacht kommen. Ihr Opfer wurde PQ 17. Der Konvoi lief am 27. Juni 1942 mit 34 Schiffen (22 Amerikaner) aus Island nach Archangelsk aus. Sein Geleitschutz bestand aus sechs Zerstörern, zwei Flakschiffen, zwei U-Booten und elf Korvetten, Minenräumern und bewaffneten Trawlern unter dem Kommando von Kapitän z.S. John Broome auf dem Zerstörer *HMS Keppel.* Er konnte auch mit einer Nahunterstützungsgruppe von vier britischen und amerikanischen Kreuzern und einer entfernter stehenden schweren Unterstützungsgruppe mit einem britischen und einem amerikanischen Schlachtschiff und drei Kreuzern mit ihren Zerstörerschirmen rechnen – der Geleitzug wurde von mehr Kriegsschiffen gedeckt, als Handelsschiffe in ihm fuhren. Broomes Anweisungen von der Admiralität sagten aus: »Unser Hauptziel ist es, so viel wie möglich von dem Konvoi durchzubekommen, und der beste Weg, dies zu tun, ist, ihn ostwärts in Bewegung zu halten, selbst wenn er Schaden erleidet.«

Die Deutschen hatten beobachtet, daß der Geleitschutz für die ersten sechzehn Rußlandkonvois immer stärker geworden war. Gegen den PQ 17 wollten sie nun die ganze Stärke der in Nordnorwegen versammelten Kräfte einsetzen, um sich mit diesem energischen Schlag für einige Zeit Luft zu verschaffen. Man hoffte auf »die völlige Vernichtung eines Geleitzuges«. Der Deckname für den Überwasserangriff, den die *Tirpitz* anführen sollte, war »Rösselsprung«. Als die Luftwaffe am 1. Juli den PQ 17 sichtete, als er östlich der Insel Jan Mayen vorbeilief, befahl Raeder die *Tirpitz* nach

Norden in den Altenfjord, um auf das Eintreffen des Geleitzuges vor dem Nordkap und auf Hitlers endgültige Erlaubnis für den Angriff zu warten. Der PQ 17 war zunächst schweren Luftangriffen ausgesetzt, die drei Tage andauerten. Zwei Schiffe wurden versenkt und ein russischer Tanker beschädigt, aber die Luftwaffe wurde zurückgeschlagen. »Ich ging achteraus hinter den Geleitzug, um mir den Russen aus der Nähe anzusehen«, schrieb Captain Broome. »Seine Besatzung sang und lächelte. Ein paar vergnügte Mädchen winkten munter von der Brücke ... Mein Eindruck von der Entschlossenheit des Geleitzuges und seines Geleitschutzes war, daß, vorausgesetzt die Munition reichte, der PQ 17 überallhin gelangen konnte.« Aber die Admiralität wußte, daß die *Tirpitz* zum Angriff auf den Geleitzug bereitstand. Obwohl der »Ultra«-Geheimdienst keine Beweise dafür hatte, daß das Schlachtschiff auf See war, handelte Pound nach eigenem Ermessen und funkte am 4. Juli um 9.23 Uhr an Broome: »Sofort. Aufgrund der Drohung durch Überwasserschiffe soll sich Geleitzug auflösen und in russische Häfen gehen.« Dreizehn Minuten später funkte der Erste Seelord erneut: »Äußerst dringend ... Konvoi soll sich auflösen.«

Dies war ein fataler Fehler. Die *Tirpitz* lag immer noch im Altenfjord und wartete auf Hitlers Genehmigung zum Auslaufen, aber Pounds Funkspruch verursachte Verwirrung im Geleitzug. Die Geleitschiffe begannen

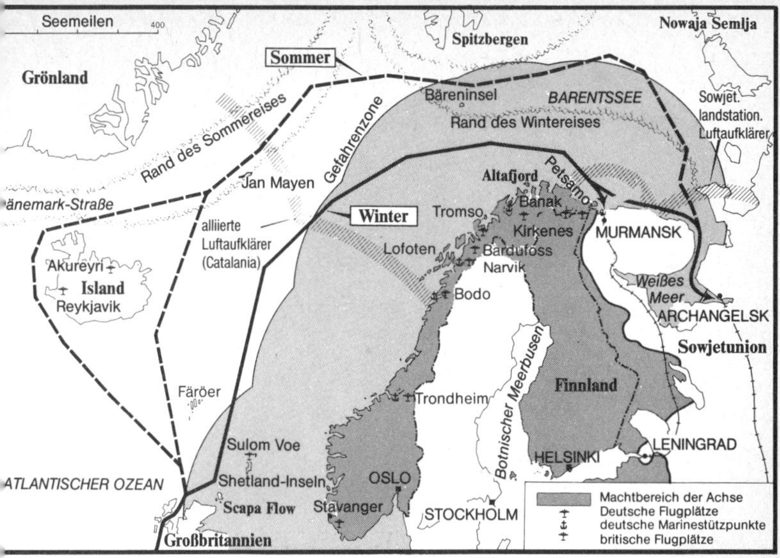

Seemeilen
400
Grönland
Sommer
Spitzbergen
Nowaja Semlja
Rand des Sommereises
Gefahrenzone
Bäreninsel
BARENTSSEE
Rand des Wintereises
Sowjet. landstation. Luftaufklärer
Jan Mayen
Altafjord
Petsamo
änemark-Straße
alliierte Luftaufklärer (Catalania)
Winter
Tromso
Banak
Kirkenes
MURMANSK
Akureyri
Island
Reykjavik
Lofoten
Bardufoss
Narvik
Weißes Meer
Bodo
ARCHANGELSK
Sowjetunion
Botnischer Meerbusen
Finnland
Färöer
Trondheim
Sulom Voe
LENINGRAD
HELSINKI
ATLANTISCHER OZEAN
Shetland-Inseln
OSLO
Scapa Flow
Stavanger
STOCKHOLM
Großbritannien
Machtbereich der Achse
Deutsche Flugplätze
deutsche Marinestützpunkte
britische Flugplätze

Beute für die Bomber der Luftwaffe! Als sich der Murmansk-Geleitzug PQ 17 (unten) am 4. 7. 42 zerstreute, konnten die in Norwegen stationierten deutschen Flugzeuge und U-Boote siebzig Prozent der Schiffe versenken.

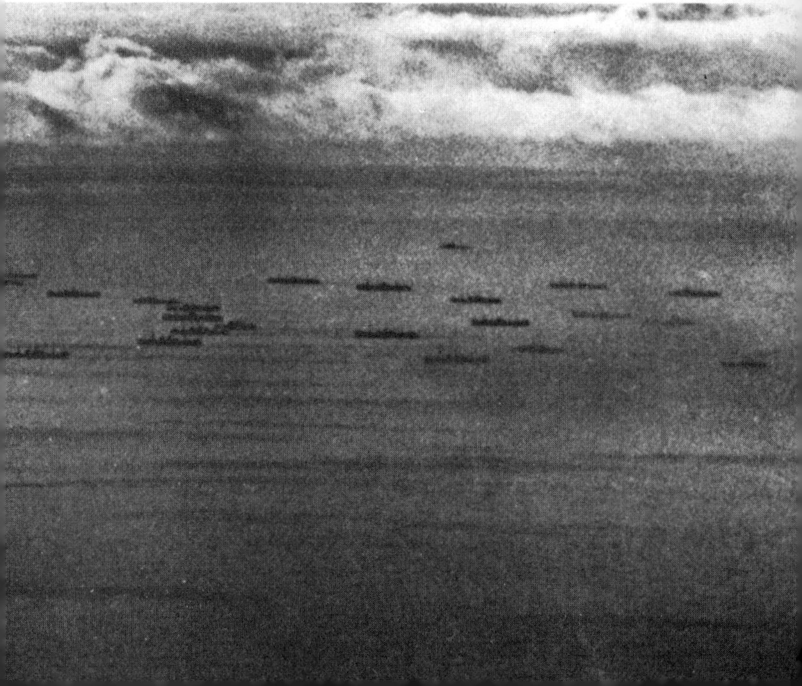

Sinkende Schiffe, treibende Boote und Wrackteile in der Barentssee. Nur 11 der ursprünglich 36 Frachtschiffe des PQ 17 überlebten die Schlacht.

sich nach Westen abzusetzen. Broome signalisierte bedauernd an den Kommodore: »Tut mir leid, Sie so zurückzulassen. Auf Wiedersehen und viel Glück. Es sieht wie eine blutige Sache aus.« Seine Worte erwiesen sich als tragische Untertreibung. Innerhalb von Stunden jagten die Luftwaffe und U-Boote gnadenlos die zerstreuten Handelsschiffe, von denen viele nordwärts auf das Packeis zuliefen. Nur elf Schiffe des Geleitzuges und zwei Rettungsschiffe sollten das Martyrium überleben. Die Dezimierung des PQ 17 kostete 100000 Tonnen Nachschub, 3350 Fahrzeuge, 430 Panzer und 210 Flugzeuge. Nach dieser Katastrophe stellte die Admiralität alle weiteren Fahrten nach Murmansk im Sommer ein.

Aber auch auf deutscher Seite war man bedrückt. Die *Tirpitz* und die übrigen schweren Überwassereinheiten der deutschen Flotte, von denen man sich endlich einen großen Erfolg erhofft hatte, hatten ihren »Rösselsprung« abbrechen müssen, weil die Seekriegsleitung und Hitler keinerlei Risiko eingehen wollten. Bei der Vernichtung des PQ 17 hatte die *Tirpitz* keine Rolle gespielt, und ihre Aussichten für die Zukunft waren noch schlechter.

Krise beim Schiffsraum

Nach der Katastrophe des PQ 17 verstärkten Russen und Amerikaner ihren Druck auf die Briten, im Sommer 1942 einen Angriff über den Kanal zu unternehmen. Die amerikanischen Stabschefs sahen sich jetzt einer mächtigen Lobby gegenüber, die darauf drängte, die Kräfte auf den Pazifik zu konzentrieren. Am 17. Juni 1942 flog Churchill nach Washington, um die Strategie des »Europe first« zu retten. Mitten in den heiklen Gesprächen reichte Roosevelt dem Premierminister ein Telegramm: »Tobruk hat mit 25000 Mann kapituliert.« Es war ein schwarzer Augenblick. Der Präsident bot 300 Panzer an, um die schweren Verluste zu ersetzen, aber weder er noch die US-Stabschefs waren bereit, sich auf ein eindeutiges Abkommen über die Invasion Nordafrikas im Herbst festzulegen.

Jede Invasion war nun entscheidend abhängig von den Reserven an Schiffsraum, die durch den deutschen Abnutzungskrieg sehr knapp geworden waren. Die Entsendung von Verstärkungen in den Nahen Osten wurde in Mitleidenschaft gezogen, und England hatte einen Abstrich von 250000 Tonnen bei seiner Importkapazität hingenommen, um das Unternehmen »Bolero« (den Aufbau der US-Armee und des Nachschubs in England) zu unterstützen. Die Kapazität der Truppentransporter wurde um etwa ein Drittel erhöht, einfach dadurch, daß mehr Soldaten an Bord gepreßt wurden, und ausgeklügelte Fahrpläne verringerten die Liegezeiten im Hafen auf ein Minimum.

Ein Einschnitt in Englands Nahrungsmittelversorgung schien unvermeidlich zu werden. 1942 war die britische Verpflegung durch das Fehlen von Obst und starke Verminderungen an Fleisch und Butter bereits miserabel, aber sorgfältige Planung des Ernährungsministeriums und des »Scientific Food Committee« stellten sicher, daß die englische Durchschnittsfamilie 1942 täglich dieselbe Kalorienzahl aß wie 1939, nämlich 3000 pro Kopf. Für viele war die Proteinversorgung sogar besser geworden.

Um die schwindenden Reserven der alliierten Frachtraumkapazität zu koordinieren, war Anfang 1942 ein »Combined Shipping Adjustment Board« unter Admiral Emory S. Land, dem Direktor der US War Shipping Administration und Sir Arthur Salter vom britischen Ministry of Shipping gebildet worden. Er stand vor einer gewaltigen Aufgabe. Seit Kriegsbeginn hatten die Alliierten 3000 Schiffe verloren, und die Neubauten hielten mit den Versenkungen nicht Schritt.

Das Shipping Adjustment Board begann, die Mittel geschickt zu koordinieren, und verlegte Schiffe von Ozean zu Ozean. Langsamere und ältere Frachtschiffe wurden im Indischen Ozean eingesetzt und schnellere im Nordatlantik, wo U-Bootangriffe wahrscheinlicher waren. Truppentransporte wurden getrennt organisiert, wobei die »Monster« eingesetzt wurden, große Ozeanriesen wie die 80000-Tonnen-Schiffe *Queen Elizabeth* und *Queen Mary,* von denen jedes über 10000 Soldaten mit fast 30 Knoten über den Atlantik bringen konnte.

Mit solcher Logistik wurden zwar die schlimmsten Auswirkungen der Krise gemildert, aber um den Krieg zu gewinnen, mußten die Alliierten Schiffe schneller bauen, als der Feind sie versenken konnte. England allein würde diesen entscheidenden Kampf auf die Dauer verlieren. In den ersten sechs Monaten des Jahres 1942 betrugen seine Nettoverluste an Schiffsraum über eine halbe Million Tonnen. Außerdem mußte ein Rückstand von 2$^{1}/_{2}$ Mio. Tonnen beschädigter Handelsschiffe repariert werden.

Die Kapazität der britischen Werften war drastisch erhöht worden. Neue intensive Schichtzeiten waren mit den Gewerkschaften vereinbart und viele Frauen eingestellt worden. Schiffsbau-Facharbeiter wurden vom Militärdienst freigestellt, und das Informationsministerium organisierte eine Kampagne, um den Werftarbeitern zu zeigen, daß sie in der Schlacht gegen die U-Boote in vorderster Front standen. Männer, die torpediert worden waren und grausame Qualen erlitten hatten, sprachen im Schatten halbfertiger Schiffe in der Mittagszeit zu den Arbeitern. Dennoch war allen Beteiligten klar, daß die britischen Werften höchstens 1$^{1}/_{4}$ Mio. Tonnen Schiffsraum im Jahr bauen konnten.

Daraufhin beschleunigten die Amerikaner erneut ihr Schiffsbauprogramm. Am 19. Februar 1942 berief der Präsident eine Konferenz ein, die in seinem Schlafzimmer im Weißen Haus stattfand. Hier setzte er »das größte Schiffsbauprogramm der Weltgeschichte« in Gang. Admiral Land erhielt den Auftrag, bis Ende 1943 24 Mio. Tonnen neuer Schiffe zu bauen. Dies war das 21-fache der 1941 abgelieferten Tonnage, und Land ver-

Neue Rekorde beim amerikanischen Schiffsbau. Die *Robert E. Peary* (ganz links), eines der Liberty-Schiffe, die im »Fließbandverfahren« aus Fertigteilen zusammengebaut wurden, lief nach 4½ Tagen Bauzeit am 11. 11. 42 von Stapel! Die Erfolge der amerikanischen Werften beruhten zu 30% auf der Arbeit von Frauen. »Rosie the Riveter« (oben) wurde von Amerikas bekanntestem Zeichner, Norman Rockwell, verewigt.

merkte: »Um die Quote von 750 Schiffen vor Jahresende und etwa 1500 Schiffen im Jahre 1943 zu erreichen, müßten die amerikanischen Werften ihre Schiffslieferungen von einem auf drei pro Tag erhöhen.«

Ein riesiges, von der Regierung gefördertes Programm zum Neubau von Werften war bereits im Gang. Bis Kriegsende sollten 99 vollkommen neue Werften mit 1 1/2 Mio. Arbeitern in Betrieb sein, aber Werften allein reichten nicht aus. Es mußten völlig neue Methoden beim Bau eingesetzt werden.

Der Schlüssel zum Erfolg lag in der Anwendung der Fließbandtechnik und dem Zusammenbau von vorfabrizierten Teilen. Das am meisten gebaute Standardschiff war der 10 000-Tonner EC2 (Emergency Cargo 2/ large capacity), dessen Konstruktion auf einem alten britischen Trampdampfer aus dem Jahre 1879 beruhte. Roosevelt persönlich hatte die Entwürfe durchgeblättert. »Admiral«, sagte er, »ich denke, dieses Schiff wird uns gute Dienste leisten. Es wird eine gute Ladung fassen. Es sieht nicht gut aus, nicht wahr? Ein wirklich häßliches Entlein?« Admiral Land stimmte zu: »Liberty-Schiffe sind langsam, aber ... sie werden schwimmen, und bei Gott, sie werden ankommen.«

Das erste Liberty-Schiff, das *Patrick Henry* getauft wurde, wurde am 27. September 1941 auf der Werft Bethlehem-Fairfield in Baltimore vom Stapel gelassen. Bis Kriegsende sollten in den Vereinigten Staaten 2700 Liberty-Schiffe gebaut werden. Um dies zu schaffen, mußte die Beschäftigtenzahl der US-Werften von 100 000 auf über 700 000 erhöht werden. Schulen für Schlosser, Schiffsbauer und Schweißer wurden eingerichtet, und wie in England wurden Tausende von Frauen eingestellt. »Rosie the Riveter« wurde zur Nationalheldin.

Ein sorgfältig ausgearbeitetes Prämiensystem erhöhte den Ausstoß. Die Werften erhielten einen Bonus für schnelle Lieferungen von 60 000 Dollar bis 140 000 Dollar für jedes Liberty-Schiff. Die Bauzeit schrumpfte von 6 Monaten für das erste Liberty-Schiff auf zwei Monate pro Schiff im Frühjahr 1942 und schließlich auf etwas über einen Monat. Die publizitätsbewußte Kaiser Corporation erzielte im November 1942 einen spektakulären Bauzeitrekord, als die Nr. 440 in vier Tagen und fünfzehn Stunden fertiggestellt wurde. Am 8. November wurde der Schiffskörper aus 250 Tonnen wiegenden, vorfabrizierten Sektionen mit eingebauter Maschine zusammengebaut. Am Ende des zweiten Tages war das Oberdeck fertiggestellt; am dritten Tag die Aufbauten, Masten und Ladebäume, und nach letzten Schweißarbeiten, Verkabelung und Streichen wurde es am vierten Tag vom Stapel gelassen. Drei Tage später übernahm die *Robert E. Peary* ihre erste Ladung.

Das deutsche Oberkommando hatte die industrielle Kapazität der Vereinigten Staaten, die nie dagewesene Schiffszahlen bauen konnten, völlig unterschätzt. »Ich halte das Wettrennen zwischen dem feindlichen Schiffsneubau und den U-Bootversenkungen in keiner Weise für hoffnungslos«, erklärte Dönitz im Mai 1942 beim Lagevortrag im Führerhauptquartier in Anwesenheit Raeders. »[Rechnet man die amerikanischen und britischen Schiffsbaukapazitäten zusammen], so kommt man für das Jahr 1942 auf etwa 8,2 Mill. BRT, im Jahre 1943 auf etwa 10,4 Mill. BRT, die die Feindmächte bauen können. Das würde heißen, daß wir im Jahre 1942 monatlich etwa 700000 Tonnen versenken müssen, um den Neubau auszugleichen, und alles, was darüber ist, erst Abnahme der Feindtonnage bedeutet. Diese 700000 Tonnen im Monat versenken wir aber bereits jetzt; wir, d. h. Deutschland, Italien und Japan, U-Boote, Luftwaffe, Überseeschiffe und Minen. Diese genannten Bauzahlen sind außerdem die Höchstzahlen, die von der feindlichen Propaganda als Ziel ihrer Bauabsicht je genannt worden sind. Unsere Fachleute zweifeln, ob sie erreicht werden können, und rechnen für das Jahr 1942 nur mit einer Baumöglichkeit der Feindmächte von etwa 5 Mill. BRT.«

Hier befand sich Dönitz im Irrtum. Schon im Spätsommer 1942 bauten die Vereinigten Staaten schneller Schiffe, als die Deutschen sie versenkten. Im Herbst des Jahres gab es zum ersten Mal einen Nettozuwachs von über 700000 Tonnen in der anglo-amerikanischen Tonnage, und dies wiederholte sich im nächsten Vierteljahr. Im ersten Quartal 1943 wurde der Zuwachs auf fast 1½ Mio. Tonnen verdoppelt, und im ganzen Jahre 1944 fiel der Überschuß des Neubaus über die Verluste nie unter 2 Mio. Tonnen.

Irregeführt von den spektakulären Erfolgen der »Paukenschlag«-Wochen hatte Dönitz nicht erkannt, daß die U-Boote im August 1942 den Tonnagekrieg fast verloren hatten. Er erkannte, daß der zunehmende Schutz für die Schiffahrt in den amerikanischen Gewässern ihn zwingen würde, die U-Boote wieder gegen die gut verteidigten Atlantikgeleitzüge antreten zu lassen, bei denen zumindest die Anmarschwege kürzer waren, aber er hoffte auch, daß er bald neue Waffen einsetzen könnte. »Die wichtigste Entwicklung ist hierbei der [Magnet-]Torpedo mit Abstandspistole, der vor allem das Sinken torpedierter Schiffe wesentlich beschleunigen und so Torpedos sparen würde.« Das würde nach Ansicht von Dönitz außerdem den großen Vorteil mit sich bringen, daß sich »die Besatzung nicht mehr wird retten können. Dieser größere Verlust an Schiffsbesatzungen wird zweifelsohne die Besetzung des großen amerikanischen Bauprogramms mit Mannschaften erschweren.«

In jenem Sommer hatten die Deutschen nur 101 einsatzfähige U-Boote, von denen im Tagesdurchschnitt 59 in See standen. Die langen Anmarschzeiten über den Atlantik bedeuteten, daß nur etwa 20 tatsächlich gegen die Schiffahrt operierten. Die Pläne der U-Bootführung wurden auch dadurch beeinträchtigt, daß Hitler darauf bestand, daß Boote zum Schutz von Atlantikinseln wie Madeira und den Azoren abgestellt wurden. Trotz dieser Beschränkungen für seine U-Bootflotte plante Dönitz eine Reihe von Ablenkungsangriffen, um alliierte Geleitschiffe aus dem Nordatlantik abzuziehen. Am 1. August lief die aus den vier großen Booten vom Typ IX (U-68, U-156, U-172 und U-504) bestehende Gruppe »Eisbär« mit einem U-Tanker aus, um den Schiffsverkehr vor dem Kap der Guten Hoffnung anzugreifen. In der Nacht des 12. September torpedierte Kapitänleutnant Hartenstein auf U-156 500 Meilen nördlich der Insel Ascension den schwerbewaffneten britischen Truppentransporter *Laconia*. Er hatte 1700 italienische Kriegsgefangene aus Nordafrika an Bord, und der besorgte Hartenstein funkte an die U-Bootführung: »Bisher 90 gefischt ... Erbitte Befehle.« Dönitz erkannte die ernsten Auswirkungen, die dies auf den Achsenpartner haben konnte, und befahl den Booten der Gruppe »Eisbär«, sich an der Rettung zu beteiligen. Hartenstein funkte in offenem Englisch auf der Internationalen Schiffahrts-Notfrequenz: »Wenn irgendein Schiff der schiffbrüchigen Besatzung der *Laconia* helfen will, werde ich es nicht angreifen, vorausgesetzt, daß ich nicht von Schiffen oder Flugzeugen angegriffen werde. Ich rettete 193 Mann, 4 Grad 52' Süd 11 Grad 26' West. Deutsches U-Boot.«

Zwei Tage lang rang Hartenstein darum, Boote und Überlebende unter unmöglichen Bedingungen zusammenzuhalten. U-156 konnte mit 200 Menschen an Bord und an Deck, darunter britische Überlebende, nicht tauchen. Am 15. September mittags sichtete eine Liberator mit amerikanischem Kennzeichen die Boote und funkte an den Flugplatz der US-Navy auf der Insel Ascension, daß sie ein U-Boot mit 50 Menschen an Deck und vier Rettungsboote gesichtet hatte. Der Pilot erhielt Befehl, das U-Boot zu versenken, und kehrte zurück, um seinen Befehl auszuführen. Er ignorierte die Tatsache, daß U-156 eine Rotkreuzflagge an Deck ausgelegt hatte. Die Bomben streiften das U-Boot nur, fielen aber zwischen die Rettungsboote. Angesichts der drohenden Vernichtung befahl Hartenstein alle Überlebenden vom Boot. Der Südafrikaner A. V. Lange, der den Kommandanten als »kleinen Mann mit scharfgeschnittenem Gesicht und Narben auf den Wangen« beschrieb, schilderte die weiteren Vorgänge so: »Unsere eigenen Leute begannen an Deck auszusteigen ... Das U-Boot lief langsam vorwärts und tauchte. Als es unterging, streifte es die mit Italienern überfüllten Rettungsboote und schlug sie zum Wrack. Jene, die auf dem U-Boot gewesen waren, darunter Frauen und Kinder, blieben etwa 100 m von uns entfernt in der See. Die beiden verbleibenden Boote nahmen sie bis zur Tragfähigkeit auf.«

Insgesamt forderte die *Laconia*-Tragödie fast 1600 Menschenleben. Die von den U-Booten der »Eisbär«-Gruppe geretteten Italiener, Polen, Briten, Frauen und Kinder wurden schließlich von französischen Schiffen übernommen und an die afrikanische Küste gebracht.

Infolge dieses tragischen Zwischenfalles funkte Dönitz am 17. September: »1. Jeglicher Rettungsversuch von Angehörigen versenkter Schiffe, also auch Auffischen von Schwimmenden und Anbordgabe auf Rettungsboote, Aufrichten gekenterter Boote, Abgabe von Nahrungsmitteln und Wasser haben zu unterbleiben. Rettung widerspricht den primitivsten Forderungen der Kriegführung nach Vernichtung feindlicher Schiffe und Besatzungen. 2. Befehle über Mitbringung Kapitäne und Chef-Ingenieure bleiben bestehen. 3. Schiffbrüchige nur retten, falls Aussagen für Boot von Wichtigkeit. 4. Hart sein. Daran denken, daß der Feind bei seinen Bombenangriffen auf deutsche Städte auf Frauen und Kinder keine Rücksicht nimmt.«

Technische Revolutionen

Über die Maßnahmen zur Abwehr einer für den Herbst erwarteten neuen Offensive der U-Boote im Nordatlantik war man sich in London nicht einig. Admiral Pound forderte, daß eine größere Zahl von Langstreckenbombern gegen die U-Boote eingesetzt werden sollten. Luftmarschall Sir Charles Portal, der Stabschef der Royal Air Force, erklärte demgegenüber, daß das Bomber Command jeden verfügbaren Bomber für seine große Luftoffensive gegen Deutschland brauchte und daß schon zu viele für die Luftdeckung über dem Atlantik abgestellt seien. Portal hatte die Unterstützung des Befehlshabers des Bomber Command, Luftmarschall Harris, der die Ansicht vertrat, mit dem See-Einsatz von Flugzeugen werde allenfalls »am Rand der Feindmacht genagt«, da die U-Bootbekämpfung mit Flugzeugen eine »Suche nach Stecknadeln im Heuhaufen« sei. Harris meinte, daß es besser sei, mit strategischen Schlägen gegen U-Bootstützpunkte und Werften »die Arterien des Gegners zu treffen«, als »jedes Kapillargefäß einzeln abzutrennen«.

Der Streit beherrschte die Sitzungen des Komitees für die Schlacht im Atlantik. Selbst als das Komitee feststellte, die U-Boote könnten nicht mehr hinreichend bekämpft werden, weigerte sich Portal, der Abstellung von weiteren Langstreckenflugzeugen zuzustimmen. Er hatte die Unterstützung des Premierministers für seinen Standpunkt. Churchill war darauf bedacht, die Bomberoffensive aufrechtzuerhalten, weil sie die wichtigste britische Offensivmaßnahme gegen das Reich war und ein wertvolles Argument gegen die Behauptung Stalins darstellte, daß die angelsächsischen Mächte einer unmittelbaren Konfrontation mit Deutschland auswichen.

Ironischerweise erreichte der Streit seinen Höhepunkt zu einer Zeit, als die Flugzeuge des Coastal Command, die mit ASV-Radargeräten und Scheinwerfern ausgerüstet waren, große Erfolge gegen die U-Boote erzielten. In der Dunkelheit des 4. Juni 1942 lud das italienische U-Boot *Luigi Torelli* aufgetaucht seine Batterien nach, als es plötzlich von einem blendenden weißen Licht überrascht wurde, das von einem Flugzeug im Sturz-

Mit Hilfe des Zentimeter-Radars in ihren Wellington-Bombern (oben) konnten die alliierten Piloten U-Boote seit Juni 1942 auch bei Dunkelheit und Unsichtigkeit aufspüren und im Licht ihrer starken Leigh-Lights (rechts) angreifen. Das Metox-Gerät (unten) half den U-Bootkommandanten jetzt nur noch wenig, denn es sprach nur auf ASV-Radar an. Erst der Hagenuk-Wellenanzeiger des Jahres 1943 gab eine Warnung vor der Ortung durch das Zentimeterradar.

flug ausging. Nach drei Anflügen gelang es Squadron Leader J. Crosswell, das U-Boot zu beschädigen. Dies war der erste erfolgreiche Angriff, bei dem ASV-Radar in Verbindung mit dem von Squadron Leader Leigh entwickelten Scheinwerfer zur Beleuchtung des Zieles eingesetzt wurde. Nur fünf mit »Leigh-Lichtern« ausgerüstete Wellingtons standen im Dienst, aber sie erwiesen bald ihren Wert, als Pilot Officer W. Howell, ein amerikanischer Pilot des Coastal Command, am 5. Juli in der Biskaya U-502 versenkte.

Die U-Bootführung reagierte schnell auf die neue Gefahr. Dönitz gab Befehl, daß die Boote »wegen stärkster Luftgefahr« bei Tag und Nacht getaucht fahren und nur zum Laden der Batterie tagsüber auftauchen sollten. Es war eine schlimme Fehlkalkulation. Die Sichtungen des Coastal Command verdoppelten sich, und bis September versenkte die RAF vier Boote. In den vorausgehenden fünf Monaten war in der Biskaya kein Boot versenkt worden, aber nun schien es, als ob die mit Radar und Scheinwerfern ausgerüsteten Flugzeuge Dönitz' geplante Nordatlantikoffensive zunichte machen könnten. Dann ging im September die Zahl der Sichtungen abrupt zurück, nachdem die U-Bootführung einen von den Pariser Firmen Metox und Grandin hergestellten Empfänger einsetzte, der Radarsignale meldete. Die Empfänger mit einer behelfsmäßigen Antenne, die bei den Besatzungen »Biskayakreuz« hieß, wurden in aller Eile auf den Booten installiert. Jetzt wurden die Kommandanten durch einen hohen Pfeifton vor anfliegenden Flugzeugen gewarnt, so daß noch einige Minuten zum Einholen der Antenne und Alarmtauchen blieben.

Dönitz mochte eine vorübergehende Antwort auf die Radardrohung gefunden haben, aber er war überzeugt davon, daß die Drohung aus der Luft nur durch einen technologischen Sprung gemeistert werden konnte. Ein neues U-Boot schien notwendig, ein wahres Unterwasserfahrzeug und kein Tauchfahrzeug wie die Typen VII und IX, deren Unterwassergeschwindigkeit auf wenige Knoten begrenzt war und die immer wieder auftauchen mußten, um vorwärtszukommen und mit ihren Dieselmotoren die Batterien aufzuladen.

Ein solches U-Boot war im Modell schon vorhanden. Der deutsche Ingenieur Helmuth Walter hatte seit Beginn der dreißiger Jahre Pläne für ein »Untersee-Schnellboot« entwickelt, das mit einem Dieselmotor als Einheitsantrieb 25 kn und mehr erreichen sollte. Der technische Clou bestand darin, daß dieses »Walter-Boot« mit Hilfe von mitgeführten H_2O_2-Tanks ohne Luft fahren konnte. Zwei Prototypen wurden in der Danziger Bucht schon seit Monaten erprobt. Dönitz, der vor allem an einer Verwendung im Atlantik interessiert war, forderte den Konstrukteur auf, anstelle der kle..nen Probefahrzeuge ein größeres Boot mit mindestens 6 Torpedorohren zu entwickeln, das auch in weiter entfernten Operationsgebieten eingesetzt werden konnte. »Schnellste Entwicklung und Erprobung und anschließend schnellster Bau des Walterschen U-Bootes im großen Stil sind daher von kriegsentscheidender Wichtigkeit«, teilte Dönitz dem Oberkommando der Marine am 24. Juni 1942 mit.

Aber das Oberkommando der Kriegsmarine hatte bisher keine Mittel für die Entwicklung neuer U-Boote zur Verfügung gestellt, da eine Weisung Hitlers von Anfang 1940 die Arbeit an experimentellen Waffensystemen untersagte, die nicht bis 1941 einsatzfähig waren. Dies war eine katastrophale, kurzsichtige Entscheidung gewesen, die ernsthafte Auswirkungen auf die U-Bootwaffe hatte.

Im August 1942 griff Dönitz die Sache erneut auf und berief ein Treffen ein, an dem sein höchster Ingenieur, »Papa« Thedsen, Deutschlands führende U-Bootkonstrukteure Schürer und Bröking und der ungestüme Professor Walter teilnahmen. Die Konferenz wurde im Hauptquartier der U-Bootführung abgehalten, das im April 1942 in ein imposantes Herrenhaus in der Avenue Maréchal Manoury verlegt worden war, nachdem der gewagte britische Angriff auf St. Nazaire Hitler eingegeben hatte, daß das nächste Ziel Dönitz' Befehlsstelle in Lorient sein könnte.

Es wurde die Entscheidung getroffen, die Arbeiten an einem experimentiellen Walter-Boot aufzunehmen, das hohe Unterwassergeschwindigkeit versprach. Dönitz ergriff die Gelegenheit, die Angelegenheit eines neuen U-Bootbauprogramms auf der Marinekonferenz in Berlin am 28. September mit Hitler selbst zu besprechen. »Die technischen Verbesserungen des U-Bootes und seiner Waffen werden gefordert, nicht weil die Verluste so hoch angestiegen sind, sondern um taktisch trotz der gesteigerten Abwehr in der Lage zu bleiben, die gleichen Erfolge zu erzielen wie bisher.«

Hitler genehmigte den Beginn der Massenproduktion des neuen U-Bootes, sobald die Entwicklung abgeschlossen war, und akzeptierte schließlich, daß »das U-Boot eine entscheidende Rolle für den Kriegsausgang spielt«.

Der blutige Winter 15.

# 15.

Die verbesserte Luft- und Seeverteidigung im Westatlantik hatte das »amerikanische Truthahnschießen« beendet, und Dönitz beschloß, daß in Zukunft »die Geleitzüge nach Möglichkeit in der Mitte des Atlantiks« bekämpft werden müßten, »weil dieser Seeraum von Landflugplätzen des Gegners aus nicht erreichbar war«. Mitte Juli 1942 liefen zwei Aufklärungsstreifen von je neun U-Booten aus ihren Stützpunkten in der Biskaya zur Eröffnung der neuen Offensive aus. Die entscheidende Phase der Atlantikschlacht sollte beginnen.

Die deutsche U-Bootwaffe näherte sich endlich der Stärke von 300 Booten, die Dönitz 1939 als erforderlich für einen entscheidenden Schlag vorausgesetzt hatte. Dreißig U-Boote pro Monat kamen an die Front, aber Dönitz war sich darüber im klaren, daß die Zeit ablief. Es hatte drei Jahre gedauert, bis das deutsche Oberkommando dem U-Boot als kriegsentscheidender Waffe Vorrang gegeben hatte, aber die technischen und industriellen Anstrengungen, mit denen der Gegner die U-Boote ausschalten wollte, waren immer wirkungsvoller geworden. Die Eskorten wurden zahlreicher, Flugzeuge wurden zu einer zunehmenden Bedrohung, und das Radar hatte dem U-Boot den Mantel der Unsichtbarkeit genommen. Dönitz vermerkte in seinem Kriegstagebuch: »Diese Erschwerung der Kriegführung muß bei entsprechender Weiterentwicklung zu hohen, nicht tragbaren Verlusten und zu einer Verminderung der Erfolge sowie damit der Erfolgsaussichten des U-Bootkrieges überhaupt führen.«

Dönitz bat um Erlaubnis, in einer Rundfunkrede »den übertriebenen Hoffnungen, die im deutschen Volk durch die Reden und Radiomeldungen von ungeheuren Erfolgen der vergangenen Monate geweckt worden sind«, entgegenzutreten. In die Einsicht, daß die U-Boote ihre beispiellose Serie von Triumphen vor der amerikanischen Küste nicht würden fortsetzen können, mischte sich die Angst vor künftigen schweren Verlusten.

Als am 27. Juli 1942 die spröde Stimme des Admirals in England empfangen wurde, der im Rundfunk über »harte Realitäten« sprach und auf »schwierige Zeiten« hinwies, läuteten in der Admiralität die Alarmglocken. Dieser »Tip aus erster Hand« wurde als Bestätigung von Admiral Pounds

Im Lageraum der Admiralität (links) konnte man sich immer häufiger ein genaues Bild über die geplanten Angriffe machen.
Lt. Commander Beesly (oben) teilte lange nach dem Krieg der Öffentlichkeit mit, wie die Briten die U-Boote aufgespürt hatten.

Voraussage angesehen, daß sich »ein weiterer Wendepunkt im U-Bootkrieg nähert«. Eine Woche später begann die neue Offensive. Ein Wolfsrudel wurde erfolgreich gegen den langsamen, ostwärts laufenden Geleitzug SC 94 angesetzt, als er am 5. August durch das nicht aus der Luft überwachte Seegebiet lief. Obwohl der kanadische Geleitschutz U-210 und U-379 versenkte, überzeugte die Operation gegen den SC 94 Dönitz davon, daß er mit der Aufstellung von Aufklärungsstreifen im »Luftloch« des Nordatlantiks, wo die Geleitzüge ohne den Schutz der neufundländischen und isländischen Luftpatrouillen auskommen mußten, noch einmal eine »weiche Stelle« des Gegners gefunden habe. »Die Tatsache, daß die Boote trotz starker Sicherung zum Angriff gelangten, ist maßgeblich für die Beurteilung der weiteren Geleitzugbekämpfung.«

Die Strategie der U-Bootführung für die Offensive im Herbst und Winter 1942 bestand darin, auf jeder Seite der 300 Meilen breiten ungedeckten Zone Aufklärungsstreifen anzusetzen, die quer über die Kurse der ost- und westwärts laufenden Geleitzüge gelegt wurden. In diesem »Teufelsschlund«, wie die U-Bootkommandanten diesen Seeraum bald nannten, konnten die Wolfsrudel ihre Angriffe unbehindert durch alliierte Flugzeuge ausführen. Zunächst lag der Vorteil bei den Deutschen, weil die atlantischen Geleitkräfte zum Schutz der amerikanischen Küstengeleitzüge und der Afrikaroute verringert worden waren. Fast sechs Monate lang hatte die

U-Bootführung einen weiteren taktischen Vorteil, als sie entdeckte, daß die alliierten Geleitzüge zur Treibstoffersparnis regelmäßig über denselben verkürzten Großkreiskurs über den Atlantik geführt werden mußten. Außerdem kannte Dönitz' Stab die Auslaufdaten und Routen der wichtigen ostwärtsfahrenden Geleitzüge durch die brillante Geheimdienstarbeit des B-Dienstes oft genauso früh wie das Western Approaches Command. Sobald die Convoy und Routing Section des Commander-in-Chief, US-Fleet (COM-INCH), irgendeine verschlüsselte Funkmeldung sendete, wurde sie vom B-Dienst aufgefangen, und etwa 5% der aufgefangenen Signale wurden auch rechtzeitig entziffert. »Vergessen Sie nie«, sagte Dönitz zu Kapitän zur See Bonatz, »Sie leiten die einzige Aufklärung, auf die ich mich verlassen kann.«

Während die U-Bootführung mehr oder weniger genau wußte, wo die Geleitzüge standen, litten die Briten im Gegensatz dazu unter einem ernsthaften Mangel an Geheimmeldungen. Die »Ultra«-Berichte, die dem Submarine Tracking Room zugeleitet wurden, waren versiegt, nachdem das Oberkommando der Kriegsmarine Anfang Februar 1942 die Enigma-Schlüssel völlig verändert hatte. Nach Monaten der Anstrengung war es den Entschlüsselungsteams in Bletchley Park noch nicht wieder gelungen, den deutschen U-Bootfunkverkehr im gleichen Ausmaß zu entschlüsseln wie vor dieser Änderung. Ohne die »Ultra«-Berichte, die Dönitz' genaue Befehle und die Standorte seiner Aufklärungsstreifen wiedergaben, beruhten die Versuche, Geleitzüge um die Wolfsrudel herumzuführen, nur auf »inspiriertem Rätselraten«. Diese Lücke dauerte 10 Monate, bis Bletchley Park in der zweiten Dezemberwoche 1942 schließlich wieder in den U-Boot-Schlüssel »Triton« eindrang. Dessenungeachtet gab es nach Patrick Beesly, einem Angehörigen von Commander Winns Team im Submarine Tracking Room, dennoch Wege, ein Feindlagebild zu erhalten: »Glücklicherweise konnten wir noch den Schlüssel »Hydra« lesen, der von den Schiffen verwendet wurde, die die U-Boote in und aus ihren Stützpunkten geleiteten. So konnten wir feststellen, wann ein U-Boot zur Feindfahrt auslief oder von ihr zurückkehrte – wenn es heil zurückkehrte. Funkpeilungen spielten ebenfalls eine bedeutende Rolle bei unseren Berechnungen. Außerdem konnten wir zu dieser Zeit die verschiedenen Arten von Meldungen erkennen – von denen nicht alle mit Enigma verschlüsselt waren – und konnten feststellen, ob das U-Boot ein ›Sichtmeldungs-Kurzsignal‹ oder eine ›Versenkungsmeldung‹ funkte. Mit all diesen Informationen und durch die geschätzte Zeit des Ereignisses konnten wir die bedeutenden Ereignisse, wie Versenkungen, mit einem gewissen Grad der Genauigkeit mit den Booten in Verbindung bringen, von denen wir wußten, daß sie in See standen.«

Die deutschen Erfolge des Sommers 1942 dauerten bis in den September hinein, als der westwärts laufende Geleitzug ON 127 in einem Gefecht, das fast eine Woche dauerte, neun Schiffe und den kanadischen Zerstörer *Ottawa* verlor. Dönitz versuchte dann, die zwanzig in dem Gebiet stehenden Einsatzboote zu einem Angriff auf den nächsten ostwärts laufenden Geleitzug, den SC 100, aufmarschieren zu lassen. Aber sein Schachzug wurde durch starke Luftpatrouillen und schlechtes Wetter vereitelt, nachdem nur drei Schiffe versenkt worden waren.

Im August und September 1942, den beiden ersten Monaten der zweiten Nordatlantikoffensive, versenkten die U-Boote 200 Schiffe mit über einer Million Tonnen Schiffsraum, davon fast 50% aus Geleitzügen. Die elf Geleitgruppen (eine amerikanische, vier kanadische und sechs britische), die die nordatlantische Hauptlinie sicherten, mußten unbedingt verstärkt werden, da ohne stärkeren Geleitschutz wirksame Gegenangriffe gegen die großen U-Bootgruppen nicht unternommen werden konnten.

Mit der Geleitgruppe B 20 wurde der Versuch unternommen, alleinfahrende Eskorten als U-Bootjäger einzusetzen. Aber die Anwendung dieser Taktik mußte hinter die Notwendigkeit zurücktreten, die Geleitzüge für die Invasion Nordafrikas Ende Oktober und Anfang November zu decken.

Die Murmansk-Route

Die Auszehrung der alliierten Marinekräfte verschlimmerte sich nach der Wiederaufnahme der Rußlandgeleitzüge im September. Seit der Katastrophe des PQ 17 hatte nur der stark geleitete US-Kreuzer *Tuscaloosa* die Reise gemacht. Nun wurde eine neue Anstrengung unternommen, denn die Alliierten waren der Ansicht, die Rote Armee könne dem deutschen Ansturm ohne die anglo-amerikanische Unterstützung nicht länger standhalten. Das erste Liberty-Schiff, die *Patrick Henry*, war eines der 40 Handelsschiffe, die mit Panzern, Treibstoff und Flugzeugen beladen am 6. September 1942 aus Loch Ewe an der Westküste Schottlands ausliefen. Der Nahgeleitschutz des PQ 18 war der stärkste, der jemals einem Geleitzug zugeteilt worden war. Er bestand aus dem Kreuzer *HMS Scylla*, 29 Zerstörern, dem Geleitträger *HMS Avenger*, fünf bewaffneten Trawlern und drei Rettungsschiffen.

Doch selbst diese massive Verteidigung reichte nicht aus, um die schweren Verluste in einer der wütendsten Geleitzugschlachten des ganzen Krieges zu verhindern, die am 13. September vor der öden Insel Spitzbergen in der Barentssee begann. Am Vormittag versenkten die U-Boote zwei Handelsschiffe, aber die wirkliche Vernichtung des PQ 18 begann erst am Nachmittag, als die Luftwaffe wie »ein riesiger Schwarm von Heuschrecken aus einem Alptraum« angriff. Die wenigen Hurricanes der *Avenger* versuchten tapfer, die Luftangriffe zu stören, die auch auf einen starken Hagel von Flugabwehrfeuer trafen, aber es reichte nicht aus, wie Leutnant Wesley

N. Miller USNR von der bewaffneten Wache an Bord des amerikanischen Frachters *St. Olaf* berichtete: »Der Ring von Zerstörern, die Flakkreuzer und die Handelsschiffe gaben ihnen aus tausend Kanonen alles, was sie hatten. Der Lärm machte taub. Der Flugzeugträger versuchte verzweifelt, für den Start der Flugzeuge in den Wind zu drehen. Immer wieder kamen die Torpedoflugzeuge in einer endlosen Linie. Sie schossen auf und nieder, um die Schützen beim Richten zu verwirren. Einige der Flugzeuge waren vollständig schwarz gestrichen und hatten orangefarbene oder grüne Flächenspitzen. Sie waren grausig und furchtbar.«

Leutnant Maynard, der die kleine Flugabwehrbatterie an Bord des US-Handelsschiffes *Schoharie* befehligte, meldete: »Die Heinkel hatten nur Torpedos, die sie auf Kernschußweite abwarfen, und wenn sie hochzogen und wegflogen, beschossen sie die Geschützebedienungen.« Es gelang seiner Bedienung, eines der deutschen Flugzeuge abzuschießen, deren Bomben so vernichtend waren. »Bei diesem Angriff flog ein Schiff auseinander, nachdem es getroffen wurde, und neun andere sanken oder waren zu beschädigt, um weiterzufahren.«

Der Geleitzug dampfte weiter und ließ in seinem Kielwasser treibende Trümmer zurück, während die Luftangriffe fast eine Woche andauerten. Obwohl keiner so schwer war, wie der der ersten Bomberwelle, näherte sich die Schiffsbesatzung am 17. September der Erschöpfung. »In den letzten drei Nächten habe ich keine Nacht länger als zwei Stunden geschlafen«, notierte Leutnant Miller. »Mein Essen wird auf die Brücke gebracht. Ich gehe nicht einmal weg zum Pissoir im Bug. Und so ging es der Mehrheit der Besatzung, einschließlich der Zivilisten. Wenn wir überleben wollten, mußten wir von 24 Stunden 21 an Deck sein.«

Es sollte mehr als 6 Tage dauern, bevor die überlebenden Schiffe, darunter die *Patrick Henry*, schließlich am 21. September den russischen Hafen Archangelsk – noch immer unter den Angriffen der deutschen Bomber – erreichten. Von 40 Schiffen waren 13 versenkt – 10 durch Luftangriffe –, und 80% der Verluste waren Amerikaner. Zur selben Zeit war es dem heimkehrenden, 15 Schiffe starken Geleitzug QP 14 gelungen, den Luftangriffen auszuweichen, indem er weit nach Norden fuhr, aber er stieß auf ein Wolfsrudel. Vier Handelsschiffe, der britische Zerstörer *Somali* und ein Geleittrawler wurden versenkt.

Die Admiralität strich alle weiteren Rußlandgeleitzüge, bis die Dunkelheit des arktischen Winters einigen Schutz vor der Luftwaffe bot. Um ein Rinnsal von Nachschub zur Sowjetunion aufrechtzuerhalten, versuchte sie statt dessen, schnelle Handelsschiffe als Alleinfahrer zu schicken, von denen viele durchkamen. Dem deutschen Erfolg gegen die alliierte Schiffahrt in der Arktis folgten die U-Booterfolge in den Operationen im Nordatlantik während der zweiten Oktoberwoche, als der SC 104 elf Handelsschiffe an die Wolfsrudel verlor, die sich im »Teufelsschlund« über ihn hermach-

Ein Munitionsschiff fliegt in die Luft. Beim Angriff auf den PQ 18 im September 1942 (unten) wurde von der Luftwaffe ein Drittel der Schiffe vernichtet. Die eisige Kälte und das rauhe Wetter machten die U-Bootoperationen im Nordatlantik und in der Barentssee zu einer Tortur (links).

Dennoch ließen sich die Mannschaften auch in der Enge an Bord der U-Boote ihre Weihnachtsfeier nicht nehmen (oben).

ten. Zwei Wochen später verlor der HX 212 neun Schiffe. Die größte Geleitzugschlacht des Monats fand im Mittelatlantik statt, als der nach Freetown fahrende SL 125 zwölf Frachter an eine Gruppe von 10 U-Booten verlor, die zufällig seinen Kurs kreuzten. Dönitz konnte befriedigt feststellen, daß die Gesamtvernichtung alliierten Schiffsraums im Oktober fast das Ziel von 700 000 Tonnen erreicht hatte. Aber der Verlust der Schiffe des SL 125 wurde mehr als ausgeglichen durch die Tatsache, daß der Geleitzug eine Gruppe von südwärts laufenden U-Booten von den großen Truppentransporten abgelenkt hatte, die zum Unternehmen »Torch« auf Nordafrika zuliefen. Die alliierte Landungsflotte bestand aus etwa 350 Handelsschiffen, die von 200 Kriegsschiffen gedeckt wurden und den Mittelatlantik in den letzten Oktoberwochen fast unbelästigt von den U-Booten überquerten, hauptsächlich weil der deutsche Geheimdienst versäumt hatte, Vorauswarnungen über diese massive Konzentration alliierter Schiffe zu geben, die 70 000 Mann an der nordafrikanischen Küste an Land setzen sollten.

Die fünfzig oder mehr U-Boote, deren Angriff auf die Truppentransporter die Admiralität fürchtete, stürzten sich nicht auf die Invasionstruppen. In der entscheidenden ersten Novemberwoche war die U-Bootführung damit beschäftigt, ihre bisher größte Geleitzugschlacht des Krieges zu führen. Der B-Dienst hatte eine Vorauswarnung über das Auslaufen des SC 107, eines langsamen Geleitzuges von 43 mit Nachschub für England beladenen Schiffen, gegeben, der durch 5 kanadische Geleitfahrzeuge gedeckt wurde. Dönitz hatte die Boote der Gruppe »Veilchen« in einem langen Aufklärungsstreifen ausgesandt, um den Geleitzug abzufangen, während er aus der Reichweite der neufundländischen Luftpatrouillen lief. Die U-Boote fingen den SC 107 in den frühen Morgenstunden des 2. November ab. Das Wolfsrudel fand bald heraus, daß der unerfahrene kanadische Geleitschutz ihnen viele Lücken ließ, durch die sie in die Kolonnen des Konvois eindringen konnten. Der Leutnant der US Coastguard, John M. Waters, wurde auf der *Gemini* Zeuge des Ergebnisses: »Zuerst kam der betäubende Schock, als der Torpedo die drei Meilen entfernte *Empire Sunrise* traf, dann der schrille Ton der Alarmglocke der *Gemini*. In dem Abteil, das nur durch ein schwaches rotes Licht beleuchtet war, kletterten die Männer aus den Kojen und versuchten, gleichzeitig Kleider und Schwimmwesten anzulegen. Auf dem Hauptdeck wurden sie durch eine unvergeßliche Aussicht begrüßt. Jedes Schiff im Geleitzug feuerte ›Schneeflocken‹, die die Szene taghell erleuchteten, und während sie brannten, war der Lärm der Wasserbomben wieder zu hören.«

Die Schlacht tobte die ganze Nacht weiter und brachte die Vernichtung von zwölf Handelsschiffen. Waters erinnerte sich an Männer an Bord seines Schiffes, die ihre Füße für den Fall einfetteten, daß sie in dem kalten Wasser schwimmen mußten. Dennoch blieb das Gefühl, daß die Szene völlig unwirklich sei und eigenartige Reaktionen bei den Beteiligten auslöste: »Die übliche Reaktion auf den Aufschlag eines Torpedos ist Furcht, eine plötzliche, natürliche, tierische Furcht, begleitet von dem klopfenden Puls, kaltem Schweiß, und, während die Zeit vergeht, paradoxerweise von Gähnen. Männer, die gezwungen sind, unter extremer Belastung zu warten, neigen oft dazu, zu gähnen, und an Deck der *Gemini*, das in das flackernde Licht der ›Schneeflocken‹ und der brennenden *Dalcroy* gehüllt war, breitete sich dieses Gähnen ansteckend aus.«

Das Wolfsrudel griff den Geleitzug drei Tage lang an, bis er die andere Seite des »Schwarzen Loches« erreichte, nachdem er 15 Schiffe verloren hatte. Aber die Deutschen hatten kaum Zeit, ihren Sieg zu feiern, denn am frühen Morgen des 8. November 1942 kam die Nachricht, daß Tausende von alliierten Soldaten bei Casablanca an der nordafrikanischen Atlantikküste, bei Oran und in der Nähe von Algier an Land gingen. Die Landungen des Unternehmens »Torch« folgten kurz auf den britischen Sieg in der Wüste bei El-Alamein am 4. November, und wenige Tage später wurde auch der deutsche Vormarsch durch Südrußland in den wütenden Nahkämpfen bei Stalingrad aufgehalten.

Die Invasion Nordafrikas markierte den Wendepunkt des Krieges im Westen. Die Deutschen sahen ihre Mittelmeerstrategie vom Zusammenbruch bedroht, und Hitlers hastige Entscheidung, Vichy-Frankreich zu besetzen, um zu verhindern, daß es zu den Alliierten übertrat, führte zur Versenkung der verbliebenen großen Schiffe der französischen Flotte in Toulon. Nur die U-Boote konnten gegen die alliierten Landungen eingesetzt werden, und der widerstrebende Dönitz erhielt Befehl, 15 Boote zu einem Großangriff zu entsenden, aber sie hatten nur geringen Erfolg. Die Operationen in dem flachen Wasser gegen schwere U-Bootabwehr und Luftpatrouillen kosteten die Versenkung von zwei und schwere Beschädigungen von sechs weiteren Booten. Als er den Befehl erhielt, alle verfügbaren Boote ins westliche Mittelmeer zu entsenden, schickte Dönitz am 18. November einen Protest nach Berlin: »Zusammengefaßt sieht der B.d.U. für den weiteren Einsatz gegen die Zufahrten nach Afrika bei denkbar hoher Verlustwahrscheinlichkeit nur geringste Erfolgsaussichten ... Entscheidend nachteilig wird sich dieser Einsatz der U-Boote aber für den Tonnagekrieg im Atlantik auswirken, in welchem der B.d.U. nach wie vor die Hauptaufgabe der U-Boote sieht.«

Dieses Mal gab die Seekriegsleitung nach und reduzierte drastisch die Zahl der Boote, deren Einsatz Hitler verlangt hatte. Dönitz' Taktik wurde durch die Versenkung von über 700 000 Tonnen Schiffsraum im November gerechtfertigt. Dieses Rekordergebnis war in Verbindung mit den durch Flugzeuge und andere Mittel vernichteten 160 000 Tonnen der schlimmste Verlust eines einzelnen Monats für die Alliierten während des ganzen Krieges. Zum zweiten Mal hintereinander glaubte die U-Bootführung, daß sie ihr Ziel von 700000 Tonnen überschritten hätte. Wenn dies aufrechterhalten werden konnte, dann würde selbst das phänomenale Schiffsbauprogramm der Alliierten nicht ausreichen, um sie durch den kommenden Winter zu bringen.

Bomber über der Biskaya

Noch bevor die Statistiker der Admiralität begonnen hatten, die Zahlen für den November zusammenzustellen, hatten die steigenden Verluste Churchill zum Handeln veranlaßt. Entsprechend seiner Veranlagung hatte der Premierminister ein »Anti-U-boat Warfare Comittee« gebildet, das aus den Chefs der Teilstreitkräfte, den Ministern für Produktion und Verkehr und dem wissenschaftlichen Berater des Premierministers, Prof. Lindemann bestand. Diese mächtige Gruppe traf sich erstmals am 4. November 1942 mit dem Befehl, wöchentliche Sitzungen abzuhalten. Churchill verlangte »stärkeren Geleitschutz für unsere Konvois«, um der wachsenden Zahl von U-Booten entgegenzutreten, die für 1943 erwartet wurden und über die er voraussagte, daß sie »in allen Ozeanen operieren und von einem zum anderen wechseln würden«. Er ernannte Sir Stafford Cripps zum Stellvertretenden Vorsitzenden und ordnete eine sorgfältige Untersuchung aller Aspekte des U-Bootkrieges an.

Vom ersten Treffen an war klar, daß die Luftdeckung der Schlüssel zur Bekämpfung der neuen U-Bootoffensive war. Der Erste Seelord, Admiral Sir Dudley Pound, betonte das dringende Erfordernis, mehr Längststreckenflugzeuge zu bekommen, um »den dunklen Fleck in der Mitte des Nordatlantiks abzudecken, wo keine Luftdeckung gegeben ist und wo unsere schwersten Verluste auftraten«. Doch weder der Premierminister noch der Luftwaffenstab waren zunächst bereit, die Kräfte des Coastal Command auf Kosten der Bomberoffensive gegen Deutschland zu stärken. Air Marshal Harris, der Befehlshaber des Bomber Commands, erging sich in langen Reden, um zu zeigen daß die Bomberoffensive die U-Bootproduktion um »bis zu 6 Monate« verzögerte. Er wies auf die Angriffe auf das MAN-Dieselmotorenwerk in Augsburg, das Deutz-Dieselmotorenwerk in Köln und die häufigen schweren Luftangriffe auf die Hamburger Werften hin.

Tatsächlich aber konnten die britischen und amerikanischen Bombenangriffe der U-Bootproduktion und den U-Bootstützpunkten kaum etwas anhaben. Bis Mai 1943 sollten etwa 18000 Einsätze geflogen und 33000 Tonnen Bomben abgeworfen werden, aber diese Angriffe verzögerten die Indienststellung der neuen U-Boote nicht. Die Hauptwerft der Kriegsmarine, Blohm & Voss in Hamburg, rühmte sich stolz, daß sie regelmäßig jeden Dienstag ein neues U-Boot an seine Besatzung übergab und bisher noch keine Unterbrechung eingetreten war. Auch die schweren Angriffe gegen die U-Boot-Stützpunkte in Frankreich waren nicht erfolgreich. Die Tagesangriffe der USAAF konnten den U-Bootbunkern mit ihrem meterdicken Beton wenig anhaben, und die Versuche der RAF, die Stützpunkte in der Biskaya durch Bombardierung der umliegenden Gebiete zu stören, führten lediglich dazu, daß französische Häuser vernichtet wurden und die Deutschen befahlen, daß alle Werftarbeiter in der Nacht evakuiert wurden.

Das Bomber Command wollte aber nicht zugeben, daß seine Angriffe ineffektiv waren und daß die Flugzeuge des Coastal Command, die sich den U-Booten auf See in den Weg stellten, eine viel größere Wirkung erzielten. Das Coastal Command vertrat die Ansicht, daß »zur Zeit etwa 10%

Bombenangriff auf Lorient am 21.10.42. Viel zu spät entschlossen sich die Alliierten, ihre Bomber gegen die U-Bootstützpunkte an der französischen Atlantikküste zu schicken. Als die Bomben der USAAF auf Lorient fielen, konnten sie gegen die U-Bootbunker nichts ausrichten.

der Flugzeugangriffe tödlich sind«, und ergänzte: »Wenn diese Zahl auf 20 bis 30% erhöht werden kann, dann ist das U-Bootproblem gelöst.«

Die statistischen Analysen des Coastal Command waren das Ergebnis von Monaten sorgfältiger Arbeit eines Teams von wissenschaftlichen Beratern, das Ende 1941 unter dem Nobelpreisträger Professor P. M. S. Blackett gebildet worden war. Dieses Team leistete bahnbrechende Arbeit in der Anwendung des Operations Research im Krieg gegen das U-Boot. Sie spielten nicht die traditionelle Rolle des Wissenschaftlers, neue Waffen zu erfinden, sondern das Revolutionäre war, daß sie wissenschaftliche Analysen auf Strategie und Taktik anwandten.

Unter anderem erkannte das Operations Research-Team, daß mehr U-Boote versenkt werden konnten, wenn man einfach die Flugzeug-Wasserbomben flacher einstellte. Sorgfältige statistische Auswertungen der Angriffe auf aufgetauchte U-Boote durch Flugzeuge hatten gezeigt, daß die »Abschußrate« drastisch von 4 auf 20% erhöht werden konnte, wenn die Zündpistoleneinstellung der Wasserbomben von den allgemein akzeptierten 30 m auf das flachere Optimum von 3,5 m geändert wurde. Innerhalb von 18 Monaten hatten die Wissenschaftler mit der Einführung eines neuen Bombenzielgerätes und der Erhöhung des Abstandes beim Wasserbombenabwurf das Ergebnis so verbessert, daß fast die Hälfte der Flugzeugangriffe auf U-Boote tödlich war. Gleichzeitig wurden die Methoden des Operations Research bei der Entwicklung eines Programms der »Geplanten Wartung« für das Coastal Command angewendet, das die Flugleistung um über 60% erhöhte, allein dadurch, daß Flug- und Bodenbesatzungen und die Flugzeugwartungen wirkungsvoller eingesetzt wurden.

Es sollte allerdings viele Monate dauern, bevor diese Verbesserung der Einsatzleistung die von jedem Flugzeug geflogenen Stunden erhöhte, und währenddessen stritten sich das Coastal Command und das Bomber Command im U-Bootabwehrkomitee um neue Flugzeuge. Die Admiralität trat dafür ein, die Zahl der Flugzeuge über See zu erhöhen und die Lücke in der Luftdeckung über dem Atlantik zu schließen. Man hatte festgestellt, daß die Reichweite der neuen Liberatorbomber Mark III auf über 800 Meilen erhöht werden konnte, wenn zusätzliche Treibstofftanks in einen der drei Bombenschächte eingebaut und die Zahl der Wasserbomben auf sechzehn verringert wurde. Etwa zwei Dutzend der Längststrecken-Liberators konnten die Zone ohne Luftdeckung schließen.

Aber das Bomber Command war entschlossen, die neuen amerikanischen Bomber bei der Offensive gegen die deutsche Industrie einzusetzen, und wurde von Churchill auch unterstützt. Darüberhinaus weigerte sich das Bomber Command, den Rivalen von der Marine auch nur eines der ersten 80 neuen 9-Zentimeter-Radargeräte zu geben, die im Januar geliefert werden sollten. Versuche mit diesem neuen Gerät, das auf Anregung des britischen Radarspezialisten Robert Watson-Watt aus Hohlraum-Magnetronröhre entwickelt worden war, hatten eine drastische technische Verbesserung gegenüber den im Einsatz befindlichen britischen oder deutschen Geräten gezeigt. Als schließlich im März 1943 eine Version des ASV-Radars in ein Flugzeug des Coastal Command eingebaut wurde, stellten die Piloten fest, daß sie mühelos das Profil eines U-Bootes erkennen konnten, das bei Nacht aufgetaucht fuhr. Wenn auch nur eine Handvoll der Geräte Anfang 1943 verfügbar gewesen wäre, hätten sie den Verlauf der Schlacht entscheidend beeinflussen können, aber das Bomber Command bestand auf seinem exklusiven Recht auf die neue Waffe mit der Code-Bezeichnung H2S.

Das U-Bootabwehrkomitee war jedoch einer Meinung darüber, daß die Zone ohne Luftdeckung beseitigt werden mußte. Da die Admiralität meldete, daß weder ihre fünf zu Flugzeugträgern umgebauten Handelsschiffe noch die dreizehn in den USA gebauten Geleitträger vor dem späten Frühjahr 1943 eingesetzt werden konnten, mußte Churchill erneut Roosevelt persönlich um Flugzeuge bitten. Am 20. November telegrafierte er nach Washington, der Präsident möge ihm »30 Liberators mit Zentimeter-ASV-Radar« schicken, und versprach, daß »diese Flugzeuge sofort dort eingesetzt würden, wo sie einen direkten Beitrag zur amerikanischen Kriegsanstrengung leisten«. Der Präsident erwiderte, daß die einzigen verfügbaren Langstrecken-Liberators jene waren, die bereits General Eisenhower in Nordafrika zugeteilt waren und nur mit seiner Erlaubnis eingesetzt werden durften. Es war festgelegt worden, daß sie nur von Marokko aus eingesetzt werden sollten, und für weitere drei Monate war die Zone ohne Luftdeckung gefährlich breit.

Die Situation beim Überwasser-Geleitschutz war nicht viel besser. Admiral King hatte verlangt, daß die zum Schutz der Landungen in Nordafrika abgestellten Zerstörer sofort in den Pazifik zurückkehrten, wodurch die zusätzliche Aufgabe, die lebenswichtigen Versorgungskonvois zu schützen, der Royal Navy zufiel. Da ein Fünftel der Gesamtstärke jeweils in den Häfen lag, konnten, nachdem die Geleitzüge für »Torch« und die Freetown-Route gedeckt waren, nur noch 108 Geleitfahrzeuge im Nordatlantik eingesetzt werden. Das Geleitfahrzeug-Bauprogramm in den Vereinigten Staaten, Kanada und Großbritannien ging so schnell wie möglich voran, ohne daß die lebenswichtigen Reparatur- und Bauarbeiten für Handelsschiffe gestört wurden. Die Produktion der großen neuen Geleitfahrzeuge der *River*-Klasse mit 2 Schrauben war verlangsamt worden, als man entdeckte, daß sie zu groß für die Helligen in den vielen kleinen Werften waren, und eine neue *Castle*-Klasse war überstürzt entwickelt worden.

Es wurde jedoch alles unternommen, um die Wirksamkeit jener Geleitfahrzeuge zu erhöhen, die bereits in Dienst standen. Diese Anstrengungen bekamen neuen Auftrieb nach der Ernennung von Admiral Sir Max Horton zum C-in-C Western Approaches am 19. November 1942.

Ein Dieb, um Diebe zu fangen

Der neue Mann, der Englands Krieg gegen die U-Boote führte, war ein harter Berufsoffizier und früherer U-Bootfahrer, der seine Leute rücksichtslos antrieb – in völligem Gegensatz zu dem höflichen Admiral Noble, der seine Mitarbeiter durch Geschick und Überzeugung motiviert hatte. Max Horton hatte seinen Ruf als schneidiger junger U-Bootkommandant erworben, als er im Ersten Weltkrieg vor Helgoland einen deutschen Kreuzer versenkt – und anschließend die schwarze Piratenflagge gehißt hatte. Seit 1940 hatte er die britischen U-Boot-Flottillen befehligt und sogar die Chance abgelehnt, Befehlshaber der Home Fleet zu werden. Aber sein Ruf als mitreißender Führer war so groß, daß die Admiralität entschied, ihm in dieser kritischen Zeit die Verantwortung für die Atlantikschlacht zu übertragen. Nach dem Sprichwort, daß man »einen Dieb braucht, um Diebe zu fangen«, hatte man beschlossen, Dönitz den führenden britischen U-Bootfahrer gegenüberzustellen.

Hortons Ruf war ihm nach Derby House vorausgeeilt. »Er kannte jedermanns Job, aber solange man seinen Job ein bißchen besser kannte als Max, war man in Ordnung.« Horton, ein gläubiger Katholik, war sehr distanziert, aber von seinen jüdischen Vorfahren hatte er wohl auch eine Menge Zielstrebigkeit und Ehrgeiz geerbt. Sein Umgang mit den tausend Mitarbeitern in Derby House wurde ihm durch den Takt und Charme der dreißigjährigen Kay Hallaran erleichtert, die aus Cleveland stammte und zu seinem Flagg-Leutnant bestimmt worden war.

Horton ließ schon nach kurzer Zeit seine starke Persönlichkeit fühlen, als er kurz nach Übernahme des Kommandos am 5. Dezember die Bildung von »Support Groups« verlangte, die aus schnellen Sloops und Zerstörern bestehen und sich im Falle eines Angriffs von den Geleitzügen lösen und selbständig auf U-Bootjagd gehen sollten. Als U-Bootmann erkannte er die Bedeutung der taktischen Ausbildung auf See. Die frühere Luxusjacht des Millionärs Tom Sopwith, *HMS Philante*, wurde daraufhin als »Geleitzug« eingesetzt, mit dessen Hilfe die Geleitfahrzeuge U-Bootabwehrtaktik gegen Scheinangriffe übten, die von zwei alten U-Booten ausgeführt wurden. Die Piloten des Coastal Command nahmen an diesen Übungen teil, die für jede Geleitschutzgruppe obligatorisch waren, bevor sie zu ihrem nächsten Turn in See ging.

Die Admiralität achtete besonders auf die Übungen, die in der Taktikschule des Western Approaches Command abgehalten wurden, die im Januar 1942 im oberen Stockwerk des Börsen-Gebäudes in der Nähe von Derby House eingerichtet worden war. Hier mußten alle Offiziere des Western Approaches Command an einem 6tägigen Lehrgang über die Theorie der U-Bootabwehr und der Geleitschutztaktik teilnehmen. Junge Offiziere wurden geprüft, indem sie einen simulierten U-Bootangriff mit kleinen

Modellschiffen durchspielen mußten, die von Marinehelferinnen über den Fußboden geschoben wurden. Ironischerweise übernahm Horton, als er zum ersten Mal dieses »Spiel« spielte, die Rolle eines U-Bootkommandanten und sah sich – sehr zu seinem Ärger – bei jedem Feindangriff durch ein besonders geschicktes Geleitfahrzeug »versenkt«. Sein Stab verschwieg ihm allerdings taktvoll, daß der (für ihn unsichtbare) Kommandant des erfolgreichen »Geleitfahrzeuges« eine junge Marinehelferin war!

In den sechs Monaten seit Juni 1942 hatten die sechs Gruppen des Western Approaches Command 63 Geleitzüge eskortiert und nur 23 Schiffe verloren, im Vergleich zu den 53 Schiffen, die in den von den vier Gruppen der Royal Canadian Navy geleiteten Konvois und den zehn Verlusten, die aus den von der einzigen Gruppe der US Navy geschützten Geleitzügen verlorengingen.

Die relativ schwachen Leistungen der Royal Canadian Navy waren zum Teil die Folge ihrer gewaltigen Erweiterung. In etwas mehr als drei Jahren war die RCN von 2000 Mann und einer Handvoll Kriegsschiffen auf die Stärke von 90 000 Mann und 400 Kriegsschiffen gebracht worden. Obwohl die kanadischen Werften eine großartige Leistung bei dem Bau von Hunderten von Korvetten erbracht hatten, war doch für die Bildung einer Marinetradition mehr als nur Schiffe erforderlich. Viele der begeisterten jungen Kanadier kamen direkt von den Farmen Albertas und Ontarios und hatten nach der kurzen Ausbildung Schwierigkeiten, mit dem Leben an Bord einer bockenden Korvette im Nordatlantik fertigzuwerden.

Die strenge Disziplin der Royal Navy war auf den demokratisch geführten kanadischen Kriegsschiffen nicht zu spüren. Ein britischer Geleitschutzkommandant war entsetzt, als eine Korvette der RCN längsseits ging, an deren mit Roststreifen gemusterter Seite »WE WANT LEAVE« (Wir wollen Urlaub) aufgemalt war. Viele britische Offiziere glaubten, daß ihre Partner besser daran getan hätten, ihre Schiffe den Geleitgruppen der Royal Navy zu unterstellen oder gemischte Gruppen zu bilden, statt ihre nationalen Einheiten zusammenzuhalten. Aber die Kanadier versuchten, im Schatten der mächtigen US-Navy eine eigene Leistung zu zeigen. Mit der wachsenden Erfahrung wurden sie besser, und bis Ende 1942 hatten die Kriegsschiffe der RCN das ehrenvolle Ergebnis von sechs vernichteten U-Booten erzielt. Auch die US-Navy verschloß sich den britischen Vorschlägen, die Nordatlantikgeleitzüge unter einem einzigen Kommando rationeller laufen zu lassen. Obwohl die US-Navy nur eine einzige einsatzfähige Geleitschutzgruppe im Atlantik hatte, war Admiral King entschlossen, den Befehl über diese Gruppe zu behalten. Auch die Geleitzüge blieben unter dem Kommando des (amerikanischen) C-in-C Atlantic Fleet, solange sie sich innerhalb der »CHOP-Line« von 26 Grad westlicher Länge befanden. Dieser »Change of Operational Control« (Wechsel der operativen Leitung) verstärkte die Schwierigkeiten, die Geleitzüge durch die wachsende Anzahl von Wolfsrudeln in der nicht aus der Luft gedeckten Zone zu führen. Denn gerade im Bereich der fehlenden Luftdeckung unterstanden die (größtenteils britisch eskortierten) Geleitzüge amerikanischer Kommandogewalt. Nach langem Drängen erhielt das Western Approaches Command eine Ausdehnung seines Kommandobereiches. Am 12. November 1942 wurde die CHOP-Linie 500 Meilen weiter nach Westen, zum 35 Längengrad, verlegt.

Im Dezember 1942 waren die alliierten Gesamtverluste zum ersten Mal seit einem Jahr auf weniger als eine halbe Million Tonnen gefallen. Wegen der entsetzlichen Wetterbedingungen und weil die Alliierten aufgrund von »Ultra«-Berichten wieder zur Taktik des Umleitens von Geleitzügen zurückkehren konnten, war es der U-Bootführung in diesem Monat nur zweimal gelungen, große Wolfsrudel anzusetzen. Ein Rudel von 22 U-Booten, das gegen den schnellen, ostwärts laufenden Geleitzug HX 217 gerichtet war, traf erst am 8. Dezember ein, als der Konvoi den Schutz der Luftpatrouillen aus Island erreichte. Nur zwei Schiffe gingen verloren, während ein U-Boot durch die Flugzeuge versenkt wurde. Schlechter erging es dem langsamen, westwärts laufenden Geleitzug ONS 154, der auf einem südlicheren Kurs dem schlimmsten Wetter ausweichen wollte und dabei von den auf Island stationierten Flugzeugen nicht gedeckt werden konnte. Seine 45 Schiffe wurden die leichte Beute eines aus elf Booten bestehenden Wolfsrudels, das ein drei Tage dauerndes Gefecht kämpfen konnte. Es gelang dem kanadischen Geleitschutz, U-356 zu versenken, aber am 30. Dezember hatte der Geleitzug 14 Schiffe verloren.

Aufreizende Gewohnheiten

Die Erweiterung des Kommandobereiches des Western Approaches Command war ein beträchtlicher Vorteil für Admiral Horton, als er daranging, die Atlantikschlacht in seinem eigenen, sehr persönlichen und direkten Stil zu führen. Die tägliche Routine ihres neuen Oberbefehlshabers überraschte einige Angehörigen seines Stabes: »Er hatte einige aufreizende Gewohnheiten. Er spielte den ganzen Nachmittag Golf, kehrte dann zurück, speiste, spielte ein bißchen Bridge und kam dann um etwa 23.30 Uhr hinunter in sein Büro, aus dem er den Einsatzraum sehen konnte.«

Das Beharren des Admirals auf seiner täglichen Runde Golf erregte die Bewunderung der amerikanischen Öffentlichkeit, nachdem ein Fotograf des Magazins »Life« Horton in Mütze und Tweedhose auf dem Golfplatz Hoylake in der Nähe der Hafeneinfahrt von Liverpool fotografiert hatte. Es erinnerte an Sir Francis Drake, der dreieinhalb Jahrhunderte zuvor in aller Ruhe eine Partie Kricket zu Ende gespielt hatte, bevor er ausgelaufen war, um die spanische Armada zu schlagen.

Ein neuer Mann im Western Approaches Command. Als der ehemalige U-Bootmann Admiral Sir Maxwell Kennedy Horton (links mit seiner unentbehrlichen Assistentin Kay Hallaran) Chef in Derby House wurde, hatte Dönitz (oben) einen ebenbürtigen Gegner gefunden.

Während Horton sich nachmittags auf dem Golfplatz darauf vorbereitete, die nächtlichen Geleitzugschlachten zu führen, sah man in Paris Vizeadmiral Karl Dönitz an den meisten Nachmittagen im Bois de Boulogne allein spazierengehen oder in Notre Dame dem Orgelspiel zuhören. Nach der Vormittagsarbeit, deren Hauptteil die Lagebesprechung im Hauptquartier der U-Bootführung in der Avenue Maréchal Manoury um 9 Uhr war, bildeten Dönitz und sein Stab Wolfsrudel. Einer seiner Stabsoffiziere, Kapitän z. S. Meckel, erinnert sich: »Dönitz ging regelmäßig spazieren. Jeden Tag fuhr er im Auto hinaus, nahm seinen Adjutanten und meistens einen der Admiralstabsoffiziere mit und ging im Freien ein bis zwei Stunden spazieren. Während dieser Zeit war er auch nicht dienstlich zu sprechen. Dönitz ging auch immer früh schlafen, gegen 22 Uhr zog er sich in sein Zimmer zurück. Es gab nur ganz wenige Ausnahmen, z. B. wenn ein ganz bekannter Kommandant das Ritterkreuz oder noch höher bekommen hatte, oder an seinem Geburtstag. Dann begleiteten wir ihn alle in einen Club in Paris, wo er uns alle sehr großzügig freihielt, obwohl er darauf bedacht war, selbst nicht zuviel zu trinken.

Wenn es Alarm gab oder ein Geleitzug angegriffen wurde und wir zufällig abends aus waren, kamen Kuriere, um uns zurück in das Lagezimmer zu bringen. Dies geschah bei einer denkwürdigen Gelegenheit mitten in einer Aufführung der Zauberflöte in der Pariser Oper. Der Alarm kam unmittelbar nach Sarastros Arie ›In diesen heiligen Hallen kennt man die Rache nicht‹.«

Während Dönitz und seine Stabsoffiziere im Lageraum auf die Versenkungsmeldungen der U-Boote warteten, tobte im winterlichen Atlantik eine wütende Schlacht. Nicholas Monsarrat schilderte seine Erlebnisse auf einem Geleitschiff mit folgenden Worten: »Das erste, was du bemerkst, wenn ein Schiff untergeht, ist ein abscheulicher Gestank von Öl auf dem Wasser. (Wir sollten bald diesen Gestank verabscheuen; wenn ein Schiff sank, bedeutete dies auch, daß Überlebende Öl schluckten und vergiftet wurden). Aber es verbleibt immer eine verblüffende Menge von Zeug an der Oberfläche – Verschläge, Planken, Holzbalken, Kohlenstaub, Türen, Tauenden, Kleider – ein unruhiger Fleck von Trümmern, der aussieht wie ein Ramschhaufen und auf dem der Scheinwerfer spielt. Hier und dort mögen Lichter flackern: Zu oft sind es nicht die Schiffe, auf die man hofft, sondern leere Flöße mit daran angebrachten automatischen Kalzium-Leuchten, die nutzlos brennen, stumme Zeugen der Katastrophe ...«

Nur wenige U-Bootmänner, die Zeuge der Vernichtung ihrer Opfer wurden, blieben bei diesem Erlebnis unberührt. »Ein Schiff zu torpedieren und alle diese Leute brennen zu sehen, war immer ein fürchterlicher Anblick, der viele von uns körperlich krank machte«, gab ein U-Boot-Unteroffizier zu: »Aber wir mußten uns an die Tatsache gewöhnen, daß der Krieg sehr hart ist.« Jeder Mann an Bord eines U-Bootes wußte, daß ihr Ende genauso schrecklich sein würde, wenn ein Geleitfahrzeug seine Wasserbomben genau warf und ihr Bootskörper unter Wasser aufgeschlitzt wurde. Doch diejenigen, die am meisten litten, waren die Besatzungen der Handelsschiffe, die nur wenig mehr als eine Chance von 50 zu 50 für das Überleben hatten, wenn ihr Schiff unter ihnen sank. Wann immer möglich, fuhren Rettungsschiffe mit den Geleitzügen. Diese besonders ausgerüsteten Schiffe, die medizinische Einrichtungen und Netze zum Aufnehmen von Überlebenden an Bord hatten, retteten während des Krieges 4000 Seeleute. Anders als die U-Bootmänner oder die Besatzungen der Geleitfahrzeuge waren die alliierten Seeleute Zivilisten. Sie waren die wahren Helden der Schlacht. Fast 8000 alliierte Seeleute verloren in den Gemetzeln des Jahres 1942 ihr Leben.

Januar 1943

Das neue Jahr begann mit einem Erfolg für die U-Bootführung. Am 3. Januar sichtete U-514 einen Tankergeleitzug, der auf dem Wege von Trinidad nach Gibraltar war, und torpedierte eines der Schiffe. Die Geleitschiffe der britischen Gruppe B 5 konnten U-514 abdrängen, aber auf die Meldung des Bootes hin setzte Dönitz die Gruppe »Delphin« auf den TM 1 an. Er wollte verhindern, daß die alliierten Streitkräfte in Nordafrika den begehrten Nachschub erhielten. Da der Ausweichkurs nicht gesteuert wurde, der gefunkt worden war, nachdem der Tracking Room vor der U-Bootkonzentration bei den Azoren gewarnt hatte, lief der Geleitzug direkt in die Fänge des Wolfsrudels. Bei vielen Geleitfahrzeugen waren das Radar und die Kurzwellenpeiler unklar, und deshalb waren sie schlecht vorbereitet auf die wilde zweitägige Schlacht, in der die Gruppe »Delphin« weitere sechs der neun Tanker versenkte. Nur das Eintreffen der Luftpatrouillen aus Gibraltar am 10. Januar 1943 hielt die U-Boote davon ab, den wertvollen Konvoi ganz auszulöschen.

Der Verlust von so vielen Tankern und von soviel wertvollem Öl zu diesem Zeitpunkt war für die britische Regierung, die sich einer Treibstoffkrise gegenübersah, besonders bedrohlich. Der Verbrauch im Lande wurde eingeschränkt, und die schon knappe Benzinration wurde um weitere 10% reduziert, wodurch viele Busstrecken in England nicht mehr befahren wurden. »Dies sieht überhaupt nicht gut aus«, hatte Churchill am Rande einer Meldung vermerkt, die darauf hinwies, daß die Flotte stillgelegt werden sollte, damit ihre Reserven an Bunkeröl für die Geleitzüge verwendet werden könnten.

Erneut mußte sich der Premierminister an Roosevelt wenden, um die Lage zu retten. Er bat darum, einige schnelle US-Tanker benutzen zu dürfen, die eine Reihe von Treibstoffkonvois von der Karibik direkt nach England fahren sollten. Aber der starke Schutz für diese wertvollen Tanker konnte nur auf Kosten einer Reduzierung der Geleitfahrzeuge an den Atlantikgeleitzügen und durch Einschränkungen ihres Fahrplanes bereitgestellt werden. Der Zeitabstand der Atlantikkonvois wurde von 8 auf 10 Tage erhöht.

In den ersten Tagen des Jahres 1943 schien die Atlantikschlacht eine verhängnisvolle Wende für England zu nehmen. Es fehlte an Treibstoff, Schiffsraum und Geleitfahrzeugen. Der sowjetische Botschafter hätte keine schlechtere Zeit auswählen können, um mehr und größere Arktisgeleitzüge zu verlangen. »Ich komme durch diese wiederholten russischen Nörgeleien an das Ende meiner Geduld«, schrieb Churchill in einer barschen Denkschrift an den Außenminister, »unsere Geleitfahrzeuge sind auf der ganzen Welt so geschwächt, daß die britische Handelsmarine Verluste außerhalb jedes vernünftigen Verhältnisses treffen.«

Nicht nur die heikle Treibstofflage in England wurde durch das zunehmende Tempo des U-Bootkrieges im Atlantik bedroht. Am 2. Januar 1943 teilten die Combined Chiefs of Staff in Washington mit, die gesamte strategische Planung der Alliierten sei gefährdet, wenn die Versenkungen von ½ Mio. Tonnen pro Monat andauerten. Das britische U-Bootabwehr-Komitee mußte am 5. Januar zugeben, daß trotz der Million Tonnen Schiffsraum, die im Dezember auf den amerikanischen Werften hergestellt worden war, die britische Frachtraumkapazität um weitere 600 000 Tonnen reduziert worden war. Eine Denkschrift der Admiralität warnte davor, daß es weder Schiffsraum noch Geleitfahrzeuge gab, um England mit 33⅓ Millionen Tonnen Importgütern zu versorgen und gleichzeitig den Aufmarsch der US-Armee in England zu sichern. Es war Churchill klar, daß nur die

Prioritäten! Bei der Stabskonferenz in Casablanca gelang es den Briten (v. r.: Field Marshal Sir John Dill, Air Marshal Sir Charles Portal, General Sir Alan Brooke, Admiral of the Fleet Sir Dudley Pound, Admiral Lord Louis Mountbatten und Major-General Sir Hastings Ismay) die Amerikaner (v. l.: Admiral King und General Marshall) davon zu überzeugen, daß Europa und der Atlantik Hauptkriegsschauplatz bleiben müßten.

Vereinigten Staaten die Flugzeuge und Schiffe stellen konnten, die erforderlich waren, um einen Zusammenbruch der alliierten Strategie zu verhindern. Für das anglo-amerikanische Gipfeltreffen in Casablanca wurde eine Liste von Anforderungen aufgestellt.

Am 12. Januar 1943 flog Churchill in die eben befreite marokkanische Stadt. Ihm und seinen Mitarbeitern standen zwei Wochen harter Verhandlungen mit Roosevelt und den Oberkommandierenden der amerikanischen Teilstreitkräfte bevor. Beiden Seiten war bewußt, daß die zukünftige Strategie von den Möglichkeiten der atlantischen Nachschublinie bestimmt wurde. Der Präsident und der Premierminister wußten auch, daß Stalin die Bildung einer »zweiten Front« bis zum Jahresende versprochen worden war. Es beruhigte sie, daß der erste einer neuen Reihe von Rußlandgeleitzügen die Sowjetunion erreicht hatte und dadurch der gute Wille des Westens unter Beweis gestellt worden war.

Die Konferenz unter der Bezeichnung »Symbol« fand in dem häßlichen Hotel Anfa statt, von dem aus man die weißen Mauern und Palmen der Altstadt übersehen kann. Churchill und Roosevelt blieben den Stabsgesprächen fern, die manchmal hitzig wurden. Die Amerikaner erkannten bald, daß der Mangel an Schiffen sie zwingen würde, ihre ursprüngliche Strategie einer Invasion in Europa im Jahre 1943 aufzugeben. Die Briten vertraten die Ansicht, daß dies eine Gelegenheit sei, die Offensive im Mittelmeerraum durch Landungen in Sizilien und Italien auszuweiten, aber General Marshall zögerte, seine Pläne zu ändern. Der Chef der US-Navy, Admiral King, interessierte sich nur bedingt für das strategische Dilemma in Europa und glaubte, daß der Pazifik größeren Vorrang erhalten sollte. Nach einer Reihe harter Debatten gelang es den Briten, eine begrenzte Ausweitung der Mittelmeeroffensive mit dem Unternehmen »Husky« (der Invasion Siziliens) durchzusetzen. Es sollte keine Verlagerung des Schwerpunkts in den Pazifik geben, stattdessen sollte die US-Navy ihr Engagement im Atlantik erhöhen, indem sie die Geleitfahrzeuge zur Deckung der Truppentransporte für die geplante Invasion in Nordfrankreich stellte. Es gelang den Briten, die Amerikaner zu überzeugen. Eine wesentliche Rolle spielte dabei ein britischer Marinestabsbericht. Darin hieß es, daß noch schwerere U-Bootangriffe zu erwarten seien und daß »der Feind unseren schwachen Punkt, nämlich die Luftdeckung von Neufundland aus, entdeckt hat ... Überwassergeleitfahrzeuge sind zur Zeit völlig unzureichend, um der Bedrohung unserer Geleitzüge zu begegnen ... Wir haben einen ernsten Mangel an Langstrecken-Flugzeugen, und insbesondere die landgestützten Luftstreitkräfte der westlichen Hälfte sind ungenügend in bezug auf Typen, Zahlen und Ausbildung, um den gewünschten Schutz im Gebiet Neufundlands zu garantieren.«

Auf zwei knappen Seiten machte der Bericht klar, daß die alliierte Strategie gefährdet war, wenn die USA nicht 65 zusätzliche Geleitfahrzeuge, zwölf Geleitträger und »so viele Liberators wie möglich« lieferten. Als Gegenleistung für den Einsatz der USA im Atlantik stimmten die Briten zu, die Möglichkeit eines begrenzten Angriffes über den Ärmelkanal (»Sledgehammer«) im Jahre 1943 offenzuhalten, wenn die Lage in Rußland verzweifelt werden sollte. Auf der abschließenden Plenarsitzung, an der Roosevelt und Churchill am 23. Januar 1943 teilnahmen, wurde einstimmig beschlossen: »Die Niederwerfung des U-Bootes muß eine vorrangige Aufgabe der Mittel der Vereinten Nationen bleiben.«

Der Sturz Raeders

Hitler war ebenfalls zu einer klaren Entscheidung über die Zukunft des Seekrieges gekommen. Er beschloß, Großadmiral Raeder abzulösen. Hitler war zunehmend unzufrieden über die Starrköpfigkeit seines alternden Oberbefehlshabers und die schwachen Leistungen der Großschiffe der Kriegsmarine in Norwegen gegen die Nachschublinie nach Rußland.

Am 15. Dezember 1942 begann der letzte Akt der schwelenden Krise. Die Briten ließen den ersten einer neuen Reihe von Arktisgeleitzügen auslaufen, die die Dunkelheit des Winters ausnutzen sollten. Der Neuanfang war ein Erfolg für die Alliierten. Die sechzehn Schiffe des JW 51 A wurden überhaupt nicht von deutschen Kriegsschiffen angegriffen. Der zweite Teil, JW 51 B, der eine Woche später auslief, wurde zwar das Ziel des Unternehmens »Regenbogen«, aber die Kreuzer *Hipper* und *Lützow* trafen auf den wütenden Widerstand des Geleitschutzes unter Führung von Kapitän z. S. Sherbrooke auf *HMS Onslow*. Nach einem verwirrten Durcheinander in schlechter Sicht, in dem das Flaggschiff *Hipper* beschädigt wurde, mußte Vizeadmiral Kummetz aufgeben. Der Geleitzug entkam unversehrt, da Kummetz in seinen Hafen lief, als die britische Kreuzerdeckungsgruppe eintraf, weil er annahm, sie sei die Vorhut der Home Fleet.

Das Unternehmen »Regenbogen« war eine demütigende Niederlage geworden, und Hitlers Wut kannte keine Grenzen. Als sich Raeder am 6. Januar im Führerhauptquartier in Rastenburg meldete, war ihm »klar, daß eine erhebliche Auseinandersetzung bevorstand«. In der Tat hielt Hitler dem verblüfften Raeder einen langen historischen Vortrag, in dem er die Marine »in geradezu gehässiger und völlig unsachlicher Weise« angriff. Schließlich teilte er dem Großadmiral mit, daß die Überwasserflotte keine Rolle mehr zu spielen hätte und sofort außer Dienst gestellt werden sollte. Hitler glaubte, ermutigt von Göring, daß der Stahl der Kriegsschiffe für den Bau von Panzern für die Ostfront verwendet werden könnte.

Daraufhin legte der verbitterte Raeder am 15. Januar eine Denkschrift vor, in der er ausführte, eine Verschrottung der Überwasserschiffe bedeute »für den Feind einen Erfolg, der ihm kampflos in den Schoß geworfen wird«. Ausführlich legte er dar, daß der personelle und materielle Gewinn einer Abwrackung praktisch gleich null wäre und die Royal Navy dann freie Hand gegen alle besetzten Küsten und gegen die U-Boote hätte.« »Wenn Deutschland seine Schiffe zerstört«, stellte der Großadmiral fest, würde dies »als ein Zeichen der Schwäche und als völlige Verständnislosigkeit gegenüber der überragenden Bedeutung der Seekriegführung« betrachtet werden. »England ... wird den Krieg so gut wie gewonnen ansehen.«

Aber Hitlers Entscheidung war »unwiderruflich«, und Raeder hatte keine Alternative, als seinen Rücktritt einzureichen. Als Kandidaten für seine Nachfolger nannte er Hitler die Namen der Admirale Carls und Dönitz, wobei er hinzufügte, daß eine Ernennung von Dönitz vor allem dann gerechtfertigt wäre, wenn Hitler den künftigen Vorrang der U-Bootwaffe hervorheben wolle. Dies war in der Tat Hitlers Absicht. Am 30. Januar 1943 übernahm der bisherige Befehlshaber der U-Boote den Oberbefehl über die Kriegsmarine und verlegte seinen Stab noch am selben Tag von Paris nach Berlin.

Zunächst begrüßte Dönitz die Chance, sich der Großschiffe zu entledigen, was er ständig als einen Weg vorgeschlagen hatte, Männer und Material für den Atlantikkrieg freizubekommen. Gleichzeitig war er entschlossen, der U-Bootwaffe Vorrang zu geben. »Die Seekriegführung ist der U-Bootkrieg«, erklärte er den versammelten Amts- und Abteilungschefs des Oberkommandos der Marine am 2. Februar kategorisch.

Der mißglückte Angriff der *Hipper* (unten) und der *Lützow* auf den Arktis-Konvoi JW 51 B führten zu einer Konfrontation zwischen Hitler und Raeder (links). Als der »Führer« am 6. 1. 43 verlangte, alle deutschen Großkampfschiffe müßten abgewrackt werden, quittierte Raeder den Dienst.

Entscheidend für die weitere Entwicklung war die Tatsache, daß es Dönitz in den nächsten Wochen gelang, seinen persönlichen Einfluß auf Hitler wirken zu lassen. In einer Reihe von langen Besuchen im Hauptquartier überwand Dönitz bald den Dienstweg und verschaffte sich direkten Zugang zu seinem Führer, mit dem er seine Pläne diskutierte, wobei er sorgfältig seine Ziele »in freier, anschaulicher Darstellung vortrug, damit sie die lebhafte Phantasie und Vorstellungskraft Hitlers anregten«. Hitler, der erleichtert war, daß ihm keine Vorträge gehalten wurden, erwiderte das Vertrauen, billigte die Härte des Oberbefehlshabers der Kriegsmarine und versprach, dem schnellen Ausbau der U-Bootwaffe höchsten Vorrang zu geben. Die Nachricht über Dönitz' Ernennung hatte die Moral an Bord der Überwasserschiffe steil absinken lassen, und es ging der bittere Witz um, daß es bei der »Deutschen Marineschau 1950 – nichts als getauchte U-Boote« geben würde.

Es zeigte sich allerdings bald, daß Dönitz keineswegs bereit war, dem unüberlegten Abwrackbefehl Hitlers blind zu gehorchen. Er widersprach Hitler zwar nicht, entwickelte aber aufgrund der Argumente, die ihm seine Admiräle, insbesondere Otto Schniewind, vortrugen, ein Konzept, den kategorischen Befehl zu umgehen. Am 8. Februar legte er Hitler zwar einen Plan vor, wonach alle deutschen Großkampfschiffe, einschließlich der *Tirpitz*, abewrackt werden sollten, aber der Terminplan zögerte die Maßnahme bis zum Herbst 1943 hinaus. Schon damit war für die Schiffe eine »Bewährungsfrist« gewonnen. Dönitz hielt es offenbar für besser, die Schlachtschiffe kämpfend untergehen zu lassen, als sie selbst zu vernichten. Drei Wochen später hob er dann auch gegenüber Hitler die strategische Rolle hervor, die sie in Norwegen spielten, und modifizierte seine Vorschläge. Plötzlich war wieder davon die Rede, *Tirpitz*, *Scharnhorst* und *Lützow* sollten im Nordraum eine Kampfgruppe bilden. Als Dönitz erklärte, die Schlachtschiffe würden nun endlich rücksichtslos eingesetzt werden, stimmte Hitler schließlich zu.

Als Oberbefehlshaber war Dönitz nun in einer Stellung, die es ihm erlaubte, ein Problem anzupacken, das ihn ernstlich gesorgt hatte, nachdem die Versenkungen der U-Boote im Januar wieder gefallen waren: die Möglichkeit, daß die Engländer den deutschen Funkverkehr mitlesen könnten. Bei seinem ersten Treffen mit Hitler hatte er mit Hilfe von Karten dargelegt, daß der Feind »die Standorte unserer U-Boote und in manchen Fällen sogar die genaue Zahl der Boote« herausgefunden hatte. Dies bedeutet, daß entweder der englische Geheimdienst in den Triton-Enigma-Schlüssel der Atlantik-U-Boote eingedrungen ist, »nicht entdeckte Aufklärungsflugzeuge« die U-Boot-Aufklärungsstreifen orten oder daß »ein Verräter am Werk ist«. »Immer wieder wurde überprüft, ob die U-Bootfunksprüche schlüsselsicher waren. Aber ebensooft blieb der Chef des Marinenachrichtendienstes im Oberkommando bei der Ansicht, daß es für den Gegner unmöglich sei, sie zu entziffern«, und Dönitz meldete Hitler, daß »alle notwendigen Schritte unternommen seien«, um den Verräter zu entdecken.

Kapitän z. S. Meckel, Dönitz Nachrichtenoffizier, war einer von jenen, die intensiv überwacht wurden: »Es ging so weit, daß der Chef des Stabes, Admiral Godt, alle seine Stabsoffiziere durch die Abwehr überwachen ließ. Nachdem wir vom Verdacht gereinigt waren, entschuldigte er sich. Es wurde kein Verräter entdeckt, und Dönitz sagte scherzend zu Godt: ›Nun können es nur Sie oder ich sein‹.«

Tatsächlich war es aber dem britischen Geheimdienst nach der Lücke von 10 Monaten gelungen, wieder in den Schlüssel der Atlantik-U-Boote einzudringen. Die Entschlüsselungsteams in Bletchley Park brachen in der zweiten Dezemberwoche 1942 schließlich den Funkschlüssel, und bis Ende Januar entzifferten sie wesentliche Teile der U-Boot-Nachrichten, oft in Stunden statt in Tagen.

Dieser bedeutende Einbruch in den komplizierten Triton-Enigma-Schlüssel wurde mit Hilfe einer großen Anzahl Computer erreicht, die die täglichen Rotoreinstellungen der deutschen Chiffriermaschinen herausfinden sollten. Eine der Marinehelferinnen, die an den »Bomben« genannten Computern arbeitete, war Helen Rance: »Wenn wir jede einzelne ›Bombe‹ mit einer möglichen Einstellung gefüttert hatten, wurde sie angeschaltet und begann ihr ›Klick-Klick-Klick‹, während sich die Räder an der Vorderseite der Maschinen andauernd drehten. Immer wenn die Maschine stoppte, schrieben wir die Zahlenreihe auf ein Stück Papier und übergaben es den anderen Mädchen an den Prüfmaschinen. Wenn es eine gute Einstellung war, riefen wir sofort in Bletchley Park an, und sie sagten uns, ob ›die Arbeit geklappt hatte‹ oder nicht.«

Wenn mit der richtigen Einstellung der Enigma-Rotoren ein Funkspruch entschlüsselt worden war, erlaubte das die Entschlüsselung des Funkverkehrs eines ganzen Tages auf den in England gebauten Maschinen. Manchmal wurde die richtige Kombination innerhalb von Stunden gefunden, manchmal hatten die Briten Pech, und die »Bomben« klickten eine Woche endlos, bis sie die richtigen Einstellungen fanden. Selbst mit der Hilfe der »Bomben«-Computer war die erfolgreiche Entschlüsselung der Enigma-Funksprüche noch von einer Menge sorgfältiger Detektivarbeit abhängig. Die Entschlüsselungsteams erhielten Ende 1942 wertvolle Anhaltspunkte durch das erfolgreiche Entern eines weiteren U-Bootes. Am 30. Oktober zwangen fünf Geleitfahrzeuge im östlichen Mittelmeer nach neunstündigem Wasserbombenwerfen U-559 an die Oberfläche. Innerhalb weniger Minuten war *HMS Petard* längsseits gegangen, so daß ein Prisenkommando an Bord springen konnte und im Boot nach Papieren suchte.

Wahrscheinlich gelangten auf diese Weise weitere geheime Schlüsselunterlagen und Teile eines neuen Modells der Enigma-Maschine nach Bletchley Park. Die Boote im Mittelmeer verwendeten den sogenannten

Feind hört mit! Rund um die Uhr belauschten die Marinehelferinnen im Abhördienst (rechts) den Funkverkehr der deutschen U-Boote. Nach dem Einbruch in den Triton-Schlüssel der Kriegsmarine gaben britische »Ultra«-Berichte nicht nur dem Tracking Room der Admiralität, sondern auch dem Hauptquartier der Eastern Sea Frontier in den USA (ganz rechts) genaue Hinweise über die U-Boote.

»Medusa«-Schlüssel, aber die Wissenschaftler erhielten Anhaltspunkte, die ihnen halfen, die Geheimnisse von »Triton« zu enthüllen.

Mit der wachsenden Zahl von Computern war die Aufgabe, den Funkverkehr der Atlantik-U-Boote zu entschlüsseln, dennoch mühsam und zeitraubend, und ein vollständiges oder sofortiges Mitlesen aller Funksprüche war nie möglich. Es gab oft Verzögerungen und große Lücken in den »Ultra«-Berichten. Andererseits konnten Angehörige von Commander Winns Team wie Korvettenkapitän Patrick Beesly oft die Lücken mit anderen Geheimmeldungen füllen: »Vom Januar 1943 bis Mai 1943 war ›Special Intelligence‹ an manchen Tagen auf dem laufenden, oft zwei oder vier Tage im Hintertreffen, und in einigen Fällen bis zu einer Woche hintendran. Aber es war immer möglich, zu sagen, welche Arten von Funksprüchen abgegeben wurden, und dies erlaubte uns, zu allgemeinen Schlüssen zu kommen. Zum Beispiel konnten wir schnell sagen – sobald wir die Meldung auffingen – ob der Funkspruch eine Standortmeldung oder eine Geleitzug-Sichtmeldung war oder ob die U-Bootführung den Booten befahl, neue Positionen einzunehmen. Dies ergab sich im allgemeinen klar aus der Anordnung der Buchstaben, der Länge der Meldung und der Art der Verschlüsselung.«

Eine weitere Komplikation der Arbeit, den großen Kartentisch in der Admiralität auf dem aktuellen Stand zu halten, bestand darin, daß die

Kriegsmarine die geheimen Kodebuchstaben der Quadratkarte für die Positionsmeldungen täglich änderte, so daß Winn und sein Stab die neuen Koordinaten aus zuvor bekannten Positionen ableiten mußten. Bei dieser Arbeit spielte im Frühjahr 1943 der Funkhorchdienst eine zunehmend bedeutendere Rolle mit dem Auffangen der Enigma-Funksprüche und dem Anpeilen der U-Boot-Funkmeldungen. Ein Netz von Horchstationen, das mit Tausenden von spezialisierten Funkern besetzt war, suchte den Atlantik ab. Sie mußten 6 Stunden oder mehr auf Horchwache sitzen, die Kopfhörer auf, die Notizblöcke bereit für die anspruchsvolle Aufgabe, die Morsebuchstaben der U-Boote aus den Störungen und dem Durcheinander der Funksignale, die den Äther füllten, herauszusuchen und aufzufangen.

Die Marinehelferin Barbara Tamton erinnerte sich: »Glücklicherweise waren uns die Deutschen dadurch behilflich, daß sie so hervorragend morsten. Sie waren sehr schnell und schickten präzisere Signale als alle anderen Funker. Das war einer der Gründe, weshalb man sie leicht heraushörte.« Die Horchfunker nahmen die Morsegruppen auf. Die Peilungen der Funksprüche wurden auch von anderen mit Spezialempfängern ausgerüsteten Funkstellen an eine Leitstelle gegeben, die alle britischen Meldungen sammelte, sie in Verbindung brachte und die wichtigen Informationen nach Bletchley Park und an das Operational Intelligence Centre der Admiralität weitergab. Ähnliche Netze wurden in Nordamerika aufgebaut, wo die US-

Navy dem Beispiel der Admiralität gefolgt war und in Washington einen U-Boot-Tracking Room eingerichtet hatte. Diese Zentren standen ständig untereinander in Verbindung und tauschten ihre Daten über die Bewegungen der U-Boote aus.

Schach auf dem Ozean

Jeden Morgen um 7.30 Uhr versammelte sich Winns kleines Team im Tracking Room, um die neuesten aufgefangenen Funkmeldungen und Peilungen des »Sondergeheimdienstes« zu sichten und die täglichen Bewegungen der U-Boote daraus abzuleiten. Lücken wurden durch gemeinsame Überlegungen des Stabes ausgefüllt, der nach zwei Jahren der Anstrengung, einen Schritt vor der U-Bootführung zu bleiben, sehr zuverlässig war. Winn hatte seinen Stab ständig gedrängt, die deutschen taktischen Ansichten genau zu studieren und sich in das Denken des Gegners hineinzuversetzen. Seine Leute studierten Hintergrundmaterial, das aus deutschen Rundfunk- und Pressemeldungen entnommen war, und vor allem aus den Befragungen von gefangengenommenen U-Bootkommandanten. Oft erhielten sie wertvolle Einsichten in die Persönlichkeiten der führenden U-Bootmänner und konnten einigermaßen zuverlässig voraussagen, wie die U-Bootführung bei Operationen auf See reagieren würde.

Dieses Einfühlungsvermögen erwies sich als äußerst wertvoll, wenn der Tracking Room die Bewegungen eines Aufklärungsstreifens erraten mußte, um einen Geleitzug zu retten. Winns Informationen über die Feindbewegungen wurden jeden Morgen um 9 Uhr über Telefon mit dem Western Approaches Command diskutiert, wenn Admiral Horton in seinem Büro hinter einer Glasscheibe, aus dem er zwei riesige Atlantikkarten übersehen konnte, in die Leitung mit dem Hauptquartier des Coastal Command und der Geleitzugführung in der Trade Division der Admiralität geschaltet wurde. Nach einer ausführlichen Besprechung der Lage disponierte sein Stab seine Luft- und Seekräfte, um den vorhergesagten Bewegungen der U-Boote zu begegnen. Geleitzüge wurden umgeleitet, um Aufklärungsstreifen von U-Booten zu umgehen, Luftpatrouillen erhielten Befehl, die Bildung von Wolfsrudeln zu unterbinden, und zu bedrohten Konvois wurden Verstärkungen entsandt. Im Lageraum des Western Approaches Command und im Hauptquartier der U-Bootführung nahm die Atlantikschlacht den Charakter eines riesigen Schachspiels an, bei dem jede Seite versuchte, die Bewegungen des Gegners vorauszuahnen und ihnen zu begegnen.

Dönitz' Befehlsstelle war von Paris in das Hotel am Steinplatz in Berlin-Charlottenburg, fünf Autominuten von seinem Büro im Oberkommando der Kriegsmarine am Tirpitzufer entfernt, verlegt worden. Sie war viel kleiner und nur mit einer Handvoll Stabsoffizieren besetzt. Doch wie Kapitän z. S. Meckel, sein Nachrichtenoffizier, bemerkte: »Es war dasselbe Spiel, wir kannten es. Im Hauptlagezimmer befand sich eine große Karte des Atlantiks an der Wand. Die Geleitzüge waren in Rot eingetragen und U-Bootpositionen mit blauen Nadeln markiert. Sie wurden jeden Morgen nach der täglichen Konferenz um 9 Uhr auf den neuesten Stand gebracht. Der Stab war klein, und wann immer möglich, war der Oberbefehlshaber anwesend, aber sein Chef des Stabes, Admiral Godt, war für die tagtäglichen Operationen auf See verantwortlich. Wir waren nur etwa sechs Mann, und der Vorteil eines kleinen Stabes war, daß wir seit Jahren Tag und Nacht eng zusammengearbeitet hatten. Wir wußten genau, wie unser Admiral dachte. Jeder konnte eine Denkschrift genau in seinem Stil schreiben.«

Dieses engverbundene Team traf sich jeden Morgen, um die Meldungen der U-Boote und des B-Dienstes durchzugehen. »Wir zeichneten in unserer Befehlsstelle tagtäglich ein ›U-Bootlagebild‹, so, wie es sich der Gegner nach Sichtmeldungen und Funkpeilungen über unsere U-Bootaufstellung vermutlich machen konnte«, schrieb Dönitz. »Wir fragten uns dann: In welcher Art wird er auf diese U-Bootaufstellung reagieren? Wir überlegten, ob er sie durch veränderte Steuerung seiner Geleitzüge umgehen oder ob er gerade in die erkannte Aufstellung hineinfahren würde, in der Annahme, daß wir unsere U-Boote seinen erwarteten Ausweichbewegungen entsprechend bereits verlegt hätten. Dieses Denken in der ›ersten oder zweiten Stufe‹, wie wir es nannten, war erforderlich, um unvermuteten Maßnahmen des Gegners durch rechtzeitige Gegenzüge zuvorzukommen. Wir hatten im Jahre 1942 dabei wiederholt richtig kombiniert. Jetzt, im ersten Monat des Jahres 1943, schien es uns, als ob das ›Schachspielen‹ schwieriger geworden wäre.«

Ursache der Komplikation war unter anderem, daß beide Parteien die Funksprüche der anderen Seite zumindest teilweise entschlüsseln konnten, ohne daß diese es wußte. Dönitz erhielt B-Dienst-Meldungen über Geleitzugabfahrten ebenso wie den britischen »U-Boot-Lagebericht«. Dieser tägliche Bericht, der vom Western Approaches Command an die Geleitfahrzeuge gefunkt wurde, war von größtem Wert, weil er zeigte, wo der feindliche Geheimdienst die U-Boote vermutete. Diese Dispositionen konnten dann geändert werden, um Geleitzüge abzufangen, von denen die Engländer annahmen, daß sie sie sicher umgeleitet hätten.

Tausende von Meilen entfernt auf den stürmischen Wassern des Atlantiks wurden die sich gegenüberstehenden strategischen Berechnungen auf die Probe gestellt. Dann galten nur noch das Geschick der U-Boot-Besatzungen, die Abwehrtaktik des Geleitschutzes, die Ausdauer der alliierten Flugzeugbesatzungen und die verbissene Entschlossenheit der Handelsschiffer, ihre Schiffe durchzukämpfen. In diesen erbitterten Kämpfen brachten Glück, Mut und seemännisches Können den Erfolg.

Mit gleicher Münze heimzahlen:

Januar - Februar

Die ersten Monate des Jahres 1943 brachten die schlimmsten Wetterbedingungen, die man seit einem halben Jahrhundert auf dem Nordatlantik erlebt hatte. Häufig peitschten Winde von Orkanstärke turmhohe Seen auf, und die Stürme, die an 116 von 140 Tagen dieses Winters tobten, wirkten sich sowohl auf die U-Boote wie auf die Geleitzüge aus.

Die Deutschen hatten den Nachteil, daß sie die Warnungen vor den Sturmfronten erst später erhielten. Oft wurden die Aufklärungsstreifen auseinandergerissen, wenn turmhohe Seen die Sicht nahmen und die Boote unter Wasser zwangen. Neben den Wettermeldungen von den Booten selbst kamen die einzigen detaillierten Wetterberichte der Deutschen von der Station »Holzauge«, die im September 1942 insgeheim an der Ostküste Grönlands errichtet worden war. Sie funkte während des Winters 1500 Wettermeldungen, konnte aber kein vollständiges Bild des launischen nordatlantischen Wetters geben, und ein großer Sturm erlaubte es einem Konvoi oft, unentdeckt durch den wartenden Aufklärungsstreifen der U-Boote zu laufen.

Obwohl die Alliierten genauere Wettervorhersagen hatten, konnten sie sie nicht ausnutzen, um die Geleitzüge weiter südlich in ruhigere Zonen zu verlegen. Dort liefen die Handelsschiffe außerhalb der Reichweite der Flugzeuge aus Island, was die Chancen der Wolfsrudel verbesserte, sich zu sammeln und unbehindert anzugreifen. So mußten sich die Geleitzüge durch die Stürme und schweren Seen kämpfen, wodurch die Zahl der wetterbedingten Beschädigungen an den Schiffen zunahm. Manchmal brachen Handelsschiffe auseinander und versanken ohne jede Spur. Öfter riß das Wetter jedoch die geordneten Geleitzugkolonnen auseinander und erhöhte die Zahl der Nachzügler. Die Zurückgebliebenen mußten dann gesammelt und auf Kursen geführt werden, die mindestens dreißig Meilen von dem eigentlichen Geleitzug entfernt waren, damit der Kurs des Konvois nicht an die auf der Lauer liegenden U-Boote verraten wurde.

Die Geleitfahrzeuge litten ebenfalls schwer unter Sturmschäden. Ihre Asdic-Dome konnten durch schwere Seen leicht beschädigt werden, und ihre empfindlichen Radar- und Kurzwellenpeilgeräte und -antennen wurden durch die dauernden Stöße der Stürme außer Betrieb gesetzt. Während der Wintermonate mußten immer häufiger Geleitgruppen eingesetzt werden, die unter Kampfstärke blieben, weil Schiffe repariert werden mußten. Besonders anfällig waren die älteren Zerstörer. Ein Offizier eines alten Zerstörers der S-Klasse trug mit bitterem Humor in sein Log ein: »Unser Schiff feierte seinen vierundzwanzigsten Geburtstag. Es kämpfte so lahm wie immer die einzige Schlacht, die es kennt: Es versuchte, gegen den atlantischen Sturm westwärts zu fahren.« Im Januar 1943 hatten diese Schiffe so viele ernste Beschädigungen erlitten, daß die Admiralität sie durch neue Fregatten der *River*-Klasse ersetzen mußte.

Der alliierten U-Bootabwehr stand jetzt eine deutsche U-Bootwaffe mit einer Gesamtstärke von 400 Booten gegenüber, aber fast die Hälfte davon war in der Ausbildung oder in den Stützpunkten, und durch die zunehmenden Einsätze im Mittelmeerraum waren weniger als 200 U-Boote für die Operationen im Atlantik verfügbar. Im ersten Vierteljahr 1943 waren nie mehr als 120 Boote gleichzeitig für die Atlantikoperationen einsatzbereit. Viele der größeren U-Boote führten Fernunternehmungen vor der Küste Brasiliens und entlang der Kaproute vor Afrika aus. Neben den Arktis-Booten, die von Norwegen aus gegen die Rußlandgeleitzüge operierten, hielt Dönitz auch den Druck auf die Geleitzüge im Mittelatlantik mit einer weiteren starken U-Bootkonzentration zwischen Gibraltar und den Azoren aufrecht. Dennoch war er in der Lage, etwa 50 Boote auf seinem auserwählten Schlachtfeld im Nordatlantik zu konzentrieren. Dieses Schlachtfeld war der »Flaschenhals« südlich von Grönland und Island, den, wie er wußte, alle Nordatlantikgeleitzüge passieren mußten. Hier warteten die U-Boote in langen Aufklärungsstreifen, die die Geleitzüge abfingen und sich dann zum Massenangriff sammelten.

Mitte Januar 1943 begann der Tracking Room Anzeichen für einen ständigen Aufbau von U-Booten im »Flaschenhals« vor Grönland zu entdecken. Bisher waren während dieses Monats relativ wenige Angriffe gegen Geleitzüge erfolgt, und die Versenkungen waren auf weniger als 200 000 Tonnen gefallen – die niedrigste Zahl seit fast 2 Jahren. Es war die Ruhe vor dem Sturm, dessen war sich die britische U-Bootabwehr bewußt: »Jetzt, wo Großadmiral Dönitz Oberbefehlshaber der Kriegsmarine ist, können wir davon ausgehen, daß alle Einheiten den U-Bootkrieg unterstützen. Es wird gewiß ein harter Kampf im Jahre 1943 werden, und obwohl wir noch nicht in dem Maße darauf vorbereitet sind, wie wir es wünschten, gab es viele Beispiele im Jahre 1942, die gezeigt haben, daß es mit guter Ausbildung und Teamwork selbst mit unseren derzeitigen ungenügenden Kräften für Luft- und Seegeleite möglich ist, einen Geleitzug durch ein Rudel U-Boote durchzukämpfen und mit gleicher Münze heimzuzahlen.«

Tatsächlich hatte Dönitz eine Großoffensive auf See vorbereitet. Während des ganzen Januars und Anfang Februar verließen Rudel von U-Booten die Stützpunkte in Frankreich, um durch schweres Wetter ihren Weg durch den Atlantik zu suchen und sich vor Grönland zu konzentrieren. Aber die »Ultra«-Meldungen funktionierten, und die Geleitzüge wurden weit umgeleitet, um den dreißig Booten auszuweichen, die in drei Hauptgruppen konzentriert waren. Der Durchbruch kam am 23. Januar, als Berichte des B-Dienstes den Kurs des ostwärts laufenden Geleitzuges HX 223 meldeten. Dönitz befahl sofort allen 15 Booten südöstlich von Grönland, einen Aufklärungsstreifen zu bilden und ihn einzuschließen. Es schien, als ob der Geleitzug in der 450 Meilen breiten Barriere, die quer über seinem Weg lag, unweigerlich erfaßt werden müßte. Aber als der HX 223 nur noch 150 Meilen von der Mitte des Aufklärungsstreifens entfernt war, überraschte ein Sturm in Orkanstärke Geleitzug und U-Boote.

Ein Bericht von Leutnant z. S. Herbert Werner auf U-230 zeigt, warum unter diesen Wetterbedingungen Angriffe unmöglich wurden: »Das Seewasser rauschte durch das Turmluk, prasselte auf die Flurplatten in der Zentrale und klatschte um unsere Füße. Die hohe Luftfeuchtigkeit in der stählernen Röhre ließ den Proviant verfaulen, die Haut runzlig werden und unsere Seekarten verschimmeln. Der Gestank war brutal. Das zusätzliche Treiböl, das wir in den Bilgen mit uns führten, verbreitete einen penetranten Geruch. Unsere Kleidung stank nach Öl; auch die Verpflegung nahm den Geschmack von Treibstoff an. Das fortwährende Schwingen, Schaukeln und Rollen des Bootes war zuviel für alle, die keine Atlantikerfahrung und keinen gußeisernen Magen hatten. Die Männer verloren ihren Appetit und oft noch viel mehr ... Und wie zur Strafe schlug der Wind unserer Brückenwache treibenden Schnee, Schlossen, Hagel und gefrorenen Sprühregen in die verzerrten Gesichter. Er zerrte an unseren dicken, gummierten Lederanzügen, schnitt in unsere Haut wie eine Geißel und drohte unsere Augenmasken wegzureißen. Nur die breiten Stahlgurte um unsere Hüften hielten uns am Boot und am Leben. Drunten in der tanzenden Stahlröhre schleuderten uns die wilden, schlagenden, stampfenden Bewegungen des Bootes auf die Flurplatten oder gegen die Schotten, warfen uns die starken Schlagseiten wie Puppen durcheinander.«

Die orkanartigen Winde nahmen die Sicht, und der von den Amerikanern geleitete Konvoi lief in der Nacht des 24. Januar 1943 ungesehen durch den U-Boot-Aufklärungsstreifen. Leutnant John M. Waters jr. von der US-Coastguard wurde vom Wasser überschüttet, als er sich zum Ruderhaus des Kutters *Ingham* durchkämpfte: »Diesen Anblick werde ich wohl niemals vergessen. Obwohl die Nacht rabenschwarz war und die dicken, niedrigen Wolken über unseren Köpfen heulten, war die Oberfläche des Meeres, die durch die Wut des Sturmes schneeweiß gepeitscht wurde, klar zu sehen. Das Schiff lief direkt in den Sturm, und vor ihm türmten sich große rollende Wasserberge auf, die drohten, das Schiff zu zerbrechen. Obwohl die Brücke 12 m über der Wasserlinie war, türmten sich die Seen in einem Winkel von 45 Grad darüber auf. Wenn ein neuer Brecher kam, stieg ihm die *Ingham* mit steilem Gefälle entgegen. Wenn die See vorbeiglitt, hing der Bug einen Moment lang in der Luft, bevor er, Übelkeit erregend, in das nächste Wellental fiel, wo er mit einem widerhallenden Aufprall versank. Er sandte Schockwellen durch den ganzen Rumpf, die die Vibration der Schrauben verstärkten, die sich wie irr drehten, wenn sie aus dem Wasser kamen.«

Der wütende Sturm verlangte seine Opfer. Der Geleitzug wurde in zwei Teile gerissen, elf Schiffe wurden vermißt, und ein Frachter war zerbrochen und in den tobenden Wellen versunken. Es gelang den U-Booten,

Die orkanartigen Stürme über dem Nordatlantik machten die U-Bootangriffe im Winter 1942/43 oft zur kleineren Gefahr für die Geleitzüge.
Die Liberty-Schiffe (unten) bewahrten sich aber auch in härtestem Wetter.

Nach der Torpedierung des Truppentransporters *Henry Mallory* am 8. 2. 43 durch U-402 (KK von Forstner) fanden die Suchmannschaften des USCG-Kutters *Ingham* (oben) im eiskalten Wasser Hunderte von toten Amerikanern.

drei Nachzügler abzufangen, aber dies war wohl kaum der große Erfolg, auf den Dönitz gehofft hatte. Im Nordatlantik standen Mitte Januar nur 12 Geleitgruppen (sieben britische, vier kanadische und eine amerikanische), die die Geleitzüge während ihrer gefährlichen Passage in der Mitte des Ozeans deckten. Für einen Geleitzug von etwa 60 Schiffen sollten auf dem Papier drei Zerstörer, eine Fregatte und sechs Korvetten eingesetzt werden. Aber in diesem Winter fuhren die Geleitgruppen wegen der zunehmenden Reparaturen bis zu 30 % unter Stärke. Der Verschleiß wurde schlimmer, als der Winter fortschritt. Um die Fahrtdauer der einsatzfähigen Eskorten zu erhöhen, hatte die Admiralität begonnen, Tankschiffe mit den Geleitzügen fahren zu lassen. Aber die häufigen Schlechtwetterzeiten verhinderten Versuche, auf See aufzutanken. Das Western Approaches Command konnte auch zwei »Support Groups« mit schnellen Sloops und Zerstörern einsetzen, um U-Bootkonzentrationen zu bekämpfen, wenn sie von den Geleitzügen entlassen werden konnten. Zu ihnen stieß Anfang März eine Gruppe der US-Navy, deren Geleitträger *USS Bogue* zeigte, wie wirksam seine Flugzeuge bei der Deckung von Geleitzügen sein konnten. Sieben weitere Kampfgruppen der US-Navy wurden weiter südlich eingesetzt, um die Geleitzüge nach Nordafrika im Mittelatlantik zu decken. Die Verantwortung für den Schutz der Tanker-Notgeleitzüge, die unter der Bezeichnung »Greyhound« liefen, wurden zunächst der Royal Navy übertragen, deren Gruppen bereits mit der Deckung des Gibraltar- und Sierra Leone-Verkehrs überlastet waren. Nachdem der UC 1 Ende Februar von einem Wolfsrudel schwer getroffen wurde, beschloß die US-Navy, den Schutz ihrer wertvollen schnellen Tanker künftig selbst zu übernehmen.

Das »Schwarze Loch«

Für die Luftpatrouillen der Alliierten war das anhaltende schlechte Wetter über dem Atlantik katastrophal. Während des Winters stieg die Verlustrate, weil Flugzeuge abstürzten, wenn sie versuchten, bei hohen Windgeschwindigkeiten zu landen, oder weil sie spurlos verschwanden. Orkanartige Winde und Schneestürme unterbanden oft tagelang alle Flüge von den Stützpunkten in Island. Zu dieser Zeit betrug die Gesamtstärke des Coastal Command an Flugzeugen für die Patrouillen über dem Atlantik nie mehr als 200 Flugzeuge, von denen höchstens zwei Drittel gleichzeitig einsatzbereit waren.

Ein großer Teil der Einsätze des Coastal Command waren Patrouillen bis zu 600 Meilen hinaus in den Atlantik von Stützpunkten in England, Irland und Island mit Staffeln von Hudson- und Wellington-Bombern. Die Sunderland- und Catalina-Flugboote konnten weiter hinausfliegen, aber ihre Wasserbombenladung war gering. Ende Februar 1943 hatten die Engländer nur 23 der wichtigen Langstrecken-Liberators, die Patrouillen über dem »Schwarzen Loch«, der nicht aus der Luft gedeckten Zone südöstlich von Grönland, fliegen konnten, wo die meisten Versenkungen auftraten. An der westlichen Seite dieser Zone war die Lage noch schlimmer. Weder die Kanadier noch die Amerikaner hatten irgendein Flugzeug in Neufundland, das weiter als 600 Meilen hinausfliegen konnte. Um die Lücke in der Geleitzugverteidigung zu schließen, ließ das Coastal Command als Notmaßnahme zeitweilig eine Staffel Hudsons von dem amerikanischen Flugplatz Bluie West 11 auf Grönland operieren. Angesichts der hohen Verluste mußten sie diesen Versuch aber bald wieder aufgeben. Es zeigte sich, daß der Anflug auf den Feldflughafen in den Bergen bei schlechtem Wetter ein hohes Risiko darstellte. Da weniger als ein Dutzend Flugzeuge verfügbar waren, die im östlichen Teil der Zone Luftdeckung bieten konnten, wurde das »Schwarze Loch« für die Geleitzüge gefährlich groß.

Weniger als eine Woche nach dem fehlgeschlagenen Angriff auf den Konvoi HX 223 schlüpfte der nächste schnelle Geleitzug HX 224 ebenfalls durch eine Lücke in den Aufklärungsstreifen der U-Bootführung. Er verlor zwei Schiffe an ein fühlunghaltendes U-Boot. Nach der Torpedierung des Tankers *Cordelia* durch U-632 verriet ein aufgefischter Überlebender unvorsichtig Kapitänleutnant Karp, daß ein weiterer langsamer Geleitzug dem HX 224 folgte. Die U-Bootführung erkannte, daß diese Information mit den letzten Meldungen des B-Dienstes über den langsamen Geleitzug SC 118 übereinstimmte. Dönitz funkte sofort an alle 16 U-Boote südöstlich von Grönland den Befehl, einen Aufklärungsstreifen, die Gruppe »Pfeil«, über die Route des Geleitzuges zu legen.

Die 53 langsamen Handelsschiffe bewegten sich unter dem Schutz der drei Zerstörer und drei Korvetten der Geleitgruppe B 2 der Royal Navy, die von dem US-Kutter *Bibb* und der frei-französischen Korvette *Lobelia* begleitet wurden, mit sechs Knoten vorwärts.

Durch einen Glückszufall lief der Geleitzug in der rabenschwarzen Nacht des 4. Februar direkt durch den Aufklärungsstreifen der Gruppe »Pfeil«, aber während er langsam aus der Gefahrenzone herauslief, zündete ein Seemann an Bord der *SS Anik* versehentlich eine Schneeflockenrakete, die von dem 20 Meilen entfernt stehenden U-187 gesehen wurde. Die Nachricht wurde sofort an die U-Bootführung gefunkt und wurde zunächst dem U-Boot selbst zum Verhängnis: Mit dem automatischen Kurzwellenpeiler »Huff-Duff«, der das kurze Signal erfaßt hatte, wurde U-187 von einem Begleitschiff geortet und von einem der Zerstörer versenkt. Aber die U-Bootführung wußte jetzt über den SC 118 Bescheid. Die sechzehn Boote der Gruppe »Pfeil« achteraus und die fünf Boote der Gruppe »Haudegen« weiter südlich erhielten Befehl, sich zu einem großen Wolfsrudel zu konzentrieren. Während des Restes jener Nacht und am folgenden Tag waren die ganze Geschicklichkeit und Zusammenarbeit der Geleitgruppen erforder-

Auf den Kartentischen erschienen die Marinequadrate (unten mit den Gruppen »Nordsturm« und »Pfeil«) wie ein riesiges Schachbrett. Vom U-Boot aus war es schwieriger, die Übersicht zu behalten.

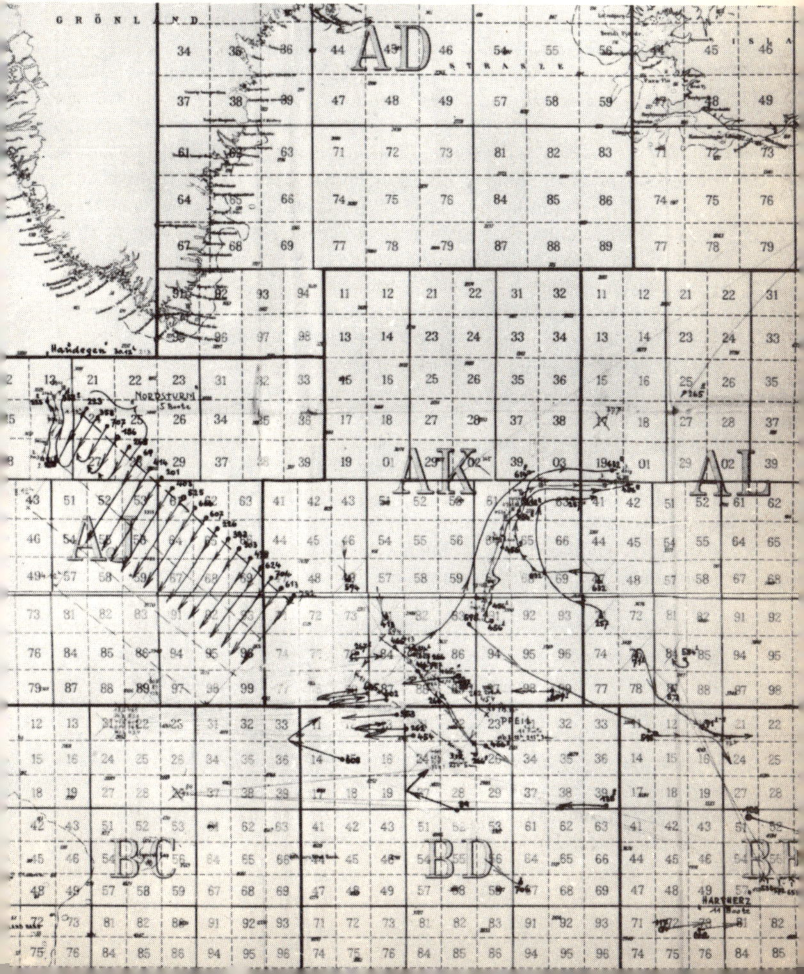

lich, um das Rudel in Schach zu halten. Wann immer eine Kurzwellenpeilung mit dem »Huff-Duff«-Gerät zeigte, daß sich U-Boote näherten, wurde ein Geleitfahrzeug auf dem »Peilstrahl« zur Jagd ausgeschickt. Am Morgen schickte der Tracking Room eine dringende Warnung vor dem großen Rudel, das sich am Geleitzug bildete, und aus Island liefen Verstärkungen aus.

In der Nacht des 5. Februar 1943 verpaßte das Wolfsrudel eine gute Gelegenheit zum Zuschlagen, als der Geleitzug durch ein Versagen der Nachrichtenübermittlung unbeabsichtigt in zwei Teile zerfiel. Aber bis zum Tagesanbruch hatten die Geleitfahrzeuge die Wölfe erfolgreich in Schach gehalten und den Konvoi wieder zusammengeführt. Auch die Verstärkungen aus Island trafen jetzt ein, und am Nachmittag wurden die Handelsschiffe durch die starke Luftdeckung der in Island stationierten Langstrecken-Liberators geschützt.

Während des kritischsten Teiles der Reise ohne Luftdeckung durch das »Schwarze Loch« war das Wolfsrudel drei Tage lang abgedrängt worden und hatte nur einen Nachzügler versenkt. Aber in jener Nacht war das Glück des Geleitzuges am Ende. Elf Boote der Gruppe »Pfeil« hatten am frühen Abend noch Fühlung, als sie einen weiteren Nachzügler torpedierten. Die U-Bootführung drängte auf Erfolge, und die Kommandanten waren entschlossen, die Verteidigung des Geleitzuges endlich auszuschalten. Sie machten wiederholte Vorstöße, um die Eskorten abzuziehen, und kurz vor Mitternacht drang U-262 durch die Backbordflanke und torpedierte einen polnischen Frachter. In der Finsternis der frühen Morgenstunden des 7. Februar begann die eigentliche Vernichtung. Kapitänleutnant Siegfried von Forstner auf U-402 entdeckte eine Lücke an der Steuerbordflanke, als zwei der Geleitfahrzeuge vom Konvoi abliefen, um ein Radarziel anzugreifen. Er konnte in den Geleitzug einbrechen und torpedierte in schneller Folge zwei Schiffe, von denen eines das Rettungsschiff *Toward* war. In der anschließenden Verwirrung versenkte U-614 einen weiteren Frachter, bevor von Forstner sein drittes Opfer torpediert hatte.

Unter der Kaltblütigkeit dieses Angriffs brach schließlich die Koordination der Geleitfahrzeuge zusammen. Zwei Stunden später war von Forstner in der Lage, eine neue Lücke auszunutzen und drei weitere Schiffe zu torpedieren, darunter den Truppentransporter *Henry Mallory*, mit dem 384 US-Soldaten und Marineinfanteristen, die auf dem Wege nach Island waren, untergingen. Einer von ihnen war ein junger Offizier der Armee, der seit einigen Wochen verlobt war und an seine Braut geschrieben hatte: »Heute abend gab es eine Menge Explosionen und Schüsse, und wir wissen nicht, was vor sich geht. Wir haben alle ganz schön Angst.« Der aufgeweichte Brief, der unvollendet und nicht unterschrieben war, wurde Stunden später bei seinem Leichnam gefunden.

Leutnant John M. Waters jr. wurde in einem der Boote der *Ingham* ausgesandt, um der *USS Bibb* bei der Suche nach Überlebenden zu helfen:

»Ich sah einen Körper voraus und befahl: ›Schneller!‹ Als wir uns näherten, schwang ich den Riemen, um das Boot zu wenden, und fühlte, daß er auf etwas traf. Ich drehte mich um und sah einen Sergeanten, der gegen meinen Riemen schlug, den Mund offen und die Augen starr. Er bewegte sich mit dem Wasser auf und ab. Die Leichenstarre hatte bereits eingesetzt. Wir waren inmitten von vielleicht einem halben Dutzend Leichen. Wir zogen unsere Riemen ein und begannen, die Leute längsseits zu ziehen. Bald wurde die Besatzung von der Masse der Leichen beim Rudern behindert. Voraus sahen wir weitere, aber es war wenig Platz in dem Boot übrig . . . Ich sah jedem Mann genau in die Augen. Meine Hände waren zu klamm, um nach dem Puls zu fühlen. Wenn ihre Augen und das Gesicht tot aussahen, brachen wir ihre Erkennungsmarken ab und stießen ihre Körper wieder ins Wasser. Bald hatten wir Platz im Boot und nahmen die Suche nach Überlebenden wieder auf.«

Weniger als 40% der Soldaten des Truppentransporters wurden gerettet. Es war die zweite Katastrophe dieser Art für die Vereinigten Staaten innerhalb einer Woche. Fünf Tage zuvor war der Truppentransporter *Dorchester* 300 Meilen weiter nordwestlich torpediert worden und hatte 605 Mann mit in die Tiefe gerissen.

Die Schlacht ging nicht ganz zugunsten der U-Boote aus. Die frei-französische Korvette *Lobelia* hatte U-609 vernichtet, und am nächsten Tag zermürbten die gemeinsamen Anstrengungen der Geleitfahrzeuge und der Liberators die überlebenden Boote des Wolfsrudels »Pfeil«. Bei Einbruch der Nacht ging nur von Forstner nahe genug heran und versenkte sein siebentes Opfer. Während des ganzen nächsten Tages klebte er am Geleitzug und versuchte ein Ziel für seinen letzten Torpedo zu finden, angespornt von Dönitz: »Gut gemacht, Forstner. Dort bleiben und Fühlung halten. Weitere Boote auf dem Weg. Die Wasserbomben gehen auch zu Ende. Bleiben Sie hart. Dieser Geleitzug ist äußerst wichtig.«

Den ganzen Tag über hielten die Flugzeuge des Coastal Command die verbliebenen Boote der Gruppe »Pfeil« unter Wasser. Von Forstner selbst mußte siebenmal tauchen. U-624 tauchte nicht schnell genug, als eine Liberator der 220. Staffel des Coastal Command das Boot entdeckte und zum Angriff ansetzte: »Es wurde beobachtet, daß drei Wasserbomben unmittelbar neben der Backbordseite des U-Bootes einschlugen . . . Das Flugzeug flog genau über den Kommandoturm, und man sah ein Besatzungsmitglied des U-Bootes in der offenen Luke. Dann verhüllten die Explosionen das U-Boot, aber als die Gischt sich legte, sah man seinen Bug aus dem Wasser ragen. Das U-Boot schoß nach vorn, und das Heck kam an die Oberfläche. Danach sank es auf mehr oder weniger ebenem Kiel unter Wasser. Der Schaum von den Wasserbomben und die Explosionswirbel gingen langsam zurück und machten einem großen Blasenfleck und Unterwasserstrudeln Platz, die anhielten und allmählich an Stärke zunahmen.«

Der Fleck kochte noch, als die Liberator 40 Minuten später mit Kurs auf Island abflog. Nichts markierte das Grab der 50 Mann starken Besatzung von U-624 außer mehreren hellbraunen Zylindern, wenigen Holzplanken und einer schwarzen Kiste, die in der Mitte des Strudels tanzte. Der Fleck hatte bereits »zahlreiche weiße Seevögel« angezogen, die auf betäubte Fische und Wrackteile niederstießen, die aus der Tiefe aufstiegen.

Der Tracking Room meldete, daß der U-Bootangriff sich totlief, und kam zu der Überzeugung, daß sich der Geleitzug recht erfolgreich gewehrt habe: »Insgesamt waren 20 U-Boote gegen den SC 118 im Einsatz. Zehn oder mehr davon haben wegen Defekten oder Treibstoffmangel die Operation aufgegeben. U-187 wurde versenkt, und es wurden Gefangene gemacht. Ein weiteres Boot wurde möglicherweise von einem Flugzeug schwer beschädigt oder versenkt. Die Gruppe wurde dringend aufgefordert, um der Ostfront willen weiterzukämpfen. Die Boote haben Befehl, die Angriffe bis zum Morgengrauen des 9. Februar fortzusetzen und sich dann zurückzuziehen.«

Tatsächlich bemühten sich Forstner und eine Handvoll U-Boote der Gruppe »Pfeil« auch noch in der Nacht vom 8. auf den 9. Februar darum, die Befehle auszuführen. Aber ehe Forstner ein Ziel für seinen letzten Torpedo ausmachen konnte, wurde er von *USS Bibb* an der Oberfläche entdeckt und mußte abdrehen. »Es war die vielleicht härteste Geleitzugschlacht dieses Krieges«, schrieb Dönitz später. »Es ist kaum zu ermessen, welche Härte und Selbstüberwindung dazu gehörten, gleich nach einer Wasserbombenverfolgung wieder den Befehl zum Auftauchen zu geben, dem Feinde wieder nachzustoßen und aufs neue in den dem Stachelpanzer eines Igels vergleichbaren inneren Sicherungsring des Geleitzugs einzudringen, mit der Alternative des Erfolges oder Untergangs.«

Die U-Boote hatten aus dem SC 118 dreizehn Schiffe versenkt. Von Forstner erhielt das Ritterkreuz, weil er seine Gesamtversenkungen auf über 100 000 Tonnen erhöht hatte, aber der Sieg der U-Boote hatte einen hohen Preis gekostet. In der Schlacht am SC 118 hatten die Deutschen drei Boote verloren, und zwei weitere waren schwer beschädigt worden. Die Alliierten profitierten davon, daß ein großer Teil der U-Boote, die westlich der »Luftlücke« operierten, von ihren Positionen abgezogen worden waren. Dies in Verbindung mit genauen »Ultra«-Berichten ermöglichte es, den nächsten beiden ostwärts laufenden Geleitzügen aus Halifax Kurse zu geben, auf denen sie keine Verluste erlitten. Aber zum ersten Mal hatte Dönitz jetzt genügend Boote, um Verluste schnell zu ersetzen. Auf diese Weise wurde der Schwung der Offensive beibehalten. Zwei U-Tanker, »Milchkühe genannt, wurden in der Mitte des Ozeans stationiert, so daß mehr Boote in dem kritischen »Flaschenhals« gehalten werden konnten.

Die U-Bootführung hoffte nun darauf, die Gruppe, die am bei Island gelegenen Ende der »Luftlücke« stand, gegen die nächsten beiden westwärts laufenden Geleitzüge einsetzen zu können. Sie wußte bereits aus Meldungen des B-Dienstes, daß am 12. Februar 1943 am EASTOMP ein Konvoi von seinem Ozeangeleit übernommen worden war.

Wegen der schweren Stürme konnten die U-Boote die 63 Schiffe des ON 166, die unter dem Schutz der amerikanischen Geleitgruppe A 3 unter Führung von Kapitän z. S. P. R. Heineman USN westwärts fuhren, aber erst am 21. Februar erfassen. Die unaufhörlichen Funkgespräche einer wachsenden Zahl von U-Booten informierten Heineman darüber, daß er trotz der Bemühungen der Liberators und seiner aggressiven Taktik, Geleitfahrzeuge gegen die näher liegenden Kurzwellenpeilstandorte zu entsenden, von einem großen Wolfsrudel eingeschlossen war. Am Abend ging die erste Runde an »Heineman's Harriers«. Der Küstenwachenkutter *Spencer* versenkte U-225 mit Wasserbomben. U-225 war eines der drei U-Boote gewesen, die auf dem letzten Patrouillenflug entdeckt worden waren. Aber jetzt lief der Konvoi in die »Luftlücke« ein und würde drei Tage lang ohne Flugzeugsicherung auskommen müssen.

In der Nacht kamen sieben U-Boote näher. Während des Tumultes wurde ein Frachter torpediert, und kurz vor dem Morgengrauen wurden zwei weitere Schiffe versenkt, darunter das Rettungsschiff *Stockport*.

Den Männern im Submarine Tracking Room war klar, daß die Schlacht gerade erst begonnen hatte: »Soeben erstellte, aber noch unvollständige

Sondergeheimdienstberichte für den Zeitraum zwischen dem 1. Februar und dem 22. Februar weisen darauf hin, daß die Geleitzüge ON 166 und ON 167 beide beschattet werden und daß Angriffe mittlerer Schwere vorbereitet werden. Die Zahl der beteiligten U-Boote ist noch nicht bekannt. Aus den Northwestern Approaches sind aber mindestens 10 Boote nach Süden zum Angriff auf ON 166 verlegt worden, während für den Angriff auf ON 167 vier oder mehr Boote bereitstehen ... Im Nordwesten von ON 166 befindet sich eine Gruppe von 8 U-Booten, die zur Zeit von einem U-Tanker aufgetankt werden, nachdem sie im Nordosten Neufundlands eine Patrouille durchgeführt haben. Es ist möglich, daß im Laufe der Zeit einige dieser Boote die Angriffsgruppe verstärken.«

Zu den Booten, die zusätzlich herangeführt wurden, gehörte auch U-606. Die Moral an Bord hatte nach mehreren ergebnislosen Wochen auf See einen Tiefstand erreicht, als Kapitänleutnant Döhler den Befehl erhielt, noch nicht nach Hause zurückzukehren, sondern den Angriff zu unterstützen. Schlechtes Wetter und die frustrierende Begegnung mit dem Passagierdampfer *Queen Elizabeth*, der außer Reichweite vorbeiraste, hatten die Stimmung gedrückt. Am 21. Februar erreichte das Boot den Geleitzug und gelangte als erstes durch den Schirm der Eskorten. Döhler torpedierte drei Schiffe, von denen zwei sanken.

Was dann geschah, erzählte Oberleutnant Werner Schünemann mit folgenden Worten: »Als wir aufgetaucht in rascher Fahrt aus dem Geleitzug abliefen, sahen wir eine große Qualmwolke, die scheinbar von einem brennenden Schiff kam. Wir bemerkten nicht gleich, daß sich in der Wolke der polnische Zerstörer *Burza* befand, der achtern nach Überlebenden gesucht hatte. Jetzt kam er mit dem Wind angebraust, während der dicke, schwarze Qualm vor ihm hertrieb. Erst als er auf wenige hundert Meter heran war, erkannten wir den Zerstörer. Man sah schon die Männer an Deck, die bei den Wasserbomben bereitstanden. Da kam der Befehl zum Alarmtauchen, aber noch ehe das Turmluk richtig dicht war, kriegten wir schon die ersten Wasserbomben. Sie verursachten erhebliche Schäden und Lecks. Wir versuchten zu entkommen und gingen immer tiefer hinunter. Die ganze Zeit strömte Wasser ins Boot. Dann versuchten wir wieder zu steigen und drückten die ganze Preßluft in die Ballasttanks. Aber das Boot sank weiter hinunter, wobei das Heck im Winkel von mehr als 45 Grad stand. In der Zentrale starrten alle gebannt auf den Tiefenmesser. Als er 220 Meter anzeigte, dachte ich: ›Das ist das Ende!‹ Es herrschte beklommenes Schweigen, und jeder fragte sich: ›Was passiert jetzt?‹ Würde das ganze Boot zerquetscht werden und Wasser von allen Seiten hereinstürzen? Oder würde es ein kleines Loch irgendwo sein, aus dem sich das Boot wie eine Badewanne auffüllte? Wir wußten alle, daß auf jeden Quadratmeter des Bootes viele Tonnen Wasser drückten. Dann begannen wir plötzlich zu steigen. Vielleicht war das Eis geschmolzen, das sich beim Einlassen der Druckluft gebildet hatte, und die Tanks erhielten zusätzlichen Auftrieb.« U-606 schoß nach oben. Mit verklemmtem Turmluk durchbrach es in steilem Winkel die Wasseroberfläche, wo es prompt von dem US-Coast Guard Kutter *Campbell* gerammt und versenkt wurde. 12 Überlebende, darunter Schünemann, wurden geborgen.

Der Konvoi bewegte sich langsam westwärts und wurde ständig weiter attackiert. Aber »Heineman's Harriers« schlugen die U-Boote ab. Nur zwei weitere Handelsschiffe gingen verloren, bevor der Konvoi am 25. Februar den Schutz der neufundländischen Luftpatrouillen erreichte. Rauhes Wetter hatte das Auftanken schwierig gemacht, und eine Korvette, *HMS Dianthus*, erreichte St. Johns mit knochentrockenen Tanks, nachdem die Besatzung »120 Gallonen Admiralitätsverschnitt, das ganze Waffenöl, Farbverdünnung und zwei Fässer Spezial-Mineralöl in den Tank Nummer 6 entleert hatte«. Das langgezogene, über tausend Meilen laufende Gefecht hatte acht Schiffe und das Rettungsschiff in den Geleitzugkämpfen und weitere sechs Nachzügler gekostet. Aber die U-Boote hatten teuer bezahlt: zwei von ihnen waren versenkt worden.

Als der Februar 1943 zu Ende ging, stiegen die Schiffsverluste wieder auf über 300 000 Tonnen. Die U-Boote hatten gezeigt, daß sie fähig waren, langandauernde Rudelangriffe gegen starkgeschützte Geleitzüge zu kämpfen. Dönitz hatte eine ausreichende Stärke, um starke Aufklärungsstreifen im Hauptkampfgebiet auf dem Atlantik zu halten und gleichzeitig in anderen Gebieten wie den Azoren und am Kap der Guten Hoffnung zuzuschlagen. Der monatliche U-Bootabwehrbericht der Admiralität kommentierte: »Nie zuvor hat der Feind eine solche Zielstrebigkeit beim Einsatz seiner Stärke gezeigt – seine Angriffe richteten sich konsequent auf die Störung der Nachschublieferungen von Amerika nach Großbritannien. Demzufolge waren die Kämpfe erbittert, und Erfolge gegen die U-Boote erreichten eine Rekordhöhe. In bezug auf versenkte U-Boote war es wahrscheinlich der bisher beste Monat.«

Während dieses Monats waren allein auf dem Atlantik 15 Boote versenkt worden, aber dies beeindruckte Dönitz nur wenig. Er hatte mehr als 100 Boote, die er in die Schlacht werfen konnte. Die Chancen für einen deutschen Sieg schienen gut, und die Admiralität befürchtete, daß die Geleitzüge sehr wohl geschlagen werden könnten, wenn 20 oder mehr U-Boote in jedem Wolfsrudelangriff gegen sie versammelt waren. Sie schloß: »Unter solchen Bedingungen werden die Begleitschiffe schließlich durch das reine Zahlenverhältnis überwältigt. Schlechtes Wetter und die Praxis der Umleitungen haben zu dem günstigen Ergebnis dieses Monats beigetragen, aber beide Faktoren sind ausgespielt und werden in den nächsten Monaten wenig Hilfe bieten. Was erforderlich ist – und geliefert wird –, ist die Unterstützung durch mehr Langstrecken-Flugzeuge.«

Der März der Vernichtung

Am 3. März 1943 wurde das britische Kriegskabinett von Churchills wissenschaftlichem Berater Prof. Lindemann hart an den Stand der Dinge erinnert: »Wir verbrauchen ¾ Mio. Tonnen mehr, als wir importieren. Wenn das so weitergeht, können wir in zwei Monaten unseren Bedarf nicht mehr decken.« Bedroht waren nicht so sehr die Nahrungsmittelversorgung, als vielmehr die Öl- und Nachschublieferungen, die lebenswichtig waren, wenn England seine Verpflichtungen im Rahmen der alliierten Strategie erfüllen sollte. Es war klar, daß der Abnutzungskrieg auf dem Atlantik seinem Höhepunkt zustrebte.

Auch im Hauptquartier der U-Bootführung in Berlin wuchs die Besorgnis. Die Versenkungen der U-Boote im Februar betrugen noch immer weniger als die Hälfte der 700000 Tonnen, die als monatliches Ziel zum Erringen des Sieges im Tonnagekrieg festgelegt worden waren. Tagtäglich waren über 100 U-Boote im Atlantik auf See, aber in den vorausgehenden 4 Wochen hatten nicht weniger als 9 Geleitzüge die Aufklärungsstreifen umgangen, und nur zwei Geleitzüge auf der Hauptroute und ein Tankerkonvoi waren erfaßt worden.

Diese Mißerfolge der U-Bootwaffe waren noch rätselhafter, wenn man berücksichtigte, daß der B-Dienst genaue Vorausinformationen über die Fahrpläne der Geleitzüge lieferte. Irgendwie schien der Feind ein genaues Bild der deutschen Dispositionen zu bekommen. Auf die eine oder andere Weise »sah mir mein Gegenspieler, Admiral Horton, tief in meine Karten, ohne daß ich ein Gleiches tun konnte«, mußte Dönitz feststellen. Und Vizeadmiral Maertens spekulierte scharfsinnig über die »Angelsächsische Propaganda im U-Bootkrieg«: »Dieser fast zum Rummel entwickelte Propagandafeldzug, sich beklagend über die Gefährlichkeit des U-Bootkrieges, wäre u. U. schon ein höchst wirksames Täuschungsmittel dem Feind gegenüber, wenn man z. B. auf der feindlichen Seite damit vertuschen will, daß man nunmehr endlich in den Genuß vollständigen Mitlesens des feindlichen Funkverkehrs getreten ist.«

Die bittere Erkenntnis, daß sich die U-Boote mit ihrem vielen Funken selbst verrieten, war den deutschen Admirälen zum Greifen nahe gerückt,

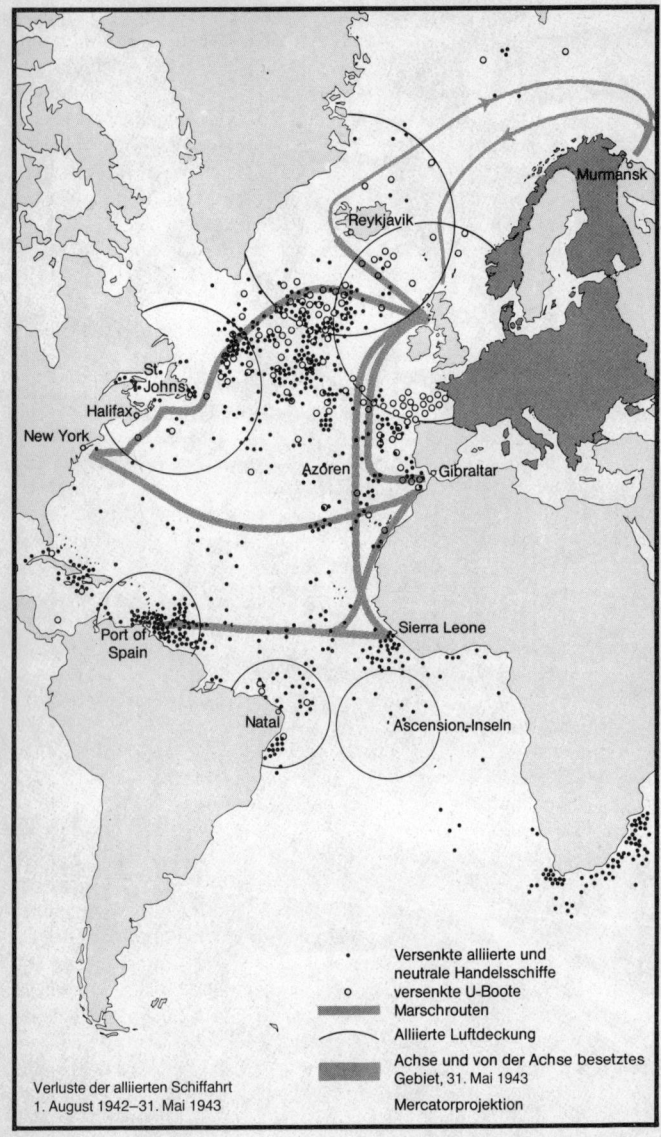

aber niemand vermochte zu glauben, daß der Enigma-Schlüssel M tatsächlich geknackt worden war, und auch von den Peilgeräten an Bord der alliierten Eskorten wußte man nichts. Stattdessen gelangte Dönitz zu der irrigen Vermutung, »daß es dem Gegner mit Hilfe der Flugzeugfunkmeßortung möglich war, U-Bootaufstellungen mit einer Genauigkeit zu erfassen, die für erfolgreiche Ausweichbewegungen seiner Geleitzüge ausreichend waren«. Dementsprechend wurde am 3. März 1943 ein neuer Einsatzbefehl an alle U-Boote gefunkt, nach dem sie mindestens 30 Minuten tauchen mußten, wenn ihre Metox-Empfänger sie vor anfliegenden, mit Radar ausgerüsteten Flugzeugen warnten. Diese vorübergehende Notmaßnahme verringerte die Bewegungsfreiheit und Aufklärungsfähigkeit der U-Boote noch weiter und machte die alliierten Luftpatrouillen doppelt wirksam.

Die langfristige Lösung für das Aufklärungsproblem der Deutschen hing davon ab, wirksame Luftaufklärung im Westatlantik zu haben. Am 26. Februar 1943 war Dönitz in das Führerhauptquartier in Winniza in der Ukraine geflogen, um durchzusetzen, daß Reichsmarschall Göring den Befehl erhielt, seine vielen Versprechungen einzulösen und die erforderlichen Staffeln zu stellen. Hitler zeigte sich verständnisvoll, aber es gab sehr wenig Hoffnung, daß die Langstreckenflugzeuge einsatzreif wurden. Es gab lediglich Prototypen der sogenannten »Amerika-Bomber«, Heinkel He 177 und Messerschmitt Me 264. Die Treibstoffreserven dieser Flugzeuge hätten es ihnen erlaubt, im Westatlantik zu patrouillieren, aber sie wurden nie bis zur Serienreife entwickelt.

Anfang März wurde in Washington eine wichtige anglo-amerikanische Konferenz abgehalten, auf der versucht wurde, einige der Mängel und Unzulänglichkeiten des U-Bootkrieges abzustellen. Das Treffen war von Admiral King in Ausführung der Vereinbarungen der Konferenz von Casablanca einberufen worden, auf der festgelegt worden war: »Die Niederwerfung des U-Bootes muß eine vorrangige Aufgabe der Mittel der Vereinten Nationen bleiben.« Als King in seiner Eröffnungsrede nicht nur von der U-Bootgefahr im Atlantik sprach, sondern auch die U-Bootgefahr im Pazifik hervorhob, fragten sich die anwesenden britischen Offiziere allerdings besorgt, ob King die Bedeutung der Atlantikschlacht eigentlich wirklich erkannt hatte. Ihre Bedenken wurden verstärkt, als King ihre Vorschläge für ein vereinigtes Geleitzugkommando ablehnte. »Es ist ein großes Vergnügen für mich, mit unseren Alliierten zu arbeiten, und wir können etwas voneinander lernen«, sagte King höflich, »aber dessenungeachtet habe ich den eindeutigen Beweis, daß diese Vorteile mehr als nichtig gemacht werden durch das Handikap, das entsteht, wenn Streitkräfte verschiedener Traditionen und Systeme vereinigt werden.«

Die Engländer waren empört. Sie hatten nicht vergessen, daß es eine Million Tonnen Schiffsraum gekostet hatte, bevor King schließlich ein Küstengeleitzugsystem eingerichtet hatte. Es war Admiral Sir Percy Noble überlassen, eine Reform des Kommandosystems zu verlangen. »Zuviel Schiffsraum ist in Gefahr, vernichtet zu werden. In diesem Augenblick erregt die Lage bei allen Beteiligten ernste Besorgnis«, erklärte er. Dann legte er mit seiner vollen Autorität als früherer Oberbefehlshaber der Western Approaches die überragende Bedeutung von Luftpatrouillen dar: »Die U-Bootdrohung wird nach meiner Meinung tagtäglich mehr und mehr ein Problem der Luftstreitkräfte. Wir hatten während der ersten beiden Jahre nicht genug Flugzeuge ... Meine Erfahrung ist, daß das Vorhandensein von Luftdeckung der einzige Weg ist, der es einem langsam fahrenden Geleitzug ermöglicht, einem Rudel von U-Booten, das ihn verfolgt, zu entkommen. Das Flugzeug zwingt die U-Boote zum Tauchen und erlaubt so dem Geleitzug, Ausweichtaktiken anzuwenden.«

US-Admiral King besaß den Schlüssel zu diesem Problem. Das britische Coastal Command konnte nur 23 der besonders umgebauten Langstrecken-Liberators einsetzen, aber der US-Navy unterstanden 112 dieser großen Bomber, von denen siebzig im Pazifik Aufklärungseinsätze in kampffreien Gebieten flogen. Die anderen Staffeln operierten von Kalifornien aus und in der Karibik. Von Neufundland aus flogen keine US-Liberators, obwohl die U-Bootgefahr in keinem anderen Gebiet so groß war, wie im Nordatlantik. Wie die spätere Erfahrung zeigte, hätten zwei Staffeln der VLR-Liberators in Neufundland genügt, um die U-Bootrudel auseinanderzureißen.

Die Briten waren gut vorbereitet und konnten überzeugende Argumente für eine Verstärkung der Luftpatrouillen vorbringen, die Professor Blackett in einer Studie über Geleitschutz und Konvoisteuerung zusammengestellt hatte. Er war inzwischen Chef der Operations Research-Abteilung der Admiralität. Seine Analyse zeigte auf, daß die Verluste um 65% eingeschränkt werden konnten, wenn die Luftdeckung um durchschnittlich 4 Einsätze pro Tage in den bedrohten Gebieten erhöht wurde. Der Unterausschuß »Luftgeleitschutz« bei der Konferenz verlangte deshalb mindestens 120 Langstrecken-Flugzeuge für den Geleitschutz.

Als Admiral King am 14. März 1943 diese Empfehlungen vorgelegt wurden, unternahm er nichts. Seine Entscheidung, die viele Leben und Schiffe kosten sollte, wurde teilweise durch einen Schriftsatz erklärt, der vor der Konferenz von Kings Stab erstellt worden war: »Es besteht das dringende Erfordernis, sofort weitere Langstreckenflugzeuge in der U-Bootabwehr im Atlantik einzusetzen«, sagte der Bericht aus, aber er fügte hinzu: »Angesichts der Lage auf den verschiedenen Kriegsschauplätzen scheint die einzige Möglichkeit zu sein, diese Flugzeuge von den Bombenflügen nach Deutschland abzuziehen.« Die US-Navy war nicht bereit, auch nur zeitweise einen Teil ihrer eigenen Flugzeuge aus dem Pazifik abzuziehen und über dem Atlantik zum Einsatz zu bringen. Die Verantwortung sollte auf die Schultern der US-Army Air Forces gelegt werden. Damit wurde das

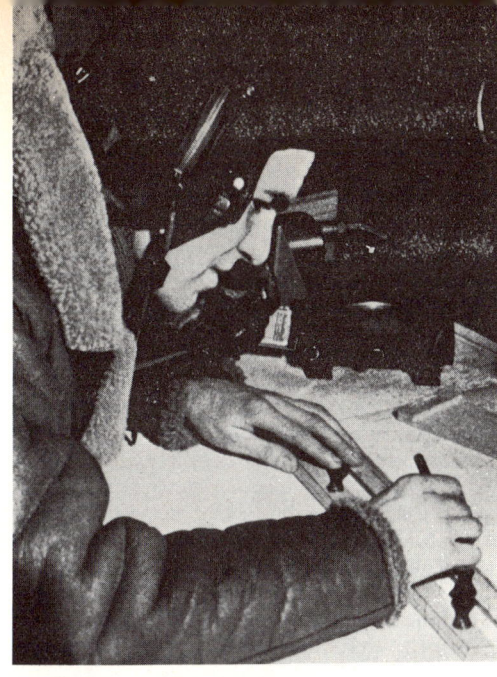

Ursache und Wirkung. Fast tausend Meilen weit mußten sich die Piloten von Island aus auf den Atlantik hinauswagen, um das »Schwarze Loch«, die Lücke in der alliierten Luftdeckung zu schließen. Aber es lohnte sich für die Geleitzüge. Je häufiger die U-Boote durch Bombenangriffe (unten) unter Wasser gedrückt wurden, desto geringer wurden ihre Möglichkeiten zum Angriff. Getauchte Boote waren langsam und »blind«. Sie konnten wenig erreichen. Als sich die »Luftlücke« im April 1943 zu schließen begann, war die U-Bootführung am Ende.

Verhältnis zwischen der US-Navy und der US-Army erneut schwer belastet. Trotz der Vereinbarung vom Juni 1942, wonach die Navy die Befehlsgewalt über die U-Bootabwehrflugzeuge erhielt, hatte ohnehin eine erbitterte Fehde zwischen den Teilstreitkräften geschwebt.

Damit nach schweren Geleitzugschlachten im März und einem dringenden Appell Churchills die »Luftlücke« von der amerikanischen Seite her eingeengt wurde, mußte Roosevelt schließlich selbst einschreiten. King stimmte zu, eine Staffel Liberators nach Neufundland zu entsenden. Aber es waren keine Flugzeuge der US-Navy, die Anfang April, und damit zu spät, auf dem Flugplatz Gander eintrafen, sondern die 6. U-Bootabwehrstaffel der US-Army Air Force.

Unmittelbar vor dem Eintreffen der Flugzeuge erreichten die U-Bootangriffe einen Höhepunkt. Am 8. März mußten die britischen Luftwaffen- und Marinestäbe feststellen, die U-Boote seien jetzt in der Lage, bis zu drei Geleitzüge gleichzeitig anzugreifen. »Die Zahl der nun in See stehenden U-Boote hat die Chancen, Geleitzüge umzuleiten, beträchtlich verringert. In der nahen Zukunft müssen wir erwarten, daß die Mehrzahl unserer Geleitzüge gesichtet und anschließend angegriffen wird ... Das Ausmaß der Angriffe wird fortlaufend zunehmen, wenn mehr und mehr U-Boote an unseren Geleitzügen konzentriert werden und wir die U-Boote nicht einen Preis für ihren Erfolg zahlen lassen können, den sie nicht akzeptieren können.«

Die Admiralität glaubte, daß »ein Austauschverhältnis von etwa zwei aus Geleitzügen verlorenen Schiffen gegen ein versenktes U-Boot« für die Deutschen nicht akzeptabel wäre, aber es sollte viele Wochen dauern, bevor die Geleitfahrzeuge diese Abschußrate erreichten.

Bis zur ersten Märzwoche 1943 waren die Geleitzüge erfolgreich um die wachsenden Konzentrationen von U-Booten herumgeleitet worden, ohne daß große Rudelangriffe stattfanden. Etwa 50 U-Boote operierten jetzt im Nordatlantik, aber neue Sturmfronten waren nach Osten gezogen, und das schlechte Wetter hatte das Sammeln der Deutschen behindert. Mit Hilfe der »Ultra«-Berichte erhielt der Tracking Room ein klares Bild der U-Bootaufstellungen, so daß der CINCWA in Liverpool und der COMINCH in Washington die Geleitzüge im Zickzack hindurchführen konnten.

Am 3. März erhielt der Tracking Room die Information, daß Dönitz nordöstlich von Neufundland einen neuen langen Aufklärungsstreifen aufgestellt hatte. Sein Nordflügel bestand aus den 8 Booten der Gruppe »Wildfang«, der sich mit den 11 Booten des Streifens »Burggraf« überschnitt. Dieser gewaltige, 400 Meilen lange Bogen sollte den langsamen, ostwärts laufenden SC 121 erfassen, dessen Fahrtroute der B-Dienst an Dönitz weitergegeben hatte. Der Gruppe »Burggraf« näherte sich von der anderen Seite der langsame, westwärts laufende Geleitzug ON 168, der in schlechter werdendem Wetter von Grönland her Südkurs steuerte. Viele der Schiffe waren im Sturm beschädigt worden, und nur 41 der 52 Schiffe, die England in disziplinierten Kolonnen verlassen hatten, konnten sich im Verband halten. Der CINCWA führte den ON 168 weiter nach Norden, obwohl einige der Besatzungen lieber den U-Booten entgegengetreten wären als dem entsetzlichen Wetter, wie sich Matrose J. Lisle von der *HMS Pimpernel* erinnert: »Das Wetter wurde ständig schlechter. Es gab Schnee und Eis, und die Temperatur war auf −7 Grad Celsius gefallen. In dieser Breite gab es nur wenige Stunden Tageslicht, und die Gefahr, auf U-Boote zu treffen, war einstweilen vorüber, aber jetzt waren die Schiffe von Kollisionen mit Treibeis bedroht. Um uns herum waren so viele Eisberge im Wasser, daß das Führungsschiff sie mit dem Scheinwerfer anstrahlte, um die anderen Schiffe zu warnen. Am 5. März meldete die *Thomas Hooker,* das Schiff drohe auseinanderzubrechen und müsse beidrehen. Im Hauptdeck des Frachters klaffte ein großer Riß. *HMS Pimpernel* erhielt Befehl, dem Schiff beizustehen. Einen Tag und eine Nacht lang war das Wetter zu rauh, um Boote zu Wasser zu lassen. Die Korvette kreiste um den Frachter, dessen Mannschaft zusammengedrängt auf dem Oberdeck hockte und uns gelegentlich mit einem Blinkzeichen zeigte, daß sie noch da war.« 'Am nächsten Morgen nahm die Korvette die Männer an Bord, als der Frachter in dreißig Fuß hohen Wellen zerbrach.

Hortons Taktik klappte. Während die *Thomas Hooker* versank, steuerte der ON 168 geradewegs durch eine große Lücke im Streifen »Wildfang«, die durch den Verlust von U-529 entstanden war, den die U-Bootführung noch nicht bemerkt hatte.

Der langsame, ostwärts laufende Geleitzug SC 121 hatte nicht dieses Glück. Am Vormittag des 6. März erreichte er im Schutz von Captain Heinemans Geleitgruppe A 3 den Aufklärungsstreifen »Burggraf«. »Heineman's Harriers« hatten nur wenige Stunden im Hafen gelegen, um sich von der Schlacht am ON 166 zu erholen, bevor sie wieder ausgesandt wurden, und auf einigen Schiffen waren die Asdic-, Radar- und Kurzwellenpeilgeräte beschädigt. Kurz vor Mittag fingen die Eskorten U-Bootpeilungen von Backbord und Steuerbord auf. Die Ausgucks der am nächsten stehenden U-Boote der Gruppe »Burggraf« hatten die verschwommenen Konturen der Handelsschiffe in dem Schneesturm entdeckt, und die Boote, die in den aufgepeitschten Wellen bockten und stampften, waren näher gekommen. Dönitz befahl den nahestehenden Booten der Gruppe »Westmark«, ihren Verband zu verlassen und zum Wolfsrudel zu stoßen. Um sicherzustellen, daß der Geleitzug erfaßt wurde, bildete die U-Bootführung eine zweite Gruppe, »Ostmark«, vor dem Geleitzug, die an die nördliche Spitze der im Mittelatlantik stehenden Gruppe »Neuland« anschloß.

Am frühen Morgen des 7. März schlug das Rudel »Westmark« zu und versenkte den Frachter *Egyptian,* dessen Verlust in dem tobenden Sturm fast nicht bemerkt wurde. Nur die *Empire Impala* blieb tapfer zurück, um

Überlebende zu retten. Sie wurde torpediert und versank kurz nach Tagesanbruch. Am Morgen des 8. März 1943 lief der SC 121 in die Gruppe »Ostmark«. Deren erstes Opfer war der Frachter *Guido,* dessen Kapitän die Nerven verloren hatte und vor dem Geleitzug vorausgedampft war. Turmhohe Seen und die vom CINCWA am Nachmittag verstärkten Eskorten verhinderten, daß die U-Boote während der Nacht in den Geleitzug einbrachen. Aber die Geleitfahrzeuge konnten nicht verhindern, daß vier Nachzügler versenkt wurden. Den ganzen folgenden Tag über hielten die Boote Fühlung mit dem Geleitzug, und sofort nach Anbruch der Dunkelheit begannen sie mit konzentrierten Angriffen. Und dieses Mal gelang es ihnen, die starke Verteidigung des Geleitzuges auseinanderzuziehen. Bis zum Morgen des 10. März wurden ohne eigene Verluste 13 Schiffe versenkt.

Bei den Alliierten war man bestürzt. Die Gruppen »Westmark« und »Ostmark« blieben dem SC 121 auf den Fersen, und Dönitz konzentrierte die verbleibenden östlichen Boote von »Wildfang« und »Burggraf« nördlich von Neufundland zu einem neuen Aufklärungsstreifen »Raubgraf«, der bereit war, die nächsten ostwärts laufenden Geleitzüge anzufallen.

Inzwischen hatten die Tracking Rooms auf beiden Seiten des Atlantiks eine ziemlich genaue Vorstellung von der Größe und der Aufstellung der Aufklärungsstreifen südöstlich von Grönland. Der COMINCH gab den nächsten beiden Geleitzügen, ON 169 und HX 228, Anweisung zu Kursänderungen um die Gruppe »Raubgraf« zu umgehen. Die List klappte, und die U-Bootführung verlor den HX 228 für drei Tage, bis der B-Dienst die Funksprüche entschlüsselt hatte. Dönitz handelte sofort. Die 13 Boote der im Mittelatlantik stehenden Gruppe »Neuland« erhielten Befehl, nach Westen zu schwenken, um die 60 Schiffe des HX 228 zu treffen, die gut geschützt durch die erfahrene Gruppe B 3 unter Führung von Commander A. A. Tait DSO auf dem Zerstörer *Harvester* fuhren.

Mitten in dieser sich entwickelnden Schlacht blieben plötzlich die »Ultra«-Berichte aus. Am 9. März informierte Admiral Edelsten, der Assistant Chief of Naval Staff, den Ersten Seelord über die neue Lage, die für die Konvois katastrophale Auswirkungen haben konnte. »Das Vorausgesehene ist geschehen. Der Director of Naval Intelligence hat am 8. März gemeldet, daß der Tracking Room für eine beträchtliche Zeit, die sich vielleicht über Monate hinzieht, in bezug auf U-Bootbewegungen ›blind‹ sein wird.«

Die Sorgen der U-Bootführung wegen der unerklärlichen Präzision der gegnerischen Ausweichmanöver hatten dazu geführt, daß Dönitz den Funkverkehr mit den U-Booten zusätzlich zu sichern versuchte. Am 8. März hatte er allen Booten im Atlantik befohlen, eine neue, vierte Walze an ihren Enigma-Schlüsselmaschinen M-4 zu betätigen. Auf einen Schlag war der Triton-Funkverkehr mehrere Millionen Mal schwieriger zu entschlüsseln. Die britischen Befürchtungen, daß es Wochen oder Monate dauern könnte, bis wieder aktuelle »Ultra«-Berichte vorlägen, erwiesen sich allerdings als unbegründet. Das Team in Bletchley Park wußte, was ihm bevorstand, wahrscheinlich weil einige Funker ihre vierte Walze vorzeitig eingesetzt hatten. Zusätzliche Rechenmaschinen waren bereitgestellt worden und klickten sich durch die Millionen zusätzlicher Permutationen. Auf diese Weise konnte die Verzögerung beim Entschlüsseln bald wieder auf wenige Tage reduziert werden. Aber in der kritischen Phase der Schlacht um den HX 228 fehlte dem Tracking Room eine Meldung über die neue Aufstellung der Gruppe »Neuland«. HX 228 wurde nicht umgeleitet und fuhr am 10. März in den Aufklärungsstreifen hinein, nachdem die amerikanische Support Group mit dem Geleitträger *USS Bogue* wegen Treibstoffmangels abdrehen mußte. In der Nacht schlug Kapitänleutnant Trojer auf U-221 zu. Im Schutze eines Schneeschauers ging er in die Mitte des Geleitzuges, torpedierte einen Frachter und trug um 21.31 Uhr in sein Log ein: »Zweierfächer auf zwei überlappende große Dampfer; erster Treffer mit völliger Auflösung des Dampfers, riesiges Feuerwerk und Wolken, Eisenplatten fliegen zu Hunderten wie Papier durch die Gegend, Munition fliegt durch die Luft. Kurz darauf Treffer auf anderen Frachter, ebenfalls Explosion, Vorschiff bis Brücke unter Wasser. Schwere Trümmer fliegen gegen das Sehrohr, das sich nunmehr schwer drehen läßt, im ganzen Boot kracht und donnert es.«

Trojer tauchte, um einem Gegenangriff zu entgehen. Auf ein drittes Opfer, einen modernen 5000-Tonnen-Frachter, mußte er verzichten, weil dieser mit äußerster Kraft zurückging, um nicht in das explodierende Schiff hineinzulaufen. Dann geriet er selbst in Schwierigkeiten: »Das Sehrohr ist plötzlich ganz schwer beschlagen, kaum etwas zu sehen, dazu poltern immer noch schwere Brocken herunter. Der Lärm im Boot ist ungeheuerlich, als würde das Boot dauernd von Schüssen getroffen. Nach starken Sinkgeräuschen ist es plötzlich still.«

Die Schlacht flaute bis kurz nach ein Uhr ab. Dann ortete das Radar der *Harvester* ein U-Boot, das sich zu einem Angriff näherte. Wasserbomben zwangen es zum Auftauchen, und die *Harvester* feuerte aus allen Rohren. Einige Minuten lang führten beide Schiffe ein gewaltiges Menuett aus, während das U-Boot versuchte, im Wendekreis des Zerstörers zu kreisen. Schließlich gelang es Commander Tait, seinen Gegner zu rammen, der kurz danach von der frei-französischen Korvette *Aconit* erledigt wurde. Aber die *Harvester* war schwer beschädigt. In der Zwischenzeit waren die U-Boote wieder in den Geleitzug eingedrungen und versenkten zwei weitere Schiffe, bevor U-757 einen Torpedofächer in das norwegische Munitionsschiff *Brant County* schickte. Konvoi-Kommodore Dodd beschrieb das Ende der *Brant County:* »Das Schiff schoß zwei weiße Raketen ab und brach in Flammen aus. Das Feuer war wie ein Inferno und erhellte alles taghell. Ich konnte den ganzen Geleitzug und die Geleitfahrzeuge voraus auf beiden Flügeln sehen. Das Schiff explodierte um 4.15 Uhr mit einer gewaltigen

Explosion, die die Trümmer Hunderte von Fuß in die Luft warf – die Szene war unbeschreiblich.«

Der *Brant County* folgte die Vernichtung eines weiteren Handelsschiffes. Im Tageslicht des 11. März näherte sich dann U-432 der *Harvester*, die sich mit beschädigter Schraube und vollgestopft mit Überlebenden im Kielwasser des Geleitzuges dahinschleppte. Der erste Torpedo machte den Zerstörer zu einem manövrierunfähigen Trümmerhaufen. Während die Mannschaft Boote und Rettungsflöße ausbrachte, folgte ein zweiter Schlag, wie Leutnant Briggs, einer der wenigen Überlebenden berichtet: »Dieser Schlag hob den hinteren Teil des Schiffes über uns hoch, und als er herab-

Auge um Auge. Kurz nachdem das Boot am 11. 3. 43 den Zerstörer *HMS Harvester* (unten) torpediert hatte, wurde U-432 (rechts, KL Hermann Eckhardt) von der frei-französischen *Aconit* unter Jean Levasseur (oben) gerammt und versenkt.

stürzte, drückte er viele von uns unter Wasser. Beim Auftauchen sah ich, daß das Schiff in der Mitte gebrochen war . . . Der vordere und hintere Teil waren völlig getrennt. Der vordere Teil ragte etwa 15 m aus dem Wasser und schwamm einige Minuten. Schließlich sank er, gefolgt von den Resten des Hecks.«

Es gab wenig Überlebende in der eisigen See, weil die frei-französische Korvette *Aconit,* die zur Rettung hereaneilte, U-432 gesichtet hatte und angriff. Das französische Schiff zwang das U-Boot zum Auftauchen und bestrich es mit Maschinengewehrfeuer, und dann rammte sie es so, daß es »in einem großen Fleck teutonischen Blutes« sofort versank, aber sie kam zu spät, um mehr als eine Handvoll Überlebender der *Harvester* zu retten.

Der HX 228 sollte schließlich vier Schiffe und den Zerstörer *Harvester* mit seinem erfahrenen Kommandanten A. A. Tait verlieren. Obwohl zwei U-Boote versenkt worden waren, hatten die Deutschen an einem gut verteidigten Geleitzug erhebliche Erfolge erzielt.

Die Spannung stieg in Derby House, und in Admiral Hortons Lageraum wurde es oft ebenso stürmisch wie auf dem Atlantik. Ein Angehöriger seines Stabes erinnert sich an Hortons Auftritte: »Die Schlachten wurden nun im allgemeinen bei Nacht gekämpft. Nach dem Abendessen kam er in den Koppelraum, um die Entwicklung der Schlacht zu beobachten, Verstärkungen zu befehlen, und Pläne für die nächste Zeit zu machen. Seine Worte waren immer direkt: ›Wo ist . . .?‹ ›Was ist?‹ und manchmal ›Warum nicht?‹ oder ›Warum zur Hölle nicht?‹ Dann, nachdem er die Situation erfaßt hatte, kam seine Entscheidung wie ein Blitz! Ich erinnere mich an eine Nacht, in der die Schlacht ziemlich heftig tobte. Sie hatte später als gewöhnlich begonnen, und Sir Max war bereits zu Bett gegangen. Er donnerte buchstäblich in den Koppelraum, in ziemlich abgetragenen und zerschlissenen Pyjamas, vorne und hinten struppiges Haar. Die Anwesenden gaben in Erwartung des kommenden Sturmes genug Seeraum. Dann ging er daran, mit uns zu arbeiten. Er schien eine unheimlich treffsichere Ahnung zu haben, was der Feind als nächstes tun würde, was natürlich auf seiner langen Erfahrung als U-Bootmann beruhte.«

Noch bevor die Schlacht am HX 228 am 11. März nach der Ankunft der Liberators geendet hatte, begann Dönitz seine Aufklärungsstreifen für die nächsten großen Gefechte aufzustellen. Sieben Boote der Gruppe »Neuland«, die Treibstoff brauchten, wurden nach Süden zu einem Treffen mit einem U-Tanker befohlen, und der Rest erhielt Befehl, zur Gruppe »Ostmark« zu stoßen, um die aus siebzehn Booten bestehende Gruppe »Stürmer« zu bilden, die gemeinsam mit den elf Booten der Gruppe »Dränger«, die sich mit ihr überschnitt, westwärts vorgehen sollte. Diese gewaltige Streitkraft sollte eine 600 Meilen breite Harke über den Mittelatlantik ziehen, um alle Geleitzüge zu erfassen, die von der weiter westlich stehenden Gruppe »Raubgraf« noch nicht gestellt worden waren.

Abnutzungs-schlacht:

März - April

Die Boote der Gruppe »Raubgraf« waren ein schwächeres Hindernis, als Dönitz erwartet hatte. Am 13. März lief der westwärts laufende Geleitzug ON 170 im Geleitschutz von Captain Donald Macintyres Gruppe B 2 durch den Aufklärungsstreifen, unterstützt von geschicktem Einsatz der Kurzwellenpeilung. Für Geleitgruppenkommandeure wie Captain Macintyre waren die »Huff-Duff«-Geräte längst genauso wichtig wie Radar geworden: »Man brauchte einen guten HF/DF-Operator. Einen, der wußte, wann er die Frequenz wechseln mußte, denn die U-Boote sendeten wegen der atmosphärischen Bedingungen zu verschiedenen Tageszeiten auf verschiedenen Frequenzen. Aber wenn man die Sichtmeldung eines U-Bootes einpeilte und dann einen Zerstörer oder eine Korvette auf dem Peilstrahl losschickte, um das fühlunghaltende U-Boot abzudrängen oder zu vernichten, bestand eine gute Chance, den Aufklärungsstreifen glatt zu passieren. Für die U-Boote war diese Sichtmeldung sehr wichtig, für uns aber auch. Es war ein ganz besonderes Signal, das wir genau kannten und nicht zu entschlüsseln brauchten. Aber der HF/DF-Operator mußte genug Erfahrung haben, um zu erkennen, ob das Signal direkt empfangen wurde oder ob es in der Ionosphäre reflektiert worden war. Wenn es ein reflektierter Strahl war, konnte die Meldung von einem U-Boot stammen, das 500 Meilen entfernt einen Konvoi entdeckt hatte. Die direkten Strahlen waren keineswegs immer lauter, aber sie hatten eine andere Qualität, und das bedeutete, daß sie von einem Boot stammten, das nur etwa 12–15 Meilen entfernt stand. Für eine schnelle Sloop oder einen Zerstörer war das nahe genug, um dem Peilstrahl zu folgen und den Kerl zu erwischen.«

Nach Auffangen einer Funkmeldung von U-603, das eine seiner Korvetten, *HMS Heather,* entdeckt hatte, die den Steuerbordflügel deckte, setzte Macintyre dieses Schiff als Köder ein. Die Korvette erhielt Befehl, eine konstante Geschwindigkeit und Kurs Südwest beizubehalten und so das Wolfsrudel auf sich zu ziehen, während der Geleitzug auf südlichem Kurs ablief. Dieser erfolgreiche Schachzug zeigte einmal mehr, daß die taktischen Funkmeldungen, die die U-Boote für die Verbindung mit der U-Bootführung brauchten, sich als ihre Achillesferse erwiesen.

Macintyres Umgehen der Gruppe »Raubgraf« wurde von der U-Bootführung nur als ein vorübergehender Rückschlag angesehen. Dönitz bereitete schon die Aufstellung für den weit größeren HX 229 vor. Der B-Dienst hatte nicht nur das Auslaufdatum des Geleitzuges, sondern auch die vollständige Route über den Atlantik gemeldet. Solche detaillierten Informationen wurden dem CINCWA aus Sicherheitsgründen über Draht gemeldet, nur das absolute Minimum an Informationen wurde der Trade Division der Admiralität über verschlüsselte Funksprüche mitgeteilt. Aber diesmal war dem Nachrichtenbüro des Eastern Sea Frontier Command in New York ein Fehler unterlaufen. Der Plan für den Geleitzug war der US-Küstenwachenpatrouille vor Grönland über Funk gemeldet worden. Der Schaden wurde noch dadurch verschlimmert, daß dieselbe Quelle ein zweites, ähnliches Signal über Funk gesendet hatte, das sich auf den nach Casablanca laufenden Geleitzug UGS 6 bezog, der am 2. März 1943 aus New York ausgelaufen war.

Doch bei seinem Nachrichten-Coups war dem B-Dienst entgangen, daß der große Geleitzug HX 229 in zwei Teile geteilt worden war. Wegen der großen Zahl von Schiffen, die über den Atlantik geleitet werden sollten, hatte der COMINCH angeordnet, daß die 38 Schiffe des HX 229 am 8. März und die 37 Schiffe des HX 229A einen Tag später aus New York auslaufen sollten. Die beiden Geleitzüge wurden auf verschiedene Kurse geschickt, aber selbst als der B-Dienst eine völlig abweichende Funkmeldung für den HX 229 auffing, als er bereits auf See war, glaubte die U-Bootführung noch immer, daß es sich nur um einen Geleitzug handelte.

Die deutschen Erwartungen steigerten sich, als gemeldet wurde, daß ein weiterer Geleitzug, der SC 122, New York am 5. März verlassen hatte und ebenfalls in die Mitte der weitgestreckten Aufklärungsstreifen lief. Am 12. März geriet die U-Bootführung kurzfristig aus dem Konzept, als eine Botschaft des COMINCH aufgefangen wurde, die den HX 229A nach Norden dirigierte. Die Gruppe »Raubgraf« erhielt zunächst Befehl, den Geleitzug abzufangen, von dem man annahm, daß er der HX 229 sei, aber diese Anweisung wurde zwei Tage später widerrufen, als ein neuer Funkspruch aufgefangen wurde, der dem HX 229 eine völlig andere Position gab und ihn auf einen östlichen Kurs schickte, um der Gruppe »Raubgraf« zu entgehen. Noch immer in Unkenntnis der Tatsache, daß zwei Geleitzüge HX 229 auf See waren, sah Dönitz die erste Funkmeldung als eine Täuschung des Geheimdienstes an. Die Boote der Gruppe »Raubgraf« erhielten Befehl, sich der neuen Position zu nähern, wo HX 229 und SC 122 nur wenige hundert Meilen voneinander entfernt fuhren. So lief HX 229A unbehelligt nach Norden durch ein Seegebiet, das nun feindfrei war.

Bei den Alliierten machte sich jetzt die viertägige Verzögerung der »Ultra«-Meldungen auf fatale Weise bemerkbar. Als der COMINCH seine Kursanweisungen ausgab, hatte er angenommen, daß die Gruppe »Raubgraf« 400 Meilen nordöstlich von Neufundland stand, während sie sich in Wirklichkeit schon 250 Meilen weiter südlich befand. Die Tracking Rooms waren nun auf ihr »inspiriertes Rätselraten« über den Standort des Rudels »Raubgraf« angewiesen, wie aus Commander Winns Zusammenfassung vom 15. März 1943 hervorgeht: »Es gibt keine ›Sondergeheimdienstberichte‹ für den Zeitraum seit dem 11. März, und deshalb ist nicht mit Sicherheit bekannt, wie die U-Boote aufgestellt sind.«

Winn lagen Berichte vor, wonach eine Rekordzahl von 66 U-Booten im Nordatlantik stehen sollte. Sechs Boote, die auf die USA zuliefen, hatten neue Befehle erhalten. »Aber ihr Einsatzgebiet dürfte zwischen den Azoren und den Antillen oder im Gebiet von Florida liegen.« Diese kleinere Gruppe mit der Tarnbezeichnung »Unverzagt« lief auf den amerikanischen Geleitzug UGS 6 zu, verstärkt durch die Gruppe »Wohlgemut«. Der Kurs dieses Geleitzuges war durch den fatalen Funkfehler in der Meldung an die grönländische Küstenwache entschlüsselt worden, die auch den Kurs des HX 229 verraten hatte. Am 12. März unternahmen diese Gruppen eine Operation gegen die amerikanischen Schiffe, aber die U-Boote erreichten wenig. Von dem kampfstarken Geleitschutz gezwungen, unter Wasser anzugreifen, konnten die Deutschen nur drei Handelsschiffe im Austausch für ein U-Boot versenken.

Die U-Bootführung sah den Kampf am UGS 6 als Nebensache an, im Vergleich zu den Entwicklungen, die sich tausend Meilen weiter nördlich ergaben, wo sich 88 Handelsschiffe der Geleitzüge SC 122 und HX 229 der 12 Boote starken Gruppe »Raubgraf« näherten. 350 Meilen weiter östlich liefen die 28 Boote der Gruppen »Stürmer« und »Dränger« in einem 500 Meilen breiten Aufklärungsstreifen stetig nach Westen.

Die Schlacht in der Mitte des Ozeans

Die Geleitzugverteidigung war zu ungleichmäßig verteilt, um mit dem Angriff fertigzuwerden. Der SC 122 hatte mit neun Geleitfahrzeugen die stärkere Verteidigung, weil langsamere Konvois immer in größerer Gefahr waren, angegriffen zu werden. Auch dem HX 229A, der unbehelligt nach Norden ausweichen konnte, war starker Geleitschutz zugeteilt worden. Der HX 229 hingegen wurde nur von einer hastig zusammengekratzten Geleitgruppe geschützt. Ursprünglich war die Geleitgruppe B 4 Royal Navy für den HX 229 vorgesehen, aber wegen verschiedener Sturmschäden konnten nur drei Schiffe eingesetzt werden. Die Sache verschlimmerte sich noch, als der Geleitschutzführer, Commander Day, feststellte, daß sein Zerstörer *Highlander* in St. Johns ins Dock mußte und bis zum 15. März nicht auslaufen konnte. So übertrug er das Kommando über die Eskorten an Korvettenkapitän Luther auf dem Zerstörer *Volunteer*. Der zweite Zerstörer der

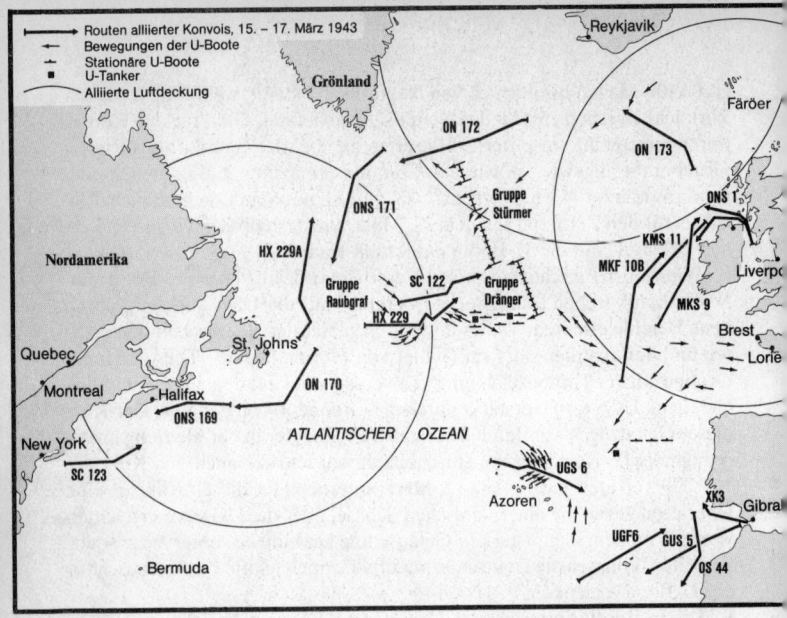

Gruppe, *Beverley*, und zwei Korvetten, *Anemone* und *Pennywort*, wurden durch zwei alte Zerstörer verstärkt. »Der Geleitschutz dieses Konvois war sehr ungenügend«, gab der Bericht des CINCWA später zu: »Die Aufgabe des dienstältesten Offiziers, der ohnehin nicht der dienstälteste Offizier war, wurde durch das Fehlen eines Rettungsschiffes erschwert.«

Dennoch hatten die beiden Geleitzüge bis zum 14. März 1943 das Glück auf ihrer Seite und kamen außergewöhnlich gut voran. Beide liefen unentdeckt durch die Gruppe »Raubgraf«. In jener Nacht erbat Korvettenkapitän Luther über Funk vom CINCWA einen nördlicheren Kurs. Er wollte die Heimreise abkürzen, weil einer der alten Zerstörer, die *Witherington*, wegen Treibstoffmangels zurückkehren mußte. Da er keine Antwort erhielt, entschied Luther auf eigene Faust, den Kurs einige Grad nördlich zu legen. Dies war eine fatale Entscheidung, denn durch einen unglücklichen Zufall kreuzte der Geleitzug auf diese Weise den Kurs eines einsamen U-Bootes, das mit Maschinenschaden nach Frankreich zurückfuhr. Am frühen Morgen des 16. März 1943 wurden die Masten des Geleitzuges von dem Ausguck auf U-653 entdeckt, und das Boot funkte sofort die Sichtungsmeldung: »Beta, Beta. BD 1491. Geleitzug Kurs 70.«

Dies war die Meldung, auf die die U-Bootführung 24 Stunden lang unruhig gewartet hatte. Vor der großen Nordatlantikkarte in dem behelfsmäßigen Lagezimmer im Hotel am Steinplatz stand Dönitz' Stab und betrach-

Der Höhepunkt der Geleitzugschlachten kam Mitte März 1943. Vier U-Bootrudel stürzten sich auf die Konvois. Der HX 229 und der SC 122 wurden nacheinander von etwa 40 Booten angegriffen. 22 Schiffe, darunter zahlreiche Tanker, fielen der Attacke zum Opfer.

tete sorgfältig die Nadeln, die die U-Boot-Aufklärungsstreifen darstellten. Es wurde entschieden, acht der am nächsten stehenden Boote der Gruppe »Raubgraf« und zwei U-Boote, die weiter östlich von einem U-Tanker versorgt wurden, mit voller Geschwindigkeit vorstoßen und den gemeldeten Geleitzug abfangen zu lassen, der fälschlich für den SC 122 gehalten wurde. Gleichzeitig erhielten elf Boote der Gruppe »Stürmer« Befehl, am nächsten Morgen zum Wolfsrudel zu stoßen. Die verbleibenden sechs Boote sollten eine Position einnehmen, um ausweichenden Schiffen den Weg abzuschneiden. So verblieb für den zweiten erwarteten Geleitzug die Gruppe »Dränger«.

Am frühen Nachmittag traf das erste der angreifenden Boote, die nach den Peilzeichen von U-653 fuhren, am HX 229 ein und hielt Fühlung. Die erfahrenen U-Bootkommandanten brauchten nicht lange, um eine schwache Stelle zu finden. Kurz vor Mitternacht hörte man im Geleitzug den ekelhaften Aufschlag eines Torpedos, als ein norwegischer Frachter getroffen wurde und in wenigen Minuten versank. Die Nacht war so hell, daß Snow-flake-Raketen kaum erforderlich waren, um die Szene zu beleuchten, als der Geleitschutz einen erfolglosen Gegenangriff unternahm. Zwei Stunden später drang Kapitänleutnant Manseck auf U-758 durch die Verteidigung und feuerte in zehn Minuten vier Torpedos in die Kolonne der Handelsschiffe. Drei wurden getroffen und sanken innerhalb von Minuten.

Die überlasteten Geleitfahrzeuge konnten wenig tun. Beim fünften Angriff in dieser Nacht versuchte Fregattenkapitän Mayall, der Geleitzugkommodore an Bord von *MV Abraham Lincoln,* ein neues Manöver, um den Geleitzug zu retten: »Ich nahm an, daß die U-Boote entweder an beiden Seiten unserer Vormarschlinie verteilt waren oder entlang unserem Kurs rollende Angriffe vortrugen. Es mußte etwas getan werden, um sie abzuschütteln. Ich wartete, bis ich um 03.15 Uhr glaubte, daß sie getaucht hatten, und befahl eine scharfe Wendung nach Backbord (nur durch Schallsignal) und um 03.30 Uhr eine weitere scharfe Wendung nach Backbord ... Ich glaubte, daß diese plötzlichen Kursänderungen die gewünschte Auswirkung hatten und den Plan der U-Boote zunichte machten. Auf jeden Fall wurden wir bis zum 17. März 11.05 Uhr nicht angegriffen.«

Wie Mayall annahm, hatten Rettungsunternehmen und fruchtlose Asdic-Suchen die Verteidigung des Geleitzuges auf zwei Fahrzeuge verringert, wodurch sich die U-Boote nähern konnten und katastrophale Ergebnisse erzielten. Luthers dringende Funksprüche machten Admiral Horton klar, daß der schwach geschützte Konvoi in großer Gefahr war. Die *Highlander* dampfte nun, begleitet von zwei Korvetten, auf den Geleitzug zu. Es bestand die Versuchung, zeitweilige Hilfe vom SC 122 zu entsenden, der zu dieser Zeit nur etwa 150 Meilen entfernt stand. Horton entschied widerstrebend, daß dies zu riskant sei, weil höchstwahrscheinlich der SC 122 bald von dem Strom der U-Boote, die auf ihre Beute zuliefen, angegriffen würde. Statt dessen erhielten Zerstörer Befehl, aus Reykjavik auszulaufen und zum Geleitzug zu stoßen.

Diese schmerzliche Entscheidung erwies sich wenige Stunden später als völlig gerechtfertigt, als Kapitänleutnant Manfred Kinzel auf U-338, der zur Gruppe »Stürmer« gehörte, mitten durch die beiden Geleitfahrzeuge fuhr, die vor dem SC 122 fuhren. Zunächst verwirrte seine Sichtmeldung in den frühen Stunden des 17. März die U-Bootführung, da sie versuchte, die Identität der Geleitzüge zu klären. Dies hielt Kinzel nicht davon ab, seine Chance zu nutzen, bevor er sich zurückzog. Da die Geleitfahrzeuge nicht durch Kurzwellenpeilungen gewarnt waren, hatte sie der Angriff völlig unvorbereitet getroffen. Das weiße Glühen der »Schneeflocken« zeigte bald, daß zwei Frachter sanken. Einer brannte, und ein vierter war lahmgeschossen und blieb zurück.

Bei Tagesanbruch am 17. März 1943 waren sowohl der HX 229 wie auch der SC 122 von U-Booten umringt, die jetzt auch tagsüber angriffen. Aus dem HX 229 wurden zwei Nachzügler versenkt, und als die U-Bootführung den Booten der Gruppen »Stürmer« und »Dränger« befahl, sich auf den SC 122 zu konzentrieren, sah es aus, als ob der Tag des Heiligen Patrick 1943 den U-Booten einen triumphalen Sieg bringen würde.

Aber zur Verblüffung der U-Bootführung nahm das Gefecht einen anderen Verlauf. Plötzlich mußten die U-Bootkommandanten, die sich am

SC 122 gesammelt hatten, vor Luftangriffen nottauchen. Ihre Überraschung war noch größer, als sie feststellten, daß es kein Trägerflugzeug war, das auf sie herabstieß, sondern ein viermotoriger Bomber. Die VLR-Liberator, die um Mitternacht von ihrem 900 Meilen entfernten Stützpunkt in Castle Archdale, Nordirland, gestartet war, hatte Befehl, ihre Treibstoffreserven bis zum Äußersten auszunutzen, nachdem Horton das Coastal Command dringend um Luftdeckung über den bedrohten Geleitzügen gebeten hatte. Die plötzlichen, aggressiven Angriffe des australischen Piloten, Flying Officer Cyril Burcher, zwangen viele der Boote der Gruppe »Stürmer« zum Tauchen, darunter auch Kinzels U-338. Aber die Zeit der Liberator über den Konvois war kurz, und bald flog die Maschine mit Kurs Ost ab. Burchers Abflug erlaubte es Kinzel, wieder zum Angriff überzugehen und noch einen Frachter zu versenken, aber die Hoffnung der Gruppe »Stürmer« auf eine wilde Jagd am Nachmittag wurde durch das Eintreffen einer zweiten Liberator der 86. Staffel, die das Rudel wieder unter Wasser zwang, zunichtegemacht.

Hundert Meilen achteraus kämpften der schwer bedrängte Luther und seine überlasteten Geleitfahrzeuge an jenem Morgen ohne Luftdeckung weiter gegen das Rudel »Raubgraf«. Zwei weitere Schiffe wurden versenkt, obwohl der Geleitzug enger zusammengerückt war. Am Nachmittag wurden zwei Nachzügler von einem U-Boot, das achteraus folgte, auf den Grund geschickt. Über Funk bat Luther den CINCWA um Hilfe und wies daraufhin, daß »kaum Hoffnung bestand, mehr als einen Bruchteil des Geleitzuges zu retten«, weil die Geleitfahrzeuge sowohl Überlebende retten als auch den Konvoi schützen mußten und diese doppelte Aufgabe nicht erfüllen konnten.

Um 2.30 Uhr nachmittags stieg die Stimmung beim HX 229, als die Männer eine Liberator sichteten, der es gelungen war, den Geleitzug zu finden. Das Flugzeug zog vier Stunden lang seine Kreise um die Schiffe. Der Pilot verbrauchte fast sämtliche Treibstoffreserven, und es war keineswegs sicher, daß er heil zurückkommen würde, aber seine Aktion zwang das Rudel, die Operation abzubrechen. Dies war Luther zunächst nicht klar geworden. Kurz vor dem Abflug des Flugzeuges wurde eine Meldung von der Liberator geblinkt: »Sechs Leichenwagen (U-Boote) Peilung 120 Grad. 25 Meilen. Ich fliege ab.« Der entsetzte junge Geleitschutzkommandeur las die Meldung falsch und glaubte, daß sechs Boote innerhalb von fünf Meilen von seinem Geleitzug standen. Seine Ansicht über die Chancen des HX 229, die kommende Nacht zu überleben, war äußerst pessimistisch: »Diese niederschmetternde Information ließ mich ernsthaft nachdenken. *HMS Mansfields* Treibstofflage erlaubte nicht, daß sie mit hoher Geschwindigkeit fuhr, und ein Geleitfahrzeug zurück zum Kampf gegen das Rudel auszusenden, würde den Angriff nur verzögern. Ich beschloß deshalb, nichts zu tun, sondern die Ereignisse abzuwarten und zu handeln,

Die Längststrecken-Liberators, die von Island (oben) und Nordirland aus in die Geleitzugschlachten eingriffen (rechts), waren auch für den HX 229 die Rettung in höchster Not.

wenn sie sich ereigneten. (Ich sah das Schlimmste voraus und glaubte, daß wir auf eine Nacht warteten, die unsere letzte sein konnte.) Und nur drei Geleitfahrzeuge (eines davon eine lahme Ente), um die Schlacht zu kämpfen und für die Überlebenden zu tun, was wir tun konnten.«

In ihrem Hauptquartier in Berlin sahen Dönitz und sein Stab die Lage anders. Sie erkannten, daß die Flugzeuge die Gruppe »Raubgraf« vom HX 229 abgedrängt hatten. Aber Dönitz hoffte noch immer, seine Kräfte für einen Angriff in der folgenden Nacht aufstellen zu können, insbesondere, wenn das Wetter schlechter wurde und die Flugzeuge nicht fliegen konnten. Aber die Rudel waren schon geschwächt, weil einige U-Boote sich zum Auftanken zu den »Milchkühen« im Mittelatlantik zurückziehen und andere nach Norden geschickt werden mußten, um einen neuen Aufklärungsstreifen, »Seeteufel«, zu bilden, der den langsamen, westwärts laufenden Geleitzug ONS 1 abfangen sollte.

Der größere Teil der beiden Konvois war also gerettet, aber in der dreitägigen Schlacht waren 22 Schiffe versenkt worden. Als sich Dönitz' Stab an jenem Abend zum ersten längeren Schlaf nach fast vier Tagen zurückzog, konnte er über die Tatsache befriedigt sein, daß die Verluste der ersten 20 Märztage nun auf 97 Schiffe mit über 500000 Tonnen gestiegen waren. Für viele Männer, in London ebenso wie in Berlin, war die Wirksamkeit des ganzen Geleitzugsystems in Frage gestellt.

»Dies ist der bisher größte Erfolg in einer Geleitzugschlacht«, verkündete die U-Bootführung triumphierend im Abschlußbericht, wobei sie besonders hervorhob, daß fast die Hälfte der beteiligten U-Boote mindestens einen Treffer erzielte. Bei einer Konferenz des U-Bootabwehr-Komitees in London am 22. März 1943 wurde die Frage gestellt, ob England eine Niederlage auf See werde hinnehmen müssen. Die Admiralität war bestürzt, daß zwei Drittel der Gesamtverluste aus stark verteidigten Geleitzü-

Training in der Rudeltaktik.

KK Suhren läßt jüngere U-Bootoffiziere einen Angriff auf einen Konvoi durchführen.

gen versenkt worden waren. An eine Invasion der »Festung Europa« sei vorläufig nicht mehr zu denken, meinte Admiral Pound: »Es gibt nicht ausreichend Schiffsraum, der es uns erlauben würde, die Offensiven gegen den Feind zu eröffnen, die beschlossen sind. Jedes versenkte Schiff macht die Lage schlimmer.« Und die Härte der Kämpfe würde noch zunehmen: »Wir können uns nicht länger darauf verlassen, zu versuchen, U-Bootrudel zu umgehen, und deshalb müssen wir die Geleitzüge durch sie durchkämpfen. Wir können bis zum Herbst nicht die Anzahl der Geleitfahrzeuge an den Konvois erhöhen. Wir stellen so schnell wie möglich Langstrecken-Flugzeuge für die Deckung der Geleitzüge, aber wir werden bis Mitte des Sommers keine ausreichende Stärke für wirksame Gegenangriffe erreichen.«

Angesichts dieser pessimistischen Denkschrift war es kaum überraschend, daß die Admiralität zu dem offiziellen Urteil gelangte, daß »die Deutschen niemals so nah daran waren, die Verbindungen zwischen der neuen und der alten Welt zu zerreißen, wie in den ersten 20 Tagen des März 1943«. Einige hochgestellte Marinestabsoffiziere fragten sich bereits, ob das Risiko nicht geringer wäre, wenn man die Schiffe allein fahren ließe. Der Oberbefehlshaber der Western Approaches erwiderte sofort, daß solche Vorschläge alle Lektionen des Ersten Weltkrieges und die derzeitigen Erfahrungen außer acht ließen. Er legte dar, daß eine nähere Untersuchung der Tatsachen einen anderen Trend anzeigte. Die jüngsten Verluste waren dadurch entstanden, daß der Geleitschutz zu schwach war. Außerdem hatte sich der »Schneeballeffekt« einer Geleitzugschlacht deutlich gezeigt: je mehr Schiffe versenkt wurden, desto stärker waren die Eskorten beansprucht, und desto größer wurden die Chancen der U-Boote. Er betonte auch, daß der entscheidende Wendepunkt in der Schlacht durch das Eintreffen von VLR-Liberators des Coastal Command bewirkt worden war.

Vergeltung:

April - Mai

Alle Augen waren nun auf die nächste Welle von Geleitzügen gerichtet, die in den Zähnen der Äquinoktialstürme durch den Atlantik pflügten. Die U-Boote lauerten schon auf sie. Die vom B-Dienst aufgefangenen Funkmeldungen hatten den Kurs des westwärts laufenden langsamen Geleitzuges ONS 2 und der beiden ostwärts fahrenden Konvois SC 123 und HX 230 verraten. In Erwartung einer Chance für einen weiteren Großangriff hatte Dönitz zwei neue Aufklärungsstreifen (»Seewolf« mit 17 Booten und die weiter südlich stehende Gruppe »Seeteufel« mit 15 Booten) gebildet, um den Weg der Geleitzüge zu blockieren. Die Handelsschiffe wurden planmäßig gesichtet, aber die turmhohen Seen machten es den U-Booten unmöglich, einen Angriff zu eröffnen. Der Kommandant von U-260, Kapitänleutnant Hubertus Purkhold, meldete seine Schwierigkeit bei der Verfolgung eines 8000-Tonnen Frachters in Seen, die von orkanartigen Böen getrieben wurden: »Bei dem Versuch, mit äußerster Kraft und Großer Fahrt vor der See zu laufen, zweimal mit dem Boot untergeschnitten. Durch Hartruder, Anblasen und Fahrtverminderung kommt das Boot gut aus der See heraus. Auf der Brücke gibt es kein Halten, Kommandant und Wache sind nach einer halben Stunde halb ertrunken. Durch Turmluk, Sprachrohr und Dieselzuluftmast innerhalb kürzester Zeit 5 Tonnen Wasser im Boot.«

Als das Wetter in den letzten Märztagen besser wurde, entdeckten die am SC 123 stehenden U-Boote eine starke Verteidigung um die Geleitzüge, darunter die wuchtige Silhouette des Geleit-Flugzeugträgers *USS Bogue,* dessen Avengers und Wildcats bereitstanden, um die U-Boote unter Wasser zu zwingen. Aus diesen beiden Konvois ging nur ein Schiff verloren, und die Gesamtverluste an Schiffsraum im März wurden zur Erleichterung der Admiralität unter 700 000 Tonnen gehalten.

Im April begann sich der Lauf der Ereignisse unmerklich zu wenden. Die Zahl der U-Boote auf See war hoch wie immer, aber der monatliche U-Bootabwehrbericht der Admiralität wies mit Befriedigung auf die zurückgehenden Erfolge der U-Boote hin und merkte an, daß das Tempo der Schlacht »aufgrund jüngster Erfahrungen nachzulassen scheint«.

Nachdem die U-Bootführung den HX 230 nicht abgefangen hatte, gelang es ihr, genügend Boote aus einer »Milchkuh« aufzutanken, um mittwegs zwischen Grönland und Island einen 280 Meilen breiten Aufklärungsstreifen bilden zu können, der den schnellen Geleitzug HX 231 abfangen sollte. Der Geleitzug, der von Commander Grettons Geleitgruppe B 7 eskortiert wurde, wurde am 4. April entdeckt. Dies gab den 18 Booten der Gruppe »Löwenherz« Zeit, sich dem Geleitzug trotz des Auftauchens einer Liberator am Nachmittag und eines Ausweichmanövers nach Norden im Rudel zu nähern. Gedrängt durch Funksprüche von Dönitz, alles in den Angriff zu werfen, begann das Wolfsrudel eine zweitägige Schlacht mit dem gut verteidigten Geleitzug. Es gelang den U-Booten nur, zwei Schiffe zu versenken, aber sie fingen später noch vier Nachzügler ab. Sie verloren U-635 an die Geleitfahrzeuge und U-632 an Flugzeuge, bevor das Rudel abberufen wurde.

In der nächsten Woche gelang es dem Aufklärungsstreifen, sich neu zu bilden, um den westwärts laufenden Geleitzug ONS 176 abzufangen. In einer zweitägigen Operation rächten sie sich an den Geleitfahrzeugen mit der Versenkung des Zerstörers *HMS Beverley* und vier Handelsschiffen. Gleichzeitig gelang es einem anderen Rudel, drei Schiffe aus dem HX 232 zu versenken. Fünf Tage später wurde der nächste schnelle Konvoi HX 233 erfolgreich um die Wolfsrudel herumgeführt, nachdem seine erfahrene Geleitgruppe unter amerikanischer Führung das fühlunghaltende U-Boot abgedrängt hatte. Die »Harriers« (die US-Geleiteinheit A 3 unter dem Kommando von Kapitän P. R. Heineman auf dem Küstenwachkutter *Spencer*) wurden ihrem Ruf als bestes Geleitteam der US-Navy gerecht, als sie U-175 versenkten, dessen Kommandant, Korvettenkapitän Bruns, am 17. April einen Unterwasserangriff bei Tag versucht hatte. Aus diesem Geleitzug ging nur ein Nachzügler verloren, aber Dönitz war noch immer entschlossen, den Angriffsdruck aufrechtzuhalten. Er befahl eine schnelle Abfertigung der Einsatzboote in den Stützpunkten in Frankreich. Aber die nördlich gebildete Gruppe »Meise« war zunächst wenig erfolgreich. »Anscheinend war den Engländern die Aufstellung der ... U-Bootgruppe ... bekannt«, mußte Dönitz feststellen. Erst Ende April erfaßte die Gruppe »Meise«, die quer über den »Flaschenhals« südlich von Grönland gelegt worden war, zwei Geleitzüge, und am 21. April begann eine viertägige Schlacht an den Konvois HX 234 und ONS 3. Sieben Schiffe wurden versenkt, aber der zusammenfassende Bericht des »Sondergeheimdienstes« meldete, daß die Operation des Rudels »bemerkenswert lahm« gewesen sei. Eines der Boote von »Meise« wurde durch ein amerikanisches Flugzeug versenkt, das Deckung für die Geleitzüge flog. Commander Winn berichtete, daß »die beteiligten U-Boote sich wiederholt und bitter über die Allgegenwart und Wirksamkeit der Flugzeuge beklagten, die am 24. April ständig am Konvoi standen«. Die U-Bootführung hatte ihre Kommandan-

Im Feuerhagel. »Heineman's Harriers« haben U-175 (KL Heinrich Bruns) mit einem Wasserbombenangriff zum Auftauchen gezwungen. Ein Besatzungsmitglied sucht hinter dem zerfetzten Turm Deckung vor dem konzentrierten Feuer der Geleitschiffe, dann werden Überlebende an Bord geholt.

ten angewiesen, die Flugzeuge ihrerseits zu beschießen, aber solche Befehle, so bemerkte Winn trocken, seien »nur den kühneren Kommandanten sympathisch, deren Fehlen beim Angriff auf den HX 234 auffällig war«. Ende April zeigten die Statistiken eine entscheidende Wende des Tonnagekrieges. 313 000 Tonnen Schiffsraum waren verloren, weniger als die Hälfte der Versenkungen im März. Vor allem war es kaum noch gelungen, Schiffe aus den Geleitzügen selbst zu versenken. Auch deutsche Propagandasendungen, so vermerkte der monatliche Bericht der Admiralität, sprachen nur »von der Hälfte der Märzzahlen, oder 425 000 Tonnen. Dies mag auf der Erkenntnis beruhen, daß die Tonnage, die sie als versenkt angeben können, begrenzt ist, angesichts der offensichtlichen Tatsache, daß in Nordafrika weiterhin Lieferungen in großem Ausmaß eintreffen.«

Die deutsche Propaganda verschwieg, daß im April 14 U-Boote im Nordatlantik versenkt worden waren. Sieben waren von Geleitfahrzeugen versenkt worden, und die gleiche Anzahl durch Flugzeuge. Die Verlustrate war nun auf ein vernichtetes U-Boot für drei Handelsschiffe gestiegen.

»Der Funkverkehr der U-Boote«, meinte Winn, »vermittelt den Eindruck, daß der Kampfgeist der Besatzungen, die zur Zeit an Operationen im Nordatlantik teilnehmen, gering und daß die allgemeine Moral erschüttert ist.«

Fünf kampfstarke unabhängige »Support Groups« standen nun zur Verstärkung der Geleitgruppen zur Verfügung. Die 5. und 6. Gruppe stützten sich auf die Geleitträger *HMS Dasher* und *USS Bogue,* und nach monatelangen Verzögerungen durch umfangreiche Umbauten, auf denen die Admiralität bestanden hatte, konnten auch die in den USA gebauten Träger *Biter* und *Archer* von der Royal Navy in Dienst gestellt werden. Mit Hilfe der VLR-Liberators und der Geleitträger hatten die Alliierten die »Luftlücke« über dem Atlantik geschlossen.

Die Verbesserungen, die durch den ständigen Aufbau der Luftverteidigung an den Geleitzügen entstanden, wurden ergänzt durch eine bessere Zusammenarbeit zwischen den alliierten Marinen, die ein direktes Ergebnis der Konvoi-Konferenz in Washington im März war. Nun war endlich das administrative Chaos zu Ende, das sich bei der Geleitsteuerung auf dem Nordwestatlantik entwickelt hatte, wo nicht weniger als fünf unabhängige Kommandostrukturen sich gegenseitig überschnitten hatten. Sehr zur Überraschung der Briten und Kanadier hatte Admiral King auf der Washingtoner Konvoi-Konferenz im März ihren Vorschlag unterstützt, den atlantischen Kriegsschauplatz in zwei Gebiete nördlich und südlich des 40. Breitengrades zu teilen. In Halifax wurde ein neues Northwest Atlantic Command nach dem Vorbild von Admiral Hortons Western Approaches Command gebildet. Mit Rücksicht auf die Kanadier wurde es ihrem Kommando unterstellt. Konteradmiral Murray (RCN) erhielt den Befehl über ein Gebiet, das sich bis zur CHOP-Linie bei 47 Grad West erstreckte, wo der CINCWA übernahm. Das südliche Gebiet unterhalb des 40. Breitengrades blieb in der Verantwortung des COMINCH in Washington.

In der Zwischenzeit wurde der Druck der U-Boote auf dem ganzen Ozean aufrechterhalten, mit Versenkungen vom Eismeer bis zum Indischen Ozean. Aber die Schlacht am Geleitzug ONS 5, einer langsamen Prozession von 42 Schiffen in der Obhut von Commander Peter Grettons Geleitgruppe B 7, die den Zerstörer *Duncan,* eine Fregatte und vier Korvetten umfaßte, bestätigte, daß die Angriffe auf die Konvois immer gefährlicher für die U-Boote wurden. Vor dem Geleitzug, der mit schwerer See zu kämpfen hatte, hatte Dönitz im Westatlantik einen gewaltigen Empfang organisiert. Die Gruppe »Amsel« mit elf Booten patrouillierte vor Neufundland, und im Norden und Osten standen die 17 Boote der Gruppe »Specht« und 14 Boote der Gruppe »Star«.

Am 28. April 1943, eine Woche nach seinem Auslaufen, dampfte der Geleitzug mit 6 Knoten in die Gefahrenzone. Funksprüche, die an diesem Tag aufgefangen wurden, machten Gretton bewußt, daß die U-Boote Fühlung hatten. Ein Rudel von 14 U-Booten hatte sich sammeln können, weil die Luftpatrouillen aus Island durch schlechtes Wetter behindert waren und der Geleitzug lange Zeit ohne Luftdeckung blieb. Aber Grettons Geleitfahrzeuge schlugen 5 Angriffsversuche resolut zurück, und die Deutschen erzielten erst im Morgengrauen des 29. April einen Erfolg, als der Frachter *McKeesport* torpediert und versenkt wurde.

Inzwischen ging den Geleitfahrzeugen am ONS 5 der Treibstoff aus, da sie in der schweren See aus dem Hilfstanker nicht hatten auftanken können. Gretton selbst war gezwungen, sein Kommando an Lieutenant Commander Sherbrooke auf der Fregatte *Tay* abzugeben, um zwei seiner Zerstörer nach St. Johns zum Auftanken zu führen. Im folgte bald die *Vidette,* aber das Eintreffen von 5 Zerstörern der 3. Support Group verstärkte die Verteidigung des Geleitzuges im entscheidenden Augenblick. Am 4. Mai entschloß sich Dönitz, das volle Gewicht aller seiner Boote im Westatlantik gegen den ONS 5 zu werfen. Die Gruppen »Specht« und »Star« wurden zu einer mächtigen Gruppe »Fink« massiert, zu denen noch 12 U-Boote der Gruppe »Amsel« stießen. Nun liefen vierzig U-Boote auf den ONS 5 zu. »Ich bin sicher, daß Sie mit allem kämpfen werden, was Sie haben.«

Die bedrängten Geleitschutzkommandanten wußten durch die unaufhörlichen Funksprüche der U-Boote, daß sie einem gewaltigen Rudel gegenüberstanden. Sie verteidigten ihren Geleitzug energisch und aggressiv. Die Geleitfahrzeuge liefen an Funkpeilungen entlang, um jedes sich nähernde U-Boot zum Tauchen zu zwingen. In den frühen Morgenstunden des 5. Mai 1943 brach unter dem dauernden Druck der U-Boote der Geleitschutz zusammen. In zwei Stunden fielen fünf Schiffe ihren Torpedos zum Opfer, aber der Funkverkehr zeigte, daß auch die Deutschen schwer litten: »U-Boot 31 meldet beträchtlichen Schaden durch Wasserbombenangriff ... Kehrt zum Hafen zurück; U-Boote 9 und 22 wurden ebenfalls stark mit Wasserbomben beworfen und mit Artillerie angegriffen ... U-Boot 7 wurde durch einen Zerstörer zum Tauchen gezwungen, und U-Boot 20, das schwer beschädigt war, kehrte über das Versorgungsschiff zum Hafen zurück ...«

Der Oberbefehlshaber der Western Approaches, der durch Meldungen des Tracking Room über die wachsende Bedrohung des Geleitzuges informiert war, befahl der 1. Support Group, die Verteidigung am Konvoi zu verstärken. Catalinas der Royal Canadian Air Force aus Neufundland gelang es in der schweren Turbulenz, eine Reihe von harten Einsätzen an den Rand ihrer Reichweite zu fliegen, um die U-Boote unter Wasser zu halten. Aber als beste Verteidigung des Geleitzuges erwies sich das Wetter. Ein schwerer Sturm tobte drei Tage lang. Dies behinderte das Rudel »Amsel« ebenso wie den Geleitzug, der nur 20 Meilen am Tag vorankam. Als der Sturm sich legte, erlebte Gretton den schlimmsten Alptraum eines Geleitschutzkommandanten. Der Konvoi war durch den Sturm auseinandergerissen worden. So war seine Verteidigung geöffnet, weil die Geleitfahrzeuge Nachzügler suchten.

Zum Glück für Gretton wurde die Aufmerksamkeit der U-Bootführung durch die Chance abgelenkt, eine größere Beute in Form des langsamen, ostwärts laufenden Geleitzuges SC 128, der mit Kriegsmaterial für England beladen war, zu erfassen. Die Gruppe »Specht« und »Star« hatten Befehl, Nordkurs zu laufen, um zu versuchen, den Geleitzug abzufangen, aber zum Ärger der U-Bootführung schien es sehr schwierig zu sein, einen Angriff gegen den ausweichenden Verband vorzutragen. Die U-Bootführung funkte eine gereizte Meldung an das Rudel: »Nicht zurückhalten ... Mit 31 Booten kann und muß etwas erreicht werden.«

Während des ganzen nächsten Tages hielt das Rudel »Fink« den Druck auf den ONS 5 aufrecht, versenkte zwei Nachzügler und torpedierte zwei weitere Schiffe im Geleitzug. Am frühen Nachmittag befahl die U-Bootführung dem Rudel, vor den Geleitzug zu laufen, um Unterwasserangriffe auszuführen und eine gute Position einzunehmen, um im Schutze der Dunkelheit den Weg in den Geleitzug zu finden. »Unmittelbar nach Einbruch der Nacht«, befahl Dönitz, »muß das Trommeln beginnen. Beeilen Sie sich, da Sie 40 sind, wird nichts vom Geleitzug übrigbleiben.« Die Kommandanten der Gruppe »Fink« gehorchten und griffen an, aber am späten Nachmittag kam das Wetter dem Geleitzug zu Hilfe, als er in eine Nebelbank lief. Zwar behinderte dies die Luftpatrouillen, aber die mit Radar ausgerüsteten Geleitfahrzeuge hatten einen entscheidenden Vorteil. Als sich das Rudel zu dem – nach Ansicht von Dönitz – entscheidenden Nachtangriff näherte, erging es den U-Booten schlecht. Während die U-Boote im schlechten Wetter fast blind waren, konnten die Eskorten ihren Gegner mit dem neuen Zentimeter-Radar, das von den Metox-Geräten nicht erfaßt

Grund zum Jubel. Von Mitte Mai 1943 an gelangen den U-Booten keine Angriffe mehr auf die Geleitzüge. So triumphal wie früher die deutschen Asse in die französischen Atlantikhäfen zurückkehrten, wurden jetzt die britischen Eskorten (hier die Sloop *Magpie*) zu Hause begrüßt.

wurde, deutlich erkennen. Nicht weniger als 5 U-Boote, ein Achtel der Gruppe »Fink«, wurden in wenigen Stunden vernichtet. Nur einem Boot gelang es, die Verteidigung zu durchstoßen und zwei Frachter zu versenken. Der offizielle Bericht zeigt das Ausmaß des Sieges über das größte Wolfsrudel, das je einen Geleitzug angriff: »Während der Nacht vom 5. auf den 6. wurden 24 Angriffe auf den Geleitzug versucht. Alle wurden zurückgeschlagen, und 5 U-Boote wurden versenkt. Die *Oribi* und die *Sunflower* rammten je eines, die *Snowflake* vernichtete eines mit Wasserbomben, die *Loosestrife* bewarf mit Wasserbomben eines, das auftauchte und explodierte, und die *Vidette* meldete einen Treffer mit einem Hedgehog.« Dönitz

gab dem Wetter die Schuld: »Hätte dieser Nebel erst sechs Stunden später eingesetzt, wären mit Sicherheit viele weitere Schiffe versenkt worden ... Fünfzehn Boote erhielten allein in dieser Nebelzeit Wabos, davon wurden sechs Boote im Nebel von ortenden Zerstörern überraschend mit Artillerie angegriffen. Ohne ein Mittel gegen die Ortung waren so die Boote einwandfrei in unterlegener, aussichtsloser Position.« Am 6. Mai befahl die U-Bootführung den Abbruch des Angriffs. Dönitz ermahnte die geschlagenen Kommandanten: »Diese Geleitzugschlacht hat erneut gezeigt, daß die Bedingungen bei einem Geleitzugangriff zu Beginn immer am günstigsten sind. Wer das Überraschungsmoment der ersten Nacht ausnutzt und mit ganzer Kraft angreift, ist der Erfolgreiche.«

Die Bilanz der Schlacht am ONS 5 war bestürzend für die U-Bootführung. 12 Handelsschiffe konnten versenkt werden, aber auch 5 U-Boote waren von den Geleitfahrzeugen vernichtet worden. Zwei weitere waren bei Operationen gegen einen Landungsboot-Konvoi kollidiert und untergegangen, so daß die Verluste sieben Boote betrugen. Die Lektion war klar: Es gab eine Grenze für die Größe eines Wolfsrudels bei einem Angriff, und wenn die U-Boote einen gut verteidigten Geleitzug anpackten, mußten sie Verluste in Kauf nehmen, die in keinem Verhältnis zum Erfolg standen.

Die Ereignisse sollten zeigen, daß der Sieg der Eskorten am ONS 5 kein Zufall war. Im ganzen Mai wurde im Durchschnitt jeden Tag ein U-Boot

Die Geleitträger (links die *Biter*) trugen wesentlich dazu bei, die Lücke in der alliierten Luftdeckung zu schließen, in der die U-Boote hatten angreifen können. Immer mehr Boote und Besatzungen gingen verloren, so daß Dönitz die Schlacht schließlich abbrechen mußte. An Bord des Zerstörers *Hesperus* notiert Ordinary Seaman Buckingham säuberlich, wie viele U-Boote beschädigt oder versenkt wurden.

versenkt, und Ende des Monats war die Atlantikschlacht zugunsten der Alliierten entschieden. »Die Kriegshistoriker«, stellte die Admiralität fest, »werden wahrscheinlich die Monate April und Mai 1943 als die kritische Periode bezeichnen, in der die Kraft der deutschen U-Bootoffensive versiegte... Zum ersten Mal haben die U-Boote ihre Angriffe auf Geleitzüge auch dann nicht vortragen können, wenn die Lage günstig für sie war. Es gibt Grund für die Annahme, daß der Höhepunkt der Anstrengungen des Feindes vorbei ist. Moral und Leistung sind empfindlich und können schnell schwinden, wenn sie nicht mehr von reichen Erfolgen genährt werden.«

Wettlauf mit der Zeit 16.

16.

»*Wir waren in der Atlantikschlacht unterlegen.*«
KARL DÖNITZ *über den Abbruch der Offensive auf
die Atlantikgeleitzüge am 24. Mai 1943*

Obwohl die Stärke der U-Boote im Atlantik im Mai auf den höchsten Stand von 120 Booten stieg, gelang es den Kommandanten immer seltener, die gut verteidigten Geleitzüge zu erfassen und anzugreifen. Die Tracking Rooms und die »Ultra«-Berichte gaben nicht nur Vorauswarnungen über die Bewegungen der Aufklärungsstreifen, sondern die U-Bootführung mußte auch feststellen, daß ihre eigenen Informationsquellen versiegten. Die britische Verschlüsselung war geändert worden, wodurch viele der Informationen des B-Dienstes entfielen, die Dönitz so erfolgreich bei der Aufstellung seiner Aufklärungsstreifen verwendet hatte. »Diese wertvolle Hilfe endete ... Es war natürlich möglich – eine ausreichend große Zahl von Funksprüchen vorausgesetzt –, den Kode zu brechen, aber hieraus konnte kein Vorteil mehr gezogen werden, weil der Feind den Kode nun in kürzeren Abständen als früher änderte, so daß die aufreibende Arbeit, ihn zu brechen, jedes Mal von neuem begonnen werden mußte.«

Es war ein schwarzer Monat für die Angreifer. Vier Tage nach der Niederlage am ONS 5 versenkte ein 36 Boote starkes Rudel nur 5 Schiffe aus dem HX 237 und dem SC 129, und eine Woche später verlor die 17 Boote starke Gruppe »Donau« in einem Gefecht gegen den SC 130 sechs Boote. Kein einziges Handelsschiff wurde versenkt, aber Dönitz verlor seinen eigenen Sohn, der mit U-954 in den Wellen versank.

Es schien, als ob die U-Boote gegen die gut koordinierte und ständig verbesserte Luft- und Seeverteidigung nichts mehr ausrichten könnten. Am 12. Mai 1943 wurde der erste akustische Luft-Horchtorpedo (Fido) geworfen. Diese Torpedos folgten einem tauchenden U-Boot, gesteuert von seinem Schraubengeräusch. Flugzeuge wurden mit Raketen ausgerüstet, und das erste der einsatzfähigen MAD-Flugzeuge startete von Nordafrika aus. Sie waren mit einem Suchgerät ausgerüstet, das das Magnetfeld eines getauchten U-Bootes anzeigte (Magnetic Anomaly Detector). Das U-Bootabwehr-Komitee nahm auch befriedigt zur Kenntnis, daß die amerikanische Hubschrauberentwicklung Fortschritte machte. Die ersten sechs Merchant Aircraft Carriers (zu Flugzeugträgern umgebaute Handelsschiffe) operierten an den Geleitzügen, und zusammen mit den neuen Geleitträgern der Royal Navy erwiesen sie sich als wertvolle Ergänzung der Support-Groups. Sie waren mit Swordfish-Flugzeugen ausgerüstet, die mit ihrem geringen Benzinverbrauch, ihrer niedrigen Geschwindigkeit und der Fähigkeit, Raketen und Torpedos zu tragen, in Verbindung mit dem neuen ASV III-Radar zu den erfolgreichsten U-Bootvernichtern gehörten. Über Funk bis zu 80 Meilen gesteuert, gelang es ihnen immer wieder, die deutschen Aufklärungsstreifen auseinanderzureißen.

Am 17. Mai wurde aus dem Geleitzug ONS 7 noch ein Schiff versenkt, dann gelang den U-Booten im Nordatlantik kein Erfolg mehr. Immerhin waren noch eine Viertelmillion Tonnen Schiffsraum der Alliierten versenkt worden. Aber Dönitz hatte die schwindelerregende Anzahl von 41 U-Booten verloren. Ende des Monats erreichte der Verschleiß der U-Bootwaffe einen Punkt, an dem Dönitz die Angriffe auf die Geleitzüge abbrechen mußte. Die Verbindung von Zentimeter-Radar und Luftpatrouillen ließen ihn zu dem Schluß kommen: »Der Geleitzugkampf in der Rudeltaktik im Nordatlantik, als dem am stärksten luftüberwachten Hauptoperationsgebiet, war in Zukunft nicht länger möglich.« Die Operationen gegen die Geleitzüge konnten erst wieder aufgenommen werden, wenn »es gelang, die Kampfkraft des U-Bootes wesentlich zu verbessern ... Wir waren in der Atlantikschlacht unterlegen.« Am 24. Mai 1943 wurden die U-Boote in das Gebiet westlich der Azoren, weit entfernt von den starkverteidigten alliierten Geleitzügen im Nordatlantik, befohlen.

Ende des Monats meldete sich Dönitz auf dem Berghof. Er habe die U-Boote aus der Schlacht abgezogen, erklärte er Hitler, weil die Intesivierung der Luftpatrouillen und das Auftreten der Geleitträger zu hohen Verlusten geführt hätten. »Der Grund der augenblicklichen Krisis des U-Bootkrieges ist die erhebliche Zunahme der Luftwaffe des Gegners. Das Ausschlaggebende ist, daß die Flugzeuge durch ein neues Ortungsgerät, das auch anscheinend von Überwasserfahrzeugen angewandt wird, in der Lage sind, die U-Boote zu orten und bei tiefer Wolkendecke, Unsichtigkeit oder bei Nacht dann überraschend anzugreifen.« Die gegenwärtige Verlustrate von 30% der in See befindlichen U-Boote mache es unumgänglich, die vorhandenen Kräfte zu schonen. »Ich habe mich aus dem Nordatlantik abgesetzt in den Raum westlich der Azoren, in der Hoffnung, dort weniger Luftüberwachung vorzufinden ... Mit den neu auslaufenden Booten werde ich in abgesetzte Seeräume gehen, in der Hoffnung, daß die dortige Luftüberwachung noch nicht in dem Maße mit den modernen Ortungsgeräten ausgerüstet ist. Ich beabsichtige jedoch, im Juli zur Neumondperiode erneut im Nordatlantik einen Geleitzug anzugreifen unter der Voraussetzung, daß den U-Booten dann zusätzliche Schutzwaffen zur Verfügung stehen.«

Dönitz erhielt die Zusicherung Hitlers, daß die neue Ausrüstung mit höchstem Vorrang entwickelt werden solle, damit die U-Boote ihren

Kampf fortsetzen könnten. Es sollten ein wirksamer Detektor zur Abwehr des alliierten Zentimeter-Radars und eine stärkere Flakarmierung eingebaut werden. Außerdem sollten die U-Boote auf den besonders gefährdeten Anmarschwegen in der Biskaya durch deutsche Luftpatrouillen besser geschützt werden. Dönitz gab sich zuversichtlich: »Wir sind jetzt an einer technischen Waffenfrage gescheitert, gegen die es ein Gegenmittel geben wird. Wieweit aber die Wirkung des U-Bootkrieges hinsichtlich seines Erfolges sich wieder hochziehen läßt, ist nicht vorauszusagen. Ich bin aber trotzdem der Ansicht, daß der U-Bootkrieg geführt werden muß, auch wenn er sein Ziel, größere Erfolge zu erringen, nicht mehr erreicht.«

Auch die Verlagerung des Schwerpunkts in den Mittelatlantik brachte der U-Bootführung keine Erfolge, denn hier griff die amerikanische 10. Flotte mit U-Bootjagdgruppen (oben die *USS Bogue*) ein. Die ständige Verbesserung der Kampfkraft mit Flak, MGs und Schutzschilden für die Bedienungsmannschaften konnte die U-Boote nicht vor den Flugzeugen schützen.

Hitler, der die vernichtende Niederlage der Achsenmächte in Nordafrika am 10. Mai 1943 vor Augen hatte und sich bewußt war, daß die Westalliierten jetzt gegen die »Festung Europa« vorgehen würden, war äußerst besorgt. »Es kommt gar nicht in Frage, daß im U-Bootkrieg etwa nachzulassen sei«, verlangte er. »Der Atlantik ist mein westliches Vorfeld, und wenn ich dort auch in der Defensive kämpfen muß, so ist das besser, als wenn ich mich erst an den Küsten Europas verteidige. Das, was der U-Bootkrieg, auch wenn er nicht mehr zu großen Erfolgen kommt, binden würde, ist so außerordentlich groß, daß ich mir das Freiwerden dieser Mittel des Gegners nicht erlauben kann.«

Dies war die Chance, auf die Dönitz gewartet hatte. Wenn es kein Nachlassen des U-Bootkrieges geben sollte, dann hatte Hitler keine andere Wahl, als die Pläne zu unterschreiben, die bereits zwischen Dönitz und Speer zur Erhöhung der Produktion auf 40 Boote vereinbart waren. Ohne Einwände unterschrieb Hitler den Befehl. Der U-Bootkrieg ging weiter.

Um sicher zu sein, daß seine Kommandanten und Besatzungen ihm in die nächste, bittere Phase des Kampfes folgen würden, rief Dönitz am 2. und 8. Juni seine Amtschefs und Befehlshaber zusammen. »Unter den augenblicklichen Umständen können die Boote gar nicht kämpfen«, mußte er zugeben, »wären genügend Bunkerliegeplätze vorhanden, so wäre es zweckmäßiger, die Boote dort in Sicherheit unterzustellen, bis die neuen Waffen zur Verfügung stehen.« Dennoch glaubte er, daß es nur einiger neuer Ideen bedürfe, um die U-Boote wieder erfolgreich zu machen: »Das Jahr 43 wird eine harte Nuß – die Jahre 44, 45, 46, 47 werden besser werden.« Auch er war sich nicht im klaren darüber, daß das britisch-amerikanische U-Bootabwehrsystem nicht nur auf einer »kleinen elektrischen Erfindung« beruhte.

Mit Dringlichkeit wurde ein Verbesserungsprogramm für die U-Boote des Typs VII begonnen. Im Februar 1943 war ein britisches 10-cm-Radargerät vom Typ H2S mit intakter Magnetronvorrichtung aus dem Wrack eines über Rotterdam abgeschossenen RAF-Bombers geborgen worden. Hierdurch erhielten die für die Luftwaffe arbeitenden Wissenschaftler ihre erste Einsicht in die Geheimnisse des neuen Gerätes. Sofort wurde der Elektronikfirma Telefunken der Auftrag erteilt, ein neues Funkmeßwarngerät zu bauen, aber Telefunken hatte Schwierigkeiten, die erforderlichen Kristalldetektoren für die ultrahohen Frequenzen herzustellen. Als das »Naxos«-Gerät schließlich eingebaut wurde, fanden es die U-Bootbesatzungen mangelhaft. Erst im Juli wurde ein wirksamer und strahlungsfreier Empfänger, der »Hagenuk«, fertig. Die deutschen Wissenschaftler forschten gleichzeitig nach alliierten Detektoren, die Infrarotstrahlungen ausnutzten.

Die deutsche Verwirrung über elektronische Gegenmaßnahmen, die auf widersprüchlicher wissenschaftlicher Beratung und schlecht organisierter Forschung beruhte, belastete die Streitkräfte. Anders als in England und den Vereinigten Staaten, wo Wissenschaftler wie Blackett (Admiralität), Waddington (RAF) und Morse (USN) eng mit den Einsatzeinheiten zusammenarbeiteten und ständig versuchten, die Wirksamkeit der Waffen zu verbessern, gab es im Dritten Reich intensive Rivalität zwischen konkurrierenden Wissenschaftlern und Industriefirmen.

Erst Ende 1943 bildete Dönitz einen »Wissenschaftlichen Führungsstab der Kriegsmarine« unter Leitung des Elektronikfachmannes Professor Dr. Ing. Küpfmüller, der sofort das Naxos-Gerät durch eine Richtantenne verbesserte. Es wurden auch Schritte unternommen, um das Gerät dem neuesten alliierten 3-cm-Radar anzupassen. U-406 wurde als Testboot ausgerüstet, um die alliierten Elektroniksysteme zu sondieren, aber es wurde im Februar 1944 versenkt, bevor es Ergebnisse gebracht hatte.

Dönitz wollte nicht nur die »passive« elektronische Sicherheit der Boote verbessern. Die Kommandanten sollten auch die Chance haben, aufgetaucht gegen die Flugzeuge zu kämpfen. Es wurden 20-mm-Flakvierlinge und eine 37-mm-Schnellfeuerflak hinter dem Turm montiert. Die Besatzung wurde um Flakkanoniere und Ärzte erweitert, um die Opfer der alliierten Luftangriffe zu behandeln. Aber der einzige wirkliche Schutz für die U-Boote bestand darin, soviel wie möglich unter Wasser zu operieren. Deshalb war Dönitz äußerst dankbar, als der Konstrukteur Walter auf dem Höhepunkt der U-Bootkrise im Frühjahr 1943 den Vorschlag machte, die Boote auch bei Dieselmarschfahrt in Sehrohrtiefe unter der Oberfläche fahren und die erforderliche Luft durch ein besonderes Rohr ansaugen zu lassen. Frischluft- und Auspuffrohr wurden zum »Schnorchel« zusammengefaßt, den das U-Boot bei Bedarf ausfahren konnte. Obwohl der Schnorchel bei den Booten vom Typ VII nachträglich eingebaut werden mußte und der Auspuffqualm z. T. die Sicht störte, wurde der Notbehelf akzeptiert. »Die Ortung der Seh- und Luftrohre durch die Funkmeßeinrichtungen ist sicher nur auf kleineren Entfernungen, im Seegang vielleicht überhaupt nicht, möglich«, schrieb Walter am 27. Mai triumphierend an Dönitz.

Die Besatzungen allerdings blieben skeptisch. Sie hatten Angst vor der Erstickungsgefahr und mußten in der Tat erhebliche Beschwerden hinnehmen. Wenn eine Welle das Ventil an der Schnorchelspitze schloß, saugten die Dieselmotoren blitzschnell die Luft aus dem Boot. Im Vakuum quollen den Männern die Augen hervor, während sie verzweifelt nach Luft rangen.

Im Winter 1943/44 wurde eine größere Zahl von Booten mit dem Schnorchel ausgerüstet. Die Vorrichtung gab den Booten zusätzliche Unterwasserzeit, und die bisherigen Typen VII und IX konnten noch bis zum Ende des Krieges eingesetzt werden.

Die »Wunder-Boote«

All diese Entwicklungen waren Notbehelfe. Sie konnten die Kampfkraft der konventionellen U-Boote nicht drastisch erhöhen. Nur die hohe Leistung eines neuen U-Bootes konnte den Deutschen die Initiative zurückgeben. Man setzte große Hoffnungen auf das Walter-Programm, das im vorausgegangenen Herbst begonnen worden war. Die Entwicklung des kleinen Typs XVII und eines größeren Typs XVIII für Atlantikoperationen sollten den U-Bootmännern ein Fahrzeug verschaffen, mit dem sie nicht nur über lange Strecken getaucht fahren konnten, sondern ihren Gegnern auch mit hoher Geschwindigkeit folgen oder ausweichen konnten. Die Boote hatten stromlinienförmige Schiffskörper und besaßen neben einem kleinen Elektromotor eine starke Walter-Turbine, die unter Wasser mit Wasserstoffperoxyd arbeitete und ihnen im Einsatz eine Nenngeschwindigkeit von 24 Knoten geben sollte. Aber Dönitz und seine Männer wurden enttäuscht: Es gab zu viele technische Probleme mit dem neuen Antrieb. So bestand bei dem äußerst flüchtigen Wasserstoffperoxyd stets Explosionsgefahr. Der Umgang mit dem Gas war gefährlich, und die Maschinisten mußten Schutzbrillen und Spezialkleidung tragen. Außerdem mußte die Kriegsmarine bei der Beschaffung auch noch mit der Luftwaffe konkurrieren, weil die Walter-Technik auch bei dem sensationellen Me 163 Raketenjäger »Komet« benutzt wurde und das Wasserstoffperoxyd in Deutschland außerordentlich knapp war. Daran vermochten auch Importe aus der Schweiz nichts zu ändern, weil das importierte Gas für die Walterturbine zu schwach war. Ein neues Werk in Schlesien, das Wasserstoffperoxyd herstellen sollte, war noch nicht einsatzbereit. So konnten die ersten beiden Walter-U-Boote, U-792 und U-794, erst im Oktober 1943 zur Erprobung bereitgestellt werden.

Die Walter-U-Boote kamen also für den Kriegseinsatz nicht mehr in Frage. Mitte 1943 machten die deutschen U-Bootkonstrukteure Oelfken, Bröking und Schürer deshalb den Vorschlag, die stromlinienförmigen Bootskörper, die für die Walter-Boote konstruiert worden waren, für konventionelle Antriebsformen zu nutzen. Statt der Walter-Turbine sollten für die Tauchfahrt zwei superstarke batteriegetriebene Elektromotoren eingebaut werden. Die atlantische U-Bootflotte sollte damit ein U-Boot erhalten, das bis zu 60 Stunden getaucht bleiben und unter Wasser Geschwindigkeiten von 16 Knoten erreichen konnte. Dabei lag die Überwasserreichweite der Diesel noch über dem der IX C-Boote und ermöglichte den Einsatz im gesamten Nord- und Südatlantik ohne Zwischenversorgung. Vor allem aber konnte der neue Typ XXI sofort gebaut werden.

Noch im Mai 1943 wurden die Entwicklungsarbeiten der neuen Boote begonnen. In Hamburg und Wien wurden Tankversuche durchgeführt und eine hölzerne Attrappe gebaut. Am 19. Juni war die Typkonstruktion abgeschlossen, und zehn Tage später teilte Dönitz dem Erfinder der Walter-U-Boote mit, daß für das neue Atlantik-U-Boot nur die äußere Hülle seiner Konstruktion benutzt werden könne. Der Typ XXI sollte in Großserie gehen. Neben dem großen 1600-Tonnen-Typ XXI begann auch die Entwicklung eines kleineren Typs XXIII mit 215 Tonnen für den Einsatz in Küstengewässern. In der Hoffnung, daß die technischen Probleme gelöst werden könnten, wurde die Arbeit am Walter-Boot (Typ XXVI) fortgesetzt. Die neuen Typen boten für Dönitz die Aussicht, die Initiative auf See zurückzugewinnen. Die Boote würden sicher vor Flugzeugen und mit ihrer Unterwassergeschwindigkeit schneller als fast jedes Geleitfahrzeug sein. Daneben würde der Typ XXI in der Lage sein, 300 m tief zu tauchen, was weit unterhalb der Reichweite der Wasserbomben war. Ein neues halbautomatisches hydraulisches Ladesystem erlaubte es, innerhalb von 20 Minuten bis zu 18 Torpedos abzufeuern.

Der Entscheidung für den Typ XXI ging offensichtlich ein taktisches Umdenken bei Dönitz voraus. Die großen neuen Boote sollten nicht mehr in Gruppen, sondern allein operieren. Sie sollten sich seitlich oder von vorn an die Geleitzüge heranschleichen, im Blitzangriff einen Fächer von sechs Torpedos abschießen und dann zum Nachladen unter den Konvoi tauchen. Die neuen Unterwasser-Horch- und Ortungsgeräte »Nibelung« und »Balkon« sollten es dem Kommandanten ermöglichen, mit den Schiffen an der Oberfläche Fühlung zu halten und aus der Tiefe erneut anzugreifen. Solange es getaucht blieb, war das U-Boot vom Typ XXI mit seiner hohen Unterwassergeschwindigkeit, seinem gummibeschichteten Rumpf und seiner großen Tauchtiefe nur sehr schwer zu entdecken und zu bekämpfen.

Für die alliierte Schiffahrt auf dem Atlantik konnte sein Einsatz katastrophal werden. Selbst wenn die Boote vom Typ XXI keine Wende des Krieges mehr herbeiführten, konnten sie bei massenhaftem Einsatz die Invasion in Frankreich noch mehr verzögern oder unmöglich machen. Aber es erschien immer unwahrscheinlicher, daß das U-Bootprogramm überhaupt noch durchgeführt werden konnte. Es stellte sich heraus, daß die konventionellen Schiffsbaumethoden nicht ausreichten, um die neuen Boote in genügender Zahl an die Front schicken zu können. Immer noch waren am U-Bootbau die verschiedensten Werften beteiligt, und die Bootsrümpfe wurden immer noch auf traditionelle Weise auf Kiel gelegt und zusammengeschweißt, ehe die Maschinen, die Waffen und die sonstige Ausrüstung eingebaut wurden. Der Ausstoß war sehr unterschiedlich, je nach Größe der Werft. Während bei Blohm und Voss in Hamburg jede Woche ein Boot in Dienst gestellt werden konnte, konnte die Vulcanwerft Stettin nur zwei Boote pro Jahr bauen. Bei den größeren Werften konnten durch Arbeitsteilung Rationalisierungseffekte erreicht werden. So konnte ein Boot vom Typ VII bei Blohm und Voss in 180 000 Arbeitsstunden gebaut werden, während die Stettiner Vulcan mindestens 300 000 brauchte. Bei der Versorgung mit geschulten Arbeitskräften, Stahl und Rohstoffen wurde die Kriegsmarine als Aschenputtel behandelt.

Als ihm das Konstruktionsamt im Oberkommando der Marine ein Bauprogramm vorlegte, wonach die Boote des Typs XXI erst 1946 an die Front gehen konnten, erkannte Dönitz, daß völlig neue Methoden notwendig waren. Als erstes ließ er sich von Rüstungsminister Speer Gegenvorschläge für das Bauprogramm machen. Damit ging er am 8. Juli zu Hitler und verlangte, zehntausend Werftarbeiter vom Wehrdienst freistellen zu lassen, und erreichte auch eine Erhöhung der Stahlzuteilung für die Marine. Er forderte, daß der Bau des Typs XXI in Tag- und Nachtschichten durchgeführt werden müsse. Damit die Kriegsmarine auch organisatorisch aus ihrer

Durch die Zusammenarbeit zwischen Dönitz und Rüstungsminister Speer erhielt der U-Bootbau 1943 neue Impulse.

Eine Chance, auf dem Atlantik wieder die Initiative zu übernehmen, boten die »Wunderboote« vom Typ XXI (unten). Ihr verstärkter Elektroantrieb und ihre stromlinienförmigen Rümpfe ermöglichten Tauchzeiten und Unterwassergeschwindigkeiten, die ein souveränes Operieren unter Wasser erlaubten.

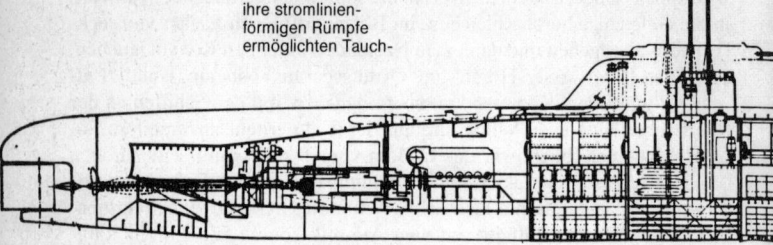

Außenseiterrolle herauskam, verlangte Dönitz, das Rüstungsministerium solle die Verantwortung für den U-Bootbau übernehmen.

Rüstungsminister Speer begrüßte den Vorschlag von Dönitz. Er hatte bisher immer nur indirekt auf die Forderungen der Marine eingehen können und wurde von Hitler in seinen Plänen immer wieder beeinträchtigt. »Hitler brachte einen immer in Verlegenheit«, erinnert er sich, »weil er beim Planen nicht konsequent genug war. Wenn Dönitz ihm sagte: ›Die U-Boote brauchen höchsten Vorrang‹, stimmte er zu . . . Dann kam Guderian und sagte: ›Wir sind wirklich am Ende mit unseren Panzern, und wenn wir nicht höchsten Vorrang bekommen, sind wir erledigt.‹ Und Hitler unterschrieb.« Jetzt konnte Speer direkt mit Dönitz verhandeln. Die beiden Männer, die auch persönlich gut miteinander auskamen, legten am 22. Juli die Zusammenarbeit beim U-Bootbau in einem Gemeinschaftserlaß fest.

An die Spitze des »Hauptausschusses Schiffbau« hatte Speer Generaldirektor Otto Merker von den Magiruswerken berufen. Dieser bewährte Industrielle hatte zwar bisher mit dem Bau von Schiffen keine Erfahrung, verstand dafür aber umso mehr von der Massenproduktion im Fließbandverfahren. Das Schlüsselwort für das U-Bootprogramm hieß von nun an: Sektionsbau. Ähnlich wie die amerikanischen Liberty-Schiffe sollten jetzt auch die deutschen U-Boote aus vorgefertigten Teilen zusammengebaut werden. Die Produktion der acht Sektionen sollte in den Stahlwerken im Binnenland erfolgen. Die Rohsektionen sollten auf dem Schienen- und Wasserweg in die Sektionswerften in Kiel, Wilhelmshaven, Hamburg, Bremen, Lübeck, Danzig und Gotenhafen gebracht werden, wo die Maschinen, Getriebe, Wellen und Rohre eingebaut wurden. Der endgültige Zusammenbau sollte schließlich auf drei besonders leistungsfähige Montagewerf-

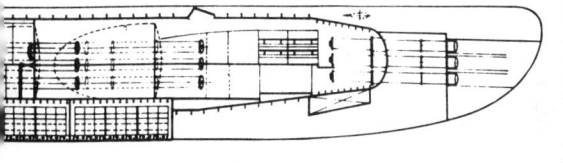 

ten konzentriert werden: Blohm & Voss, Deschimag (Bremen) und Schichau (Danzig). Auf diese Weise, so hoffte Merker, könnten monatlich 33 Boote des Typs XXI fertiggestellt werden, das erste schon in 4 1/2 Monaten. Nach Plan sollten die ersten im Frühjahr 1944 in Dienst gestellt werden.

Bis die neuen »Wunder-U-Boote« verfügbar waren, mußte Dönitz die Überlebensfähigkeit seiner vorhandenen U-Bootflotte verbessern, aber das Coastal Command der RAF war zur Offensive übergegangen. Unter der dynamischen Führung des neuen Oberbefehlshabers, Air-Marshal Sir John Slessor, erfolgte eine massive Konzentration der Luftangriffe in der Biskaya gegen U-Boote auf dem Weg von ihren Stützpunkten. Es war ein Schlag gegen »den Stamm der U-Bootdrohung auf dem Atlantik, deren Wurzeln in den Biskayahäfen lagen und deren Zweige sich weit und breit zu den Nordatlantikgeleitzügen, in die Karibik, an die Ostküste Nordamerikas erstreckten . . . Was lag näher«, schrieb Slessor später, »als den Baum durch Absägen seines Stammes zu fällen.« Obwohl die Admiralität darum bat, auch die U-Bootstützpunkte in Frankreich »sorgfältig zu bombardieren«, brachten die massiven Luftangriffe des Bomber Command der RAF, die durch die Präzisionsangriffe der 8. US Air Force ergänzt wurden, magere Ergebnisse. Im Sommer 1943 bemerkte Dönitz sarkastisch: »Der angelsächsische Versuch, unsere U-Bootwaffe niederzuwerfen, wird mit allen ihnen zur Verfügung stehenden Mitteln unternommen. Sie wissen, daß die Städte St. Nazaire und Lorient als Haupt-U-Bootstützpunkte ausradiert wurden. Kein Hund ist in diesen Städten übriggeblieben. Nichts blieb – außer den U-Bootbunkern.«

Durch diese schweren Angriffe wurden die Deutschen nur leicht gestört. Ihr Hauptproblem bestand darin, daß die Arbeiter nicht mehr im Zielgebiet arbeiten wollten. Die Luftangriffe machten die alliierte Sache bei den französischen Einwohnern kaum beliebter, und sie kosteten viele Flugzeuge. Von Januar bis Mai 1943 gingen über 100 schwere Bomber verloren. Die von der Organisation Todt gebauten U-Bootbunker, die eine eigene Stromversorgung hatten, waren nicht in Mitleidenschaft gezogen. Während die U-Boote sicher unter dem dicken Stahlbeton lagen und die Besatzungen in Lager und Erholungsheime in der Bretagne verteilt waren, gingen die Operationen unbeeinflußt durch die alliierten Bombardements weiter.

Auch die Luftangriffe gegen die U-Bootwerften in Deutschland waren ebenfalls nicht sehr erfolgreich. Der erste Großangriff auf eine U-Bootwerft, bei dem am 18. März 1943 die 8. US-Air Force die Bremer Vulkan-Werft bombardierte, warf die Produktion dieser Werft nur um einen Monat zurück. Im Sommer 1943 flog die RAF schwere Angriffe auf Hamburg, aber während die Stadt verwüstet wurde, erlitten die auf Stapel liegenden Boote kaum Schäden. Auch die Angriffe auf Zuliefererbetriebe im Binnenland bremsten den U-Bootbau nur geringfügig. Obwohl die 8. US-Air Force zeitweise fast die Hälfte ihrer Bomben auf die U-Bootwerften konzentrierte, wurden bis Ende 1943 nur etwa 5 U-Boote zerstört und 7 beschädigt. Da die Werften aber gut verteidigt waren, hatten die Alliierten bis Mai 1943 schon 880 Bomber verloren.

Bei einer Vernehmung nach Kriegsende sagte Vizeadmiral Topp, der Leiter der Schiffbaukommission: »Ein Stoppen der Produktion ist praktisch bis Kriegsende durch die alliierten Luftangriffe nicht eingetreten ... Es wäre also ab Frühjahr 1945 der Wiederanlauf des U-Bootkrieges mit den neuen, wahrscheinlich sehr wirksamen Typen XXI und XXIII ... von der Produktionsseite her durchaus möglich gewesen ... Ein Stoppen des U-Bootbaus trat erst nach Ausfall der Werften in Danzig infolge der russischen Offensive und von Hamburg infolge der englischen Offensive ein.«

Die Offensive in der Biskaya

Die »Bay Offensive« des Coastal Command in der Biskaya war eine weit tödlichere Bedrohung. Sie war mit großer Präzision von den Operations Research-Spezialisten der RAF ausgearbeitet worden, die wußten, daß ein U-Boot fünf Stunden lang aufgetaucht sein mußte, um seine Batterien zu 80% zu laden. In dieser Zeit war es verwundbar für Luftangriffe, und die

Die alliierten Luftangriffe auf die deutschen U-Bootwerften blieben bis Ende 1943 nahezu erfolglos. Schwere Schäden traten erst in den letzten Kriegsmonaten ein.

Statistiken zeigten, daß es mit einer hinreichenden Zahl von Flugzeugen möglich sein würde, ein U-Boot, das die Biskaya durchquerte, alle 30 Minuten zum Tauchen zu zwingen.

Dönitz war erschüttert über die Härte der britischen Offensive, als sie im April 1943 begann. Kühn beschloß er, die Herausforderung anzunehmen. Im Mai erhielten die U-Bootkommandanten den Befehl, bei Nacht zu tauchen und am Tag aufgetaucht zu laufen, bereit, jedes Feindflugzeug mit ihren neu eingebauten Flakbatterien abzuschlagen. Aber diese Taktik spielte dem Coastal Command in die Hand. Slessor berichtete: »Die deutsche Taktik, Flak einzusetzen, mag uns einige Flugzeuge mehr kosten, aber wenn sie fortgeführt wird (was zumindest zweifelhaft ist), wird sie ohne Zweifel mehr vernichtete U-Boote bedeuten. Es liegt an uns, den vollen Vorteil der guten Gelegenheiten auszunutzen, bevor es sich in den Häfen an der Biskaya herumspricht, daß Zurückzukämpfen ein teurer und nicht profitabler Zeitvertreib ist.« Slessors Einschätzung war richtig. In der ersten Maiwoche gab es nicht weniger als 72 U-Bootsichtungen und 43 Angriffe. Bis zum Ende der Woche waren 3 U-Boote vernichtet, sechs wurden bis Monatsende versenkt.

Trotz der Flakbatterien hatten die U-Bootkommandanten einen schwerwiegenden Nachteil bei dem Versuch, angreifende Flugzeuge abzuwehren. Die Piloten des Coastal Command hatten bald entdeckt, daß sie die U-Boote von vorn angreifen mußten. Die Flakbatterie war nämlich hinter dem Turm auf der besonders konstruierten Plattform montiert, die bei den U-Bootmännern »Wintergarten« hieß. Die Flakbesatzungen konnten also ihre Waffen nicht nach vorn richten und wurden vom Bordwaffenfeuer der angreifenden Flugzeuge getötet. Einigen Kommandanten gelang es, ihre Boote hart um das Heck zu drehen, wenn sich der Angriff entwickelte, so daß sie ihre Flak tatsächlich einsetzen konnten, aber es war äußerst schwierig, die alliierten Flugzeuge auszumanövrieren.

Nach diesen blutigen Gemetzeln versuchte Dönitz, besondere Flak-U-Boote auszusenden, die die Flugzeuge des Coastal Command »nicht abschrecken, sondern abschießen« sollten. Das erste dieser Boote, U-441, strotzte mit zwei 2-cm-Vierlingsflaks und einer 3,7-cm-Schnellfeuerflak vor Kampfkraft. Am 24. Mai schoß es eine Sunderland ab, erlitt aber selbst Schaden. Im nächsten Monat kämpfte ein anderes Flakboot, U-758, eine hitzige Schlacht mit Trägerflugzeugen. Sein Kommandant, Kapitänleutnant Manseck, meldete: »19.45 Uhr greift eine neue Maschine, Typ Martlet, im Tiefflug von Steuerbord mit Bordwaffenbeschuß an. Ich erziele zahlreiche Treffer, Maschine dreht am Heck hart nach achtern ab und wirft vier Bomben. Diese liegen etwa 25 m hinter dem Heck. Flugzeug zieht breiten schwarzen Rauchschwaden nach und stürzt im flachen Bogen ab. Kann Bombenflugzeuge etwa 3000 bis 4000 m durch Abwehr mit Bordwaffen fernhalten.«

Aber die U-Boote zogen in diesen Scharmützeln gewöhnlich den kürzeren. Im Juli endete ein Gefecht mit U-441 so, daß zehn Mann fielen und 13 schwer verwundet wurden, darunter der Kommandant, so daß der Arzt Dr. Pfaffinger das geschlagene Boot heimbringen mußte. Nach diesem Zwischenfall befahl Dönitz seinen Booten, in Gruppen zu fahren, so daß ihre zusammengefaßten Flakbatterien eine mörderische Feuerkonzentration darstellten. Nun wurden in den Gewässern der Biskaya erregende Schlachten gefochten, in denen die U-Boote hin und her drehten und auf die dicht über dem Wasser fliegenden alliierten Flugzeuge schossen, die ihre Wasserbomben aus einer Höhe von nur 15 m abwarfen.

Als Antwort auf die neue Taktik der U-Boote ordnete Slessor Gruppenangriffe an und setzte noch mehr Flugzeuge in der Offensive ein. Zwei Gebiete mit der Bezeichnung »Musketry« und »Seaslug« wurden regelmäßig abgeflogen, um die Hauptausgänge der Bucht zu blockieren. Patrouillen von 7 Flugzeugen flogen planmäßig in diesen Korridoren. Ihr Radar bedeckte das ganze Gebiet, und wenn ein Ziel ausgemacht war, war es möglich, die Gruppe auf den Feind zu konzentrieren.

Die Offensive erwies sich als sensationell erfolgreich, und bis zur ersten Augustwoche hatten die Deutschen 41 Boote verloren. Dönitz mußte schließlich die Niederlage akzeptieren: »Für die U-Bootführung war ... erwiesen, daß ein U-Boot im Kampf gegen Flugzeuge ein schlechter Unter-

Aus Jägern sind Gejagte geworden. Im Mai 1943 ging das Coastal Command der RAF in die Offensive gegen die U-Boote. Trägerflugzeuge griffen die Anmarschwege in der Biskaya an, wo die Boote normalerweise aufgetaucht fuhren, um ihre Batterien zu laden. Dönitz reagierte mit dem Einsatz besonderer »Flakboote«, deren stärkere Bewaffnung und Armierung sie befähigen sollten, für die auslaufenden und heimkehrenden Kampfboote Geleitschutz zu fahren.

satz ist.« Die Zeitschrift »Coastal Command Review« kommentierte: »Es war zu gut, um zu dauern. Der Feind fährt nun am Tage getaucht – außer wenn er von Nachtpatrouillen unter Wasser gedrückt wurde –, und wir glauben, daß er bei Nacht nur für die minimale Zeit auftaucht, um die Batterien ausreichend zu laden.«

Sichtungen und U-Boot-Versenkungen fielen rapide ab, als die Deutschen eine neue Route entlang der spanischen Küste benutzten, die für die alliierten Flugzeuge schlechter erreichbar war. Die Admiralität forderte nun 160 weitere Flugzeuge an, um den Schwung der Offensive aufrechtzuerhalten, aber Air Marshal Portal war nicht bereit, auch nur eine der Staffeln des Bomber Command abzustellen, die in der strategischen Luftoffensive gegen Deutschland eingesetzt waren. Die britischen Stabschefs mußten sich erneut an die Amerikaner wenden. General Arnold von der US Army Air Force trat für die englischen Bitten ein, und schließlich trafen zwei Staffeln Liberators in Cornwall ein. Aber Admiral King war weniger hilfsbereit, und es war klar, daß nichts weiter geschehen würde, bevor nicht der Konflikt zwischen US Army und Navy beigelegt war.

Der Streit hatte im Mai einen Höhepunkt erreicht, als King General Arnold bat, weitere Staffeln seiner Flugzeuge nach Neufundland zu verlegen, um die Operationen zur Unterstützung der Nordatlantikgeleitzüge zu verstärken. Arnold entsprach dem zögernd, befahl aber, daß die Staffeln nur in »offensiven« Operationen eingesetzt werden sollten und nicht als Geleitschutz. Erst im Juli 1943, nachdem die Sache erneut zwischen Roosevelt und Churchill besprochen worden war, wurde ein Kompromißabkommen zwischen der US Army und Navy erzielt. Man kam überein, Liberators auszutauschen. Die Armee übernahm die Flugzeuge der Navy, die für schwere Bombenflüge ausgerüstet waren als Gegenleistung für ihre U-Bootabwehrstaffeln. Als dieser Handel durchgeboxt war, war die Gelegenheit, Slessors erhofften entscheidenden Schlag in der Biskaya auszuführen, wegen des Fehlens von 72 zusätzlichen Flugzeugen verpaßt. Dennoch gingen die Operationen weiter, und die U-Bootbesatzungen sahen nun die Biskaya als ihr eigenes »Schwarzes Loch« an.

Die Vernichtung der »Milchkühe«

Die U-Bootführung sah sich nun auch einer weit wirksameren amerikanischen U-Bootabwehr gegenüber, für die in erster Linie die Zehnte Flotte verantwortlich war, die am 9. Mai 1943 unter dem Kommando von Admiral King aufgestellt wurde. Die tagtägliche Führung des Kommandos lag in den Händen von Admiral Francis Low, Kings Stabschef, der die U-Bootabwehrkräfte einsetzte und die Sondereinheiten wie Geleitträger-Unterstützungsgruppen und die wichtigen Liberator-Staffeln steuerte. Die Organisation wurde gestützt durch ein starkes U-Bootmeldesystem, das mit dem Tracking Room unter Captain Kenneth Knowles zusammenarbeitete.

Angesichts des Zusammenbruchs seines Hauptkampfes auf dem Nordatlantik beschloß Dönitz am 26. Mai 1943, eine starke U-Bootkonzentration im Mittelatlantik außerhalb der Reichweite der Luftdeckung aufzubauen. Er hoffte, daß seine Boote hier ihre Erfolgszahlen gegen die amerikanischen Nordafrikageleitzüge wiederholen könnten. Als deutsche Agenten in Spanien das Auslaufen des Geleitzuges GUS 7 A nach den Vereinigten Staaten meldeten, sammelte sich die kampfstarke Gruppe »Trutz« mit 17 Booten zu einem Rudelangriff am 4. Juni 1943. Aber die Zehnte Flotte in Washington alarmierte die Kampfgruppe des Geleitträgers *Bogue,* der sofort eingriff. Die Piloten der *Bogue* mit ihrer Erfahrung aus den Kämpfen auf dem Nordatlantik packten die Gruppe »Trutz« hart an. Ihre Wildcats und Avengers rissen den Aufklärungsstreifen auseinander und versenkten ein U-Boot. Drei Wochen lang versuchte die zunehmend beunruhigte U-Bootführung wiederholt, den starken Geleitverkehr anzugreifen, aber die US-Flugzeugträger schienen immer an der richtigen Stelle zu sein, um das Rudel auseinanderzureißen, bevor es auch nur ein Opfer gesichtet hatte. Bis zum Monatsende hatte die Zehnte Flotte einen eindrucksvollen taktischen Sieg errungen. Die überlebenden Boote wurden abgezogen, nachdem nur ein Schiff aus einem Geleitzug versenkt worden war. Dies hatte den Verlust von zwei U-Booten gekostet – eines davon war der U-Tanker, die »Milchkuh«, der Gruppe »Trutz«. Der amerikanische Erfolg war auf genaue Informationen über die Bewegungen der U-Boote zurückzuführen, die vom »Ultra«-Dienst stammten.

Den ganzen Sommer hindurch streiften die um die Geleitträger *Bogue, Core* und *Santee* gruppierten Kampfgruppen der US Navy über den Mittelatlantik. Ihre Hauptrolle war, Geleitzüge zu schützen, aber sie hatten die Erlaubnis, gegen jede gemeldete U-Bootkonzentration innerhalb ihrer Reichweite unabhängig zu operieren, solange sie zum Geleitzug zurückkehren konnten, ehe ihn die U-Boote erreichten. In 98 Operationstagen vernichteten sie 16 U-Boote. Ihre Hauptaufgabe war es, die »Milchkühe« zu finden und zu versenken, von denen die Operationen im Mittelatlantik abhingen.

Auf Wunsch der Amerikaner konzentrierte sich der »Ultra«-Dienst der Briten eine Zeitlang ganz auf die Standortmeldungen der »Milchkühe«. Die Operationen wurden an vielen Orten durchgeführt, gewöhnlich durch Flugzeuge, um nicht den Verdacht der Deutschen zu erregen. Zuerst wurde U-118 vernichtet – durch die *Bogue*. Ihm folgte U-487, das am 13. Juli durch eine der Wildcats der *Core* überrascht wurde. Sie stieß hinab und griff den U-Tanker an, während sich die Besatzung an Deck sonnte. Ihre schnelle Reaktion bei der Besetzung der Geschütze und der Abschuß des ersten Angreifers rettete sie fast, aber kurz darauf fiel ein Schwarm von drei

7. IM OZEAN

Maschinenmaat: „Schon wieder einer, der nicht seefest wird! Weiss der Teufel, warum sie uns jetzt solche lächerliche Pimpfe schicken. Und mit so was sollen wir angreifen!"

8. EIN AMERIKANER GEKNACKT

Günther (zu einem Kameraden): „Arme Teufel! Schade, dass wir sie nicht aufnehmen können. Bis zur amerikanischen Küste sind es 700 Meilen."

9. VON EINEM AMERIKANISCHEN FERNAUFKLÄRER ENTDECKT

Flugzeugbeobachter: „Da ist der J... Funkspruch an die Atlantikpatrouille..."

10. WASSERBOMBEN!

Oberleutnant (Ing.): „E-Maschinen ausgefallen! Boot fällt."
Kommandant: „Tauchretter anlegen! Anblasen!"

11. GERAMMT!

Durch die Wasserbomben der Atlantikpatrouille schwer beschädigt, muss das U-Boot auftauchen und wird von einem britischen Zerstörer gerammt. Der Druckkörper wird aufgerissen.

12. EINIGE WERDEN GERETTET

Der Kommandant und ein paar M..., die vom Turm über Bord gespr... waren, werden von einem engli... Rettungsboot aufgenommen.

Mit diesen Flugblättern versuchte die alliierte Propaganda den Deutschen klarzumachen, welches Schicksal die Männer in den »eisernen Särgen« erwartete. Glimpflicher verlief das Ende von U-505, das 1944 von der US Navy aufgebracht wurde (rechts).

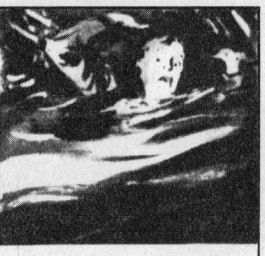

13. ... ABER ANDERE NICHT

Günther und die anderen Neulinge sind in dem sinkenden U-Boot eingeschlossen. Das Wasser dringt durch Leck und Turmluk ein.

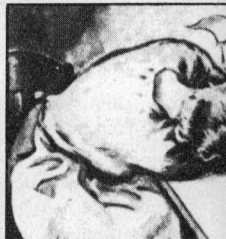

14. VIER MONATE DANACH — E... TELEGRAMM

„Günther Hartmuth ist den Helde... für Führer und Vaterland gesto... B.d.U."
Die deutsche Marineleitung hat ... Nachricht vier Monate zurückgehalte...

weiteren Avengers über das Boot her und versenkte es mit Bomben. Drei Tage später versenkte ein Flugzeug der *Core* U-87, das die »Milchkuh« suchte, um aufzutanken.

Vor Ende Juli waren drei weitere U-Tanker bei der Durchfahrt durch die Biskaya geortet worden. Am 4. August versenkte die Royal Canadian Air Force ein weiteres Boot vor Island. Drei Tage später versenkte der Geleitträger *Card* der Zehnten Flotte nördlich der Azoren U-460, und seine Flugzeuge erledigten acht Wochen später ein weiteres Boot. Dönitz' gut geplantes Versorgungssystem war geschlagen. Der Kampf der U-Boote im Mittelatlantik war lahmgelegt.

Trotz dieser kritischen Verluste und der geringen Siegeschancen gegen die immer stärker werdende alliierte U-Bootabwehr schien sich die Moral der U-Bootbesatzungen äußerst gut zu halten. Die Verlustrate war am höchsten bei den U-Booten mit unerfahrenen Besatzungen und allzu verwegenen Kommandanten, aber im Sommer 1943 gab es nur noch wenige Asse. Die durchschnittliche U-Bootbesatzung erlebte nicht mehr als drei Feindfahrten, bevor ihr Boot versenkt wurde.

Diese hohen Verlustraten wurden den U-Bootmännern auch von der feindlichen Propaganda vor Augen gehalten. Tausende von Flugblättern, die das kurze, gefährliche »Leben eines U-Bootsmannes« darstellten, wurden über den Stützpunkten in Frankreich abgeworfen. Aber es gab kein

Anzeichen dafür, daß sie eine tiefergehende Wirkung hatten als die Bomben, die von den Betonbunkern abprallten. Die U-Bootwaffe hatte nie Mangel an Rekruten, denn sie hatte den Ruhm einer Elitetruppe erworben. Das Durchschnittsalter der Besatzungen war durch den gewaltigen Zustrom neuer Männer bei der Vergrößerung der Waffe schnell auf weniger als 19 Jahre gefallen. Die Offiziere waren nun Anfang 20, und viele Kommandanten waren nur 24 Jahre alt. Aber die jungen Besatzungen wurden mit älteren Männern durchsetzt, normalerweise in den technischen Abteilungen. Die Entschlossenheit der Besatzungen, weiterzukämpfen, richtete sich an ihrem Kommandanten und seiner Fähigkeit aus, Zuversicht einzuflößen.

1943 schickte die Kriegsmarine ein berühmtes U-Boot-As, Korvettenkapitän Lüth, zur Ausbildung von Offizieren nach Weimar. Er sollte sie über Führungsprobleme an Bord der U-Boote aufklären. Seine Vorlesung konzentrierte sich auf die öden und ruhmlosen Seiten des Bordlebens, das in den Werbeanzeigen der U-Bootwaffe ignoriert wurde: »Das Leben an Bord ist über lange Zeiträume monoton. Viele Wochen lang muß man in der Lage sein, Fehlschläge zu ertragen; wenn Wasserbomben dazu kommen, wird das Leben zum ›Nervenkrieg‹ . . . Anders als das Flugzeug kann das U-Boot nicht ausweichen, sondern es muß bewegungslos liegenbleiben, ohne sich verteidigen oder zurückschießen zu können. All das erfordert Männer mit tapferen Herzen. Die Moral hängt von folgenden Faktoren ab: 1. Disziplin an Bord; 2. Erfolg. Wenn ein Kommandant erfolgreich ist, wird ihn seine Besatzung lieben, selbst wenn er ein Dickschädel ist; 3. von einem gut organisierten Tagesablauf an Bord; 4. vom Beispiel und der richtigen Haltung der Offiziere; 5. von der geistigen Führung der Männer, in Verbindung mit einem echten Gefühl für ihr persönliches Wohlergehen.«

Lüth war sich bewußt, daß es »zur Erhaltung der Gesundheit und zur Überwindung kleinerer Schwierigkeiten« notwendig war, an den »eisernen Willen« jedes Mannes zu appellieren. Der Korvettenkapitän hatte auch ein wachsames Auge auf den sexuellen Appetit seiner Besatzung und behauptete, daß seine Mannschaft in dieser Hinsicht keinerlei Probleme gehabt habe, nicht einmal auf einem siebeneinhalb Monate dauernden Einsatz. »Natürlich habe ich den Männern nicht erlaubt, Bilder von nackten Mädchen an die Schotten und an ihre Koje zu hängen. Wenn man hungrig ist, sollte man kein Brot an die Wand malen.« Lüth schloß seine Vorlesung mit einer eindrucksvollen Erinnerung: »Meine Anstrengungen an Bord sind darauf ausgerichtet, die Moral der Besatzung aufrechtzuerhalten, auch wenn die Dinge nicht gut verlaufen. Sie müssen einfach den Schneid haben, es durchzustehen.«

Als der Sommer 1943 seinem Ende entgegenging, hoffte Dönitz, daß die für den Herbst geplante neue Offensive die dringend benötigten Erfolge bringen würde. Im August 1943 hatten die U-Boote nur 4 Schiffe versenkt, das niedrigste Monatsergebnis seit Kriegsbeginn. In den drei Monaten seit Mai waren weniger als 200 000 Tonnen versenkt worden.

Angreifen, Verfolgen, Versenken

In den letzten Augusttagen 1943 liefen nacheinander 22 U-Boote aus den Stützpunkten an der Biskaya in den Mittelatlantik aus. Sie hatten das neue Funkmeßwarnsystem »Wanze« (Wellenanzeiger), das auf das alliierte 10-cm-Radar ansprach, und den Radartäuschungsballon »Aphrodite« an Bord. In Begleitung einer »Milchkuh« war dies die am besten ausgerüstete U-Bootgruppe, die bisher die französischen Stützpunkte verlassen hatte. Ihr Auftrag war, den erlahmenden deutschen Kampf auf dem Nordatlantik wieder zum Leben zu erwecken. Sechs weitere Boote waren aus Deutschland und Norwegen ausgelaufen, um die Gruppe zu verstärken. Ihre Kommandanten hatten allen Grund, zuversichtlich zu sein. Jedes Boot hatte eine neue Waffe, den »Zaunkönig«-Torpedo, der selbsttätig Schraubengeräusche ansteuerte. Mit dieser Waffe konnten die U-Bootkommandanten auch Geleitschiffe mit geringem Tiefgang angreifen. Die Gruppe »Leuthen« war nicht im Zweifel über die Bedeutung ihres Einsatzes gelassen worden. Dönitz hatte ihr gefunkt: »Der Führer beobachtet jede Phase Eures Kampfes. Angreifen, Verfolgen, Versenken...«

Am 18. September lag der breite Aufklärungsstreifen der Gruppe »Leuthen« quer über dem Weg von zwei näherkommenden Geleitzügen, ONS 18 und ON 202. Die Konvois fuhren in 100 Meilen Abstand und waren durch starke See- und Luftverteidigung geschützt. Am nächsten Tag versenkt eine Langstrecken-Liberator der 10. Staffel der Royal Canadian Air Force U-341. In der Nacht begann der Ernst der Schlacht. Nach Monaten ereignisloser Geleitzugfahrten über den Atlantik waren die Eskorten auf den Kampf aus, aber zunächst erkannten sie nicht, daß sie das Hauptziel des Angriffes waren. Dies wurde kurz vor Morgengrauen des 20. September klar, als der Fregatte *HMS Lagan* das Heck weggeschossen wurde und 29 Besatzungsmitglieder durch den ersten erfolgreichen Treffer eines »Zaunkönigs« fielen. In der Verwirrung konnten die U-Boote zwei Liberty-Schiffe torpedieren.

Bei Sonnenaufgang bekam der Geleitzug wieder eine Ruhepause, als planmäßig Liberators eintrafen. Am frühen Vormittag wurde Kapitänleutnant Manfred Kinzel mit U-338 durch einen »Fido« Horchtorpedo versenkt, der in den Wasserstrudel geworfen wurde, als das U-Boot nach einem Gefecht mit einem der RAF-Bomber tauchte. Eine Wasserfontäne signalisierte die sichere Vernichtung des Bootes, dessen Kommandant in den kritischen Geleitzugschlachten des März eine Schlüsselrolle gespielt hatte.

Das Western Approaches Command war entschlossen, die Fehler der früheren Schlacht am HX 229 zu vermeiden, als es versäumt hatte, einen geschwächten Geleitschutz zu verstärken. Unter der Drohung der neuen Angriffe durch ein Wolfsrudel erging der Befehl an den ONS 18 und den ON 202, sich zu vereinigen, um eine Konzentration von 66 Schiffen zu bilden, die durch eine kampfstarke Gruppe von 15 Kriegsschiffen geschützt wurde. Dieser Schachzug schreckte die U-Boote nicht ab. Als sie im Schutze der Dunkelheit in der zweiten Nacht angriffen, versenkten ihre »Zaunkönig«-Torpedos den Zerstörer *St. Croix* und sprengten später die Korvette *Polyanthus* in Stücke.

Am nächsten Tag nahm der Geleitzug Rache, als der Zerstörer *Keppel* U-229 rammte und versenkte, das sich in den Geleitzug einschleichen wollte. Das Rudel blieb am Konvoi, und am 23. September erzielten die Deutschen den Ausgleich, als ein »Zaunkönig« auf die Fregatte *Itchen* zusteuerte, sie aus dem Wasser sprengte und nur 24 Überlebende zurückließ. Unter diesem Druck begann der Verteidigungsschirm zu weichen, und die U-Boote versenkten vier Handelsschiffe. Die Scharmützel dauerten einen weiteren Tag an, bis das neblige Wetter aufklarte. Dann, als das Geräusch von Flugmotoren den Himmel füllte, war der Geleitzug-Kommodore beruhigt: »Es war sehr schön, unter den freien Himmel zu kommen und ihn mit Liberators gefüllt vorzufinden.«

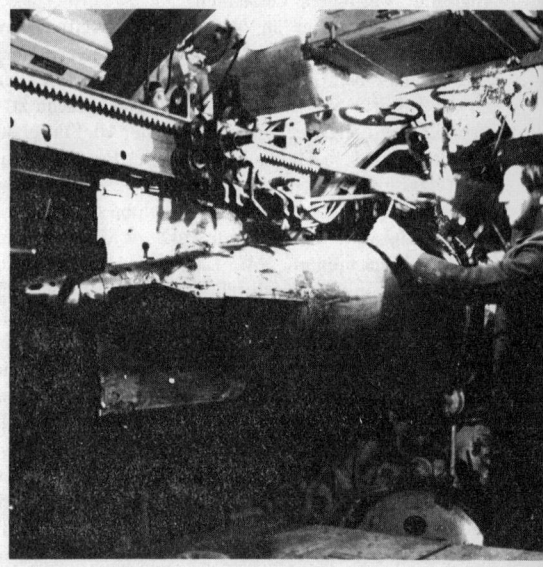

Angriff auf die Zerstörer! Mit dem neuen Horchtorpedo »Zaunkönig« (rechts) konnten die U-Boote zum ersten Mal systematisch die Geleitschiffe angreifen, deren geringer Tiefgang sie bis dahin nahezu immun gemacht hatte.

Die Erfolge der Gruppe »Leuthen« in der Schlacht hoben die Moral der U-Bootwaffe. Es waren unter dem Verlust von drei eigenen Booten drei Geleitfahrzeuge und sechs Handelsschiffe versenkt worden. Aber die deutschen Kommandanten, die meist getaucht bleiben mußten, meldeten weit höhere Erfolge. Von den Versenkungsraten im März waren die U-Boote ohnehin weit entfernt. Darüberhinaus gelang es der Admiralität, die nächsten Geleitzüge mit Hilfe von »Ultra«-Meldungen um den Aufklärungsstreifen »Leuthen« herumzuleiten. Erst Anfang Oktober gab es eine zweite Chance, als die Gruppe »Schlieffen« in Kampfreichweite am SC 143 stand. Diesmal fehlte aber der Nebel, und die alliierte Luftdeckung schlug gnadenlos zu. In einem laufenden Gefecht wurden 4 U-Boote aus der Luft vernichtet, und zwei weitere durch Überwasserschiffe. Auch der »Zaunkönig«-Durchbruch war nur kurzlebig. Seine Geheimnisse waren bereits durch die geschickte Arbeit amerikanischer Geheimdienstleute enträtselt worden, die einen gefangengenommenen U-Bootunteroffizier zu gedankenlosem Prahlen über die bemerkenswerten Eigenschaften der neuen Waffe verleitet hatten. Gewappnet mit diesen Informationen, entwickelten amerikanische Wissenschaftler den »Foxer«, ein geräuscherzeugendes Gerät, das von den Geleitfahrzeugen geschleppt wurde. Diese einfache Vorrichtung zog den »Zaunkönig« an und betrog ihn um sein Hauptziel. Weitere Angriffe auf Geleitzüge führten zu schweren U-Bootverlusten, und im Oktober meldete der Monatsbericht der Admiralität: »Ein bemerkenswert erfolgreicher Monat . . . Nur drei Handelsschiffe und ein Geleitfahrzeug wurden im Nordatlantik versenkt. Dieses Versagen muß eine äußerst depremierende Wirkung auf die U-Bootkommandanten und Besatzungen haben.«

Auch die Operationen gegen die Schwachstellen des Gegners in heimatfernen Gewässern gaben der U-Bootführung die Initiative nicht mehr zurück. Es gab nur geringere Erfolge vor den Küsten Brasiliens und Westafrikas und im Indischen Ozean, wo eine kleine Gruppe von IX-C- und IX-D-2-Booten mit den Japanern zusammen operierte. Wo immer die U-Boote auftauchten, wurden die Abwehrmaßnahmen stets in wenigen Tagen in einem Maße verstärkt, das auch einzelnen Booten erfolgreiche Operationen unmöglich machte. Vor allem das Nachtanken mit Hilfe der »Milchkühe« war nicht mehr möglich. Resigniert mußte Dönitz feststellen: »Unsere Absicht, durch Operieren in den entfernten Seegebieten unsere Verluste einzuschränken, hatten wir nicht erreicht.«

Besonders hart waren die Kampfbedingungen im Eismeer, wo die U-Bootmänner gegen eine erdrückende Übermacht antreten mußten. Die Rußlandgeleitzüge waren gestoppt worden, als die Tage in der Arktis im März länger wurden. Aber im Herbst und Winter sollten sie wieder durchgeführt werden, und die Engländer bemühten sich nun, die Bedrohung des Nordmeers durch die in Norwegen stationierten deutschen Schlachtschiffe auszuschalten. Im September 1943 wurde die *Tirpitz* im Altafjord von Kleinst-U-Booten der Royal Navy zeitweise außer Gefecht gesetzt. Es sollte schlimmer kommen. Als die Rußlandgeleitzüge im November wieder aufgenommen wurden, erwiesen sie sich als zu gut verteidigt für die Wolfsrudel. Hitler gab Befehl zu einem Überwasserangriff, und das letzte unbeschädigte deutsche Schlachtschiff, die *Scharnhorst,* wurde am 26. Dezember 1943 von Admiral Bruce Fraser während eines abgebrochenen Angriffs auf den JW 55 B versenkt. Von 1900 Mann wurden nur 36 gerettet. Die deutsche Überwasserflotte, die zu Beginn des Krieges den Engländern soviel Angst eingeflößt hatte, war nun buchstäblich ausgelöscht. Nur die U-Boote blieben. Ende 1943 war der alliierte Geheimdienst über das massive Bauprogramm der Typen XXI und XXIII, das im Reich lief, informiert. Obwohl die Schiffsverluste weiterhin zurückgingen, da nun die U-Boote in Zaum gehalten und vom Atlantik vertrieben wurden, wußten die Engländer und Amerikaner, daß sie wachsam bleiben mußten.

Anfang 1944 hatte Dönitz seine Boote ostwärts auf eine Linie zurückgezogen, die sich von den Faröer nach Brest erstreckte. In diesen Gewässern sollten die U-Boote versuchen, die Erfolge der früheren Kriegsjahre zu wiederholen, als sie eine große Anzahl von Schiffen versenkt hatte, wenn sich die Geleitzüge ihren Heimathäfen näherten. In diesem stark befahrenen Gebiet erwiesen sich die U-Boote als schwierig zu orten, da sie nun mit dem neuen Naxos-U-Funkmeßwarngerät ausgerüstet waren. Gegen Ende 1943 waren die Sichtungen merklich weniger geworden.

Die Schnorchel-Drohung

Im Februar 1944 kamen die ersten Schnorchel-Boote zum Einsatz. Der Schnorchel erlaubte zwar fast ununterbrochene Tauchfahrt und bot damit Schutz vor der Luftüberwachung und der Radarortung, aber bei Unterwasserfahrt war die Marschgeschwindigkeit so gering, daß sich die Reichweite stark reduzierte. Als Operationsgebiet boten sich daher die britischen Territorialgewässer an, die zwar stark verteidigt waren, aber von den Schnorchelbooten ohne weiteres erreicht werden konnten. Zugleich waren die Boote in diesen Gebieten ein gewisses Hindernis für die drohende Invasion.

Andererseits stellten die langen Unterwassereinsätze eine furchtbare Belastung für die Besatzungen dar, zumal der Schnorchel ohnehin nur eine technische Notlösung war, die beträchtliche Risiken barg. Die Skepsis der Kommandanten wurde bestätigt, als ein britischer Zerstörer eines der ersten umgerüsteten Boote versenkte.

Während das Radar die Schnorchelspitze zunächst tatsächlich nicht mehr zu orten vermochte, konnte doch jeder scharfäugige Beobachter die schäumende Gischt sehen, so daß der Schnorchel nur bei Nacht Sicherheit

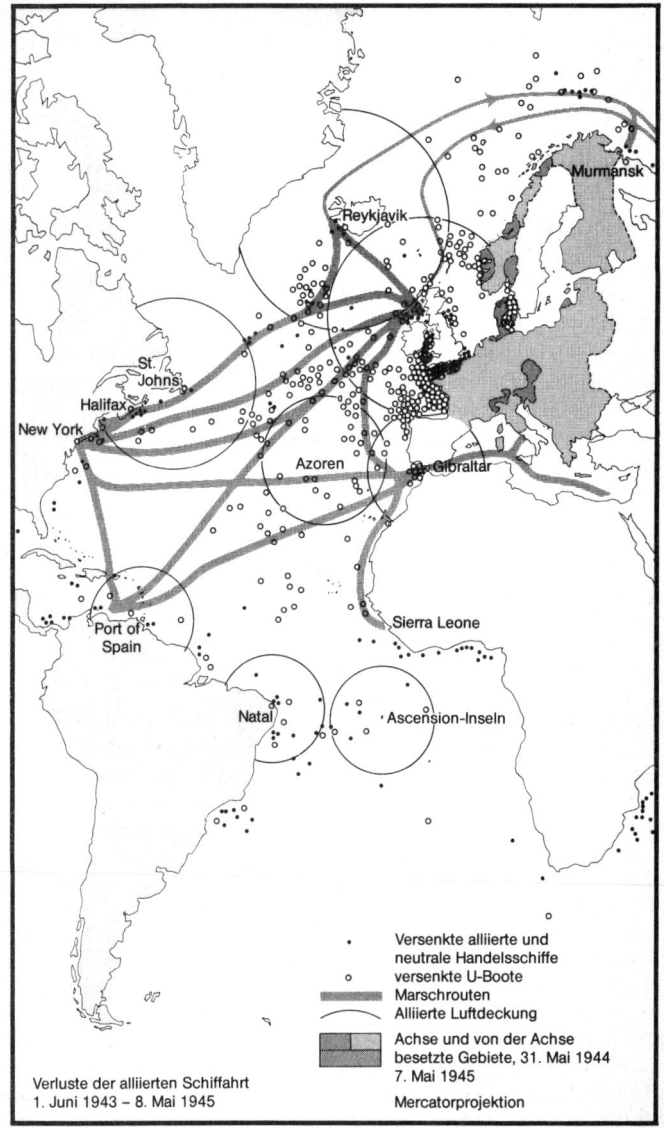

bot. Im Tageslicht mußten die Besatzungen stilliegen und Sauerstoff sparen, bis die Atemröhre wieder an der Wasseroberfläche ausgefahren werden konnte. Abgesehen von diesen Auswirkungen auf die Moral war die Bewegungsfähigkeit der Schnorchelboote auch ziemlich beschränkt, da sie nur langsam vorankommen konnten, während sie getaucht waren.

Die Unfähigkeit der alliierten Luftpatrouillen, die mit Schnorchel ausgerüsteten U-Boote zu entdecken, wenn sie unter Wasser blieben, führte zu einer Konzentration alliierter Geleitfahrzeuge in britischen Gewässern, die sofort Ergebnisse zeitigte. Im Februar 1944 versenkte Captain Walkers 2. Geleitgruppe auf einer 27-tägigen Patrouille sechs U-Boote. Jeder Asdic-Kontakt führte zur Vernichtung. Jedes U-Boot kostete im Durchschnitt vier Stunden und 106 Wasserbomben in methodischen und geduldigen Angriffen. Walkers Gruppe kam freilich nicht ungeschoren davon. Die Sloop *Woodpecker* wurde am 20. Februar von einem Horchtorpedo versenkt. Die *Spey* nahm jedoch Rache und versenkte in zwei Tagen zwei U-Boote.

Dönitz' neue Taktik der Konzentration in britischen Gewässern spielte den Geleitgruppen in die Hand. Sie mußten nicht mehr bedrohten Geleitzügen in der Mitte des Ozeans zu Hilfe kommen. Die Zeit konnte nun darauf verwandt werden, den Feind zu vernichten, wenn er einmal geortet war. Die Operations Research-Wissenschaftler arbeiteten die notwendigen mathematischen Angriffspläne aus, die sicherstellten, daß jedes U-Boot mit Sicherheit vernichtet wurde, wenn es geortet war. Die U-Bootabwehrjagd wurde nun viel länger. Eine Jagd dauerte über 30 Stunden, und die längste Jagd des Krieges nahm sogar 38 Stunden in Anspruch.

Wenn ein U-Boot geortet war, war sein Schicksal wegen der stark verbesserten Bewaffnung der Jagdfahrzeuge so gut wie besiegelt. Unter anderem war jetzt die »Squid«, ein Werfer mit drei Rohren, der seine bombenförmigen Projektile vor das angreifende Schiff warf, im Einsatz. Dabei wurden die zunehmenden Verbesserungen der Ortungstechnologie ausgenutzt. Die Waffe wurde automatisch durch einen Asdic-Tiefenmesser gerichtet. Ein neues amerikanisches U-Bootabwehrsystem wurde Anfang 1944 in Dienst gestellt, als der Magnetic Anomaly Detector (MAD) in der Straße von Gibraltar erstmals eingesetzt wurde. Er zeichnete Veränderungen des Magnetfeldes auf, wenn ein Flugzeug über ein getauchtes U-Boot flog. Speziell ausgerüstete Catalinas, die das MAD-Gerät hatten und treffenderweise »Madcats« genannt wurden, griffen jedes Ziel mit raketengetriebenen Retro-Bomben an. Zwei U-Boote, die versuchten, durch die Straße von Gibraltar zu laufen, wurden mit diesem System versenkt, das in Verbindung mit Überwassergeleitfahrzeugen eingesetzt wurde. Eine weitere bedeutende Verbesserung war die Sonar-Boje, die aus der Luft abgeworfen werden konnte und alle Unterwasserbewegungen über Funk an ein über ihr fliegendes Flugzeug meldete. Diese Methode wurde in dem erfolgreichen Kampf der Geleitträgergruppen der US-Navy im Mittelatlantik und vor den Kapverdischen Inseln im März 1944 eingesetzt. Die Luftpatrouillen in diesem Gebiet konnten noch verstärkt werden, als Portugal Ende 1943 gestattete, daß England einen Flugplatz auf den Azoren einrichten durfte. Anfang 1944 wurde den Amerikanern erlaubt, diesen Flugplatz mitzubenutzen. Dr. Salazar, Portugals Herrscher, gab den Luftpatrouillen der US-Navy im Juli die Erlaubnis, von den Inseln aus zu fliegen, wenn die Flugzeuge sowohl britische wie amerikanische Kennzeichen trugen, um diplomatischen Spitzfindigkeiten zu genügen.

Während sich die Flut unerbittlich gegen ihn wandte, war es Dönitz' Hauptziel im Jahre 1944, den U-Bootkrieg so lange weiterzuführen, bis die neuen U-Boote vom Typ XXI eingesetzt werden konnten, von denen man sich noch einmal eine Wende erhoffte. Aber der Bau der neuen Boote hatte nicht die erhofften Fortschritte gemacht, unter anderem deshalb, weil die Konstruktionspläne mehrfach verändert und modifiziert werden mußten. Mittlerweile waren 32 Werften und Stahlbaubetriebe an der Ausführung des Bauprogramms beteiligt, aber es gab Spannungen und Reibereien zwischen dem Konstruktions- und Planungszentrum in Blankenburg im Harz und den drei Montagewerften, wo Schiffsbauingenieure mit traditionellen Vorstellungen vorherrschten. In den Werften beschwerte man sich über Qualitätsmängel bei den gelieferten Rohsektionen und kritisierte die Konstruktionspläne. Blohm & Voss behaupteten sogar, es »gefährde ihren guten Ruf«, wenn sie anhand der vorgelegten Konstruktionspläne bauten. In diesem Stadium des Krieges waren die Werften schon zu einem hohen Prozentsatz auf ungelernte Arbeiter und Fremdarbeiter angewiesen, so daß sich die Ingenieure oft genug mit Fehlern herumschlagen mußten, die den Arbeitsfluß hemmten. Auch der Sektionsbau, der sehr genaue Spezifikationen verlangte, war nicht ohne Probleme. So waren den Stahlwerken beim Bau der Bootsrümpfe nur Toleranzen von ±2 mm beim Durchmesser erlaubt worden, aber diese Toleranzen mußten bald erhöht werden. In der Praxis betrugen die Abweichungen schließlich bis zu 12 mm. Die Stahlbaubetriebe mußten dementsprechende Kritik hinnehmen. Otto Merker warf ihnen vor, daß sie »nicht genügend Mühe darauf verwendeten, zufriedenstellende Erzeugnisse zu liefern«.

Der Mangel an Arbeitern wirkte sich ebenfalls auf das Programm aus. Von den 40 000 eingesetzten Arbeitskräften wurden Facharbeiter zur Herstellung der Schnorchel-Boote abgezogen, was sich auf die Arbeit an den neuen U-Booten auswirkte. Aufgrund dieser Probleme wurde die Gesamtzahl der bestellten Boote vom Typ XXI auf insgesamt 195 beschränkt. Trotz all dieser Schwierigkeiten wurde jedoch der erste Typ XXI im April 1944 bei der Deschimag-Werft in Bremen vom Stapel gelassen. Leider entsprach seine Leistung den Vorstellungen nicht. Die maximale Unterwassergeschwindigkeit betrug nur 16,4 statt 18 Knoten, und das Zentrum in Blankenburg mußte zugeben, daß die Tauchleistung des U-Bootes »eine große Enttäuschung« war. »Wir hofften auf 300 m«, erinnerte sich einer der Ingenieure. »Aber nach einer Menge Schwierigkeiten erreichte man 160 m und schließlich 200 m. Das Torpedoluk war zu schwach ...«

Die Deschimag lieferte den ersten Typ XXI im Juni 1944 an die Kriegsmarine aus. Der Ausstoß erhöhte sich. Im nächsten Monat folgten drei weitere U-Boote. Im August wurden sieben Boote ausgeliefert. Als das Tempo zunahm, sahen sich die deutschen Konstrukteure den Auswirkungen des alliierten Bombenkrieges gegenüber. Hoch fliegende Aufklärungsflugzeuge hatten im Frühjahr 1944 den Bau eines Typs XXI auf der Schichau-Werft in Danzig fotografiert. Die alliierten Bomberflotten wurden bald auf die Schlüsselpunkte des U-Bootbaus angesetzt. Und diesmal hatten sie auch Erfolge. Laut Merker mußten »nach dem Frühjahr 1944 Wiederaufbauten auf den Werften vorgenommen werden, und es gab auf verschiedenen Werften viele Ausfälle von drei bis vier Wochen«.

Am 4. Mai 1944 beklagte sich Dönitz bei Hitler, daß der Bau der neuen U-Boote noch kaum gegen Luftangriffe geschützt sei. Dabei wies er auf die besonderen Risiken der Massenfertigung hin: »Da auf einem Platz 30–40 Sektionen derselben Art gleichzeitig gebaut werden, können durch einen einzigen Bombenteppich gleichzeitig 30–40 Boote ausfallen. Ähnlich

ist es bei der Montage . . .« Die Pläne, den gesamten U-Bootbau zu verbunkern, kamen aber nicht mehr zum Zuge. Die gewaltigen, fast 500 m langen und 100 m breiten Betonbunker mit Mauern von 4 m Stärke und einer Decke von fast 8 m Dicke, in denen insgesamt fast 200 U-Boote gleichzeitig untergebracht werden sollten, kamen über die Planung nicht mehr hinaus.

Aber die Bomber konnten das U-Bootprogramm auch im Binnenland treffen. Die großen Luftangriffe auf Berlin, Frankfurt und Wien wirkten sich auf den Ausstoß von Elektromotoren aus, während die Produktion von Dieselmotoren nach einem Angriff auf das MAN-Werk in Augsburg vier Wochen lang aufgehalten wurde. Nach Merkers Schätzungen wurden »mindestens 150 U-Boote des Typs XXI aufgrund von Luftangriffen nicht gebaut«. Der einzige Trost für Dönitz war, daß seine Strategie klappte, alliierte Kräfte zu binden: »Die Einsatzzahlen der gegnerischen Luftwaffe und die Zahl der zur Sicherung eingesetzten Fahrzeuge, U-Jagdgruppen und Flugzeugträger hat nicht ab-, sondern zugenommen«, stellte er am 1. Juni 1944 mit Befriedigung fest, fügte aber mit Wehmut hinzu: »Für den U-Bootsoldaten selbst ist die Aufgabe, einen Kampf im wesentlichen zur Bindung des Gegners zu führen, besonders schwer.«

Der Sektionsbau erlaubte eine Art »Fließband«-Montage der U-Boote vom Typ XXI, machte aber die Werften, wo die im Binnenland vorgefertigten Teile zusammengebaut werden sollten, besonders verwundbar für Bombenangriffe. Im Hintergrund das gekenterte Wrack des Schweren Kreuzers *Admiral Scheer*.

Verwegene Angriffe

Neben dieser wichtigen Aufgabe, alliierte Marinekräfte zu binden, sollte die U-Bootwaffe jetzt auch die Invasion der »Festung Europa« verhindern. Im Frühjahr waren die Operationen von nicht mit Schnorcheln ausgerüsteten U-Booten gegen die Schiffahrt im Atlantik eingeschränkt worden. Eine gewaltige Konzentration von 49 U-Booten unter der Bezeichnung »Gruppe Landwirt« wurde in den Biskayahäfen bereitgehalten, um die Invasionsflotte zurückzuschlagen. Sie wurde von den 22 in Norwegen stationierten U-Booten der »Gruppe Mittel« unterstützt.

Als sie im Mai 1945 in Hamburg einmarschierten, fanden die britischen Truppen in den Werften eine U-Bootflotte vor, die schon wenige Monate später zu einer ernsten Gefahr für die atlantischen Nachschublinien hätte werden können. Die neuen Boote waren auch unter Wasser schneller als die Geleitzüge und ihre Eskorten, ihre Schnorchel, Horchgeräte und Torpedos erlaubten Unterwasserangriffe, gegen die sämtliche damaligen Ortungs- und Bekämpfungsmethoden nahezu untauglich waren.

Ob ein Einsatz dieser gefährlichen Waffe den Deutschen freilich strategisch genutzt hätte, muß man bezweifeln. Eine Verlängerung des Krieges im Westen hätte wohl lediglich dazu geführt, daß die Rote Armee noch weiter vorgerückt wäre und die USA womöglich auch gegen Deutschland ihre schreckliche neue Waffe, die Atombombe, eingesetzt hätten.

Am 6. Juni strömten Tausende von alliierten Schiffen und Landungsfahrzeugen über den Kanal. Dönitz zögerte nicht, seine Einheiten auslaufen zu lassen, wobei er sie anspornte, jedes Mittel anzuwenden, um die Invasion aufzuhalten. In einem Sonderbefehl erklärte er: »Jeder Mann und jede Waffe des Feindes, die vor der Landung vernichtet werden, verringert die Aussicht des Feindes auf Erfolg. Das Boot, das dem Feinde bei der Landung Verluste beibringt, hat seine höchste Aufgabe erfüllt und sein Dasein gerechtfertigt, auch wenn es dabei bleibt.«

Die Chancen standen sehr schlecht für die U-Boote, als sie erst einmal aus ihren Bunkern ausgelaufen waren. Die Überlebenschancen insbeson-

dere der Boote ohne Schnorchel waren angesichts der Vorkehrungen der Alliierten, den Eingang zum Ärmelkanal und zur Irischen See abzuschließen, gering. Nicht weniger als 350 Flugzeuge wurden eingesetzt, um ein Seegebiet von 20000 Quadratmeilen abzufliegen. So mußte ein aufgetauchtes U-Boot damit rechnen, alle 30 Minuten ein Flugzeug zu sehen. In den ersten Tagen der Invasion wurden sechs Boote versenkt. Den Booten, die von Norwegen südwärts fuhren, erging es nicht viel besser, so daß der alliierte Marinegeheimdienst die Reaktionen der U-Bootführung auf die Invasion verächtlich als »prompt, energisch, aber bemerkenswert verworren« beschrieb.

Die Geleitfahrzeuge wurden dennoch gewarnt, auf »verwegene Angriffe« vorbereitet zu sein, wenn der Feind versuchte, in das Invasionsgebiet einzudringen, das von Schiffen wimmelte. Drei U-Booten gelang die »heldenhafte Leistung«, St. Peter Port auf den Kanalinseln zu erreichen. Aber dann litten ihre Besatzungen zunehmend unter Kohlendioxydvergiftung. Nur einem U-Boot gelang es neun Tage nach der ersten Landung, in das Invasionsgebiet einzudringen. Aber es wurde bald von den überwältigenden Geleitkräften abgeschlagen, nachdem es ein Panzerlandungsschiff auf den Grund geschickt hatte. Dies war das Gesamtergebnis der herkulischen Anstrengungen der U-Bootführung, die vorderste Verteidigungslinie im Westen zu bilden. Die U-Boote erhielten Befehl, sich in ihre Bunker zurückzuziehen, woraufhin der alliierte Geheimdienst kommentierte: »Die U-Bootstrategie ist in der Flaute, und während der Operation im Kanal fühlte man keinen großen Angriffsgeist mehr.«

Die Deutschen konnten nicht lange in der relativen Sicherheit ihrer Betonbunker bleiben. Gerade zwei Monate nach der Invasion stürmten die Divisionen von General Patton durch die Bretagne mit Brest und Lorient als Hauptziel. Die U-Bootführung führte überstürzt ihre Evakuierungspläne durch. Die Atlantik-U-Boote wurden schwer beladen mit Personal und Ausrüstung um die Nordspitze Schottlands herum nach Norwegen verlegt. Die meisten von ihnen entgingen den starken Luftangriffen des Coastal Command.

Aber der russische Vormarsch im Osten erfüllte Dönitz weit mehr mit Sorge als der erzwungene Abzug aus den Biskayahäfen, weil die Ausbildungsgebiete und die Werft in Danzig, auf der der Typ XXI gebaut wurde, für die Kriegspläne der U-Bootführung lebenswichtig waren. Er drängte Hitler, der Roten Armee im Norden stärksten Widerstand entgegenzusetzen, selbst wenn von anderen Teilen der Front dringend benötigte Männer und Material abgezogen werden müßten, während die Stützpunkte in Norwegen zu Ausweichoperationszentren für die U-Boote ausgebaut wurden. Die Bedeutung des Ostseeraumes war auch den Westalliierten klar, die darauf abzielten, die deutschen Operationen durch einen ausgedehnten Minenfeldzug mit hochentwickelten Magnetminen zu stören, die die Marineausbildung äußerst gefährlich machten. Als diese Operationen im Spätherbst 1944 begannen, gab es eine sofortige Dividende für die RAF, die in der Vernichtung eines Boots des Typs XXI bestand. Als die Deutschen das Baltikum zu räumen begannen, beobachteten die Alliierten sorgfältig die Gewässer um Norwegen, da sie annahmen, daß Dönitz hier eine starke Streitkraft für einen letzten verzweifelten Schlag schaffen wollte. In Bergen wurden Reparaturwerften und U-Bootbunker gebaut. Ein ständiger Strom von U-Booten lief aus Deutschland in norwegische Gewässer aus. Ihre Angriffe wurden von den sehr starken alliierten Geleitkräften abgeschlagen, so daß von den 159 Handelsschiffen, die in der zweiten Jahreshälfte nach Rußland ausliefen, kein einziges versenkt wurde.

Inzwischen gab es jedoch eine zunehmende deutsche Konzentration auf die britischen Küstengewässer, und ein Bericht des »Ultra«-Geheimdienstes warnte: »Es sind strenge Befehle an die Kommandanten gegeben worden, in Ballungsgebiete einzudringen, wo mit Sicherheit Schiffe gefunden werden, und den unvermeidlichen Begegnungen mit U-Bootabwehrkräften auszuweichen.«

Dönitz setzte die ganze Stärke seiner Persönlichkeit für eine neue Anstrengung ein, mehr Schiffe in britischen Gewässern zu versenken. Er erklärte: »Die Wiederaufnahme des U-Bootkrieges muß und wird Deutschlands Hauptziel im Krieg gegen die Westmächte sein, und alle an der Marine- und Waffenproduktion Beteiligten werden dafür mit fanatischer Energie arbeiten.« Die Admiralität erwartete, daß im Dezember 1944 185 einsatzfähige U-Boote gegen sie eingesetzt werden konnten, von denen 15 vom neuen Typ XXI und 10 vom neuen Typ XXIII waren. Aber ziemlich verwirrt meldete ein »Ultra«-Bericht wenige Wochen später, es bestünde »ein auffallendes Mißverhältnis zwischen den bisher eingesetzten Kräften und der Stärke der Flotte von Booten die . . . bei vorsichtiger Betrachtungsweise als in einem Zustand der Einsatzbereitschaft befindlich angesehen werden muß«.

Die alliierten Flotten hätten die Kampfkraft der neuen U-Boote zu spüren bekommen, wenn das Reich nicht andauernd bombardiert worden wäre. Die RAF konzentrierte sich auf die Wasserwege, auf denen die vorfabrizierten U-Bootteile transportiert wurden. Im September 1944 wurde der Aquädukt des Dortmund-Ems-Kanals zerstört, wodurch auf einer Strecke von zehn Kilometern Kähne festlagen. Der Mittellandkanal erfuhr die gleiche Behandlung, und die Verkehrslage im allgemeinen war katastrophal schlecht.

Das Tempo der Entwicklung des Typs XXI konnte zu dieser Zeit von dem alliierten Geheimdienst nur vermutet werden, weil der Funkverkehr der U-Boote eingeschlafen war, hauptsächlich aufgrund der Tatsache, daß die U-Boote so lange getaucht blieben. Für den Tracking Room war es jetzt schwer, die nötigen Informationen zu erhalten. Außerdem hatten die Deutschen ihr Schlüsselsystem geändert, wodurch sie ein »Element der Hypothese in das von der U-Boot-Mitkoppelung dargestellte Bild« brachten.

Solche geringfügigen Rückschläge trugen wenig dazu bei, die Gezeiten zu wenden oder die Deutschen in die Lage zu versetzen, die atlantische Lebensader erneut zu gefährden. Von den Handelsschiffen, die in den letzten drei Monaten des Jahres 1944 über den Atlantik geleitet wurden, wurden nur 14 versenkt, aber es wurden 45 U-Boote vernichtet. Im Bewußtsein dieser Fehlschläge setzte Dönitz seine Boote zur Unterstützung der Landfeldzüge ein, die in ganz Europa erbittert gekämpft wurden. Eine Anzahl Boote war weit draußen im Atlantik stationiert, um Wettermeldungen zu funken. Diese Informationen waren von großem Wert für die Ardennenoffensive Mitte Dezember. Ende des Jahres 1944 wurde eine Flotte von »kleinen Kampfeinheiten« gegen alliierte Schiffe auf der Schelde eingesetzt. Diese Kleinst-U-Boote, wie der 16-Tonnen »Seehund« und der 6½-Tonnen »Biber«, unterstützten S-Bootflottillen in einem letzten Versuch, den alliierten Nachschub zu verlangsamen.

Die Admiralität befürchtete immer noch, daß das Pendel zugunsten der U-Boote ausschlagen könnte. Ende Januar 1945 meldete der Geheimdienst: »Eine baldige Intensivierung des U-Bootkrieges ist offenbar beabsichtigt, denn es wurde in einem Lagebericht des Oberkommandos der Kriegsmarine vom 26. Januar festgestellt, daß Hitler befohlen hat, den U-Bootkrieg mit allen Mitteln zu verstärken ... Es wurde die Ansicht geäußert, daß U-Boote einen entscheidenden Einfluß auf den Krieg gegen die Angelsachsen ausüben könnten, insbesondere wenn die Versenkungserfolge mit dem Einsatz der neuen Bootstypen zunehmen.«

Der Erste Seelord, Admiral of the Fleet Sir Andrew Cunningham, war sich der neuen Drohung bewußt, die in den nächsten Monaten auftauchen konnte. Würden die von Osten und Westen vorstürmenden Armeen das Reich zusammenbrechen lassen, bevor die neuen Boote eingesetzt wurden? Sollten sie in großer Stärke auftreten, würden sie die Schnorchel-Flotte von etwa 50 Booten verstärken, die bereits ernste Probleme verursachte. An-

Das Interesse der Alliierten an den »Wunder«-U-Booten vom Typ XXI war groß. Nur U-2511 war noch auf Feindfahrt geschickt worden, die anderen Boote (so auch U-2513, rechts mit dem Sternenbanner) wurden von den Alliierten erbeutet und nach dem Krieg weiterentwickelt.

fang 1945 mußte der Erste Seelord feststellen: »Wir haben Schwierigkeiten mit den U-Booten. Es besteht kein Zweifel, daß der Schnorchel ihnen einen größeren Vorteil gegeben hat, als wir zunächst erwartet haben ... Die Wissenschaftler haben noch nicht aufgeholt, und die Flugzeuge sind zu 90% aus dem Geschäft.«

Zuflucht Norwegen

Anfang 1945 brachten die Alliierten die Geleitkräfte in britischen Gewässern auf eine nie dagewesene Stärke. 300 kleinere Schiffe wurden vor dem Auslaufen in den Pazifik zurückgehalten, und nicht weniger als 37 Geleitgruppen operierten im Gebiet um die Britischen Inseln. Sie umfaßten 426 Kriegsschiffe, zumeist Sloops, Fregatten und Korvetten. Die alliierten Geheimdienstoffiziere befürchteten nun zunehmend, daß die Deutschen in Norwegen einen letzten verzweifelten Kampf planten. Von Danzig wurden hastig Aubildungsflottillen verlegt. Andere Einheiten wurden überstürzt mit dem Schnorchel ausgerüstet und kampfbereit gemacht, obwohl viele der U-Boote veraltet waren. Anders als die anderen Naziführer zeigte Dönitz kein Interesse an einem Zufluchtsort in Bayern, sondern begann, die Verantwortung für einen großen Teil der Verwaltung Norddeutschlands zu übernehmen, als das Reich auseinanderfiel.

Wenn Dönitz, der seine U-Bootbesatzungen noch immer mit beträchtlicher Loyalität erfüllte, den Krieg in der Hoffnung weiterführen sollte, daß die Ereignisse sich auf wunderbare Weise zu seinen Gunsten wenden würden, war es wahrscheinlich, daß er sich in Norwegen festsetzen würde. Der alliierte Geheimdienst überwachte sorgfältig die wachsende Zahl von U-Booten, die nach Norden verlegt wurden. Ihm war nicht bekannt, daß das erste Boot des Typs XXIII Ende Januar von Norwegen ausgelaufen war, als Oberstleutnant Hass den Stützpunkt Bergen auf U-2324 verließ. Am 18. Februar 1945 versenkte er vor der britischen Küste ein Schiff, aber seine beiden Torpedos waren verschossen. Weitere Boote des Typs XXIII waren in Dienst gestellt, und keines war von den alliierten U-Bootabwehrmaßnahmen ernsthaft gestört worden. Im März 1945, als der Ostseeraum fast unhaltbar war, liefen 28 U-Boote nach Norwegen aus. Trotz der kolossalen Schwierigkeiten zeigte die U-Bootwaffe kein Anzeichen des Auseinanderbrechens. Im April meldete der Geheimdienst der Admiralität: »Es ist offenbar, daß die Boote auf der Fahrt in der Ostsee zunehmende Verzögerungen erleben und daß die zunehmende Verstopfung in den Häfen und Ausbildungsgebieten allmählich zur Erstickung und Resignation führt. Aber immer noch werden große Anstrengungen unternommen, eine U-Bootgroßoffensive vorzubereiten. Die konkreten Ergebnisse entsprechen zwar nicht den Erwartungen, aber es wäre verfrüht, ein Nachlassen der Moral zu erwarten. Die U-Bootmänner, die noch an Operationen teilnehmen, scheinen im Gegensatz zu dem Personal in Stützpunkten und in den Ausbildungsflottillen entschlossen und mutig zu sein. Es mag einen guten Teil fanatischer Nazis unter den Offizieren geben, und es ist sehr gut möglich, daß einige sich in einem verzweifelten Angriff opfern werden, statt zu überleben und die Niederlage zu erleiden, die nun auch in U-Bootkreisen allgemein als unvermeidbar akzeptiert wird.«

In den letzten 5 Wochen des Krieges wurde die Fluchtbewegung nach Norwegen immer stärker. Die alliierten Flugzeuge stürzten sich wütend auf die Gruppen von U-Booten, die von Kiel und der Ostsee aus nach Norden fuhren. Luftangriffe des Coastal Command und Raketen schießende Typhoons der Second Tactical Air Force, die nun in Reichweite der U-Bootstützpunkte lag, verlangten ihnen einen schweren Blutzoll ab.

Im April 1945 ging schließlich U-2511, das erste Boot des Typs XXI, zu einem Einsatz in den Atlantik. Unter dem Befehl eines der Stabsoffiziere von Dönitz, Korvettenkapitän Adalbert Schnee, zeigte das Boot bald die phänomenale Verbesserung in der U-Boottechnik, die der neue Typ darstellte. Als Schnee in der Nordsee von dem Asdic einer Korvette erfaßt wurde, lief das getauchte U-Boot dem Feind mit 16 Knoten davon. Diese Geschwindigkeit konnte es über eine Stunde lang beibehalten, so daß das Asdic-Ziel von dem Schirm des verblüfften Kommandanten der Korvette verschwand.

Schnee nahm Kurs auf Panama, wo er eine Reihe von vernichtenden Angriffen durchführen wollte. Er war bereits weit gefahren, als am 4. Mai 1945 um 3.14 Uhr der Funkspruch über die Kapitulation eintraf, der allen Kommandanten die Rückkehr in ihren Stützpunkt befahl. Es war ein schmerzlicher Augenblick, besonders für Schnee, der wie viele Kommandeure mit seinen Offizieren diskutierte, was sie tun sollten. Vorschläge, das U-Boot nach Argentinien zu bringen, wo es verkauft werden könnte, wurden verlacht, und jeder Gedanke an einen Racheakt zurückgewiesen. U-2511 würde zu seinem Stützpunkt zurückkehren. Es war keine leichte Heimreise, die die ganze Selbstbeherrschung des Offiziers verlangte, als die unverkennbare Silhouette eines britischen Schweren Kreuzers in seinem Periskop erschien. Zuerst war es tatsächlich zuviel für den deutschen Offizier. Er beschloß anzugreifen. Mühelos schlüpfte das Boot durch den Verteidigungsschirm, ohne Anzeichen der Entdeckung. Schnee beobachtete das große Schiff, das er in der Mitte des Fadenkreuzes hatte, und bereitete sich darauf vor, seinen todbringenden Torpedofächer auszulösen, aber im letzten Augenblick änderte er seine Meinung. Die Torpedos wurden nie abgefeuert, und U-2511 nahm Kurs auf die Heimat.

Kapitulation

Von der britischen Admiralität erhielten die 43 auf See befindlichen U-Boote jetzt den Befehl, aufzutauchen, ihre Positionen zu melden und dann zu ihnen zugewiesenen alliierten Häfen zu laufen und eine schwarze Kapitulationsflagge zu hissen. Zunächst kam keines der Boote dem Befehl nach, aber dann begannen sie eines nach dem anderen zu kapitulieren. Während sie dies taten, verfolgte der Submarine Tracking Room sorgfältig ihre Positionen und Anzahl, um sicherzustellen, daß keines zu einem geheimen Versteck entkam oder einen letzten verzweifelten Angriff unternahm. Die U-Boote nahmen Kurs auf verschiedene Häfen. 23 trafen in England ein, 3

Der Sieger. Admiral Horton geht in einem englischen Hafen an Bord von U-532. Der deutsche Kommandant, Fregattenkapitän Ottoheinrich Junker, begrüßt den ehemaligen Gegner.

Die deutschen U-Bootmänner waren verbittert, als sie geschlagen in alliierte und deutsche Häfen (hier Wilhelmshaven) einlaufen mußten. Trotz der entgegenstehenden Befehle von Dönitz wurden über 200 Boote von der eigenen Besatzung versenkt.

gingen in die Vereinigten Staaten und 4 nach Kanada. Andere nahmen Kurs auf Norwegen oder Kiel, und eines versenkte sich selbst vor Oporto. Der Kommandant wurde dafür hart von den Briten bestraft. Nur zwei Boote, U-530 und U-977, waren nicht aufzuspüren, bis sie viele Wochen nach Ende der Feindseligkeiten in Argentinien eintrafen.

Dönitz hatte die schwierige Lage unter Kontrolle behalten und gab kurz nach der Kapitulationsanweisung einen bewegenden Funkspruch an seine U-Bootmänner aus: »Meine U-Boot-Männer! Sechs Jahre U-Boot-Krieg liegen hinter uns. Ihr habt gekämpft wie die Löwen. Eine erdrückende Materialübermacht hat uns auf engstem Raum zusammengedrängt. Von der verbleibenden Basis aus ist eine Fortsetzung unseres Kampfes nicht mehr möglich. U-Boot-Männer! Ungebrochen und makellos legt ihr nach einem Heldenkampf ohnegleichen die Waffen nieder.«

Dönitz' starke Persönlichkeit, die von den schlimmsten Exzessen des Nationalsozialismus unbeeinträchtigt war, hatte ihn auf die höchste Stellung in Deutschland gebracht. Am 30. April, als das Reich zerbröckelte und in der Nazihierarchie Fehden ausgebrochen waren, erfuhr Dönitz erschüttert, daß er von Hitler zu dessen Nachfolger ernannt worden war. Am 1. Mai hielt er eine Rundfunkansprache, in der er sich bereit erklärte, »die Führung des deutschen Volkes« zu übernehmen. In den letzten Tagen vor dem Zusammenbruch konnte Dönitz wenig mehr tun, als so viele Menschen wie möglich vor den im Ostseeraum vorstoßenden Russen zu evakuieren und zu versuchen, eine Grundlage für eine Verständigung mit dem Westen zu schaffen. In Verfolgung dieser Politik glaubte er den geheimen Plan »Regenbogen«, nach dem alle U-Boote selbstversenkt werden sollten, nicht in Kraft setzen zu sollen. Dieses eine Mal weigerten sich viele seiner Kommandanten, ihm zu folgen. Gegen seinen Befehl wurden 200 U-Boote aller Typen von ihren Besatzungen auf den Grund geschickt, bevor die Kapitulation Deutschlands am Morgen des 9. Mai 1945 in Kraft trat. Der neue Regierungschef hielt noch die Überreste der alten Ordnung in Flensburg zusammen, vielleicht in der Hoffnung, das Vakuum zu füllen, aber am 23. Mai 1945 wurde Großadmiral Dönitz von der Alliierten Kontrollkommission verhaftet und stand später an der Seite der anderen Naziführer in Nürnberg vor Gericht.

Der Atlantikkrieg war vorüber. Er war für die Alliierten teuer gewesen. Nicht weniger als 2603 Handelsschiffe mit insgesamt 13½ Millionen Tonnen und 175 alliierte Kriegsschiffe waren versenkt worden. Auf der deutschen Seite gingen von den 1162 gebauten U-Booten 784 verloren. Der größte Teil fiel in den letzten Kriegsjahren alliierten Flugzeugen zum Opfer. Aber auch die Geleitfahrzeuge erzielten gute Ergebnisse. Die Verluste der U-Bootwaffe waren in der Tat furchtbar. Von 40900 Soldaten der U-Bootwaffe (überwiegend Freiwilligen) fielen 28000 Mann, und 5000 Mann gingen in Gefangenschaft. Auf der alliierten Seite starben 30238 Männer der Handelsflotte und Tausende Soldaten der Royal Navy und der RAF.

Die Atlantikschlacht war der einzige Kampf des Zweiten Weltkrieges, der vom ersten bis zum letzten Tage dauerte.

Nachbemerkung

Wir müssen zunächst anmerken, daß es im Rahmen eines einzigen Bandes unmöglich gewesen wäre, jedem Aspekt des gewaltigen Kampfes, der als Atlantikschlacht bekannt ist, gerecht zu werden. Was wir dargelegt haben, sind die hauptsächlichen politischen und militärischen Entwicklungen, die auf Informationen basieren, die wir aus vor kurzem freigegebenen, offiziellen Dokumenten, maßgeblichen Veröffentlichungen, persönlichen Erinnerungen und zeitgenössischen Quellen entnommen haben. Dieser Perspektive sind die Darstellungen von Augenzeugen und zeitgenössische Berichte von Menschen auf beiden Seiten gegenübergestellt.

Auf der deutschen Seite sind wir besonders Großadmiral Karl Dönitz zu Dank dafür verpflichtet, daß er uns empfangen hat, um die von ihm geführte Schlacht zu diskutieren. Albert Speer legte uns dar, wie sich der U-Bootkrieg auf Hitlers Denken auswirkte, und gab uns einen Überblick über das riesige Bauprogramm des Typs XXI. Unsere Hauptstütze bei den Nachforschungen in Deutschland war Professor Jürgen Rohwer von der Bibliothek für Zeitgeschichte in Stuttgart, die führende Autorität der Geschichte des U-Bootkrieges, der uns nicht nur ermutigte, sondern auch viele Türen öffnete und sehr viel wertvolles Material zur Verfügung stellte. Unter den vielen früheren Offizieren der Kriegsmarine, mit denen wir Verbindung hatten, möchten wir besonders Kapitän z. S. a. D. Hans Meckel für seinen Bericht über den Dienstbetrieb in Dönitz' Hauptquartier und seinen Offizierskameraden Kurt Diggins, Otto Kretschmer, Werner Schünemann, Adalbert Schnee, Reinhard Suhren, Otto Schuhart, Herbert Schulze, Thilo Bode und Otto Westphalen danken, die ebenso wie Jochen Ahme vom Verband Deutscher U-Bootfahrer viele Informationen aus erster Hand über die U-Boot-Operationen gaben.

Als erstem unter den vielen hervorragenden höheren alliierten Offizieren, die wir um Rat gefragt haben, möchten wir unsere Dankbarkeit Vizeadmiral B. B. Schofield, dem hervorragenden Kenner der Seekriegsgeschichte, aussprechen, der während der kritischen Jahre der Atlantikschlacht Leiter der Handelsschiffahrt-Abteilung der Admiralität war. Marshal of the Royal Air Force Sir John Slessor war bereit, wertvolle Einsicht in die turbulenteren Aspekte des »besonderen Verhältnisses zwischen Engländern und Amerikanern« zu geben. Wir danken ihm und Air Vice-Marshal Sir Edward Chilton dafür, daß sie uns ihre Aufzeichnungen einsehen ließen. Captain Haslam von der Air Historical Branch gab uns ebenfalls einen Überblick über die Rolle, die die Luftmacht über der See bei der Niederwerfung der U-Boote spielte. Wir müssen Vizeadmiral Sir Norman Denning und Patrick Beesly danken, daß sie uns ihre intimen Kenntnisse über den Krieg der Geheimdienste zur Verfügung stellten. Patrick Beesly – Commander Winns Assistent im Tracking Room des Operational Intelligence Centre – gab uns, ohne zu zögern, sein neues Material, obwohl er selbst kurz vor der Veröffentlichung seines enthüllenden Berichtes »Very Special Intelligence« stand. Vizeadmiral Sir Peter Gretton und Captain Donald Macintyre ließen uns in großzügiger Weise ihre einmalige Erfahrung als Englands hervorragendste Geleitschutzkommandanten nutzen. Kein Bericht über diese Schlacht wäre vollständig ohne die Beiträge der vielen Handelsschiffer und früheren Marineoffiziere, darunter: J. Atkinson, H. A. Beaumont, K. Bates, J. Burns, G. J. Carr, Capt. R. V. E. Case, Capt. J. H. Drews, J. Harrison, W. Hughes, R. J. Hunter, W. D. Jeffries, C. Johnstone, J. Kewin, E. F. Lawlor, J. Lee, J. Lisle, J. Marshall, J. Magill, P. Melmsteen, C. Moss, A. McKellar, J. Newall, J. Oakley, J. Perry, U. Peters, D. Roberts, G. Welsh, M. Wilburn, D. H. Willett.

In den Vereinigten Staaten hatten wir das Glück, die Hilfe von Admiral Gene La Rocque, Colonel William Corson, Dr. D. C. Allard, dem Leiter des US Navy Operational Archives, seiner Assistentin Mrs. Lloyd und J. Trimble vom US National Archives zu erhalten. Wir möchten auch Dr. C. J. Kitchen, Mrs. B. Shenton und J. Millen vom British Public Records Office, Dr. Haupt vom Bundesarchiv und dem Personal der Bibliothek des Britischen Museums, der Royal United Service Institute Library, der Naval Historical Library, der London Library und dem Deutschen Historischen Institut für all ihre Hilfe und Geduld danken.

Das Sammeln dieser umfangreichen Informationen und die Bilder für dieses Projekt wären ohne die Hilfe unseres Forschungsteams unmöglich gewesen – Diana Hamilton und Mary Herne in New York, Jonathan Moore in London und H. J. Ketzer und H. R. Zellweger in Deutschland. Dilys Hubbard und Ursula Kelf leisteten wertvolle Arbeit bei dem Schreiben der vielen Entwürfe.

U-Boot vom Typ VII c

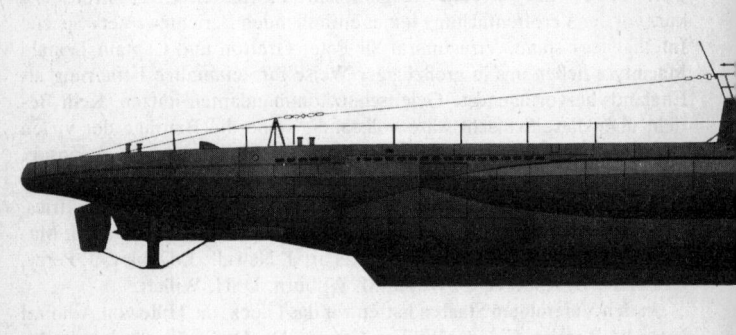

Wasserverdrängung: 761 m³ (über Wasser); 865 m³ (getaucht)
Länge: 67,1 Meter
Breite: 6,2 Meter
Tiefgang: 4,8 Meter
Antrieb: 2×1400 PS Dieselmotoren; 2×375 PS Elektromotoren

Geschwindigkeit: 17 Knoten über Wasser; 7,6 Knoten unter Wasser
Reichweite: 6500 Seemeilen (bei 12 kn) über Wasser; 80 Seemeilen (bei 4 kn) unter Wasser

Bewaffnung: 14 Torpedos, die durch 4 Rohre im Bug und 1 Rohr im Heck losgemacht werden konnten; eine 8,8 cm Kanone, ein 2 cm MG (nach 1943 eine 3,7 cm Flak und zwei 2 cm Zwillings-MGs zur Fliegerabwehr)

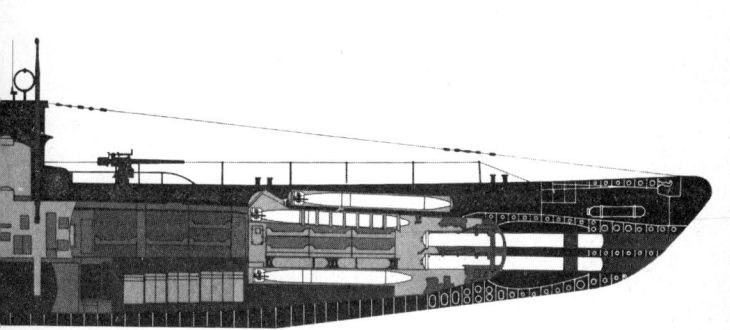

Deutsche U-Boot-Operationen

Jahr	Monat	Gesamt-zahl	Tagesdurchschnitt im Einsatz	davon im Atlantik	versenkt	neu in Dienst gestellt	Zahl der versenkten Schiffe
1939	Sept–Dez	57	12	5	9	2	105
1940	Jan–März	51	11	5	6	4	80
	Apr–Juni	49	10	7	8	9	75
	Juli–Sept	56	10	8	5	15	150
	Okt–Dez	75	11	9	3	26	130
1941	Jan–März	102	20	12	5	31	100
	Apr–Juni	136	25	15	7	53	150
	Juli–Sept	182	30	17	6	70	90
	Okt–Dez	233	35	16	17	70	70
1942	Jan–März	272	45	13	11	49	225
	Apr–Juni	315	60	15	10	58	240
	Juli–Sept	352	95	25	32	61	290
	Okt–Dez	382	100	40	34	70	260
1943	Jan–März	418	110	50	40	70	200
	Apr–Juni	424	90	40	73	69	120
	Juli–Sept	408	60	20	71	68	75
	Okt–Dez	425	70	25	53	83	40
1944	Jan–März	445	65	30	60	62	45
	Apr–Juni	437	50	20	68	53	20
	Juli–Sept	396	40	15	79	50	35
	Okt–Dez	398	35	20	32	67	17
1945	Jan–März	349	45	20	153	93	55
					Summe 782	Summe 1,133	

Quelle: Official History; *War at Sea* Vol. 1–3. Courtesy H. M. Stationery Office

Versenkte alliierte und neutrale Tonnage (in BRT)

| Monat | \multicolumn{7}{c}{Weltweite Versenkungserfolge der Achsenmächte durch:} |

Monat	U-Boote	Flieger	Minen	Überwasserstreitkräfte	unbekannte Ursachen	Summe	davon im Atlantik	%
\multicolumn{9}{c}{**1939**}
Sept	153,879	–	29,537	5,051	6,378	**194,845**	194,845	100
Okt	134,807	–	29,490	32,058	–	**196,355**	196,355	100
Nov	51,589	–	120,958	1,722	–	**174,269**	173,563	99.6
Dez	80,881	2,949	82,712	22,506	875	**189,923**	189,923	100
Summe	421,156	2,949	262,697	61,337	7,253	**755,392**	754,686	99.9
\multicolumn{9}{c}{**1940**}
Jan	111,263	23,693	77,116	–	2,434	**214,506**	214,506	100
Feb	169,566	853	54,740	1,761	–	**226,920**	226,920	100
März	62,781	8,694	35,501	–	33	**107,009**	107,009	100
Apr	32,467	13,409	19,799	5,358	87,185	**158,218**	158,218	100
Mai	55,580	158,348	47,716	6,893	19,924	**288,461**	285,893	99.1
Juni	284,113	105,193	86,087	61,587	48,527	**585,496**	317,421	54.2
Juli	195,825	70,193	33,598	80,796	4,501	**386,913**	365,074	94.6
Aug	267,618	53,283	11,433	63,350	1,545	**397,229**	353,004	88.9
Sept	295,335	56,328	8,269	96,288	8,352	**448,621**	403,504	89.9
Okt	352,407	8,752	32,548	32,134	17,144	**442,985**	418,264	94.4
Nov	146,613	66,438	46,762	123,671	2,231	**385,715**	294,054	76.2
Dez	212,590	14,890	54,331	55,728	12,029	**349,568**	322,612	92.3
Summe	2,186,158	580,074	509,889	511,615	203,905	**3,991,641**	3,654,511	91.6
\multicolumn{9}{c}{**1941**}
Jan	126,783	78,597	17,107	80,796	532	**320,240**	309,762	96.7
Feb	196,783	89,305	16,507	89,096	11,702	**403,393**	368,759	91.4
März	243,020	113,314	23,585	138,906	10,881	**529,706**	517,551	97.7
Apr	249,375	323,454	24,888	91,579	42,245	**687,901**	381,389	55.4
Mai	325,492	146,302	23,194	15,002	1,052	**511,042**	436,544	85.42
Juni	310,143	61,414	15,326	17,759	27,383	**432,025**	415,255	96.1
Juli	94,209	9,275	8,583	5,792	3,116	**120,975**	113,078	93.5
Aug	80,310	23,863	1,400	24,897	230	**130,699**	103,452	79.2
Sept	202,820	40,812	14,948	22,910	4,452	**285,942**	254,851	89.1
Okt	156,554	35,222	19,737	3,305	3,471	**218,289**	195,886	89.7
Nov	62,196	23,051	1,714	17,715	–	**104,640**	85,500	81.7
Dez	124,070	72,850	63,853	6,661	316,272	**583,706**	113,802	19.5
Summe	2,171,070	1,017,422	230,842	487,204	421,336	**4,328,558**	3,295,909	76.1

Quelle: Official History; *War at Sea*, Vol. 1–3. Courtesy H. M. Stationery Office

Versenkte alliierte und neutrale Tonnage (in BRT)

Weltweite Versenkungserfolge der Achsenmächte durch:

Monat	U-Boote	Flieger	Minen	Überwasserstreitkräfte	unbekannte Ursachen	Summe	davon im Atlantik	%
1942								
Jan	327,357	57,086	10,079	3,275	22,110	**419,907**	296,136	70.53
Feb	476,451	133,746	7,242	–	62,193	**679,632**	440,889	64.9
März	537,980	55,706	16,862	25,614	198,002	**834,164**	562,336	67.4
Apr	431,664	82,924	15,002	131,188	1,679	**674,457**	493,810	73.2
Mai	607,247	59,041	18,795	19,363	631	**705,050**	644,827	91.5
Juni	700,235	54,769	19,936	48,474	10,782	**834,196**	652,487	78.22
Juli	476,065	74,313	8,905	54,358	4,472	**618,413**	533,494	86.3
Aug	544,410	60,532	–	50,516	5,675	**661,133**	543,920	82.3
Sept	485,413	57,526	–	24,388	–	**567,327**	533,274	94.0
Okt	619,417	5,683	5,157	7,576	–	**637,833**	560,590	87.9
Nov	729,160	53,868	992	19,178	4,556	**807,754**	573,732	71.0
Dez	330,816	4,853	1,618	12,312	1,532	**348,902**	314,745	90.2
Summe	6,266,215	700,020	104,588	396,242	323,632	**7,790,697**	6,150,340	79.0
1943								
Jan	203,128	25,503	18,745	7,040	6,943	**261,359**	204,626	78.3
Feb	359,328	75	34,153	4,858	4,648	**403,062**	315,206	78.2
März	627,377	65,128	884	–	–	**693,389**	538,695	77.7
Apr	327,943	3,034	11,961	1,742	–	**344,680**	252,533	73.3
Mai	264,853	20,942	1,568	–	12,066	**299,428**	205,598	68.7
Juni	97,753	6,083	4,334	17,655	–	**123,825**	30,115	24.3
Juli	252,145	106,005	72	7,176	–	**365,398**	187,877	51.4
Aug	86,579	14,133	19	–	19,070	**119,801**	255,573	78.2
Sept	118,841	22,905	4,396	9,977	300	**156,419**	54,545	34.9
Okt	97,407	22,680	19,774	–	–	**139,861**	61,085	43.7
Nov	66,585	62,452	6,666	8,538	150	**144,391**	40,686	28.2
Dez	86,967	75,471	6,086	–	–	**168,524**	53,871	40.0
Summe	804,277	309,729	41,347	43,345	19,520	**1,218,219**	453,752	37.2

Quelle: Official History; *War at Sea*, Vol. 1–3. Courtesy H. M. Stationery Office

Versenkte alliierte und neutrale Tonnage (in BRT)

Monat	Weltweite Versenkungserfolge der Achsenmächte durch:							
	U-Boote	Flieger	Minen	Überwasserstreitkräfte	unbekannte Ursachen	Summe	davon im Atlantik	%
1944								
Jan	92,278	24,237	7,176	6,420	524	**130,635**	43,009	32.9
Feb	92,923	21,616	–	2,085	231	**116,855**	16,628	14.2
März	142,944	–	7,176	7,840	–	**157,960**	41,562	26.3
Apr	62,149	19,755	–	–	468	**82,372**	48,231	58.6
Mai	24,424	2,873	–	–	–	**27,297**	17,277	63.3
Juni	57,875	9,008	24,654	1,812	10,735	**104,084**	82,728	79.5
Juli	63,351	–	8,114	7,219	72	**78,756**	48,580	61.7
Aug	98,729	–	7,194	7,176	5,205	**118,304**	60,519	51.2
Sept	43,368	–	1,437	–	–	**44,805**	37,698	84.1
Okt	7,176	–	4,492	–	–	**11,668**	1,722	14.8
Nov	29,592	7,247	–	1,141	–	**37,980**	16,708	44.0
Dez	58,518	35,920	35,612	–	4,863	**134,913**	91,097	67.5
Summe	358,609	52,175	81,503	17,348	20,875	**530,510**	339,052	63.9
1945								
Jan	56,988	7,176	16,368	2,365	–	**82,897**	75,722	91.3
Feb	65,233	7,177	18,076	3,889	941	**95,316**	88,130	92.5
März	65,077	–	36,064	3,968	6,095	**111,204**	111,204	100
Apr	72,957	22,822	8,733	–	–	**104,512**	81,690	76.2
Mai	11,439	7,176	–	–	–	**17,198**	10,022	58.3
Juni	11,439	–	7,176	–	–	**18,615**	0	0
Juli	–	–	7,210	–	27	**7,237**	39	0.5
Aug	–	–	36	–	–	**36**	36	100
Summe	281,716	44,351	93,663	10,222	7,063	**437,015**	366,852	83.9

Quelle: Official History; *War at Sea*, Vol. 1–3. Courtesy H. M. Stationery Office

Bibliographie

A. Gespräche der Autoren mit Augenzeugen

J. Ahme 1976
Commander Patrick Beesly 1976
Großadmiral Karl Dönitz 1976
Capt. J. H. Drew 1975
J. Harrison 1975
Hughes 1975
J. Lee 1975
J. Lisle 1975
Captain D. Macintyre 1976
Admiral H. Mackenzie 1974
A. McKellar 1975
Kapitänleutnant H. Meckel 1976
G. Parr 1975
U. Peters 1975
Capt. B. Schofield 1975
Vizeadmiral W. Schünemann 1976
Kapitänleutnant O. Schuhart 1975
Albert Speer 1976
Korvettenkapitän R. Suhren 1975
Wren Tainton 1976
D. Willet 1975/76

B. Unveröffentlichte Dokumente

Offizielle Unterlagen im britischen Public Record Office (PRO)
ADM 199

1–7	Convoy system Introduction. Orders to Commodores, sailing regulations;
47–63	Convoy Reports;
121–24	Anti-U-Boat Operations, 1940–41;
226–30	U-Boat Attacks on Merchant ships, 1943;
241	Anti-U-Boat Warfare Policy;
240	Bombing of the Biscay Bases, 1942–44;
423	Western Approaches Command War Diary;
463	Royal Canadian Navy Monthly Review, Jan. 1943–Aug. 1945;
575–78	HX and ON Convoy Reports;
691	Proceedings of the Bailey Committee on Anglo-American Naval Co-Operation, 1940–46;

875–87	Azores Facilities;
1123–35	Anti-U-Boat Warfare Reports;
1357–63	Monthly Anti-Submarine Reports;
1406	Anti-U-Boat Operations in the Bay of Biscay;
1408	US Escort Carrier Operations;
2073–194	Admiralty Trade Division Reports.

AIR 15
Restricted Official Naval Staff History

The Defeat of the Enemy Attack on Merchant Shipping

Regierungsdokumente

Cabinet Minutes – CAB 65;
Cabinet Memoranda – CAB 66;
Minutes and Reports of Defence Committee – CAB 68, 69;
Chiefs of Staff Commitee Minutes – CAB 79, 80;
War Cabinet Ministerial Commitee on Food Policy – CAB 74;
Battle of the Atlantic Committee, Minutes and Memoranda – CAB 86;
Anti U-Boat Warfare Committee – CAB 86;
Lend Lease and Relations with the Roosevelt Administration – CAB 115;
Prime Minister's Correspondence – PREM 1;
Ministry of Agriculture and Food Permanent Record of Operations (1939–1954) – MAF 75;
British Food Mission to Washington – MAF 97.

BBC Archives, Caversham.

Dokumente in den US National Archives

Records and Hearings of the War Production Administration;
The US Maritime and War Shipping Administration;
The Food Lend Lease Administrator;
Records of C-in-C US Fleet;
Report 51. US Navy Operations Evaluation Group;
The Conduct of the War at Sea. An Essay by Admiral Karl Doenitz, 15. Jan. 1946, Naval Intelligence;
Interrogation of Karl Doenitz, Naval Intelligence;
Report on German Naval High Command by Admiral Assmann;
Problems of Leaderships in a Submarine, by Kapitänleutnant Lüth, 1943;
The German Secret Supply Service;
Selected Micro Film Records of German Naval Archives.

Bibliothek für Zeitgeschichte in Stuttgart

Kriegstagebuch des Befehlshabers der U-Boote.

C. Veröffentlichte Dokumente und Sekundärliteratur

Abbazia, Patrick: *Mr. Roosevelt's Navy*, Annapolis 1975.

Akten zur Deutschen Auswärtigen Politik 1918–1945, Serie D: 1937–1945, Baden-Baden 1950 ff.

Beesly, Patrick: *Very Special Intelligence*, London 1977 (dt. *Very Special Intelligence*, Berlin 1978).

Behrens, C. B. A.: *Merchant Shipping and the Demands of War*.

Bekker, Cajus: *Verdammte See*, Oldenburg 1971.

Bethell, Nicholas: *The War Hitler Won*, London 1972.

Betzler, Cmdr.: *War in the Southern Oceans*, London 1961.

Blum, John Morton: *Roosevelt and Morgenthau*, Boston 1970.

Boeckheim, Gunter: *U-Boote*, London 1975; *Atlantik-U-Boote*, Berlin 1977.

Brennecke, Jochen: *Schlachtschiff Bismarck*, Herford 1960.

Briggs, Susan: *Keep Smiling Through The Home Front 1939–45*, London 1975.

Broome, J.: *Convoy is to Scatter*, London 1970.

Bullock, Alan: *Hitler*, London 1952 (dt. *Hitler*, Düsseldorf 1964), *The Life and Times of Ernest Bevin*, London 1967.

Bunker, J. Gorley: *Liberty Ship*, Annapolis 1972, *U-Boat Hunters*, London 1976.

Burns, James Mc Gregor: *Roosevelt. Soldier of Freedom*, New York 1970.

Calder, Angus: *The People's War*, London 1968.

The Naval Service of Canada, Official History.

Chadwick, Mark Lincoln: *The Hawks of World War II*, North Carolina 1968.

Chalmers, W. S.: *Max Horton and the Western Approaches*, London 1951.

Churchill, Sir Winston: *The Second World War*, London 1948–53.

Cole, Wayne S.: *America First – The Battle Against Intervention*, Madison 1953.

Compton, James V.: *The Swastika and the Eagle*, Boston 1967.

Connery, Robert H.: *The Navy and Industrial Mobilisation in World War II*, 1951.

Conn, Stetson und Fairchild (Hrsg.): *Guarding the United States and its Outposts*, Byron; *The Framework of Hemisphere Defense*, Byron 1960.

Creighton, Admiral K.: *Convoy Commodore*, London 1953.

Dahlerus Birger: *Der letzte Versuch*, München 1973.

Doenitz, Karl: *Die U-Bootswaffe*, Berlin 1939; *Zehn Jahre und zwanzig Tage*, München 1975.

Duffer, Horst: *Weimar, Hitler und die Marine*, Düsseldorf 1973.

Duncan Hall H.: *North American Supply*, London 1955.

Easton, Alan: *Enemy Submarine: The Story of Günther Prien*, London 1954.

Elliott, Peter: *Allied Escort Vessels of World War II*, London 1977.

Farago Ladislas: *The Tenth Fleet*, New York 1962.

Feis, Herbert: *The Road to Pearl Harbor,* Princeton 1950; *Roosevelt and Stalin,* Princeton 1957.

Fest, Joachim: *Hitler,* Berlin 1974.

Frank, Wolfgang: *Die Wölfe und der Admiral,* Oldenburg und Hamburg 1953.

Giese, Fritz E.: *Die Deutsche Marine,* Frankfurt 1956.

Gilbert, Felix: *Hitler Directs His War,* New York 1950.

Gilbert, Martin: *Winston S. Churchill,* Bd. V, London 1977.

Goodhart, Philip: *Fifty Ships that Saved the World,* London 1965.

Gretton, Sir Peter: *Convoy Escort Commander,* London 1964.

Hammond, R. J.: *Food,* London 1951.

Hansard Report of Parliamentary Debates, 1939.

Harriman, Averell und Abel, Elie: *Special Envoy,* New York 1976.

Herlin, Hans: *Verdammter Atlantik,* Hamburg 1959.

Herzog, Bodo: *Schlachtschiff Bismarck,* Frankfurt 1975; *U-Boote im Einsatz,* Frankfurt/M. 1974.

Hillgruber, Andreas: *Hitlers Strategie,* Frankfurt/M. 1965.

History of the Second World War, Her Majesty's Stationery Office: *Grand Strategy,* 6 Bde., *The War at Sea,* 3 Bde., *The Strategic Air Offensive against Germany.*

Hitler. Reden und Proklamationen 1932–45, hrsg. v. Max Domarus, 4 Bde., München 1965.

Hitlers Zweites Buch, hrsg. v. Gerhard L. Weinberg, Stuttgart 1961.

Hubatsch, Walter (Hrsg.): *Hitlers Weisungen für die Kriegführung,* München 1965.

Hull, Cordell: *Memoirs,* 2 Bde. New York 1948.

Ickes, Harold: *The Secret Diary of Harold Ickes,* New York 1953/54.

Der Prozeß gegen die Hauptkriegsverbrecher vor dem internationalen Militärgerichtshof. Verhandlungsniederschriften und Dokumente, Nürnberg 1947.

Kahn, David: *The Code-Breakers,* London 1970.

Kennedy, Ludovic: *Pursuit. The Chase and Sinking of the Bismarck,* London 1974.

Kimball, William F.: *The Most Unsordid Act. Lend-Lease 1941–43,* Baltimore 1969.

King, Ernest J. und Walter Whitehall: *Fleet Admiral King,* New York 1952.

Koskoff, David E.: *Joseph P. Kennedy. A Life and Times,* New Jersey 1974.

Lagevorträge des Oberbefehlshabers der Kriegsmarine vor Hitler (1939–45), hrsg. v. Gerhard Wagner, München 1972.

Land, Emory S.: *Winning the War with Ships,* New York 1958.

Langer, William und Everett S. Gleason: *The Challenge to Isolation,* New York 1952, *The Undeclared War,* N. Y. 1953.

Lash, Joseph: *Roosevelt and Churchill,* New York 1977.

Loewenheim, Francis et al.: *Roosevelt and Churchill: Their Secret Wartime Correspondence,* New York 1975.

Macintyre, Donald: *The Battle of the Atlantic*, London 1961; *U-Boat Killer*, London 1956.

Mais, S. P. B.: *Calling Again*, London o. J.

Marder, Arthur: *From the Dardanelles to Oran*, London 1974.

Martinenssen, Anthony: *Hitler and His Admirals*, New York 1956.

McLachlan, Donald: *Room 39*, London o. J.

Middlebrook, Martin: *Convoy*, London 1976.

Morison, S. E. (Hrsg.): *US Naval Operations in World War II*, Boston 1947/56.

Morton, H. V.: *Atlantic Meeting*, London 1943.

Parkinson, Roger: *Blood, Tears, Toil and Sweat*, London 1973.

Peillard, Leonce: *La Bataille de l'Atlantique*, Paris 1974; *Affäre Laconia*, Bergisch Gladbach 1978.

von der Porten, Edward: *The German Navy in World War II*, London 1970.

Price, Alfred: *Weapons of Darkness*, London 1971; *Aircraft versus Submarines*, London 1973.

Prien, Günther: *Mein Weg nach Scapa Flow*, Berlin 1940.

Raeder, Erich: *Mein Leben*, 2 Bde., Tübingen 1956/57.

Rayner, D. A.: *Escort. The Battle of the Atlantic*, London 1953.

Robertson, Terence: *The Golden Horseshoe*, New York 1956, *Walker R. N.*, London 1957.

Rössler, Eberhard: *Geschichte des deutschen Ubootbaus*, München 1975.

Rohwer, Jürgen: *U-Boot-Erfolge der Achsenmächte. 1939–45*, München 1968; *Geleitzugschlachten im März 1943*, München 1975.

Roosevelt, Elliot (Hrsg.): *FDR. His Personal Letters*, New York 1950.

Roskill, Stephen: *Naval Policy Between the Wars*, London 1968; *A Merchant Fleet at War*, London 1962; *The Secret Capture*, London 1959.

Ruge, Friedrich: *Der Seekrieg*, Annapolis 1957.

Salewski, Michael: *Die deutsche Seekriegsleitung 1935–45*, 3 Bde., Frankfurt/M. 1970–73.

Schaeffer, Heinz: U-Boat 997, New York 1952.

Schmidt, Paul: *Statist auf diplomatischer Bühne*, Bonn 1950.

Schull, Joseph: *The Far Distant Ships: An Official Account of Canadian Naval Operations in World War II*, Ottawa 1961.

Schofield, B. B.: *British Sea Power*, London 1968; Russian Convoys, London 1960; *The Rescue Ships*, London 1968.

Sherwood, Robert E.: *The White House Papers*, 2 Bde., New York 1948.

Shirer, William: *The Rise and Fall of the Third Reich*, New York 1959; *Berlin Diary*, New York 1970.

Slessor, Sir John: *The Central Blue*, London 1956.

Speer, Albert: *Erinnerungen*, Frankfurt/M.–Berlin–Wien 1969.

Stevenson, William: *A Man Called Intrepid*, London 1976.

Stimson, Henry L. und Bundy, Mc George: *On Active Service in Peace and War*, New York 1948.

Toland, John: *Adolf Hitler*, Bergisch Gladbach 1977.

U.S. Army in World War II. Office of Chief of Military History, Washington 1964.

U.S. Army Forces in World War II. Hrsg. v. Wesley F. Graven und James L. Gate, Chikago 1948.

Waddington, Prof. C. H.: *Operational Research*

Warlimont, Walter: *Im Hauptquartier der Wehrmacht 1939–1945*, Bonn 1964.

Warren, Austin: *Red Duster at War*, London 1941; *Merchantmen at War*, London 1943.

Waters, Capt. J.: *Bloody Winter*, New York 1967.

Watson, Mark S. (Hrsg.): *Chief of Staff, Prewar Plans and Preparations.*

Watts, Anthony J.: *The Hunters and the Hunted*, London 1976.

Wegener, Wolfgang: *Die Seestrategie des Weltkrieges*, Berlin 1929.

Werner, H.: *Die eisernen Särge*, München 1975.

Winterbotham, F. W.: *The Ultra Secret*, London 1974.

Woodward, David: *The Tirpitz and the Battle for the North Atlantic*, New York 1953.

Young, Peter (Hrsg.): *Der große Atlas zum II. Weltkrieg*, München 1975.

Quellenverzeichnis

1. Kapitel

Akten zur Deutschen Auswärtigen Politik, Serie D, Bd. VIII, 1, Nr. 54 (Thomsen-Telegramm, 12. 9. 39); BBC Radio Archives, Caversham; Cajus Bekker: Verdammte See, Oldenburg 1971; Nicholas Bethell: The War Hitler Won, London 1972; Winston Churchill: The Second World War, London 1948–53, II, Kap. 30; Birger Dahlerus: Der letzte Versuch, München 1973; H. Duncan Hall: North American Supply, London 1955 (Anglo-franz. Generalstabsbericht April 1939); Hansard Report of Parliamentary Debates 1939; Andreas Hillgruber: Hitlers Strategie, Frankfurt/M. 1965; Cordell Hull: Memoirs, 2 Bde. New York 1948; Der Prozeß gegen die Hauptkriegsverbrecher vor dem internationalen Militärgerichtshof. Verhandlungsniederschriften und Dokumente, Nürnberg 1947 (zit. als IMT), Bd. V und XIV; Interview 1976 mit Vizeadmiral W. Schünemann; Interview 1975 mit Kapitänleutnant O. Schuhart; Interview 1975 mit Korvettenkapitän R. Suhren; Lagevorträge des Oberbefehlshabers der Kriegsmarine vor Hitler (1939–45), hrsg. v. Gerhard Wagner, München 1972; W. Langer und S. E. Gleason: The Challenge to Isolation, New York 1952; Joseph Lash: Roosevelt and Churchill, New York 1977; Public Record Office (PRO), London: ADM Case 199; Cabinet Minutes (CAB Case 65); Terence Robertson: The Golden Horseshoe, New York 1956; Elliot Roosevelt (Hrsg.): FDR. His Personal Letters, New York 1950; Samuel I. Rosenman: Rublic Papers and Adresses of Franklin D. Roosevelt, Bd. VIII (1939), New York 1938–51; Paul Schmidt: Statist auf diplomatischer Bühne, Bonn 1950; The Times, 6. 9. 39; Ursachen und Folgen, Berlin, Bd. X, Nr. 2447 (Dt.-brit. Flottenvertrag); Völkischer Beobachter, 5. 9. 39

2. Kapitel

Karl Dönitz: Zehn Jahre und zwanzig Tage, München 1975, Kap. 1; Karl Dönitz: Die U-Bootswaffe, Berlin 1939; Horst Duffer: Weimar, Hitler und die Marine, Düsseldorf 1973; Hansard, 15. 3. 35; Hitler. Reden und Proklamationen 1932–45, hrsg. v. Max Domarus, 4 Bde., München 1965; Hitlers Zweites Buch, hrsg. v. Gerhard L. Weinberg, Stuttgart 1961; IMT, Bd. XIV; Interview 1976 mit Captain D. Macintyre; Interview 1974 mit Admiral H. Mackenzie; Lagevorträge . . .; Arthur Marder: Dardanelles to Oran, London 1974; PRO CAB (Report of the Defence of Trade Committee 1936, Churchill Memorandum to Home Secretary); Stephen Roskill: Naval Policy Between the Wars, London 1968, Bd. 2; Michael Salewski: Die deutsche Seekriegsleitung 1935–45, 3 Bde., Frankfurt/M. 1970.

3. Kapitel

Bekker: Verdammte See . . .; Karl Dönitz: »The Conduct of the War at Sea«, 15. 1. 1946; Dönitz: Zehn Jahre und zwanzig Tage . . ., Kap. 6; Wolfgang Frank: Die Wölfe und der Admiral, Oldenburg und Hamburg 1953; Sir Peter Gretton: Convoy Escort Commander, London 1964; Hansard, 12. 10. 39; Hitler: Reden . . .; Interview 1975 mit J. Harrison; Interview 1975 mit U. Peters; Günther Prien: Mein Weg nach Scapa Flow, Berlin 1940; PRO ADM 199 Case 2165 (Minutes of Shipping Defence Committee in den Papieren des First Lords); PRO ADM 199 Case 2049 (Admirality Monthly Anti-Submarine Bulletin); Salewski: Seekriegsleitung . . . (Denkschrift über den verschärften Seekrieg, 15. 10. 39).

4. Kapitel

BBC World Broadcast, 18. 12. 39; Churchill: The Second World War, I, Kap. 32 und 38; Dönitz: Zehn Jahre . . ., Kap. 7; Walter Hubatsch (Hrsg.): Hitlers Weisungen für die Kriegführung, München 1965; IMT XIII (Dönitzbefehle 1940); Lagevorträge . . .; Lash: Roosevelt and Churchill, Kap. 7; PRO ADM 199 (Monthly Anti-Submarine Reports, darin Lützow zitiert); PRO ADM 1929 (First Lords Papers); PRO ADM 199 Case 2165 (Geschichte der Admirality Trade Division); PRO CAB (War Cabinet Minutes); PRO CAB Case 1929 (Churchill and Roosevelt).

5. Kapitel

Mark Lincoln Chadwick: Hawks of World War II, North Carolina 1968; Charles-Roux: Cinq Mois Tragiques; Churchill: The Second World War, II, Kap. 1 und 11; Dönitz: Conduct; Dönitz: Zehn Jahre . . ., Kap. 8; Hansard, 4. 6. 40; IMT, XIII (Logbuch U–37); Interview 1975 mit J. H. Drew;

Interview 1975 mit J. Harrison; Lagevorträge ...; Langer/Gleason: The Challenge to Isolation ...; Donald McLachlan: Room 39, London, Kap. 3; PRO ADM 199 (Monthly Anti-Submarine Reports, darin Dönitzbefehle); PRO ADM 205 Case 6 (Minutes First Sea Lord, 25. 4. 40); PRO CAB 66 Case 7 (War Cabinet Report, 25. 5. 40); Paul Reynaud: La France a sauvé l'Europe, II; Roosevelt: Public Papers ..., IX; Robert E. Sherwood: The White House Papers, I; Elizabeth Wiskemann: The Rome-Berlin Axis, London 1966.

6. Kapitel

Churchill: Second World War, II, Kap. 20; Dönitz: Conduct; Dönitz: Zehn Jahre ...; Hansard, 20. 7. 40; Hitler: Reden ...; Hubatsch: Hitlers Weisungen ...; Hull: Memoirs, IMT, V (KTB Oehrn); Lagevorträge ...; Langer/Gleason: Challenge to Isolation; New York Times, 20. 6. 40; PRO ADM 199 (Monthly Anti-Submarine Reports); PRO CAB 66 Case 8 und 9; PRO PREM 3; Erich Raeder: Mein Leben, Tübingen 1956/57; Robertson: Golden Horseshoe ...; Roosevelt: Public Papers ..., IX.

7. Kapitel

Churchill: Second World War, II, Kap. 30; Dönitz: Zehn Jahre ..., Kap. 8 (KTB Kretschmer); Interview 1975 mit J. Lee; Interview 1975 mit A. McKellar; Interview 1976 mit Korvettenkapitän R. Suhren; Kriegstagebuch der Luftwaffe, 7. 9. 40; Lagevorträge ...; Langer/Gleason: The Undeclared War, New York 1953; PRO ADM 199 Case 2140 ff. (Report of Shipping Casualities, Berichte von Überlebenden); ADM 199 CPr HX 72 (Convoy reports by Commanding Officers of Escorts); ADM 199 (Monthly Anti-Submarine Reports); Roosevelt: Public Papers ..., IX; Anthony Watts: The Hunters and the Hunted, London 1976.

8. Kapitel

Churchill: Second World War, II, Kap. 28, III, Kap. 7; Dönitz: Conduct ...; Interview 1975 mit U. Peters; Lagevorträge ...; The New York Times, 21./22. 12. 40; PRO ADM 199 (Monthly Anti-Submarine Reports); PRO CAB 86 (Battle of the Atlantic Committee); Roosevelt: Public Papers ..., IX; Salewski: Seekriegsleitung, III (Denkschrift, Juli 40); Sherwood: The White House Papers.

9. Kapitel

Churchill: Second World War, III, Kap. 7; Dönitz: Zehn Jahre..., Kap. 10; Hubatsch (Hrsg.): Hitlers Weisungen...; Donald Macintyre: U-boat Killer, London 1956; S. P. B. Mais: Calling Again, London: BBC; S. E. Morison (Hrsg.): U.S. Naval Operations in World War II, Boston 1947; New York Herald Tribune; PRO ADM 199 Pr HX 122; Watts: Hunters..., Kap. 6.

10. Kapitel

Jochen Brennecke: Schlachtschiff Bismarck, Herford 1960; Dönitz: Zehn Jahre..., Kap. 10; Averell Harriman: Special Envoy, New York 1976; Ludovic Kennedy: Pursuit. The Chase and Sinking of the Bismarck, London 1974; Lagevorträge...; Lash: Roosevelt and Churchill; PRO ADM 119/4351 – 1941 und 4351 – 1941; PRO ADM 205 Case 2; PRO ADM 199 (Berichte Überlebender torpedierter Schiffe (Monthly Anti-Submarine Reports); PRO PREM 3/4051; PRO MAF 83/546.

11. Kapitel

BBC Radio Archives, 24. 8. 41; Chadwick: Hawks of World War II; Churchill: Second World War..., III, Kap. 14 und 21; Dönitz: Conduct...; Duncan Hall: North American Supply; Interview 1976 mit Kapitänleutnant H. Meckel; Lagevorträge...; Lash: Roosevelt and Churchill, Kap. 19; PRO ADM 199 (Bericht über die Aufbringung von U–570); PRO CAB 6 (Kabinettsprotokolle Juli 41); PRO CAB 86 (Protokolle des Battle of the Atlantic Committee); PRO MAF 83 (Bericht des Ernährungsministeriums); Sherwood: The White House Papers, I; Watson: Chief of Staff: Prewar Plans and Preparations.

12. Kapitel

Patrick Abbazia: Mr. Roosevelt's Navy, Annapolis 1975, Kap. 23 und 25; Dönitz: Kriegstagebuch; Dönitz: Zehn Jahre..., Kap. 11; Hitler: Reden...; Interview 1975 mit Hughes; Interview 1975 mit F. Parr; Lagevorträge...; Lash: Roosevelt and Churchill, Kap. 25, 26, 27, 28; PRO ADM/Pr HG 76; PRO ADM/Pr HX 150; PRO ADM/Pr SC 42; PRO ADM 223 Case 1; Salewski: Seekriegsleitung..., (Denkschrift des B. d. U., 26. 11. 41, KTB des Ic); Robert Sherwood: Roosevelt and Hopkins, New York; John Toland: Adolf Hitler, Bergisch Gladbach 1977; U.S. National Archives, Naval Revords, Proceedings of attack on USS Greer, 5. 9. 41.

13. Kapitel

Churchill: Second World War, III, Kap. 32, IV, Kap. 7; Dönitz: Zehn Jahre . . ., Kap. 12 (KTB Hardegen u. a. m.); Interview 1975 mit J. Lisle; Interview 1975 mit Capt. B. B. Schofield; Interview 1975 mit Korvettenkapitän R. Suhren; Interview 1975 mit ehem. amerikan. Seeleuten; Lagevorträge . . .; Morison: U.S. Naval Operations . . ., I; New York Times, 18. und 23. 2. 42; The Times, 14. 2. 42.

14. Kapitel

J. Broome: Convoy is to Scatter, London 1970; Churchill: Second World War . . ., IV, Kap. 14 und 18; IMT, Bd. V (Lakonia-Befehle) und Bd. XIII (Zeugenaussage Hartenstein); Lagevorträge . . .; Emory S. Land: Winning the War with Ships, New York 1958; PRO ADM 199 (Survivors Report SS Avila Star); PRO ADM 199 Case 660 ff. (Protokolle des Battle of the Atlantic Committee); Eberhard Rössler: Geschichte des deutschen U-Bootbaus, München 1975; L. F. C. Turner/H. R. Gordon-Cunning/T. E. Betzler: War in the Southern Oceans.

15. Kapitel

BBC 1976 »The Secret War«; C. B. A. Behrens: Merchant Shipping and the Demands of War; Admiral W. S. Chalmers: Max Horton and the Western Approaches, London 1951, Kap. 10; Churchill: Second World War, IV, App. C; Dönitz: Kriegstagebuch; Dönitz: Zehn Jahre . . ., Kap. 13, 17 und 18; Interview 1976 mit J. Ahme; Interview 1976 mit P. Beesly; Interview 1976 mit Großadmiral K. Dönitz; Interview 1976 mit Captain D. Macintyre; Interview 1976 Kapitänleutnant H. Meckel; Interviews 1975/76 mit D. Willet; Interview 1976 mit Wren Tainton; Land: Winning the War with Ships . . .; N. Montserrat: Three Corvettes, Kap. 5; Morrison: US Naval Operations in World War II, I; PRO CAB 86 (Staff Paper in den Protokollen des Anti-U-boat Committee); PRO ADM 199/160: Räder: Mein Leben . . .; Roxkill: The Ar at Sea, II.

15. Kapitel (Januar–Februar)

Interview 1976 mit Kapitänleutnant H. Schünemann; Morrison: US Naval Operations in World War II; PRO ADM 199 (Monthly Anti-Submarine Reports); ADM 223 Case 21 (OIC Intelligence Summaries); Capt. J. Waters: Bloody Winter, New York 1967; H. Werner: Die eisernen Särge, München 1975.

15. Kapitel (März)

Chalmers: Max Horton, Kap. 10; Churchill: Second World War, IV, Kap. 38; Dönitz: Zehn Jahre . . ., Kap. 18; Interview 1976 mit J. Lisle; Martin Middlebrook: Convoy, London 1976; PRO ADM 199 Case 1148 (Protokoll der Washingtoner Konvoi-Konferenz); PRO CAB (Kriegskabinett, 3. 3. 43); PRO CAB 86 Case 3 (Admty Staff Report for Anti U-boat Committee); Convoy ATD HX 228.

15. Kapitel (April)

Dönitz: Zehn Jahre . . ., Kap. 18; Interview 1976 mit Capt. Macintyre; PRO CAB 86 Case 3; Report of Proceedings HX 229; Jürgen Rohwer: Geleitzugschlachten im März 1943, Stuttgart 1975; Roskill: The War at Sea, II.

15. Kapitel (Mai)

Dönitz: Kriegstagebuch; Dönitz: Zehn Jahre . . ., Kap. 18 (KTB Purkhold); PRO ADM 199 (Monthly Anti-Submarine Reports); PRO ADM 223 Case 21 (Special OIC Intelligence Summary); Report Proceedings ONS 5.

16. Kapitel

Dönitz: Zehn Jahre . . ., Kap. 18 und 21; Wolfgang Frank: Die Wölfe und der Admiral, Oldenburg und Hamburg 1953; Interview 1976 mit Albert Speer; Lagevorträge . . .; PRO ADM 223 Case 21, 22, 23; PRO ADM 199 (Monthly Anti-Submarine Reports); PRO AIR 15; RAF Coastal Command Review April und Sept. 1943; Rössler: Geschichte des deutschen U-Bootbaus; Roskill: War at Sea . . .; Sir John Slessor: The Central Blue, London 1956; US Naval Archives (Lüth-Vortrag Aug. 1943).

Bildnachweis

Die Illustrationen in diesem Buch wurden hergestellt mit freundlicher Unterstützung von:

Bundesarchiv, Koblenz, 2/3, 16/17, 18, 24, 42/43, 56 links, 69 oben, 84/85, 100, 105, 111 unten, 126, 127, 132/33, 137, 142, 143, 144, 152, 153, 155, 159, 164, 166/67, 170 unten, 179, 192, 193 unten, 209, 214, 241, 248/49, 261, 281, 282/83, 290, 291, 293, 296, 297, 304, 305, 314/15, 316/17, 330/31, 337 oben, 347 rechts, 354/55, 355, 368 unten, 371, 374, 379, 395, 412/13, 425, 434

Foto Drüppel, Wilhelmshaven, 30

Imperial War Museum, London, 1, 22, 36/37, 66/67, 76 106/07, 146 rechts, 148/49, 158, 182/83, 190 oben, 196, 218, 219, 264/65, 333, 337 unten, 347 links, 351, 358, 367, 398/99, 450

Keystone, 390

Lockheed Corporation, California, 204/05

Private Collection, 214, 423

Public Records Office, London, 190/91, 197, 218 unten, 222, 226/27, 238, 239, 244, 245, 326, 383, 427, 440, 441, 449

Syndication International, 320

Radio Times Hulton Picture Library, London, 97, 228/29

W. P. Trotter Collection, London, 46, 50, 69 unten, 92, 93, 120/21, 170 oben, 196/97, 212/13, 268, 388

Ullstein Verlag, Berlin, 56 rechts

US National Archives, Washington DC, 234, 235, 257, 281, 288, 289, 321, 349, 359, 409, 417

US Navy, Washington DC, 200/01, 273, 280, 289 oben, 368 oben, 402, 405, 410, 416, 431, 446/47

Register

von Volkhard Matyssek

An der Atlantikschlacht waren auf beiden Seiten Tausende Namenloser beteiligt, die in Darstellungen dieses Kampfes nie erwähnt worden sind und nie erwähnt werden. Andererseits gab es aber eine Zahl von Personen in Schlüsselstellungen, die hundertfach genannt wurden, so daß ihre Namen auf fast jeder Seite auch dieses Buches stehen. Aus diesem Grunde wurde darauf verzichtet, die Namen Chamberlain, Churchill, Dönitz, Hitler, Raeder und Roosevelt in dieses Register aufzunehmen.

Es wurde jeweils der letzte bekannte militärische Rang angegeben.

Abkürzungen: HMCS His Majesty's Canadian Ship; HMS His Majesty's Ship; RAF Royal Air Force; RN Royal Navy; USCG US-Coast Guard; USS United States Ship; USN United States Navy.

A 3, US-Geleitgruppe 385
Abraham Lincoln, am. Frachter 396
Achilles, HMS, brit. Kreuzer 90f., 93f.
Achilles, Lt. z. S. 298
Aconit, frz. Korvette 387ff.
Admiral Hipper, Kreuzer, siehe *Hipper*
Admiral Scheer, Panzerschiff, siehe *Scheer*
Africa Shell, Tanker 83
Ajax, HMS, brit. Kreuzer 90f., 93f.
Alcantara, HMS, brit. Hilfskreuzer 117
Alcoa Puritan, am. Frachter 301
Alcock, Kapitän 124
Allan Jackson, am. Tanker 291
Altmark, Versorgungsschiff *101,* 102
Amsel, U-Bootgruppe 407f.
Anemone, HMS, brit. Korvette 394
Anik, Frachter 370
Arandora Star, brit. Truppentransporter 125
Arbutus, HMS, brit. Korvette 191, 194
Archer, HMS, brit. Geleitträger 406
Andrews, Adolphus, US-Admiral 291f., 300
Argentia-Konferenz 235f.

Ark Royal, HMS, brit. Flugzeugträger 36f., 94, 130, 218, 220, *222,* 269
Arnold, US-General 428
Asdic, 51, 53, 57f.
Ashworth, brit. Frachter 94
Athenia, brit. Passagierschiff 18ff., 23f., 26ff., 30–33, 40f., 224
Atlantik-Charta 235f.
Atlantik-Gruppe, dt. U-Bootgruppe 80
Atlantis, dt. Hilfskreuzer 116, 262f.
Aubretia, HMS, brit. Zerstörer 225
Audacity, HMS, brit. Hilfsflugzeugträger 263f., 266f., 269
Augusta, USS, am. Kreuzer 235
Avenger, HMS, brit. Geleitträger 335f., 403, 429

B 2, Geleitgruppe 370, 391
B 3, Geleitgruppe 386
B 5, Geleitgruppe 350
B 7, Geleitgruppe 404, 407
Baker-Creswell, Commander, RN 225f.
Balmoralwood, brit. Dampfer 125
Barfonn, norw. Tanker 272
Barham, HMS, brit. Schlachtschiff 269
Batna, brit. Trampdampfer 75
Bauer, Ernst, Kptlt. 273, 298
Bay Offensive, Kampf des Coastal Command gegen U-Boote in der Biskaya 424
Béarn, frz. Flugzeugträger 135
Beaverbrook, Lord, brit. Minister für Flugzeugproduktion 237, 285, 294, 311
Beesly, Patrick, Lt. Commander, RN 11, 333f., 359
Belfast, HMS, brit. Kreuzer 71
Bell, Captain, RN 91
Beverley, HMS, brit. Zerstörer 394, 404
Bibb, US US-Küstenwachenkutter 370, 372, 374
Biber, dt. U-Boottyp 446
Birmingham, HMS, brit. Kreuzer 210
Biskayakreuz, dt. Funkmeßantenne 328
Bismarck, Schlachtschiff 12, 61, 63, 207–12, 214–23, 230, 234, 241
Biter, HMS, brit. Geleitträger 406, 411
Blakett, P.M.S., Prof. Leiter des Operations Research-Teams des Coastal Command der RAF 342, 382, 418

Blairlogie, brit. Dampfer 32
Bleichrodt, Heinrich, Kptlt. 141, 156f., 161, 164
Blücher, dt. Kreuzer 101, 103
Blyth, Donald, Kapitän 304
Boehm, Hermann, Admiral 40, 63
Bogue, USS, Geleitträger 369, 387, 403, 406, 416, 419
Bonatz, Heinz, Kpt. z. S. 113, 334
Brandenburg, U-Bootgruppe 261
Brant County, norw. Munitionsschiff 387f.
Brauchitsch, Walter von, Generalfeldmarschall 138
Bremen, dt. Dampfer 22
Bretagne, frz. Schlachtschiff 130
Briggs, Edward Albert, Signalgast 214ff., 220
Brinkmann, Kpt. z. S. 214
Britannic, Tanker 222
Broadwater, HMS, brit. Zerstörer 271f.
Broadway, HMS, brit. Zerstörer 225
Bröking, dt. U-Bootkonstrukteur 329, 420
Brooke, Sir Alan, brit. General 351
Broome, John, Kpt. z. S. 313f., 318
Browning, brit. Dampfer 31
Bruns, Heinrich, Korvettenkapt. 404f.
Büchel, Paul, Kptlt. 33
Burcher, Cyril, Flying Officer 397
Bulldog, HMS, brit Zerstörer 225f.
Bullitt, William, am. Botschafter in Frankreich 108
Burggraf, U-Bootgruppe 384ff.
Burza, poln. Zerstörer 376

Camelia, HMS, brit. Korvette 191
Campbell, HMS, brit. Zerstörer 377
Canaris, Wilhelm, Admiral, Chef der dt. Abwehr 46, 48
Cappellini, ital. U-Boot 152
Card, USS, am. Geleitträger 431
Carls, dt. Admiral 354
Carr, Robert, Heizer 274
Chambly, HMCS, kan. Korvette 260
Cherwell, Lord, (Frederick Lindemann) wissenschaftlicher Berater Churchills 340, 378
Chilean Reefer, Frachter 181
Christy, Robert E., Kpt. 295
Churchill, HMS, brit. Zerstörer 147
City of Benares, brit. Passagierschiff 156ff.
City of Flint, am. Dampfer 26, 40
Clan Macbean, Frachter 73
Clematis, HMS, brit. Korvette 145
Clement, Dampfer 39
Clyde, HMS, brit. U-Boot 262, 285
Condor siehe Focke Wulf
Coode, T. P. Lieutenant Commander, Fleet Air Arm 220
Cook, James, Kpt. 20
Cordelia, brit. Tanker 370
Core, USS, Geleitträger 429, 431
Cossack, HMS, brit. Zerstörer 102, 263
Coultas, Ernest, Kpt. 73
Cornish, Miss, Kindergärtnerin 156, 158
Courageous, HMS, brit. Flugzeugträger 36, 39

Coward, Noel, Schriftsteller 33
Creasy, George, Captain, Leiter der brit. U-Bootabwehr 110
Creighton, Kenelm, Konteradmiral, RN 74
Cripps, Sir Stafford, Stellvertr. Vorsitzender des brit. Anti-U-boat Warfare Comitee 294, 340
Crosswell, J., Squadron Leader, RAF 328
Cumberland, HMS, brit. Kreuzer 94
Cunningham, Andrew, Admiral, RN 130, 446
Cyclops, brit. Dampfer 287

Daladier, Edouard, frz. Premierminister 19
Dalblair, brit. Frachter 145
Dalcroy, brit. Frachter 339
Darlan, François frz. Admiral 128
Darwin, HMS, brit. CAM-Schiff 264
Dasher, USS, amer. Geleitträger 406
Day, Commander, RN 393
Davis, Anthony L., Lieutenant Commander, USN 272
Decatur, USS, amer. Zerstörer 271
Delphin, U-Bootgruppe 350
Denham, Captain, RN, brit. Marineattaché in Stockholm 209
Deptford, HMS, brit. Zerstörer 268
Deutschland, Panzerschiff 38ff., 45f., 51, 83, 85
Deyo, Kpt. z. S., UNS 259
Devonshire, HMS, brit. Kreuzer 262
Dianthus, HMS, brit. Korvette 377
Dill, Sir John, Field Marshall 351
Döhler, Hans, Olt. 376
Dodd, Konvoi-Kommodore 387
Donau, U-Bootgruppe 414
Donovan, William, Colonel 145
Dorchester, Truppentransporter 373
Dorsetshire, HMS, brit. Kreuzer 218, 221, 263
Doric Star, Frachter 89
Dränger, U-Bootgruppe 389, 393, 395f.
Dresky, Hans-Wilhelm von, Kptlt. 71
Drew, John H. 124
Duke of York, HMS, brit. Schlachtschiff 285
Duncan, HMS, brit. Zerstörer 407
Dunkerque, frz. Schlachtschiff 130f.

Eastern Prince, brit. Frachter 126
Eckhardt, Hermann, Kptlt. 388
Edelsten, Admiral, RN 386
Eden, Anthony, brit. Außenminister 285
Edinburgh, HMS, brit. Kreuzer 312
Egerland, Tanker 241
Egyptian, brit. Frachter 385
Eisbär, U-Bootgruppe 324
Eisenhower, Dwight D., General 311, 343
Emden, Kreuzer 21, 32, 52
Empire Impala, brit. Frachter 385
Empire Sunrise, brit. Frachter 338
Endraß, Engelbert, Kptlt. 141, 164, 268f.
Enigma, dt. Verschlüsselungssystem 111ff., 226
Erklärung der Vereinten Nationen 286
Erodona, brit. Tanker 195
Erviken, norw. Frachter 271

Esmonde, Lieutenant Commander, Fleet Air Arm 217, 219
Esso Hamburg, Tanker 241
Exeter, HMS, brit. Kreuzer 90f., 93f.

Fall Gelb (dt. Angriff im Westen 1940) 102, 104
Fegen, Kpt. 172
Fink, U-Bootgruppe 407
Flemming, Ian, Commander, RNVR 110
Focke Wulf, Condor 176ff., 188, 263f., 266
Ford, Henry 35
Forstner, Siegried von, Korvettenkpt. 368, 372–75
Fraatz, Georg-Werner, Oberleutnant 256
Fraser, Bruce, Admiral 436

Gaulle, General de 160
Geleitzüge:
  AW 13 304; *GUS 5* 394; *GUS 7 A* 429; *HG 3* 73, 80; *HG*75 263; *HG 76* 264f., 268; *HG 84* 303; *HX 48* 125; *HX 49* 125; *HG 65A* 145; *HX 72* 157; *HX 79* 162, 164; *HX 84* 169f., 172; *HX 90* 177; *HX 106* 181; *HX 121* 202; *HX 122* 194, 196; *HX 133* 238, 240; *HX 150* 259; *HX 156* 274; *HX 218*; *HX 217* 346; *HX 223* 365, 370; *HX 224* 370; *HX 226* 13; *HX 227* 13; *HX 228* 386, 389; *HX 229* 392–99, 434; *HX 229A* 392ff.; *HX 230* 403; *HX 231* 404; *HX 232* 404; *HX233* 404; *HX 234* 404, 406; *HX 237* 414; *JW 51A* 353; *JW 51B* 353, 355; *JW 55B* 436; *KMS 11* 394; *MKF 10B* 394; *MKS 9* 394; *OB 244* 172; *OB 293* 191; *OB 318* 224; *OB 336* 240; *ON 67* 298; *ON 100* 303; *ON 127* 335; *ON 154* 346; *ON 166* 376, 385; *ON 167* 376; *ON 168* 384f.; *ON 169* 386; *ON 170* 391, 394; *ON 172* 394; *ON 173* 394; *ON 176* 404; *ON 202* 433f.; *ONS 1* 394, 400; *ONS 2* 403; *ONS 3* 404; *ONS 5* 407f., 410, 414; *ONS 7* 415; *ONS 18* 433f.; *ONS 92* 303; *ONS 169* 394; *OS 44* 394; *PQ 8* 312; *PQ 12* 312; *PQ 13* 312; *PQ 14* 312; *PQ 16* 313; *PQ 17* 313–16, 318, 335; *PQ 18* 335, 337; *QP 10* 312; *QP 11* 312; *QP 12* 313; *QP 14* 336; *QP 15* 312; *SC 2* 155, 157; *SC 7* 161f.; *SC 11* 172; *SC 26* 202; *SC 42* 259, 261; *SC 44* 261; *SC 48* 271f.; *SC 94* 333; *SC 100* 335; *SC 104* 3 8; *SC 107* 338; *SC 118* 370, 374f.; *SC 119* 13; *SC 120* 13; *SC 121* 384ff.; *SC 122* 392–97; *SC 123* 394, 403; *SC 128* 408; *SC 129* 414; *SC 130* 414; *SC 143* 435; *SL 87* 262; *SL 125* 338; *SLS 65* 180; *TM 1* 350; *UC 1* 369; *UGF 6* 394; *UGS 6* 392ff.; *US 3* 125; *XK 3* 394

Gemini, USCG, Küstenwachenkutter 338f.
Gensoul, frz. Admiral 130
George VI. 35, 81
Ghormley, US-Admiral 206
Gladiolus, HMS, brit. Korvette 238, 272
Glasgow, HMS, brit. Kreuzer 40, 178
Gleaner, brit. Trawler 145

Glorious, HMS, brit. Flugzeugträger 101, 104
Glowworm, HMS, brit. Zerstörer 101, 103
Glückstein, brit. Spitzname für *Gneisenau* 181
Gneisenau, dt. Schlachtschiff 32, 40, 49, 70, 83f., 101, 103ff., 170f., 178, 180f., 207ff., 294
Godfrey, John, Konteradmiral, RN 110, 112
Godfroy, frz. Admiral 130
Godt, Eberhard, Admiral 154, 162, 357, 361
Goebbels, Joseph 88, 135
Göring, Hermann 20, 35, 40
Graf Spee, dt. Panzerschiff 38f., 83, 89–96, 98, 102
Graf Zeppelin, Flugzeugträger 47
Graph, HMS, brit. U-Boot 224, 246
Greenwood, Arthur, brit. Politiker 19, 134
Greer, USS, amer. Zerstörer 271f.
Gretton, Peter, Commander 404, 407f.
Greyhound, Tanker-Notgeleitzüge 369
Guderian, Heinz, Generaloberst 422
Guggenberger, Friedrich, Kpt. z. S. 269
Guido, brit. Frachter 386

Haager Konvention 21f., 94
Halder, Franz, Generaloberst 138
Halifax, Lord, brit. Außenminister 138
Halleran, Kay, Flagg-Lt. 344, 347
Hannover, dt. Frachter 269
Hardegen, Reinhard, Kptlt. 287, 291
Harlinghausen, Oberstleutnant 177
Harriman, Averell 206, 237, 278, 294, 311
Harris, Luftmarschall 325, 340
Harrison, John 75, 123
Hartenstein, Werner, Korvettenkpt. 295, 324
Hartismere, brit. Dampfer 145
Hartmann, Werner, Kpt. z. S. 80
Hartsease, HMS, brit. Zerstörer 158
Harwood, Henry, Commodore 90f., 94
Haudegen, U-Bootgruppe 370
Harvester, brit. Zerstörer 386–89
Havock, HMS, brit. Zerstörer 58
Havant, HMS, brit. Zerstörer 121
Heather, HMS, brit. Zerstörer 391
Hedgehog, Wasserbombenwerfer 247
Heinemann, P. R., Capt., USN 385, 404
Henry R. Mallory, am. Truppentransp. 368, 372
Hermes, HMS, brit. Flugzeugträger 178
Hesperus, HMS, brit. Zerstörer 411
Heye, Hellmuth, Fregattenkpt. 62
Highlander, HMS, brit. Zerstörer 393
Hilary P. Jones, USS 274
Hipper (Admiral Hipper) dt. Kreuzer 101, 103, 178, 180, 312, 353, 355
Holland, Lancelot, Vizeadmiral, RN 211f., 214
Hood, HMS, brit. Schlachtschiff 130, 210ff., 214ff., 222, 223
Hoover, H. J., Admiral, USN 297, 301
Hopkins, Harry 173f., 223, 234, 299, 311
Horton, Max, Admiral, RN 343–47, 360, 378, 385, 399, 396f., 406
Howell, W., Pilot Officer 328
Hughes, Vollmatrose 271
Hull, Cordell, am. Außenminister 28, 134, 275

475

Igewit, Tarnfirma 48
Ila, norw. Frachter 271
Indomitable, HMS, brit. Flugzeugträger 275
Ingenieurskaantor voor Scheepsbouw (IvS) 48
Ingham, USS, Küstenwachenkutter 365f., 368, 372
Ingram, J. H., Admiral, USN 307
Iride, ital. U-Boot 58
Ironside, Lord, General 88, 122
Ismay, Sir Hastings, Generalmajor 351
Itchen, HMS, brit. Fregatte 434

Jacob Jones, USS, am. Zerstörer 298
Jackson, Lieutenant Commander, RCN 259, 260
Jean Bart, frz. Schlachtschiff 129
Jervis Bay, brit. Hilfskreuzer 172
Jodl, Alfred, Generaloberst 178
Joubert de la Ferté, Sir Philip, Air Marshal 246, 247
Junker, Ottoheinrich, Fregattenkpt. 449

Kals, Ernst, Fregattenkpt. 287
Kampfgeschwader 40, siehe KG 40
Kampfgruppe H 130, 211, 220
Karlsruhe, dt. Kreuzer *101,* 103
Karpf, Hans, Kptl. 370
Kearney, USS, am. Zerstörer 271
Keitel, Wilhelm, Generalfeldmarschall 72
Kennedy, E. C., Captain 83
Kennedy, John 34
Kennedy, Joseph, US-Botschafter in London 34, 117, 145
Kenogami, HMCS, kan. Zerstörer 259
Kensington Court, brit. Frachter 33
Keppel, HMS, brit. Zerstörer 313, 434
KG 40 184, 265
Kimmel, Husband E., Admiral, USN 275
King, Ernest J., Admiral 245, 289, 292, 299f., 302, 312, 351f., 381f., 406, 428
King George, V, HMS, brit. Schlachtschiff 218, 221ff.
Kinzel, Manfred, Kptlt. 396f., 433
Kirk, Captain 120
Knapp, Commander 157, 159
Knox, Alfred 224
Knox, Frank, Oberst 136, 277
Knut Nelson, norw. Frachter 26
Köln, dt. Kreuzer 40, 312
Königsberg, dt. Kreuzer *101,* 103
Komet, dt. Hilfskreuzer 116, 178
Kormoran, dt. Hilfskreuzer 116
Krancke, Theodor, Kpt. z. S. 169, 172, 178
Krebs, dt. Vorpostenboot 224
Kretschmer, Otto, Korvettenkpt. 141, 143, 145, 153, 155, 157, 162, 168, 191, 194f., 197f., 202
Küpfmüller, Prof. Dr.-Ing. 418
Kuhnke, Günter, Kptlt. 155f.
Kummetz, Oskar, Vizeadmiral 353

Laconia, brit. Truppentransporter 324
Lagan, HMS, brit. Fregatte 433

Lainé, Bloch 126, 129
La Mouline, Dampfer 157
Land, Emory S., Admiral, USN 250, 319, 322
Lange, A. V. 324
Langsdorff, Kpt. z. S. 39, 90f., 93ff.
Lauenburg, Wetterbeobachtungsschiff 12
Leach, Captain 216
Lehigh, am. Frachter 273
Leigh, Squadron Leader, RAF 247, 328
Leigh-Lights 326, 328
Lemp, Fritz Julius, Kptlt. 18, 21, 23f., 26, 40, 141, 195, 224–27, 243
Leuthen, U-Bootgruppe 433, 435
Levasseur, Jean, Lieutenant 388
Lindemann, Kpt. z. S. 219
Lindbergh, Charles 35, 250f.
Lisle, J. Signalgast 304, 385
Livermoore, USS, am. Zerstörer 271
Liverpool Bar, Feuerschiff 79
Lobelia, frz. Korvette 271, 370, 373
Löwenherz, U-Bootgruppe 404
Londoner Abkommen 51
Longobardo, Primo, ital. Korvettenkpt. 153
Loosestrife, HMS, brit. Zerstörer 409
Lothian, Lord 136
Louisville, USS, am. Kreuzer 175
Low, Francis, Admiral, USN 428
Lowestoft, HMS, Sloop 157, 158
Luce, Henry, Verleger 136
Lüth, Wolfgang, Fregattenkpt. 432
Lütjens, Günter, Admiral 103, 181, 207f., 210f., 216f., 219, 221
Lützow (fr. *Deutschland*) dt. Schlachtschiff 83, 101, 312, 353, 355
Lützow, Vizeadmiral a. D. 98
Luigi Torelli, ital. U-Boot 153, 325
Luther, John, Lt.-Commander 393, 396f.
Lusitania, brit. Passagierschiff 28

Macintyre, Donald, Captain, RN 195ff., 391f.
Maertens, Vizeadmiral 378
Mahan, Admiral, USN 35
Malaya, HMS, brit. Schlachtschiff 181
Manchester, HMS, brit. Kreuzer 210
Maginot-Linie 108
Magpie, HMS, brit. Sloop 409
Manseck, Helmut, Kptlt. 395, 426
Mansfield, HMS, brit. Zerstörer 397
Mansergh, Maurice J., Captain, RN 78
Manthey, Herbert, Matrose 216
Marina, brit. Dampfer 156
Marineplan 4 (am.) 236
Markgraf, U-Bootgruppe 259f.
Marshall, George C., US-General 135, 251, 275f., 285, 302, 311, 351f.
Mayall, E. J., Fregattenkpt., Geleitzugkommodore 396
Maynard, Leutnant, USN 336
McCormick, Robert Rutherford, Colonel 277
McDaniel, Eugene F., Lieutenant Commander USN 299

McKeesport, am. Frachter 407
Meckel, Kpt. z. S. 243, 347, 357, 361
Medoc, USCG, Kutter 217
Meise, U-Bootgruppe 404
Meisel, Wilhelm, Admiral 178
Mercker, Otto, Generaldirektor 422f., 439
Metox-Gerät 326
Miller, Wesley N. USNR 336
Möhlmann, Helmut, Kptlt. 305
Mittel, U-Bootgruppe 442
Mogador, frz. Zerstörer 131
Monsarrat, Nicholas 348
Morgenthau, Henry 126
Monnet, Jean 28
Mopan, brit. Bananenfrachter 169
Moosejaw, HMCS, kan. Korvette 260
Morse, Dr. Philip 299, 418
Mountbatten, Lord Louis, Admiral, RN 351
München, Beobachtungsschiff 12, 224
Mützelburg, Rolf, Kptlt. 231
Murray, Konteradmiral, RCN 406
Mussolini, Benito 115, 118, 127f., 176, 232, 279

Nantucket, Feuerschiff 287
Nasmith, Sir Dunbar, Admiral, RN 163
Nasturtium, HMS, brit. Korvette 238
Nelson, Donald M. 286
Nelson, HMS, brit. Schlachtschiff 50, 71
Neptun, U-Bootgruppe 13
Neuland, U-Bootgruppe 386f., 389
Newall, Luftmarschall, RAF 122
Newcastle, HMS, brit. Kreuzer 85
Newton Beech, Dampfer 40
Niblack, USS, am. Zerstörer 206
Nimitz, Chester W., Admiral, USN 310
Noble, Sir Percy, Admiral, RN 189ff., 344, 381
Nordmark, Versorgungsschiff 241
Nordsturm, U-Bootgruppe 371
Norfolk, HMS, brit. Kreuzer 210ff., 218, 222
Norness, panamesischer Tanker 287
Northern Chief, Trawler 245

Ocean Vanguard, brit. Frachter 250, 252
Oelfken, U-Bootkonstrukteur 421
Oehrn, Victor, Korvettenkpt. 114f., 143
Onslow, HMS, brit. Zerstörer 353
Operation Catapult 130
Operation Dynamo 119f.
Operation Paukenschlag 287, 289, 295, 323
Oribi, HMS, brit. Zerstörer 409
Orion, dt. Hilfskreuzer 116f., 178
Oropesa, brit. Passagierschiff 76, 78
Ostmark, U-Bootgruppe 385f., 389
Ottawa, HMCS, kan. Zerstörer 335

Pan Massachussets, am. Tanker 295
Parr, George, Seekanonier 267
Patrick Henry, 1. Liberty-Schiff 322, 335
Patton, George S., US-General 444
Pearl Harbor 278, 281, 284
Pennyworth, HMS, brit. Korvette 394
Petain, Marschall 161

Petard, HMS, brit. Zerstörer 357
Peters, Urban 76ff., 168f., 172
Pfaffinger, Dr., Arzt 426
Pfeil, U-Bootgruppe 370–74
Philante, HMS, brit. Jacht 344
Pimpernel, HMS, brit. Korvette 304, 385
Pinguin, dt. Hilfskreuzer 116, 178
Plunkett, USS, am. Zerstörer 271
Polyanthus, HMS, brit. Korvette 434
Portal, Sir Charles, Luftmarschall 325, 351, 428
Pound, Sir Dudley, Admiral of the Fleet, RN 78, 122, 184, 292, 302, 312, 314, 332, 340, 351, 401
Preuß, Joachim, Kptlt. 272
Prien, Günther, Korvettenkpt. 68, 70f., 104, 125, 127, 141, 155ff., 162, 164, 191, 193f., 197f., 202
Prince of Wales, HMS, brit. Schlachtschiff 210ff., 214–17, 222f., 234–37, 275, 284
Prinz Eugen, dt. Kreuzer 207, 209f., 212, 215ff., 222, 293f., 312
Provence, frz. Schlachtschiff 130
Purvis, Arthur 126, 129
Purkhold, Hubertus, Kptlt. 403
Python, dt. Versorgungsschiff 262

Queen Mary, brit. Passagierschiff 319
Queen Elizabeth, brit. Passagierschiff 319, 376
Quiney, USS, am. Kreuzer 135
Quisling, Vidkun 100

Radames, ägypt. Frachter 230
Rahmlow, Hans, Korvettenkpt. 245
Ramillies, HMS, brit. Schlachtschiff 181, 211
Raubgraf, U-Bootgruppe 386, 389, 391–94, 397, 399
Rawalpindi, brit. Hilfskreuzer 83f., 112, 123
Regenbogen, Geheimplan 450
Renown, HMS, brit. Schlachtkreuzer 94, 103, 220
Repulse, HMS, brit. Schlachtkreuzer 210, 222, 275, 284
Resolution, HMS, brit. Schlachtschiff 130
Reuben James, USS, am. Zerstörer 274, 276
Revenge, HMS, brit. Schlachtschiff 211
Reynaud, Paul 108, 127
Ribbentrop, Joachim, dt. Außenminister 20, 49, 278
Richelieu, frz. Schlachtschiff 129, 160
Ritter, U-Bootgruppe 13
Robert E. Peary, Liberty-Schiff 320ff.
Robin Moor, am. Frachter 230
Rodney, HMS, brit. Schlachtschiff 218, 221, 222
Rollmann, Wilhelm, Korvettenkpt. 141
Rommel, Erwin, Generalfeldmarschall 170, 233, 269, 287, 310
Roope, Gerard, Korvettenkpt., RN 103
Rote Armee 281
Rotherham, G. A., Commander, Fleet Air Arm 210
Royal Oak, HMS, brit. Schlachtschiff 69
Royal Sceptre, brit. Dampfer 31

477

Rowlands, J. M., Commander 194
R. P. Resor, am. Tanker 298
Rudkin, Robert, Hauptmann 295
Rym, norw. Frachter 272

Saar, Begleitschiff 53
Salazar, Dr. Oliveira S. 439
Salmon, brit. Spitznahme für die *Scharnhorst* 181
Salter, Sir Arthur 319
San Fernando, brit. Tanker 125
San Gaspar, brit. Tanker 304
Santee, USS, am. Geleitträger 429
Saranac, brit. Tanker 124
Scharnhorst, dt. Panzerschiff 32, 49, 83, *101*, 103f., 170, *171*, 178, 180f., 207, 209, 294, 356, 436
Scheer, dt. Panzerschiff 32, 39, 169f., *171*, 172, 178, 180, 312
Schepke, Joachim, Kptlt. 141, 145, 157, 164, 195, 197f., 202
Schlieffen, U-Bootgruppe 435
Schmidt, Adolf 29
Schnee, Adalbert, Korvettenkpt. 225, 448
Schniewind, Otto, Admiral 356
Schofield, B. B., Captain, RN 292
Schoharie, Frachter 336
Schünemann, Werner, Oberlt. 21, 376
Schürer, U-Bootkonstrukteur 329, 420
Schuhart, Otto, Kptlt. 36ff.
Schulte, Werner, Kptlt. 296f.
Schultze, Herbert, Kptlt. 31, 141, 272
Schuster, Admiral 72
Scylla, HMS, brit. Kreuzer 335
Seehund, U-Boottyp 446
Seeräuber, U-Bootgruppe 226, 268
Seeteufel, U-Bootgruppe 400, 403
Seewolf, U-Bootgruppe 261, 403
Sheafmead, brit Frachter 114
Sheffield, HMS, brit. Kreuzer 220, 221, *222*
Sherbrooke, Kpt. z. S., RN 353, 407
Silvercedar, brit. Frachter 271
Simon, Sir John 29
Slessor, Sir John, Luftmarschall, RAF 425f., 428
Smith, Leonhard, Lt. z. S., USN 220
Smuts, Jan 274
Somali, HMS, brit. Zerstörer 224, 336
Somerville, Admiral, RN 130, 211, 220
Sopwith, Tom 344
Sorge, Richard 230
Southampton, HMS, brit. Kreuzer 40
Southern Cross, Motorjacht 26
Southern Pride, Walfangschiff 60
Specht, U-Bootgruppe 407f.
Speer, Rüstungsminister 418, 422
Spencer, USCG, Küstenwachenkutter 375
Spey, HMS, brit. Zerstörer 438
Squid, Wasserbombenwerfer 438
St. Croix, kan. Zerstörer 434
St. Olaf, Frachter 336
Stalin 230f., 233, 237, 313, 325
Stanley, HMS, brit. Zerstörer 266
Stanley, Lord 60

Star, U-Bootgruppe 407f.
Stark, Admiral, USN 206, 232, 251, 256, 258, 275f.
Stella Lykes, am. Frachter 297
Stimson, Henry 136, 277
Stockport, brit. Rettungsschiff 375
Stonegate, Frachter 40
Stork, HMS, brit. Sloop 264, 266
Strasbourg, frz. Schlachtschiff 130f.
Streonshalh, Frachter 90
Stürmer, U-Bootgruppe 389, 393, 395ff.
Suffolk, HMS, brit. Kreuzer 209–13, 217–22
Suhren, Reinhard, Korvettenkpt. 31, 303f.
Sunflower, HMS, brit. Zerstörer 409
Surcouf, frz. U-Kreuzer 130

Tairoa, Frachter 89f.
Tait, A. A., Commander, RN 386, 389
Talbot, Captain, RN 110
Tamton, Barbara, Marinehelferin 359
Tay, HMS, brit. Fregatte 407
Teagle, Tanker 271
Tepuni, Ensign William 298
Texas, USS, am. Schlachtschiff 231
Thedsen, »Papa«, Ing. 329
Thomas Hooker, Frachter 385
Thomsen, Hans 33
Thompson, J., Squadron Leader, RAF 243f.
Thor, dt. Hilfskreuzer 116f., 178
Thring, Captain, RN 110
Thurmann, Karl, Korvettenkpt. 271
Tilburn, Robert, Obergefreiter 215
Tirpitz, dt. Panzerschiff 61, 63, 207, 209, 294, 312ff., 318, 356, 436
Tizard, Sir Henry 165
Todaro, Salvatore, ital. U-Bootoffizier 152f.
Tojo, Mideki, jap. General 275f.
Topp, Erich, Korvettenkpt. 274
Torelli siehe *Luigi Torelli*
Tovey, Admiral, RN 209ff., 219ff., 223
Toward, brit. Rettungsschiff 372
Trevanion, Dampfer 83
Trinidad, HMS, brit. Kreuzer 312
Trojer, Hans, Kptlt. 387
Trutz, U-Bootgruppe 429
Turing, Allan 224
Tuscaloosa, USS, am. Kreuzer 173, 335

U-Boote
UA 263; *U-21* 71; *U-28* 155; *U-29* 36, 37; *U-30* 20, 22, 26, 32, 40, 41, 141; *U-31* 71; *U-32* 23, 33; *U-33* 71; *U-37* 105, 114, 143; *U-39* 36, 37; *U-47* 68, 70, 127, 157, 164, 194; *U-48* 31, 125; *U-51* 124; *U-65* 203; *U-66* 291; *U-68* 263, 324; *U-70* 191, 194; *U-85* 259; *U-87* 431; *U-95* 191; *U-99* 145, 191, 194, 196, 197, 198; *U-100* 145, 195, 196; *U-101* 242, 272; *U-107* 241; *U-108* 267, 301; *U-110* 12, 195, 225, 226, 227, 243; *U-118* 429; *U-123* 287, 291; *U-126* 262, 273, 298; *U-130* 287; *U-131* 264; *U-132* 297; *U-138* 242; *U-156* 324; *U-161* 298; *U-172* 324; *U-175* 404, 405; *U-187*

478

370, 374; *U-201* 225; *U-210* 333; *U-221* 387; *U-225* 375; *U-229* 434; *U-230* 365; *U-260* 403; *U-262* 372; *U-338* 396, 397, 433; *U-356* 346; *U-379* 333; *U-402* 368, 372; *U-406* 419; *U-432* 272, 388, 389; *U-434* 266; *U-441* 426; *U-459* 301, 304, 305; *U-460* 431; *U-487* 429; *U-501* 260; *U-502* 328; *U-504* 324; *U-505* 301, 330; *U-506* 301; *U-514* 350; *U-529* 385; *U-530* 450; *U-532* 449; *U-552* 274; *U-553* 271; *U-556* 238, 298; *U-559* 12, 357; *U-564* 305; *U-567* 249, 268; *U-568* 272; *U-570* 243, 244, 245, 246; *U-571* 305; *U-574* 266; *U-575* 304; *U-582* 297; *U-603* 391; *U-606* 376, 377; *U-609* 373; *U-614* 372; *U-624* 373, 374; *U-632* 370, 404; *U-635* 404; *U-652* 256, 257; *U-653* 394; *U-757* 387; *U-758* 395, 426; *U-792* 420; *U-794* 420; *U-954* 414; *U-977* 450; *U-2511* 446, 448, 449; *U-2513* 446; *UB-25* 52; *UB-68* 52

Uganda, brit. Dampfer 162
Unternehmen Barbarossa 176, 230, 276
Unternehmen Bolero 380
Unternehmen Cerberus 294
Unternehmen Husky 352
Unternehmen Neuland 295
Unternehmen Pedestal 310
Unternehmen Regenbogen 353
Unternehmen Rheinübung 12, 207f., 223
Unternehmen Rösselsprung 313, 318
Unternehmen Roundup 311
Unternehmen Seelöwe 140
Unternehmen Sledgehammer 311, 353
Unternehmen Torch 338f., 343
Unternehmen Weserübung 102ff.
Unternehmen Wilfred 102
Unverzagt, U-Bootgruppe 393

Valera, Eamon de 38, 118
Valiant, HMS, brit. Schlachtschiff 130
Vanoc, HMS, brit. Zerstörer 195
Veilchen, U-Bootgruppe 338
Verity, HMS, brit. Zerstörer 191, 194

Versailler Vertrag 48f.
Vian, Philip, Capt., RN 102
Victorious, HMS, brit. Flugzeugträger 210, 217f., 222, 312
Vidette, HMS, brit. Zerstörer 407, 409
Vogelsang, Ernst, Kptlt. 297
Volunteer, HMS, brit. Zerstörer 393

Waldeyer-Hartz, Kpt. z. S. 46
Wake-Walker, W. F., Admiral, RN 210, 217
Walker, F. J., Captain, RN 264, 268, 438
Walker, HMS, brit. Zerstörer 195ff.
Walter, Helmuth, Ing. 328f., 419f.
Wasp, USS, am. Flugzeugträger 312
Waters, John M. Leutnant 338, 365, 372
Wavell, General 176
Warspite, HMS, brit. Schlachtschiff 102
Washington, George 29
Washington, USS, am. Schlachtschiff 312
Wegener, Wolfgang, Konteradmiral 46
Werner, Herbert, Lt. z. S. 365
Westmark, U-Bootgruppe 385
Weyher, Kpt. z. S. 117
Wheeler, Burton K. 277
Whites, William Allen 119
Wichita, USS, am. Kreuzer 135
Widder, dt. Hilfskreuzer 116
Wildfang, U-Bootgruppe 384ff.
Willkie, Wendell, am. Präsidentschaftskandidat 165
Winant, John, am. Botschafter 278
Winn, Roger, Commander, RN 110, 227, 358ff., 393, 404
Winterbotham, Frederik, Group-Captain 11
Witherington, HMS, brit. Zerstörer 394
Wohlgemut, U-Bootgruppe 393
Wolverine, HMS, brit. Zerstörer 191, 194
Woodpecker, HMS, brit. Zerstörer 438
Woolton, Lord 186

Zamzam, Frachter 230
Zapp, Richard, Fregattenkpt. 291

»Die absurdeste Schlacht des Zweiten Weltkriegs«

Janusz Piekalkiewicz, Meister der dramatischen Darstellung, läßt vor unseren Augen eine der berühmtesten Schlachten der Kriegsgeschichte erstehen: Wie in einer griechischen Tragödie steigert sich das Geschehen dieser absurden Materialschlacht, um in einem Inferno zu gipfeln, das zwanzig Völker in seinen Strudel zieht.

Besonderes Gewicht fällt der Rolle der »grünen Teufel« zu, die den Alliierten das Kompliment abnötigten, daß wohl niemals eine Truppe ein solches Inferno überstanden und mit gleicher Kraft weitergekämpft habe.

Janusz Piekalkiewicz
Die Schlacht von Monte Cassino
288 Seiten,
250 s-w-Abbildungen, 75 Strichzeichnungen,
ausführlicher Anhang, Ln.

Gustav Lübbe Verlag GmbH, 5060 Bergisch Gladbach 2